历史与社会学文库

先秦社会
形态研究(增订本)

晁福林 著

Research on the Social Structure
of Pre-Qin Dynasty
(revised and enlarged edition)

华东师范大学出版社
·上海·

图书在版编目（CIP）数据

先秦社会形态研究 / 晁福林著. —增订本. —上海：华东师范大学出版社，2022
（历史与社会学文库）
ISBN 978-7-5760-3449-3

Ⅰ.①先… Ⅱ.①晁… Ⅲ.①社会形态—研究—中国—先秦时代 Ⅳ.①K220.7

中国版本图书馆CIP数据核字（2022）第223659号

先秦社会形态研究
（增订本）

著　　者	晁福林
责任编辑	曾　睿
特约审读	齐晓峰
责任校对	曾　睿　时东明
封面设计	金竹林

出版发行	华东师范大学出版社
社　　址	上海市中山北路3663号 邮编 200062
网　　址	www.ecnupress.com.cn
电　　话	021-52713799 行政传真 021-52663760
客服电话	021-52717891 门市（邮购）电话 021-52663760
地　　址	上海市中山北路3663号华东师范大学校内先锋路口
网　　店	http://hdsdcbs.tmall.com

印 刷 者	上海商务联西印刷有限公司
开　　本	710×1000 16开
印　　张	35
字　　数	584千字
版　　次	2023年4月第1版
印　　次	2023年4月第1次
书　　号	ISBN 978-7-5760-3449-3
定　　价	139.00 元

出 版 人　　王　焰

（如发现本版图书有印订质量问题，请寄回本社客服中心调换或电话021-52717891联系）

《历史与社会学文库》
编委会

成员：（按姓氏音序）

晁福林　陈其泰　陆益龙　瞿林东

严昌洪　杨雅彬　张海洋　张书学

朱　力　朱　英

李学勤先生序

北京师范大学晁福林教授的大名，是关注先秦史这一领域的人们都很熟悉的。他出身于赵光贤先生门下，执教多年，著述甚丰，对先秦社会、经济、政治、文化等各方面均有创见。现在他又有新作出版，自将于学科的建设大有裨益。

先秦史，指的是中国历史长河最前面的部分。"先秦"一词，在学者间曾有不同理解，甚至有怀疑"先秦史"名称的妥当性的。按"先秦"之称始于汉代，《汉书·景十三王传》载，河间"献王所得书，皆古文先秦旧书"，唐颜师古注："先秦犹言秦先，谓未焚书之前"，是"先秦"意为秦代以前。清王先谦《汉书补注》则说："秦在汉先，故称先秦，犹言前朝耳。秦代焚书以愚黔首，非内府遂无藏书也。颜说不词。"查《汉书·艺文志》及《说文解字·叙》，皆言秦废古文，若河间献王收得的是秦朝的书，何以是古文旧书？况且传文明记献王"从民得善书，必为好写与之，留其真，加金帛赐以招之。繇是四方道术之人不远千里，或有先祖旧书，多奉以奏献王者"，当然不可能是秦内府藏书。王氏的说法，实不足信。还有学者认为"先秦"仅指秦代前面很短时间；也与原义不符。"先秦"即秦代以前，大家把上古以至战国的历史叫作"先秦"，并没有什么不妥。

一般认为中国有五千年的文明史。先秦是中国文明从逐步萌生走向繁荣昌盛的时代，内涵极其丰富，具有重要的研究价值，然而由于距今久远，自当时能够留传下来的信息数量有限。尽管我国古代文献很多，对于夏、商、周三代，尤其是西周以上的历史，必须结合考古成果，才可深入探索；至于夏代以上，神话传说意味更浓，更要以考古学、人类学的工作为主。因此，现代的先秦史研究，本身就要求多学科的结合。在这一点上，先秦史与其他历史阶段有着明显的不同。

中国考古学的一大特点，正是与历史研究的密切结合，这也是多数中国考古学家的共同认识。夏鼐先生便说："考古学是历史科学的一个部门，它的对象是属于一定时间以前的古代"，它和利用文献记载进行历史研究的狭义历史学"二者同是以恢复人类历史的本来面目为目标，是历史科学（广义历史学）的两个主要的组成部分"。（《夏鼐文集》上，第31页）先秦史方面的前辈学者，都非常重视考古学的发现，并以之充实自己的研究。

不久前，我在《中国古代研究一百年》小文中曾经强调，要对古代进行深入研究，仅有文献和考古仍是不够的，还需要有正确的理论。先秦史的工作，必须将理论和材料很好地结合起来，才能对距离我们如此遥远的历史文化有较全面的认识。记得尹达先生曾屡次讲过，考古在整理成报告以后，应该做综合研究，他所说综合研究即意味上升到理论的高度。研究先秦史也绝不是饾饤材料，不可缺少理论的视野、创新的抱负。

晁福林教授在先秦史领域中获有丰硕成果，恰由于他既在历史文献研究方面有深厚功力，又非常注意考古学以及古文字学的新发现、新观点，而其根本鹄的集中于富有理论意义的重要课题，这是他各种论著的读者都能感受得到的。

先秦史虽然是一门早已成熟的学科，但在新世纪的开端，可说是方兴未艾。相信晁福林教授还会有许多新作，继续推动学科的进步发展。

李学勤
2002年7月23日
于中国社会科学院古代文明研究中心

原版自序

  呈现在您面前的是研究先秦社会形态的一本小书。"社会形态"问题，近年不常被人们提到了。在20世纪的五六十年代倒是学术界——特别是史学界的一个热门话题。十年动乱结束特别是思想解放以后，大家可以用马克思主义的科学的观念来指导自己的相关研究了，而不必在一个不科学的僵硬的框子里无谓地打转转。那么，对于以前来源于"五种生产方式说"的社会形态的研究便掀开了新的一页。

  大家对于"五种生产方式说"最大的质疑，在于奴隶社会是不是人类社会发展的必经阶段这个关键问题。一批专家经过长期的研究和讨论以后，已经有了比较一致的认识，即由于各个历史发展的多样性，在进入文明时代的时候，并不一定进入奴隶社会。有的学者还认为，在走出野蛮时代的时候进入奴隶社会，那只是一种特例，而不进入奴隶社会才是正常状态。这些专家对于中国史学的重要贡献，是应当永载于中国史学发展史册的。他们的深入探讨，使得关于社会形态的研究打开了新天地，开创了新局面。

  什么是"社会形态"呢？

  愚以为最简单的解释就是社会面貌。既然叫"形态"，那么它就带上了动态的含义，"社会形态"可以说就是社会的发展面貌。不过在关于这个概念的应用中，似乎历来都强调社会形态的本质的主要的内容，例如社会结构、社会性质等，至于思想文化等则只是在其与本质内容有较为密切的时候才被注意到。在社会形态中，决定其基本特征的是社会性质。在社会结构和社会性质问题中，处于核心地位的内容是社会生产方式。在长期的古史分期讨论和研究中，专家们首先关注的就是生产方式的基本特点。长期以来占据统治地位的"五种生产方式说"，就是以此作为判断不同社会形态的关键内容的。"五种生产方式说"虽然并不可取，但其对于以社会生产方式作为判断社会形态特征的基本思路却不可轻废。我们今天探讨有中国特色的社会形态理论，依然按照这个思路来进行，即依然要关注不同历史时期社会生产方式的本质内容。当然，社会形态并不仅只是社会性质，古史分期的研究、社会性质的讨论，都不能代替（或者涵盖）社会形态的研究。反过来倒可以说，社会形态的研究包容了社会性质研究。和社会性质研究相比，它更扩大了研究的范围，深化了研究的内涵。

关于"五种生产方式说"的剖析与研究，关于中国古代没有经过奴隶社会等问题，前辈专家和时贤学者已经作了许多杰出的工作，这本小书不拟重复这方面的成果，而是利用这些成果探讨若干核心问题。既然中国古代走出野蛮时代之后没有进入奴隶社会，那么，在进入文明时代的时候，中国的社会形态又是怎样的呢？如果说前辈专家和时贤学者的研究已经基本上解决了"不是什么"的问题，那么本书将要回答的就是"是什么"的问题，亦即如果不是奴隶社会，那又是什么社会呢？关于这个问题的回答，现在已经出现了数种说法，随着研究的进展，将来还会有更多的说法出现。这是十分正常的现象。只有各种不同的观念相互交锋、讨论，才能使相关问题的研究正常深入发展。依照我的看法，整个中国古代的社会形态以秦的统一为分界，可以划分为"氏族时代"和"编户齐民时代"这样两个前后相连的阶段。如果从社会性质的角度来看，则可以说夏商以降的先秦时代是氏族封建制社会、宗法封建制社会。而秦以后则是地主封建制社会。中国古代自从走出野蛮时代以后，便步入了漫长的封建社会。中国古代的封建社会具有鲜明的民族特色和地域特色，它是在几乎没有多少外来影响的情况下独立发展的社会形态。中国古代的社会形态，对于世界古代史上相类似的社会历史条件下的地区来说，具有强烈影响和普遍意义。这种有中国特色的古代社会形态，特别对于周边国家产生了极大的影响和示范作用。研究中国古代社会形态，可以说不仅对于中国古代历史研究的发展有重要学术意义，而且对于世界古代历史的研究也有重要学术价值。

社会形态的研究，20世纪五六十年代称之为"古史分期讨论"。所说的古史分期，实际指的是中国奴隶社会与封建社会的分期。既然"五种生产方式说"已经不为大家所认可，因此可以说，过去的那种"古史分期讨论"已经自然结束。相关的新研究似应以"社会形态"为题。本书称为"社会形态研究"也就多少有些这方面的含义。在中国古代社会形态的研究中，先秦时代毕竟是最为重要的历史阶段，关于这个时段的研究过去曾经是"古史分期讨论"的重点，今天也应当是"社会形态研究"的重点。如果能够抓住先秦社会形态的关键问题进行深入研究，那么也就为中国古代社会形态研究提供了有益借鉴。

先秦社会形态的系统研究，是一个庞大的学术工程。本书只能选取若干我自以为重要的问题进行初步探讨。如果本书的探讨能为这个工程的基础增加一个小土块，我将十分欣慰。回忆起自己对于这个问题的关注和探讨，时常感慨系之。20世纪七八十年代交会之际，在北京师范大学编号为"学12楼"的研究生宿舍里，每当外面风雨大作而又不愿意顶风冒雨奔向图书馆借书、看书的时候，大家就在鸟笼式的房间里高谈阔论，让思想冲破这鸟笼。限于当时学术发展的形势，大家不可能就这个问题深入全面地进行研究，不少问题也就只能是说说而已。现在能够就这个问题进行研究，实得益于思想解放的大形势，得益于思想禁区的被逐步打破。现在虽然早已离开了那"鸟笼"，有的学友还住上了宫殿般的华屋，但是大家依然留恋那"鸟笼"和那风雨中的往事，忆念那"天下英雄"的气概，并且一任在留恋与忆念中不知老之将至。

前辈专家为探讨有中国特色的社会形态理论做出过重要贡献。他们的理论建树至今还指导我们进行这方面的研究，前辈专家的成果及其研究思路与方法都为我们树立了楷模。如果说我们能够在相关研究的某些方面，做出一些新的发展，首先应当感谢前辈专家的指导和他们的榜样作用。本书大胆地提出了一些新的认识和论析，说法是否能够成立，还需学术界比较长期的检验。让他人同意自己的学术观点是比较困难的事情，关键在于你的论述能否以理服人，任何虚夸在这里都无济于事。

《尚书·大诰》篇有云："若考作室，既底法，厥子乃弗肯堂，矧肯构。"愚意欲在前辈专家所设计的蓝图指导下做一些基础性的工作，尚请时贤专家多多批评指正。

2000年5月18日作者识于北京师范大学四合院寓所

目 录
CONTENTS

李学勤先生序
原版自序
绪论：探讨有中国特色的社会形态理论 /1
第一章　先秦时代社会形态的理论研究 /5
　　一　亚细亚生产方式及其与氏族封建制的关系 /6
　　二　关于封建 /15
　　三　中国古史的氏族时代——应用"长时段"理论的一个考察 /32
　　四　商周史研究中的几个理论问题 /48
　　五　原始时代的社会观念与"图腾" /54
　　六　中国早期国家的若干理论问题 /67
第二章　先秦时代社会性质综论 /72
　　一　夏商时期的社会性质 /73
　　二　禹的时代社会观念的转变 /76
　　三　我国文明时代初期的社会发展道路及夏代的社会性质 /80
　　四　商代的社会性质 /93
　　五　关于宗法制 /111
　　六　战国时期宗法制的发展及衍变 /123
第三章　先秦时代社会权力结构特色 /131
　　一　殷代神权 /132
　　二　周代卿权 /148

三　战国相权 /169

　　四　先秦时代爵制的起源及其初步发展 /191

　　五　先秦社会最高权力的变迁及其影响因素 /204

第四章　夏商时期社会结构与社会制度的若干问题 /226

　　一　夏代社会结构 /227

　　二　盘庚迁殷 /237

　　三　从方国联盟的发展看殷都屡迁原因 /252

　　四　殷墟卜辞中的"示"和"宗"及其与宗法制的关系 /265

　　五　殷墟卜辞中的商王名号与商代王权 /278

　　六　殷商制度的若干问题以及甲骨文封、饩、衰、掔等字的释义 /293

　　七　甲骨文"堂"字释义以及商代祭祀制度的若干问题 /306

第五章　西周时期的社会结构与社会观念 /320

　　一　从甲骨卜辞看姬周族的国号 /321

　　二　西周分封制 /337

　　三　周代社会结构与"乡遂制度说" /346

　　四　关于"共和行政" /392

　　五　"共和行政"与西周后期社会观念的变迁 /406

　　六　周代的"舆"和"舆人" /421

　　七　周代国人与庶民社会身份的变化 /434

第六章　春秋战国时期的社会形态及其变迁 /446

　　一　春秋时期土地赋税制度的变化 /447

　　二　春秋战国时期农业生产的发展 /458

　　三　春秋战国时期的奴隶制 /469

　　四　关于"初税亩" /483

　　五　春秋战国时期的"质子"与"委质为臣" /491

　　六　春秋时期礼的发展与社会观念的变迁 /505

　　七　战国授田制 /520

　　八　战国时期的土地私有化及其社会影响 /533

原版后记 /543

再版后记 /545

绪 论

探讨有中国特色的社会形态理论

说到特色问题,很自然地会令人想到哲学上关于整体与局部关系这一个基本观念。整体是局部的综合,局部是整体的一个部分。整体与局部相辅相成,处于辩证统一的状态。中国历史和世界历史的关系,可以说是整体和局部关系的一个绝好例证。如果在研究中否定整体,往往导致否定规律,从而使研究的视野大受局限;相反,如果在研究中否定局部,则往往导致否定局部的特色,从而使研究的内容空泛无根。就目前研究的情况看,愚以为关键在于消除以往对于"局部"的忽视,在于破除相关研究中"左"的影响,认真探讨人类历史发展的社会形态中的中国特色。

人类社会发展的共同规律和鲜明的中国作风、中国气派的社会形态可以说是相互补充、交互辉映的双璧。阿Q式的夜郎自大虽不可取,但若以为只有外国的月亮才圆,恐怕会走上另外一个极端,而有失科学和公允。中国特有的社会形态,并非人们研究出来的,而是中国古代历史所固有的。我们经过研究之后,形成与之相应的理论,并应用到相关的研究中去,就会具有非同一般的意义。

讲到特色,可以说任何一个国家和地区的古史都有自己发展的若干特色。由于中国古史发展的系统性与完整性,中国特色的社会形态理论也就具有更大的学术意义,对于阐明人类社会发展的共同规律也就具有更大的价值。马克垚先生指出:"社会形态学说是一种认识社会历史发展的正确理论和有效方法。"[①]对于"社会形态"这个概念来说,这是一个非常精辟的定义,中外史

[①] 马克垚:《说封建社会形态》,《历史研究》,2000年,第2期。

学的发展表明，许多学问家都对社会形态提出过有价值的理论和构想，何兆武先生指出："中国古代的五德终始、三统三世乃至100年前康有为大肆鼓吹的据乱世、升平世、太平世都可以说是有关社会形态更迭的历史理论。"①在世界进入新世纪的时候，历史学理当提出与新世纪相适应的关于"社会形态"研究的新理论。这样说来，探讨有中国特色的社会形态理论，自然也就是时代发展的需要。

社会形态研究，经过一个阶段的沉寂之后，近年又趋活跃。但是，如何深入开展这项研究，值得思考。我觉得提出和完善有中国特色的社会形态理论，是其中的关键所在。由于社会形态问题极为复杂，所以有些专著审慎地予以回避。其实，这个问题从社会各方面的需要和历史研究的长远发展看，是回避不了的，社会形态的研究不仅是各类教材所必需，而且由于它对中国历史研究的各个方面都有极大影响，所以也应当尽早提到学者们研究的日程上来。

马克思主义经典作家的相关论述直接涉及中国社会形态问题的内容并不多，马克思和恩格斯在提出相关理论的时候，总是实事求是地指出，他们所提出的理论依据主要是西方的材料。例如，关于文明时代初期社会发展道路的理论，恩格斯就曾明确指出他的论断是依据摩尔根研究北美印第安人的情况以后所著的《古代社会》一书，以及古代希腊、罗马的材料所作出的。我们研究中国的问题，不能将恩格斯的论断生搬硬套在中国古史上面，而应当花主要的精力研究中国古史的历史实际，提出符合中国古史的相关理论。

所谓的"五种生产方式说"，是长期困扰中国古史研究和社会形态研究的框子。我们今天应当实事求是地研究"五种生产方式说"是否合乎中国古史的实际，无论是赞同它，或是否定它，标准都应当是历史实际，而不是其他的什么。

中国古史方面，对"五种生产方式说"进行剖析的焦点，在于存不存在所谓的奴隶社会这一社会发展阶段的问题。从发表的研究成果看，许多专家认为在中国古史上并不存在奴隶社会发展阶段，奴隶制时代并非人类社会发展的必经之路。由于近年来专家对于"五种生产方式说"进行了深入的剖析，所以现在摆在人们面前的关键问题就是，既然中国古史上只有一定范围的奴隶制度而不存在奴隶社会这一社会发展阶段，那么在进入文明时代的时候，中国社会走

---

① 何兆武：《社会形态与历史规律》，《历史研究》，2000年，第2期。

着一条什么样的社会发展道路呢？也就是说必须从正面回答中国古史的社会形态问题。

这个回答，实际是要求对中国古史的社会形态进行全面探索。这个探索的深入开展似乎必须注意到以下几个方面的问题。

第一，以前学术界所谓的"古史分期"，即中国奴隶制时代与封建制时代的分期，亦即古代社会形态的分期。社会形态指的是什么呢？应当说是以经济形态为主要内容的。马克思说："大体说来，亚细亚的、古代的、封建的和现代资产阶级的生产方式可以看作是经济形态演进的几个时代。"①愚以为如果离开社会经济形态来谈社会形态问题，可能抓不住要领。从目前研究的发展看，学术界专家已经提出的中国古代社会形态的划分至少有六七种说法，今后随着研究的展开，也许会出现更多种的新说法。这些说法划分社会形态的标准各不相同，这就有一个统一标准的问题。如果标准不一样，势必很难出现大家认可的结论。划分社会形态的标准，应当以社会经济形态为主，而不应当是社会上层建筑形式抑或是社会历史时代的早晚。此外，似乎也没有必要用"文明""文化"的演进来作为替代标准。

第二，中国社会形态研究应当建立起自己的话语系统。国外学术界的新观点，我们当然应当吸收和借鉴，但那代替不了我们自己的研究。我国自古以来有自己的礼制和社会制度的用语，用来说明古代社会情况非常得体。例如"宗法"一词，用以说明西周春秋时期的社会情况，切中肯綮，就没有必要非得换成西方的某个用语不可。像国、野、邦等词，都是自古以来沿用者，弄清楚其含义和变迁情况，对于说明古代社会结构大有裨益。再如，常被使用的"奴隶"一词，是汉魏时期出现的一种特殊身份名称，并不具备现代意义上的普遍意义。中国古代典籍上出现的许多称谓，如奴才、奴婢、奴仆以及舂槁、罪隶等都各有自己的应用范围，如果简单地统称之为奴隶，往往会抹杀其间社会身份的差异。建立自己的话语系统，还需要对已经翻译行用多年的一些词语的意义再加以考究和界定，将天才的创造性的翻译用语从"误译"的帽子下面解脱出来，将生硬拼凑的不符合中国古史实际的翻译用语废止不用。

第三，社会形态研究要想取得长足进展，需要着重做好基础性的工作。长

---

① 《马克思恩格斯选集》，第2卷，北京：人民出版社，1972年，第82—83页（下引该著作，版本同此）。

达几十年的相关探讨，虽然对于中国古代社会形态问题迄今尚无一致的结论，这固然存在着许多遗憾，但是对于考古资料、文献资料的汇集和研究还是取得了很大成就。前辈专家在这个方面的成绩足以启迪后人，功不可没。现在，社会结构、社会经济形态的许多具体问题，都需要我们静下心来进行细致的再探索，我们没有必要急于一下子就构筑起关于社会形态的庞大体系。试想，如果甲骨文中"众"和"众人"的身份弄不清楚，就很难分析商代社会形态。如果对于卿、大夫阶层没有深入认识，就很难分析周代社会结构问题。宏观的理论探讨和具体的史料分析相结合，恐怕还是取得突破进展的关键所在。好在近些年专家们在这方面已经取得了可观的成果，例如对于商周家族形态、周代国野制度等的研究，都是有很大进展的方面。

第四，必须深刻认识中国古代社会形态的特色。对于这个特色的认识，应当说是一个老问题，以前许多专家将它作为正常社会发展形态的一个变异，并不具有普遍意义，认为具有普遍意义的还是"五种生产方式说"。其实，古代中国的社会形态，是在一个较大环境里具有极大生命力的相对独立的持续发展。古代中国文明的没有间断的具有极大活力的发展，已经是学术界一个共识，而世界上的其他文明古国多在发展时中断。古代中国这种发展从根本上说是由其社会形态的特色所决定的。我对于世界古史没有什么研究，不敢妄说中国古代社会形态在古代世界的社会发展中具有怎样的普遍性，可是我总觉得没有太多外来影响的社会发展可能是多数的。古代中国的社会特色很可能不是正常社会发展形态的一个变异，而是有相当普遍意义的典型形态。

改革开放以来，学术界的许多专家都觉得有必要将如同陈腐的太仓之粟一样的"五种生产方式说"请下至尊的地位，给予古代社会形态问题以科学的说明。从目前的情况看，无论从理论上抑或是研究的水平、资料的积累和诠释等方面看，建立起有中国特色的社会形态理论并给中国古代社会形态一个可信的说法，条件已经基本成熟。这个问题的基本解决，将是中国历史学的具有重大学术意义的长足发展的一步。

第一章
先秦时代社会形态的理论研究

先秦社会形态的理论问题，主要涉及到"亚细亚生产方式""封建"以及"氏族时代"等基本概念和原理。学术界和理论界公认马克思在《政治经济学批判》一书的"序言"中所说的一段话为马克思主义关于社会形态的经典理论。这段话是："大体说来，亚细亚的、古代的、封建的和现代资产阶级的生产方式可以看作是社会经济形态演进的几个时代。"①马克思是在1859年说这番话的，在这以后，他又多次提到亚细亚生产方式的问题，可以说"亚细亚生产方式"是马克思关于古代东方社会发展道路的一个基本理论，表明他充分注意到了古代东方社会发展道路特殊性这一重要领域的研究进展情况。关于马克思主义理论这一重要领域的基本内核，胡钟达先生曾经指出"亚细亚的、古代的、封建的生产方式代表的是同一社会发展阶段"，其生产方式是"同一社会经济形态的不同类型或模式"②。胡钟达先生的论析是十分精当的，愚以为可以稍作补充的地方是，"亚细亚生产方式"是一种以氏族所有制为基础的社会形态，与中国先秦时代的氏族封建制社会若合符契。关于先秦社会形态的理论研究，首先讨论这个问题，我以为是有重要意义的。

本章拟在讨论亚细亚生产方式相关理论的基础上，进而研究"封建"与"封建社会"问题。在学习和探索的过程中，我深有感触的是中国古代社会一步入文明时代也就进入了封建社会，这是与西方社会发展有明显区别之所在，而这个"封建"又与传统的甚至西方的封建的定义及内涵有所不同，而这也是有中国特色的事情。本章的第二节专门讨论"封建"的相关理论，用意在于构筑全书的理论框架。前辈专家对于封建理论问题有过许多研究，已经有了许多

---

① 《马克思恩格斯选集》，第2卷，第82—83页。
② 胡钟达：《胡钟达史学论文集》，呼和浩特：内蒙古大学出版社，1997年，第173—187页。

设想和探索。本章对于"封建"理论的相关问题抓住"氏族封建制"这一核心进行讨论,以期在前辈的基础上能够前进一点。

本章还用一些篇幅讨论商周史研究中关于阶级斗争、国家的产生等理论问题,并且专门研究"图腾"的一些问题。我的基本思路是,我国古代并没有世界上其他地区那样典型的图腾观念,所具有的只是从祖先崇拜所衍化出来的神话,然而这是称不得图腾的,西方的图腾之履不合中国古史之足。如果讲中国特色的话,似乎这应当也算得上一个。

一 亚细亚生产方式及其与氏族封建制的关系

近年,关于古史分期问题讨论的一个重要进展是许多学者对于"五种生产方式说"的有力质疑,并且从对于马克思主义相关理论深入研究的角度提出中国古代并没有所谓的奴隶制时代。我在学习过程中曾经试图从正面回答既然没有奴隶制时代,那么它是一个什么性质的社会时代的问题[①],愚以为中国上古时代自从进入文明时代以后也就进入了氏族封建制的时代,夏商时代就是其典型的时期,周代的宗法封建制只是它的继续和发展。然而,这不仅是一个可以从历史实际上说明的问题,而且是一个重要的理论问题。研究这个理论问题,不可避免地要认识马克思主义经典作家如何看待野蛮与文明之际社会发展道路、如何认识东西方社会发展的区别及亚细亚生产方式等。在前辈专家研究的基础上,这里试图提出一些新的看法,主旨在于:第一,讨论亚细亚生产方式的本质意义;第二,说明我国上古时代的氏族封建制与亚细亚生产方式在形态及内涵上的一致性,也可以说它是亚细亚生产方式在中国的表现。

(一)

19世纪50年代后期,马克思在《政治经济学批判》一书的"序言"中提出了亚细亚生产方式的概念。他说:"大体说来,亚细亚的、古代的、封建的和现代资产阶级的生产方式可以看作是社会经济形态演进的几个时代。"[②]马

[①] 烦请参见拙作,《我国文明时代初期社会发展道路及夏代社会性质研究》,《史学理论研究》,1996年,第3期;《商代社会性质研究》,《史学理论研究》,1999年,第1期;《夏商社会性质论纲》,《光明日报》,1998年。

[②] 《马克思恩格斯选集》,第2卷,第82—83页。

克思在研究资本主义产生的历史的时候，在《资本主义生产以前的各种形式》①的手稿中，又多次提到亚细亚生产方式。可以说，亚细亚生产方式是马克思关于人类社会发展道路问题的一个重要概念。

有的专家认为，在马克思晚年，由于发现了更为原始的社会形态，所以就停止使用亚细亚生产方式的概念，而代之以原始社会这一概念。这是不符合马克思主义理论发展实际情况的。马克思提出亚细亚生产方式这一概念，关键在于马克思注意到了古代东方社会发展道路的特殊性。直到1881年，马克思还在给查苏利奇信的草稿中说："农村公社的孤立性、公社与公社之间的生活缺乏联系、保持与世隔绝的小天地，并不到处都是这种最后的原始类型的内在特征，但是，在有这一特征的任何地方，它总是把集权的专制制度矗立在公社的上面。"②这里虽然没有采用亚细亚生产方式一词，但其所论述的社会形态的实质——广泛存在农村公社之上矗立着集权的专制制度——正是亚细亚生产方式的基本特征。

古代东方的社会发展走着与西方不同的道路，这是一般学者早就注意到的问题。外国学者对中国学术界这方面的研究曾有所批评，如法国学者J·谢诺批评中国学者的研究，说："从1949年起，在中国，总的趋势是把中国的历史也和西方一样，也干脆分成五个阶段：先是奴隶制社会，尔后是封建制社会。甚而至于连奴隶制社会或封建社会在东方的特殊性也不谈了。"③这个批评相当尖锐，虽然有些绝对（例如，并不是所有的学者都不强调"东方的特殊性"问题），但基本上是正确的，强调东方特殊性的观点在学术界毕竟不占优势。尽管如此，还是有专家正确地分析了这个特殊性。较早以敏锐的眼光注意到古代中国社会发展道路特殊性的专家，首推侯外庐先生。侯外庐先生早就提出过"不同路径论"。他说："我断定'古代'是有不同路径的，在文献上言，即所谓'古典的古代''亚细亚的古代'，都指奴隶社会，序列并不一定亚细亚在前，有时古典列在前面，有时二者平列作为'第一种'与'第二种'看待。

---

① 《马克思恩格斯全集》，第46卷（上册），北京：人民出版社，1979年，第470—520页（下引该著作，版本同此）。
② 同上书，第19卷，第445页。
③ 《亚细亚生产方式研究前景》，载法国《思想》杂志，1964年，第114页。转引自：郝镇华：《外国学者论亚细亚生产方式》（下册），北京：中国社会科学出版社，1981年，第146页。

'古典的古代'是革命的路径,而'亚细亚的古代'则是改良的路径,前者即所谓'正常发育的文明小孩',后者为'早熟的文明小孩'。"①马克思《政治经济学批判》用"发育正常的小孩"指希腊人的氏族,其他则为"营养不良小孩"及"粗野的小孩",侯先生的理论显然是对马克思说法的发挥。侯外庐先生在《中国思想通史》中进一步阐述了"不同路径论"的理论,他说:"氏族公社的解体过程和到文明社会的路径是多样的,即使是同一的经济形态,也有各种现象上的差别。"②侯外庐先生对马克思主义理论的理解是相当深刻的。

那么,古代东方社会发展道路的特殊性表现在什么地方呢?

一般学者都肯定其特殊性表现在它遵循着亚细亚生产方式发展,与西方"古代的"的生产方式相比,有很大的区别。看来,如何理解亚细亚生产方式就成为研究古代东方社会发展道路问题的关键。20世纪30年代前期苏联召开的讨论大会,将"亚细亚生产方式归入封建社会,理由是它只是封建社会的一种东方的变体"③。但是,随着"五种生产方式说"的独尊,苏联学术界对亚细亚生产方式的研究也就噤若寒蝉了。不过,从20世纪60年代开始,国际学术界对亚细亚生产方式的研究有了更大的规模,取得了更多的成就。

关于亚细亚生产方式的特征,外国学者曾有论析。例如,法国学者S·戴桑蒂斯对亚细亚生产方式进行了如下的概括。他说:

> 亚细亚生产方式就是"专制公社"形态,其特点首先是下面三种情况:一、存在着农村公社,在这种公社内,还没有私有制,也就是说把公社和原始共产主义联系起来的脐带尚未断绝。二、在农村公社之上是专制政权,它行使有公益性质的经济职责,但迫使公社成员处于普遍奴隶地位。这种专制政权并不具有"古典的"的特点,因为掌权的等级并不利用权力来谋求私利,而只是以"职权"的名义为集体谋利益。三、这种社会首先是朝着特殊的封建主义形态发展的,但发

---

① 侯外庐:《中国古代社会史》自序,北京:生活·读书·新知三联书店,1948年;《马克思提出的形象比喻》,转引自:《马克思恩格斯全集》,第12卷,第762页,译文作"有粗野的儿童,有早熟的儿童。古代民族中有许多是属于这一类。希腊人是正常的儿童",侯先生将儿童称作小孩,意义一致。

② 侯外庐:《中国思想通史》,第1卷,北京:人民出版社,1957年,第4页。

③ 郝镇华编:《外国学者论亚细亚生产方式》(下册),北京:中国社会科学出版社,1981年,第123页。

展的很缓慢（众所周知，这种停滞状态几乎一直就是亚细亚生产方式的特点），同时也朝着职权转变为典型的个人特权的方向发展①。

应当说这个分析是合乎马克思主义的相关理论的。关于亚细亚生产方式的社会性质属性，国内学者的研究也取得了丰硕成果。许多专家发表了深刻的见解。例如，田昌五先生说："亚细亚形态实际上说的是原始公社的一种特殊的次生形态，这就是全部问题的关键所在。……当它受奴隶制支配的时候，它却具有奴隶制的性质；同样，在受封建制支配的时候，它的性质是封建的，但它又不等于封建制。……总之，亚细亚形态是阶级社会中的一种原始公社关系，它在不同的社会中具有不同的性质。"②他还说："亚细亚的、古代的、封建的和现代资本主义的生产方式，是马克思和恩格斯早期对人类社会发展的大体的描绘。"③然而，近年的研究成果表明，专家们对于亚细亚生产方式研究的结论，不仅没有趋向一致，而且有分歧更加扩大的趋势。现在首先应当考虑研究的思路和方法问题。愚以为在进一步研究的时候，一方面在于对马克思主义理论还需要再深入研讨，另一方面在于不要再将亚细亚生产方式的性质纳入"五种生产方式说"，换言之，如果再用"五种生产方式说"的框子来套亚细亚生产方式，那是永远不可能得出正确结论来的。

（二）

对于东西方社会发展的道路，马克思和恩格斯曾经根据新的材料不断地深化他们自己的认识。毋庸讳言，在他们的时代，他们所能见到的关于古代东方特别是古代中国，其可信的材料是十分有限的。由于语言方面的限制，他们没有接触过古代中国的直接材料，所以对古代中国以至古代东方社会发展道路的论述采取了十分谨慎的态度。他们的思想有一个发展过程，促进这个发展的因素不仅在于他们研究的深入和不断的探索，而且还在于许多新的材料和研究的出现，如摩尔根的《古代社会》、科瓦列夫斯基的《公社土地占有制、其解体

---

① S·戴桑蒂斯：《美洲印加人、阿兹特克人和玛雅人的农村公社——亚细亚生产方式研究》，[法]《思想》，1965年，第112页，转引自：郝镇华编：《外国学者论亚细亚生产方式》（下册），北京：中国社会科学出版社，1981年，第147—167页。
② 田昌五：《古代社会形态研究》，天津：天津人民出版社，1980年，第78—79页。
③ 同上书，第40—52页。

的原因、进程和结果》及传教士所带回欧洲的关于亚洲、非洲许多地区的原始民族的资料等，马克思和恩格斯的伟大，也表现在他们能够及时注意到新的研究和资料以发展原有的理论。

就亚细亚生产方式而言，马克思和恩格斯在哪些方面根据新的材料发展了自己的理论呢？

最集中的一点是在对于农村公社的研究。19世纪六七十年代，马克思和恩格斯对于农村公社的普遍性作了充分的肯定，断定"古代的公社，在它继续存在的地方，在数千年中曾经是从印度到俄国的最野蛮的国家形式即东方专制制度的基础"[①]。到了19世纪的80年代，马克思和恩格斯对于农村公社的看法有了很大的变化，肯定了农村公社有不同的类型，指出"并不是所有的原始公社都是按着同一形式建立起来的。相反，它们有好多种社会结构"[②]，后来，恩格斯根据古代希腊、罗马等材料又在《家庭、私有制和国家的起源》中考察了氏族公社解体的历史，指出进入文明时代的时候，国家的产生是建立在氏族公社解体后的废墟之上的。

在这里，我们必须讨论的一个重要问题就是农村公社与氏族的关系。

公社与氏族的区别在哪里呢？在于公社成员间非必有血缘关系，而氏族成员则一定要有这种关系。马克思说："农村公社则是自由的没有血缘联系的人们的第一个社会组织。"[③]应当指出，尽管如此，在农村公社初期，还是以有血缘联系的氏族成员为基础的，犹如后世的村落、村庄一样，虽然不排除其中有多种姓氏的人居住，但聚族而居仍是主要的形式。聚族而居式的农村公社毕竟与氏族公社有所不同。从社会发展的角度看，我们应当把氏族公社作为野蛮时代以及文明时代初期的原生的社会组织形式，而农村公社则是进入文明时代以后的这种原生的社会组织形式的次生形态。在时间序列上它们之间不是共存的，而是先后承继的。氏族公社可以演变为农村公社，但那是一个相当漫长的历史阶段。

在以上讨论的基础上，我们可以再来探讨研究亚细亚生产方式的本质特征。

[①] 《马克思恩格斯选集》，第3卷，第220页。
[②] 《马克思恩格斯全集》，第19卷，第448页。
[③] 同上书，第19卷，第449页。

马克思说:"奴隶制、农奴制等等总是派生的形式,而决不是原始的形式,尽管它们是以共同体为基础的和以共同体下的劳动为基础的那种所有制的必然的和当然的结果。"①在这里,马克思没有使用"农村公社"的概念而采用了"共同体"的说法,就中国上古时代的情况看,这个"共同体"就是广泛存在的氏族。这个理解可以说合乎马克思的本意。马克思说:"奴隶制和农奴制只是这种以部落体为基础的财产的继续发展。它们必然改变部落体的一切形式。在亚细亚形式下,它们所能改变的最少。"马克思所说的"部落体",就是氏族②。细绎马克思这两段论述,可以说他所指出的"以共同体为基础的和以共同体下的劳动为基础的那种所有制"就是氏族所有制。在氏族普遍存在的情况下,亚细亚生产方式的实质在于它是以氏族所有制为基础的社会形态。

亚细亚生产方式的广阔基础在于以氏族所有制为基本形式的小农业与家内手工业的结合。研究亚细亚生产方式应当找出它的生产方式(Produktionweise)——即特殊的生产资料与特殊的劳动力的结合关系——本质的特点。愚以为这个特点正在于劳动者对氏族的依赖关系。马克思说:"人身的依赖关系形成一定的社会基础。"③农奴经济形式所需要的就是"人身的依赖关系,人身在某种程度上的不自由,人被束缚于土地上作为土地的附属品,真正的附属品"④。所谓"人身的依赖关系",过去在讨论古史分期问题时常被理解为奴隶主或封建主对于劳动者人身束缚。这是不够全面的,其实在亚细亚生产方式下,它主要表现为人对于氏族的依赖。

(三)

就中国上古时代的情况而言,夏商西周时期氏族的普遍存在和强大影响,世所共见,毋庸在这里做许多的讨论,这里只想指出,就是到了战国时期,氏

---

① 《马克思恩格斯全集》,第46卷(上册),第496页。
② 同上书,第492页。关于马克思这里所提到的"部落体",《马克思恩格斯全集》中文版的注释指出:"这一术语在十九世纪的历史科学中比现在具有更广泛的涵义。它表示渊源于同一祖先的人们的总体,包括现在通用的'氏族'(Gens)和'部落'(Stamm)两个概念。"
③ 马克思:《资本论》,第1卷,北京:人民出版社,1956年,第60页。
④ 《马克思恩格斯论中国》,北京:人民出版社,1954年,第15页。

族的影响依然存在①。例如，荀子讲得到君命爵赏的人，一般情况下还要谦让于族中的长者，"一命齿于乡，再命齿于族"。由于战国时期政权的影响毕竟远大于宗族，所以荀子又有"三命，族人虽七十，不敢先"（《荀子·大略》）的说法。荀子说"庶人之丧合族党，动州里，刑余罪人之丧不得合族党，独属妻子"（《荀子·礼论》），强调了丧礼中族的影响不可忽视。荀子的时代族的影响消退，所以荀子批评族对于刑法的干扰，他说："乱世则不然：刑罚怒罪，爵赏逾德，以族论罪，以世举贤。故一人有罪而三族皆夷，德虽如舜，不免刑均，是以族论罪也。"（《荀子·君子》）。荀子是战国后期的思想家，他所述的这些情况，充分说明尽管经过了社会改革的大变动，即使到了先秦时代行将结束的时期，族还没有完全退出历史舞台。我们还可以举《管子》所述的材料来作证明。《管子·问》篇讲君主对于地方情况的调查，是为君主了解情况列了一个调查提纲，其中所列问题有：

> 问独夫、寡妇、孤寡、疾病者几何人也？问国之弃人何族之子弟也？问乡之良家，其所牧养者几何人矣？问邑之贫人债而食者几何家？问理园圃而食者几何家？人之开田而耕者几何家？士之身耕者几何家？问乡之贫人，何族之别也？问宗子之收昆弟者，以贫从昆弟者几何家？余子仕而有田邑，今入者几何人？子弟以孝闻于乡里者几何人？余子父母存，不养而出离者几何人？

这个提纲为我们提供了一幅氏族、宗族与乡党州里等行政组织同时并存的社会场景。在先秦时代族的影响普遍存在的情况下，农村公社已经悄然出现，这是族与族之间交叉发展的结果。然而，尽管如此，族与农村公社并非同义语，则是完全可以肯定的事情。

在我国上古时代的社会发展中，氏族的长期存在，是一个最为突出的特点。对此，许多学者早有认识。例如，束世澂先生谓"封建制下的农民和早期奴隶制下的公社成员的地位是相同的"，"殷代社会的农村公社一般是氏族公社的变相"，"村社或邻社与氏族不同，它的成员不一定是由血统关系起来

---

① 关于这个问题的讨论请参阅拙文，《试论战国时期宗法制度的发展和衍变》，《史学史研究》，1999年，第1期。

的"①。再如，侯外庐先生说："亚细亚的古代的趋向却不一样，氏族遗制保存在文明社会里。两种氏族纽带约束着私有制的发展，不但土地是国有形态，生产者也是国有形态。"②这些卓见虽然正确地指出了氏族在我国古代长期存在的事实，但大多没有将这种现象与亚细亚生产方式联系起来深入研究。

关于亚细亚生产方式之上的社会政治形态，过去多冠以"东方专制主义"。其实这是缺乏具体分析的提法。

马克思说："这些淳朴的村社不管外表上看起来怎样无害于人，却始终一直是东方专制制度的坚固基础。"③恩格斯也说："古代的公社，在其继续存在的地方，于数千年中，曾经是最残暴的国家形式（东方君主统治）的基础。"④从中国古代的社会政治发展实际情况看，专制制度只能建立在编户齐民的基础之上，而不能建立在普遍存在的氏族之上。马克思曾经注意到亚细亚生产方式的上层建筑的不同形态，按照马克思的说法，即"这种共同体的形式就或是较为专制的，或是较为民主的"⑤，所谓的"共同体"应当就是部落和部落联盟。

中国上古时代，亚细亚生产方式的表现特征，如果说首先是氏族的普遍存在，那么国家建立在普遍存在的氏族之上，应当就是其第二个特征。大史学家司马迁讲夏商两代王朝的历史时曾经敏锐地注意到这两个王朝与氏族的关系。请看他对于这两个王朝所进行的总结：

> 禹为姒姓，其后分封，用国为姓，故有夏后氏、有扈氏、有男

---

① 束世澂：《夏代和商代的奴隶制》，原载《历史研究》，1956年，第1期，后收入《历史研究》编辑部编，《中国古史分期问题讨论集》，北京：生活·读书·新知三联书店，1957年，第1—47页。束先生的这个意见很快就遭到许顺湛先生的批评，谓"农村公社绝不是氏族公社的变相，应该是氏族的代替"。因为如果说"变相"，那就意味着农村公社就是氏族公社，所以许氏质问说："请问以氏族公社为基础的社会能是奴隶社会吗？"许氏批评束先生"多多少少犯了套公式的毛病"（《对〈夏代和商代奴隶制〉一文的意见》，原载《历史研究》1956年第6期，后收入《中国古史分期问题讨论集》第48—56页，生活·读书·新知三联书店1957年版），按许氏的质问从逻辑上看是完全正确的，但他和束先生一样，所讨论的问题都有一个似乎是毋庸置疑的前提，那就是原始社会解体以后必定是进入了奴隶制社会，这在"五种生产方式说"占统治地位的时期是通常的认识，不可苛求束、许二位先生。
② 侯外庐、赵纪彬、杜国庠：《中国思想通史》，第1卷，北京：人民出版社，1957年，第10页。
③ 卡尔·马克思：《马克思论印度》，季羡林、曹葆华译，北京：人民出版社，1951年，第13页。
④ 恩格斯：《反杜林论》，北京：人民出版社，1956年，第187页。
⑤ 《马克思恩格斯全集》，第46卷（上册），第474页。

氏、斟鄩氏、彤城氏、褒氏、费氏、杞氏、缯氏、辛氏、冥氏、斟戈氏。(《史记·夏本纪》)

契为子姓，其后分封，以国为姓，有殷氏、来氏、宋氏、空桐氏、稚氏、北殷氏、目夷氏。(《史记·殷本纪》)

殷墟卜辞的材料确凿地证明商王朝与众多氏族关系的密切。到了西周时期，强宗大族对于政治的影响，更是不待多言的事情。春秋时期鲁国大夫众仲曾经总结周天子及诸侯贵族们的氏族得名情况，谓："天子建德，因生以赐姓，胙之土而命之氏。诸侯以字为谥，因以为族。官有世功，则有官族。邑亦如之。"(《左传》隐公八年) 照众仲看来，周天子以下的各级贵族官员的姓都由天子及诸侯根据各种不同情况来赏赐，各级贵族之族也就是周天子统治的基础。周代的普通民众都存在于各个氏族，所以社会上才有"民不祀非族"①的说法。春秋时期的各国诸侯，虽然是一国之君，但他统治的根基所在是其自身的宗族。可以说诸侯既是国君，又是最为庞大的氏族的氏族长。春秋中期宋昭公想要铲除公族的群公子，担任司马之职的乐豫激烈反对此举。乐豫说：

公族，公室之枝叶也，若去之，则本根无所庇荫矣。葛藟犹能庇其本根，故君子以为比，况国君乎？此谚所谓"庇焉而纵寻斧焉"者也。必不可。君其图之！亲之以德，皆股肱也，谁敢携贰？若之何去之？(《左传》文公七年)

乐豫认为公族是国君的"庇荫"，我们可以从此确知当时国家政治的基础之所在。春秋时期诸侯国君主以自己的公族势力为依托，统治着在宗法体系下面的大大小小的众多宗族，这种情况，正如《管子·版法解》所说，"凡人君者，覆载万民而兼有之，烛临万族而事使之。""烛临万族"可以说正是亚细亚生产方式下，国君权力的渊源。至于说这种"烛临万族"的形式是专制的抑或是较为民主的，那是另外一个可以再讨论的问题。愚以为这种形式在整个中国古代政治的发展过程中可以说是比较民主的，时贤专家或称之为贵族民主政治，是有一定道理的。但这与马克思所指出的东方专制主义并不矛盾。因为从先秦以降的各个封建王朝专制统治的成分日益浓厚，确是显而易见的事实，其政治形

---

① 《左传》僖公十年。照春秋时人的看法，鬼神与人的观念是一致的，"鬼神非其族类，不歆其祀"(《左传》僖公三十一年)，与"民不祀非族"可以相互发明。

态合乎马克思所说的东方专制主义特征。

总之,"亚细亚生产方式"的理论是马克思主义关于古代东方社会发展道路的重要论述。对于我们研究中国古代社会发展道路具有很强的针对性和指导意义。亚细亚生产方式占主导地位的社会,其实质在于它是以氏族所有制为基础的社会形态。我国的夏商周时代传统的氏族不仅没有被炸毁而成为废墟,相反,这些氏族以顽强的生命力成为相当长的历史时期里的普遍组织形态。这在世界文明发展史中具有鲜明的特色。亚细亚生产方式就是通过这些氏族而影响着社会发展的面貌。

二 关于封建

这里讨论的"封建",是关于社会性质的研究所采用的概念。"社会性质"是由占主导地位的生产方式所决定的。在马克思主义的理论中,生产方式(Produktionweise)的经济学的意义范畴指特殊的生产资料与特殊劳动力的结合关系。本节试图讨论关于"封建"意义的历史发展及其本质意义,这对于我国古代历史的研究应当不无帮助。

(一)

作为社会性质的"封建",与中国古史上的"封建"一词的意义有一定的区别,这可以说是学界的共识。然而,西方的"封建"被近代的学问家们翻译过来的时候,采用了中国传统的"封建"一词,两者在意义上有没有什么共通之处,却应当是一个可以讨论的问题。

封建、封建主义(Feudalism)是欧洲近代用语,是欧洲古典时代所未有的,专家曾经指出"中世纪的西欧人并不知道有我们今天所说的封建制度"[①]。它最初见于中世纪的拉丁文书籍,严复(1853—1921)于1901年翻译亚当·斯密《国民财富的性质和原因的研究》(译名为《原富》,南洋公学译书

---

① 马克垚:《关于封建社会的一些新认识》,《历史研究》,1997年,第1期。

院1901年出版）时将它译为"拂特"，并在按语中叙述其制①。

20世纪初，严复于1903年翻译爱德华·詹克斯《政治制度史》（1900，Edward Jenks A History of Politics）（译名为《社会通诠》）一书时正式采用"拂特封建"和"封建"之词来对译Feudalism。关于这个对译的错误之处，日知先生做了深入的分析②，他说：

> 问题的中心，Feudalism问题，只能是中世纪的问题，这个问题无关于欧洲古代，也无关于中国古代，用古典中国很少见的"封建"与之对译，不对。但本世纪初年的这种误译，不久就在国内外大为流行，至今将近一个世纪，经过五四运动、人民解放战争，不正确的译名，被用于正确的斗争的场合，已成惯常了，不好轻率改动了！今天，只要做到一点，不要在古典中国文明文化的任务中放进这种误译，还古典文献中的"封建"以正确的解释，"殖民建邦"，古典时代的事业，而不是中世纪欧洲的"拂特"，就可以了。今后翻译中国古典文献时，并注意不再用外来的属于欧洲中世的Feudalism去对译就好了。

日知先生的见解是很深刻的，但却似乎回避了两个方面的问题，一是如何对待大量的马克思主义文献的相关对译问题；二是既然用"封建"一词对译Feudalism是错误的，那么该如何译才正确呢？日知先生提出"方便处加'中世'标识，作'中世封建'也可以，不加也无妨，约定俗成可也"③。然而这样说

---

① 严复谓："拂特者，众建之末流也。一国之地，分几拂特；分各有主，齐民受廛其中而耕其地，则于主人有应尽之职役，而莫大于出甲兵，应调发之一事。用拂特之制，民往往知有主而不必知有王。故地大民众者，王力不足以御临之也。英伦王势较尊，通国所共戴，故其中拂特之制最先废（顺治十年[按1600]）"（转引自日知先生著，《中西古典文明千年史》，长春：吉林文史出版社，1997年，第183页）。从这个按语看，严复所译称的"拂特"，实即欧洲中世纪的封建之制。
② 日知：《中西古典文明千年史》，长春：吉林文史出版社，1997年，第184—189页。
③ 日知：《中西古典文明千年史》，第190页。侯外庐先生也曾提出过类似的看法，他说："'封建'这两个字则是立基于自然经济、以农村为出发点的封建所有制形式。译自外文Feudalism，有人也译作封建主义。中外词汇相混，语乱天下，为时已久了，我们倒也不必在此来个正名定分，改易译法"（《论中国封建制的形成及其法典化》，原载《历史研究》，1956年，第8期，引自：《中国古代史分期问题讨论集》，北京：生活·读书·新知三联书店，1957年版，第539页）。

来仍然没有摆脱"封建"的圈子，因为说"中世封建"依然是"封建"，照此类推似乎还应当有"古代封建""近代封建"，反而使"封建"的行用范围更广。按照日知先生和侯外庐先生的说法，"封建"一词的对译是错误的，只是由于行用已久而不得不如此。其实按照科学最讲认真的原则，既然是错误的，就应当更正，"行用已久"并非坚持错译的过硬理由。

愚以为用"封建"一词进行对译是可行的，并非是一个错误，在严复的时代能够用这个词进行对译，可谓是一个创造。应当看到，对于封建、封建主义的认识有一个历史的发展的过程，我们不可以用今天对于封建、封建主义的认识来要求严复，严复不可能有马克思主义的关于封建、封建主义的概念。就马克思主义理论本身来说，关于封建主义的理论也有一个发展的过程。在19世纪，西方学者关于"封建"的概念，主要指一种政治、法律制度，核心是指封君与臣属之间的人身依附关系，马克思和恩格斯也受了这种观点的影响，所以在他们关于"封建"的理论中有许多是在强调这种属于政治的法律的人身依附关系，但是又在许多地方，从经济学的角度强调封建的生产方式、封建的土地关系，这是我们在研究关于封建问题时所应当注意的。

我们现在的关键问题是用科学的标准来考察这个对译是否正确的问题，应当在马克思理论的指导下创立有中国特色的关于封建主义的理论。我们所理解的作为社会形态的、社会性质的"封建"，既不是欧洲中世纪的封建（即严复所称的"拂特"），也不是中国古代在"封邦建国"意义上的封建，而应当是符合马克思主义理论原则的"封建"及"封建主义"的定义。

许多专家对于创立有中国特色的封建主义理论做出过重要贡献，侯外庐先生就是其中很突出的一位。侯外庐先生从春秋时代的文献里相关记载研究出发，指出"封建"有三点意义：（1）封建是为监视下民（直接生产者）的制度；（2）封建是以土地耕种为要件的制度；（3）封建是在土地与生产者结合的"邑"之下，以保持氏族贵族延续的制度。而且"封建亲戚，以蕃王室之说，是战国时代的造说……在战国末年儒家集《国语》所凑成的《左传》才把周代封建的制度有源有本地描画出来，而到汉代儒家则把这一封建制度造到三代，更推及于黄帝。""'封国'非封建制度"[1]。从其所举封字古义看，"封"实

---

[1] 侯外庐：《中国古代社会史》，北京：生活·读书·新知三联书店，1948年，第113—116页。

与土地有关，这是大可引起我们注意的事情。封字古义为在田地疆界上封土植树以为疆界标识，《左传》《周礼》等皆有这方面的记载。《说文》训封字之义为"爵诸侯之土"，就古制而言，是准确的。封可以代表封国，如伪古文《尚书·蔡仲之命》"予命尔侯于东土，往既乃封"，即为一例。《诗经·烈文》谓："烈文辟公，锡兹祉福。惠我无疆，子孙保之。无封靡于尔邦，维王其崇之。念兹戎功，继序其皇之。"侯外庐先生说："这里'封靡'之义颇难索解，似谓勿把疆界乱为封树。"①关于"建"，见于《鲁颂》，指建立侯国。封邦建国在周公制礼的时候已经成为系统的规范的制度，然而用"封建"一词概括其事却迟至春秋初年，鲁僖公二十四年（前636）周僖王想联合狄人伐郑，周大夫富辰谏谓："昔周公吊二叔之不咸，故封建亲戚以蕃屏周。"（《左传》僖公二十四年）认为，因周与郑之间存在着"封建"关系，所以周应当与郑亲善而不可联狄伐郑。

在分析"封建"一词时，过去专家们多以为它只是以封邦建国为形式的政治制度，从而与作为社会形态的"封建"似乎风马牛不相及。其实，我国上古时代的封建，形式上是政治权力的封建，而实质上是对于劳动力和土地的分配；并且这个分配是按照等级层次为标准而进行的依次分配。关于这方面的材料见于彝铭和文献者甚夥，人们多耳熟能详，故而不在这里罗列。我只想在这里指出一点，那就是封建之制最终的着眼点在于对劳动群众的控制，《白虎通·封公侯》谓"王者即位，先封贤者，忧民之急也。故列土为疆非为诸侯，张官设府非为卿大夫，皆为民也"，即道出了其中奥妙。按照马克思主义关于生产关系的理论，生产资料的所有制以及劳动者与生产资料结合的方式，是为生产关系的核心内容，周代的封建之制恰恰在这方面做出了系统的规定。从这个角度说，严复在20世纪初就采用了"封建"一词进行译作，实为天才创造。"封建"一词长期行用不废，与此应当是有关系的。

（二）

这里所提到的"封建制"即封建主义的生产方式，按照长期流传的"五种生产方式说"，它的产生应当是不成为问题的：封建制产生于奴隶制的崩溃。然而，在近年的研究中，专家精辟地指出"前资本主义阶级社会没有必要也没

---

① 侯外庐：《中国古代社会史》，北京：生活·读书·新知三联书店，第117—118页。

有可能分为奴隶社会和封建社会两个有前后高低之分的不同的社会经济形态"①。还有的专家研究了东斯拉夫人古代社会在"原始社会解体之后，未经过奴隶制而直接向封建制过渡"的情况②。然而，对于封建制的产生的历史道路问题还需要从马克思主义理论的深入研究方面进行再讨论。

为了更深入地解剖资本主义就必须对它产生的历史进行研究。马克思在《政治经济学批判》的手稿中所写《资本主义生产以前的各种形式》③，就是为完成这一重大理论任务而进行的工作结晶。马克思的这部手稿写于19世纪40年代后期，当时的学术界对于人类原始社会的系统认识还没有建立，在马克思写这部手稿二十多年以后，摩尔根的《古代社会》一书才问世。在写这部手稿的时候，马克思对于人类社会发展规律问题正在进行探索。就是在这样探索的过程中，马克思已经提出了许多光辉的天才思想。在这部手稿中，马克思深刻揭示了古代社会从原生形态到次生形态，指出了农奴制和奴隶制的萌芽是同时出现的。他说："奴隶制和农奴制只是这种以部落体为基础的财产的继续发展。它们必然改变部落体的一切形式。在亚细亚形式下，它们所能改变的最少。"④"奴隶制、农奴制等等总是派生的形式，而决不是原始的形式，尽管它们是以共同体为基础的和以共同体下的劳动为基础的那种所有制的必然的和当然的结果"⑤。这里绝没有把农奴制说成是奴隶制的"必然和当然的结果"，而是原始形式的必然和当然的结果。对于马克思的这个论述，早有专家注意到其重要意义，例如，林甘泉先生在分析中国封建土地所有制的时候，在引用上段话后即指出："世界历史的进程正如马克思所说的一样，由共同体土

---

① 胡钟达：《再评五种生产方式说》，《历史研究》，1986年，第1期。引文转引自：《胡钟达史学论文集》，呼和浩特：内蒙古大学出版社，1997年，第247—248页。此前，雷海宗先生在刊登于《历史教学》1957年第7期的《世界史分期与上古中古史中的一些问题》一文中曾经对于原始社会解体后必然要过渡到奴隶社会的观点提出过质疑。胡钟达先生肯定了雷海宗先生的看法，见前引其论文集第276页。
② 张树栋，刘广明：《古代文明的起源与演进》，南京：南京大学出版社，1991年，第173—183页。
③ 《马克思恩格斯全集》，第46卷（上册）。
④ 同上书，第492页。
⑤ 同上书，第496页。

地所有制过渡到土地私有制，既可以产生奴隶制，也可以产生农奴制。"①

可是，有的专家深入研究了马克思的这部手稿以后，断定："马克思不仅清晰地说明了由原始社会向奴隶社会转变的必然性，还深刻地揭示了这种转变的内在原因。"②这确实是一个极为重大的问题，如果马克思真的肯定了"由原始社会向奴隶社会转变的必然性"，那么长期流传的"五种生产方式说"也就基本上可以成立了。为了深入研究这个问题，这里我们将马克思的这段论述具引如下：

> 财产的各种原始形式，必然归结为把各种制约着生产的客观因素看作归自己所有这样一种关系；这些原始形式构成各种形式的共同体的经济基础，同样它们又以一定形式的共同体作为前提。这些形式由于劳动本身被列入生产的客观条件（农奴制和奴隶制）之内而在本质上发生变化，于是属于第一种状态的一切财产形式的单纯肯定性质便丧失了，发生变化了。它们全都包含着奴隶制这种可能性，因而包含着这种对自身的扬弃③。

在资本主义以前，劳动者本身以各种形式被列入生产的客观条件，马克思指出在资本主义生产关系产生的时候，这些形式逐渐解体，为资本主义生产关系的出现提供了可能。所谓劳动者本身被列为生产的客观条件，就是对于劳动者人身的占有关系，这种占有关系，无论是奴隶制抑或是农奴制，其实质都是相同的即剥削者对于劳动者人身的全部（或部分）占有，马克思所说"包含着奴隶制这种可能性"的真正含义应当就在这里。在生产方式中，人与人的关系只有到了资本主义时代才有大的改观，"对资本来说，工人不是生产的条件，而只有劳动才是生产的条件。如果资本能够让机器，或者甚至让水、空气去从事劳动，那就更好。而且资本占有的不是工人，而是他的劳动，不是直接地占有，而是通过交换来占有"④。马克思所说的"全都包含着奴隶制这种可能性"，正是指前面所说的"劳动本身被列入生产的客观条件（农奴制和奴隶制

---

① 林甘泉：《中国封建土地制度史》，第1卷，北京：中国社会科学出版社，1990年，第8页。
② 何顺果：《马克思〈资本主义生产以前的各种形式〉考辨》，《史学理论研究》，1999年，第1期。
③ 《马克思恩格斯全集》，第46卷（上册），第502页。
④ 同上书，第499页。

之内"来说的，实际上是指农奴制中也有奴隶制的成分。所谓"奴隶制这种可能性"，其前提条件就是"农奴制和奴隶制"。因此，从马克思的这段话中得不出原始社会解体后必然进入奴隶制的结论。

关于封建制的产生，马克思和恩格斯曾经在《德意志意识形态》中分析了通过征服形成封建制的情况，他们说："野蛮人占领了罗马帝国，这一事实被用来说明从古代世界向封建主义的过渡……封建主义绝不是现成地从德国输送出去的；它起源于野蛮人在进行侵略战争事宜的组织中，而且这种组织只是在征服之后——由于被征服国家内所存在的生产力的影响——才发展为现在的封建主义的。"①恩格斯也曾提到在征服的情况下产生封建主义的两个例子②，一是法兰克人侵占高卢以后，"那里仍然留下很多罗马的大地主，他们把他们的大部分地产租给自由的或不自由的佃农，叫他们缴纳地租，替他们耕种"。另一个实例是"在7世纪末叶，高卢教会的全部地产占总土地面积的比例只能多于三分之一，不会少于三分之一。这些庞大的地产，一部分是交给教会的不自由佃农耕种的，可是也有一部分是由自由佃农耕种的"。除了罗马大地主和教会之外，最大量的土地是贵族的采地，"由采邑制所创造出来的社会等级制度，从国王起，经过大采邑主（帝国直属公爵的前身），到中等采邑主（即以后的贵族），并且从这里起，下至生活在马克公社以内绝大多数的封建等级制的基础。"关于由征服而封建化的情况，恩格斯在《家庭、私有制和国家的起源》中又说："对于被征服者的统治是跟氏族制度不相容的。"例如蛮族入侵罗马帝国以后，"他们既不能把大量罗马人吸收到氏族组织里来，又不能用氏族组织去统治他们，于是需要设置一种新的政权……因此，氏族管理组织的机关便转化为国家机关了。"

那么，在没有征服的情况下封建主义是如何产生的呢？马克思指出：

> "民主的"原始公社的命运是必然的：固有的土地所有权为君主、贵族等所篡夺；在领主和农民公社间的家长式的关系带来农奴制。……这种发展是有趣的，因为这里的农奴制是在纯粹经济的途

---

① 《德意志意识形态》，《马克思恩格斯全集》，第3卷，俄文版，第74页。转引自：《马克思主义经典作家论资本主义以前诸社会形态》（下册），北京：中华书局，1959年，第436—437页。
② 恩格斯：《德国古代的历史和语言》，北京：人民出版社，1957年。

径上起源的，没有表现征服和种族两重性的中间环节①。

这种"纯经济的途径"实即徭役，正如马克思所说"对于统治阶级，主要的课赋，依然是徭役劳动，在事情像这样的地方，与其说徭役劳动从农奴制度发生，毋宁反过来说农奴制度大多数是从徭役劳动发生。……自由农民在他们的公地上做的劳动，变成他们替公地盗占者做的徭役劳动了。农奴关系就是这样发展的"②。关于最初的"徭役"情况，我们可以推想，既然徭役是农奴制产生的契机，那么，在徭役中所体现的人与人的关系（而不是人通过物来体现的人们之间的关系）便应当受到特别重视。在没有一个明显的地主阶级出现的情况下，封建制是否会出现呢？答案应当是肯定。最初的徭役只存在氏族贵族与普通农民（即氏族成员）之间。这种存在于氏族制形式之下的徭役制就是封建主义的萌芽。应当指出，徭役劳动所直接产生的是农奴制，而农奴制与封建制度是不能画等号的，在别的生产方式下面也可能出现农奴制，但是，封建主义生产方式下的农奴制应当是最为典型的农奴制。

（三）

按照马克思主义的观点，生产方式（Produktionweise）的本质在于特殊的生产资料与特殊的劳动力的结合关系。过去理解封建制的本质往往不大注意这种结合关系，而是注目于封建主与农民两大阶级的对立。这两个阶级的对立是存在的，但那是在封建制形成和成熟的时期，而不在它刚刚萌芽的阶段。从进入文明时代开始，直到秦末农民大起义之前，在近两千年的漫长时间里并没有发生规模很大的农民起义，这就是当时阶级斗争的急风骤雨尚未降临的明证。

斯大林的下面这段话是中国学术界耳熟能详的论断：

> 在封建制度下，生产关系的基础是封建主占有生产资料和不完全占有生产工作者，这生产工作者便是封建主虽已不能屠杀，但仍可以买卖的农奴。当时除封建所有制外，还存在有农民和手工业者以本身

---

① 《致恩格斯》，《马克思恩格斯通信集》，第2卷，北京：生活·读书·新知三联书店，1957年，第182—183页。
② 马克思：《资本论》，第1卷，北京：人民出版社，1956年，第269页。

劳动为基础占有生产工具和自己私有经济的个人所有制①。

这个论断对中国史学界影响很大。仔细分析起来，它的主要问题在于所述内容的绝对化。这种绝对化的表现，一是忽视了封建生产关系发展和形成的历史过程，将各个历史阶段的封建关系一统为单一模式；二是只强调在封建关系中的阶级对立，忽视了封建生产关系对于社会发展的适应性质和这种关系内部的和谐性质。

必须看到封建制有一个发展过程。在完全成熟的封建制度下，农民是土地的附属，封建主通过占有土地而剥削农民的劳动。但是，在封建制开始形成的时候，尚非完全如此。那个时候重要的是对于劳动力的控制，而不是对于土地的控制。关于欧洲典型的封建制，马克思曾经说过："欧洲的黑暗的中世纪，在那里，我们看不见独立的人，却看见每个人都是互相依赖的——农奴与领主，家臣与封建诸侯，俗人与僧侣。物质生产的社会关系及建立在其上的各个生活领域，都是以人身的依赖性为特征。""人身的依赖关系形成一定的社会基础"②。马克思这里指的是封建的封君与受封之臣的人身关系，我们应当注意到的是这种关系对于生产方式的影响。上行下效，层层的人身依附，在金字塔最下层的农奴，当然与封建主也存在着形式上类似的人身依附关系。农奴经济形式所需要的就是"人身的依赖关系，人身在某种程度上的不自由，人被束缚于土地上作为土地的附属品，真正的附属品"③。应当指出，"人身的依赖关系"过去常被理解为奴隶主或封建主对于劳动者人身束缚。这是不够全面的。其实在封建制出现的初期，这种束缚表现为氏族对劳动力的控制和保护，表现为劳动者个人对氏族的依赖。

---

① 斯大林：《辩证唯物主义与历史唯物主义》，载《列宁主义问题》，北京：人民出版社，1953年，第867—868页。
② 马克思：《资本论》，第1卷，北京：人民出版社，1956年，第60页。在中世纪欧洲封建的情况中也可以发现封建主与劳动者之间的这种关系。例如比利时学者亨利·皮朗就曾指出，"在战争期间，领主保护其臣民不受敌人侵袭，把他们掩护在城堡的围墙之内；这样做，显然符合领主自己的利益，因为他要靠他们的劳动生活"（《中世纪欧洲经济社会史》，上海：上海人民出版社，1986年，第59页）。
③ 《马克思恩格斯论中国》，北京：人民出版社，1954年，第15页。

这种对劳动力的控制①，是封建制形成时期的一个基本特征。这种控制当然具有超经济强制的性质，但是它并非完全表现为封建主的皮鞭加大棒，而是在氏族制度尚普遍存在的情况下，所谓超经济的强制多表现为氏族的影响和传统的力量。

马克思说："土地占有制的耕作者们……本身一部分是占有者的财产，像农奴一样，一部分是他们对他有尊敬、臣从和义务的关系。所以占有者对他们的态度直接是政治的并且也同样有一个情感的方面。"②这里所讲的土地占有制和农奴的关系，甚可注意的是他所提到的"情感的方面"。中国上古时代，这个情感的方面的因素很重要，如《尚书·汤誓》载商的族众对君主的话谓："我后不恤我众。"《盘庚》篇载商的族众与商王休戚与共的关系，周的"惠保小民"的文王与周公，以致建造灵台的时候，"庶民子来"（《诗经·灵台》），朱熹释此谓："虽文王恐烦民，戒令勿亟，而民心乐之，如子趣父事，不召自来也。"（朱熹《诗集传》卷十六）后来孟子拿此事劝喻梁惠王，让梁惠王与民同乐，这其中存在的就是情感的因素。此事见《孟子·梁惠王》上篇，内容如下：

> 孟子见梁惠王，王立于沼上，顾鸿雁麋鹿，曰："贤者亦乐此乎？"孟子对曰："贤者而后乐此；不贤者，虽有此不乐也。《诗》云'经始灵台，经之营之，庶民攻之，不日成之。经始勿亟，庶民子来。王在灵囿，麀鹿攸伏；麀鹿濯濯，白鸟鹤鹤。王在灵沼，于牣鱼跃。'文王以民力为台为沼，而民欢乐之，谓其台曰灵台，谓其沼曰灵沼，乐其有麋鹿鱼鳖。古之人与民偕乐，故能乐也。《汤誓》曰：

---

① 关于劳动力与土地在地租形成中的关系，马克思说："地租不管属于何种特殊形态，它的一切类型，总有这个共通点：地租的占有是土地所有权由以实现的经济形态；并且地租又总是以土地所有权，以某些个别人的对于地球某些部分有所有权这一个事实，作为假定。土地所有者，可以是代表共同体的个人，在亚洲埃及等地就是如此；这种土地所有权，也可以只是某些人对直接生产者人身的所有权的附属品，例如在奴隶制度或农奴制度下，就是如此。"（马克思：《资本论》，第3卷，北京：人民出版社，1956年，第828页）细绎这段论述，可以看到对于生产资料的占有方式，非必为上古时代社会生产方式的基石，在那个时代的社会中，人与人之间的依附关系可能处于更为重要的地位，在奴隶制和农奴制下，土地只是作为人身占有的附属品而被人控制，可见在生产关系中，它远没有人身占有更具备实质的意义。

② 马克思：《经济学—哲学手稿》，北京：人民出版社，1956年，第46页。

'时日曷丧，予及汝偕亡！'民欲与之偕亡，虽有台池鸟兽，岂能独乐哉？"

　　庶民之所以能够踊跃地给周文王劳作，实际上是把他当作父家长来看待的。这种情感的因素，直到战国时期才逐渐消失，而代之以赤裸裸的财产与金钱关系，《吕氏春秋》讲庸者为博取金钱而精细耕作，战国后期秦俗认财而不认亲，是皆为例。

　　封建土地私有制是封建制的基础，这是毫无可疑的。对于封建土地占有的特征，马克思曾经从行政司法权的角度有过如下的说明："在封建的土地占有（Feudalgrundbesitz）之下已经存在着一种作为对人的外在力量的土地的统治。农奴是土地的附属品（Akzidenz）。土地属于宗子（Majoratsherr），即属于长子。土地是归他继承的。私有权的统治主要随着土地占有而开始，土地占有是私有权的基础。在封建的土地占有之下，主人至少表现得像地产的君主。……土地显得像它的主人的非有机的躯体。所以有成语谓Nnlle terr sansmaitre（没有无主的土地），这句话就表明领主权和土地占有权的结合。"①在发达的典型的封建制度下，可以认为农奴是土地的附属，但在封建生产关系出现的早期，与其说农奴是土地的附属，毋宁反过来说土地是农奴的附属。在封建关系早期，对于劳动者人身的占有远比对于土地的占有重要，这种情况历夏商西周，直到春秋时期还隐然可见。贵族首先注目的是对于人的控制，而不是对于土地的占有。所以马克思又说："决不要忘记，就连农奴也不仅是他的住宅所附属的小块土地的所有者（虽然是有纳贡义务的所有者），且还是共有地的共同所有者。"②"在欧洲一切国家中封建的生产，都以土地分给尽可能多数的臣属这件事为特征。同其他一切主权者一样，封建领主的权力，不是依存于他的地租量的大小，而是依存于他的臣属的人数，后者又依存于自耕农民的人数"③。马克思说明在欧洲的封建制度下，封建主必须由众多的下属臣民组织军队，否则就自身难保。由此我们可以知道，对于封建主来说，依附农民与土

---

① 马克思：《经济学—哲学手稿》，北京：人民出版社，1956年，第46页。此处引文转引自：侯外庐：《中国封建社会史论》，北京：人民出版社，1979年，第31页。侯先生于此曾参考马克思恩格斯《经济学短篇论文集》德文第兹1955年版，对译文进行了校订。
② 马克思：《资本论》，第1卷，北京：人民出版社，1956年，第906页。
③ 同上书，第906—907页。

地是密不可分的。这在西方如此，在古代中国也是如此。所以在周代既有"土田附庸"的说法，又有"附庸土田"的说法①，生产者与土地密不可分地结合为一体。在封建制形成的初期，地租不是采用超经济的强制来"榨出"的，而主要是在温情脉脉的氏族纱幕下由农民按照传统而"自愿"地奉献出来的。严格说起来，这也是一种超经济的手段，但这和地主、贵族手中的皮鞭下的超经济"强制"毕竟有所区别。

　　封建制的本质何在呢？它的基本特征当然是封建的土地占有关系、地租形态和超经济的强制等，但其最本质的内容不在于地主、贵族与农民阶级的两大阶级的对立，而在于劳动者可以以一定程度上的自由身份与劳动的条件相结合，从而生产出社会物质财富，产生出可供剥削的剩余价值。从人类历史的发展看，社会的进步常常表现在劳动者有了更多的自由的空间与时间，有了更好的创造物质与精神财产的客观条件。所谓"自由"，在这里是一个相对的历史的概念，是指人的身份而言的。氏族是劳动者的保护伞，但同时又是一种思想上和经济上的传统束缚。在进入文明时代的时候，在氏族封建制度下，农民在一定程度上自觉或不自觉地摆脱了氏族制度与传统的束缚，取得了某种程度上的自由，可以在这个范围内自由地支配自己。然而，另一方面，他们又没有充分的自由，他们还必须自愿或不自愿地"奉献"出徭役劳动和一定的劳动产品给氏族（实即氏族贵族），封建的剥削就是在这种形态里面萌生的。马克思说："封建主义也有过自己的无产阶级，即包含着资产阶级的一切萌芽的农奴等级。封建的生产也有两个对抗的因素，人们称为封建主义的好的方面和坏的方面，可是，却没想到结果总是坏的方面占优势。正是坏的方面引起斗争，产生形成历史的运动。"②氏族封建制和宗法封建制也有其"好的方面"和"坏的方面"，它们为劳动者提供了一定程度上的自由，但又不自觉地给劳动者套上了新的枷锁，使劳动者处于被剥削被奴役的地位。夏商周三代的历史表明，这后一个方面在不断发展而占据优势。

---

① 周宣王时器《召伯虎簋》载"余考止公附庸土田，多债"。《诗经·閟宫》载"锡之山川，土田附庸"。现代专家多以为此"附庸"，即附着于土田上劳作的农民。"附庸土田"和"土田附庸"之载具体地说明了劳动力与土地密不可分的关系。
② 马克思：《哲学的贫困》，《马克思恩格斯全集》，第4卷，北京：人民出版社，1958年，第154页。

中国上古时代的社会自从进入文明时代开始,亦即进入了封建时代,并没有经过一个所谓的奴隶制时代。中国的封建制可以称为氏族封建制和宗法封建制。这种称呼不见于马克思主义的经典。可是,虽然于经典无征,但是在马克思主义的著作中却有不少相关的论述,足可为我们的认识提供间接的理论依据。马克思关于氏族及氏族成员的劳动特点,曾谓"劳动者把自己的劳动的客观条件看作自己的财产;这就是劳动同劳动的物质前提的天然统一","各个个人都不是把自己当作劳动者,而是把自己当作所有者和同时也进行劳动的共同体成员。……他们劳动的目的是为了保证各个所有者及其家庭以至整个共同体的生存"①。在分析"亚细亚的所有制形式"时,马克思再次强调氏族"并不是共同占有(暂时的)和利用土地的结果,而是其前提","土地是一个大实验场,是一个武库,既提供劳动资料,又提供劳动材料,还提供共同体居住的地方,即共同体的基础。人类素朴天真地把土地看作共同体的财产"②。

　　马克思和恩格斯常把野蛮与文明之际的人类社会组织形态称为"共同体"。这种共同体实即以氏族为基础的按地域划分的氏族成员的居住地。也可以说最初的共同体就是氏族。马克思所强调的并非个人——单个的劳动个体——对于生产资料(主要是土地)的占有和利用的关系,而是人只是氏族的"一个肢体"③。这里应当特别注意的是,马克思所论土地所有制的"第一种形式","前提首先是自然形成的共同体:家庭和扩大成为部落的家庭",马克思在这里所使用的"部落"一词,实即氏族。"以部落体(共同体最初就归结为部落体)为基础的财产的基本条件就是:必须是部落的一个成员"④。"在这种财产形式下,单个的人从来不能成为所有者,而只不过是占有者"⑤。"公社的单个成员对公社从来不处于可能会使他丧失他同公社的联系(客观的、经济的联系)的那种自由的关系之中。他是同公社牢牢地长在一起的"⑥。"个人把劳动条件看作是自己的东西(这不是劳动即生产的结果,而是其前提),这是以个人作为某一部落体或共同体的成员的一定的存在为前提的(他本身在某种程

---

① 《马克思恩格斯全集》,第46卷(上册),北京:人民出版社,1979年,第471页。
② 同上书,第472页。
③ 同上书,第472页。
④ 同上书,第492页。
⑤ 同上书,第493页。
⑥ 同上书,第494—495页。

度上就是共同体的财产）"①。马克思特别强调了氏族在进入文明时代初期的重大作用，他说：

> 我们越往前追溯历史，个人，也就是进行生产的个人，就显得越不独立，越从属于一个更大的整体；最初还是十分自然地在家庭和扩大成为氏族的家庭中；后来是在由氏族间的冲突和融合而产生的各种形式的公社中②。

关于"家族和发展为氏族的家族"问题，恩格斯也进行过论述，并且提出家族先于氏族的结论。但是后来恩格斯又根据新的材料指出由家族到氏族的发展模式是不正确的，恩格斯说："原来不是由家族发展到氏族。反之，氏族才是原始自然发生的以血缘为基础的人类社会形态。由于氏族的结合开始解体，才有各式各样的家族形态发展出来。"③马克思在《摩尔根〈古代社会〉一书摘要》中也说："家族不能是氏族组织的单位，氏族才是这种单位。"④

在没有外力征服的情况下，在马克思所说的"纯经济的途径上"，封建制是如何产生的呢？马克思说："假如把人本身也作为土地的有机附属物而同土地一起加以夺取，那么，这也就是把他作为生产的条件之一而一并加以夺取，这样便产生奴隶制和农奴制，而奴隶制和农奴制很快就败坏和改变一切共同体的原始形式，并使自己成为它们的基础。简单的组织因此便取得了否定的规定。"⑤这个论述可以使我们考虑到这样两方面的问题：（1）人和土地是密不

---

① 《马克思恩格斯全集》，第46卷（上册），第496页。
② 马克思：《政治经济学批判导言》，《政治经济学批判》，附录一。北京：人民出版社，1976年，第194页。
③ 马克思：《资本论》，第1卷，第423页注。
④ 附带应当指出的是，马克思和恩格斯的这些理论在这里可以启发我们考虑宗法制的实质问题，宗法制是氏族制的发展，这个发展表现在家族在氏族组织中的地位的加强。宗法制下的宗族实即家族，即氏族内部扩大了的家族，它是为了避免氏族的解体而出现的"各式各样的家族形态"之一。氏族并非一个一成不变的社会组织形态，在我国的上古时代，它从原始性很强的社会组织，发展而成为宗族（宗族与氏族没有本质的区别），这时候的氏族已经包括了多种层次，为了与原始性质很强的氏族相区别，专家或称之为"族氏"，这是一种可取的做法，但是我们如果界定了氏族的概念，并且把它理解为一个历史的不断发展的社会组织，那么，使用它来说明"氏族封建制"的概念，或不致出现大的错误。
⑤ 《马克思恩格斯全集》，第46卷（上册），第490—491页。

可分而连为一体的，对于人的控制是农奴制产生的重要因素；（2）在农奴制出现之后，氏族仍然存在，只不过是以农奴制为其基本的社会形式而已。在长时间的发展过程中，氏族贵族正是用徭役和贡纳的方式，通过剥削氏族成员的劳动形成了日趋强大的私有经济。总之在野蛮与文明之际没有一场巨大的社会革命的暴风骤雨，一般说来，在氏族的普照之光下面，封建制是悄然而缓慢地萌芽和形成的。恩格斯说："所有文明的各族人民都是从土地的公社所有制开始的。各族人民经过了原始状态的一定阶段之后，土地的公社所有制在农业的发展进程中变成为生产的桎梏，它被废除、被否定，并且经过了较长或较短的中间阶段之后转变为私有制。"①我国上古时代，这种土地公有制经历了"较长"而不是"较短"的时间才转变为土地私有制的。较长时期的土地公有制与氏族的长期存在极有关系，可以说是完全同步发展变化的。

氏族与最初时期的国家是并非绝对矛盾，并非一切国家都必须建立在氏族的废墟之上。在氏族普遍存在的情况下也可以产生出国家的因素。马克思和恩格斯说：

> 所有制的最初形式无论是在古代世界或中世纪都是部落所有制，这种所有制在罗马人那里主要是由战争决定的，而在日耳曼人那里则是由畜牧业所决定的。在古代诸民族中，由于一个城市里同时居住着几个部落，因此部落所有制具有国家所有制的形式，而个人的财产权则局限于单纯的占有［Possessio］，而且这种占有也和一般部落所有制一样，仅仅扩展到地产②。

他们所说的"部落所有制具有国家所有制的形式"，这在中国上古时代是常见的现象，所谓"家国同构"，在上古时代，实即氏族与国家同构。马克思和恩格斯都十分强调东方没有土地私人所有制的问题，我们从"氏族与国家同构"的角度来考虑这个问题，似乎更可以体会到古代中国社会的实质：土地只属于氏族——亦即国家——所有，而个人只是在作为氏族一分子的情况下才有占有

---

① 恩格斯：《反杜林论》，北京：人民出版社，1956年，第142页。
② 马克思，恩格斯：《德意志思想体系》，俄文版，《马克思恩格斯全集》，第3卷，第62页。转引自：《马克思主义经典作家论资本主义以前诸社会形态》（上册），北京：中华书局，1959年，第140页。

部分土地的资格。"溥天之下，莫非王土，率土之滨，莫非王臣"（《诗经·北山》），"王土""王臣"即氏族之土、氏族之臣（即氏族成员）。总之，我们可以肯定，马克思所说的"以共同体为基础的和以共同体下的劳动为基础的那种所有制"，结合到中国上古时代的社会情况，可以说就是氏族封建制。

氏族封建之下的土地制度从甲骨文的"田"字形体看，应当是有一定区划的方块田，相传箕子到朝鲜曾将田制亦带去，所以古代朝鲜有"箕田"，其田制状况是："其制皆为田字形，田有四区，区皆七十亩。大路之内，横计之，有四田八区，竖计之，亦有四田八区，八八六十四，井井方方。……其尖斜欹侧不能成方处，或一二田，或二三区，随其地势而为之，此则乡人传为余田。"①这种箕田，盖为殷礼之失而可求诸野者。殷墟卜辞所载"垦田""藉田"等，就是氏族成员对于这种方块田的开垦与耕作。集中成片的方块田，可能是殷商王朝或贵族的"公田"，孟子说"殷人七十而助……惟助为有公田"，可见他确凿地认定殷代有公田，与此相对应，殷商时代自然也就有公田与私田的区别。而小块的零星田地，即所谓"余田"者，可能分配给氏族成员自己耕种，拥有小块田地的氏族成员应当就是卜辞所载的"众"或"众人"，亦即文献所载的殷商时代的"小民"。马克思说："如果你在某一个地方看到了由许多小块土地组成的并带有土垄的棋盘状耕地，那你就不必怀疑，这就是业已消失的农村公社的地产。"②

那么，氏族封建制和原始氏族所有制有什么区别呢？

依愚所见，这个区别可能在于劳动者对于劳动条件的部分占有权的确立。马克思曾经这样描述古代所有制形式下的劳动者："公社成员的身份在这里依旧是占有土地的前提，但作为公社成员，每一个单个的人又是私有者。"③然而，必须注意，"孤立的个人是完全不可能有土地财产的"，马克思提出这一命题后提出，把土地作为财产须有一个前提，即"在主观方面个人本身作为某一公社的成员"，单独的个人必须"以公社为媒介才发生对土地的关系"④。按照马克思的区分，这种"以公社成员身份为媒介的所有制"可以表现为"公有

---

① 韩百谦（朝鲜古代学者）：《箕田考》，转引自：徐喜辰：《商殷奴隶制特征的探讨》，《中国古代史分期问题讨论集》，北京：生活·读书·新知三联书店，1957年，第62页。
② 马克思：《答维拉·查苏里奇的信和草稿》，转引自《史学译丛》，1955年，第3期，第24页。
③ 《马克思恩格斯全集》，第46卷（上册），第476页。
④ 同上书，第483—484页。

制""国家所有同私人所有相并列""个人所有制的补充"三种形式。马克思多次强调氏族成员个人只是作为氏族的一个分子来拥有土地的,"作为共同体的一个天然的成员,他在公共财产中有自己的一部分,并有特殊的一份为自己占有","他的财产,即他把他的生产的自然前提看作是属于他的,看作是他自己的东西这样一种关系,要以他本身是共同体的天然成员为媒介"①。在氏族公有制下面的部分的氏族成员的私有,这在原始部落所有制下是不存在的,而在氏族封建制之下则是必然的因素。

我们还应当讨论一下氏族封建制与专制主义的关系问题。

马克思说:"那些家庭公社是奠基在家庭工业上,在手织业、手纺业和用手进行的农业的特殊结合上,这种结合使它们都能够自给自足。……这些淳朴的村社不管外表上看起来怎样无害于人,却始终一直是东方专制制度的坚固基础。"②恩格斯说:"古代的公社,在其继续存在的地方,于数千年中,曾经是最残暴的国家形式(东方君主统治)的基础,从印度到俄国都如此。只在公社崩溃的地方,人民才以自身的力量,沿着发展的道路前进。"③马克思说:"这种自足的共同体,是不断以同一的形态再生产;如偶然被破坏,也会在同一地点,以同一名称再树立起来。它的简单生产有机体,给了我们一个解决这样一个秘谜的钥匙:为什么亚细亚诸国不绝解散,不绝重建,王朝也不绝变更,但与此相反,亚细亚的社会却是没有变化。社会的经济基本要素的结构,在政治风云的浪潮中,是依照旧样。"④

这种"东方专制制度"应当有一个发展过程,当家庭尚只是氏族的一个细胞的时候,在社会上起作用的只是氏族,国家与家庭之间还没有直接的联系,所以在这个时候,"专制"尚不能出现,因为它不能建筑在天然民主的氏族的基础之上。在第二阶段,氏族瓦解了,家庭成为像口袋里面的马铃薯一样的社会细胞,这时候,它才成为专制制度的"坚固基础"。按照马克思的说法,即"这种共同体的形式就或是较为专制的,或是较为民主的"⑤,所谓的"共同

---

① 《马克思恩格斯全集》,第46卷(上册),第489页。
② 马克思:《马克思论印度》,北京:人民出版社,1951年,第13页。
③ 恩格斯:《反杜林论》,北京:人民出版社,1956年,第187页。
④ 马克思:《资本论》,第1卷,北京:人民出版社,1956年,第432页。
⑤ 《马克思恩格斯全集》,第46卷(上册),第474页。

体"应当就是部落和部落联盟。在中国上古时代正是由于氏族的长期存在，所以在社会上层建筑方面不可能出现专制主义，而只能是较为"民主"的政治形式。

按照我的看法，我国夏商时代正是氏族封建制形成的时期，而到了周代，由于社会形势的需要，氏族制则进入一个更高级的阶段——宗法封建制。宗法封建制与氏族封建制是没有本质区别的，而只是它的巩固和完善。

三 中国古史的氏族时代——应用"长时段"理论的一个考察

（一）

古史分期问题是20世纪五六十年代学术界，特别是历史学界的研究热点之一。所谓"古史分期"，就是对于中国古代社会形态的划分。关于中国古史历史分期和社会形态的研究，人们往往追求固定划一，用一个标准将历史时代"一刀切"。在这种思维模式下所进行的研究常常是劳而无功或事倍功半。这说明历史的发展是十分复杂的，简单的模式不适应历史实际，犹如想用一个简单的色调来描绘五光十色的场景一样，是不大可能的事情。那么，该如何做呢？是剪裁历史实际来符合所谓的"标准"，或是重新检讨"标准"来尽力符合历史实际呢？答案应当是肯定的，即"标准"以及理论必须符合实际而不是相反。

长期以来，学术界关于古史分期问题的讨论不能得到令人满意的结果，症结所在可以说就是裁剪历史实际以适应"五种生产方式说"这一"标准"。近年的研究成果表明，"五种生产方式说"之不符合马克思主义、不符合中国历史实际，已经越来越多地为学者所首肯。在探求的过程中，不少专家力求另辟蹊径，提出新的"标准"、新的理论。这是十分可喜的现象，是思想解放在历史学研究领域的一大进展。然而，在探讨相关的"标准"和理论时，愚以为还应当将眼界放得宽一些，将十分复杂的历史实际估计得充分一些。

从某个角度说，历史实际犹如客观真理，是可近而不可及的。要想再现历史只能是一个美好的愿望而已。古代社会形态是历史实际的一部分，呈现着十分复杂的面貌。关于社会形态的探讨，应当从各个不同的角度进行，一把尺子不够，可不可以多用几把？一个标准不能解决问题，可不可以多用几种标准？答案应该是完全肯定的，实际上前辈专家也已经这样做了，且做出了不少成绩。就拿先秦社会形态的问题而言，前辈专家从生产力发展的角度，就提出过

"青铜时代"的概念，并且以此和西方古代的铁器时代进行比较研究，从而发现了中国古代社会生产力发展的若干特色。社会生产力当然是社会形态的一部分，"青铜时代"的提出，对于认识先秦社会形态，是极有意义的命题。那么，从"社会生产方式"的角度呢？是否可以不受"五种生产方式说"的束缚而提出新的理论呢？近年有的专家就曾经提出"家国同构"的命题，认为先秦时代很长一个历史时期里是"宗法集约型家国同构农耕社会"，而秦汉以降则是"专制个体型家国同构农耕社会"。这个命题涵盖了社会生产力和社会结构特征、政治形态特征等多方面内容，显然是经过了深入思考以后的结果。还有的专家从古代文明或文化发展的角度对先秦社会形态进行分期，也有的专家试图从古代国家性质的角度来进行分期。总之，可以说在突破了"五种生产方式说"的束缚之后，学者们的探讨正在深入地有成效地进行着。然而毋庸讳言，有的专家的探讨离社会形态这一概念的距离远了一些。这也许就是目前相关研究的一个缺憾。

社会形态的根本所在，愚以为应当是社会生产方式和社会结构。从这个角度说，"五种生产方式说"尽管是一个不可取的模式，但是它对历史时代的社会生产方式和社会结构的说明，也还有着它不可抹杀的历史功绩。它毕竟是从社会形态的根本问题的角度进行的说明，前辈专家围绕"五种生产方式说"进行的研究对说明社会形态的根本问题做出了十分可贵的贡献。今天学术界冲破"五种生产方式说"的束缚，并不是要否定前辈专家在社会形态研究方面的业绩，而只是将社会形态研究中的标准问题来一番新形势下的检讨，使之更能够接近历史实际。

既然社会形态可以从不同的角度进行探讨，以不同的标准进行衡量，那么可不可以在说明社会形态的根本问题——即社会生产方式和社会结构的问题——时有新思路呢？我们下面所要集中探讨的就是这个问题。

（二）

20世纪法国年鉴学派的代表人物、杰出的史学家——费尔南·布罗代尔（Fernand Braudel，1902—1985年）所提出的历史时段理论影响巨大。他的理论着眼于探讨历史发展的多重因素。布罗代尔指出，一般的历史事件，只是喧嚣一时的新闻，犹如流火飞萤一样，转瞬即逝。这是历史发展的"短时段"。社会经济的发展情况决定了较长时期历史发展面貌，这是历史发展的"中时段"。而对于历史发展影响最大的是社会结构（布罗代尔称之为"网络构造"）——包括地理、社会组织、经济、社会心理等，亦即"长时段"（Lalongue duree）①。如果比喻的话，那么属于"短时段"的那些历史事件只是波涛起伏的大海的浪花，而社会结构才是渊深无限的底部，历史的阳光似乎永远照射不到它那深不可测的沉默的所在。在布罗代尔的著作中，"长时段"实际上是对于历史发展起着决定作用的、长时期有影响的因素。布罗代尔对于自己的"长时段"理论十分自信，他说："我立足于长时段，根据过去和现在的辩证关系，从时间上进行比较：这种比较从未使我失望。"②原英国历史协会主席、牛津大学教授巴勒克拉夫（Barraclough），对于布罗代尔的这些理论给予很高评价，指出，必须重视时段理论，"必须建立结构的历史（histoire structurelle，或 histre structurale）……因为结构和事态是事件赖以发生的基本场所"③，风行一时的年鉴派史学由此而诞生，成为影响巨大的史学流派。

愚以为"长时段"理论对于先秦社会形态——乃至整个中国古史的研究——具有重要参考价值。结合相关研究，可提出如下的一些认识：

第一，先秦时代（特别是夏商周三代）的政治变迁对社会形态有一定影响，但不能估计过高。可以说在一个较长时段（例如夏商西周时期）里，社会生产方式和社会结构的变化不太大，夏商西周之间的区别远没有其相同之处多而重要。夏商周三代政治变迁和许多历史事件，都是同一社会结构影响的结果。

第二，先秦时代不存在后世那样的农民起义，没有出现剧烈的社会暴动或震动。过去所指出的先秦时期的"奴隶起义""农民起义"云云，都经不起推敲。可以说夏商西周时期社会经历着平稳的发展而不是急遽的变革。这种情况表明，当时社会结构稳固。如果用"长时段"理论分析，可以说这正是大海深层静谧的表现。

第三，先秦时代有不少与后世相比而呈现出的鲜明特色，无论是经济生产方式，抑或是思想文化，都可以说是开启了后世的发展而又与后世有很大差异

---

① 也有的译作"长时程"，如杨豫译杰弗里·巴勒克拉夫《当代史学主要趋势》（上海译文出版社1987年版）一书就是如此。
② 布罗代尔：《十五至十八世纪的物质文明、经济和资本主义》，北京：生活·读书·新知三联书店，1992年，第21—22页。
③ 杰弗里·巴勒克拉夫：《当代史学主要趋势》，上海：上海译文出版社，1987年，第59—60页。

的重要领域。这些差异的形成原因不在于具体的事件和王朝的交替变迁，而为深层的社会结构形态所决定。

第四，所谓"长时段"应当还包括这样一层意蕴，那就是它和其他标准所进行的分期并非吻合，而常常是跨越了其他标准所进行的分期，有些为根本性的社会结构所决定的因素可以说跨越了许多时代，例如"青铜时代""原始时代""奴隶制时代""封建制时代"等。关于先秦社会形态的研究，很有必要找出这个具有根本性质的因素。

总之，"长时段"理论，可以启发我们在研究社会形态问题时，尽力避免绝对化、模式化的思路而进行一些深入的思考。把我们进行相关研究的"标准"问题考虑得更复杂些，避免单一模式所带来的绝对化。

（三）

按照我们对"长时段"理论的理解，什么是影响先秦时代的根本性质的因素呢？愚以为首当其冲的就是氏族的长期而普遍的存在及其影响的广大和深远。如果简单明了地进行概括，也可以把这个因素称之为"氏族时代"。

在说明"氏族时代"之前，我们应当先对"氏族"一词进行讨论。

"氏族"是蕴含中国上古时代社会奥秘最多的概念之一，专家们的相关研究颇有歧异，杨希枚先生曾经将姓与氏分别进行比较，将其代表的社会组织称为"姓族""氏族"，并且特别强调"'氏'义指邦或国"，还特别赞成日本学者加藤常贤将氏称为"领土的氏族"的断定①。对杨先生这一很有影响的说法，愚以为尚有继续探讨的余地。关于"姓"的解释，诸家似无什么分歧，一般都同意《说文》"姓，人所生也"的训释，认为"姓"就是人所出生的族的称谓。殷墟卜辞中的"多生（姓）"即多族，周代彝铭中的"百生（姓）"，即百族。是否有必要为了与氏族相区别而提出"姓族"一词呢？关键在于如何理解"氏"的含义。氏的出现比较晚，殷墟卜辞中似无明确的"氏"称，而周代则大量行用，并且习用来称谓远古时代大而有影响的族，如"陶唐氏""御龙氏""豕韦氏""唐杜氏"（《左传》襄公二十四年），"高阳氏""高辛氏""帝鸿氏""颛顼氏""缙云氏"（《左传》文公十八年），"伯明氏""有鬲氏""斟鄩氏"（《左传》襄公四年），"黄帝氏""炎帝氏""共工氏""凤鸟氏""丹

---

① 杨希枚：《论先秦姓族和氏族》，载《先秦文化史论集》，北京：中国社会科学出版社，1995年，第197—210页。

鸟氏""祝鸠氏""爽鸠氏"(《左传》昭公十七年),"豢龙氏""御龙氏""帝舜氏""烈山氏"(《左传》昭公二十九年),"姒氏""姜氏""姬氏""有虞氏""夏后氏"(《国语·鲁语》上),"防风氏""汪芒氏""肃慎氏"(《国语·鲁语》下),"方雷氏""夷鼓氏""苍林氏""少典氏"(《国语·晋语》四)等等。通过分析周代习用的"氏"的称谓,我们可以得出下面的认识。周以前基本上不行用的氏之所以在周代大量出现,是因为当时社会上的族进入了大发展的阶段,族的规模日益庞大,需要分出新的族,所以才行用"氏"称,常见的做法是在姓之下分出若干氏,此即《国语·周语》下篇所说的"命姓受氏"、《左传》隐公八年所说的"胙之土而命之氏"。由于"氏"称为周人普遍行用,所以周人多用氏称谓远古时代的著名的族。这样一来,氏与姓二者谁大谁小就成了问题,其实只要认识到氏与姓在上古时代均指族而言,也就不必拘泥于这一问题了①。

考究氏、姓应该用一个历史主义的观点。顾炎武虽然没有提到这种观点,但从他的论述里,可以看出他实际上注意到了这个方面的问题。他说:"言姓者,本于五帝……自战国以下之人,以氏为姓,而五帝以来之姓亡矣"(《日知录》卷二十三)。元代儒士史伯旋亦有此类说法,谓:"三代以后,皆无所谓姓,只有氏而已。故后世但曰姓某氏,而不敢曰某姓某氏。盖姓不可考,故但虚其姓于氏之上,而实其氏于下。"(顾栋高《春秋大事表》卷十一引)将氏理解为姓,是战国以降的事情,战国以前并不作如是观。我们前面提到的那些远古时代的"氏",如陶唐氏、高阳氏等,都是东周时人的说法,并不表示五帝的时代就已经有了"氏"称。卜辞和彝铭以及古文献材料都可以证明,"氏"称为后起,夏商时代及其以前,人们并不以"氏"为族称。卜辞表明,商代表示族的意义的是"生(姓)""族""旅"等字。据专家研究,西周金文中的"氏"字,"象注旗于竿首之形"②。"氏"的这种造字本义,与族字相似,甲

---

① 为了说明这一点,还可举出两个比较典型的例证。《战国策·秦策》二载"曾子处费,费人有与曾子同名族者而杀人",《吕氏春秋·异宝》载五(伍)员逃亡时,"丈人度(渡)之,绝江,问其名族",皆以族为"姓"之义,"名族"即名姓、姓名。郑玄注《周礼·司市》引郑众语谓"百族,百姓也"。总之,姓、族一致,这是上古时代习见之事。
② 徐中舒:《徐中舒历史论文选辑》,下册,北京:中华书局,1998年,第808页。除了这种解释以外,尚有谓"氏"字为"根柢"之形者,认为姓氏之氏即由根柢之义引申;还有的专家谓"氏"字为匙之初文,其上端有枝者乃为挂于鼎唇所用而防其坠。比较诸家所论,徐先生的说法盖为近是。

骨文和金文的族字之形从旗从矢，喻聚集大众于一个大旗之下。金文的氏字没有"族"这么大的气势，只是悬挂旗帜于竿首，盖喻小族之意。关于氏、族两字之意，顾炎武之说最得真谛。他谓："氏、族，对文为别，散则通也。故《左传》云：'问族于众仲'下云：'公命以字为展氏'是也。其姓与氏散亦得通，故《春秋》有姜氏、子氏，姜、子皆姓，而云氏是也。"（《日知录》卷二十三）

如果要用最简单的词语概括，那就可以说"氏即是族"①，并且依然是由血缘关系所决定的族，与"姓"并无根本区别，之所以在周代提出并且普遍行用，是因为族的大发展之形势所需要。同一祖先的大族，人口众多，需要分支，这些分支就是"氏"。郑玄谓"氏者，所以别子孙之所出也"②，可谓得氏字真谛。对于"氏"起决定作用的仍然是血缘关系，并不存在有领土或建立邦国的因素。上引远古时代的"氏"称，很难都用邦国的概念来解释。至于说到氏族与土地有一定的关系，这不独氏族为然，所有的族，都必须生活于一定的区域，总不能活动于空中，但不能说这些族都是邦国。前人所谓"无土则无氏"，如果理解为此氏即族，是可以的，如果以之作为氏与姓的区别则不可从。春秋时期，"氏"的称谓非常广泛，家族可以以之为称，甚至个人也可以以之为称，然而最常见的还是族称。从约定俗成的意义上说，先秦时期的族都可以称之为"氏族"，这个"氏族"的概念所表示的就是摩尔根所说的"一个由共同祖先传下来的血亲所组成的团体"③。

我们对于"氏族"的概念如果有了比较一致的认识，那么，"氏族时代"的概念就很容易理解了。所谓"氏族时代"，就是氏族作为社会基本组织形式的历史时期。中国氏族时代的特色主要在于它没有随着原始时代的结束而终结，中国古代社会进入文明时代以后很久，氏族还是社会上的基本组织形式，

---

① 这里可举一例，据《左传》定公四年载，周公封鲁时所给予的劳动力是"殷民七族"，这七族称为陶氏、施氏、繁氏等，可见氏即为族。
② 《史记·五帝本纪》集解引郑玄《驳五经异义》语。郑玄这段论析，据《左传》之载全面说明了姓、氏关系，今具引如下，以备览焉。郑玄谓："《春秋左传》无骇卒，羽父请谥与族。公问族于众仲，众仲对曰：'天子建德，因生以赐姓，胙之土而命之氏。诸侯以字为氏，因以为族。官有世功，则有官族，邑亦如之。'公命以字为展氏。以此言之，天子赐姓命氏，诸侯命族。族者，氏之别名也。姓者，所以统系百世，使不别也。氏者，所以别子孙之所出。故《世本》之篇，言姓则在上，言氏则在下也。"
③ 摩尔根：《古代社会》（上册），北京：商务印书馆，1977年，第62页（下引该书，版本同此）。

是社会的基本细胞，直到春秋中期以前，社会上还很少能够找到流离于氏族之外的人，甚至可以说几乎所有的社会成员——从各级贵族到普通劳动者——都生活在氏族之中。人在社会上的活动和影响通常以氏族的面貌出现于社会历史舞台之上。这些特色我们将在下面作较深入的探讨。

（四）

前辈专家很早就提出了"氏族时代"的概念。我们这里所提出的"氏族时代"与前辈专家所提出的有什么区别呢？前辈专家所说的"氏族时代"是等同于原始时代（或者说原始社会）的，而我们所提出的则是按照"长时段"理论思考之后所确定的概念。作为长时段的氏族时代，并不随原始社会的终结而结束。我们所说的"氏族时代"，与由野蛮向文明的迈进不相联系，亦即野蛮与文明的分界并不是氏族时代结束的标识。这应当是中国古代社会发展的一个显著特色。在这里，我们的基本思路是，西方古代社会由野蛮进入文明时代的时候，氏族解体为其明显标志，而中国古代社会由野蛮进入文明时代的时候，氏族不仅长期存在，而且还有所发展。

在19世纪，全面阐述古代社会由野蛮向文明迈进情况的是摩尔根，他将自己的最重要的著作《古代社会》一书又命名为《人类从蒙昧时代经过野蛮时代到文明时代的发展过程的研究》，就点明了其研究的主题所在。他将人类社会的政治形态归纳为两种，"第一种方式以人身、以纯人身关系为基础，我们可以名之为社会。这种组织的基本单位是氏族"，"第二种方式以地域和财产为基础，我们可以名之为国家"，"在古代社会里，这种以地域为基础的方式是闻所未闻的。这个方式一旦出现，古代社会与近代社会之间的界线就分明了"[①]。摩尔根虽然在有些地方也在强调氏族组织的存在与否对于人类进入文明时代的重要，如谓"氏族组织像是野蛮社会所留下的一片残襟被抛弃在一边"[②]，但是从总体上看他对于氏族组织存在与否所产生的巨大影响认识还不够，他多次强调的是文明社会"始于标音字母的发明和文字的使用"[③]，对于社会结构变迁所产生的巨大影响还没有很深入的认识。

恩格斯充分利用了摩尔根的研究成果，他所撰写的《家庭、私有制和国家

---

① 摩尔根：《古代社会》（上册），第6—7页。
② 同上书，第274页。
③ 同上书，第12页。

的起源》一书充分估计了社会结构变化的巨大影响。请看恩格斯的相关论述：

> 一般说来，在联合为民族（Volk）的德意志各部落中，也有过像英雄时代的希腊人和所谓王政时代的罗马人那样的制度，即人民大会、氏族首长议事会和企图获得真正王权的军事首长。这是氏族制度下一般所能达到的最发达的制度；这是野蛮时代高级阶段的模范制度。只要社会一越出这一制度所适用的界限，氏族制度的末日就来到了；它就被炸毁，由国家来代替了。
>
> 在新的设防城市的周围屹立着高峻的墙壁并非无故：它们的壕沟深陷为氏族制度的墓穴，而它们的城楼已经耸入文明时代了。
>
> 氏族制度已经过时了。它被分工及其后果即社会之分裂为阶级所炸毁。它被国家代替了①。

恩格斯从许多方面论析了氏族制度的解体是社会由野蛮时代进入文明时代的必由之路，他在这个方面与摩尔根的分析基本上是一致的，只不过更强调了社会结构方面的这个变革对于社会发展的影响②。

应当肯定，恩格斯的结论是完全正确的。但同时也需要看到恩格斯自己曾经强调这个结论只是"根据希腊人、罗马人和德意志人这三大实例"进行的探讨③。对于西方古代社会发展而言，这"三大实例"确实具有典型性。可是就世界的范围看，中国和许多地区的情况与这三大实例并不相同。中国古代由野蛮时代向文明时代迈进的时候，氏族组织长期存在，氏族与阶级、国家长期并存，它并没有"为阶级所炸毁"，也没有"被国家所代替"。在进入文明时代很久，氏族组织还焕发着活力，产生着影响。质言之，中国古史上的氏族时代特色就在于它存在的长期性、普遍性和对于新的社会形势的很强的适应性。

---

① 《马克思恩格斯选集》，第4卷，第142—165页。
② 经典作家也注意到了在有些地区，文明时代的基础不一定意味着氏族制度的解体。马克思在研究俄国社会学家、历史学家科瓦列夫斯基的著作时，曾经对于其书中"阿尔及利亚社会建立在血缘的基础上"的说法，强调所谓"血缘的"，"即氏族的"。（马克思：《科瓦列夫斯基〈公社土地占有制，其解体的原因、进程和结果〉一书摘要》，北京：人民出版社，1965年，第106页），显然，马克思实际上是肯定阿尔及利亚社会是建立在氏族的基础上的。
③ 《马克思恩格斯选集》，第4卷，第154页。

关于我国古史上氏族存在的普遍性，这里不拟进行全面论析，只举出一些东周时期文献中关于氏族的记载来稍作说明。东周时代的历史文献，如《左传》《国语》等，关于氏族的记载俯拾皆是，不必胪列。在此可举属于社会观念的两条材料：

> 夫鬼神之所及，非其族类，则绍其同位，是故天子祀上帝，公侯祀百辟，自卿以下不过其族。（《国语·晋语》八）

> 凡诸侯之丧，异姓临于外，同姓于宗庙，同宗于祖庙，同族于祢庙。（《左传》襄公十二年）

这两条材料说明，东周时人祭祀鬼神和举行丧礼时，其范围依"族"为转移的情况，族即为社会人们思想观念之一实体。本族以外的鬼神是不能随便祭祀的。此亦即《左传》僖公十年所载"神不歆非类，民不祀非族"与僖公三十一年所载"鬼神非其族类，不歆其祀"之义。从社会观念的情况看，直到战国中期，宗族还有巨大影响，以至于人们在丧服制度中定出了这样的原则："为父绝君，不为君绝父。为□（昆）弟绝妻，不为妻绝□（昆）弟。为宗族□（弃？）朋友，不为朋友□（弃？）宗族。"①在宗族、君主、家庭三者之间，宗族为主，家庭为辅，君主则次之。宗族的重要于此可见。关于国家与氏族（宗族）的关系，请看下面一条材料：

> 公族，公室之枝叶也，若去之，则本根无所庇荫矣。葛藟犹能庇其本根，故君子以为比，况国君乎？此谚所谓"庇焉而纵寻斧焉"者也。（《左传》文公七年）

所谓"公族"，即各诸侯国君主的子弟所形成的诸族。国君要实现对于诸侯国的统治，当然要靠国家机器，但在春秋时期却还离不开"公族"的强大。公族和国君犹如枝叶与本根那样相互依靠。国君最为核心的依靠力量是公族，然后才有势力和影响去统治本诸侯国内的数量庞大的氏族。如果公族衰落了，公室也必然随之没落，晋臣叔向所谓"公室将卑，其宗族枝叶先落，则公室从之"（《左传》昭公三年），《尹文子·大道》篇谓"少子孙，疏宗族，衰国也"，都道出了个中奥妙。

---

① 荆门市博物馆：《郭店楚墓竹简》，北京：文物出版社，1998年，第188页。

关于国家政权与普遍存在的氏族（宗族）的关系，《管子·版法解》谓"凡人君者，覆载万民而兼有之，烛（独）临万族而事使之"。所谓的"烛"（独）实际上并非国君一人所可担纲者，应当是国君依靠其公室与公族形成了强大力量的结果。国君对于诸侯国的统治，关键在于管理好广泛存在的氏族，在地方行政组织与氏族（宗族）同时并存的情况下还应当使这两者和睦相处，"州县乡党与宗族足怀乐"（《管子·九变》），惟有如此才能保证国家的稳固。宋国在春秋后期，就以"三族共政"（《左传》哀公二十六年）维持了国家的安定。战国时期写定的《黄帝四经·论》篇谓："臣不亲其主，下不亲其上，百族不亲其事，则内理逆矣。逆之所在，胃（谓）之死国，伐之。"十分全面地说明了国家政权中君主的管理功能既有君对于臣的管理，又有君主对于"百族"的管理。两者都不可少。

另一方面，国家又是族的保护力量，春秋中期宋国贵族谓"弃官，则族无所庇"（《左传》文公十六年），实将自己在朝廷中的官位看成本氏族（宗族）的庇护，春秋时期贵族常以"守其官职，保族宜家"（《左传》襄公三十一年）为其主要职责，正是基于氏族（宗族）与国家相互依赖这一基本格局。时贤专家或谓"家国同构"是中国古代社会形态特征之一。按照我们对于氏族时代的理解，在先秦时代，与其说"家国同构"，毋宁说是"族国同构"，更为合适些[①]。

东周时人由于氏族发展绵延时代久远，一般人对于本族的历史由来已经渺茫，所以有"非教不知生之族也"（《国语·晋语》一）的说法，甚至对于国君之子还要"教之《训典》，使知族类，行比义焉"（《国语·楚语上》），郑国还派公孙挥担负辨明"其大夫之族姓"的任务（见《左传》襄公三十一年）。正由于社会成员普遍都生活于大大小小不同的氏族（宗族）之中，所以普遍关心自己宗族的渊源，要向知识渊博者请教，要考究《训典》一类的记载以明确"族姓"[②]，以致有专门辨"族姓"的职官。氏族的普遍性于此也可窥见一斑。

[①] 当然，邦国与氏族（宗族）的关系也不绝对是相互依赖，有时候也会产生矛盾。例如郑国"国小而逼，族大宠多"（《左传》襄公三十年）就成为子产婉拒执政之职的托辞。但是，尽管如此也不妨碍我们关于氏族在东周时期依然普遍存在于社会之上的论析，不影响关于宗族与国家关系密切的基本判断。

[②] 这种辨姓之举在古代长期延续，东汉末年王符作《潜夫论》特意依照"君子多识前言往行"的原则写出《志氏姓》一篇辨析氏族源流。

（五）

氏族时代，可以大体上分为四个发展阶段。今试对这四个阶段进行简明论析，以说明各个阶段的发展概况。

第一阶段：从远古至五帝时期

这是氏族出现和初步发展的时期。氏族的出现在目前大概可以追溯到属于旧石器时代晚期的山顶洞人①。山顶洞文化遗址发现了宽广的居住遗址和公共墓地，其文化遗物有许多并非山顶洞地区所有，远者可有200公里的距离，这样大的活动范围应当是氏族活动的结果。进入新石器时代以后，氏族活动的范围明显扩大，从相关的考古资料看，已经形成了各具特色的地域文化，反映了各氏族的联系正在加强。到了新石器时代晚期的龙山文化阶段，地域广大的文化区域已经形成，从当时分布甚广的城市遗址看，部落联盟已经有了不小的规模。这些都与古代典籍关于"五帝"的记载相吻合。据《尚书·尧典》《大戴礼记·五帝德》《史记·五帝本纪》等的记载，在黄帝、颛顼、帝喾、尧、舜的时代已经形成了一个以黄帝族为核心的社会权力中心。春秋时人还能够历数五帝时期属于黄帝族的高阳氏、高辛氏的组成情况，谓：

> 昔高阳氏有才子八人：苍舒、隤敳、梼戭、大临、龙降、庭坚、仲容、叔达，齐、圣、广、渊、明、允、笃、诚，天下之民谓之八恺。高辛氏有才子八人：伯奋、仲堪、叔献、季仲冬、伯虎、仲熊、叔豹、季狸，忠、肃、共、懿、宣、慈、惠、和，天下之民谓之八元。此十六族也，世济其美，不陨其名。（《左传》文公十八年）

除了作为主体的黄帝族以外，还有与黄帝族敌对的"四凶族"——"浑敦、穷奇、梼杌、饕餮"，他们在斗争中失败，被"投诸四裔"（《左传》文公十八年），驱逐到边远地区。

第二阶段：夏商时期

这是氏族广泛发展的阶段。氏族继续作为社会上的基本生产单位而不断壮大规模和增加数量。甲骨卜辞里有不少关于商代氏族的记载，可以说离开氏族

---

① 山顶洞人的时代，过去一般认为距今18,000年，近年，专家测定距今27,000年左右，时代最早的下窨底部则距今34,000年。这与当时的气候及在山顶洞所发现的动物化石情况相符合。

就无从探讨商代的社会组织和社会面貌。20世纪50年代初期，徐中舒先生就曾经指出："殷代的社会基础组织是彻头彻尾的氏族组织……殷代帝王也不过是当时的一个大部落的酋长。"甲骨卜辞的研究证明了这个说法是合乎历史实际的①。周初分封时，曾以"殷民七族"封赏鲁公（见《左传》定公四年）。表明这七族都是商王朝的主要劳动力。关于夏商时代氏族的基本情况，司马迁说：

> 禹为姒姓，其后分封，用国为姓，故有夏后氏、有扈氏、斟鄩氏、彤城氏、褒氏、费氏、杞氏、缯氏、辛氏、冥氏、斟戈氏。（《史记·夏本纪》）

> 契为子姓，其后分封，以国为姓，有殷氏、来氏、宋氏、空桐氏、稚氏、北殷氏、目夷氏。（《史记·殷本纪》）

值得注意的是，司马迁对于夏、商王朝情况的概述，如出一辙，可见在太史公的眼里，夏商王朝确是十分类似的，其最主要的类似之处在于夏、商王朝都拥有大量的氏族，那时还丝毫见不到编户齐民的踪影。所能看到的只是氏族，说氏族是夏商时代社会的具有最普遍意义的社会组织形式，应当说一点也不过分。

第三阶段：西周春秋时期

这个时期，氏族发展的关键是适应新的社会局势而大量涌现宗族。这些随分封制而兴起的宗族成为社会上最基本的组织单位。可以说宗族就是随着周代分封制的实施而产生的贯彻宗法精神的氏族。成王时器《明公簋》谓"唯王令明公遣三族伐东国"，《班簋》谓"以乃族从父征"，都是以族为单位参加周王征伐的明证。周宣王曾经命令毛公"以乃族干（捍）吾（卫）王身"（《毛公鼎》），都可以说明"族"对于周王朝稳固的重要。直到春秋时期，宗族仍然影响巨大。这里可以晋国为例进行说明，《左传》昭公五年载：

> 韩起之下，赵成、中行吴、魏舒、范鞅、知盈；羊舌肸之下，祁午、张趯、籍谈、女齐、梁丙、张骼、辅跞、苗贲皇，皆诸侯之选也。韩襄为公族大夫，韩须受命而使矣；箕襄、邢带、叔禽、叔椒、子羽，皆大家也。韩赋七邑，皆成县也。羊舌四族，皆强家也。晋人若丧韩起、杨肸，五卿、八大夫辅韩须、杨石，因其十家九县，长毂

---

① 徐中舒：《徐中舒历史论文选辑》，北京：中华书局，1998年，第812页。

九百，其余四十县，遗守四千。

这个记载说明春秋后期晋国社会上最有影响的韩、赵、中行、魏、范、知、羊舌、祁等"大家""强家"，亦即大族、强族。这些强宗大族不仅经济实力雄厚，而且拥有相当可观的军事力量，直令强大的楚国都不敢小觑。

这个时期，社会上开始出现不属于宗族的人士，这些人士实际上虽然出身自宗族，但由于其所从事的职业的缘故，因而与本宗族实际上脱离了关系。最早游离出氏族者可能是一批文化知识的拥有者——亦即士人。例如春秋时期楚乐师钟仪被囚于晋，晋景公"问其族"，钟仪回答说"泠人也"（《左传》成公九年）。乐师不回答其宗族名称，而以"泠人"——乐官——这种职业作答。可见钟仪（甚至包括其先辈）已经脱离了本族而专职司于乐官之业。于此我们还可举出两例再做探讨：

> 黄鸟黄鸟，无集于穀，无啄我粟。此邦之人，不我肯穀。言旋言归，复我邦族。黄鸟黄鸟，无集于桑，无啄我粱。此邦之人，不可与明。言旋言归，复我诸兄。黄鸟黄鸟，无集于栩，无啄我黍。此邦之人，不可与处。言旋言归，复我诸父。（《诗经·黄鸟》）

> 问国之弃人何族之子弟也？问乡之良家，其所牧养者几何人矣？问邑之贫人债而食者几何家？问理园圃而食者几何家？人之开田而耕者几何家？士之身耕者几何家？问乡之贫人，何族之别也？问宗子之牧昆弟者，以贫从昆弟者几何家？余子仕而有田邑，今入者几何人？子弟以孝闻于乡里者几何人？余子父母存，不养而出离者几何人？（《管子·问》）

这两例材料，《黄鸟》属于《小雅》，应当是春秋时代的作品。《问》篇的著作时代盖在战国中期①。东周是社会大变革时代，从社会结构的角度看，这正是氏族（宗族）与国家并存的典型时期。族既是普通社会成员的保护伞，又是一种束缚。上面这两条材料表明社会普通成员摆脱族的努力和处境之尴尬。离族出走者被称为"国之弃人"，可见其受到歧视，甚至要问一问、查一查他是

---

① 《管子》一书内容驳杂，专家或谓其《轻重》诸篇写定于汉代。但是，《管子》的大多数篇章，一般被认为出自稷下学派的学者之手，为当时的"论文集"。

"何族之子弟"。这样的人在外面没有办法生活，只得"复我邦族"，返回到保护伞下。但是摆脱束缚毕竟是时代潮流。从春秋后期开始，士人逐渐登上社会历史舞台，他们既与自己出身的氏族（宗族）有联系，又服务于社会，可以远走他乡，也可以服务于乡里。孔子提出士人应当达到的基本标准就是"宗族称孝焉，乡党称弟焉"。（《论语·子路》）从摆脱族的束缚并由此而引起社会结构变革的角度看，可以说"士"是勇敢的先行者。

氏族时代在战国时期已临近尾声，《管子·问》篇似为当时的一篇户口统计提纲，它所统计的各类人员，典型地反映了当时社会人员的复杂面貌，既有自耕农民，又有氏族中人。就农民而言，既有"开田而耕者"，又有"士之身耕者"，还有"理园圃而食者"。其中提到的"国子弟之游于外者"，应当同于《黄鸟》诗中到他"邦"谋生的人。这样的复杂局面应当就是战国时期各国大变法前夕的社会情况。

第四阶段：战国时期

这是氏族时代结束的时期，也是由氏族时代向编户齐民时代的过渡阶段。随着各国变法运动的大规模展开，授田制日益普及，孟子曾经这样向魏惠王说到其所希望的农民的情况："百亩之田，勿夺其时，数口之家可以无饥矣。"（《孟子·梁惠王》上）这个目标可以说在授田制之下基本上实现了。农民已不再完全是氏族（宗族）的成员，而是国家户口登记簿上的民众。商鞅主张治理国家应当做的大事就是"举民众口数，生者著，死者削。民无逃粟，野无荒草，则国富"（《商君书·去强》）。"四境之内，丈夫女子皆有名于上，（生）者著，死者削"（《商君书·境内》）。统计和管理户口只是手段，目的在于实行授田制。农民所耕种的田地由国家授予，并且由此而向国家交纳赋税，提供劳役。农民与国家的经济关系是直接的，其中间没有了氏族（宗族）这个层次。氏族（宗族）对农民的保护伞的作用已经大为削弱。战国时期各诸侯国为了加强自己的力量而从氏族（宗族）那里将劳动者归于国家统治管理，直接从劳动者那里取得赋税，乃是势在必行的事情。随着授田制和户口管理制的实行，在战国后期，编户齐民已经以雄伟的步伐迈向社会历史舞台。

"编户"，是编入国家户籍的民户，民户如果隐匿而不纳入国家户籍，就要受到惩罚，据《云梦秦简·法律答问》载，这种情况被定为"匿户"，按照秦国法律的定义，即"匿户弗徭、使，弗令出户赋之谓也"①。登记户口的做法在战国末年秦国称为"傅"。《云梦秦简·编年记》载"今元年，喜傅"②，指秦王政元年，名喜者的户口登于国家的户籍。从商鞅变法里，我们可以看到当时实行了严格的什伍制度，"令民为什伍，而相牧司连坐。不告奸者腰斩，告奸者与斩敌同赏，匿奸者与降敌同罚"。为了增加缴纳赋税的户数，还规定"民有二男以上不分异者，倍其赋""令民父子兄弟同室内息者为禁"（《史记·商君列传》）。秦汉以降，编户之民成为最普通的社会成员，《淮南子·俶真训》谓："夫鸟飞千仞之上，兽走丛薄之中，祸犹及之，又况编户齐民乎？"类似的感叹也出自司马迁之口："夫千乘之王，万家之侯，百室之君，尚犹患贫，而况匹夫编户之民乎？"（《史记·货殖列传》）普通劳动者的保护伞——氏族（宗族）——在战国中期，被强劲的变法之风吹飞了，国家通过编户制度将劳动者牢牢地控制住。这时候的民众，不再单纯是某一氏族（宗族）的成员，而更重要的已经成为国家的人口——"齐民"。所谓"齐民"，当取义于整齐划一，在国家户籍上，民众皆整齐而一致，对于国家而言，大家都是老百姓，谁也不比谁高一头。在统治者看来，"齐民"乃是其统治的主要对象，《管子·君臣》下篇即谓："齐民食于力作本，作本者众，农以听命。是以明君立世，民之制于上，犹草木之制于时也。"赵武灵王胡服骑射的时候，曾用"齐民与俗流，贤者与变俱"（《史记·赵世家》）之语来说明变服易俗的道理。汉初吕后执政的时候，大臣们曾经称颂她"为天下齐民计，所以安宗庙社稷甚深"（《史记·吕太后本纪》）。这些都表明从战国后期到汉代，"齐民"已经是社会认可的普通民众名称。

"编户齐民"之称最早盖见诸《淮南子》，而《史记》则称为"编户之民"。这并非偶然的事情，因为汉代社会上编户齐民已经是最普通的劳动者的称谓，难怪《淮南子》的作者们和司马迁对他们的命运多舛感而慨之了。编户齐民或称为"编户民"，据《汉书·高帝纪》记载，西汉初年吕后即有"诸将故与帝为编户民"之说，颜师古注谓"编户者，言列次名籍也"。西汉昭帝时代的盐铁会议上，文学之士谓"宋、卫、韩、梁，好本稼穑，编户齐民，无不家衍人给"（《盐铁论·通有》）。可见这时候的编户齐民主要指努力于本

---

① 睡虎地秦墓竹简整理小组：《睡虎地秦墓竹简》，北京：文物出版社，1978年，第222页。
② 同上书，第6页。

业——农业——的编入国家户籍的民众。这应当是很长历史时期里的"编户齐民"的定义。

（六）

当秦王政的金戈铁马统一天下的时候，"氏族时代"已经是明日黄花了。若从社会结构的变化而言，秦的统一即标志着一个与"氏族时代"相对应的"编户齐民时代"的开始。然而，作为一个历史时代，它是不会一下子就从传统中销声匿迹的。氏族（宗族）以及宗法观念在秦汉以后，还深深地影响着我国的社会，影响着文化观念。

在编户齐民时代，普通劳动群众往往身兼"齐民"与氏族（宗族）成员两种身份。在国家政权与宗族权力之间，前者更有权威性，《荀子·大略》篇载"一命齿于乡，再命齿于族，三命，族人虽七十，不敢先"，证明这是在战国后期就已经奠定了格局的事情。秦汉以降，民众有邻里乡党比邻而居者，亦有聚族而居者。宗族往往成为国家政权的补充力量，领导宗族者多为年长德高望重者，称为"族长"或"族正"。清代规定："聚族而居，丁口众多者，择族中有品望者一人，立为族正，该族良莠，实令查举。"① 这类"族正"，与官府之下的地方基层小吏有着类似之处②。然而，宗族的有些基本原则也有不变者，同族之人相互帮助义务就是长期坚持的一项。同族之人，有丧事时，依血缘关系的亲疏服丧，墓地多聚族而葬③。宗族世代繁衍，则立族谱排比世系。为了防止假冒，南北朝时期还曾有专门官员负责进行族谱及族人身份的核查事宜。颜之推《颜氏家训·风操》篇谓"同昭穆者，虽百世犹称兄弟。若对他人称之，皆云'族人'"，同族之人有着自然亲近的情感。名门大族往往以高贵的族望而自诩。与国家政权基层机构并存的宗族，由于它是稳固国家统治的一个因素，所以国家政权在一般情况下，并不对世家大族采取敌对措施。有些历史时期的国家政权甚至建立在世家大族支持的基础之上，东汉和魏晋南北朝时期是

---

① 《清会典事例》，卷158，《户部·户口》。
② 宗法制的核心在于嫡长子继承制，为族长者必须为作为嫡长子的"宗子"。然而，秦汉以降，"宗法颠坠，豪宗有族长，皆推其长老有德者，不以宗子"，这是宗法制的一大变动，然而又是适应社会形势不得不作出的变动。故而章炳麟说这是"礼极而迁，固所以为后王之道也"（訄书·序种姓，重订本，生活·读书·新知三联书店，1998年）。
③ 先秦时期，族葬有较严格的规定，《荀子·礼论》载"庶人之丧合族党，动州里，刑余罪人之丧不得合族党，独属妻子"，是为其证。

为典型。《白虎通·宗族》篇谓"上凑高祖,下至玄孙,一家有吉,百家聚之,合而为亲,生相亲爱,死相哀痛,有会聚之道,故谓之族",这时所讲的族人中这种友爱联系不惟汉代如此,而是在古代长期存在的现象,它是传统文化观念的重要支柱。

总之,我们提出"氏族时代"的问题进行探讨,其学术意义大概在于研究社会结构在长时段里面的根本特点,从而对于社会性质问题的研究提供新的思路。"不识庐山真面目,只缘身在此山中"。我们越出社会性质问题的范围,从新的角度进行考虑,也许相关的研究便会有新的启示和进展。

四 商周史研究中的几个理论问题

近年的史学研究,对马克思主义理论指导作用的认识不断提高。我们的商周史,乃至整个古代史的研究,要有一个大的发展,不仅有史料方面的问题,而且有如何理解和应用马克思主义理论的问题。这两个方面都不容忽视。

(一)

就当前商周史研究的情况看,愚以为运用马克思主义的历史主义观点的问题,似应引起更多的重视。历史主义是历史唯物主义体系中的一个重要组成部分。在历史研究中,注意历史事件、历史人物的时代性,把问题提到一定的历史范围之内来论述,这应当是历史主义的核心内容之一。列宁曾经指出:

> 在分析任何一个社会问题时,马克思主义理论的绝对要求,就是要把问题提到一定的历史范围之内[①]。

商周史中一些问题的研究所以不能得出令人信服的结论,与忽略了"历史范围"的问题是有关系的。例如商代以人为牺牲而祭祀的问题,过去的研究者大多对人祭现象进行谴责,以说明奴隶主阶级统治的残暴性。研究者的这种主观愿望,毫无疑问,是正确的、无可非议的,然而在商代,人祭则是天经地义的事情。据胡厚宣先生统计,仅甲骨文所记载的人牲数量就至少有一万四千多人[②]。这种人祭情况的出现,适应了殷代神权发展的需要,不仅有其历史的合

[①] 列宁:《列宁全集》,第20卷,北京:人民出版社,1959年,第401页(下引该著作,版本同此)。
[②] 胡厚宣:《中国奴隶社会的人殉和人祭》(下篇),《文物》,1974年,第8期。

理性，而且比之于原始时代的复仇屠杀、部落战争等来说，又有某种历史进步性。另外，殷代用于人祭者大部分是战俘，往往俘获之后不久即被杀祭。俘虏并不等于奴隶，如果断定殷墟祭祀坑的累累白骨是奴隶主阶级残杀奴隶的罪证，那么就逻辑论证上看，是有问题的。我们对于殷代人祭之类问题的研究需要的不是义愤，而是冷静的、科学的分析。在这个分析里，应用历史主义的观点是很重要的。就用人祭祀这种现象来说，在阶级社会中它可能是阶级压迫的一种表现，但也可能是原始愚昧遗存的反映，而在原始社会里它与阶级斗争无关。对它的历史主义考察，关键在于把它放在一定的历史环境中去认识。马克思曾经指出：

> 关于俘虏的处理经过了和野蛮期的三个阶段相适应的三个连贯的阶段，野蛮期的第一个时期，俘虏被处以火刑，第二个时期——作为供献神灵的牺牲，第三个时期——转变为奴隶①。

马克思的这个分析，为我们提供了一个应用历史主义观点研究问题的范例。

关于殷代甲骨占卜的评价问题，是应用历史主义观点的又一个典型。许多论者常常对殷代的占卜巫术嗤之以鼻，一般认为甲骨占卜所值得肯定的，仅仅是卜辞所记载的文字资料，至于占卜则被断定纯属愚昧迷信的勾当。其实殷代的占卜巫术是比较复杂的，它既有浓厚的迷信成分，又有对于自然奥秘的探索，而且仅就其迷信成分而言，我们也不应当把它和后世的巫婆神汉的骗人把戏混为一谈。殷代的占卜是神权的表现方式，它具有某些原始民主精神的遗存，具有维系诸方国、诸部族的象征意义。殷代占卜盛行，几乎是每日必卜，每事必卜，之所以如此，其原因应该从其存在的历史合理性上去探索。如果只是简单地斥责它的愚昧迷信，是不能真正解决问题的。愚昧和迷信不独殷代为然，可以说古代历史的每一个时期都存在这种情况，但为什么甲骨占卜于殷代独盛呢？解决这个问题亦需要历史主义观点的分析。

历史主义的分析方法，要求重视历史发展的连续性。恩格斯曾经批评18世纪法国唯物主义在历史领域内的认识缺乏历史观点，指出：

> 在这里，反对中世纪残余的斗争限制了人们的视野。中世纪被看作是由千年来普遍野蛮状态所引起的历史的简单中断；中世纪的巨大

---

① 马克思：《摩尔根〈古代社会〉一书摘要》，北京：人民出版社，1965年，第151页。

进步——欧洲文化领域的扩大，在那里一个挨着一个形成的富有生命力的大民族，以及十四和十五世纪巨大的技术进步，这一切都没有被人看到。这样一来，对伟大历史联系的合理看法就不可能产生，而历史至多也不过是一部供哲学家们使用的例证和插图的汇集罢了①。

恩格斯对于欧洲中世纪历史发展的分析贯穿了历史主义的观点，所以能够得出恰当的论析。当然，商周王朝并不等于中世纪的欧洲，可是在历史联系方面的被忽略这一点上，两者却有共通之处。在许多人的印象中，商代文化充满着如同人殉人祭、占卜巫术等所表现出来的愚昧落后的堆积，而提到周代则把它的宗法制和近代束缚民众的四大绳索等同起来。相反，对商周文明的具体情况及其在我国历史上的地位很少阐述，对于商周文明在世界上古史上的影响和作用问题则尤其忽略。尽管曾经有个别学者对这方面的问题进行过研究，但毕竟还没有引起大家的重视。实际上，商周时期是作为祖国文明主体的华夏族形成的一个重要时期。在这个时期，华夏文化的领域迅速扩展，它不是如同中世纪欧洲那样形成许多富有生命力的大民族，而是许多民族汇聚融合为统一的华夏族。如果说，欧洲中世纪的分裂割据状态和它的许多民族形成有关，那么，我们可以说，我国历史上的统一局面，在商周时期华夏族形成中就已经奠定了基础。统一的专制主义中央集权的封建大帝国固然是从秦王朝开始的，可是历史的统一局面则是早在商周时代就已经露出了端倪。当然，随着今后考古学、历史学等的发展，这个时期可以上溯到夏代，甚至夏代以前。从我们今天所掌握的资料看，能够确指的，还只能限于这个时期。总之，我们对于商周历史的认识，应当有纵向考察和横向对比两个方面。我们可以通过纵向考察看清商周时代的历史联系；通过横向对比认识商周王朝在世界上古史上的地位。就纵向考察而言，历史主义观点的重要性应该是十分明显的。

阶级和阶级斗争学说是马克思主义的一个重要组成部分。马克思和恩格斯在《共产党宣言》里指出，"到目前为止的一切社会的历史都是阶级斗争的历史"。列宁也曾指出，"马克思主义给我们指出了一条基本线索，使我们能在这种看来迷离混沌的状态中找出规律性来。这条线索就是阶级斗争的理论"②。

---

① 《马克思恩格斯选集》，第4卷，第225页。
② 列宁：《列宁全集》，第21卷，第39页。

我们探讨商周史离不开马克思主义的阶级观点，这是不言而喻的。现在的问题是，在商周史研究中如何正确运用阶级和阶级斗争的观点。

马克思主义阶级斗争学说的内容十分丰富，它不仅阐述阶级斗争的一般规律，也揭示了阶级斗争的特殊性和不平衡性。长期以来，历史上的阶级斗争在许多人的印象里就是奴隶社会里的奴隶和奴隶主阶级、封建社会里的农民和地主阶级、资本主义社会里的工人和资产阶级之间所进行的斗争。其实，社会分为两大敌对阵营，那是资本主义时代的事情，只是资本主义时代才"使阶级对立简单化了"，而"在过去的各个历史时代，我们几乎到处都可以看到社会完全划分为各个不同的等级，看到由各种社会地位构成的多级的阶梯"①。列宁也曾经指出，奴隶社会和封建社会"存在的是等级的阶级"②。经典作家所揭示的古代阶级斗争的特点完全符合我国古代社会情况，我国古代"天有十日，人有十等"（《左传》昭公七年）的说法是等级制的极好说明。商周时代社会阶级的等级性质十分复杂，如果硬要做两大阵营的划分，那显然是既不符合历史实际，也不符合马克思主义阶级斗争学说的。在关于殷代阶级斗争状况的研究中，"众"和"众人"的身份问题，聚讼多年，迄无结果，究其原因，一方面有分析史料的深度和角度问题，另一方面也有把殷代复杂的阶级状况简单化的问题。我们运用阶级观点进行历史研究，首先要对这个观点有全面深入的认识，如果把它片面化绝对化了，那对于研究是不会有帮助的。

被剥削被压迫阶级对统治阶级所进行的斗争，对于社会发展具有重大作用，毫无疑问，这个论断是正确的。可是也应当看到，这只是一个概括性的论断，我们在讨论具体问题时还要作具体分析。就阶级社会而言，这是一个极其漫长的历史时代，它有各个具体的不同的发展阶段，如奴隶社会、封建社会等。在阶级出现以后不久，原始氏族遗存还拥有巨大影响的时期，阶级斗争的影响和作用就不应当和资本主义时代的阶级斗争相比拟。商周时期去古未远，原始氏族的遗存比较多，这个时期的奴隶和奴隶主之间的阶级斗争还没有什么重大影响，换句话说，就是商周时代的社会历史进程并不是以阶级斗争为轴心而前进的，阶级斗争还算不得贯穿商周时代历史发展的一条"红线"。许多论著对于商周时代阶级斗争的影响和作用有估计过高的倾向，认为无论是商汤灭

---

① 《马克思恩格斯选集》，第1卷，第251页。
② 列宁：《列宁全集》，第6卷，第93页。

夏、周革殷命，或是一般的社会发展，都是奴隶对奴隶主进行阶级斗争的结果。其实，这些论断并不符合马克思主义关于奴隶制时代阶级斗争的理论。马克思说："在作这种肤浅的历史对比时，人们忘记了最主要的一点，即在古代的罗马，阶级斗争只是在享有特权的少数人内部进行，只是在自由富人与自由穷人之间进行，而从事生产的广大民众，即奴隶，则不过为这些斗士充当消极的舞台台柱。"①根据这个分析，马克思十分强调古代阶级斗争同现代阶级斗争在物质经济条件方面的"根本区别"。商周时代的社会矛盾、阶级斗争是多方面、多层次的，并不能仅仅理解为奴隶对奴隶主阶级的斗争。这个时代的奴隶所进行斗争的作用，尽管未必如同古代罗马那样，只是统治阶级政治舞台的消极台柱，但无论如何，不能把它估计到能够左右历史进程的进步。我们如果对商周时代奴隶向奴隶主阶级所进行斗争的影响和作用做过高的估计，那对科学的研究是有害无益的。

（二）

在商周史的研究中，可能会遇到国家的产生和初期国家的作用问题。关于国家的产生，经典作家有很多论述，他们强调指出国家是阶级矛盾不可调和的产物。恩格斯说：

> 国家是社会在一定发展阶段上的产物；国家是表示：这个社会陷入了不可解决的自我矛盾，分裂为不可调和的对立面而又无力摆脱这些对立面。而为了使这些对立面，这些经济利益互相冲突的阶级，不致在无谓的斗争中把自己和社会消灭，就需要有一种表面上驾于社会之上的力量，这种力量应当缓和冲突，把冲突保持在"秩序"的范围以内；这种从社会中产生但又自居于社会之上并且日益同社会脱离的力量，就是国家②。

不少史学论著对于我国古代国家产生问题的阐述，往往不尽符合马克思主义理论。关键在于把阶级的产生与国家的出现混为一谈了。有的学者认为夏代以前很久就有了国家，因为这个时期阶级已经出现。这种认识把国家的产生简单化了。何兹全先生曾经精辟地谈到关于国家产生的问题，他说：

---

① 《马克思恩格斯全集》，第16卷，第405—406页。
② 《马克思恩格斯选集》，第4卷，第166页。

> 由阶级出现到阶级矛盾不可调和，由国家萌芽到国家产生，有一个过程，而且是一个比较长的过程。不是一有阶级，就是阶级社会，就产生了国家[①]。

国家的产生有一个从量到质的发展过程，就我国古代的情况看，国家何时产生，应当是一个可以探讨的问题。我以为，如果把夏代看作是这个从量到质的发展阶段，似乎接近于历史实际。

商周时代的国家发展到了何种程度，具有什么特点，这些问题也需要深入探讨，但是，无论怎样，都不应当把商周王朝和秦汉以降的专制王朝等同起来，我们应当着重分析的，是商王朝和周王朝在政治结构方面的特征。过去的研究，大多注意到了关于商周时代国家残暴性质的论证，注意到了职司镇压的国家机构的建置情况，如国家机构中的军队、监狱、刑法等，且有不少专门的叙述和研究，但是对于商周时代国家机构"缓和冲突"的职能则很少涉及。国家机构的职能主要应当是两方面的：一是镇压，二是调节。就商周时代来说，国家机构通过调节各集团、各阶层的利益和关系以缓和冲突的作用，远比后代为甚。商王朝的职官主要有内服和外服两种，这两种职官都和殷代神权的影响有关。这两种职官在本质上都是在神权影响下对各种社会势力进行联合[②]，其主要职责是联合而不是镇压。周王朝的分封诸侯，固然是为了加强周王朝的统治，扩大其影响，但达到这个目标的措施，除了武力征服以外，尚有"启以商政""疆以戎索"（《左传》定公四年）之类，这些应该含有因地制宜、搞好周王朝与某地区、某部族关系的用义。康叔被封于卫地，周王曾经嘱咐他"乃以殷民世享"（《尚书·康诰》），语重心长，友好之态可掬。分封诸侯并非部落殖民，其作用在于加强周王朝与各地的联系，它主要是国家机构"缓和冲突"职能的体现。恩格斯讲国家机构是"从社会中产生，但又自居于社会之上并且日益同社会脱离的力量"。这里所谓的"日益"，表明恩格斯注意到了国家职能的发展过程。从原始民主制下的氏族部落负责机构变为阶级压迫工具的过程是漫长的。我们分析商周时代的国家机构，既要看到其进步性的标识和发展趋向，又要注意到它所保存的传统习惯势力的影响。

[①] 何兹全：《关于古代史的几个理论问题》，《历史研究》，1984年，第1期。
[②] 烦请参见拙稿：《殷墟卜辞中的商王名号与商代王权》，《历史研究》，1986年，第5期。

(三)

除了我们前面所提到的历史主义、阶级观点、国家的产生和作用等以外，在理论方面似乎还应当注意到整体观念问题。严格地说，商周史并不等于商王朝、周王朝的历史，而是商周时代的祖国范围里的以商周为核心的诸方国、诸部族的历史。商周王朝虽然是这个时代历史的核心，但并不是全部历史的整体观念，在我国古代很早就有了。商王朝的中心区域在卜辞中称为大邑商，可是殷人并不以之为限，其地域概念以大邑商为中心，称为"东土""西土""南土""北土"，或合称为"四土"；也称为"东方""西方""南方""北方"，或合称为"四方"。周人的概念与殷人大略相同，只是有了"东国""南国""北国"等称谓，亦合称为"四国"，并且把"中国"和"四方"相对应，说是"惠此中国，以绥四方"（《诗经·民劳》），又说"皇天既付中国民越厥疆土于先王"（《尚书·梓材》）。周人追求的政治局面是"四方攸同"（《诗经·文王有声》）。春秋时代的人继承了商周以来的天下整体概念。例如孔子的理论观念中虽然有诸夏与夷狄之分，但他和弟子们仍然有"四海之内皆兄弟"的广阔胸怀。鄙视周边各族，并称之蛮夷戎狄，将直属版图与蛮夷之地明确分开，那是战国中期以后的事情，然而亦不乏天下一体的概念，"九州同域，天下一统"仍然是历代王朝所标榜的目标。我们研究商周时代的历史应当有一个全局观点，既要肯定商周王朝是那个时代社会发展的核心，又要看到那个时代"天下"的概念已经以各种不同形式出现。限于史料记载的阙略，我们对于许多部族、政权、方国等还所知甚少，有的还可能毫无所知。尽管如此，还是应当让眼界开阔一些，努力去阐述那个时代的诸部族、政权、方国的情况，树立起商周时代的天下一体观念。

前辈专家对于商周史的许多重要问题进行了卓有成效的研究，可是，商周史研究真正大踏步前进，那还是马克思主义传入中国以后的事情。只有马克思主义才能为我们指明前进的道路，我们在商周史乃至整个学术研究中所以重视理论问题，其原因正在于此。

五 原始时代的社会观念与"图腾"

在关于原始宗教与文化的研究中，"图腾"引起了人们的普遍关注。这里，拟从剖析图腾的内涵入手，探讨图腾起源的时代及其与原始思维的关系。图腾是原始宗教与文化的一大奥秘。本节对图腾概念的内涵进行了分析、界定；认为图腾观念起源并形成于旧石器时代后期，到了新石器时代它已经趋于衰落。图腾观念是人类思维发展的一个里程碑。善于联想、幻觉和拼接的模糊逻辑思维与图腾观念的形成有密切关系。同时，强调必须用发展的观点来考察图腾的萌生、发展以至衰落与衍变的历史。

（一）

图腾（Totem）一词源于北美印第安人鄂吉布瓦部落方言，关于其本来的含义，著名的美国人类学家摩尔根说它"意指一个氏族的标志或图徽"[①]。在印第安人那里，图腾指他的亲族、种族或家庭。他们认为自己的祖先是"转化成为男人和女人的动物或无生物，它们就成为氏族的象征（图腾）"[②]。例如鄂吉布瓦人的鹤氏族传说有一对鹤从墨西哥湾飞过辽阔地区来到苏必利尔湖口降落，变成一对男女，就是鹤氏族的祖先。印第安诸部落和氏族多以狼、熊、鹿、兔、鳄、鸟等动物命名，如果这些动物又被视为亲族或祖先，那么它们就是该部落或氏族的图腾。类似的情况在当代世界许多原始部落里都可以见到。澳大利亚中部的阿兰达等部落有740个图腾，其中648个为动物。他们称图腾为父亲、哥哥，认为自己与图腾有共同的祖先[③]。非洲中部的干达人分成36个氏族，绝大多数以哺乳兽为图腾，只有少数是鸟或昆虫、植物[④]。我国的鄂伦春人称公熊为"雅亚"（祖父），称母熊为"太贴"（祖母）[⑤]。南非的巴奎勒人以鳄鱼为图腾，巴特拉皮人以鱼为图腾，巴陶人以狮子为图腾，巴茫拉拉人以野葡萄为图腾[⑥]。我国的畲族以刻有犬头（有说为龙头）的拐杖为"祖杖"，作为图腾标志[⑦]。大量资料表明，图腾内涵的核心是指原始部落的人们所尊奉的作为亲族以至祖先的动物或其他自然物。图腾的特征可以分为两类：一类是

[①] 摩尔根：《古代社会》（上册），第162页。
[②] 马克思：《摩尔根〈古代社会〉一书摘要》，北京：人民出版社，1965年，第114页。
[③] 林耀华主编：《原始社会史》，北京：中华书局，1984年，第398页（下引该书，版本相同）。
[④] 乔治·彼得·穆达克：《我们当代的原始民族》（中译本），第333页。
[⑤] 秋浦：《萨满教研究》，上海：上海人民出版社，1985年，第28页。
[⑥] 朱狄：《原始文化研究》，北京：生活·读书·新知三联书店，1988年，第32页（下引该书，版本相同）。
[⑦] 覃光广：《中国少数民族宗教概览》，北京：中央民族学院出版社，1988年，第420页。

图腾禁忌，一般禁止食用图腾动物；另一类是图腾信仰和崇拜，相信自己和图腾动物同源，相信图腾动物有某种神力。

不少研究者在论述图腾的时候往往把图腾等同于动物崇拜或自然崇拜，并简单地断定作为部落或氏族名称的动物或其他自然物即为其图腾。这些实际上是将图腾内涵随意扩大化了。可以说图腾是动物崇拜的一种特殊形式，但这并不意味着受人崇拜的动物或其他自然物都是图腾。从原始部落或氏族命名的情况看，图腾并非其惟一选择。18世纪60年代曾在印第安人中生活过的一位名叫卡佛的学者在其所著《北美腹地三年巡游纪行》中说，印第安人"一个族类具有某种特殊的标志，以区别于另一族类"①。这种"特殊的标志"很难说它与图腾有必然的联系。原始部落或氏族的命名有很大的随意性，正如摩尔根所说，"在大多数情况下，这种名称必定是根据偶然事件取得的，并不是费心思想出来的"②。北美的曼丹部有"好刀氏""扁头氏"，明尼塔里部有"丘民氏""帽氏"，切罗基部有"涂朱氏""长发氏"等③，如果断定这些名称是图腾，那将极为困难。我国古代文献里有"黄帝族以云纪""炎帝族以火纪""共工氏以水纪"（《左传》昭公十七年）的记载，有的研究者便由此而断定云、火、水分别是黄帝族、炎帝族、共工氏的图腾。这是很靠不住的，因为文献的记载仅能说明黄帝族等曾以云等自然物为名称，但并没有说以云等为亲族或祖先，所以断定云等为图腾实在是证据不足。总之，图腾概念有明确的内涵，它与动物崇拜、自然崇拜有所区别，不应当把它当作标签一样随意滥用。

图腾起源于原始时代，这是毫无疑义的。然而，长达近三百万年之久的原始时代又可以按照考古学、人类学、历史学等的不同标准划分为许多阶段，那么图腾出现于哪个阶段呢？许多研究者常常将图腾和氏族相联系，认为图腾是适应氏族制度的需要而产生的。也有的研究者虽然没有把图腾和氏族相联系，却断言图腾产生于"人类文化发展的一个较晚的阶段"④。这些说法都值得重新考虑。我以为，图腾虽然在氏族制度中广泛存在，但这并不意味着图腾起源于氏族制度。图腾应当是起源于人类文化发展的较早阶段，它在氏族制度存在

---

① 摩尔根：《古代社会》（上册），第152页。
② 同上书，第110页。
③ 同上书，第155—160页。
④ 施密特：《原始宗教与神话》，上海：上海文艺出版社，1987年，第143页。

之前就已经出现了。关于这个问题，澳大利亚土著的情况为我们的讨论提供了难能可贵的例证。

在欧洲人侵入之前，澳大利亚土著靠狩猎和采集为生，他们完全不知道金属，也不懂烧制陶器，没有弓箭，不会耕种和养畜。他们使用的石器多数为打制，少数为磨制。其经济发展还停滞在旧石器时代后期。在社会制度方面，澳大利亚土著有五百个左右的部落，"部落制度还只处在萌芽阶段"[①]。摩尔根和恩格斯将澳大利亚土著的社会发展判定在蒙昧时代的中级阶段，这无论从其经济发展水平上看，还是从其婚姻形态、社会结构上看，都是恰当的。

"图腾"一词虽说源于北美印第安人，但其典型形态却是在澳大利亚。尽管世界各地几乎都有过图腾信仰、图腾崇拜，"但是没有一个地方像在澳大利亚那样达到了如此惊人的发达程度。有时把澳大利亚称为图腾崇拜的古典地区。民族学家们正是在澳大利亚大陆上研究图腾崇拜的典型特点的"[②]。值得注意的是，具有典型图腾信仰的澳大利亚土著尚处于氏族形成的准备阶段。在澳大利亚，没有胞族也就没有氏族，而且氏族是在胞族经过相当长的世代发展之后才被繁衍出来的。调查资料表明，澳大利亚胞族已经有了图腾。胞族名称库米德和克洛基表示黑鹦鹉和白鹦鹉，崩吉尔和瓦安格表示楔尾鹰和渡鸟。胞族也有以黑鸭、海豹、鹧鸪、袋鼠、蜜蜂等为图腾的。大部分胞族图腾的来源已经弄不大懂，连澳大利亚土著自己也不很清楚。这说明其胞族图腾的起源很早。这些情况可以确凿地说明至少在澳大利亚土著中，图腾在氏族存在之前就出现了。

澳大利亚的性别图腾也是图腾起源于氏族制度存在之前的一项证据。澳大利亚许多土著部落的全体男子有自己的图腾，而全体女子也有自己的图腾。例如，有的部落认为，戴菊鸟是男子的图腾，而蓝戴菊鸟则是女子的图腾。有的部落认为蝙蝠是男性的图腾，欧夜鹰是女性的图腾。无论男女，从来都不打死或吃掉自己的图腾。他们称图腾为"哥哥""姐姐"或"朋友"。这种性别图腾显然与胞族间的级别群婚有密切关系。因为按照级别群婚制度，胞族的所有女子或男子都是婚姻集团。集团的区别不在于老幼和辈分，而只在于性别。既然

[①] 托卡列夫：《澳大利亚和大洋洲各族人民》（上册），北京：生活·读书·新知三联书店，1980年，第195页。
[②] 同上书，第273页。

这种群婚制是早在氏族出现之前而存在的，那么，性别图腾也不会是在氏族存在之后才出现。

处于氏族时代的人们，由于母系或父系的系统已经确立，所以祖先崇拜在氏族中就日益重要。同时，由于生产范围的扩大，农业、制陶、畜牧等生产部门的出现和给予人们的生活以越来越大的影响，因此对于各种自然物——土地、水、火、太阳、高山、森林等的崇拜便日益普遍。大量的民族学资料表明，在原始氏族里，宗教信仰多样化，图腾信仰只处于附属的不显著的位置。澳大利亚土著的情况则与此不同。诸部落中虽然有一些与图腾无密切关系的信仰和巫术，但其最重要的宗教信仰则是图腾崇拜。他们还没有祖先崇拜和比较齐备的自然崇拜。这不仅可以从宗教信仰演变发展的角度推论澳大利亚土著的社会形态，而且可以从反面证明其图腾信仰的出现应当先于氏族制度。

如果说澳大利亚土著的资料为我们提供了活的实例的话，那么考古发掘的资料则是以无声语言阐述着图腾起源的时代问题。属于早期智人阶段的法国莫斯特文化洞穴里所埋葬的人尸骨周围埋有兽骨[1]，表明当时人的观念中已有了人与动物为密切伙伴的意识。A·法英别尔格所著《人类社会溯源》中有这样两个例证。一是，在阿济克斯山洞（阿塞拜疆）的晚期阿舍利文化层中，发现有安放洞熊颅骨的隐秘所在；在列古尔杜、德拉亨洛哈以及其他阿尔比斯山山洞的莫斯特文化层中，发现有对熊骨的安葬。二是，在法国尼茨特拉阿玛塔走廊的拉扎列特住房遗址中，两个住所的入口处各发现一个完整的狼颅骨，而其他地方的所有动物骨骼全是破碎的[2]。前一例的时代在25万年前，后一例在13万年前。当时的人对洞熊颅骨、熊骨、狼颅骨的安葬，应当是图腾意识萌芽的反映。许多考古资料表明，旧石器时代早、中期的人类活动遗址常发现的动物化石均为砸击而破碎，说明这时候动物在人的心目中仅是被食用的对象。旧石器时代晚期所出现的对一些动物遗骨安放的情况表明人们对动物有了新认识。从人类思维发展的规律看，这种新认识就是最初的图腾意识。据估计，图腾意识在距今二三十万年的时候开始出现，比之于氏族制度的出现应该说是遥遥领

---

[1] 林耀华：《原始社会史》，第106页。
[2] 转引自：蔡俊生：《人类社会的形成和原始社会形态》，北京：中国社会科学出版社，1988年，第171页。

先的了①。

(二)

按照人类学的分期，距今二三十万年前的时候，人类由直立人进入到智人阶段。距今二三十万年至距今四五万年前的古人类被称为早期智人，这正是旧石器时代的晚期。早期智人阶段是图腾萌芽的时期。在距今五万年至一万年左右的晚期智人阶段，图腾萌芽迅速发展。到了距今一万年左右的时间，图腾信仰和崇拜在世界各地都已经基本上形成和定型化。我们之所以做出这样的估计，是因为这个时代的原始艺术提供了证据。

发现最早的旧石器时代的圆雕作品是在法国布鲁尼柯地区发现的刻在鹿角上的跃马形象②。它属于马格德林时期。属于同一时期还有在法国西南部的拉·马德伦遗址发现的雕有长毛象形象的骨雕残片。在特·奥德伯特洞穴中发现有马格德林时期的两头野牛塑像。著名的西班牙北部的阿尔塔米拉洞穴顶部画有15头野牛、3只野猪、3只母鹿、2匹马和1只狼，是一幅14米长的大型作品。这类画有多种动物形象的旧石器时代的洞穴在法国、西班牙、意大利、葡萄牙等许多地方都有发现，其中不少作品经研究可以断定属于奥瑞纳时期。关于这些作品的创作动机，专家们有各种不同的解释。然而，无论哪种解释都会同意这种说法，即这些作品的主旋律是人对动物的密切情感。

图腾的发展有一个从粗糙单纯到精致复杂的过程。从其本身的认识发展过程看，大致可以分为图腾意识——图腾信仰——图腾崇拜这样三个阶段。图腾意识在我们所见到的原始艺术作品出现的时代以前很久就出现了，并且在原始艺术中有着生动体观。法国考古学家L·古朗曾经调查了66个洞穴和110个史前遗址，他统计的各种动物形象出现的频率是，马610，野牛510，长毛象205，山羊176，公牛137，母鹿135，雄鹿112，驯鹿84，熊76，狮29，犀牛16，其他还有大角鹿、公猪、羚羊、鸟、鱼以及不知名的怪兽等。这充分体现了当时的人对动物的关注。目前所知最早的动物形象是制作于奥瑞纳时期的一

---

① 关于氏族出现的时间，学术界有不同意见。一般认为氏族出现在旧石器时代晚期的某个阶段，估计在距今五万年左右的时间。参见刘家和主编：《世界上古史》，长春：吉林人民出版社，1984年，第14—17页。
② 朱狄：《原始文化研究》，搜集丰富资料对旧石器时代的艺术作品进行了综述和研究。本节所引资料不注者均见该书第229—411页。

件动物浅雕,刻着一只食草动物寻觅食物的情景。澳大利亚岩洞壁画的动物形象纹样包括野犬、长尾鸟、蜥蜴、蛇、鸸鹋等多种①,虽然当时仅有黑、白、红、黄等色彩,但人们还是以饱满的热情认真描画。德国的福格海特曾经出土有三万两千多年前的象牙圆雕马,法国的埃斯佩罗发现有用兽角雕成的马头残片,法国的拉·马德伦出土有鹿角雕成的形象生动的野牛。这些牙雕、角雕由于人们长期携带和抚摸而变得十分光滑,充分体现了人与动物的亲昵无间。在图腾意识阶段还谈不到对于某种动物的崇拜,甚至也谈不到对于某种动物的信仰,当时所有的只是人与动物(可能只是某几种动物)间的伙伴、朋友一样的感情。它在以后的漫长岁月里被长久地保持着,成为图腾观念的永恒主题。

图腾意识的发展必然导致图腾信仰。人们对于图腾动物的"神力"有了初步考虑,图腾动物不仅仅是伙伴、朋友,而且是有一定神力的"精灵"。一个洞穴的岩画可能画有多种动物形象,但其中一般总有一种居于主导地位。野牛是旧石器时代艺术作品中出现最多的动物形象之一。特·奥德伯特洞穴中的两件雕塑野牛像,每件都有一米多长,据观察是一公一母。原始的雕塑艺术家可能是为祈求动物的繁衍或其他目的而创作这两件野牛像的。拉·马德格林洞穴左侧穴壁刻有一裸体女性的半卧像,裸像旁刻着一头小野牛。苏·安格林地方刻有三个女性裸像,特别强调了作为女性生殖器的性三角符号,在裸像近处刻有野牛形象。将女性生育和牛联系起来,应当是人们相信牛对生育有某种神力的结果②。上述几例作品中的野牛形象虽说还未被敬奉,但在人们心中它已经不是一般的伙伴、朋友了。一些洞穴岩画中有一些人兽同体的形象。特费莱尔洞穴有一幅画有一群纷乱动物的岩画,其中有一直立形象,有人的腿、脚和臀,又有牛头、牛尾。塔加洞穴发现有羚羊与人同体的形象。拉·马德伦洞穴发现有兽头人身的骨片雕刻。列斯·科巴里尔斯洞穴有熊头人身的形象,还有呈舞蹈状的有着长毛象的头和人身的形象。阿尔塔米拉洞穴有兽头人肢与鸟头人身的形象。

当时,不管是否有"神灵"一词出现,人们在实际上总是视图腾动物为神灵。在这个阶段,图腾禁忌普遍发展。马尔索勒斯洞穴岩画中没有驯鹿,但洞穴灰堆中驯鹿骨骼却很多。阿米塔米拉洞穴后期岩画很少见到山羊,但同期的

---

① 岑家梧:《图腾艺术史》,上海:学林出版社,1986年,第75页。
② 《易经·说卦》:"坤为牛""为子母牛"。其中的"子",高亨先生说读为牸,雌也。见其《周易大传今注》第623页。在易传系统里坤为妻道,又以牛为其象征,这与西方岩画有异曲同工之妙。中西文化的这种共通现象,值得注意。

洞穴沉积物中却有许多山羊骨骼。还有些洞穴，岩画中有某类动物的大量形象，但洞中却很少有这类动物骨骼。洞穴岩画中的动物形象与洞穴动物遗骨情况的差异，说明了岩画的某些动物是图腾形象，而人们是禁食它们的。这时的图腾既是人的伙伴、朋友，又是威力强大超出于人类之上的神灵。拉·马德伦洞穴发现有表示图腾崇拜的线刻。作品的右部是一只硕大肥壮的野牛，它目光炯炯地威严站立，在它前面有一群人肩扛东西向它走来，最前面的人手中持一小旗样的东西，人群的左方和上方各有两个类似脚印的符号，可能表示足迹。作品中野牛形象的硕大与人的渺小相映成趣，如果不用图腾崇拜来解释，那么其含义是很难说得通的。在雷蒙德地方发现的一件骨雕片上，刻有一头巨大的被分解的野牛，肉已被割去，只剩下头、脊椎和前肢，野牛周围站着7个人，其中一人手持树枝之类的东西，旁边有两把石刀。骨雕上的人与牛的大小不合比例，野牛形象被扩大了。这件骨雕的含义使人立刻会联想到"图腾圣餐"——即原始部落在特别仪式上分食图腾动物的场面。例如，澳大利亚的阿兰达以袋鼠为图腾的部落举行这类仪式时，人们要念迫使袋鼠繁殖的咒语，"袋鼠图腾的长老们，包括首领在内，在那里吃少许袋鼠肉——这是他们能吃袋鼠肉的惟一机会——用袋鼠油涂擦参加仪式的人们的身体，并把肉分给所有的参加者"①。在"图腾圣餐"中，人们破除平时禁忌而分吃图腾动物，一方面是表示图腾动物与该部落人们的特殊关系，另一方面表示图腾动物的神力通过"圣餐"而进入人体。这显然是图腾崇拜的一种特殊形式。可以肯定地说，在旧石器时代晚期，图腾崇拜已经基本齐备了，并且深刻地影响着原始宗教观念的发展。

（三）

如果说图腾的起源有其社会的、历史的原因的话，那么它的起源也还有人类认识规律自身发展顺序的原因。为此，我们需要先探讨一下原始思维。

原始人类刚走出动物界时，"他们还是半动物性的、野蛮的，在自然力量面前还无能为力，还意识不到自己的力量"②，因此其思维水平并不比高级灵长类动物高明很多。表面看来，人的思维可以任意驰骋，宇宙之苍茫博大、浩

---

① 托卡列夫：《澳大利亚和大洋洲各族人民》（上册），北京：生活·读书·新知三联书店，1980年，第283页。
② 《马克思恩格斯选集》，第3卷，第218页。

瀚无际，时间之绵延幽远、不见始终，都不能成为思维的疆界，但这只是现代人的思维所能达到的地步，而原始思维的时间与空间范围却很有限。尽管现代人的思维也不是绝对自由的，但原始思维和它相差仍不啻千里万里之遥。原始思维的局限性首先是由于劳动水平低下、生活规模狭小、经验与传统的贫乏，因此所提供的原始思维的舞台十分有限。其次，脑的量与质有一个漫长发展过程。200万年前的人脑量约六七百立方厘米，到距今一百万年前后才达到800至1,000立方厘米①。距今二三十万年的时候人的"平均脑量可达1,200立方厘米到1,400立方厘米"②，才接近现代人的水平。这些对于原始思维发展的影响是很大的。原始思维与现代思维的基础不同，它们并不在同一条起跑线上。

最早对原始思维特征做出明确表述的是法国社会学家列维—布留尔。他在《原始思维》一书中提出了"集体表象"说和"互渗律"。近来，原始思维引起了我国学者的重视，他们对其作了一些论述。其实，原始思维的本质特征应当在逻辑结构方面去探寻。列维—布留尔称原始思维是"原逻辑的思维"，我国有的学者称之为"前逻辑"或"潜逻辑"的思维③。这些说法固然都有其可取之处，但若更贴切些，我以为还是称之为"模糊逻辑思维"比较好。模糊逻辑思维和以概念为核心的文明人思维的根本区别在于它的思维过程没有明确的严格的概念；各种基本逻辑规律在模糊逻辑思维中都有所萌芽，但又都不作为规则被遵守。儿童心理学的研究表明，儿童（特别是婴幼儿）思维与原始思维多有相似。正如"十月怀胎"的情况是人类的生物学进化史的浓缩一样，儿童思维的发展进程也是人类思维发展历史的浓缩。孩童对于动物的亲昵情感和所赋予动物的精灵观念都有着图腾信仰的历史投影。此外，原始思维——亦即模糊逻辑思维还多少存留在文明人心理中的幽深层次。有些百思不得其解的问题有时却在朦胧（或睡梦）中忽然省悟，这其中的奥妙在于模糊逻辑思维发挥了作用。犹如混浊之水可以澄清一样，模糊逻辑也能变为"清晰"逻辑。绝对清澈的水是不存在的，绝对清晰的逻辑也是不存在的。

图腾观念是原始人类的模糊逻辑思维的结晶，它反映着原始人对现象与本质、原因与结果等关系的最初思考。例如图腾禁忌，人们宁肯挨饿也不吃图腾

---

① 吴汝康：《人类发展史》，北京：科学出版社，1978年，第209页。
② 匹尔比姆：《人类的兴起》，北京：科学出版社，1983年，第226页。
③ 刘文英：《原始思维怎样走向逻辑化》，《哲学研究》，1987年，第7期。

动物，破坏禁忌者若被捉住便会被打死。棉兰老岛的塔桑代人听到一种他们很尊重的鸟叫便不外出，他们认为要是听到这种叫声"还要出去的话，就会死亡"①。这种禁忌是人们对因果关系进行考虑的结果。产生禁忌的原因总是"以某种秘不可测的危险为前提的"，"禁忌的本质在于制止和预防玄妙的、但却是现实地存在的（或过去存在过的）危险"②。图腾禁忌所体现的因、果之间也许没有必然关系，但也并非毫无关系，按照模糊逻辑，它们是可以成立的。巴西北部的博罗罗人以红色的金刚鹦哥（一种长尾鹦哥）为图腾，称为"阿拉拉"。博罗罗人说："我们就是红色的阿拉拉，同样，红色的阿拉拉也就是我们"③。博罗罗人"硬要人相信他们现在就已经是真正的金刚鹦哥了，就像蝴蝶的毛虫声称自己是蝴蝶一样"④。这种将人与动物同一的结论尽管是荒谬的，然而其思维方式却非绝对错误。当博罗罗人说他们"就是红色的阿拉拉"时，就已经是在运用"判断"这种逻辑思维方式了，只是违背了充足理由律而导致了谬误。然而，他们确定"阿拉拉"，而不是另一种动物为图腾总是有其理由并进行选择的结果。只是由于种种条件的限制，原始人还不善于（或者说不会）进行去粗取精、由表及里的思考，还不会进行合乎逻辑规律的分析、推理、判断，以得出正确结论。尽管如此，我们还是可以说模糊逻辑思维是那个时代正常的、合理的思维。

图腾观念在原始思维中萌生与衍变的轨迹与"本能的人"到"自觉的人"的进程是一致的。人和其他动物一样，最初都与自然界浑然一体，人类要彻底走出动物界，必须把自己和包括动物在内的自然界区分开来。列宁说："在人面前是自然现象之网。本能的人，即野蛮人没有把自己同自然界区分开来。自觉的人则区分开来了"⑤。人类"把自己同自然界区分开来"经历了漫长过程，图腾意识的发展应当是这个过程的一个较早的重要阶段。图腾观念的核心内容是人与动物的同一。按照图腾观念，人们认为本部落或氏族的祖先以及现在的人或者是由动物——如野牛、熊、狼、蜘蛛、蜗牛等变成的，或者是人与

---

① 刘达成等：《当代原始部落漫游》，天津：天津人民出版社，1982年，第14页。
② 谢苗诺夫：《婚姻和家庭的起源》，北京：中国社会科学出版社，1982年，第71页。
③ 朱狄：《原始文化研究》，第327页。
④ 列维—布留尔：《原始思维》，北京：商务印书馆，1981年，第70页（下引该书，版本相同）。
⑤ 列宁：《哲学笔记》，第90页。

动物交配而生的。许多原始部落流行的涂色、纹身之俗，一般都与图腾观念有关。澳大利亚的伯尼开拉人举行仪式时要身画图腾图案，如袋鼠部落的人，背上要绘三个圆圈，两臂间又各作二小圆，代表袋鼠眼睛，下端有一圆，象征袋鼠的嘴。有些部落举行仪式时，"成员均用彩土、羽毛、树叶等材料，装扮成图腾的姿态"，"头部戴上毛、叶、花、羊角制成的蛇头、袋鼠头、野牛头的帽子；体部套上毛类，手指足趾套上贝壳、爪壳，象征动物的爪"①。美洲范库弗群岛上的阿特人认为一个人的灵魂可以自由地进入动物的身体，他们认为自己的祖先是以鸟、兽、鱼类的形象存在的②。表面看来，这种强调人与动物相同一的图腾观念并没有把人与自然界区分开来，但实际上却已经是把人和作为自然界一部分的动物当作两个范畴来考虑了。持图腾观念的原始人已经站在了动物的对立面。尽管图腾观念中有大量的如列维—布留尔所说的人与动物"互渗"——亦即同一的情况，但人总是在动物范围之外，否则也就无从谈到"互渗"。可以说，图腾观念是人冲击"自然现象之网"的第一个突破口，它反映着人与自然界相互区分又未完全区分的矛盾与转化状态。

　　善于联想、幻觉和拼接的模糊逻辑思维为图腾观念的形成提供了基础。参加图腾仪式的原始人披上虎、熊、狼等动物的皮时，以为自己就是某种动物，也就具有了这种动物的神力。这样的思维注意到了人和某种动物所共同具有的敏捷、勇猛性质，并由此把两者联系一起，至于人与动物这两个概念则还尚未了解。美洲印第安人的回乔尔部落认为玉蜀黍、鹿和"希库里"（一种神圣植物）都是同一个东西，根据在于它们都是食物。在回乔尔人眼里，羽毛是健康、生命和幸福的象征。他们由此产生的联想是"云、棉花、鹿的白尾、它的角，甚至鹿本身都被看成是羽毛"③。原因在于他们认为这些东西和羽毛一样有某种神秘性质，所以断定云是羽毛，棉花是羽毛，鹿也是羽毛。模糊逻辑思维所使用的概念很少，而且极不明确，概括性的词也很贫乏。例如澳大利亚阿兰达语，"有表示各种蜥蜴的词，不下下九个，但却没有笼统地表示'蜥蜴'的

---

① 岑家梧：《图腾艺术史》，上海：学林出版社，1986年，第32—34页。
② 列维—布留尔：《原始思维》，第116—118页。
③ 同上书，第118页。

词；有七个表示各种鹦鹉的词，却没有笼统地表示'鹦鹉'的词"①。反映事物具体形象的感觉、知觉、表象、意象等在模糊逻辑思维中占了主要地位。感觉、表象等的内涵很不明确，外延又广阔无边，所以各种感觉、表象等的意义常有部分重合的情况出现，这就为联想提供了有利条件。图腾观念显然是最初出现在人类头脑中的关于人与某种动物的感觉、表象等的相互联想和拼接的结果。由于逻辑结构的缺陷和模糊性质，所以这种联想和拼接便只能是虚幻的。

关于原始思维的研究，除了说明图腾观念所赖以产生的人类思维特征以外，还可以说明图腾观念起源于人类发展的较早阶段。人们的社会存在决定着人们的意识；人们所引起的自然界的变化是原始人类的思维得以发展的直接基础。刚刚步出动物界的原始人类最主要的生产活动是狩猎和采集。比较起来，给予人的思维影响最大的还是狩猎。野兽的奔突跳跃、迅猛以至凶残，都给人的感官以强烈刺激并留下深刻印象。清风、繁花、瑞雪、明月等自然景观虽然也在初期人类的感知范围之内，但人们尚无欣赏它们的闲情逸致，人们还只是为果腹而奔波劳苦，为猎取不可多得的美味而孜孜以求。狩猎给予人们心理上的影响至少有这样两个方面，一是对动物勇力的羡慕；二是猎获后的喜悦和心理上的平衡。可以说狩猎乃是产生图腾意识的土壤。由此而论，我们也就不难理解旧石器时代艺术作品充满动物形象的原因了。原始宗教有各种表现形式，如图腾信仰、万物有灵观念、自然崇拜、鬼魂崇拜、巫术、祖先崇拜等，各种形式间虽然互相关联，可以同时存在，但它们各自出现的时间还是有先有后，而不是同时萌生的。综合各个方面的考察，可以说图腾意识乃是原始宗教的嚆矢。

(四)

（1）必须用历史的、发展的观点研究图腾。图腾观念的萌生、发展，以至衰落与衍变，历史长达几十万年之久，所以需要尽量地区分出图腾观念的原生形态和次生形态。此外，还应该实事求是地估计图腾观念在各个历史时期的不同作用。有的研究者把图腾观念简单地视为"一种精神上的鸦片"②，这是不符合实际的。

（2）图腾意识的发生和图腾信仰的确立均在旧石器时代后期，并且图腾崇

---

① 托卡列夫：《澳大利亚和大洋洲各族人民》（上册），北京：生活·读书·新知三联书店，1980年，第122页。
② 沙利·安什林：《宗教的起源》，北京：生活·读书·新知三联书店，1964年，第87页。

拜也在这个时期开始发展，所以，旧石器时代是图腾观念的典型时期。这个时期的图腾观念对于社会发展起着积极作用。由于人们认为"不仅在部落内与其图腾有关的诸个人间存在着一种共同关系，而且在同一语系内的其他部落中以类似图腾取名的一切个人间也存在着共同关系"[①]，所以图腾观念不仅加强了部落内部人们的关系，而且促进了不同部落间的联系。

（3）尽管图腾崇拜在新石器时代前期臻于完备，但因自然崇拜、祖先崇拜等的崛起，图腾崇拜在这个时代的原始宗教中的地位不得不江河日下。在新石器时代后期，图腾观念发生蜕变，其主要形式是或多或少地向祖先神话、动物和灵物崇拜中渗透。当人类社会跨进文明时代的时候，图腾观念已经是强弩之末了。后世作为某些部落、氏族或家族的象征性的图腾装饰，只是遥远回忆的标识，已非原生的或典型的图腾观念的表达。

（4）图腾观念在世界各个地区原始部落中的发展是极不平衡的。一般说来，长期以狩猎经济为主的部落，其图腾观念较为浓厚；以农作为主的部落则比较淡薄，甚至完全不见图腾观念的痕迹。或谓"在欧洲和亚洲伟大文明的范围内显然不存在任何与图腾制有关的东西"[②]。尽管这个论断太绝对化了，但其中却不乏某些合理因素。我国广大中原地区从新石器时代初期开始，原始农业就居于经济生活的主导地位，所以中原诸族不存在系统的、典型的图腾观念。我国少数民族中有图腾崇拜的并不多。据调查，55个少数民族中有图腾崇拜的还不到10个。由此看来，至少从新石器时代开始，图腾观念就并不是一种普遍的原始宗教形式。

（5）我国古代文献记载的诸族祖先出世的传说，虽然有些多少有一点图腾观念的影子，但其性质却是由祖先崇拜而产生的神话。例如夏族，或谓禹母"吞神珠薏苡，胸坼而生禹"（《史记·夏本纪》正文引《帝王纪》）；或谓"尧殛鲧于羽山，其神化为黄熊"；或谓鲧字从鱼，鲧死后"入于羽渊"（《左传》昭公七年）；或谓启母"化为石""石破北方而启生"[③]。论者多根据这些记载以辩论夏族图腾为薏苡、为熊、为鱼或为石。其实，哪一种也非夏族图腾。相同的讨论还见于黄帝族、周族等的图腾为何物的争辩，众说纷纭，莫衷

---

① 列维-斯特劳斯：《野性的思维》，北京：商务印书馆，1987年，第189页。
② 同上书，第265页。
③ 依《汉书·武帝纪》颜注，此事见于《淮南子》，然今本《淮南子》无之，盖因其事不"雅驯"，而为缙绅先生所删。

一是。其中的关键在于祖先出世的神话和图腾崇拜虽有一些联系，但实际却属两个范畴。

（6）近年为论者经常提到的龙、凤图腾是一个重要问题。考古发掘的龙凤形玉饰、彩绘等，其时代最早的属于新石器时代后期。在其后的各个历史时代艺术作品中，龙凤形象无论是桀骜怒鬣、掉尾扬爪，或是劲健流逸、委曲宛转，都能奇趣横生动人心魄，它们或作为具有强大凝聚力的民族理想的象征，或作为威严尊贵的封建皇权的标识，都不是图腾观念所涵容得下的，如若以图腾视之，确乎有亵渎"神圣"的意味。龙凤形象最初出现的时代，图腾观念虽然尚未杳如黄鹤，但却是影响甚微的了，从中衍化出具有极其旺盛活力的龙凤图腾，似无此种可能。图腾动物皆为人所亲见，而龙凤则出于幻想，这是龙凤并非图腾的确证。或谓龙凤是许多动物图腾的综合体，就像华夏族为诸族融合一样。此说很难找到证据。就拿龙的形象来说，它的原形有鳄、蟒、蜥蜴、猪等动物的某些因素，但又如何证明作为华夏族主体的夏、商、周诸族是以这些动物为图腾的呢？就现有材料看，恐怕证明不了。龙凤形象闪烁着古人的智慧与理想之光，它们的起源问题是中国古代文化中隐藏得最深的奥秘之一，必须对其进行多层次多角度的探索，假若只是把它们和图腾观念简单地联系一起，那就难免有捕风捉影之嫌。

六　中国早期国家的若干理论问题

中国早期国家的历史发展阶段，按照学术界比较一致的意见，应当相当于考古时代的新石器时代后期和传说时代的五帝时期。由于中国早期国家的形态及其发展道路的问题涉及中国上古时代如何由野蛮走向文明、中国早期国家的特色、我国文明时代初期社会发展道路等重要问题，所以它理所当然地受到学术界的普遍关注。今试将若干偏重于理论方面的思考胪列如下。

（1）中国早期国家的形成走着不同的道路，正如专家所指出，这道路既有阶级分化的道路，亦有社会管理职能强化的道路。愚以为这后一条道路，对于中国古史来说，可能更为普遍和重要。据《尚书·尧典》记载，相传尧的时候就曾"允厘百工，庶绩咸熙"。相传，舜时又正式任命了司空、司徒、士、工、秩宗、典乐、纳言等职官，虽然这些官职名称未必为当时实有，但是尧舜时已经重视设官分职，行使国家管理职能，则还是可信的。至禹的时候，"东渐于海，西被于流沙；朔南暨声教"（《尚书·禹贡》）。如果没有庞大而系统的管理机构，要达到这种局面是不可想象的。从古史记载中，找不到多少尧舜禹的时代不可调和的阶级矛盾的迹影，有的只是社会管理职能的空前强化。这正是中国早期国家形成的关键时期的情况。可以说，中国早期国家并非阶级矛盾不可调和的产物，而只是在一定社会发展阶段上的建立在众邦之上的社会权力组织。

（2）中国早期国家并非按地域划分国民的结果。以古代希腊、罗马和日耳曼为代表的古代西方早期国家的特点是，它在氏族制度被炸毁后"按地域划分它的国民"。前辈专家或谓禹的划分九州即如此。这应当是一个可以再讨论的问题，据《尚书·禹贡》篇记载，禹所划分的九州主要是地理区划，而不是政治区划。虽然讲了九州的贡赋，但并不是以州为单位的贡纳。在贡纳之后夏王朝要"赐土、姓"，即赐土、赐姓，这表明，向中央贡纳者即居住于各州的氏族部落。可以说，中国古史在进入文明时代以后很久，社会的基础依然是氏族，而不是按地域划分的国民。真正打破氏族的藩篱，而使编户齐民成为普遍的社会组织，那只是战国中期社会巨大变革之后的事情。

（3）中国早期国家具有浓厚的仁慈性质。就国家的社会功能而言，当然有其镇压和统治的一面，至少从夏代起就有了刑罚和牢狱，殷代依然如此，甲骨文的刑罚用字就有多种。在夏商之前的尧舜禹的时代也有主管刑罚的职官，也曾对于"蛮夷猾夏，寇贼奸宄"等现象进行处罚。但是建立在广泛氏族组织基础之上的中国早期国家，必然要求它具有管理和团结广大社会成员的功能，其仁慈性质就是这一社会功能的体现与保证。在很早的古代，人们就对于这一个方面有所认识。《尚书·尧典》载，相传尧的时候，"克明俊德，以亲九族；九族既睦，平章百姓"；舜的时候，虽然有刑罚，但是要"眚灾肆赦"。对于无心的过失犯罪要赦免。《尚书·皋陶谟》载舜时主管刑罚的皋陶主张"允迪厥德，谟明弼谐"，意即实践美德、高明和谐，禹亦主张"安民则惠，黎民怀之"。春秋战国之际，墨子总结上古政治，谓"古者圣王之为政也，言曰：'不义不富，不义不贵，不义不近。'""古者圣王之为政，列德而尚贤"（《墨子·尚贤》

上)"古之圣王，举孝子而劝之事亲，尊贤良而劝之为善，发宪布令以教诲，明赏罚以劝沮"(《墨子·非命》中)。认为那个时代是将"义""德"放在首位考虑的事情。墨子谓"昔三代圣王，尧、舜、禹、汤、文、武者是也"(《墨子·尚贤》中)，可见其所谓的尊尚"义""德"的历史时期正是中国早期国家的时代。战国末年，韩非子根据他的历史进化观，认为"上古竞于道德，中世逐于智谋，当今争于气力"(《韩非子·五蠹》)竞于道德的上古时代将仁慈道德放在首位，这是合乎中国早期国家情况的。

(4)关于"大同""小康"时代的社会形态性质似可重新认识。《礼记·礼运》篇关于"大同""小康"两段话，是熟悉古史者耳熟能详的两段名言，前辈专家或有将两者作为原始时代与阶级社会的不同标识所认识者。其实，《礼运》篇所云"小康"是国家产生以后的社会情况，应当是没有疑义的。但是《礼运》篇所云"大同"是否就是国家出现以前的原始时代的反映呢？是篇谓："大道之行也，天下为公，选贤与能，讲信修睦，故人不独亲其亲，不独子其子，使老有所终，壮有所用，幼有所长，矜寡孤独废疾者皆有所养。男有分，女有归。货恶其弃于地也，不必藏于己，力恶其不出于身也，不必为己。是故谋闭而不兴，盗窃乱贼而不作，故外户而不闭。是谓大同。"如果按照国家的产生只是阶级矛盾不可调和的产物、国家的职能就是镇压敌对阶级这样的观点来看问题，的确可以说这里所云的"大同"并不是"国家"产生以后的情况，但是若按照我们前面的分析，则可以说这正是中国早期国家的典型表现，所谓的"选贤与能，讲信修睦"和"天下为公"的观念正反映着早期国家的社会管理功能和浓厚的仁慈观念。《礼运》篇所讲的"大道之行"是自黄帝开始的五帝时代的社会情况，与中国早期国家的时代正相契合。愚以为《礼运》篇所讲的"大同""小康"是从舜、禹之间划分开来的，即所谓的"大道之行"与"三代之英"的区分，这并非原始社会与阶级社会的分界，而正是早期国家与比较完善的国家时代的界标。

(5)在中国早期国家形态中，以占卜祭祀为主要内容的神权占有重要位置。由原始宗教转向早期国家形态下的神道设教，其间并没有截然界沟。早期国家形态下的神道设教，作为国家权力的一种体现。虽然有为统治者服务的方面，但更多地则表现为对于广大民众的一种人文关怀，这与中国早期国家的仁慈性质有相通之处。在迄今为止所见的考古发现中，祭祀遗址和遗物多有所见。对于这些考古资料，可以将其纳入早期国家面貌的考究之中。

（6）考古发现所见龙山文化时期的城址对于研究中国早期国家有重要意义，可是也不可以过分地予以强调。城市的出现是早期国家的标志之一，但并非惟一的标志。《说文》："国邦也，从囗从或。"段玉裁注谓"邦国互训"，"戈部曰'或，邦也。古或、国同用，邦、封同用'"。据研究，在上古文字中，封邦实为一字，是封土成堆并植木其上之形。可以说，国字所从的方框并非国字的根本意义所在。考古发现所见的城址有可能是古国遗存，但这并不否定没有城址的地方，也可能存在过早期国家。

（7）在中国早期国家形态中，"礼"是十分重要的内容。龙山文化遗址中曾发现不少礼器，如山东龙山文化发现的大型蛋壳陶杯，一般壁厚不到5毫米，重不到50克，器型上大下小，重心不稳，这种制作精美的黑陶杯，专家认为并非当时的实用器，而是礼器。再如良渚文化的精美玉器，应当也是礼器。礼器出现表明当时的社会上"礼"已经为人所重视而普遍实行。上古时代的"礼"以人鬼与天神之祭为大宗，这些"礼"已经包含了许多方面的社会政治内容。《礼记·礼器》篇载："昔先王尚有德，尊有道，任有能，举贤而置之，聚众而誓之。是故因天事天，因地事地，因名山升中于天，因吉土以飨帝于郊。升中于天，而凤皇降，龟龙假；飨帝于郊，而风雨节，寒暑时。是故圣人南面而立而天下大治。"意谓"圣人"能够联合团结各方面的人进行各种礼仪，所以才能使天下大治。愚以为研究中国早期国家形态，很有必要重新审视和探讨新石器时代后期的大量礼器。这些礼器和一些远古城址相比，其所蕴含意义甚至还更为重要些。可以说礼乐的系统化是文明时代人际关系的润滑剂，龙山文化后期的礼器是中国早期国家形态的物化表现，用专家的话来说，也可谓是早期国家形态的文化表征。

（8）由国家的萌芽到早期国家的出现，由早期国家至完善的国家形态，都有比较长的历史时期。这两个历史时期的发展虽然不似远古时代那样缓慢，但和后世相比，毕竟是漫长而迟缓的。对于中国早期国家的研究固然需要找出由量变到质变的转捩点以作为界标，但是对于发展的长期性应当有充分的估计。

总之，中国早期国家形成所经历的两条道路，中国早期国家的两种社会职能是我们对于早期国家问题认识的出发点。关于两条道路和两种社会职能说法，我们可以从恩格斯的《家庭、私有制和国家的起源》《路德维希·费尔巴哈和德国古典哲学的终结》等著作中找到相当典型的论述。这些论述可以指导我们研究中国早期国家问题，然而，中国早期国家是很有特点的，与西方古典世界相比有着不小的差别。研究这方面的中国特色，是我们对于中国早期国家形态研究中的长期而重要的任务。

第一章 先秦时代社会形态的理论研究

第二章
先秦时代社会性质综论

"社会性质"是决定社会形态的核心与关键,过去关于社会形态的探讨称为社会性质研究或古史分期研究,原因盖在于此。

讨论先秦社会性质,先从研究禹开始,这是为什么呢?这是因为,禹是站在文明门槛上的历史巨人,也可说这位历史巨人前脚跨进了文明时代,而后脚还在野蛮时代。我们关于禹的探讨,决无意于给这位历史巨人脸上抹黑,而着眼于用历史主义的观点,全面地分析他对由野蛮时代向文明时代的巨大历史运转所做出的无可比拟的伟大贡献。先讲禹,似乎可以比较容易深入地分析历史时代的巨变,看清社会性质演变的脉络。

夏商时代是我国古代社会进入文明社会的初期,其发展道路影响之巨大与深远自不待多言。对于其社会性质,愚以为用"氏族封建制"来表述,比较恰当。

关于周代的社会性质,许多专家都从生产方式的特点等方面论证了西周是封建社会[①]。杨向奎先生还提出了西周社会发展模式是"宗法封建制,也就是'前期'封建制,它们自氏族社会转变而来,没有经过奴隶制"[②],更是将西周社会形态研究向前大大推进一步的卓见。本章讨论西周社会形态时,不拟重复前辈专家的相关研究,而是抓住作为"宗法封建制"核心的宗法制进行研究。宗法制与分封制犹如车之两轮而密不可分,宗法制的根本特点在于它使氏族(宗族)和政治有了密切关系。本章进而探讨了战国时期宗法制的发展和衍变,研究了在这个社会大变革时代里宗法制的面貌。

[①] 论证西周封建说的著名专家有:范文澜、杨向奎、徐中舒、王玉哲、赵光贤、束世澂、李埏等。

[②] 杨向奎:《宗周社会与礼乐文明》,北京:人民出版社,1992年,第182页。

一　夏商时期的社会性质

在古史分期研究中，专家常将我国古代奴隶制与封建制的分界定于西周，抑或是春秋、战国以至于汉魏两晋，西周以前的夏商两代是奴隶制时代，似乎为不刊之论。近年专家对于"五种生产方式"说进行辨析，成果斐然。可是夏商两代究为何种性质的社会仍然是一个可以充分研究的重要问题。我以为，夏商两代可以称之为氏族封建制时代。在我的一本小书①中曾经提到过这个看法。这里，拟提纲挈领地进行一些再讨论。

（1）人类社会由原始时代向文明时代迈进时，有可能进入奴隶制，也有可能进入封建制。马克思说："现代家庭在萌芽时，不仅包含着奴隶制（servitus），而且也包含着农奴制"②，后来马克思还补充说："奴隶制和农奴制很快就败坏和改变一切共同体的原始形式，并使自己成为它们的基础。"③农村公社是原始社会的原生社会形态，在文明时代初期它衍变为次生形态，马克思指出"不言而喻，次生的形态包括建立在奴隶制上和农奴制上的一系列社会"④。经典作家肯定农奴制完全可能和奴隶制一样成为原生形态的社会所直接进入的次生形态。那么，氏族制呢？恩格斯说："氏族制度已经过时了。它被分工及其后果即社会之分裂为阶级所炸毁。它被国家代替了"⑤。其实这是恩格斯按照古代希腊、罗马、德意志的社会发展实例所得出的结论，并没有说古代东方亦复如此。就古代中国情况看，氏族制不仅没有被"炸毁"，而且在很长的历史时期内都还顽强地保存着，并且发挥着重要影响。

（2）源于古代封邦建国的"封建"一词与作为社会经济形态的"封建"既有一定区别，又有密切关系。作为社会经济形态的封建制在我国古代萌芽的时期正是封邦建国的时期。作为社会上层建筑的"封建"与作为经济基础的"封建"，两者在时间上的吻合，确是饶有兴味的事情。在典型的封建制度下，土地和其他重要的生产资料归各级封建主所有，劳动者没有完全自由的身份，而

---

① 晁福林：《夏商西周的社会变迁》，北京：北京师范大学出版社，1996年。
② 《马克思恩格斯选集》，第4卷，第53页。
③ 《马克思恩格斯全集》，第46卷（上册），第491页。
④ 同上书，第19卷，第450页。
⑤ 《马克思恩格斯选集》，第4卷，第165页。

封建贵族则有完备的多层次的社会等级。然而这种典型的封建社会经济形态是长期发展的结果,从萌芽状态到完备状态经历了漫长时间。在文明时代初期,对于劳动者的经济剥削不一定由各级封建贵族或地主来实现,也可能通过普遍存在的牢固的氏族组织进行。在人类社会经济形态中,在刚刚进入文明时代的时候,首先出现的是以人的依赖关系为基础的状态,然后才是以物的依赖关系为基础的状态。当时的阶级斗争还只是处于萌芽状态,人际关系还笼罩在氏族、部落之下,要找出一个严格意义上的地主阶级(抑或是奴隶主阶级)是不可能的。当时贵族占有生产资料和不完全地占有劳动者都通过氏族形式得以实现。当时的生产资料所有制是氏族、部落所有制,土地及生产资料甚至劳动者本人都归氏族所有。

(3) 氏族制非必为原始时代所独有,文明时代初期也可能有普遍的氏族组织。《史记·夏本纪》总结夏代情况说:"禹为姒姓,其后分封,用国为姓,故有夏后氏、有扈氏、有男氏、斟鄩氏、彤城氏、褒氏、费氏、杞氏、缯氏、辛氏、冥氏、斟戈氏。"《吕氏春秋·用民》篇说:"当禹之时,天下万国。"都说明夏代方国部落众多。相传商汤时有"三千余国"(《吕氏春秋·用民》),专家统计甲骨卜辞记载,其中确指的氏族"至少有二百个以上"[1]。商王朝灭亡时"殷民六族""殷民七族"被周分封给诸侯国。有商一代,氏族的数量依然相当可观。夏商两代都存在着以本王朝为核心的方国部落联盟。

(4) 经过分封的氏族实为夏商王朝统治的基础。《尚书·禹贡》篇载"庶土交正,厎慎财赋,咸则三壤成赋;中邦锡土、姓,祗台德先",关于"中邦锡土、姓",伪孔传谓:"'天子建德,因生以锡姓',谓有德之人,生此地,以此地名赐之姓以显之",意指夏王朝依据不同的赋纳在中邦地域上锡土、锡姓,还要依方国部落与夏关系密切的程度及其德操而定出封建的先后次序。这说明"中邦锡土、姓"所表示的封建与"厎慎财赋"所表示的赋税征收,两者的关系极为密切,正是一个事情的两个方面。赐予土地和封赐族姓的根本目的之一即在于征收赋税。《禹贡》篇虽然成书时代较晚,但其中不乏夏代贡赋情况的踪影。甲骨卜辞材料表明,作为主要生产劳动者的"众"和"众人"都是属于氏族者,实即族众。商王朝的许多劳役、征伐等都是命令诸族进行的,商王曾经贞问"五族戍弗雉王[众]"(《甲骨文合集》第28053片)、"王族爰

---

[1] 丁山:《甲骨文所见氏族及其制度》,北京:科学出版社,1956年,第33页。

多子族立（莅）于……"（合集34133片）、"令多子族比犬侯……古王事"（合集6813片），皆为其证。

（5）夏代实行贡法，按照孟子所讲即"夏后氏五十而贡"，虽是一种新的田赋形式，却有较为浓厚的原始民主平等的因素。关于这种贡法，战国时人认为"贡者，校数岁之中以为常"（《孟子·滕文公》上篇引龙子语）。夏代的贡法实为取数年间收成的平均数，将收成的十分之一上缴。这种贡法不能认为是实物地租，而只是从原始时代诸族向部落联盟首领贡纳的形式向文明时代的赋役形态的一种过渡状态。从"厎慎财赋"的记载看，夏代贡法应当主要是以族为单位进行的。

（6）商代有实行劳役地租的确证。孟子说"殷人七十而助"，并谓"助者，藉也"（《孟子·滕文公》上）。关于藉法，古书多有所载。《诗·大雅·韩奕》"实亩实藉"，郑笺"藉，税也"。《左传》宣公十六年"谷出不过藉"，杜注"周法，民耕百亩，公田十亩，借民力而治之，税不过此"。他所说的"周法"，实源于殷。《礼记·王制》"古者公田藉而不税"，郑注"藉之言借也，借民力治公田，美恶取于此，不税民之所自治也"。总之，助（藉）法，就是对于劳动者的一种力役剥削。卜辞有关于藉的明确记载，如"舌伊侯藉"（合集9511片），意即通告伊侯之族前来藉田（即为商王室耕田）。"辛亥贞……人三千藉"（合集32276片），贞问是否征发某族的三千人前来藉田。"贞，呼雷藉于明"（合集14片），意谓命令雷族到称为明的地方藉田。"雷"为族名，卜辞有"雷妇又（有）子"的记载，可见雷应当是与商王室有婚姻关系的氏族。"丙子卜，受贞，乎藉于囗受有年"（合集9504片），贞问商王室自己的族众在某地藉田是否会有好收成。卜辞屡有"王其观藉"（合集9501片，9500片）"王勿藉"（合集17407片）之载，说明商王对于藉田事十分关心。在封建地租形式中，劳役地租是较早的一种，它出现于夏商时代合乎封建地租发展的规律。

（7）夏、商、周三代的生产关系一脉相承，在发展过程中有损益而无质变。孟子说："夏后氏五十而贡，殷人七十而助，周人百亩而彻，其实皆什一也"（《孟子·滕文公》上），认为夏商周三代皆什一之税。顾炎武说："古来田赋之制，实始于禹水土即平、咸则三壤。后之王者，不过因其成迹而已。故《诗》曰：'信彼南山，维禹甸之。畇畇原隰，曾孙田之。我疆我理，南东其亩。'然则周之疆理，犹禹之遗法也……其五十、七十、百亩特丈尺之不同，而田未尝易也。"①这个说法很有见地，商周两代田赋，实由夏代衍变而成。诚如许多专家指出的那样，西周为封建社会，那么夏商两代亦当如此。

（8）夏商时代，氏族是最主要的社会组织形式，将其封建制的经济形态概括为"氏族封建制"应当是可以的。到了西周时期，氏族组织形式不仅依然存在，而且经过周公制礼、分封之后，氏族发展为宗族，宗法观念成为主要的社会意识形态，所以说西周时期的社会性质可以概括为宗法封建制。春秋时期随着社会生产力的发展，宗法封建制逐渐蜕变，经过战国前期的社会变革，井田制被废弃，地主经济与小农经济登上社会舞台，地主封建制逐渐确立。先秦时期社会的巨大运转以及政治、文化的变迁，无不与夏商时代的氏族封建制的确立及其演变有或多或少的关系。

二 禹的时代社会观念的转变

一般认为，我国上古文明时代从夏代开始，而文明时代的诞生又与禹的业绩密不可分。

最为人们所津津乐道的禹的业绩是他栉风沐雨、公而忘私的治水事业以及攻伐三苗、会诸侯于涂山等。其实，这些只是禹之所以伟大的一个方面，另一方面在于他敢于并善于打破旧传统，推动社会文化观念的转变。正是后者使禹超越了他以前的黄帝、尧、舜等诸多英雄，成为新时代的开拓者。从道德观念的评价看，原始时代的平等、无私、刻苦等品格显然是值得赞誉的。然而这些却不为文明时代的诞生所必需。新时代的开创呼唤着新的社会文化观念涌现和发展。诈谋、贪欲、权势欲，这是禹创立丰功伟业的思想内核，也是新观念的体现。

战国秦汉间人曾将上古社会分为大同和小康两个阶段。大同之世是儒家所推崇的最完美的社会模式，小康之世已比大同低了一个层次，其特点是：

> 今大道既隐，天下为家。各亲其亲，各子其子，货力为己。大人世及以为礼，城郭沟池以为固，礼义以为纪。以正君臣，以笃父子，以睦兄弟，以和夫妇，以设制度，以立田里，以贤勇知，以功为己。

---

① 顾炎武：《日知录》，长沙：岳麓书社，1985年。

故谋用是作而兵由此起。禹、汤、文、武、成王、周公，由此其选也。(《礼记·礼运》)

按照我们关于社会发展的观念，儒家所说的大同之世属于原始时代，而小康之世则属于文明时代，其所提到的城郭沟池、君臣礼仪、诈谋兵戎等，正是文明时代社会政治情况的反映。《礼运》认为这个时代的第一位杰出人物是禹，这个说法慧眼独具。禹是小康之世"货力为己""谋用是作"的代表和开创者。

在原始时代后期的社会文化观念中，尽管公而忘私依然是传统的受人尊敬的美德，但诈谋和私欲却也在不断发展，并以此推动社会前进。禹的父亲鲧是这方面的失败者，尽管他能"窃帝之息壤以堙洪水"(《山海经·海内经》)而博得人们拥护，却不善于运用诈谋来达到自己的目的。相传，鲧曾毫不掩饰地反对尧传位给舜，说："不祥哉！孰以天下而传之于匹夫乎？"(《韩非子·外储说右上》)鲧为了准备夺取舜的权位，曾经"怒甚(其)猛兽，欲以为乱。比兽之角能以为城，举其尾能以为旌。召之不来，仿佯于野，以患帝舜"(《吕氏春秋·行论》)。鲧"行婞直而不豫"(《楚辞·九章》)，其权势欲十分露骨，终致杀身之祸。然而禹却比他圆滑世故得多，可以说禹是我国上古时代第一位运用诈谋并获得极大成功的人物。鲧被杀之后，禹采取了十分谨慎和机智的态度：

禹不敢怨，而反事之，官为司空。以通水潦，颜色黧黑。步不相过，窍气不通，以中帝心。(《吕氏春秋·行论》)

禹对杀父之仇不敢表现出任何怨恨情绪，反而恭谨地侍奉舜，治水时把面目晒得黧黑以表示勤劳，在舜的左右总是迈着小步走，甚至连大气都不出，以表示恭敬。尽管禹未必如同战国时人说得这样奴颜婢膝，但鲧被杀之后禹还能被委以重职一事可以说明禹是靠其机智而博得了舜的欢心。

关于禹的诈谋与私欲，《尚书·皋陶谟》很有些耐人寻味的记载。其一，禹谄媚逢迎以取得舜的信任。他和皋陶等人在舜面前讨论治理天下的事情，皋陶提出最高首领必须"知人""安民"，禹认为这两个标准太高，并马上反驳道："吁！咸若是，惟帝其难之。"显然是为最高首领减少责任。其二，自我吹嘘，归功于己。舜让禹发表见解的时候，禹不谈如何治理天下，而是说："都！帝，予何言？予思日孜孜。"意谓我有什么话可说，我只是每天勤勉不倦地工作罢了。后来在皋陶的追问下，禹又大谈其"决九川、距四海""烝民乃粒、万邦作义"的功绩。禹尽力做出一副积极进取、黾勉辛劳的姿态，目的在于扩展自己的影响。其三，为舜设计一套安逸享受的保守办法，以求发展禹自己的势力。他让舜"安汝止，惟几惟康，其弼直，惟动丕应"，即安于既有权位，筹划康乐生活，天下大事让有威望的辅弼来处理，这样，民众就会如影随形听从号令。其四，从舜对禹的批评看，禹不仅"亲自操橐耜而九杂天下之川"（《庄子·天下》引墨子语），而且追求享乐。舜对禹说："无若丹朱傲，惟慢游是好，傲虐是作，罔昼夜頟頟；罔水行舟，朋淫于家，用殄厥世。"（《尚书·益稷》）。《史记·夏本纪》在引用这段话时，其前加"帝曰"二字，可知其为舜之语。舜告诉禹不要像丹朱那样傲慢、迷恋于游玩、不分昼夜地戏谑作乐，不能以乘舟治水为名，成群地在家里淫乱，否则就会使后嗣断绝。其中所指诸事虽然都可以视为丹朱的作为，但舜的这些话不大可能是无的放矢，而应该是舜洞悉禹的行为以后才说的。"水行舟"可能与治水有关；"用殄厥世"则暗喻禹不要走鲧被放逐诛杀的老路。《尚书·皋陶谟》的这些记载使我们看到了禹的思想观念的多种色调与复杂状态：禹不仅具有传统美德，在一定时期和某些场合可以表现出不计私利、艰苦奋斗的优秀品质，同时又有相当浓厚的贪欲和权势欲，并以诈谋取得私利与特权。

　　禹的时代，代表旧传统的原始民主、平等精神以及公而忘私的品德，仍然是各氏族、部落以及部落联盟之上的普照之光；然而，作为新观念的贪欲、权势欲却方兴未艾，力图打破缺口，削弱以至否定旧传统。禹的巨大成功说明当时的社会文化观念正悄然变化，对诈谋和私欲采取了默认和允许的态度，但这种允许是有一定限度的。在社会文化观念扑朔迷离、十分复杂的情况下，禹能够因势利导，博得社会舆论的赞许和多数人的拥护，这是他成功的秘诀。《吕氏春秋·贵因》说："禹之裸国，裸入，衣出。"由于他照顾到了各部落的风俗和利益，所以涂山之会时"执玉帛者万国"（《左传》哀公七年）。皋陶是东方淮夷族首领，是舜时代的一位重要人物。他虽然驳难过禹的言论，但终究还是为禹所用，任主持刑罚的"士"职。皋陶曾"令民皆则禹，不如言，刑从之"（《史记·夏本纪》）。由于禹和东夷族关系密切，所以"禹攻三苗而东夷之民不起"（《战国策·魏策》二）。禹攻三苗之后"神民不违，天下乃静"（《墨子·非攻》下）。这些都说明禹施展了自己的卓越才能，扩大了以夏为核心的部落联盟的影响。

纵观禹的作为可以看到，他从不以旧传统的破坏者、否定者的面貌出现，其进取、其诈谋都是在传统旗帜下进行的，这样就极大地减少了前进的阻力。这在禅让制的衍变中有典型表现。

禅让制是传说时代将帝位让授予贤者的一种制度，它是上古时代权力结构演变的过渡形态，体现了新、旧两种社会文化观念的交替。开始的时候，氏族、部落和部落联盟的首领都是民主选举产生的。后来，各级首领的权力日益增长，他们在递嬗权力的时候不再满足于民主的、集体的决定，而试图在民主色彩笼罩下来贯彻自己的意志。这样的形式终于在尧的时期被发明出来，那就是"禅让"。在禅让制度下，旧的民主传统仍然有相当大的影响，尧舜之际的禅让过程中"四岳"的意见举足轻重，就是一个明证。

社会结构在禹的时代有了比较显著的变化，于是禅让制也呈现出微妙状态。禹在位时选择皋陶为继承人。此举反映了禹的智谋与狡黠。皋陶早在舜的时期就有很高威望，曾在舜和许多部落首领面前高谈阔论治理天下、选拔人才、敬天安民的道理，并且是一位以治狱讼著称的人物。禹选择皋陶为继承人，表明自己重视荐举贤才。然而，皋陶和禹年龄相仿，甚至还要稍长于禹。禹去世时据说"年百岁"（《史记·夏本纪》集解引皇甫谧说），在其去世前十年皋陶被举荐，此时皋陶和禹均已至耄耋之年。禹选择这样的继承人显然不会对自己和儿子——启构成威胁。皋陶被荐举之后不久即死去，禹又举荐益为继承人。禹死之后，益重演禅让故事，"避禹之子于箕山之阴，朝觐讼狱者不之益而之启，曰：'吾君之子也。'讴歌者不讴歌益而讴歌启，曰：'吾君之子也'"（《孟子·万章》上）。为什么人们拥戴启而不信服益呢？司马迁解释说："及禹崩，虽授益，益之佐禹日浅，天下未洽，故诸侯皆去益而朝启。"（《史记·夏本纪》）禹一方面树立自己和族人的权威，另一方面又通过举荐耄耋之年的皋陶以延宕益开始佐政的时间，造成益"佐禹日浅"的事实，这就为启掌握权位铺平了道路。战国时人多认为禹"名传天下于益，其实令启自取之"（《战国策·燕策》一），说禹行禅让实际上是精心设下的一个圈套。他采取灵活、巧妙的手腕使禅让徒具虚名，在旧传统的范围里为世袭制替代禅让制解决了关键问题，而把"家天下"的任务留给儿子启来完成。

从伦理道德评价的角度来看，卑劣的贪欲和权势欲，毫无疑问，应当被审判、被鞭挞，但这并不影响对它们在一定历史阶段上作用的估计。恩格斯肯定了黑格尔关于"恶"的历史作用的论断，他指出，"自从阶级对立产生以来，正是人的恶劣的情欲——贪欲和权势欲成了历史发展的杠杆"[①]。文明时代的诞生并不是一首优美和谐的田园诗，而是对旧的神圣原则的亵渎，是对人们善良愿望的践踏，其契机不在于温情脉脉的氏族制度和原始民主、平等精神，而是人们的贪欲、权势欲。由此看来，禹的私欲和诈谋顺应了我国上古社会由野蛮向文明迈进的历史潮流，是对旧的社会文化观念的大胆否定，其历史作用并不亚于禹手执耒耜完成治水事业。

三 我国文明时代初期的社会发展道路及夏代的社会性质

我国古代的社会性质问题是专家们长期探讨的重大课题，它直接影响到对于各个历史时代的社会结构的分析和研究。对中国古史分期问题的探讨，早在20世纪二三十年代就已经开始，许多专家的真知灼见和卓识谠论，推动了这项研究向深入发展。可以说古史分期研究的本身已经形成了一部很有特色的学术史和史学理论发展史。在下面的讨论中，重点放在说明我国文明时代初期社会发展道路问题，进而探讨夏代社会性质。

（一）

从夏代开始，我国古代社会进入文明时代。探讨文明时代初期社会发展道路问题，应该着重注意两个方面的问题，即进入文明时代以后的社会结构形态和社会经济形态。先来看第一个方面的问题。

马克思主义经典作家在摩尔根研究的基础上，对于蒙昧、野蛮、文明这三个历史时代的演进过程作了深入的理论上的剖析，指出了人类社会由蒙昧到野蛮再进入文明时代的社会发展规律，特别注意了对于氏族、国家等问题的分析。人类社会由野蛮而文明，这是一场巨大的社会变革。

氏族制度被国家所代替是文明时代的一个重要标志。按照恩格斯所依据的古代希腊、古代罗马和古代德意志人的社会发展实例，其结论应当说是完全正确的。然而，对于中国古代社会而言，却未必合适，如果硬要在我国上古社会中寻找以地域划分国民，寻找氏族制度被国家所完全代替的证据，那将会徒劳

---

① 《马克思恩格斯选集》，第4卷，第233页。

无益。我国上古社会从野蛮走向文明之后很久，氏族制度都还和国家同时并存，表现出相当强大的生命力。就夏商西周时期的社会情况而言，并不能说这个时候氏族制度已经过时。在这个时期，氏族制度不仅一直存在，而且还由氏族而发展到宗族，使其社会影响更为强大。恩格斯在《家庭、私有制和国家的起源》这部著作的结论部分说："我们已经根据希腊人、罗马人和德意志人这三大实例，探讨了氏族制度的解体。最后，我们来研究一下那在野蛮时代高级阶段已经破坏了氏族社会组织，而随着文明时代的出现又把它完全消灭的一般经济条件。"①可见恩格斯还是十分慎重地指明自己所提出的结论只是"根据希腊人、罗马人和德意志人这三大实例"而得出的，并没有强调这一结论为所有国家和民族的上古时代的历史所适用。研究我国文明时代初期的社会发展道路，离不开对氏族制度的变化和发展情况的探讨。

　　进入文明时代以后的社会经济形态，是我们研究文明时代初期社会发展道路的另一个重要问题。关于社会经济形态的演进，马克思指出："无论哪一个社会形态，在它们所能容纳的全部生产力发挥出来以前，是决不会灭亡的；而新的更高的生产关系，在它存在的物质条件在旧社会的胎胞里成熟以前，是决不会出现的。所以人类始终只提出自己能够解决的任务，因为只要仔细考察就可以发现，任务本身，只有在解决它的物质条件已经存在或者至少是在形成过程中的时候，才会产生。大体说来，亚细亚的、古代的、封建的和现代资产阶级的生产方式可以看作是社会经济形态演进的几个时代。"②对于这段话含义的诠释是古史分期研究中的一个大课题。在这里我们不能详细探讨。但是应当指出的两点是，首先，马克思在这里强调了社会经济形态的演进并不是一蹴而就的事情，而是要经过长时期的酝酿和准备才可以付诸社会实践。在两个相邻的社会经济形态之间，有一个相当长时期的过渡阶段。在这个过渡阶段里面，旧的社会经济形态要将其"所能容纳的全部生产力发挥出来"，而新的社会经济形态所赖以存在的"物质条件在旧社会胎胞里成熟"。无论如何，这绝非是短时期内就可能完成的事情。其次，相邻的两个社会经济形态并不是纯而又纯，而是旧的社会经济形态里面孕育着新的社会经济形态，而新经济形态里面又有旧的经济形态存在，两者之间不可能一刀两断而互无纠葛。这样两个方面

---

① 《马克思恩格斯选集》，第4卷，第154页。
② 同上书，第83页。

的认识，对于我们探讨文明时代初期的社会发展道路问题具有重要的指导意义。

那么，刚刚进入文明时代的社会是否必定是奴隶制社会？从马克思关于"社会经济形态演进的几个时代"的论断中，找不出明确的答案，马克思所说的"亚细亚"生产方式以及"古代"生产方式的含义究竟如何理解，至今尚无一致的说法。马克思没有明确说法的问题，恩格斯讲得比较具体。从恩格斯依据上古时代的希腊人、罗马人和德意志人的材料所得出的结论看，答案似乎是肯定的。恩格斯说："随着在文明时代获得最充分发展的奴隶制的出现，就发生了社会分成剥削阶级和被剥削阶级的第一次大分裂。这种分裂继续存在于整个文明期。奴隶制是古代世界所固有的第一个剥削形式；继之而来的是中世纪的农奴制和近代的雇佣劳动制。这就是文明时代的三大时期所特有的三大奴役形式。"①恩格斯并没有把它当成普遍性质的规律。值得我们特别重视的是，恩格斯在指出奴隶制的出现的同时又注意到了与奴隶制同时存在的农奴制。摩尔根曾经在《古代社会》一书中对"家庭"这一用语写道，"这一用语并不比拉丁部落的严酷的家庭制度更早，这种家庭制度是在采用田间耕作和奴隶制合法化以后，也是在雅利安意大利人同希腊人分离以后发生的"，他强调了原始家庭中的奴隶制因素。因此恩格斯在阅读了马克思所写的《摩尔根〈古代社会〉一书摘要》以后，对于摩尔根的上述说法，特意加上一段说明。恩格斯指出：

> 对这一点，马克思补充说："现代家庭在萌芽时，不仅包含着奴隶制（servitus），而且也包含着农奴制，因为它从一开始就是同田间耕作的劳役有关的。它以缩影的形式包含了一切后来在社会及其国家中广泛发展起来的对立。"②

这一段话表明恩格斯完全同意马克思关于家庭萌芽所包含的奴役形式的论断，认为马克思的这个论断是对于摩尔根说法的重要补充。从马克思和恩格斯的论断中，我们可以体会到这样一个问题，那就是在原始家庭中所孕育的奴隶制和农奴制的萌芽，当社会步入文明时代以后，有可能发展成为奴隶社会，也有可能发展成为封建社会。马克思对于这一点还有另外论述。他说：

---

① 《马克思恩格斯选集》，第4卷，第172页。
② 同上书，第53页。

> 假如把人本身也作为土地的有机附属物而同土地一起加以夺取，那么，这也就是把他作为生产的条件之一而一并加以夺取，这样便产生奴隶制和农奴制，而奴隶制和农奴制很快就败坏和改变一切共同体的原始形式，并使自己成为它们的基础①。

从这个论述里面可以看到，奴隶制和农奴制并不是先后相续的两种社会经济形态，而是在"败坏和改变一切共同体的原始形式"的时候所同时产生的。恩格斯在1877年为他的《英国工人阶级状况》一书的纽约版所撰写的序言即《美国工人运动》一文中曾说"亚细亚古代和古典古代，阶级压迫的主要形式是奴隶制，即与其说是群众被剥夺了土地，不如说他们的人身被占有"。论者或据而言恩格斯肯定了奴隶制是人类社会所必经的一个社会经济形态。其实，恩格斯在这里是有所感而发的。他所具体针对的对象是纽约工人运动领导者亨利·乔治的言论。恩格斯指出，"在亨利·乔治看来，人民群众被剥夺了土地，是人们分裂为富人和穷人的主要的、笼罩一切的原因。但从历史上看来，这是不完全正确的"②，其下面才是关于"阶级压迫的主要形式是奴隶制"的一段话。亨利·乔治强调了土地被剥夺是社会阶级产生的原因，而恩格斯则针锋相对地指出"人身被占有"是更为重要的原因。恩格斯在这里所讲的"奴隶制"不仅包括奴隶主对奴隶的压迫，而且也包括了农奴主对农奴的压迫。这样理解才符合马克思和恩格斯在专门探讨人类社会演进的经济形态时的基本思想。

通过前面的探讨，我们大致可以得出这样的认识，那就是文明时代初期，社会结构形态可以是国家完全代替氏族制，也可以是氏族制在国家的形态下得以新的发展；这个时期的社会经济形态，可以是奴隶制，也可以是封建制。在这个认识的基础上，我们对于文明时代初期的社会性质就会有一个比较明确的分析。在研究由野蛮向文明迈进的相关问题的时候，人们一般把原始氏族公社作为人类社会组织的原生形态。尽管这种原始氏族公社已经经历了漫长时间的发展衍变，但和文明时代的社会形态相比，仍然可以说它是原生形态。从这种原生形态派生出来的社会形态，则称为次生形态。马克思曾经指出：

> 农业公社既然是原生的社会形态的最后阶段，所以它同时也是向

---

① 《马克思恩格斯全集》，第46卷（上册），第490—491页。
② 《马克思恩格斯选集》，第4卷，第258—259页。

次生的形态过渡的阶段，即以公有制为基础的社会向以私有制为基础的社会的过渡。不言而喻，次生的形态包括建立在奴隶制上和农奴制上的一系列社会①。

对于这个论断，我们可以这样理解，那就是由作为原生社会形态的最后阶段的农村公社，可以演变为奴隶制社会，也可以演变为封建制社会，奴隶制和封建制都可以是由原生形态演变而成的次生形态。如果说原始家庭的奴隶制的萌芽可以演变为奴隶社会，那么原始家庭的农奴制萌芽则可以演变为封建社会。这样的结论符合马克思主义关于社会经济形态演进规律的思想，应当说是可以成立的。由此而引申出的一个重要结论，那便是奴隶制并不是人类社会必经的一个社会发展阶段，不是社会发展过程中的一个不可缺少的社会经济形态。由原始时代而迈向封建制社会，也是人类社会发展的正常的演变形式。

还应当讨论一下关于判断社会性质的标准的问题。这标准似乎毫无疑义地应当是生产资料的所有制。我认为在判断刚刚步入文明时代的社会性质的时候，未必完全拘泥于这一点。在社会生产方式中，生产资料所有制居于核心的重要位置，这是就一般情况而言。在刚刚进入文明时代的时候，生产资料所有制的影响远远赶不上人的依赖关系的影响。在人类社会经济形态中，在刚刚步入文明时代的时候，首先出现的是以人的依赖关系为基础的形态，然后才是以物的依赖关系为基础的形态。在社会的演进过程中，人的依赖关系和物的依赖关系呈现着相互消长的状态。无论是在夏代还是在商代都找不出人们拼死争夺土地以及其他生产资料的事例，社会上所出现的是氏族间的服从和人们的依赖关系。就是到了西周、春秋时期，土地也还没有成为社会所最为关注的大问题，当时的社会问题主要是如何组织人们来使用土地，而不是各种形式对于土地所有权的争夺。

许多专家指出，我国古代并不存在一个所谓的奴隶制社会。这些论证令人信服。现在摆在人们面前的问题是，在我国上古时代，在原始社会以后，既然可以肯定不是奴隶社会，那么，它又是什么社会呢？如果说它是封建社会，那么它的具体情况又如何呢？我们关于夏商西周社会性质的探讨，可以说是对于这些问题进行回答的一个尝试。概括说来，夏商两代应当称之为氏族封建制的社会。在这里必须强调指出的一点是，判断夏商周三代社会性质并不是因为其

---

① 《马克思恩格斯全集》，第19卷，第450页。

社会上存在着氏族、宗族，我们不能因为见到社会上有氏族、宗族的存在就断言其为氏族封建制或宗族封建制，我们所首先重视的是夏商周三代的氏族、宗族是当时社会生产的主要组织形式，在当时的社会生产关系中占有主导的统治的地位，是影响当时社会生产关系的主要因素。

（二）

说夏代的社会性质是氏族封建社会，除了必须对于自古以来的氏族发展情况进行一些分析以外，还必须对于最初的"封建"进行探讨，这样才能比较容易地说明夏代的社会性质问题。关于夏代的社会性质，概括说来，便是其社会上的主要的组织形式是氏族，其社会经济形态是封建制度，不过这个时期的封建制度与后来典型的封建制还不尽相同，应当说是氏族封建制。

"封建"一词在我国古代有其固定的含义，那就是封邦建国。旧说相传以为"封建"从黄帝的时候就已经开始，曾经建有万国。其实，真正的封建是从夏代开始的，历经商代，到西周时期形成定制。东周时期，周大夫富辰谓"昔周公吊二叔之不咸，故封建亲戚以蕃屏周"（《左传》僖公二十四年）。这里讲的是周初的"封建"，其所封建的对象是"亲戚"，即同家同族之人①。就"封建"而言，封建其亲戚固然可以如此称呼；封建亲戚以外者，也可以这样称呼。例如周武王灭商以后，"乃褒封神农之后于焦，黄帝之后于祝，帝尧之后于蓟，帝舜之后于陈，大禹之后于杞"（《史记·周本纪》），这些受封者就不是周王的同家同族之人。按照《史记·五帝本纪》的说法，黄帝的时候，只是"置左右大监，监于万国"，帝尧的时候只是"合和万国"，都还没有"封建"之事。当时的方国部落虽然很多，但只是服从于黄帝、尧、舜而已，都还没有接受什么分封。到了夏代，情况有所不同，正式有了"封建"，故《史记·夏本纪》谓"禹为姒姓，其后分封，用国为姓"。在我国古史上，夏是正式开始"封建"的朝代。

作为社会经济形态的封建制的"封建"，与我国古代文献记载所说的封建的含义有一些区别。封建制的生产关系的核心是农奴制，它表现了封建主对于

---

① "亲戚"一语的古义或有指父母者。春秋后期，伍尚欲归楚而救其父母，谓"亲戚为戮，不可以莫之报也，奔死免父，孝也"（《左传》昭公二十年），"亲戚"指其父而言。春秋战国之际的曾子谓"亲戚不说，不敢外交""亲戚既殁，虽欲孝，谁为孝"（《大戴礼记·曾子疾病》），"亲戚"指其父母而言。然而，富辰所谓的"封建亲戚"，却非指封建其父母，从富辰所列周代封国情况看，所封建者皆为周王的兄弟或子辈。

农奴的经济剥削。在典型的封建制里面，土地和其他重要的生产资料归各级封建主所有，农奴没有完全自由的身份，在许多方面要受封建主的控制。在封建制度下社会上有完备的多层次的等级。关于封建的经济形态，特别应当指出的是，它有一个自身的长期发展过程，从其萌芽到其完备形式的出现也经历了相当长的历史时期。作为社会经济形态所提到的"封建"，虽然与我国古代文献记载所提到的封建的含义并不相同，但是这二者之间又存在着某种联系。可以说我国古代社会开始封建，即开始封邦建国的时期，也就是作为社会经济形态的封建制度开始出现的时期。作为社会经济形态的封建制度在我国古代社会上出现的时间，与我国古代文献记载所提到的封邦建国的时间之间的吻合，这确是一件饶有兴味的事情。仔细考虑起来，这两者的吻合，又是完全可以理解的事情。作为封邦建国的"封建"所表达的是社会上层建筑的内容，而作为社会经济形态的"封建"所表达的则是经济基础的内容。这两类"封建"的吻合，正是经济基础与上层建筑相吻合的一种表现。

　　氏族是文明时代诞生以前最主要的社会组织。在氏族之上，又有部落和部落联盟。但是作为基础的还是氏族。社会进入文明时代以后，氏族曾经长期存在，有些氏族还发展成为国家。我国作为文明时代初期的夏商西周时期的国家，实际上都是由氏族发展而形成的，并且这些氏族都有悠久的历史和顽强的生命力。氏族组织的长期普遍存在对于社会性质和社会观念，具有重大影响。古代的礼书把上古社会的发展分为"大同"和"小康"两个前后相连的阶段，并且做出了相当精彩的论述。"大同"时代高尚美妙的人际关系，正是原始时代原始民主平等原则的一个反映，我们从考古发现所见的新石器时代的居住遗址的情况，可以体会到当时社会上确实存在着那种选贤举能、讲信修睦、门户不闭的情况。"大同"时代的那些标识，就是氏族内部的关系准则。在当时的社会上，本氏族的鳏寡孤独和残疾者都受到全氏族的帮助，和氏族的其他成员享有同样的权利，物质财富归全氏族所有而"不必藏于己"，之所以不用在外出时闭户锁门，根本原因就在于私有财产的极其微弱，人们还没有盗窃乱贼的观念。"大同"时代的这种社会习俗可以用平等、民主、淳朴等来概括其性质。作为我国文明时代最初的一个朝代的夏代是直接承继原始氏族时代而来的，其社会结构中尚有原始氏族的浓厚影响。

（三）

氏族封建制在夏代的表现可以分为社会结构形态、社会经济、社会生产关系三个方面来探讨。

从社会结构形态上看，夏代社会上大量作为方国部落的氏族，与夏王朝之间存在着"封建"的关系，这是过去所未曾有的。《史记·夏本纪》的一段话对我们探讨夏代社会性质问题至关重要，是篇谓：

> 禹为姒姓，其后分封，用国为姓，故有夏后氏、有扈氏、有男氏、斟寻氏、彤城氏、褒氏、费氏、杞氏、缯氏、辛氏、冥氏、斟戈氏。

按照这个记载，夏代的夏后氏、有扈氏、有男氏、斟寻氏等，都是禹以后"分封"的结果。经过封建之后的方国部落，在社会组织上成为以夏王朝为主的方国联盟的成员。这与方国部落间一般的友好关系不完全一致。夏王朝时期方国部落的数量很多，《吕氏春秋·用民》篇谓"当禹之时，天下万国"。在这样的方国部落中，夏王朝进行封建的情况比较复杂，我们可以从古代文献的记载里面窥见其中的一些情况。东周时期，晋国的史官讲述古代的豢龙氏和御龙氏的沿革变化，谓：

> 昔有飂叔安，有裔子曰董父，实甚好龙，能求其耆欲以饮食之，龙多归之，乃扰畜龙，以服事帝舜，帝赐之姓曰董，氏曰豢龙，封诸鬷川，鬷夷氏其后也。故帝舜氏世有畜龙。及有夏孔甲，扰于有帝，帝赐之乘龙，河、汉各二，各有雌雄。孔甲不能食，而未获豢龙氏。有陶唐氏既衰，其后有刘累，学扰龙于豢龙氏，以事孔甲，能饮食之。夏后嘉之，赐氏曰御龙，以更豕韦之后。龙一雌死，潜醢以食夏后。夏后飨之，既而使求之，惧而后迁于鲁县，范氏其后也。（《左传》昭公二十九年）

这位晋国的史官博识多闻，所以对于古代氏族的变化沿革情况知道得很多。他这一段话中值得注意的是这样两点。其一，"帝舜氏世有畜龙"[①]，但在夏后孔甲的时候却"未获豢龙氏"，找不到畜龙的氏族。帝舜之后有豢龙氏，

[①] 帝舜仅一世就禅位于禹，为什么说他"帝舜氏世有畜龙"呢？专家或谓"'世有畜龙'者，盖自帝舜之后，夏孔甲之前，代代有驯畜之龙也"（杨伯峻：《春秋左传注》，北京：中华书局，1981年，第1501页）。若依此说，则是入夏以后，董父之族豢龙氏仍被夏王朝任用。但是《左传》明谓夏后孔甲的时候有龙而"未获豢龙氏"，且《国语·郑语》明谓豢龙氏为夏所灭，所以"帝舜氏世有畜龙"之义当指帝舜氏之世有畜龙之氏族。

到了夏代却找不到，这说明夏王朝建立后曾经灭掉了一些氏族。夏的分封与灭国是很有关系的两件事，从某个角度上可以说只有灭国，才能有分封。《国语·郑语》谓"董姓鬷夷、豢龙，则夏灭之矣"。夏王朝所灭掉的氏族数量应当很多。禹的时候万数的诸侯，"至于汤而三千余国"（《吕氏春秋·用民》），其间所差的六七千诸侯当为夏所灭者。其二，上古时代陶唐氏的后代刘累的氏族为夏驯龙，"夏后嘉之，赐氏曰御龙，以更豕韦之后"（《左传》昭公二十九年），杜注谓："更，代也。以刘累代彭姓之豕韦。累寻迁于鲁县。豕韦复国，至商而灭。"其事在夏后孔甲的时候，已届夏的后期，可见有夏一代在不断地进行封建之事。

经过封建的氏族是夏王朝统治的基础，许多氏族担负着夏王朝所委派的任务。例如羲氏、和氏为夏观测天象以制定历法。周族的先祖曾为夏的农官以主持稼穑之事，直到周穆王的时候，卿士祭公谋父还说"昔我先王世后稷，以服事虞夏，及夏之衰也，弃稷不务"（《国语·周语》）。周在夏代是以善于务农而著称的部落，世任夏王朝的后稷之官，一直到夏王朝衰亡的时候。另有封父，可能是专门为夏制作良弓的部落。《左传》定公四年载周封鲁以"封父之繁弱"。《荀子·性恶》篇说，"繁弱"为良弓之名。《礼记·明堂位》郑注谓"封父"为国名。"封父之繁弱"的说法表明，封父部落所制的良弓在上古时期非常有名。《唐书·宰相世系表》谓"封氏出自姜姓，至夏后氏之世，封父列为诸侯。其地汴州封丘有封父亭，即封父所都。至周失国，子孙为齐大夫"。所谓"至夏后氏之世，封父列为诸侯"，即指封父部落接受夏王朝的封建而为诸侯。我们前面所提到的刘累的氏族为夏豢龙，"夏后嘉之，赐氏曰御龙"，亦为一例。《左传》定公元年载"薛之皇祖居薛以为夏车正"，居于薛（今山东滕县南）地的夏朝车正奚种，可能是夏代善于造车的氏族首领而就封于夏者。商族的首领冥为夏的"水官"（《礼记·祭法》注），献身于治河事业，商族在夏代可能受封而担任治水事宜。史载"其在启之五子，忘伯禹之命，假国无正，用胥兴作乱，遂凶厥国，皇天哀禹，赐以彭寿，思正夏略"（《逸周书·尝麦》），此事或即古本《纪年》所谓的"启征西河"。若此，则彭寿曾经随启往讨"五观"之乱。彭寿为大彭氏的首领。在夏代，大彭氏武力颇为强盛，为祝融八姓之一，地在今江苏省徐州市铜山区一带。在夏代所封建的诸侯中间，为其首领者，可能是昆吾氏，《国语·郑语》有"昆吾为夏伯"的说法，是为其证。夏代存在着以夏王朝为核心的方国部落联盟。这个联盟是由夏行封建而形成的，受夏之封者，便与夏王朝保持着一定的关系，也受到夏王朝的保护。

夏代的"封建"不仅具有政治方面的内容，而且还是夏王朝与方国部落间经济关系建立的标识。也可以说，夏王朝与诸氏族、方国间存在的贡纳关系是"封建"制在经济领域的一种表现。《尚书·禹贡》篇讲述禹治理九州山水之功，又讲了九州田地的好坏及贡赋财物的种类。虽然托名为禹事，实则是后世以夏代情况为据而写成者。其中有关于夏代封建与贡赋关系的记载：

> 四海会同，六府孔修。庶土交正，厎慎财赋，咸则三壤成赋，中邦锡土、姓，祇台德先。

这里的意思是说四海之内的氏族部落都归附了夏王朝，水、火、金、木、土、谷等六种物质也都治理完备。各处田地的优劣已经清楚，据此而定的赋纳皆得其正而不偏颇，征收财赋之事可以慎重地开始进行，因为已经可以按照三等田地而决定赋纳的数量，夏王朝也可以依据不同的赋纳而在中邦的九州之地赐土、赐姓①，还要依据这些方国部落与夏王朝关系的密切程度以及其德操而定出封建的先后次序。按照这个说法，"中邦锡土、姓"所表示的封建与"厎慎财赋"所表示的赋税征发，两者之间关系极为密切，简直可以说是一件事情的两个方面。《尚书·禹贡》篇所列各地赋纳的情况是以九州为序的，当时有无九州尚属疑问，即使有的话，这里在实际上也是指处于九州之内的各个方国部落。是篇所列九州贡纳，说明了夏代在九州的区域内所封建的方国与夏王朝的经济关系。《尚书·禹贡》除了列出九州方国部落所贡纳的物品名称以外，

---

① 关于"中邦锡土、姓"一句的解释，专家或谓"姓，疑当为生。甲骨及金文字皆无姓字，赐姓非古制也。《尧典》'百姓'，《伯吉父盘》《史颂敦》并作'百生'，是其证矣。'锡土生'者，谓贡土生之物"（杨筠如：《尚书覈诂》，西安：陕西人民出版社，1959年，第83页）。按此说有可商之处。甲骨金文中的"生"为姓之义，故金文中的"百生"即文献里面的"百姓"。然而，金文中的"百生"，并无"土生之物"的含义。金文中的"姓"与文献的"生"在表示姓族的意义上是相通的，不能由此而转向"土生之物"的意义。再从"锡土、姓"之义看，所表示的是夏王朝对方国部落的赏赐，解释为"贡土生之物"，与其文的本义矛盾。关于"锡土、姓"，伪孔传谓："'天子建德，因生以赐姓'，谓有德之人，生此地，以此地名赐之姓以显之。"这个解释正确。伪孔传所引"天子建德，因生以赐姓"，见于《左传》隐公八年鲁大夫众仲语，《尚书·禹贡》所谓的"中邦锡土、姓，祇台德先"与之恰相吻合。

还排列出"五服"的情况。这"五服"当中与夏王朝关系最密切的是距夏王城五百里以内区域的方国部落,这个区域称为"甸服",在这个区域里面夏所分封的诸侯向夏王朝的贡纳,以道里远近为差,靠近王城百里之内者缴纳带秸秆的谷物,其外百里者缴纳禾穗,再往外百里者缴纳带稃的谷物,再往外百里者缴纳粗米,再往外百里者缴纳精米。可见甸服是夏王朝粮食的主要供应区。甸服以外五百里的区域称为侯服,是夏王朝各级诸侯的所在地。侯服以外五百里的区域称为绥服,这也是夏王的王政所通达到的区域。绥服以外五百里的区域称为要服,是夏王朝需要通过结好而方能施加影响的区域。要服以外五百里的区域称为荒服,这个区域里面虽然政教荒忽,但是夏王朝的影响依然可以到达。这种"五服"排列,非必为夏王朝所实有,但是其排列在《尚书·禹贡》篇中,还是反映了其作者对于夏王朝社会结构的某种看法。这些看法中包含着夏王朝的某些史实。例如,向夏王朝缴纳各种不同的谷物,当为夏王朝所实有。

夏代所封建的各个方国部落跟夏王朝之间的这种经济关系,是以前任何时代所不曾有过的,就社会经济形态的演进而言,这是一种崭新的形态,它反映了社会已经有了深刻的变化。这个变化就在于封建的生产关系已经由萌芽状态而渐趋成熟。古人常将夏商周三代相提并论,论述间显示出三代间的联系与区别。《礼记·祭义》篇谓"昔者有虞氏贵德而尚齿;夏后氏贵爵而尚齿;殷人贵富而尚齿;周人贵亲而尚齿",尊老尚齿这一点是虞、夏、殷、周共通之处,但是每个时代所偏重的地方却不一样。夏以前的时代,社会人们的等级区别还不明显,所以人们看重人的"德",而夏代社会上等级区别已经产生,故而"尚爵",看重人的爵位。"爵"的称谓,夏代未必有,但社会等级的区别已经存在,故而后人才会有"夏后氏贵爵"的说法。后人谓"夏后氏未施敬于民而民敬之"(《礼记·檀弓》下)。所谓的"施敬",就包括有"贵爵"的内容,表示了对社会等级的看重。社会等级与社会生产方式有着密切的关系。夏代贵族与普通民众间的关系已经不同于夏以前的时代,已经不是原始氏族首领与普通成员之间的关系。

夏代的生产关系与商周两代近似。孟子曾经有一段非常有名的论述讲到这个问题。孟子说:"夏后氏五十而贡,殷人七十而助,周人百亩而彻,其实皆什一也。""彻者,彻也。助者,藉也。"(《孟子·滕文公》上)这里所讲的贡、助、彻的含义历来为人们所重视，相关的诠释歧义甚多，但是孟子所讲的主旨还是清楚的，那就是夏、殷、周三代民众的赋纳制度是一致的。学者们尽管对于贡、助、彻的含义可以有多种不同的理解，但是对于孟子所言"其实皆什一也"所肯定的三代贡赋制度的一致性则没有太多的异义。关于"其实皆什一也"一语含义，明清之际的大学问家顾炎武曾经有一段十分精当的说明。他指出：

> 古来田赋之制，实始于禹，水土既平、咸则三壤。后之王者，不过因其成迹而已。故《诗》曰"信彼南山，维禹甸之。畇畇原隰，曾孙田之。我疆我理，南东其亩"，然则周之疆理，犹禹之遗法也，孟子乃曰"夏后氏五十而贡，殷人七十而助，周人百亩而彻"。夫井田之制，一井之地，画为九区，故苏洵谓万夫之地盖三十二里有半，而其间为川、为路者一，为浍、为道者九，为洫、为涂者百，为沟、为畛者千，为遂、为径者万。使夏必五十，殷必七十，周必百，则是一王之兴必将改畛涂、变沟洫、移道路以就之，为此烦扰而无益于民之事也。岂其然乎？盖三代取民之异在乎贡、助、彻，而不在乎五十、七十、百亩。其五十、七十、百亩，特丈尺之不同，而田未尝易也，故曰"其实皆什一也"。……夏时土旷人稀，故其亩特大，殷周土易人多，故其亩渐小，以夏之一亩为二亩，其名殊而实一矣。国佐其对晋人曰，"先王疆理天下，物土之宜而布其利"，岂有三代之王而为是纷纷无益于民之事哉？（《日知录》卷七）

顾炎武的这个说法明谓三代之民所耕种田地的数量本无大异，所异者不过是取民田赋的贡、助、彻之制。民众耕种一定数量的土地，无论是夏代的贡法、殷代的助法，抑或是周代的彻法，都是将其收获的十分之一交纳给贵族。贡、助、彻这三种田赋制度虽然向民众所收取的数量比例是一致的，但是收取的方式并不相同。

夏代征收田赋是否为实物地租呢？我们先来看一下东周时人对于"贡"的看法。东周时人或有对"贡"法十分不满者，和孟子时代略同的龙子曾谓：

> 治地莫善于助，莫不善于贡。贡者，校数岁之中以为常，乐岁粒米狼戾，多取之而不为虐，则寡取之；凶年粪其田而不足，则必取盈

焉。(《孟子·滕文公》上)

按照龙子的这个说法和孟子所谓的"其实皆什一"之说,作为夏代田赋制度的"贡"法,实际上是将数年之间的收成情况平均,取一个中间的常数,以其十分之一作为民众应缴纳的田赋数量。若此,则夏代田赋的征收和实物地租之制并没有什么区别。其实,就夏代田赋发展的水平看,是达不到实物地租水平的。或谓龙子之说,实为针对战国时期的情况有所感而发,并不是针对夏代情况而言的:

> 战国诸侯,重敛掊克,立定法以取民,不因丰凶而损益;且托贡法以文过,故孟子有激而云。其所谓不善者,特救战国之失耳,禹法实不然也。(焦循《孟子正义》卷十引夏氏说)

这个说法颇有见地。究其实而言,夏代的田赋并没有达到实物地租阶段。夏代民众的"什一"负担以"贡"相称,即意味着其间没有太多的强制成分,而是民众自动地将其收成的十分之一交给贵族。夏代虽然是"大道既隐"(《礼记·礼运》)的时代,但毕竟去"大道"之时未远,还有"大道"可为依据,贵族征取民众的田赋还远没有达到横征暴敛的程度,民众对于"贵族"之"贡"也还包括着一些传统的成分,与原始民主还有较多的联系。龙子所谓:"校数岁之中以为常"的做法与周代的彻法比较近似,而与贡法则有较大距离。《夏小正》有"初服于公田"的说法,表明夏代已有公田与私田的区别。民众耕种公田,当取助法。《诗经·公刘》篇谓"彻田为粮",公刘的时代相当于夏代,其行彻法,证明夏代有与周代类似的彻法存在。贡、助、彻三法,于夏、商、周三代似皆通用,只是立名取义有所不同,侧重点不一而已。尽管如此,贡法毕竟还是一种新的田赋制度,毕竟还是有了比较固定的田赋数额,顾炎武所说的"古来田赋之制,实始于禹",可谓通达之论。殷代的助法和周代的彻法,都是在贡法的基础上进行增补和改变而成,并且所征收的数额与夏代无异。夏商之际,商汤征夏的时候,商的民众曾经向汤询问"夏罪其如台"的问题,商汤所举出的夏桀的罪状主要是"夏王率遏众力,率割夏邑,有众率怠弗协"(《尚书·汤誓》)。对于这段话的含义,过去理解得不够清楚,现在弄明白了夏代的田赋制度的大概情况,就容易释解了。夏所实行的是按什一比例的贡法,但是夏桀却要在此之外另外加重民众的力役,征发民力,以致引起民众不满，民众便采取跟他不合作的态度。这里提到"夏王率遏众力"为夏桀的主要罪状，也从一个侧面表明夏代并没有实行以力役为主的助法，所以夏的民众才对夏桀的征发力役特别反感。可见，夏代的田赋制度还没有达到实物地租的水平，但是其基本原则是和实物地租一致的，只是其征收方式带有较多的原始民主传统。

我们以上从三个方面讨论了夏代社会性质问题，一是说明夏代社会结构中氏族制占有主导的地位；一是说明夏王朝与诸氏族的经济关系是"封建"制在经济方面的体现；一是说明夏代的田赋制度是近于实物地租的贡法。作为一种新的社会制度，夏代的氏族封建制对其后的商周两代都有不小的影响。《左传》僖公二十四年引《夏书》有"地平天成"的说法，杜注"地平其化，天成其施，上下相称为宜"，盖得其旨。我以为这句话很可能是对于新的氏族封建制度取得成功的一个赞扬之辞。关于夏代的情况我们现在知道得还太少，文献记载有限，又没有像甲骨卜辞那样直接的资料可资利用，所以只能够依据后人的一些说法进行推论。尽管如此，我们还是可以肯定夏代已经进入了封建社会。说它是"氏族"的，表明其社会性质还有较多的原始时代的东西的遗存；说它是"封建"的，则表明其社会已经进入了一个新的发展阶段。若从这个角度说夏代是原始社会和封建社会之间的一个过渡时期，也不为过分。

四 商代的社会性质

在前面的章节里，已经论及我国文明时代初期，即步入了封建时代，就夏代的情况而论可以说它是氏族封建制的时代。本节在此基础上进而剖析商代社会性质，论析商代是氏族封建制的典型发展阶段。

（一）

讨论商代社会性质问题，一个重要前提是明确封建制、氏族封建制的概念及界定的标准。只有如此，方庶几近乎"必也正名"之义。

就一般情况看，封建制可以说是对原始氏族制的异化和蜕变。在原始氏族制度下生产资料和产品皆为氏族公有，原始民主平等是社会生活和劳动产品分配的原则。而在这种制度向封建制发展的时候，公有制被异化为氏族（实际为氏族贵族）所有，人也不再是具有完全的民主平等权利的个人，而是氏族（实际为氏族贵族）的人，他要一切听从于氏族（实际为氏族贵族）。封建制有一个从低级向高级发展的过程。完备的成熟的封建制，地主占有生产资料（主要是土地），部分地占有农民的人身自由，农民交纳实物地租或货币地租。但是，从原始氏族公有制不可能一下子发展到完备的封建制，而必须有一个相当长期的过渡阶段。这个过渡阶段就是氏族封建制。

氏族封建制是采取氏族制为其社会基础组织形式的封建制。商代的氏族封建制的情况比较清楚。关于夏商周三代制度与文化的承继与发展，孔夫子曾经说过："殷因于夏礼，所损益可知也；周因于殷礼，所损益可知也。"（《论语·为政》）可见殷的制度文化是对夏的制度文化进行"损益"之后形成的。孔子又谓"周监于二代，郁郁乎文哉"（《论语·八佾》）。所谓的"二代"，即指夏商两个朝代。在孔子看来，夏商周三代的制度文化是一脉相承的。这一点对于我们认识夏商西周的社会性质颇有启发。夏商西周的社会制度，总的来说都属于封建制度，但其发展过程中后代对于前代的制度又有所"损益"。我们研究殷商时代氏族封建制的发展，着眼点就在于它是如何对夏代的氏族封建制进行损益的，要看殷商时代在社会制度方面比夏代补充了些什么新的东西，又改变哪些旧的东西。

（二）

殷商时代的社会结构中，氏族的力量比以前有所加强，其影响也更大。甲骨卜辞中记载有殷商时代的许多氏族和方国的情况，有人曾经就甲骨刻辞、卜辞所载诸"妇"和诸"氏"的资料进行统计，并且指出：

> 就现在已经刊布的甲骨文材料，我们确知商代的氏族至少有二百个以上，待将来海内外所藏的甲骨文全部刊出再为综合研究，一定还有若干新的氏族发现。这些氏族的事迹，有的常见于卜辞，间有见于经传诸子的传说，并且他们当时所用的器皿和兵器，自宋以来，出土甚众。我们利用商代铜器的铭文，参验以经传诸子传说，可以说，殷商后半期的国家组织，确以氏族为基础[①]。

其实，就整个殷商时代而言，也未尝不可这样说，即殷商时代的国家组织，确以氏族为基础。我们说殷商时代的国家组织以氏族为基础，包括了这样

---

① 丁山：《甲骨文所见氏族及其制度》，北京：科学出版社，1956年，第32—33页。

两个方面的内容，一是就商王朝而言，氏族为其主要的社会组织形式；一是就商王朝以外的诸方国而言，氏族也是其主要的社会组织形式。

先来研究商王朝直接控制下的氏族的情况。

古代文献里保存有关于商代氏族的珍贵资料。殷商时代的族可以称为氏，史载周初分封诸侯时，曾经分封给鲁公"殷民六族：条氏、徐氏、萧氏、索氏、长勺氏、尾勺氏，使帅其宗氏，辑其分族，将其类丑，以法则周公，用即命于周"（《左传》定公四年）。条氏、徐氏、萧氏等氏，自有其"宗氏"和"分族"，可见其氏的本身已经具有了相当大的规模，不会像原始氏族那样只有几百人。商王朝的诸族可以分为"以国为姓"和以职业为姓的两类。《史记·殷本纪》谓"契为子姓，其后分封，以国为姓，有殷氏、来氏、宋氏、空桐氏、稚氏、北殷氏、目夷氏"，所提到的殷氏、来氏、宋氏等，都是子姓族，被分封以后而以国为姓。前面所提到的"殷民六族"中的索氏，或谓为以制造绳索而著名的氏族；长勺氏、尾勺氏，或谓为以制造酒器而著名的氏族。周初分封的时候，据文献记载，除了分封给鲁公殷民六族以外，还分封给康叔以"殷民七族，陶氏、施氏、繁氏、锜氏、樊氏、饥氏、终葵氏"（《左传》定公四年）。这七族殷民，陶氏或谓即以制陶著称的氏族；施氏为以制作旌旗著称的氏族；繁氏是以制造马缨而著称的氏族；锜氏是以造釜著称的氏族；樊氏是以建筑篱笆著称的氏族；终葵氏是以造锥著称的氏族。这两类氏族在商代社会上的地位可能是有区别的。"以国为姓"的氏族，其社会地位较高；以职业为姓者则是子姓部族中的下层氏族。

商代社会上氏族不仅数量多，而且甚有影响。特别与商王同姓的子姓族众更非一般。对于商王朝的军国大事，子姓的族众具有相当的影响，特别是商代前期这种影响更为显著。商汤灭夏是夏商之际最重大的事件，请看《尚书·汤誓》的记载：

> 王曰："格尔众庶，悉听朕言。非台小子，敢行称乱；有夏多罪，天命殛之。今尔有众，汝曰：'我后不恤我众，舍我穑事而割正夏。'予惟闻汝众言；夏氏有罪，予畏上帝，不敢不正。今汝其曰：'夏罪其如台？'夏王率遏众力，率割夏邑，有众率怠弗协，曰：'时日曷丧？予及汝皆亡！'夏德若兹，今朕必往。尔尚辅予一人，致天之罚，

予其大赉汝。尔无不信，朕不食言。尔不从誓言，予则孥戮汝，罔有攸赦。"

篇中所提到的"众庶"，应当就是商王朝的子姓族众。商汤在行动之前召集"众庶"计议，"众庶"当即提出质疑，询问为什么"不恤我众，舍我穑事而割正夏"，商汤不得不就此而耐心地进行说明。"众庶"又追问"夏罪其如台"，让商汤讲清楚夏的罪恶到底如何。当然，商汤作为君主，还是以利诱、威逼两种手段，让"众庶"就范，但是其对于"众庶"意见的重视和向"众庶"所进行的细致解释，都表明当时"众庶"有很大影响，令商王不敢小觑。《尚书·汤誓》真可以看成是当时族众会议的记录，至少是后人依据这样的记录而写成。商王盘庚迁殷是早商和晚商两个历史时期的分水岭，是对商族的发展有重大影响的事件。从《尚书·盘庚》篇里我们依然可以发现族众的重要影响。据是篇记载，盘庚迁殷时，族众曾经"协比谗言"，质问盘庚"曷震动万民以迁"，于是盘庚不得不召集族众至"王庭"举行会议，细致而认真地进行解释。盘庚迁殷以后，"民不适有居，率吁众戚出陈言"，对于民众的不满情绪继续进行说服。盘庚迁殷时告诫官员们要"念敬我众"。这些都说明了族众是商代社会中不可忽视的一支重要力量。

商王朝的许多重要事务都要由族众完成。商王对于族众的重视在甲骨卜辞中可以找到许多证据。例如，卜辞中有关于"氏众"的记载：

> 贞，勿惟王往氏众人①。（合集34）
> 戊寅卜，宾贞，王往氏众黍于囧。（合集10）
> 贞，王勿令禽氏众伐舌方。（合集28）
> ……禽于……氏众……宗……。（合集31）

以上四例都是一期卜辞。卜辞中的"氏"，同"以"，用如动词，意指召集、命令。第一条卜辞贞问商王前往从事某项事情是否要召集众人随同。第二条贞问王至某地收获黍时是否召集众人。第三条贞问商王是否命令名禽者征集众人讨伐某方国。第四条辞残，大意谓名禽者于某日是否召集众人到宗庙里举行祭祀。卜辞中还有"以众"的记载，如：

---

① 郭沫若主编：《甲骨文合集》，北京：中华书局，1982年（以下简称"合集"）。

> 丁亥贞，王令禽以众……伐召方，受又（佑）。（合集 31973）
>
> 壬辰卜，王令禽以众。（合集 32031）
>
> 〔翌〕日壬王其以众。（合集 26902）
>
> 以众王弗每（晦）。（合集 26901）

上引前两例是四期卜辞，后两例是三期卜辞。卜辞中的"以众"与"氏众"的意思相同，亦指召集和命令族众。第一条卜辞贞问王命令名禽者征召众前往讨伐召方，能否受到保佑。第二辞贞问王是否命令名禽者征召众。第三辞贞问逢壬日的第二天王是否召集众。第四辞贞问征召众是否会给商王带来晦气。卜辞中还有"登众"的记载，如：

> 己酉卜，受贞登众人乎伐……古王事，五月。（合集 22）
>
> 乙亥卜，王其登众，受又（佑）亡灾。（屯南 1010）
>
> 丁未卜贞，王令禽登众伐，在河西岸。（屯南 4489）
>
> 丁卯卜贞，王其令禽登众于北。（屯南 2260）

上引第一例为一期卜辞，第二例是三期卜辞，其余两例为四期卜辞。在卜辞中"登"义为征召。第一辞贞问是否征召众人前往讨伐某方国以执行王命之事。第二辞贞问商王征召众是否会受到保佑而无灾祸。第三辞贞问商王是否可以命令名禽者征召众往河西岸讨伐某方国。第四辞贞问商王是否命令名禽者在北方地区征召众。

这些卜辞表明，商王朝的农作、祭祀、征伐等事都需要族众的参加。对于众人的征召多由商王亲自进行，或者由商王委派某人进行，并且要通过占卜来察看征召众人的吉凶，可见商王对于众人是很重视的。从"众"和"众人"与商王的密切关系看，他们应当属于商代的王族或子族。有一条卜辞载"众又（侑）于堂"（屯南599）①，指众到堂上进行侑祭。堂为商王室举行祭礼的场所，众可以到堂上，足见其当为商王直接管辖的族人。商王朝的族众有许多部分，或者说分支，卜辞记载的诸族众的首领，如禽（合集 31974）、墉（合集 31970）、驱（合集 31997）等，都是殷商时代政治舞台上十分活跃的人物。相传，西周初年周武王向商王族箕子垂询治国之道。箕子回答的时候就曾经提到

---

① 这条卜辞中的"堂"字，许多专家都有考析，但歧义甚多。我认为这个字应当释为"堂"，详见本书第四章第七节《甲骨文"堂"字释义以及商代祭祀制度的若干问题》。

"皇建其有极。敛时五福，用敷锡厥庶民，惟时厥庶民于汝极，锡汝保极"（《尚书·洪范》），认为君主的法则就是要将福佑给予庶民。箕子还谓在决定大事的时候应当"谋及庶人"（《尚书·洪范》）。箕子所谈的治国经验是据殷代情况而言的，认为君主应当和族众的代表人物经常进行磋商。晚商时期孝己曾经告诫商王祖庚"王司敬民"（《尚书·高宗肜日》）。这些言论都表明商代的统治阶层十分重视团结族众，因为商的族众乃是商代社会上"庶人"及"民"的主要的核心的部分。

就商代前期的情况看，商王朝的核心力量是王族和多子族。商王室对于发展王族和多子族的势力十分重视，因为这是与商王关系最为密切的族众。商代的王族在卜辞中多有所见，如：

> 戊戌卜，受贞，叀王族令。（合集14915）
> 庚辰卜，令王族比□。（屯南190）
> 甲子卜，受贞，雀弗其呼王族来。
> 雀其乎王族来。（合集6946）
> 己亥贞，令王族追召方及于……（合集33017）

上引第二、四两辞为四期卜辞，余皆一期卜辞。第一辞贞问是否命令王族从事某项事情。第二辞贞问是否命令王族和某族一起从事某项事情。第三例为两条对贞卜辞，贞问名雀者是否征召王族前来。最后一辞贞问是否命令王族追击召方及于某处。卜辞中还有"王旅"的记载。"王旅"应当是由王族所组成的军队建制名称。有一条卜辞谓：

> 王旅其敦人方邑。（屯南2074）

这是一条康丁时期的卜辞。辞中的敦字从羊从屋室形，王国维释为敦字异文，有伐、迫之义。这条卜辞贞问王旅是否征伐人方之邑。同版还有一条卜辞谓"右旅不雉王众"，可见"右旅"也是王旅。卜辞中有左旅、右旅的记载（见合集36425、屯南232），可见王旅可能分为左、中、右三旅。商代的"王族"应当是商王直接控制的族。商代王室中未继位的王子及其后裔的族在卜辞中称为"子族"①。商王对子姓贵族十分关心，经常为其祈祷占卜，在卜辞中就有多例，如贞问子汰田猎事（合集10314），贞问子目分娩事（合集14034）、贞问子渔疾病事（合集13722）、贞问子央田猎时坠车事（合集10405）、贞问子阱死亡事（合集7363）、贞问子雍出巡事（合集3123）、贞问子画征伐事（合集6209）等。商王还经常为子姓贵族举行禳祭②，以禳除其灾祸。卜辞中有称为子某的贵族九十余位，其中有一些可能是商王的儿子，但大部分应当是子姓贵族。这些子姓贵族有被封为侯者，如子奠在卜辞中又称为"侯奠"（合集3351），子㚤又称为"㚤侯"（合集3333）；也有的子姓贵族被封为伯者，如子儿又称"儿伯"（合集3397），子宋又称为"宋伯"（合集20075）。据专家研究，商王朝的"多君""多尹"是地位非常显要的官员③。假若子姓贵族担任此职，便称为"子尹"（屯南341）。王族与多子族关系密切，卜辞里就有"王族爰多子族"（合集34133）的记载。商代社会上王族与多子族是很重要的社会集团。卜辞载：

  ……丑卜，五族戍弗雉王〔众〕。（合集28053）

  丁酉卜，王族爰多子族立（莅）于□。（合集34133）

  己卯卜，□贞，令多子族比犬侯凿周（琱），古王事。（合集6813）

  贞，叀多子族令比□□古王事。（合集5450）

上引第一例为三期卜辞，第二例为四期卜辞，余为一期卜辞。第一辞中的"五族"由辞中的"王众"之称，可以断定，此五族即王族。这条卜辞贞问若派五族前往戍守，是否会对于王族的族众造成危害。第二辞贞问是否命令王族和多子族一起到达某处。第三辞贞问是否命令多子族和犬侯之族一起去开凿矿石。第四例贞问是否命令多子族和某族一起执行王命之事。卜辞中除了"五族"之称以外，还有"三族"，如"己亥□贞，三族，王其令追召方及于□"（合集32815）、"三族马令"（合集34136）等，皆为其例。若以"五族"即王族之例

---

① 关于多子族的性质，专家指出它是"多个'子族'的集合称谓"，"是王族以外的与王有近亲关系的同姓家族"（朱凤瀚：《商周家族形态研究》，天津：天津人民出版社，1990年，第48—49页）。其说甚是。
② 转引自《甲骨文合集》，第535片、第3202片等。
③ 胡厚宣：《甲骨文与殷商史》，上海：上海古籍出版社，1983年，第14页。

为准，那么，卜辞中的"三族"也应当是王族。值得注意的是，王族和多子族参与征伐之事，多见于康丁时期以后的卜辞，这表明王族和多子族在康丁以后其实力更强，地位也更加重要。

我们再来研究商王朝直辖区域以外的异姓诸族的情况。

商王朝的王畿地区除了子姓诸族以外，还居住着不少异姓部族。商王朝对于异姓诸族尽量笼络利用。周灭商以后，周武王发布的诰命里所指出的"伊、旧、何、父""几、耿、肃、执"等"殷之旧官人"（《逸周书·商誓》），可能都是商的异姓部族的名称①。这些异姓部族在卜辞中称为"多生（姓）"②（合集24141）。有一条三期卜辞谓"多生（姓）飨"（合集27650），盖指商王设宴飨招待"多生（姓）"之事，同版的另一条对贞卜辞谓"多子[飨]"，"多生（姓）"与"多子"并列，可见这些异姓部族的首领很为商王所重视。另有一条二期卜辞谓"多生（姓）射"（合集24142），其内容指让"多生（姓）"参加射礼之事。这些记载表明，异姓部族也有一定的影响，他们和"王族""多子族"一样也是以族的面貌出现于商代社会舞台。

商代社会结构一个重要特点是方国部落联盟的重大影响的存在。和夏王朝一样，商王朝依然是诸侯之长，而非诸侯之君。所以诸方国部落的族众对于商代社会的巨大影响便有着深刻的历史渊源。商王朝是在各族支持下发展起来的。盘庚在迁都时曾经这样向族众讲述他们之间的关系：

> 古我先王，暨乃祖父，胥及逸勤；予敢动用非罚？世选尔劳，予不掩尔善。兹予大享于先王，尔祖其从与享之。作福作灾，予亦不敢动用非德。（《尚书·盘庚》）

盘庚明谓诸族的族众和商王的关系可以追溯得很远，诸族的远祖曾经和商先王一起奋斗，同甘苦共患难，所以现在的商王不敢对诸族的族众作威作福、肆意

---

① 关于这些族的名称，朱右曾《逸周书集训校释》在注解"几、耿、肃、执"时谓"《左传》'殷民七族'有饥氏，'六族'有萧氏。几即饥，肃即萧也。《路史·国名纪》'相州有几城'，《书序》'祖乙圮于耿'，耿即邢也。执、挚通，《诗》'挚仲氏任'，又《易》'震用伐鬼方'，或以震为挚伯名。皆殷之世家大族也"。所说甚是。

② 关于卜辞中"多生"的含义，张政烺先生曾经指出"多生即多姓，即许多族的族长，在周代铜器铭文里，百姓亦写作百生"（《古代中国的十进制氏族组织》，《历史教学》，第2卷，1951年，第3期）。

妄为。商王祭祀先王的时候，诸族的祖先也一同被祭祀。卜辞载：

  丙辰卜，自，叀羊子族。
  戊午卜，自，出子族。
  勿出子族。
  戊午卜，自，出母丙。（合集21290）

  这版卜辞属于一期，贞问是否用羊为牺牲出祭于子族的祖先，是否出祭于母丙。从辞例上看，子族的祖先与商王的先妣受祭的规格是一致的。卜辞中还有"出子族螽"（合集21289）、"又（侑）子族螽，用"（合集21287）等记载，都是关于祭祀子族祖先的辞例。这与盘庚所讲"兹予大享先王，尔祖其从与享之"，有某些相似之处，表明殷人除了祭祀商先祖先妣以外，确曾祭祀其他族的祖先。盘庚讲他对诸族有时候也要采取严厉的手段进行处置，但是要经过诸族祖先的同意才行，自己并不敢随便做主。盘庚说：

  古我先后，既劳乃祖乃父，汝共作我畜民。汝有戕则在乃心，我先后绥乃祖乃父；乃祖乃父，乃断弃汝，不救乃死。兹予有乱政同位，具乃贝玉。乃祖乃父，丕乃告我高后，曰："作丕刑于朕孙。"迪高后丕乃崇降弗祥。（《尚书·盘庚》）

  盘庚所强调的是商王在过去曾经得益于诸族祖先的辛劳，诸族的族众又是现在的商王的民众。如果诸族的族众心中产生了作恶的念头，那么商先王的在天之灵就会告诉诸族祖先。这样的话，诸族的祖先就会抛弃那些有作恶念头的族众，不挽救其死亡。如果商王手下有了败坏政治的官员，这些官员总是聚敛诸族的贝玉财物，那么诸族的祖先，就会报告商先王，商先王也会同意给自己的子孙予以惩罚，于是便会降下灾难。盘庚这番言辞里面，并没有把自己摆在居高临下的位置，而是以娓娓动听的语言和平等的地位向族众解释道理。在盘庚看来，商先王和诸族的祖先是平等的，现在的商王和诸族也是平等的。盘庚的这番话，尽管其中不乏官样文章的因素，但是诸族在商王朝政治生活中的一贯的重大影响还是可以看出来。如果没有这影响在，那么盘庚的这些话也就是无的放矢了。卜辞中屡有"王族""多子族""众人"等"古王事"的记载，见于《甲骨文合集》第22、第14912、第6813等片。所谓"古王事"，意即治王之事，参与王所命令之事。这些卜辞表明，盘庚所谓的"惟图任旧人共政""邦之臧，惟汝众"（《尚书·盘庚》）良非虚语。

和夏代相比，商代氏族的发展规模更大些，由一个母族衍化出新的子族的情况更为普遍。晚商时期的氏族已经通过不断地壮大而形成分支。这在商末青铜器的族徽铭文中看得十分清楚。商末和周初的不少青铜器上铭有象形性质颇强的族徽，有的族徽上铭有两个乃至两个以上的氏族名号，并且在不同的器物上有不同的组合形式，专家们谓其为复合氏名。专家曾收集复合氏名的大量材料进行研究，指出复合氏名的意蕴在于作器者以之表示自己的族系，表明自己出身的高贵。例如，单铭"戈"的商代青铜器出土于今安阳地区。关于与"戈"组成复合氏名的青铜器，或铭有与"戈"有复合关系的其他名号的青铜器的情况，专家经研究统计后指出：

> 记明出土地点者共44件，其中年代属殷代的器物，较集中地出土于安阳，及其邻近地（如河北藁城）共30件，占全部44件的68%。而不出于安阳者多属于西周早期器（众所周知，西周初商遗民被周统治者按族分赐，各族的青铜器亦由此散布各地）[①]。

这个情况表明，商代的戈氏到了晚商时期已经发展成为相当庞大的氏族，所以产生了许多分支，与"戈"组成复合氏名徽号者就是"戈"氏分支氏族的族徽。戈氏的青铜器有出土于商王室大墓者，殷墟侯家庄西北冈1001号大墓和殷墟妇好墓都曾有所发现，甲骨卜辞中也有关于"戈"的记载，如谓"子戈亡"（合集32779）、"贞王族令戈"（合集14915）等，都表明戈氏与商王室有着十分密切的关系。从戈氏及其复合氏名的青铜器的出土地点看，可以说戈氏是商王畿地区一个强大的氏族。

殷商时代氏族的情况还反映在商代墓葬中。殷墟洹水北岸侯家庄、武官村以北一带的西北冈，是商代王陵区，所发现的大墓虽然有个别的墓道相互打破的现象，但绝无墓室相互打破之例，可见这些大墓是事先按照一定布局而排列的。这些大墓就是最高级别的王族的族墓。殷墟所发现的中、小型墓也以族为单位埋葬。殷墟大司空村墓地，1953年发掘166座，1958年发掘51座，从平面分布情况看，这些墓葬皆以组、群的方式埋葬。1958年所发掘的殷墟后冈

---

① 朱凤瀚：《商周家族形态研究》，天津：天津人民出版社，1990年，第99页。

墓地的墓葬也成群分布。这些中、小型墓葬群应当是商代氏族族葬的遗存。这些墓葬群里面，以小型墓居多，但也有较少的中型墓。大司空村第五群中包括了一座较大的中型墓，后冈的第五群中包括了3座大型墓和两个中型墓。这些情况表明当时的氏族首领尽管已经有了较高的社会地位，但是死后还是和族众成群埋葬，而没有单独游离于氏族墓地之外。

以上从两个方面探讨了商代氏族发展繁衍的情况，这些说明，氏族无疑是商代社会的主要的基层组织形式，是商代社会结构的基础，犹如人体由细胞组成的情况一样，商代社会是由为数众多的氏族组成的。可以肯定，商代的经济基础就是封建制度下的氏族经济。商代氏族制度的发展反映在思想文化领域，便是对于祖先崇拜的前所未有的加强。殷人尊神，但在所有的神灵中，以祖先神最为重要。从甲骨卜辞中可以看到，殷人尽量扩大祖先神灵的范围，凡是所能追溯到的对于商族发展有过贡献的先祖都被殷所祭祀。殷人祭祖所用牺牲数量最多，祭祀的数量最多，祭典也最隆重。商代后期还出现了将祖先神灵轮番祭祀的周祭祀谱。这种对于祖先神灵的高度重视，表现了殷人氏族观念的浓厚。从卜辞中还可以看到，商王室以外的其他诸族，除了祭祀商先王、先妣以外，也祭祀本族的先祖。《甲骨文合集》乙组的一条卜辞载：

酹，鸟至。……钅父庚三牢，又（侑）奚二。（合集第21538片）

这条卜辞载在酹祭的时候适逢鸟至。卜辞贞问在向父庚祈求攘除灾祸的钅祭时是否使用三牢为牺牲，是否杀两名奚为人牲。父庚就是其族的父辈的先祖神。在诸族的卜辞中，这类神灵见于卜辞记载的还有父戊、祖庚、父乙、妣乙、妣辛等。这些祭祀活动都与商代诸族浓厚的氏族观念有关。

关于商代氏族的情况可以有以下几点认识。首先，商代社会的基本组织形式是氏族，从商王到各级贵族，以至普通民众都生活在不同等级不同大小的氏族之内。游离于氏族之外者，在商代社会上只是很少的人数。商代的社会生产以氏族为单位进行。其次，商代的氏族在社会上有巨大的影响，商王朝的许多军国大事都需要通过命令氏族来完成。再次，商代的氏族既是社会成员的血缘组织，又是商王朝基本的社会基层组织、商王朝的军事组织以及征收贡赋的基层单位。以上三个方面的情况对于说明商代社会性质很有作用。族在我国古代是长期存在的社会组织，大约在任何一个朝代都可能找出不少例子说明族在当时有一定的影响，但是像夏商这样，氏族能在社会上发挥如许巨大的作用，产生如许巨大的影响，并且成为社会基本组织形式者，则是没有的。不仅如此，夏商两代去古未远，其氏族的特质、组织形式等，与后世的族也存在着相当大的差异。以上这些，便是我们断定夏商时代氏族为其社会结构的主要组织形式的根据所在。

（三）

在商代，封建剥削关系如何通过氏族制度得以实现呢？最简单的解释可以说是通过"助"的办法实现。而"助"法恰恰就是商代封建制比夏代前进一步的关键。

我们在研究夏代社会性质的时候曾经提到过孟子关于贡、助、彻的那一段话。殷代与夏代田赋制度的区别就在于"贡"与"助"的差别。这一点，正表现了封建制在殷商时代的发展。

作为田赋制度的"助"，其基本点是力役的征发。孟子谓"助者，藉也"（《孟子·滕文公》上），可见殷代的"助"就是藉田之法。《孟子·滕文公》篇的"助"字，本当作"耡"。《说文》载："耡，殷人七十而耡。耡，耤税也。从耒，助声。《周礼》曰：以兴耡利萌。"《说文》所引的"殷人七十而耡"就是《孟子·滕文公》篇之文，可见在东汉时期字还作"耡"。《说文》还有一个"耤"字，谓"耤，帝耤千亩也。古者使民如借，故谓之耤。从耒，昔声。"古代的学问家多谓耤、藉、耡等皆一义，指借民力以耕种公田。关于"耤"字，段玉裁注谓：

> 孟子曰："夏后氏五十而贡，殷人七十而助，周人百亩而彻，其实皆什一也。彻者，彻也。助者，藉也。"赵曰："彻者，犹人彻取物也。藉者，借也。犹人相借力助之也。"按，耤、耡二篆，皆称古成语，而后释其字义，耡即以耤释之。耤税者，借民力以食税也。（段玉裁《说文解字注》四篇下，耒部）

他所说的"借民力以食税"，正道出了助法的实质。《孟子·滕文公》篇的"助"，就是古代的"耡"，亦即"耤"。孟子谓"助者，藉也"，是很正确的。

十分宝贵的一点是关于"藉"的生产方式在卜辞中有所记载。卜辞关于征发某族之人藉田的记载也有不少，例如：

舌伊侯藉。（合集9511）

辛亥贞，…人三千藉。（合集32276）

壬午卜，㱿贞，乎□藉。（合集9508）

贞，乎雷藉于明。（合集14）

上引第三例为四期卜辞，余皆为一期卜辞。第一辞的"舌"在卜辞中有告义，这条卜辞贞问是否通告伊侯之族前来藉田。第二辞贞问是否征集某族的三千人前来藉田。第三辞的乎后一字不识，这个字又见于《甲骨文合集》第586片，亦为乎其从事某项工作之辞。从"乎"在卜辞中的文例看，其后一字当为人名或族名。这条卜辞大概贞问是否命令某族前来藉田。第四辞的"雷"为族名，卜辞里面有"雷妇又（有）子"（合集21796）的记载，可见雷应当是与商王室有婚姻关系的一个氏族。这条卜辞贞问是否命令雷族之人来到称为"明"的地方为商王室藉田。卜辞中还有"雷藉在明受出（有）年"（合集9503）的贞问，可见"雷"是常替商王室藉田的氏族之一。这些辞例表明，各族常被征发，出动劳力为商王室耕种田地。在殷墟宫殿区内属于王室贵族的一个窖藏圆穴里面，曾经发现了四百多把有使用痕迹的石镰刀集中堆放①。这些石镰刀应当是供诸族的人员前来为商王室的田地收获时所用者。

除了征发诸氏族藉田以外，商王室还命令自己的族众藉田。卜辞载：

丙子卜，受贞，乎藉于娟受（有）年。（合集9504）

丁酉卜，㱿贞，我受封藉在娟年，三月。

丁酉卜，㱿贞，我弗其受封藉在娟年。（合集900）

己亥卜贞，王其观藉延往。（合集9501）

庚子卜贞，王其观藉□往，十二月。（合集9500）

王勿藉……（合集17407）

这些都是一期卜辞。前三条卜辞中所空之字从女从自，为地名，应当是商王朝的重要农作区，还有一条卜辞谓"藉于娟"，亦贞问在此地藉田能否获得好收成。后三条卜辞皆贞问王是否亲自前往视察藉田。藉田是一项重要的农事，所以商王要亲往视察。从前引第二条卜辞里"封藉"的记载看，藉田可能包括着

---

① 北京大学历史系考古教研室商周组：《商周考古》，北京：文物出版社，1979年，第37—38页。

耕地作垄之事。

无论是征召诸氏族的人力藉田，抑或是命令商的族众藉田，所藉的田地皆为商王室之所有者。这种藉田的方式，正合乎"借民力以食税"之义，就是对于族众的劳役地租的征发。这种征发，按照孟子所谓的"其实皆什一"的说法，实际上占去了族众十分之一的劳动成果，当然，在藉田的时候，其所被占的劳动成果是以劳役的形式所付出的。

这种"助"的剥削办法，实质上是一种劳役地租形式。商代的"助"，是靠剥削"众"的劳动来实现的。族众在商代社会生产中占有主要的地位。卜辞记载在这方面有比较多的材料，例如：

……王大令众曰：协田，其受年。十一月。（合集1）
…… 贞，王大令众人曰〔协田，其〕受〔年〕。（合集5）
癸巳卜，宾贞，令众人□入羌方裒田。
贞，勿令众人。（合集6）
戊寅卜，宾贞，王往氏众黍于囧。（合集10）
丙戌卜，宾贞，令众黍，受㞢（有）〔年〕。（合集14）
贞　小臣令众黍。（合集12）
丁亥卜，令众□田，受禾。（合集31969）

上引除了最后一例为四期卜辞以外，余皆为一期卜辞。第一、二两例，辞例相同，皆贞问商王隆重地发布命令让众人"协田"是否会有好收成。"协田"，可能是以耦耕的方式翻耕土地，与藉田相类。第三、四两辞为对贞卜辞，其中的"裒田"，据专家考证就是开垦荒地①。这条卜辞贞问是否命令众人前往羌方垦荒地。第五辞贞问商王是否亲自前往征召众人至囧地种黍。第六辞贞问命令众种黍是否会获得好收成。第七辞贞问是否委派小臣命令众种黍。第八辞贞问命令众从事某项农事能否多收粮食。在卜辞中，"田"多指田猎而言，然而这条卜辞中"田"与"受禾"相连，故知其亦指农事。这些辞例都表明，"众""众人"是商王室田地上的主要劳动力。

商王室的农田耕种采用征召诸族的族众进行"藉田""协田""裒田"等方

---

① 张政烺：《卜辞裒田及其相关诸问题》，《考古学报》，1973年，第1期。

式进行，已由卜辞材料所证实，那么各族内部公田——贵族所掌握的田地是否采用征发族众劳力的方式进行呢？如果再进一步考虑，商代诸族是否有自己的经济实体存在呢？卜辞保存有这方面的一些极为宝贵的材料。甲骨卜辞中有一部分非王卜辞，迭经专家研究已经可以确定其为商王室以外的诸族的卜辞，《甲骨文合集》将其单独排列，并且分为甲、乙、丙三组。在乙组卜辞中，有一版谓：

丁（?）丑卜，我贞，我役藉于尸。
我尸藉今春。（合集21595）

辞中的"我"指贞问者本人，实即乙组卜辞的"子"，即非王室的贵族。辞中的"役"盖指征发族众服役之事。这版卜辞贞问是否征召族众于今春到称为"尸"的地方藉田。这版卜辞证明，商王室以外的诸族内部也是采用"藉"这种生产方式的。属于乙组的卜辞有"受今秋麦"（合集21586）、"余受禾"（合集21747）等记载，属于丙组的卜辞里有"正受禾。长受禾"（合集22246）等记载，都表明诸族有自己的农业经济，其生产活动应当都是采取"役藉"一类方式的。《甲骨文合集》所列出的甲、乙、丙三组卜辞，其中不仅记载有诸族农业生产的情况，也有关于诸族畜牧、田猎等的记载，虽然其数量不多，具体含义还有待深入考究，但是诸族拥有自己的各种经济，在这些卜辞材料中还是可以肯定的。属于丙组的一条卜辞谓，"庚戌卜，朕耳鸣，出卬于祖庚，羊百，出（又）用五十八出母……今日"（合集22099）。辞中的"朕"是占卜者，即氏族贵族的自称。他耳鸣有病，便要用百只羊出祭于祖庚，还要用58只羊卬祭于先妣之称母某者。辞末的"今日"盖为验辞，指此事已经付诸实践。一次祭祀要用如此之多的牺牲，其族内的经济应当是较有实力的。诸族一般都与商王室保持着关系。有一件商代末期的铜鼎铭文载"子易小子□王商（赏）贝"（《奇觚》2.1），子为部族首领，将其所受商王赏赐之贝赏赐给其族内的小子某人。可见商王对于诸族的贵族不敢怠慢。

卜辞所载"众""众人"的身份是一个至关重要的问题，因为它直接关系到对于商代社会性质的认识。认为"众""众人"为奴隶的研究，常常举出卜辞中关于"丧众"的记载为证：

……卜贞，众乍（作）藉，不丧。（合集8）

己亥卜贞，藉不丧众。

其丧众。（合集61）

这两片都是一期卜辞，皆贞问藉田之事是否会"丧众"。除此之外，卜辞中还有些单独的贞问，如"贞，我某丧众人"（合集50）、"贞，其丧众"（合集63）、"其丧众"（合集32003）、"其丧人"（合集1084）、"不其丧众"（合集65）等，都没有说明具体的事项，只是表示对于是否"丧众"或"丧人"之事的关心。在卜辞中"丧"屡作地名使用。"丧众"的辞例与作地名使用者不同，其所表示的含义是相当重要的，商王对此颇为关注。《说文》谓"丧，亡也"，又谓"亡，逃也"。能否据此而言"丧众"指众不堪劳役的负担而逃亡呢？看来，不好这样说。理由在于释丧为逃亡是战国秦汉间人的理解，在商周时代并不作如是观。

关于商代"丧"的用如失去之义，在卜辞中可以找到下面两个证据。其一，《易·大壮》六五爻辞"丧羊于易"，经专家考证此即先商时期的王亥之事，义指王亥曾经失羊于易之地。卜辞谓"丁未卜，王贞，□不惟丧羊，□若"（合集20676），于省吾指出此辞"当指放牧而言"①。丧羊即羊走失，可证商代"丧"用如"失去"之义。其二，卜有"允丧师"（合集32914）的贞问，于省吾指出与《大盂鼎》的"古丧师"，"词例相仿"②。后世文献中也有关于"丧师"的记载。《国语·周语》上"宣王既丧南国之师"，此丧不当作死或逃亡解，亦为失去之义。春秋时期晋楚两国交战时，晋卿士季感慨于晋军主帅无威，谓"丧师无日矣"（《左传》宣公十二年），亦为失去军队之义。这两例卜辞与后世文献对勘，可证商代的丧并不作逃亡讲，而用如失去之义。

在较早的文献里，"丧"也不作逃亡讲。《易·坤》卦辞"东北丧朋"，马注"失也"。《诗经·皇矣》"载锡之光，受禄无丧"，朱传"能受天禄而不失"。春秋时期，人死为丧之义习用，此外丧亦常用如失，如《左传》僖公五年载郑文公不参加诸侯之盟，欲逃归，郑大夫孔叔劝他，谓不与盟将被讨伐，届时"病而乞盟，所丧多矣"，"丧"即指郑国之所失。《左传》所载"丧车"（成公二年），即失去战车；"丧列"（成公十六年）即失去行列；"丧陈"（襄公五年）

---

① 于省吾：《甲骨文字释林》，北京：中华书局，1979年，第77页。
② 同上书。

即失去陈国支持;"百工之丧职秩者"(昭公二十二年)即百工之失去职位和俸禄者。是皆丧用如失去之例。商代社会上有一些奴隶身份的人,如臣、妾、奚等,在卜辞中也有记载,但从不与"丧"相连。卜辞言所"丧"者仅众与人,另有两辞谓"丧工"(合集第97片),若丧为逃亡,则首先应当有"丧臣""丧妾"之类的记载,可是在卜辞中却从无发现。这一点对于考虑"丧众"的含义应当是有启发的。

总之,卜辞和文献两个方面的分析都表明,商代的"丧"用如失去之义,犹后世所谓的丧失。丧用如逃亡之义者为后出,卜辞里面的"丧众"当非指众逃亡。卜辞的"丧众",其义当谓失去众,实际上是指失去众的支持。所云"众乍(作)藉不丧"意即进行藉田之事不会失去众的支持。"不丧众",意即不会失去众的支持。关于"丧众""丧人"的卜辞说明众人在商代社会上地位相当重要,众人的舆论和意愿为商王和其他贵族所十分关注。卜辞关于"众"的记载表明众在商代社会上是有一定地位的劳动者,作为氏族成员,其意愿具有相当的作用,这与《尚书·汤誓》所载商汤耐心地向"众"解释伐夏的原因、《尚书·盘庚》所载盘庚不厌其烦地向"众"说明迁都的理由的情况,完全合拍。"丧众"的卜辞还表明了商代氏族首领与族众的关系的一个重要方面,那就是首领须得族众的拥戴。卜辞载:

戊午卜,宾贞,禽不丧众。(合集39481)

……贞,并亡灾,不丧众。(合集52)

贞,长其丧〔众〕。(合集4564)

贞,钺其丧人。(合集1083)

己亥卜贞,弜丧〔众〕。(合集54)

上引皆一期卜辞,辞中所提到的禽、并、长、钺、弜都是商王朝政治舞台上的重要人物,都是著名的氏族或部落首领而任职于商王朝者。商王关心他们在族众中的影响,故而占卜贞问他们是否"丧众",即是否失去族众的支持。

商代社会上族众是最主要的劳动生产者,社会上也有一定数量的不同名目的奴隶,但是奴隶在生产活动中并不占主要地位。卜辞资料表明商代社会上,有一部分"众"属于商王室直接控制的氏族,另有一些则属于商王族以外的氏族。作为商代社会上主要劳动者的众和众人,都在氏族组织之中。他们被命令参加藉田等农事，是其力役地租的一种付出方式。由此也可以推测，在各族内部，氏族的公田，也要靠征发族众来耕种收获，这种方式也就是孟子所说的"殷人七十而助"。商代的劳动者是否都拥有七十亩土地，现在很难证实，但孟子之语毕竟不能抹煞。商代的"众"即使非必有七十亩土地，也当有归自己耕种的一定数量的土地，其上的收获物归自己所有。惟有如此，他们才有可能出力役耕种商王室的土地和本氏族的公田。氏族封建制在商代的发展，可以分为两个方面，一是商王朝国家组织形式的完善及其对于氏族控制的力量都比夏代增强，从而使不断增强的氏族力量成为商代社会的有力支柱；二是商代已经出现了比较典型的劳役地租的剥削形式，文献所载殷代的"助"，卜辞所载"藉""协田""衰田"等事，都带有一定的强制性质，与夏代具有较多原始民主遗存的"贡"的方式相比已经有了较大的区别。

商代的氏族封建制与当时的社会生产力水平颇有关系。所以我们还应当谈一下商代生产力发展水平的问题。商代虽然有辉煌的青铜文化，但是在社会生产工具的制造方面，却很少使用青铜制作，这一点在早商时代更为显著。例如，20世纪50年代后期所发现的河南陕县七里铺早商时代遗址[①]，出土石器完整者有77件，包括石刀、石斧、石镰、石铲等多种；发现完整的骨器有74件，包括骨铲、骨镞、骨锥、骨凿等多种；发现完整的蚌器7件，包括蚌刀、蚌镰等。此外，还有陶制工具，如陶纺轮、陶网坠、陶磨锤等。十分引人注目的是七里铺的早商时代遗址没有发现一件青铜器。劳动生产力中工具是相当重要的内容，七里铺早商时代遗址的石器、骨器、蚌器、陶器等虽然其制作比较精致，但是这些工具毕竟与原始时代的劳动生产工具差别不大。七里铺早商时代遗址距离商王朝中心地区并不太远，可以推测，早商时代的劳动生产力水平并非很高。就晚商时代而言，虽然有了很大发展，但总体水平也还是不很高。当时的劳动生产力水平还需要以氏族为单位进行集体耕作，个体农民的出现在当时生产力水平不高的条件下，几乎是不可能的。这一点对于商代社会性质的发展应该是有一定影响的。

---

① 黄河水库考古工作队河南分队：《河南陕县七里铺商代遗址的发掘》，《考古学报》，1960年，第1期。

五 关于宗法制

宗法制是对于我国上古社会（乃至整个中国古代社会）产生过重大影响的社会制度。首先，宗族是氏族发展到一定历史阶段上的产物，它与氏族既有密切关系，又有一定的区别，它并不与氏族制同生共长。其次，在上古时代，宗法制与分封制有着不解之缘，甚至可以说如果没有分封制，也就没有宗法制。再次，宗法制有着自己的特定的社会政治内容，这方面的内容与氏族制所固有的血缘关系构成了宗法制的两弦，使这把上古社会结构的胡琴奏出永恒的美妙乐符。复次，在各个不同的历史时代（如西周、春秋、战国）及不同的历史时期宗法制都各具特色。所以宗法制的研究既应当有宏观的总体把握，更需要将分阶段的探讨作为宏观研究的基础。

（一）

氏族是上古时代的社会细胞，是社会的基本组织单位。氏族时代也和后世一样，尊崇先祖，并且采取各种方式祭祀祖先，在周代以前，祭祖之庙即被称为"宗"，甲骨文"宗"字即作室屋下有神主之形，甲骨卜辞有宗与先王或先妣之称系连的多例，如"大乙宗"（合集3668）、"唐宗"（合集1339）、"祖丁宗"（合集30300）、"父己宗"（合集30302）、"妣庚宗"（合集21372）。可是，有宗庙祭祖，并不等于有宗族、有宗法。

宗族独有其特征，专家们曾经列出五点，作为宗族的基本特征：第一，具有共同的始祖和宗庙，有特定的祭祀；第二，宗族备有族长，谓之"宗子"，亦曰"宗主"；第三，具有共同的姓氏；第四，宗族有公共财产，同宗共财；第五，有共同的墓地[①]。应当说这个考察是深刻的，然而，这些都是宗族的基本形态。就这五项内容来说，愚以为在氏族那里也都完全具备。例如，据《大戴礼记·帝系》篇和《史记·五帝本纪》所说，黄帝姓公孙，名轩辕，所以黄帝族又称轩辕氏、帝轩氏（《史记·五帝本纪》索隐、正义）。毫无疑问，黄帝是其族的族长，其族亦有其共同的姓氏和财产，考古发掘材料表明共同的墓地几乎可以说是原始氏族不可或缺的基本形态。专家所指出的这五项内容可以

[①] 田昌五：《古代社会形态研究》，天津：天津人民出版社，1980年。田昌五、臧知非：《周秦社会结构研究》，西安：西北大学出版社，1996年。

说是宗族的基本形态，但并非宗族的特征，因为宗族有，氏族也有。

那么，宗族的根本特征何在呢？

愚以为宗族的根本特征在于它与政治发生了密不可分的关系。可以说宗族是贯穿着政治线索的氏族，是以政治为灵魂的氏族，在宗族的机体内流动着的是政治与血缘相混合的血液。宗族是在一定历史阶段上，适应了政治需要的氏族。应当说，这些方面为氏族所未有。氏族首领可以被早期国家任命为某种职官，氏族也可能被纳入国家政治体系，然而氏族内部却没有受到政治的重大影响和冲击。

由此出发，还可以讨论一下宗法制度的内涵问题。什么是宗法制度呢？专家或谓"宗法制度是以父权和族权为特征的、包含有阶级对抗内容的一种宗族家族制度"①，或谓宗法是"对存在于父系宗族内部的宗子法的命名，其内含包括确立、行使、维护宗子权力的各种规定"②。这些说法都颇为深刻，但其对宗法制度内涵限定的前提是肯定宗法制度产生于原始时代后期的父系家族，这自然就会将氏族与宗族混同。其实，简单说来，宗法就是宗族之法，没有宗族便没有宗法，也就谈不上有关宗法的各种制度。当然从一个角度可以说，宗法制度的萌芽出现得很早，可以说随着父系家族的出现而出现。因为那个时期，不可能完全排斥长子继承，在众多妻妾当中，也可能有主次之分、专宠与失宠之别。然而，由于社会经济基础的不同特点，宗法制度的萌芽尽管在新石器时代以后历经夏商两代，却仍然没有形成维系贵族间关系的完整体系。作为一个制度而言，是周公以后才出现的。

（二）

史学大师王国维早就提出过殷代没有宗法制的论断，谓"商人无嫡庶之制，故不能有宗法"③。近年的研究中，不断有专家对这一论断进行驳难。但是都还没有能够从根本上推翻王国维的论断。现在，可以从以下几个方面进行一些再探讨。

第一，认为商代已有宗法的主要理由，是卜辞中的"大示""小示""大宗""小宗"等记载，已经具有了周代宗法制下"大宗""小宗"的性质等。其实，分析相关的卜辞材料，可以看到卜辞中的"大示"只是一部分先王的集合

---

① 钱宗范：《周代宗法制度研究》，桂林：广西师范大学出版社，1989年，第1页。
② 钱杭：《周代宗法制度史研究》，上海：学林出版社，1991年，第1页。
③ 王国维：《殷周制度论》，《观堂集林》，卷十，北京：中华书局，1959年。

称谓，卜辞中数量最多的是"六大示"。这些先王包括上甲、大乙、大丁、大甲、大庚、大戊等六位。卜辞中的大示、元示、上示等称谓具有共同的意义，那就是殷人最初的祖先神，小示、下示等则是晚近的商先王的集合称谓，大示、小示的区别只在于时代的早晚，而不在于嫡庶。卜辞中的大宗、小宗与此相关，大示的宗庙称为大宗，小示的宗庙称为小宗，亦无嫡庶之分①。

第二，嫡庶之分是宗法制形态中的关键，专家或从商王祭典中先王配偶没有完全入祀证明商王配偶中已有嫡、妾之分，进入祀典者为嫡妻，反之则为妾。既然有嫡妾之分，她们所生的儿子也便有了嫡庶之分，所以说商代也存在着宗法制。然而，仔细分析卜辞记载，可以看到，商先王配偶是否入祀，只是在于其子是否为王，而不在于她是嫡妻或是庶妾②。

第三，从商王继位制度看，商王之子并无嫡庶之分。商代并不存在只有长子才能继位为王的制度。从上甲至帝辛，商代共36王，这其中最早的上甲至示癸六王的情况，至迟到武丁时期已不得其详，所以他们是否长子继承，实不可考。大乙成汤以后，以弟继兄为王者有外丙、仲壬、大庚、雍己、大戊、外壬、河亶甲、沃甲、南庚、盘庚、小辛、小乙、祖甲、廪辛等14王。卜辞中屡见"兄"称，如武丁时期有"兄甲"（合集2781）、"兄丁"（合集2891）、"兄戊"（合集2912）等，祖庚、祖甲时期有"兄己"（合集23472）、"兄壬"（合集23520）等，廪辛康丁时期有"兄丙"（合集27609）、"兄己"（合集27617）、"兄庚"（合集27620）、"兄癸"（合集27634）等。武乙文丁时期有"兄丁"（合集32732）。这个情况表明商王武丁、祖庚、廪辛、武乙等也有可能不是长子。可以说有殷一代，继王位者，弟为多数，兄为少数。弟之继位有两种情况，一是继父之位，一是继兄之位。所以我们不应当笼统地说商王继统主要是子继，而应当考虑到子继里面有长子之继抑或是次子之继的区别，不应当将父死子继与长子继承制等同起来。此外，关于商代的兄终弟及，王国维还敏锐地注意到，"商人祀其王，兄弟同礼，即先王兄弟之未立者，其礼亦同。是未尝有嫡庶之别也"③。明乎此，下一步，合乎逻辑的推测只能是以区别嫡庶为关键的宗法制在商代并不存在。

---

① 详见本书第四章第四节《殷墟卜辞中的"示"和"宗"及其与宗法制的关系》。
② 郑慧生的《从商代无嫡妾制度说到它的生母入祀法》（《社会科学战线》，1984年，第4期）一文，对于这一点有精当的考析，足可为证。
③ 王国维：《殷周制度论》，《观堂集林》，卷十。

第四，从殷人祭祖的情况看，晚商时代的前期和中期对远祖比对近祖有更多的重视，就是到了后期，尽管对于父、祖辈的先王恭敬有加，但也还是厚今而不薄古。卜辞表明，殷人尽量扩大所祭先祖先王的范围，为避免遗漏还采取分组祭祀与"周祭"的特殊办法祭祖。这与周人在宗法制下对于祖庙、祢庙特别重视的情况大异其趣。宗法制度下面，"有五世而迁之宗"（《礼记·丧服小记》），并且在服丧的时候，即使同宗族的人，也有亲疏远近之别，"四世而缌（细麻布，引申指五服中最轻的一种，只服丧三月）服之穷也，五世祖免，杀同姓也。六世，亲属竭矣"（《礼记·大传》）。商周两代祭祖的观念取向是不同的，商代力图通过祭祖将尽量多的子姓族人网罗到商王周围，而周代则通过祭祖除了加强族人相互联系之外，还要由此而区别亲疏远近的不同关系。商代的这种取向根本不可能是宗法制的产物。合理的推断只能是商代无宗法。

商代之所以没有宗法制度，并不是因为商代没有出现周公那样的政治家，而是社会结构使然。以商王朝为核心的方国部落联盟，并不需要触动氏族内部关系，而只需方国部落首领表示对商王朝服从，这些首领是否与商王同姓没有多大关系。在商王朝晚期，似乎出现了宗法制的萌芽，《史记·殷本纪》载："帝乙长子曰微子启，启母贱，不得嗣。少子辛，辛母正后，辛为嗣。帝乙崩，子辛立，是为帝辛。"帝乙之妻是否有嫡妾之别。在卜辞中尚找不到证明。如果没有嫡妾之别，则帝辛亦为以少子而继位的一例。

（三）

《诗经·公刘》篇有"食之饮之，君之宗之"的诗句，论者或以为是公刘时期已行宗法之证。其实前人释此句的"宗"字之义十分明确，认为此"宗"，即尊之义，朱熹注谓"族人尊之以为主"（《诗集传》卷十七），得其正解。这里的"宗之"并非公刘建立宗族、设立宗法，而是指公刘被族人共尊为本族的首领。

周文王对于传统制度并没有做什么变革，所以《史记·周本纪》总结他的业绩说："遵后稷、公刘之业，则古公、公季之法，笃仁、敬老、慈少、礼下贤者。"说文王没有实行宗法，一个重要证据是他和其祖父古公亶父一样，在传位时亦不取嫡长子继承制。请看下面材料：

> 古公有长子曰太伯，次曰虞仲。太姜生少子季历，季历娶太任，皆贤妇人，生昌，有圣瑞。古公曰："我世当有兴者，其在昌乎？"长子太伯、虞仲知古公欲立季历以传昌，乃二人如荆蛮，文身断发，以让季历，古公卒，季历立，是为公季。（《史记·周本纪》）

这条材料说明古公亶父看上了昌，所以立昌之父季历为继承人。而季历为古公的第三子①。以第三子的身份继位，两个哥哥主动谦让于他，为了避让季历，甚至不惜逃到荆蛮地区另谋出路。季历跟他们的关系也很好，《诗经·皇矣》还称赞此事，谓"维此王季，因心则友。则友其兄，则笃其庆，载锡之光，受禄无丧，奄有四方"。从这些事实可以推测，当时周族尚无宗法，所以季历继位顺理成章，毫无障碍。再看另一条材料：

> 仲子舍其孙而立其子。檀弓曰："何居？我未之前闻也。"趋而就子服伯子于门右，曰："仲子舍其孙，而立其子，何也？"伯子曰："仲子亦犹行古之道也。昔者文王舍伯邑考而立武王，微子舍其孙腯而立衍也。夫仲子亦犹行古之道也。"子游问诸孔子，孔子曰："否！立孙。"（《礼记·檀弓》上）

这里的"文王舍伯邑考而立武王"，清儒谓当作"文王舍伯邑考之子而立武王"（崔东璧《丰镐考信录》卷二），甚是。伯邑考为文王长子，若行宗法，则伯邑考当立，即令伯邑考早死，也应当立伯邑考之子，以行嫡长继统之制，但是文王却立次子发（即周武王）为继位人。可证武王继立时尚无宗法可言。

武王之时亦未行宗法，这于武王病笃时力图使周公继位之事看得十分明白。据《逸周书·商誓》篇载，周武王考虑天下大事的时候，力图"〔欲旦〕传于后"，潘振云："'传于后'者，传于武王之后，兄终而弟及也。"②周武王曾经苦口婆心地劝说周公答应他的要求。周武王说：

> 旦！汝维朕达弟，予有使汝。汝播食不遑暇食，矧其有乃室？今惟天使予。惟二神授朕灵期，于未致予休，□近怀予朕室。汝惟幼子，大有知。昔皇祖底于今，勖厥得显义，告期付于朕身。肆若农服田，饥以望获。予有不显，朕卑皇祖不得高位于上帝。汝幼子庚厥心，庶乃来班朕大环，兹于有虞意。乃怀厥妻子，德不可追于上，民不可答于朕。下不宾在高祖，维天不嘉，于降来省。汝其可瘳于兹？乃今我兄弟相后，我筮龟其何所即？今用建庶建。（《逸周书·度邑》）

从周武王的"授朕灵期"之说看，他劝告周公旦即位，乃是病笃时事，归

---

① 关于季历，《周本纪》称其为"公季"，《诗经·皇矣》则称其为"王季"。盖其先称"公"，后来又改称"王"。古本《纪年》载"文丁杀季历"，盖季历之称王为殷所不容之故。
② 黄怀信等：《逸周书汇校集注》，卷五引，上海：上海古籍出版社，1995年。

逝前的托付，其意自当更加坚定笃厚。这里有两点尤其值得我们注意，一是周武王谓周公若不继位，就会影响周王朝的大业，也就有辱于列祖。可见在周武王看来，周公以庶子身份继位乃是列祖列宗的意愿；二是，周武王曾将此事进行龟卜，神意也是同意的。在后面，武王还有"其惟依天"之语，可见，龟卜认可周公继位之事。总之，周武王坚持"兄弟相后"，与殷代的兄终弟及并无什么区别，《度邑》篇载周公听到武王之语时，只是恐惧并且"泣涕"，并没有讲出一派应当立嫡之类的话语。这些都可以推测，武王时期尚无宗法之制。

宗法制的核心内容是嫡长子继承制，由此才可以引出宗法制下面的大、小宗的区别，以及宗法的基本原则。在周公之前，周王室不以嫡长子继位为必行的原则，古公亶父以后的几代人都是庶子继统，谓周公之前周族无宗法，当非无据。王国维曾经指出，"大王之立王季也，文王之舍伯邑考而立武王也，周公之继武王而摄政称王也，称殷制言之皆正也。舍弟传子之法实自周始"（《殷周制度论》，《观堂集林》卷十）。在周公之前周人不行宗法，一个重要原因在于周人尚恪守殷礼，其继统法合乎殷制，王国维谓"自殷制言之皆正也"，正是一语中的。

（四）

如果说分封制的实施形成了周代政治格局的话，那么，宗法制的实施则形成了当时的社会结构的基本特征。如果说分封制从政治结构方面建立了各级贵族间的秩序，那么宗法制则为这个等级秩序注入了特定的原则和内容而使其得到巩固。宗法制与分封制相辅相成，密不可分①。

宗法制度的形成可以说是在周公制礼作乐时所完成的。宗法制的实施和分

---

① 清代学问家顾栋高曾论"宗法"与"封建"的关系。他指出："三代之宗法，原于封建。盖先王建树屏藩，其嫡长嗣世为君；支庶则推恩列为大夫，掌国事，食采邑，称公子某。公子之子称公孙，公孙之子以王父字为氏，世世不绝。若异姓积功劳用为卿，世掌国政，则各以其官，或以邑为氏"。（《春秋大事表》卷12（上））是说可从，只是其"三代之宗法"之说，对于"宗法"的理解稍有偏失，若将"三代"，改谓"周代"，似较妥当。后来，王国维亦指出宗法与封建的关系，谓："由嫡庶之制而宗法与服术二者生焉……周人嫡庶之制本为天子诸侯继统法而设。嫡庶者，尊尊之统也，由是而有宗法，有服术，其效及于政治者，则为天位之前定，同姓诸侯之封建，天子之尊严。"（《殷周制度论》，《观堂集林》卷十）王氏所云宗法为适应封建诸侯之争的需要而设，是正确的认识。这一点，在《吕氏春秋·慎势》篇中已有精辟论析。论者或曾谓因为宗族先于分封而存在，所以宗法不以分封制的形成为条件。我们在前面已经辨析过商代和周公以前周族没有宗法的问题，所以宗法与分封孰先孰后之事便毋庸多言。

封制有密切关系。周代分封制的精髓在于将尽量多的王室子弟和亲戚、功臣分封出去，以建立诸侯国，从而扩大周王朝的影响和势力范围。在分封诸侯的时候，周王朝一方面要求各个诸侯国恭敬顺服于周王朝，另一方面又希望他们不要过分依赖周王室，而应当有自立的能力。各个诸侯国为了自己的存在与发展，便尽力发展以诸侯为核心的新的族。鲁隐公八年（前715），鲁隐公向众仲询问关于赐氏的问题，众仲说："天子建德，因生以赐姓，胙之土而命之氏，诸侯以字为谥，因以为族。"（《左传》隐公八年）可见分封与族的发展实际上是合而为一，宗法制度下的"别子为宜"的规定正适应了这种情况。《礼记·大传》谓"别子为祖，继别为宗"，郑玄注"别子谓公子若始来此国者，后世以为祖也"，正道出了周所分封的诸侯在新的诸侯国建立宗族的情况。

从由分封制所形成的周代社会等级情况往往可以看出宗法的影子。春秋初年，晋国大夫师服说："吾闻国家之立也，本大而末小，是以能固。故天子建国，诸侯立家，卿置侧室，大夫有贰宗，士有隶子弟，庶人、工、商，各有分亲，皆有等衰。"（《左传》桓公二年）。这里所说的"侧室""贰宗"之义，前人多有异说，然而究其实，应当就是宗法制度下面的支子和小宗。社会等级中的"本""末"关系的基础就在于宗法对于各个社会集团和等级的区分与规定。按照师服的说法，国家依本大末小的原则而建立，这种建立亦即分封，在分封的过程中形成了贵族的社会等级——即"等衰"，随之而来的才是出现了对于周天子而言的诸侯国、对于卿大夫而言的"侧室"和"贰宗"等，宗法制下的嫡庶之别、大小宗之分于此已经隐然可见。师服之语实为宗法源于封建的一个很好说明。

宗法制里面的"别子为祖"的原则与分封制也有直接关系。《礼记·丧服小记》载：

> 别子为祖，继别为宗，继祢者为小宗，有五世而迁之宗，其继高祖者也，是故祖迁于上，宗易于下。尊祖故敬宗，敬宗所以尊祖祢也。

这里所提到的"别子"，与晋大夫师服语所提到的"侧室""贰宗"之义是一致的。周天子的"别子"被分封为诸侯，就是新的诸侯国始祖。例如，周成王是周武王的长子，继位为王，而邘、晋、应、韩四国诸侯为周武王的"别子"，亦即庶子，他们受封建立诸侯国以后，即成为邘、晋、应、韩四国的始祖，继承他们权位的嫡长子世代相传，便形成了该诸侯国的"大宗"，也就是《礼记·大传》所谓的"百世不迁之宗"。依照宗法制度的原则，各国诸侯不只是周天子的子若弟，而且是其国占统治地位的宗族的始祖。这就意味着，他们不是周王室卵翼之下的弱者，而是独立自主的强者。这对于各诸侯国的臣民而言，显然具有坚定信心以拥戴诸侯的作用，有利于各诸侯国的巩固。《逸周书·祭公》篇谓"文、武之子孙大开封方于下土，天之所赐武王时疆土，丕维周之基，丕维周之始并（屏）"，其所谓"旁建宗子"，就是广建作为王室藩篱的诸侯国，是篇认为周的基业就是由这些"宗子"而得以巩固。宗法制的此一项原则由分封制的需要而产生。清儒陈立谓："天子以别子为诸侯，其世为诸侯者，大宗也。诸侯以别子为卿，其世为卿者，大宗也。卿以别子为大夫，其世为大夫者，大宗也。大夫以别子为士，其世为士者，大宗也。天子建国，则诸侯于国为大宗，对天子而言则为小宗。"①由此可以看到作为宗法核心内容的大宗、小宗之别，实与分封同步。

周代各诸侯国得以巩固的一个重要原因在于宗法制度下的严嫡庶之辨。分清嫡庶，是实行封建的需要，也是实行宗法的关键。关于分辨嫡庶的目的，《吕氏春秋·慎势》篇讲得十分清楚：

> 先王之法，立天子不使诸侯疑（拟）焉，立诸侯不使大夫疑（拟）焉，立嫡子不使庶孽疑（拟）焉。疑（拟）生争，争生乱，是故诸侯失位则天下乱，大夫无等则朝廷乱，妻妾不分则家室乱，嫡孽无别则宗族乱。

从天子，到诸侯、大夫，直至家族，所有的等级次序都由宗法制度预先排定，从原则上讲便可以避免继统、权位、财产等方面的僭越和争夺。和夏商时代的方国部落联盟制相比，周天子的权位由于分封制和宗法制的实施而得以极大加强。文献和彝铭屡有"宗周"的记载，其含义一是指此地有周王室的宗庙，二是指周天子为天下的共主。从宗法系统看，周天子乃是地位最高的宗子。在西周初年，宗法制首先在周天子和诸侯间施行，随后，随着封建制的发展和贵族等级的确立，宗法制也及于中、小贵族，以至于士与庶民之间。汉儒为了强调"周道尊尊"，常将宗法制限定于卿大夫阶层，断定"诸侯不敢祖天子，大夫

---

① 陈立：《白虎通疏证·封公侯条疏》，北京：中华书局，1994年。

不敢祖诸侯"(《礼记·郊特牲》)。其实，就周代的情况看，并非如此。春秋初期，鲁国宗庙祭礼上，主管人员将鲁僖公的神主升于鲁闵公之前，被《左传》的作者断定为非礼，并且说"宋祖帝乙，郑祖厉王，犹上祖也，是以《鲁颂》曰：'春秋匪解，享祀不忒，皇皇后帝，皇祖后稷。'"(《左传》文公二年)宋国以商王帝乙为祖，郑国以周厉王为祖，春秋时人认为这样在祭典上才会"不忒"，即不出现差错。虽然宋国始封于微子，郑国始封于桓公，但在祭祀的时候，微子和桓公的神主都不能先于帝乙和周厉王，因为帝乙和周厉王分别为宋、郑两国的先祖。这个记载表明，周天子并没有游离于宗法系统之外。周厉王所作的彝器上有"称盩先王宗室"(《胡簋》铭文)的词句，意思是说要普遍祭祀先王宗庙。依照宗法制度的原则，周王室与其所分封的各个姬姓诸侯国的宗法系统，是相互关联而成为一体的。在周王朝与诸侯国以及诸侯国之间的相互关系上，宗法制度都有不小的影响。春秋时期晋平公之母为杞国女子，晋国因此而率诸侯为杞筑城。郑国大夫批评说："晋国不恤周宗之阙，而夏肄是屏，其弃诸姬，亦可知也已。诸姬是弃，其谁归之？吉也闻之，弃同即异，是谓离德。"(《左传》襄公二十九年)这个事实表明，当时的社会舆论依然十分重视宗法关系，强调同宗族的国家要相互提携帮助，否则就会被视为"离德"而遭到谴责。

周代社会上普遍存在的"大宗"与"小宗"相互区别又相互联系的情况，早在西周时期就已经形成了基本的格局。所谓"大宗"指由嫡长子传宗继统所形成的系统。嫡长子称为"宗子"，又称"宗主"，为族人所共尊。《诗经·板》篇谓"大宗维翰，怀德维宁，宗子维城"，毛传谓"大宗，王之同姓之嫡子也"，郑笺谓"宗子，谓王之嫡子"。所谓"大宗维翰""宗子维城"，意指"大宗"及其宗子犹如主干和城垣一样为王之捍卫。宗子在宗族里面享有各种权利，其中祭礼先祖的权利就是很重要的一项。按照宗法制度的规定，祭祀祖祢的时候，假若宗子因故而不能致祭，那么庶子才可以代为致祭。宗子作为祖祢的直接继承者，在宗族内部享有无上的权力，按照《仪礼·丧服》篇所说，若宗子死，则其父要为其服三年之丧。周穆王时期的彝器《善鼎》铭文载"余其用各我宗子雩百生（姓）"，可见宗子具有着特殊重要的尊贵地位。春秋中期，齐国崔氏宗族立嫡子出现波折。崔杼因原立的宗子名成者有疾而废之，并且立名明者为宗子。名成者请求占有崔邑，名明者的党羽即以"崔，宗邑也，必在宗主

（《左传》襄公二十七年）为理由而拒绝。这个理由确是堂而皇之者。由此可见宗主有宗族采邑的特权，其经济地位在其宗族内部应当是最高的。和"大宗"相对的"小宗"，由庶子系统组成。在一般的情况下，周天子以嫡长子继统，则众庶子被封为诸侯，历代的周天子为"大宗"，这些诸侯就是"小宗"。各国诸侯亦以嫡长子继位，众庶子即被封为大夫，这些大夫为"小宗"，而诸侯则为其"大宗"。各国的大夫也以嫡长子继位，是为"大宗"，众庶子为士，形成"小宗"。

"大宗"与"小宗"的这种关系，与分封制度下的层层封建完全合拍。在宗法系统里，诸侯和大夫实有双重身份，对于上一个层次而言是"小宗"，对于下一个层次而言是"大宗"。各个"小宗"要尊奉"大宗"，彝铭载有"用享大宗""用邵大宗""铸兹宝簋以享孝于大宗皇祖、皇妣、皇考、皇母"（《陈逆簋》铭文）、"其万年子子孙孙永用享孝于大宗"（《兮熬壶》铭文）、"作宝钟用追孝于己（杞）伯，用享大宗"（《己伯钟》铭文）等辞语，都是"小宗"贵族对于"大宗"虔敬心理的一种表示。《仪礼·丧服》篇谓"大宗者，尊之统也"，完全合乎周代的社会情况。周宣王时期的彝器《琱生簋》铭文载"琱生对扬朕宗君其休，用作朕烈祖召公尝簋"。所谓的"宗君"，即指属于"小宗"的琱生所尊奉的"大宗"的宗子。这件簋铭记载，名琱生者在一场土地纠纷中仰仗"大宗"的宗子的势力而得逞，所以铸器颂扬宗子和先祖。春秋时期，各个诸侯国都先后出现了一大批很有影响的大的宗族，他们都出自某位国君，如鲁国的展氏和臧氏出自鲁孝公；孟孙氏、叔孙氏、季孙氏出自鲁桓公，故而合称为"三桓"；东门氏出自鲁庄公等。后来，这些大族又衍生出许多支系，例如，孟孙氏在孟献子的时候分出了子服氏，叔孙氏在叔孙戴伯的时候分出叔仲氏，季孙氏在季悼子时分出公父氏等，皆为其例。作为"侧室""贰宗"的支系之族，与其"大宗"一起，形成了春秋时期社会上的系统而庞大的宗族关系网，成为当时社会结构的一个重要特点。

在周代社会上，宗法制度是贵族间相互联系的黏合剂，对于社会秩序的稳固具有积极的意义。宗法制度虽然植根于传统的血缘关系，但是它在许多方面又减弱了血缘关系的社会作用，这是因为在血缘与等级二者之间，它更为注目的是社会的等级。

（五）

在宗法系统中天子和诸侯是否在其中的问题，即所谓的"君统"与"宗统"的关系问题，前人有不同说法，当代专家也有讨论。然而，专家们的意见相左，可谓针锋相对。我觉得，专家们的意见，应当说都是有道理的，可以稍作补充说明的是，宗法制本身有一个发展过程，春秋时期的宗法制与西周时期的就不大一样，战国时期的又与春秋时期的不同。这一点应当是讨论宗统、君统问题的出发点。

概括说来，宗统与君统最初是完全合二而一的。周以蕞尔小邦而统一天下，当时周王朝内外交困，惩戒三监之乱的教训而行分封以为周室蕃屏，周王和诸侯是当时封建和宗法的核心所在，当时不可能将他们排除在宗法体系以外，应当说在西周时期，君统与宗统密不可分。刘家和先生曾举《何尊》《善鼎》《盠尊》《王子午鼎》等彝铭材料结合文献记载进行深入研讨，指出"以上四条铭文材料，前三条属于西周时期，后一条属于东周时期的楚国。它们都证明国君并不在宗法关系以外，而是同下属保持着宗法关系。同样，传统的文献也有类似的记载"①。汉代礼学家将天子排除在宗统之外，谓"诸侯不敢祖天子，大夫不敢祖诸侯"（《礼记·郊特牲》）。然而春秋前期的人尚且在说"宋祖帝乙，郑祖厉王"（《左传》文公二年），《鲁颂》之诗亦云"皇皇后帝，皇祖后稷"，春秋中期，"鲁为诸姬，临于周庙"（《左传》襄公十二年），周庙即周文王之庙，此皆证明"祖天子"之事在西周春秋时期是普遍存在的现象，宗统与君统并未分离。

到了春秋后期，政治权力下移，周天子和诸侯渐次退到权力的边缘，在社会政治舞台的中心亮相与活动的是卿大夫，可是周天子和列国诸侯还保持着传统的权威，"普天之下，莫非王土；率土之滨，莫非王臣"（《诗·北山》），依然是社会各阶层的普遍信念。所以春秋时期君统与宗统处于若即若离的状态，卿大夫贵族不满意君统，但狃于传统而又不敢打出将君统逐出宗法体系的旗帜。从《诗经》中可以看到这个时期的诗篇一方面歌颂卿大夫贵族，呼唤卿大夫的宗族内部团结，另一方面，又或多或少地赞美周天子和各国诸侯，以此表示自己对于传统的恪守。可以说"若即若离"就是春秋时期君统与宗统关系的集中表达。春秋时期，势力强悍的卿大夫"祖诸侯"的现象也还存在，如鲁

---

① 刘家和：《古代中国与世界》，武汉：武汉出版社，1995年，第240页。

国的三桓就立有桓公之庙（见《礼记·郊特牲》郑注），此事曾被以为是三桓僭越，其实是三桓凭借传统而助长己势，而非僭越①。战国时期孟尝君"为先王立宗庙"于薛（《战国策·齐策》四），亦效春秋时期卿大夫之故事。

经过战国时期的社会大变动，社会结构到了秦汉时期已经和周代有了本质的变化，专制主义的中央集权的封建大帝国出现并且巩固，皇帝权势的威严与崇高远非周天子所能比拟，秦始皇登琅邪刻石谓"皇帝之明，临察四方，尊卑贵贱，不逾次行……皇帝之德，存定四极……功盖五帝，泽及牛马"，在最后一次刻石文中，秦始皇又谓皇帝功德无量，"圣德广密，六合之中，被泽无疆。皇帝并宇，兼听万事"（《史记·秦始皇本纪》）汉高祖刘邦称皇帝之后，尊旧礼，"五日一朝太公，如家人父子礼"，后来有人劝说刘邦之父，谓"天无二日，土无二王。今高祖虽子，人主也，太公虽父，人臣也。奈何令人主拜人臣！如此则威重不行"，此后其父以尊礼待刘邦，口中还念念有词，"帝，人主也，奈何以我乱天下法！"（《史记·高祖本纪》）父子关系为宗法关系的核心，于此时已绝对地服从于君权，而这个时候，皇帝与一般贵族间的距离也已今非昔比，如果说周天子和一般贵族还保持着比较密切的关系的话，那么秦汉时代的皇帝与一般贵族和地主之间就已经存在着一条前所未见的鸿沟。这个时期如果将皇帝纳入宗法体系，不啻是对于皇权的贬斥和不尊，汉代的礼学家竭力将天子排除于宗法体系之外，正是对于皇权尊崇的表示，适应了那个时代的需要。

就本质而言，宗法制是两条线拧成的绳索，一条线是氏族时代以来的血缘关系，一条线是自封建以来的政治需要。在宗法制发展的历史进程中，前一条线虽然始终未曾断绝，却逐渐削弱；后一条线逐渐增强，渐次处于主导的地位。君统与宗统的合二而一，正是这两条线密切结合的西周时期，君统与宗统分离，天子、诸侯被排除在宗法体系之外，是后一条线增强而居于主导地位的秦汉时期。君统与宗统关系的这种变迁，正是宗法制对于社会结构变化与政治格局变化的适应。

---

① 《礼记·郊特牲》篇谓"公庙之设于私家，非礼也，由三桓始也"。从汉代礼学家的观念看批评三桓"非礼"是可以理解的。然而，立公庙于私家并非从三桓始，并且不应当被视为非礼之举。

（六）

作为一项完整的社会制度，宗法制从周公制礼作乐才开始出现，随着分封制的发展，宗法制成为调整贵族内部关系的根本大法。有些专家，由于要将宗法制形成的时间拉长至原始时代后期，所以断定宗法制先于分封制而存在。是由分封衍化出宗法，还是由宗法而推衍出分封，这是一个值得探讨的问题。应当说前一种说法是近于历史实际的。分封固然是为周王朝设置藩屏，但同时也是贵族内部的权力分配，宗法制就在这种权力分配的过程中逐渐形成与完善，或者说是适应这种权力分配的需要而出现的。这里，可能会出现的一个问题是，分封的时候姬姓诸侯与周王室有血缘宗族关系，而异姓诸侯国则谈不上这些，怎么能够说宗法源于分封呢？其实，宗法是一种社会制度、社会观念，周代的异姓诸侯国君主虽然与周王室没有血缘关系，不得进入周王室的宗法系统，但是宗法制度、宗法观念的影响则不由此而被拒之国门之外，齐、宋、秦、楚等异姓诸侯国的宗法制度与宗法观念依然十分突出，论者可以详述其在这方面的表现，却又以此为例说明宗法与分封无关，岂非自相矛盾？

宗法制对于自氏族制度以来的传统的血缘关系而言，是一柄双刃剑。它一方面利用和保存了族内的血缘关系，使血缘关系成为人们相互联系的天然纽带；另一方面，它又在许多方面限制了血缘关系的影响，使血缘关系从属于政治，或者说是在血缘关系中注入了政治灵魂[①]。可以说，仅有天然的父子关系或嫡长子继承关系，并不能构成宗法。虽然宗法不可与政治混为一谈，但更不能将两者截然区分。

六 战国时期宗法制的发展及衍变

宗法制的起源、发展和衍变，深刻地影响着我国上古时代社会结构的变迁以及政治、经济、文化等各方面的面貌。一般人的印象中，宗法制从春秋时代开始，就已经和礼乐制度文化等一样趋于崩溃瓦解，到了战国时期就逐渐退出

[①] 在这个方面，中外古史上有许多相通之处。例如古代印度，"宗法权不仅是家庭的并且是政治的"（亨利·梅因：《古代法》，北京：商务印书馆，1984年，第133页），欧洲中世纪的长子继承制，其享有者的"政治特质就是他的世袭领地的政治特质，即这种世袭领地所固有的某种政治特质"（《马克思恩格斯全集》，第1卷，第378页）。宗族与宗法皆为政治与氏族结合的产物，可谓中外古史皆然。

历史舞台。其实，宗法制在战国时期是承西周春秋时期的发展而又经历着自身衍变的过程，它适应社会结构在列国变法运动以后的巨大变化而进行自身的调整，从而进入新的发展阶段，出现了新的面貌。关于战国时期宗法制度的材料不多，有些史料（如三礼）也不一定能用来说明战国时期的问题。本节勾稽相关史料，试对这一问题进行论析。

（一）

从春秋战国之际开始，各诸侯国新旧贵族交替的趋势日益明显，新贵族的宗族组织在社会上占据重要位置。宗法制度的发展也进入了新阶段。首先，传统的宗法影响依然存在，直到战国中期人们还有"周，天下之宗室也"（《战国策·秦策》一）的说法，说明尽管周王朝已经成了只拥有弹丸之地的小国，但依然是人们印象中的"天下之宗室"。古代的王仍然被视为"天下之宗室"（《荀子·正论》）。其次，战国时期各国君主对于宗庙依然恭敬有加。"聚散民，立社稷主，置宗庙"（《韩非子·初见秦》），被视为国家存在的标志。建立国家的时候，"必择国之正坛置以为宗庙……必择国之父兄慈孝贞良者以为祝宗"（《墨子·明鬼》下）。各诸侯国依然设有"宗祝"，"出户而巫觋有事，出门而宗祀有事"（《荀子·正论》），所谓宗祀，即宗祝之官。其职守正如《国语·楚语》下篇所谓"使名姓之后能知四时之生，牺牲之物，玉帛之类，采服之仪，彝器之重，次主之度，屏摄之位，坛场之所，上下之神祇，氏姓之所出，而心率旧典者，为之宗"（说见王先谦《荀子集解》卷十二）。再次，除了公室宗族以外，各国对于国家有影响的宗族也非常重视，孟子谓"为政不难，不得罪于巨室"（《孟子·离娄》上），所谓"巨室"类似于春秋时期的"宗卿"[①]贵族，他们在社会上的重大影响就是宗法势力顽强表现自己的典型

[①] "宗卿"一词见于《左传》成公十四年。春秋中期，卫定公聘晋的时候，晋国欲使卫君会见逃亡到晋的卫臣孙林父，卫定公夫人劝卫定公会见，其主要理由便是孙林父为"先君之宗卿之嗣"（《左传》成公十四年）。孙氏出自卫武公，孙林父之父孙良父为卫卿，即"宗卿"，因此作为"宗卿之嗣"的孙良父之子也应当为国君所重视。吴公子季札聘鲁的时候，谓鲁国执政大臣叔孙穆子"为鲁宗卿"（《左传》襄公二十九年），即指叔孙穆子出自三桓而为执鲁政之卿。

说明①。战国时期赵国名将赵奢体恤士卒,"大王及宗室所赏赐者尽以予军吏士大夫"(《史记·廉颇蔺相如列传》),可见赏赐财物予赵奢者,除了赵王以外,还有赵氏的"宗室"。这类"巨室""宗室"多为各国有传统影响的贵族宗族。

战国时人认为无论是哪个社会阶层的人,都必须重视本宗族宗庙的存亡之事,"为人子孙者,体此道以守宗庙,宗庙不灭之谓祭祀不绝"(《韩非子·解老》)。战国时人认为夏桀的最大罪过就在于"丧九牧之地而虚宗庙之国"(《荀子·解蔽》)。重视宗庙,就是对于宗族关系的肯定。《荀子·子道》篇谓"百乘之家有争臣二人,则宗庙不毁",贵族努力达到的一个重要目标就是"宗庙不毁"。战国时人由对宗庙的重视还发展为对宗庙中祭品的恭敬。《韩非子·外储说左下》篇曾经讲了这样一个故事:

> 孔子侍坐于鲁哀公,哀公赐之桃与黍,哀公曰:"请用。"仲尼先饭黍而后啖桃。左右皆掩口而笑,哀公曰:"黍者,非饭之也,以雪桃也。"仲尼对曰:"丘知之矣。夫黍者,五谷之长也。祭先王为上盛。果蓏有六,而桃为下,祭先王不得入庙。丘之闻也,君子以贱雪贵,不闻以贵雪贱。今以五谷之长雪果蓏之下,是以上雪下也。丘以为妨义,故不敢以先于宗庙之盛也。"

这个故事谓鲁哀公将桃与黍赏赐给孔子,让他吃。黍是用来擦拭桃子的,而孔子却先吃黍而后吃桃,惹得左右人等捂着嘴笑。所谓"雪",义即擦拭、洗刷。桃子虽然好吃,但它没有资格被放入宗庙作为祭品,所以远远赶不上作为各种祭品之首的黍,先吃黍就表示了对于宗庙祭品的尊敬。这个故事非必为实有,战国时人之所津津乐道,是因为它讲述了人们必须重视宗庙祭祀的道理。战国中期,齐相孟尝君曾被废黜归薛邑,后来齐王又请求其复职,史载:

> 齐王……封书谢孟尝君曰:"寡人不祥,被于宗庙之祟,沉于谄

---

① 《孟子·离娄》上篇赵注谓:"巨室,大家也,谓贤卿大夫之家。"这个说明是正确的。《尚书·梓材》谓"以厥庶民,暨厥臣,达大家",王鸣盛《尚书后案》谓"大家者,封建诸侯,使与大家巨室共守之,以为社稷之镇"。春秋后期,晋国韩氏宗族,"韩襄为公族大夫,韩须受命而使矣;箕襄、邢带、叔禽、叔椒、子羽,皆大家也"。可见,周代的"巨室""大家",就是各诸侯国内部属于卿大夫阶层的强宗大族,到了战国时期也没有太大改变。

谀之臣，开罪于君，寡人不足为也。愿君顾先王之宗庙，姑反（返）国统万人乎？"冯谖诫孟尝君曰："请先王之祭器，立宗庙于薛。"庙成，还报孟尝君曰："三窟已就，君姑高枕为乐矣。"（《战国策·齐策》四）

齐王劝说孟尝君的主要理由是让其顾念先王的宗庙，而孟尝君提出的条件是在薛地建立先王宗庙，并且请赐以祭器。凡此都说明无论是齐王，抑或是孟尝君、冯谖，其宗法观念都比较浓厚。齐闵王曾经将敢于直言的齐国公族宗室的孙室子杀掉，造成了"宗族离心"（《战国策·齐策》六）的后果，以至于被燕打败。后来，田单复齐时，曾经以歌谣的形式动员民众，谓："可往矣！宗庙亡矣！云曰尚矣！归于何党矣！"（《战国策·齐策》六）可见当时齐国民众一般都纳入宗族组织之中，所以"宗庙亡"的现实可以激发民众抗击敌人的决心。这些都表明当时宗族势力在齐国比较强大。

（二）

战国时期社会上的宗法观念还有相当影响。战国中期燕王哙禅让权位于燕相子之的时候，遭到诸国反对，诸国反对的主要理由之一，便是认为此举违反了宗法的原则。《中山王方壶》铭文谓，"燕君子哙，不辨大宜（义），不忌者（诸）侯，而臣宗易立（位），以内绝邵（召）公之业，乏其先王之祭祀；外之则将使上勤（觐）于天子之庙，而退与者（诸）侯齿长于会同，则上逆于天，下不顺于人施（也），寡人非之"，即表明了与燕邻近的中山国君主对于燕王哙禅让的斥责态度。这个斥责的中心是认为燕王哙的禅让断绝了君位的继统，而新的燕王又没有得到周天子的承认，如果这样的燕君朝见天子和与诸侯相会，那就是"上逆于天，下不顺于人"的倒行逆施。所谓"臣宗易位"，意即燕君既是燕国臣下的君主，而且也是其宗主。中山国之相也表示了坚决斥责的态度，谓"为人臣而反臣其宗，不祥莫大焉，将与吾君并立于世，齿长于会同，则臣不忍见施（也）"（《中山王方壶》铭文）。这个斥责表明自己作为中山国的相，是完全忠于君主的，并且坚决反对"为人臣而反臣其宗"的做法。战国后期，韩非子从加强君主权力的角度提出，君主应当遵守宗法关系中本强末微的原则，谓"公子既众，宗室忧吟"，认为如果庶公子人多势众，那么嫡长子一系就会感到威胁而忧虑。韩非子提出，"止之之道，数披其木，毋使枝茂，木数披，党与乃离"（《韩非子·扬权》），这些都是与宗法原则的贯彻相一致的。

宗族在我国古代长期延续，就先秦时代而言，直到战国后期，社会上的宗族依然是有很大影响的社会组织形式。河北临城县中羊泉村所发现的属于战国后期赵国的墓葬群①，采取聚族而葬的方式，间距稠密，在2,250平方米的范围内有一百五十余座墓葬，分布整齐，排列有序，显示了宗族的浓厚影响。1979年所发现的时代属于春秋晚期到战国早期的江西贵溪岩墓群②，分布在水岩、仙岩、仙女岩、仙棺岩、谷仔岩等处，每处都有十余座墓葬。这些墓葬，有的联洞而葬，有的单洞而葬，还有一墓同埋几代人的情况。有的墓室，规模宏大，内置十余具棺木，应当是几代人的聚葬。《大戴礼记·礼三本》所说"大夫士有常宗"，可能是战国时期社会情况的反映。

当时同族的人往往祸福同当，相互提携保护。战国时期赵国人谓"犯奸者身死，贼国者族宗"（《战国策·赵策》二），对于那些危害国家的人可以灭绝其宗族。商鞅变法的时候曾经"令民为什伍而相牧司连坐"（《史记·商君列传》），让同"什伍"的人相互牵连。从"贼国者族宗"的情况看，这种宗族"连坐"的方式应当和什伍连坐同时并存。秦将樊于期犯罪而逃亡奔燕，"父母宗族，皆为戮没"（《战国策·燕策》三），就是一个典型例证。担任齐国临淄市掾的田单，在乐毅破齐而齐众逃难的时候，"令其宗人尽断其车轴末而傅铁笼……田单宗人以铁笼故得脱"（《史记·田单列传》），可见在逃难的时候，田单率其宗族之人同渡难关。战国时期的许多贵族依然将宗族作为安身立命的根本。韩相傀的"宗族盛"（《战国策·韩策》二），是他拥有权势的一个重要原因。

战国时期社会上的一般民众，除了国家控制下的什伍组织中的编户齐民以外，还有不少以宗族为组织者，甚至什伍组织与宗族组织并存，民众既是什伍组织中的居民，同时亦是宗族组织的成员。《大戴礼记·哀公问孔子》曾经讲到在社会民众中推行"礼"的问题，主张"言共丧算，备其鼎俎，设其豕腊，修其宗庙，岁时以敬祭祀，以序宗族"，认为"宗族"实为行"礼"的基层社

---

① 临城县文化局：《河北临城县中羊泉东周墓》，《考古》，1990年，第8期。
② 江西省历史博物馆、贵溪县文化馆：《江西贵溪崖墓发掘简报》，《文物》，1980年，第11期。刘诗中、许智范、程应林：《贵溪崖墓所反映的武夷山地区古越族的族俗及文化特征》，《文物》，1980年，第11期。

会组织。战国时期社会上举行婚礼的时候，"父南乡面立，子北面而跪，醮而命之：'往迎尔相，成我宗事，隆率以敬先妣之嗣，若则有常'"（《荀子·大略》），实将婚姻与宗族的兴盛联系一起。当时社会上的宗族之间相互关系得到加强，《大戴礼记·保傅》有"党无不善，三族辅之"的说法。所谓"三族"，卢注谓"父族、母族、妻族"，可见各宗族间用婚姻关系进行联系。墨子讲到祭祀作用时谓"内者宗族，外者乡里，皆得如具饮食之，虽使鬼神请亡，此犹可以合欢聚众"（《墨子·明鬼下》）。同宗族的人关系较同乡里之人，关系更为密切，所以有"内者宗族，外者乡里"之说。这个说法也表明，春秋战国时期社会上尽管什伍组织已经普及，但是宗族组织却依然存在，并没有因此而消失。甚至到了战国时期贵族家族的势力影响也还在考古资料中可以看到。湖北荆门市包山战国楚墓就是一处家族墓地①。包山墓地的五座墓里面有三座为大、中型墓，墓主的身份相当于"上大夫"和"下大夫"。这五座墓中，以2号墓最宏大，墓主为楚国左尹邵某。依照先秦时代左昭右穆的通例，位于2号墓之右的4号墓的墓主年龄比左尹邵某要小20岁，应为其子。1号墓与2号墓的墓主为夫妇，4号墓与5号墓亦然。可见包山墓地实际上是左尹邵某与其子两代人的墓地。

（三）

关于宗法制度、宗法观念在战国时期社会上的情况，《孟子》书中载有滕定公去世时的一件事，相当典型地进行了说明，今具引如下：

> 滕定公薨，世子谓然友曰："昔者孟子尝与我言于宋，于心终不忘。今也不幸，至于大故，吾欲使子问于孟子，然后行事。"然友之邹，问于孟子，孟子曰："不亦善乎！亲丧固所自尽也。曾子曰：'生事之以礼，死葬之以礼，祭之以礼，可谓孝矣。'诸侯之礼，吾未之学也。虽然，吾尝闻之矣：三年之丧，齐疏之服，飦粥之食，自天子达于庶人，三代共之。"然友反命，定为三年之丧。父兄百官皆不欲，故曰："吾宗国鲁先君莫之行，吾先君亦莫之行也。至于子之身而反之，不可。且《志》曰：'丧祭从先祖。'"曰："吾有所受之也。"谓然友曰："吾他日未尝学问，好驰马试剑，今也父兄百官不我足也，

---

① 王红星：《包山楚墓墓地试析》，《文物》，1988年，第5期。

恐其不能尽于大事，子为我问孟子。"然友复之邹问孟子，孟子曰："然，不可以他求者也。孔子曰：'君薨，听于冢宰。'歠粥，面深墨，即位而哭，百官有司莫敢不哀，先之也。上有好者，下必有甚焉者矣。君子之德，风也。小人之德，草也。草尚之风必偃。是在世子。"然友反命，世子曰："然，是诚在我。"五月居庐，未有命戒，百官族人可谓曰知。及至葬，四方来观之，颜色之戚，哭泣之哀，吊者大悦。(《孟子·滕文公》上)

丧礼是宗法的重要体现。滕定公的太子两次派然友去向孟子请教，才依照宗法制下的规定将丧礼定为三年之丧。这件事说明，其一，当时社会上对于这种宗法制度及观念已经不甚了了，所以滕国的百官及滕国太子的父兄辈的人都力主不行此礼。其二，滕国百官反对行三年之丧的理由是"吾宗国鲁先君莫之行，吾先君亦莫之行"，这一方面说明鲁国和滕国当时已不行此制，鲁和滕一样，宗法已经相当薄弱。另一方面又说明滕国人还有一些宗法意识，视鲁为滕的"宗国"，因为滕国出自周初叔绣之后，与鲁同出自文王，所以称鲁为宗国。其三，到滕国参加丧礼的来宾认为滕国太子之举相当新鲜，面貌颜色悲哀得很，哭得也很厉害，所以"吊者大悦"，尽管他们参加丧礼像是在看节目表演而有些滑稽，但总是持肯定态度，可见对于这种宗法制下的礼制并不反对。

战国为我国上古时代社会格局一大巨变的时期。这个巨大变化的重要内容之一就是宗法制的变化。战国时期新的统治者和贵族并没有废弃宗法制，而是将宗法制作为巩固自己地位的手段之一，将宗法制纳入于尊卑秩序之列。《荀子·礼论》谓：

道及士大夫，所以别尊者事尊，卑者事卑，宜大者巨，宜小者小也。故有天下者事十世，有一国者事五世，有五乘之地者事三世，有三乘之地者事二世，持手而食者不得立宗庙，所以别积厚，积厚者流泽广，积薄者流泽狭也。

所谓事若干世，即为若干世的先祖建立宗庙。战国时期新兴的统治者所进行的重要工作之一就是废旧宗而立新宗，毁旧庙而立新庙，并且按照尊卑制度强调"持手食者不得立宗庙"，将普通劳动者排斥于宗法系列之外。这样做的目的即在于巩固与和谐统治者内部关系，正如《荀子·乐论》所谓"乐在宗庙之中，君臣上下同听之，则莫不和敬"，新的君臣关系也由此而蒙上一层宗法关系的轻柔之纱。

可以肯定的是，战国时期宗法制度的影响有逐步削弱的趋势。孟子谓"天子不仁，不保四海；诸侯不仁，不保社稷；卿大夫不仁，不保宗庙；士庶人不仁，不保四体"（《孟子·离娄》上），将宗庙的保有权限于卿大夫阶层。《管子·轻重丁》载齐国"城阳大夫嬖宠被绨绤，鹅鹜含余秫，齐钟鼓之声，吹笙篪，同姓不入，伯叔父母远近兄弟皆寒而不得衣，饥而不得食"，不仅城阳大夫如此，齐国"大夫多并其财而不出，腐朽五谷而不散"，城阳大夫只不过是其典型而已。这与《晏子春秋》所载春秋后期晏婴庇护其宗族的情况已经大不相同。《管子·问》载："问乡之贫人何族之别也？问宗子之收昆弟者，以贫从昆弟者几何家？余子仕而有田邑，今入者几何人？子弟以孝闻于乡里者几何人，余子父母存，不养而出离者几何人？"从这些问题可以看到当时社会上贫富分化已经相当明显，宗族内部的贫困者尚需"宗子"的帮助。在宗族内部，既有贵族显贵，又有贫穷者，《礼记·文王世子》谓"五庙之孙，祖庙未毁，虽为庶人，冠取妻必告"，从这里可以看出，宗族内部的有些成员，虽然与宗子的血缘关系并不太远，但已经沦为庶人。顾炎武谓"春秋时犹论宗姓氏族，而七国则无一言及之矣"（《日知录》卷十三），此说虽然有些过分，但用来说明战国时期宗法、宗族情况与春秋时期的差别，还是有一定道理的。

第三章
先秦时代社会权力结构特色

在社会政治形态的研究中,最为引人关注的是社会权力的分配。先秦社会的权力结构不仅属于政治范畴,而且深刻地影响着社会经济领域和社会面貌,因为它是当时社会运转的轴心。

关于商、周、战国三个历史时代社会权力结构的特色,我分别用"神权""卿权"和"相权"来作为标志。需要说明的是这三权决不代表三个历史时代全部的社会权力结构,而只是每个历史时代社会权力结构最典型、最有特色的部分。

殷代的"神权",实际上说的是商代神职人员的特权及其重要影响。战国秦汉间人认为:"殷人尊神,率民以事神,先鬼而后礼,先罚而后赏。"(《礼记·表记》)殷人"尊神""事神"的风气之浓,卜辞的大量材料可为其确证。殷代神的影响及"权力",实为社会权力分配的反映,它与殷商氏族封建制的发展颇有关系,深刻地反映着当时的社会形态。

卿权的变化是周代权力结构变动的枢轴。在周代实际的政治运作中,卿处于极为重要的地位。对于周代卿大夫阶层,本章的着眼点在于这个社会阶层如何参与社会政治权力的分配,如何在实际的政治运作中发挥影响。如果用舞台比喻周代社会的话,"卿"是时常居于舞台中心部位表演的角色,而不是处于边缘的配角。

战国时期的"相",上承周代的"卿",下接秦汉以降的作为皇帝主要助手的宰丞,战国时期以相为核心的官员已开后世官僚系统的先河。相的出现与强劲发展,是士阶层阔步登上历史政治舞台的结果。

先秦时期,爵位虽然并不等于权力,然而它却与社会权力有密切关系,并且在大多数情况下它是社会身份与等级地位的标志。如果说在封建社会形态中所看到的是层次众多的社会等级而不是两大对立的阶级，那么，中国古代社会中的爵制就是这社会等级的最直接的证明。本章的最后一节，试图通过阐明爵制的起源及其在先秦时代的初步发展等问题，来窥看先秦时期的社会形态。

一　殷代神权

在殷代社会政治结构中，神权具有举足轻重的地位。殷代神权基本上呈现三足鼎立之势，即：以列祖列宗、先妣先母为主的祖先神，以社、河、岳为主的自然神，以帝为代表的天神。三者各自独立，互不统属。过去那种以"帝"为殷代最高神的传统认识，是错误地估价了它在殷人心目中的实际地位。帝只是殷代诸神之一，而不是诸神之长。居于殷代神权崇拜显赫地位的是殷人的祖先神，帝不过是小心翼翼地偏坐于神灵殿堂的一隅而已。整个有殷一代，并未存在过一个统一的、至高无上的神灵。如果说西方古代文明中的希腊神话是具有永久魅力的一座大厦，那么，东方古代文明中的殷王朝的神权世界就是一座令人扑朔迷离的天国殿堂。它的格局和奥妙至今还未被人们完全洞悉，其内容之广泛，影响之深远，作用之巨大，都是希腊神话很难并驾齐驱的。

关于殷代神权的研究有着很好的条件，那就是丰富的甲骨卜辞材料。我们在这里拟以甲骨卜辞为依据，结合文献及考古学的有关材料，系统地论述殷代神权的内容和特点。甲骨文字的实物资料，迄今已发现十五万片以上。这些卜辞材料虽然涉及了殷代社会生活的各个方面，却无不直接或间接地与神权发生关系。从某种意义上可以说这些材料全部是殷人神权崇拜的记录。关于一个时代神权情况的资料如此完整而丰富，这是后世的文献记载难以比拟的，也是世界上古史中极为罕见的。随着甲骨卜辞研究的进展，人们发现关于殷代神权的许多传统观点实有重新探讨的必要。如谓殷代神权的核心是作为至上神的帝，帝是专制君主在天上的投影，殷先王作为帝的附庸可以侍从在帝之左右并转达下世的请求，神权崇拜只是奴隶主血腥统治的一种手段等论断，都值得商榷。

通过对于有关材料的研究，愚以为关于殷代神权问题至少可以提出下述一些新看法，那就是，在殷人的神灵世界里占有主导的最重要地位的是祖先神，而不是帝；帝不是万能之神，也不是最高主宰；自然神、天神和祖先神各有特点、互不统辖，呈三足鼎立之势；殷代的神权崇拜不是静止凝固，而是有所发展变化；殷代神权崇拜的历史作用不应一概否定等。下面拟从三个方面探讨，以揭示殷代神权的全貌及其发展情况。

（一）

《礼记·表记》说："殷人尊神，率民以事神，先鬼而后礼。"郑注："谓内宗庙外朝廷也。"殷人尊崇的重点是祖先诸神。我们可以从卜辞里窥见殷代祖先崇拜的特点。

第一，祖先神是殷人祈祷的主要对象。殷王朝从上甲至帝辛共37王，除极少数外，绝大部分都有受到隆重祭祀的卜辞记载。例如，迄今所见关于祭祀上甲的有1,100多条卜辞，祭祀成汤的有800多条，祭祀祖乙的有900多条，祭祀武丁的有600多条。在全部卜辞里，确认为祭祀祖先的卜辞共有15,000多条。另外，还有一些卜辞虽无明言，但从内容、辞例等方面分析亦可断定为祭祀先祖者，如果加上这些，那么殷人祭祖辞例的数量还应当再多一些。总之，从卜辞数量看，祖先祭祀方面的辞例超过其他任何一类辞例的数量。这是殷人重视祖先崇拜的有力证据。

第二，殷人祭祀时往往极力追溯传说时代的最初祖先，尽量增大祖先崇拜的范围。殷人所祭祀的上甲以前的先祖有夒、戛[①]、王亥、王恒等，其中有的还被尊为高祖，如：

① 惟高祖夒祝用，王受又。（合集30398）

② 辛酉卜宾贞，燎于戛白牛。二月。（合集4380）

③ 其告于高祖王亥三牛。（合集30447）

④ 其侑[②]于王恒。（合集14765）

上引①③两辞为三期卜辞，余属一期。关于夒的字释和指代，诸家虽有异说，然而说他是殷人最初的祖先则无疑义。戛字原作人倒提斧钺之形，卜辞有"戛宗"（合集30298）之载，所以他也应当是殷人的高祖。殷人尊崇和祭祀尽

---

① 在甲骨文里这个字与夒的形状相似，只是多一倒提的斧钺形，诸家的相关考释多异说，或释其为戛，今为减少刻字计而暂从之。
② 甲骨文中这个字的字形和楷书山字稍似，诸家有释其为之、又、有、侑等说。今暂作侑。

量多的先祖，是适应社会政治发展需要的。商王朝没有像周代那样大规模地分封诸侯，而主要是靠发展子姓部族的势力来巩固以其为首的方国联盟。尊崇和祭祀尽量多的先祖，便可以在更广泛的程度上凝聚子姓部落的力量，从而形成方国联盟的稳固核心。这种情况和周人大异其趣。周人对后稷、公刘等远祖虽然有诗篇称颂，但在祭典上却总是从公亶父算起①，对远祖的重视颇逊于商。

第三，殷人对于女性祖先的尊崇虽然不能说与对男性祖先并驾齐驱，但她们在祭典中也占有相当显赫的地位。卜辞里的女性祖先多以天干字相称，如妣甲、母乙之类，或称中母、小母，也尊称为高妣、毓妣，其集合称谓是多妣、多母。有殷一代，女性祖先一直被重视，这是妇女在商王朝发挥重大作用的反映。周人虽然也称颂"思齐大任，文王之母；思媚周姜，京室之妇"（《诗经·思齐》），并追述"厥初生民，时维姜嫄"（《诗经·生民》），但并不将她们列入祀典。周人只强调对公亶父以后的男性祖先的祭祀，即所谓"惠于宗公，神罔时怨"（《诗经·思齐》）。女性先祖地位不高是周代实行宗法制的必然结果，而殷人盛祭女性先祖，似乎反映着在是否实行宗法制的问题上殷周之间的差别。

第四，殷人祭祖用牲数量多，祭典特别隆重。如：

① 其又升大乙，羌五十人。（合集26908）
② 贞，御自唐、大甲、大丁、祖乙百羌百牢。（合集300）
③ 丁巳卜，又燎于父丁百犬、百豕，卯百牛。（合集32674）

在殷人的各种祭典里，使用人牲和牺牲最多的是祭祖，其使用数量为周人望尘莫及。营建洛邑是周初大事，在洛邑建成之后所举行的盛大祭典上，周人用于其最崇敬的文王、武王的祭品仅仅是备用"骍牛一"而已。

第五，殷人先祖多被分为若干组进行祭祀，如大示、小示、若干示等。这种分组的标准现在还不太清楚，可能是以时代先后划分，分组是为了遍祀诸位先祖而避免遗漏。分组祭祀的进一步发展便是以翌、祭等五种祀典组成的周祭，以此来有秩序地轮番祭祀先祖和先妣。当然，一般说来，殷人对父、祖辈先祖更为重视，却始终没有忽略对全体先祖的尊崇，表现出了厚今而不薄古的

---

① 文献对于周人祭祖情况略有所记，如灭商后武王告祭"列祖自大王、大伯、王季、虞公、文王、邑考以列升"（《逸周书·世俘》）；洛邑建成后祭文王、武王（《尚书·洛诰》）；东周时平王亦称"丕显文武，克慎明德，昭升于上"（《尚书·文侯之命》）。

姿态。对先祖进行分组和周祭的祭祀形式在周代尚无发现。在周人的观念里，有威望的近世先祖固然值得尊崇，但还有比先祖更重要的神灵需要尊崇。

第六，殷人不仅尊崇王室的子姓先祖，而且也尊崇非王室的子姓先祖，以至某些异姓部族的先祖。例如，盘庚迁殷时曾经召集诸族首领进行开导，说："古我先王暨乃祖乃父，胥及逸勤，予敢动用非罚？世选尔劳，予不掩尔善。兹予大享于先王，尔祖其从与享之。"（《尚书·盘庚》）这段话表明诸族首领的先祖可以配享于殷先王。午组卜辞所特祭的"入乙""祖壬"等可能是非王室的子姓部族的先祖。异姓部族的先祖在殷人祀典受到隆重祭祀的首推伊尹。他属于有莘氏，是成汤灭夏的主要助手，后曾摄位称王，放逐大甲并又迎其复位，在商王朝早期甚有影响。卜辞材料表明，伊尹一直受到殷人的隆重祭祀。春秋时代的人认为"神不歆非类，民不祀非族"（《左传》僖公十年），而殷人祀典则尚未出现族类的严格区别，这其间的原因当是为了适应殷代方国联盟发展的需要。

除了上述六个方面以外，关于殷人祖先崇拜的特点，还可以举出一些，如祖先神不仅保佑殷王和殷人，而且可以降下灾祸①；殷代祭典不仅祭父、祖、母、兄，而且祭子辈；祭祀频繁，与后世"祭不欲数，数则烦"（《礼记·祭义》）的情况迥异等，但上述六项为殷人祖先崇拜的主要特点。

在认识了殷人祖先崇拜的特点以后，应该进而探讨的是其历史作用问题。

在人类宗教信仰发生和衍变的历史上，祖先崇拜是一个相当重要的阶段。原始蒙昧时期宗教信仰的主流是自然崇拜；而进入文明时代以后，祖先崇拜则占了主导地位。祖先崇拜反映了人类征服自然的初步胜利。《礼记·祭法》说：

> 夫圣王之制祭祀也，法施于民则祀之；以死勤事则祀之；以劳定国则祀之；能御大灾则祀之；能捍大患则祀之。是故厉山氏之有天下也，其子曰农，能殖百谷；夏之衰也，周弃继之，故祀以为稷。共工氏之霸九州也，其子曰后土，能平九州，故祀之以为社，帝喾能序星辰以著众，尧能赏均刑法以义终，舜勤众事而野死，鲧鄣鸿水而殛死。禹能修鲧之功，黄帝正名百物以明民共财，颛顼能修之。契为司徒而民成，冥勤其官而水死，汤以宽治民而除其虐，文王以文治，武

---

① 卜辞"父甲它我"（合集2122）、"妣己它它妇好子"（合集2765）等，皆为先祖、先妣降祸的记载。其中的"它"字原作足下有蛇之形，用为祸患之意。

王以武功，去民之灾。此皆有功烈于民者也。

这里所排列的受祭者，主要是由于征服自然的业绩卓著而入选的，并且其时代越早就越是强调对自然的斗争；而时代较晚的文王、武王则只是以其文治武功而入选了。对祖先的顶礼膜拜实际上表现着对祖辈征服自然功绩的赞叹，在祖先神灵前的祷告声中包含着歌颂人类征服自然的高亢音符。殷人对于先祖先妣的祭祀已经不是原始的低级的祖先崇拜形式，可是它仍然保存着古老的祖先崇拜中的某些积极因素。殷人在祭典上曾经向上甲和多毓"祈羊"（合集10111），向示壬、父丁、高祖等"祈禾"（合集33293、33321、23717），向父甲"祈田"（合集28276），向妣丙、妣庚等"祈生（生育）"（合集2400），向祖庚"祈牛"（合集22186），向大乙至祖丁十位先祖"祈雨"（合集32385）。这些记载表明，在殷人心目中，诸位先祖曾是农作、田猎、畜牧等生产活动的能手，某些女性先祖对生育之事也颇有经验。此外，殷人还向一些先祖祷告以禳除灾害，如于祖辛"御疾"（合集1720）、于父乙御"疾齿"（合集13652），于母庚御妇某（合集2725、2777）等，可以推想殷人在祷告时一定认为某些先祖是防治疾病的能手。殷人对于这些先祖的祈求和祷告当然是笼罩在愚昧迷信气氛之中的。但也含有某些对祖先生产和生活经验进行追溯与回顾的成分，它跟后世纯属欺骗性质的巫婆神汉的勾当不尽然相同。

关于祖先崇拜的历史作用，还应当指出，它是商王朝与诸方国、诸部族联系的一条纽带。卜辞云：

① 壬寅卜……贞，兴方氐羌用自上甲至下乙。（合集270）
② 癸卯卜宾贞，井方于唐宗麑。（合集1339）
③ 乙亥卜争贞，酒危方氐牛自上甲，一月。（合集10084）
④ 甲戌卜，禽以牛于大示用。（屯南824）

除最后一例为四期卜辞外，余皆属一期。这几例所提到的兴方、井方、危方是跟商王朝关系密切的与国，禽是殷的强大部族。在商王朝祭祖时，他们或送羌俘、或送牛、麑以助祭。殷人的祖先有保护这些与国的职责。殷人曾向大乙为危方祝祷（屯南3001），也曾为邻、钺（合集4325、39492）等强大部族向大乙、大甲、祖乙等先祖祈求以禳除其灾害。可以说，商王室的祖先神不仅是商王朝的保护神，而且也是诸方国、诸部族的保护神。

从另一个方面看，商王室的祖先神不仅为殷人尊崇，而且也为诸方国、诸部族尊崇。周原甲骨为此提供了证证，如：

①贞，王其祈又大甲，册周方白（伯），盉惟正不左于受又（有）又（佑）。

②癸巳，彝文武帝乙宗。贞，王其邵祭成唐……鼎祝示殳二女，其彝血羖三豚三，惟又正①。

一般认为这些是周文王祭祀殷先王成汤、大甲、帝乙等的卜辞。从"文武帝乙宗"的记载看，周人还为某些殷先王立有宗庙以表明对殷先祖的尊崇。即使在周革殷命之后，周人对于殷先祖的尊崇也依然延续下来。西周初期，周公屡次说到殷先王，如："成汤革夏，俊民甸四方。自成汤至于帝乙，罔不明德恤祀。""乃惟成汤，克以尔多方，简代夏作民主……以至于帝乙，罔不明德慎罚。""呜呼！自殷王中宗，及高宗，及祖甲，及我周文王，兹四人迪哲。"对于"殷先哲王"的极力赞颂，固然可以看成是周初治理和羁縻殷遗民的需要，但不容忽视的是，这种赞颂乃是商王朝时期诸方国尊崇殷先王传统的遗留。殷先王是诸方国的保护神的观念在殷周之际深入人心，周公只不过是因势利导而已。武王伐纣时，誓师于牧野，历数"商王受"的罪恶，其中"昏弃厥肆祀"（《尚书·牧誓》）乃是主要罪状之一。按照周人的观念，周革殷命不仅是承奉了天意，而且也是对"殷先哲王"的捍卫。周公说他自己"时其惟殷先哲王德"，并且"往敷求于殷先哲王"（《尚书·康诰》）。周公还多次阐述成汤、大甲、大戊、祖乙、武丁等殷先王的功绩，这在《尚书·君奭》篇中有明确记载。商王朝覆灭以后，殷先王还在周人中有这样大的影响，真可谓"余威震于殊俗"了。周原甲骨关于在"文武帝乙宗"祭祀成汤的记载，跟文献中周人对"殷先哲王"的赞颂若合符契。殷代祖先崇拜的影响，于此可见。

总之，就祖先崇拜在社会生活里的实际影响看，殷代的情况几乎可以说是"前不见古人，后不见来者"。殷人不仅把远古先祖、女性先祖、一些异姓部族的先祖等都和列祖列宗一起网罗于祀典，尽量扩大祖先崇拜的范围，而且有完整而周密的祭祀制度。无论是单独致祭于某一位先祖或先妣，抑或是用分组或

---

① 王宇信：《西周甲骨探论》，北京：中国社会科学出版社，1984年，第287页，图12、图13。

周祭的形式进行轮番祭祀，都是殷人对祖先神高度崇敬的表现。对祖先神灵的崇拜固然出自灵魂不灭的错误观念，但在其发展的开始阶段却较多地反映着列祖列宗与其后裔藕断丝连的关系，以及在同一地域里前仆后继进行奋斗的亲切情愫。

（二）

上古时代的人们一方面感谢自然的恩赐，另一方面又非常畏惧自然，对自然现象充满神秘感。由此而产生的原始自然崇拜很盛行"万物有灵"的观念。《礼记·祭法》说：

> 燔柴于泰坛，祭天也。瘗埋于泰折，祭地也，用骍犊。埋少牢于泰昭，祭时也。相近于坎坛，祭寒暑也。王宫，祭日也。夜明，祭月也。幽宗，祭星也。雩宗，祭水旱也。四坎坛，祭四方也。山林、川谷、丘陵能出云，为风雨，见怪物，皆曰神。

古人的自然崇拜，非必如此繁琐，但所崇拜对象的范围却还是大致不差的。殷时还保存着不少原始自然崇拜的遗存。这首先表现在殷人对日、月、星辰等天体的祭祀上。殷墟卜辞有以下记载：

① 癸未贞，其卯出入日，岁三牛。（屯南890）
② 甲子卜大贞，王宾月亡祸。（文录419）
③ ……庚子，艺鸟星，七月。（合集11500）

上引三例依次为四期、二期、一期卜辞。《尚书·尧典》说尧曾派人"寅宾出日""寅饯纳日"，专门迎送出日、入日，与卜辞所载相合。卜辞"宾月"的宾有祭义，与古本《纪年》"以玄珪宾于河"的宾相同。卜辞"鸟星"疑与《尚书·尧典》"日中星鸟以殷仲春"相关，伪孔传"春分之昏，鸟星毕见"，卜辞之"鸟星"当即此。

原始性质的自然崇拜还表现在殷人对风、云、雨等的祭祀上。如：

① 贞，帝于东方曰析，风曰协，祈年。（合集14295）
② 燎于云，雨。（屯南770）
③ 丙子卜，今日舞雨。（合集20973）

上引前两例分别为一期、四期卜辞，第三例为《合集》所分类的甲组卜辞。卜辞里有四方和四方风神之名，殷人认为帝（禘）祭于它们，可以求得好收成。殷人除了笼统地祭云外，还将云分为五云、四云、三云等种类加以祭祀。上引③辞的舞为祭名，其中的雨是否为被祭对象虽然不能肯定，但它的神异性质无可怀疑。

殷人对山川等的祭祀也有些自然崇拜的原始性质，如：

① 丙寅贞，其燎于山，雨。（合集34199）

② 燎于洧水，惟犬。（合集10151）

③ 戊子贞，其燎于洹泉……三牢，俎牢。（合集34165）

上引第二例为一期卜辞，余属四期。殷人除了笼统地燎祭于山之外，还祭祀"二山"（合集30453）、"五山"（合集34168）、"九山"（合集96）、"十山"（合集33747）等，多为祈雨之祭，可见殷人认为山有降雨的神力。除了山、水、泉以外，"丘商"（合集9774）、"亘丘"（合集10118）、"衣丘"（合集8390）等，也为殷人所祭祀。

总体来看，在殷代的自然崇拜里，被隆重祭祀的不是这些主要作为自然物的神灵，而是具有较为人格化的自然神，即土（社）、河、岳。正是在对这些神灵的祭祀上反映了殷代自然崇拜的进展水平。

卜辞中的有些"土"指土地而言①，可是大多数的"土"则是祭祀对象，应当读若社②。古人有封土为社之说，甲骨文土字即封土之形。《论语·八佾》说"殷人以柏"，谓殷社以柏木做成。春秋时代的社主有"树木而涂之"（《韩非子·外储说右上》）者，殷代是否有木质社主，其上是否涂泥，尚待考古发掘印证。但《淮南子·齐俗》谓殷人用石为社主，却在考古发掘中得到了证实③。无论是木质或是石质的社主，都是人们对自然物加工的结果。和祭于单独的自然物的情况相比，殷人的土（社）祭显然有所发展。土（社）祭的方法颇多。如：

---

① 卜辞"登东土人"（合集7308）、"西土亡旱"（合集10186）"南土受年"（合集9737）、"立中于北土"（合集33049）等的土皆指土地。
② 《诗经·玄鸟》"宅殷土茫茫"；《史记·三代世表》作"殷社"；《诗经·绵》"乃立冢土"，毛传"冢土，大社也"；《周礼·春官》"先告后土"，郑注"后土，社神也"。皆为其证。
③ 参见《江苏铜山丘湾古遗址的发掘》，《考古》，1973年，第2期。

① 贞，燎于土（社）三小牢，卯二牛，沉十牛。（合集780）

② 壬辰卜，御于土（社）。（合集32012）

③ 癸丑卜，甲寅又宅土（社），燎牢，雨。（屯南4400）

卜辞"宅土（社）"的宅，当读若磔①，是用牲方法的名称。从卜辞材料看，"土"在起初多指土地，以后则主要作为社神而被尊崇。随着商王朝统治区域的扩大，"土（社）"渐次增加了地域性质，在三、四期卜辞里大量出现的"亳土（社）"就是一个例证。"土（社）"神的威灵可以保佑年成、降雨止风、避灾免害、保佑疆土等，已经有了相当多的人世间统治权力的投影。

比土（社）神威望更高的属于自然崇拜系统里的神灵是岳②和河。《诗经·崧高》有"崧高维岳，骏极于天"的说法，上古称嵩山为岳。卜辞中的河即黄河。殷的东、南、西三面均黄河流经之地，殷都亦距河不远，殷人尊崇河神，盖所必然。殷人虽然也祭祀一般的山川，但均不能和对岳、河的祭祀相比拟。卜辞有不少"祈年于岳"（合集33292）、"告秋于河"（合集9627）之类的记载。除了单独地致祭于岳或河之外，岳和河还常常共同受祭，称为"岳暨河"（合集30412）或"河暨岳"（合集34295）。这和《诗经·时迈》"怀柔百神，及河乔岳"、《诗经·般》"隋山乔岳，允犹翕河"将岳、河并提的情况完全一致。卜辞所见对于岳、河的祭典有燎、舞、告、取、侑、禘、御、祓等多种。

殷代的土（社）、岳、河诸神起源于人们对于土地山河的崇拜，可是它们已经不是简单的、直接的自然物，而是具有某些人格化的神灵。在有关自然崇拜的卜辞里，与土（社）、河、岳相关的占了大多数，而且其祭品丰盛、礼仪隆重，特别是殷人还以人牲祭之③，实为其他自然神灵所无。此外，其人格化还表现在土（社）、河、岳和殷先王一同享祭。如：

① 辛未贞，祈禾高祖、河，于辛巳酒燎。（合集32028）④

---

① 《史记·李斯列传》："十公主矺死于杜。"索隐："矺音宅，与磔同，古今异字耳。磔谓裂其肢体而杀之。"按，"矺死于杜"即宅（磔）死于杜，与卜辞"宅土（社）"相同。
② 甲骨文岳字作山上树木郁郁之形，诸家考释虽有异说，但它与《说文》所引岳字古文酷似，故仍以孙诒让释岳为是。
③ 见《合集》，第385、第1027片。
④ 有将这条卜辞的高祖与河合而为一者，陈梦家认为两者应当并列（转引自《殷墟卜辞综述》，北京：科学出版社，1956年，第343页）。

② 惟御河牛，于大甲。（屯南2241）
③ 即岳于①上甲。（屯南2322）

上引②辞为午组卜辞，余为四期卜辞。殷人对它们的祭祀以燎祭居多。殷的燎祭和周的禋祀相同，祭祀时将牺牲或玉帛放置柴上，燃烧时烟升于上，表示祷告于天上的神灵，在殷人的概念里，土（社）、河、岳应当是居于天上的。

除了主要神灵的人格化以外，殷代自然崇拜的进展还表现在以下两个方面。

第一，殷代自然崇拜的重点已经不是日月星辰、山林川谷等作为直接自然物的神灵，而是具有一定人格化的神灵。殷代虽然有某些动物、植物崇拜的孑遗，如信奉"天命玄鸟，降而生商"（《诗经·玄鸟》）、在王亥的亥字上饰以鸟形等，但殷人并不崇拜鸟，卜辞中多有以鸟为祭品和猎取鸟的记载，甚至把祭祀时飞来的"雊雉"（《尚书·高宗肜日》）视为怪异，而非祥瑞，从卜辞里找不出殷人尊崇动物和植物的踪迹。玄鸟之类的崇拜，很可能只是留在殷人印象里的遥远记忆，并不列入祀典。

第二，殷代自然崇拜，表面看来充满着愚昧和迷信，而实际上却凝聚着对自然现象的精细观察和冷静思索。古人认为，"日月星辰，民所瞻仰也；山林川谷丘陵，民所取财用也。非此族也，不在祀典"（《礼记·祭法》）。卜辞表明，殷人对于其所瞻仰、所取财用的自然，具有浓厚兴趣。例如，晴雨变化与农业、田猎等事关系密切，因而就屡次卜问今日、今夕、自今以后若干日、今日的某个时辰（如旦、食日、中日、仄等）是否有雨。殷人对于云的来去方向、色彩等也仔细观察并记载。卜辞的验辞常有"允雨""允不雨"之类的记载，以此说明原先作出的判断是正确的。这些判断的正确尽管不能排除其偶然性，但主要应当说是殷人对气象长期观察和分析的结果；它是人的经验结晶，而不是神的慈悲赐予。卜辞也有姣雨——即焚人以祈雨的记载，但其数量很少，且多无验辞。显然，这种愚昧的祈雨方式并非殷人注目之所在。卜辞关于气象的记录，可以说是文字记录的我国最早的天气预报。殷人的这些探索尽管还笼罩在迷信的浓雾之中，但对其探索自然奥秘的积极意义却不应忽视。

总之，自然崇拜是殷人的主要宗教信仰之一。其自然诸神主要掌管阴晴圆

---

① 姚孝遂、肖丁两先生说此"于"字当读若"与"，用作连词（转引自《小屯南地甲骨考释》，北京：中华书局，1985年，第42页），甚是。

缺、风雨雷雾等自然变化，也涉及丰年歉收之事，但不直接干预人世间的恩怨祸福。土（社）、河、岳之间关系密切，殷人曾将它们一同祭祀①，然而，它们却不跟帝发生关系。尽管殷人还不善于张开理性思维的想象的翅膀，从较高的层次上对自然诸神加以理想化、系统化，尽管由于征服自然斗争的水平的局限而使殷人对自然的认识充满着盲从与迷信，但是殷人的自然崇拜里毕竟包含了不少对奥妙的、变幻无常的自然现象的积极探索。

（三）

殷代诸神里，自然神和天神的界限并不明确。严格说起来，天神亦属于自然神的范畴，而在殷人眼里，许多自然神以至祖先神也是居于天上的，把人格化较强的、自来就居于天上的神灵称为天神。天神主要有帝、东母、西母等。关于东母、西母的卜辞很少，陈梦家先生认为它们"大约指日月之神"②，其重要性远不能和帝相比。可以说只有帝才是最主要的天神。

对于殷代"帝"的作用及其在诸神中的地位的估计，过去有偏高的倾向。平实而论，帝只是殷代诸神之一，而不是诸神之长。为了说明这个关键性的问题，下面先从其作用和地位谈起，然后再分析它在殷人观念中的变化及其本质。

卜辞材料表明，帝能支配诸神气象，如"令雨"（合集14138）、"令风"（合集672）、"令雷"（集合14127）、"降旱"（合集10168）等。然而，这些完全是帝的主动行为，而不是人们祈祷的结果。人们可以通过卜问知道某个时间里帝是否令风令雨，却不能对帝施加影响而让其改变气象。帝对诸种气象的支配有自己的规律，并不以人的意志为转移。从这个意义上说，令风令雨的帝，实质上是自然之天。在所有关于帝令风、令雨之类的卜辞解释中，如果把容易被误解为具有完全人格化的帝释为具有多种自然品格的"天"，那将会使相关卜辞的文义十分通畅。如卜辞谓"帝及四月令雨"（合集14138）意即天到四月令雨，"帝其降旱"（合集10168）即天将降旱等。

就气象的情况而言，帝的作用存在着两个方面的局限。一方面是帝不能适应人世间的需要来安排风雨晴旱等气象变化，而只是一味盲目地令风令雨。有旱情时，帝不能应祈求而降雨；有涝灾、风灾时，帝也不能止雨息风。卜辞所载可以"宁雨"者有岳、土（社）等，可以"宁风"者有土（社）、伊尹的配

---

① 《合集》，第34185、第14399、第21115片。
② 陈梦家：《殷墟卜辞综述》，北京：科学出版社，1956年，第574页。

偶、方等。卜辞中从来没有向帝祈求降风降雨或止风息雨的记载。另一方面，支配风雨等气象并非帝的特权。卜辞有"河其令雨"（乙编3121）、"祈于土（社）雨"（合集33959）、"祈雨于岳"（合集12855）、"祈雨自上甲、大乙、大丁、大甲、大庚、大戊、中丁、祖乙、祖辛、祖丁十示"（合集32385）等记载，表明河、土（社）、岳以及祖先神均有降雨的神力。至于风、雷、雾、旱等项的情况，亦如是。由此可见，帝只能算是气象诸事的主宰之一，而不能算作最高主宰。

在殷人的观念中，帝有干预某些社会生活的神力，如"降祸"（合集6346）、"降灾"（合集14173）、影响年成（合集10124）、保佑征伐（合集6272）等，还可以决定是否"终兹邑"（合集14209）①，即是否让大邑商穷困。和支配气象的情况一样，帝对人世的降祸或保佑也具有盲目性，并不存在后世那种"天人感应"的因素。帝之降祸不是对下世君主过失的惩罚；帝之保佑也不是对下世君主美德的勉慰。

殷代祭典中习见的御祭，一般认为是禳除灾祸之祭。御祭的对象是包括诸母妣、诸兄、诸高祖等在内的以历代先王为主体的祖先神，以及土（社）、河等自然神。御祭卜辞多达千余例，却无一例是御祭于帝者。显然，殷人并不认为帝具有免除灾祸的神力。就降祸或赐福而言，帝的影响比之于祖先神，甚至河、岳等，都要小得多。例如，关于祈求丰年的卜辞近四百条，绝大多数是向土（社）、河、岳以及王亥、上甲等祖先神祈求，而帝和年成相关的却只仅见三条，其中有两条是卜问令雨之事而涉及了年成，真正是帝和年成有直接关系的仅一条②。帝保佑年成的神力和土（社）、河、岳及祖先神等比起来，真可谓是小巫见大巫了。此外，关于帝降祸的辞例有百余条，而帝提供保佑的辞例仅三十余条。与此相反，殷人关于祖先神及土（社）、河、岳等的卜辞中，降祸者只占极少部分，绝大部分是保佑下世的辞例。这反映出殷人对两者的态度很有区别。

特别应当指出的是，在殷人的神灵世界里，帝并不能和祖先神等相颉颃。在殷代祭典的祭祀种类、祭品多寡、祭祀次数等方面，帝和祖先神等相比均望

---

① 胡厚宣依《广雅·释诂》"终，穷也"指出，"终兹邑"意即"使兹邑穷困"（《殷卜辞中的上帝和王帝》，《历史研究》，1959年，第9—10期），其说甚确。
② 《合集》，第14190片，辞谓"贞，帝不我其受年"。

尘莫及。关于祖先神的卜辞有一万五千多条，而关于帝的仅六百多条。就祭品情况看，殷人祭祖的牺牲、人牲常以数十、数百为限，如"御自唐、大甲、大丁、祖乙百羌百牢"（合集300）、"羌三百于祖"（合集297）、"御自大丁、大甲、祖乙百鬯、百羌、卯三百牢"（合集301）等。与此相映成趣的是，殷代的帝却是一副超然世外、不食人间烟火的"清高"姿态。殷人只是向帝提出问题，如会不会刮风下雨、会不会降旱降灾等。却并不奉献祭品。古人认为"涧溪沼沚之毛、蘋蘩蕴藻之菜、筐筥锜釜之器、潢污行潦之水，可荐于鬼神，可羞于王公"（《左传》隐公三年），尽管"心诚则灵"，但祭品总还是要有的。然而，殷人对于帝却一毛不拔，不奉献任何祭品。祭品情况的区别反映了殷人对于诸神作用和重要性的不同认识。祖先神可以满足人世间的各项祈求，不仅和帝一样可令风调雨顺，而且可以禳除人世间的灾难，赐下民以福佑，而这是帝无法做到的。在殷人看来，祖先神等和他们的关系直接而密切，帝和他们的关系则间接而遥远。祭品悬殊的原因就在于此。另外，殷墟卜辞中有不少关于商王梦境的占卜记录，卜辞所记商王梦到的神灵主要是祖先神，如唐（合集1326）、咸（合集17372）、大甲（合集14199）、祖乙（合集776）、羌甲（合集1812）、妣己（合集17377）、妣戊（合集10408）、妣庚（合集13635）、兄戊（合集17379）、兄丁（合集892）、父乙（合集201）等，此外就只有梦到河的一例（合集32212）、梦到帝的一例（合集15966）。频繁进入商王梦乡者应为其平日所关注；常不被梦到的帝，很难说他为商王所青睐。

让我们来分析一下殷代"帝"的观念的变化。

在甲骨文里，殷代前期的"帝"字有两种类型，一种作" "形，绝大多数为动词，指禘祭，如"帝（禘）于河"（合集14531）、"帝（禘）于西"（合集14325）等；另一种作" "形，大部分为名词，指天神，如"帝令雨"（合集14134）、"帝其旱我"（合集40006）等。殷代中期以后，前一类型的帝字不再使用，而仅通行后一种类型的帝字。这应当是殷人的帝的观念演变的反映。殷代前期，特别是武丁时期的帝是一位独来独往的自然属性很强的神灵。殷代中期以后的三、四、五期卜辞里出现了"帝五臣正"（合集30391）、"帝五丰臣"（屯南930）、"帝史"（合集35391）等帝的臣僚名称，所以说帝廷的概念是殷代中期以后才形成的。

殷代中期以后，出现了帝从天上降临人间的趋势。关于此点，郭沫若指出："帝的称号在殷代末年已由天帝兼摄到人王上来了。"①我以为具体来说，这是从廪辛、康丁时期开始的②。三期卜辞有称祖甲为"帝甲"（合集27437）者，五期卜辞称文丁为"文武帝"（合集35356、36421）。《易经·泰》《尚书·酒诰》、古本《纪年》等称殷末二王为帝乙、帝辛。"帝"之下移是其人格化加强和神力扩大的结果，这和殷末王权加强的趋势是一致的。然而，就是在殷代后期，帝和商王之间仍有一条鸿沟。殷人认为商王是其先祖之子，并非帝之子。"天子"一类的概念，此时尚未发生③。

必须加以辨析的一个问题是，帝与殷人的祖先神之间是平等的，抑或是隶属与被隶属的关系。论者每谓殷先祖死后可以"配天"，像客人一样居住在上帝那里，成为帝廷的成员，并将人世间的祷告转达于上帝。这些论断的根据非常薄弱。其实仅仅是下面一版属于一期的卜辞：

贞，咸宾于帝。贞，咸不宾于帝。

贞，大［甲］宾于帝。贞，大甲不宾于帝。

贞，下乙［宾］于帝。贞，下乙不宾于帝。（合集1402）

甲骨文"宾"字一般作迎迓或迎神以祭而言。从何处迎神呢？应当是从天上迎来的④。自地上而言，"宾"某先祖即迎某先祖之神灵从天而降；自天上而言，"宾"于某神即被某神所迎，如"大甲宾于帝"即大甲被帝所迎。从上引辞例可以看到咸（即大乙）、大甲、下乙（即祖乙）为帝所迎。这几条卜辞所表现出来的意义仅此而已。特别要指出的是论者在引用这版卜辞时往往只罗列上引的几例，却漏引如下四条卜辞：

---

① 郭沫若：《先秦天道观之进展》，《青铜时代》，北京：人民出版社，1954年，第5页。
② 《合集》第2204片有残辞"贞，父乙帝……"，其义当与"示壬帝（禘）豕十"（合集21027）相似，帝为祭名，这是一期卜辞，并不能作为武丁称其父小乙为帝的根据。或以为祖庚、祖甲时曾称武丁为帝丁，其实原辞作"帝曰"（合集24982），而不是帝丁。
③ 卜辞虽有"王帝"，但与"天子"概念无涉。关于"王帝"，仅三例，见《合集》第24978片、第2498片、第30389片，从文例看，其"帝"当为动词，指禘祭。所以，若要肯定卜辞以"王帝"来称呼商王，尚需新的材料加以证实。
④ 《礼记·礼运》追述古代丧礼，谓"及其死也，升屋而号，告曰：皋！某复。然后饭腥而苴孰。故天望而地藏也。体魄则降，知气在上"。古人认为人死后虽葬埋于地，但其灵魂却升于天上。殷人的观念亦当如是，所以才屡见"宾"某先祖的卜问。

  甲辰卜……贞，下乙宾于［咸］。贞，下乙不宾于咸。

  贞，大甲宾于咸。贞，大甲不宾于咸。（合集1402）

不仅漏引这四条，而且论者对下列属于一期卜辞的先祖间相"宾"的辞例也都避而不谈：

  ① 贞，大甲不宾于咸。（合集1401）

  ② 父乙宾于祖乙。父乙不宾于祖乙。（合集1657）

为什么要避开这些辞例呢？可能是因为这些辞例中"于"字之后的先祖名称和论者常引的那几例卜辞中的帝，实处于同等地位。这显然是对帝为"至上神"之说的一个有力否定。若将"大甲宾于咸""父乙宾于祖乙"之类的卜辞与"下乙宾于帝"比较，便可看出咸（大乙）、祖乙等祖先神和帝一样可以宾迎某神上天。如果说天上有一个神的世界的话，那么祖先神和帝一样是这个天国的主人，而不是客人。

  卜辞里没有任何迹象可以说明天上的先祖要将人世的祈祷转告于帝。所谓的"转告"于帝之说纯属子虚。在殷人的概念里，"转告"是有的，但并非转告于帝，而是诸部族的先祖与殷先王之间的相互转告①。有殷一代，帝的权势还没有凌驾于祖先神之上。以祖先神配属于上帝，那是周人的创造。

  从本质上看，殷代的"帝"类似于后世出现的具有浓厚自然品格的天，也可以说殷代帝与天是合而为一的概念。然而，周代的帝与天尽管有时也混用无别，但基本上可以视为两个概念。如《诗经·文王》谓"文王在上，于昭于天""文王陟降，在帝左右"，这里的天就是帝的居住之处。与此相反，从殷墟卜辞中，我们找不出帝居于天的任何迹象，其原因就在于殷代的帝与天本来就是一回事儿。

  关于帝字起源，过去诸家多持像花蒂之形的说法，但近年论者多倾向于帝起源于燎祭。甲骨文燎意指点燃束柴以祭。前面所提到的两种类型的甲骨文帝字都有束柴之形，只不过在束柴之上加了一横划。这和甲骨文雨（☲、☷）

---

① 《尚书·盘庚》于此有明证："古我先后，既劳乃祖乃父，汝共作我畜民。汝有戕则在乃心，我先后绥乃祖乃父；乃祖乃父，乃断弃汝，不救乃死。兹予有乱政同位，具乃贝玉，乃祖乃父，丕乃告我高后，曰：作丕刑于朕孙。"盘庚之语表明处罚大事由诸族先祖和殷先王商议决定，无须由帝杂厕其间。

字上部横划的意义相同，均为指天而言。殷代燎祭的对象相当广泛，几乎所有的祖先神和自然神都曾被燎祭，可是却无一例是燎祭于帝者。其原因应当是帝与燎同源的缘故。《合集》第14135片卜辞"今二月帝不其令雨"，此帝字即和燎的字形相同，足证帝与燎关系之密切。其造字之初，大概是觉得燎祭可以遍祀诸神，而专祭于天者就在燎字上加一横划，表示燎祭于天——亦即帝。帝之初为燎祭之一种，以后才分化出来，逐渐有了与燎不同的含义。既然对天的祭祀可以称为帝（禘），那么所祭之"天"亦可称为帝。假若这些理解不误的话，那就对于殷代帝的本质的认识会有所启发。

殷代"天"的概念实际上是以帝来表达的，如卜辞习见的"帝令雨"意即天令雨、"帝降旱"意即天降旱等。过去所说的甲骨文"天"字，均为"大"字之异，如"天邑商"即"大邑商"（合集36541）、"天戊"即"大戊"（合集22054）、"天庚"即"大庚"（合集22094）等。以"天"字来表示天的概念，这和以祖先神配帝一样，也是周人的创造。周原甲骨里有三例"天"字①，其中有一例和"大"字并见于一辞，可见周人确已将两字区别②。《尚书》的周书和《诗经》的雅、颂部分，有不少周人称"天"的记载，使我们可以从文献学的角度证实周人以"天"来表示天的概念③。

先秦时代的"天"具有不同的范畴，或指自然之天，或指人格化的神灵，或指冥冥之中的义理与道德。就殷代的帝而言，它实质上是自然之天与人格化的神灵的混合体。周人继承了殷代关于帝的人格化神灵的含义，摒弃了其自然属性，形成了真正的天帝的概念。如果要探讨殷周之际神权观念的变革，那么，上述这些应当是变革的核心内容之一。居于殷代神权崇拜显赫地位的是殷人的祖先神，帝只不过偏坐于神灵殿堂的一隅而已。

（四）

殷代神权以列祖列宗、先妣先母为主的祖先神，以土（社）、河、岳为主

---

① 王宇信：《西周甲骨探论》，摹聚第86、第87、第108片，北京：中国社会科学出版社，1984年。
② 周初，帝与天的区别尚不明显。《左传》昭公元年"邑姜方震大叔，梦帝谓己"。《史记·晋世家》"帝"作天，这两个记载虽非周初文献，但仍有可能是周初人们思想的表达。
③ 《尚书》的商书和《诗经》的商颂也有称"天"之例，但其撰著时代一般认为是周初或春秋，故其中"天"的称谓不能直接代表殷人思想。

的自然神，和以帝为代表的天神，三者虽然互不统辖，却都或多或少地各自干预着同一个人世间的风雨晴旱和吉凶祸福，其影响深入到社会生活的每个角落。

从殷墟卜辞记载的大量祭祀情况和殷墟祭祀场所的发掘情况看，殷代神权崇拜的重点在于祖先神。春秋时代的子产说："天道远，人道迩。非所及也。"（《左传》昭公十八年）从某种角度上可以说，殷代神权崇拜已经含有些微重人事思想的朦胧影子。殷人对于祖先征服自然、创建和发展商王朝的巨大功绩的赞颂，是在占卜、祭祀、祷祝时磬响铙鸣、鬼影幢幢的浓厚迷信氛围中进行的，它是殷代重人事思想的曲折反映。

殷代尚未形成后世那样的以天、帝为二及以祖先神配天为特征的天神观念。"天"的观念在殷代是以帝的称谓表达的。殷人对土地、山岳、河流的崇拜凝聚为土（社）、岳、河等神灵；同样，在对天空的崇拜中衍变出了帝的概念。殷代的帝和土（社）、岳、河等神灵一样，既具有自然品格，又具有某种人格。帝是众神之一，而不是众神之宗。殷代尚未出现一个统一的、至高无上的神灵。

恩格斯说：

> 一个上帝如没有一个君主，永不会出现，支配许多自然现象，并结合各种互相冲突的自然力的上帝的统一，只是外表上或实际上结合着各个因利害冲突互相抗争的个人的东洋专制君主的反映①。

正由于殷代，特别是其前期，还没有出现至高无上的王权，所以在天上也就没有一个至高无上的神。殷代政治结构是王权、方国联盟势力、族权等的联合体，与之相适应的神灵世界理所当然地呈现着多元化的状态。

二 周代卿权

卿权的发展和演变是周代社会政治运转的一大契机。"卿"的称谓源于周初，卿权在西周至春秋战国时期的发展和演变，反映着周王朝和诸侯（主要为中原列国）社会政治组织与经济结构的重要变化。本节拟系统地论述这一发展

---

① 1846年10月致马克思的信，《马克思恩格斯通信集》，第1卷，北京：生活·读书·新知三联书店，1957年，第53页。

演变过程。愚认为：周代的卿起源于殷周之际周王左右的谋臣集团，最初只是某些贵族重臣的身份标识，无固定人数，也不是官职之称。西周中期以后，随着贵族经济实力和政治影响的增长，卿权趋于加强，成为王权的重要支柱，卿的性质亦趋于职官化和等级化；然终西周之世，卿权始终是王权的附庸。至春秋时期，卿权开始影响和干预君权，到春秋后期，卿权世袭成为惯例，遂成世卿擅权局面，最终完成了由卿权向新的君权蜕变的过程。战国中后期，新的君权已然巩固确立，卿则降为君主专制制度下的官僚，与周代之卿有了本质的区别。对于周代卿权，专家尚少系统论述，其特殊性质也多被忽略。本节希冀通过探讨，能够鸟瞰周代卿权的全貌及其变化情况。

（一）

卿是在商周之际随着王权的发展而出现的。文献记载周人最早的卿是太王时的司空、司徒。《诗经·绵》载太王迁岐时，"乃召司空，乃召司徒，俾立室家"，郑笺："司空、司徒，卿官也。"然此二卿之名却阙如。有名可考者是文王时期的虢仲、虢叔。《左传》僖公五年载："虢仲、虢叔，王季之穆也。为文王卿士，勋在王室，藏于盟府。"贵族要成为卿，须由王策命，策命的简册在盟府保存①。古人有三卿、六卿、八卿、九卿之说，可见卿的范围相当广泛。《左传》定公四年谓"周公为大宰，康叔为司寇，聃季为司空"，周公等为周初之卿。武王的"乱臣十人"，《论语》马融注和《尚书》伪孔传均谓指周公旦、太公望、毕公、荣公、太颠、闳夭、散宜生、南宫适、文母。据《逸周书·克殷》记载，这些人大都参加了伐纣之事，见诸"革殷受天明命"的典礼，当即牧野之战前武王誓辞提到的"御事"之臣。据《尚书·牧誓》载，"御事"之臣最主要的是司徒、司马、司空这些由卿士担任的主要职官。"乱臣十人"除文母外均当为卿。己姓的苏国首领苏忿生是武王时的司寇，《尚书·立政》称其为"司寇苏公"，可见他是武王至成王时期的卿。蔡叔之子蔡仲"改行帅德，周公举之，以为己卿士"（《左传》定公四年），可见蔡仲是周公时的卿。成王临终时的顾命大臣太保奭、芮伯、彤伯、毕公、卫侯、毛公，历代学问家多认为是周之六卿。参加康王继位大典的吕伋、南宫毛也是卿士（孙星衍《尚书今古文注疏》卷二五）。穆王时的卿士祭公谋父（《国语·周语》上韦注），是随

---

① 这种策命手续至春秋时犹存，如郑"使大史命伯石为卿，辞，大史退，则请命焉，复命之，又辞，如是三，乃受策入拜"（《左传》襄公三十年）。《大盂鼎》"文王令（命）二三正"，当是关于文王册命卿士的最早的彝铭记载。

昭王南征的祭公①之子，当属父子世为卿士。据文献记载，吕侯和君牙也是穆王时的卿士②。

文王、武王时期，周的王权迅速发展。为了集聚力量灭商，文王和武王曾广泛网络人才。相传文王不仅"孝友二虢，而惠慈二蔡，刑于大姒，比于诸弟"，而且"用四方之贤良，及其即位也，询于'八虞'而咨于'二虢'，度于闳夭而谋于南宫，诹于蔡、原而访于辛、尹，重之以周、邵、毕、荣"（《国语·晋语》四）。我们前面提到的许多卿士都见诸这个名单。所谓"八虞"即《论语·微子》提到的周之"八士"。据考证这"八士"出自南宫氏③，亦即《逸周书·和寤》所载辅佐武王的"尹氏八士"。《逸周书·武寤》谓牧野之战前"尹氏八士、太师三公咸作绩"，此"尹"盖即《尚书·顾命》之"百尹"、《立政》之"尹伯"，指诸官之长，其地位非卿士不足以当之。这些贤才的主要作用是出谋划策并协助周王处理军政大事。武王伐纣时，双方力量悬殊，然而武王却信心十足，说："纣有亿兆夷人，亦有离德；予有乱臣十人，同心同德。"④可见其对周围谋臣的重视。要而言之，可以说卿起源于文王、武王周围的谋臣集团。

一些高级别的谋臣被称为卿，这可能跟周的飨礼有关。古文字卿像两人相向就食之形。在金文中，公卿之卿、方向之向（乡）、飨礼之飨，皆为一字。就本义而言，飨当为本义，飨食之时人皆向食，故而引申为向（乡），参与飨礼者便称为卿。古籍中卿与乡相通⑤，应当是渊源有自的。飨礼有不同的层次和规格。《诗经·七月》"朋酒斯飨"，谓乡人共聚；《诗经·彤弓》"一朝飨之"，谓大宴宾客；《左传》僖公十二年"王以上卿之礼飨管仲"，谓赐宴犒劳。

---

① 《吕氏春秋·音初》载，昭王"及蔡公抎于汉中"，《左传》僖公四年引作"祭公"。
② 转引自《汉书·古今人表》颜注。《尚书》序谓君牙为穆王所命之大司徒。《尚书·吕刑》孔疏谓"吕侯得穆王之命为天子司寇之卿"。
③ 《逸周书·克殷》有南宫忽、南宫伯达，与"八士"之仲忽、伯达之名相合。因此，明代杨慎认为"八士者，南宫氏也"（《丹铅总录》卷10）。
④ 《左传》昭公二十四年引《大誓》。钱大昕《十驾斋养新录》卷一谓"唐石经皆无臣字，宋人妄伲耳"。按，《论语》有臣字，或者为唐石经所偶失之。
⑤ 宋王应麟所见《仪礼·乡饮酒礼》疏"乡大夫饮酒"作"卿大夫饮酒"（《困学纪闻》卷五）。《仪礼·士冠礼》《礼记·冠义》"奠挚见于君，遂以挚见于乡大夫"，或本作"卿大夫"。清代王引之《经义述闻》卷10和胡培翚《仪礼正义》卷一曾力辩乡"为卿之误"。其实，致误之源在于两者初为一字。

无论何种飨礼，似皆有尊贤敬劳之义。这在礼书中尚可窥见。郑玄《三礼目录》谓乡饮酒礼"献贤者、能者于其君，以礼宾之"，又谓《礼记·乡饮酒义》乃"尊贤养老之义"①。可以推想，文王、武王曾设飨礼优待其所延揽的贤才，并在飨礼前后举行策命仪式，任命其为卿②。

卿在西周前期的彝铭中见于《令彝》《令尊》③，两器铭文相同，惟行款各异，铭谓"王令周公子明保尹三事四方，受卿事寮"，周公又令明保"周卿事寮"，明保到成周之后曾发布命令给"卿事寮""者（诸）尹""里君""百工""者（诸）侯"等。两器时代或谓属于昭王，但一般认为是成王时器。"明保"其人，有伯禽、祭公、君陈等异说，以伯禽说较胜④。值得注意的是铭文三次出现"卿事寮"。"卿事寮"的事字和另一件小子某人所作簋铭"卿事"的事字，均作旋，与金文习见的事字有别，并且在同一彝铭中与"尹三事四方"的事亦有别。郭沫若以《毛公鼎》《番生簋》相对勘，指出"旋与事为一字"⑤，说虽至确，然两者有别的原因却仍未能明。愚怀疑金文"卿事"之事为"士"之繁文或初文。关于士字起源，诸家多异说，如谓人端拱而坐之形、斧形、筮之初文、像苗插入地中之形、牡器形等。今按，旋与事的区别在于前

---

① 转引自《仪礼·乡饮酒礼》《礼记·乡饮酒义》疏引。
② 《周礼》有六乡之说。谓"每乡卿一人"（《地官·序官》）。能否据此而断定卿是氏族聚落中"乡老"的称谓呢？答案应当是否定的。一般认为《周礼》是战国时人对于理想国的设计，用其材料来直接推断卿的起源，是很牵强的。
③ 除彝、尊外，还见于一簋。簋铭"乙未，卿事易小子駻贝二百，用作父丁隓簋"。过去以为这件簋是商器，恐未必然。簋铭后有宋人称为"析子孙"的族徽，该族徽不仅见诸商器，而且见诸周初器。小臣某当是商人入周后被"迪简在王庭""有服在大僚"（《尚书·多方》）者。该簋当为周初器。
④ 郭沫若《殷周青铜器铭文研究》卷一以《鲁侯彝》为据指出"明公"即鲁侯，又为《洛诰》之"王若曰：公，明保，予冲子"犹《康诰》之"王若曰：孟侯，朕其弟，小子封"，遂论定明保即伯禽。谭戒甫补充郭说，谓"保、孚古本同字"，禽、擒与俘义近，"伯禽名保，即名俘，正是名字相应"（《周初矢器铭文综合研究》，《武汉大学学报》，1956年，第1期）。然郭、谭两家均谓"明"为封地食邑之名，似未妥。按，明与孟古音同而通。《周礼·职方》注"明都"，疏谓"即宋之孟诸"。《尚书·禹贡》"孟猪"，或本作"明都"。《大戴礼记·诰志》"明，孟也"，《史记·历书》"明者，孟也"，皆为其证。孟训长，与"伯"义相涵。明，犹孟，即伯也。伯禽字明保，合乎"名之与字，义相比附"之例（王引之语，《经义述闻》卷23）。
⑤ 郭沫若：《殷周青铜器铭文研究》卷1，北京：科学出版社，1961年，第47页。

者多一指示符号，过去以为是旒带之形，恐未必然。实际上是表示这个字与一般事字有别，是事字之称人者。见于《臣辰卣》的士字较早之形与事字上部相似，其后渐以局部代替全字，造出士字。这个推测若无大谬，则"卿事寮"便可径作"卿士寮"。《说文》训士为事，《诗经·假乐》传"卿士，卿之有事也"，士源于事对于这些古训是一有力的证据。

卿之执事者称为卿士，反过来也可以说卿士是卿之有官职者，《左传》定公八年谓武王诸弟除周公、康叔、聃季外，"五叔无官"，《史记·管蔡世家》谓五叔"无为天子吏者"。杜注谓五叔指管叔、蔡叔、成叔、霍叔、毛叔。其中的毛叔即《尚书·顾命》的毛公，其为卿，确无可疑，其他四叔亦当为卿。五叔皆因"无官"而非卿士。需要注意的是，在周初，尽管卿士是卿之有官职者，然而卿士本身并非职官名称，它仍是特定的贵族身份标识。

再说"寮"字。

寮通僚。《诗经·大东》"百僚是试"，《释文》谓"字又作寮"。《论语·宪问》"公伯寮"，《史记·仲尼弟子传》引谯周语作"公伯僚"。皆为证。僚义为官，《尚书·皋陶谟》"百僚师师，百工惟时"，伪孔传"僚、工皆官也"。寮亦径释为官。《诗经·板》："我虽异事，及尔同寮。"毛传："寮，官也。"郑笺："我虽与尔职事异者，乃与汝同官俱为卿士。"《左传》文公七年载荀林父语谓"同官为寮"。《牧簋》"百寮"，亦即百官。是皆为证。古人并不以寮指官署。宋人有僧寮、茶寮、茅寮之称，皆指小屋，与官署大相径庭。论者或偶失详察，以为卿士当有官署，卿事寮即卿士的官署，这种推断似是而实误。

对《令彝》的较早考释，多以"卿事寮"为卿事之同僚、僚友，并不释为官署。孙诒让谓"卿事寮、大史寮犹《酒诰》云大史友、内史友"（《籀膏述林》卷七）；罗振玉谓"卿事寮盖为三事及亚旅诸臣"（《辽居杂著·矢彝考释》）；郭沫若说"以其称寮而言，可知卿事必不止二人"[1]；唐兰也认为"寮者非一人"[2]。现在看来，这些说法仍不可废。彝铭"同卿事寮"即会见诸卿事。彝铭将卿事寮和诸尹、里君、百工、诸侯等并列，尤可证其非官署。然而为什么不仿诸尹、诸侯之例，径称诸卿或诸卿事，而要称为卿事寮呢？这可能是由于卿事与尹、侯等职官尚有区别的缘故。"卿事寮"除指诸卿事外，

---

[1] 郭沫若：《殷周青铜器铭文研究》卷1，第42页。
[2] 唐兰：《作册令尊及作册令彝铭考释》，《国学季刊》，第4卷，第1期。

亦指担任卿事的资历、资格。这和周初注重考察人的资历的礼俗是符合的。彝铭"受卿事寮"并不是接受命令来主管卿事寮这一所谓的官署，而是被授予担任卿事的资格。论者或许会问，既然明保受王命而"尹三事四方"，难道还不足以是卿事寮的主管吗？其实，周初诸官职守不明，甚至文、武亦未分职，"尹三事四方"是所有卿事皆有的权力，并非由一人独裁。近年，以"卿事寮"为西周中央最高官署之说甚盛，然而就现有资料看，尚不能得出这样的判断。

西周前期的卿主要有这样几个特点。其一，卿最初只是周王左右的部分谋臣贵族的身份标识。它与"公"并无多少区别，有些贵族既是公，又是卿，成康之际作为六卿的六位顾命大臣就有三人是公。《逸周书·明堂》："天子之位，负斧扆南面立，群公卿士侍于左右。"①卿士与群公混而无别，是为其证。其二，卿从一开始就没有固定人数，可依形势需要及周王好恶而随时增减。其三，卿并非官位，它没有固定的职守。卿士只不过是卿之执事者，也不是官职之称。作为特定的身份标识，卿可以说是后世爵称的滥觞。其四，文王、武王时期选卿的范围比较大，成康以后范围逐渐缩小，主要由王室中人及其近亲担任。春秋时期楚灵王曾谓"吕伋、王孙牟、燮父、禽父并事康王"，受赐重器，而楚君熊绎亦事康王，却得不到封赏，楚灵王很为此愤愤不平，右尹子革道出了个中原委，"齐，王舅也；晋及鲁、卫，王母弟也"（《左传》昭公十二年），熊绎与周王室的关系是不能与之相比的。吕伋等四人是以诸侯身份入王朝为卿者②，熊绎并非王卿。卿的这些特点从根本上说是由分封与宗法这两项重要制度所决定的。周王室要加强它与诸侯国的联系，巩固王族内部团结，需要给一批贵族以特殊荣宠，卿作为一种身份标识遂应运而生。《令彝》铭文表明西周

---

① "群公卿士"之群，原作"率"，依王念孙《读书杂志》说改。《玉海》九十五引此正作"群公卿士"。
② 吕伋为姜太公子丁公。《礼记·檀弓》上谓"太公封于营丘，比及五世，皆反葬于周"。郑注："太公受封留为太师，死葬于周，五世之后乃葬齐。"由此而论，吕伋似亦任职于王室，其姊妹邑姜为成王之母，故吕伋为"王舅"。燮父为晋唐叔子。王孙牟为卫康叔子康伯髦，专家多说他是彝铭之伯懋父，曾率殷八师征东夷，其地位非王卿不足以当之。禽父即伯禽，从《令彝》可知他从成王时起就任王朝卿士。

前期已经有一批卿事（士）活跃于政治舞台上①。

（二）

西周中后期，随着贵族经济实力和政治影响的增长，卿权趋于加强，成为王权的重要支柱。恭懿孝夷时期社会政治平稳发展，这个时期的诗作涌现不少颂扬卿士的篇章，跟西周前期热烈颂扬周王的情况相比大异其趣。《诗经·假乐》云：

> 假乐君子，显显令德，宜民宜人，受禄于天，保右命之，自天申之。干禄百福，子孙千亿。穆穆皇皇，宜君宜王，不愆不忘，率由旧章。威仪抑抑，德音秩秩，无怨无恶，率由群匹，受福无疆，四方之纲。之纲之纪，燕及朋友，百辟卿士，媚于天子，不解于位，民之攸塈。

过去以为这是在颂扬成王，或谓武王若宣王，其实是在颂扬卿士。诗中的"君子"位于民人与君王之间，并且是以"干禄"而威仪堂堂影响广泛的人物，其人只能是"百辟卿士"。孔疏谓"百辟卿士"即畿内诸侯之兼任卿士者，甚确。卿士"率由群匹"和《令彝》"同卿事寮"意思相同。诗人认为作为群臣的纲纪榜样，卿士们只要不懈于位，就能上媚于天子，下使民众得以休息，其作用可以说是关键性的。周公曾告诫康叔"以厥庶民暨厥臣达大家，以厥臣达王"（《尚书·梓材》）。"家"指卿大夫，"大家"则犹《孟子·离娄》所言"巨室"，当指比大夫地位为高的卿士。臣民和各诸侯国之意要由"大家"通达于王，可见卿士是不可或缺的环节。从诗作中可以看到卿士的关键作用在西周中期有所加强。《诗经·卷阿》篇云：

> 有冯有翼，有孝有德，以引以翼，岂弟君子，四方为则。颙颙卬卬，如圭如璋，令闻令望，岂弟君子，四方为纲。凤皇于飞，翙翙其

---

① 由于社会政治结构的差别，商王朝似无周代那样的卿士。论者所指卜辞之"卿"，其实皆应读为飨，是祭礼名称，如"贞飨事于寮北宗不大雨"（合集38231）、"辛未卜，在召庭惟执其令飨事"（合集37468）皆当如是，特别是"飨事于寮北宗"一条更为明显，并不能读其为"卿事"。现有的卜辞资料还找不出"卿事"的记载。《诗经·荡》载文王斥殷商语谓"尔德不明，以无陪无卿"，这与卜辞无卿的情况相合。《尚书》《诗经》《墨子》等文献记载虽多次提到商代之卿。但均为述古之作，尚非直接证据。清儒或据《尚书·甘誓》，谓"六卿之目实创之自禹"（王廷鼎《尚书职官考略》），也是靠不住的。

羽，亦集爰止。蔼蔼王多吉士，维君子使，媚于天子。凤皇于飞，翙翙其羽，亦傅于天。蔼蔼王多吉人，维君子命，媚于庶人。

郑笺谓"王之朝多善士，蔼蔼然，君子在上位者率化之，使之亲爱天子，奉职尽力"。这些"在上位"的君子即卿士。彝铭常见任卿士者为傧右伴同某人受天子册命的记载，可谓"以引以翼""蔼蔼王多吉士，维君子使，媚于天子"的最好注脚。那些率兵讲武的卿士形象在《诗经·瞻彼洛矣》中至为鲜明，他们"韎韐有奭""鞞琫有珌"，雍容而威严地"以作六师"，被颂扬为"君子万年，保其家邦"①。《桑扈》谓"君子乐胥，万邦之屏，之屏之翰，百辟为宪"。朱熹《诗集传》以为此君子指诸侯，然从内容上看实指以诸侯而入为王卿者。他们被誉为周王朝的屏障骨干，其重要性不待多言。《假乐》等诗作反映的时代属于"周之上世"②，是周王朝平稳发展的阶段。这些颂扬卿士的诗篇所弥漫的太平肃穆气氛，实质上是社会面貌的表现。

从厉王时期开始，社会矛盾趋于尖锐，卿士作用更加重要。在任用卿士的问题上，王朝内部曾有不同意见。厉王以荣夷公为卿士，卿士芮良夫即进言反对。芮良夫即《诗经·桑柔》序之芮伯，毛传谓其为"畿内诸侯，王卿士"。《桑柔》记载芮伯指责厉王"维彼不顺，自独俾臧，自有肺肠，俾民卒狂"，并问"谁生厉阶，至今为梗"？实际上他在诗中已经做了回答，罪魁祸首就是那位不听谏劝而"覆狂以喜"的"愚人"——厉王。厉王弭谤遭卿士召穆公抨击。国人暴动时太子静奔匿于召穆公之宫。共和行政时期，共伯和对各派卿士采取平衡和网络的策略而稳定了大局。宣王所以能够继位，与以卿士而执王政的共伯和激流勇退很有关系。宣王不行籍田之法，卿士虢文公曾谏劝之。宣王立鲁懿公和料民事均遭卿士樊仲山父的反对。这些史实不仅说明当时卿士集团中有不同派别，其间存在着复杂矛盾，而且还表明从厉王时期起，王朝卿士就不一味地顺从王权，而是时常批评周天子，甚至在特殊情况下可以实行"共和"，以卿权暂代王权。

西周后期卿士对天子直言不讳的批评，在"对扬王休"之类的聒噪声中显

---

① 郑笺以为该篇"君子"指诸侯世子为天子所命"使代卿士将六军"，说甚迂曲。其实应该指卿士而言。陈奂《诗毛氏传疏》卷21以为这些"君子"类于尹吉甫、方叔等卿士。姚际恒《诗经通论》卷11引何玄子说，谓"为郑武公咏"，郑武公正平王卿士。
② 姚际恒：《诗经通论》，北京：中华书局，1958年，卷11。

然引人注目。卿士的谠然进言并没有像后世的宰辅大臣那样因批逆鳞而遭杀戮，而是依旧任职，并为社会舆论所赞赏。厉宣时期的诗作往往指名道姓地赞美卿士，几成当时诗坛的主旋律。《诗经·黍苗》借征夫之口颂扬召穆公，谓"悠悠南行，召伯劳之""肃肃谢功，召伯营之，烈烈征师，召伯成之"，并总结道"召伯有成，王心则宁"。《江汉》谓"王命召虎，式辟四方，彻我疆土""文武受命，召公维翰，无曰予小子，召公是似"，以召公奭为喻，可见作为厉宣两朝重臣的召穆公的影响之巨。《崧高》首章谓"崧高维岳，骏极于天，维岳降神，生甫及申。维申及甫，维周之翰，四国于蕃，四方于宣"①。甫、申皆诸侯入为王卿者，诗谓他们为四岳神灵所生，崇敬之义已自赫然。诗中屡言申伯之勇武，并谓"申伯之德，柔惠且直，揉此万邦，闻于四国"。这种称誉直可与《诗经》中对天子的颂扬相颉颃。《烝民》赞美的仲山甫即《周语》的樊仲山父，韦注"仲山父，王卿士，食邑于樊"。诗谓"天监有周，昭假于下，保兹天子，生仲山甫"，可见其降生在诗人心目中和甫侯、申伯一样也是天神天意。《六月》赞美的尹吉甫，《崧高》传谓其为"周之卿士"，孔疏谓"《左传》称'官有世功，则有官族'，今尹吉甫以尹为氏，明其先尝为尹官而因氏焉"。和诸侯入为王卿者不同，尹吉甫是世为王官而为卿士者。宣王时器《兮甲盘》的"兮伯吉父"即此尹吉甫②。铭载兮甲伐猃狁"折首执讯"，与《六月》所载尹吉甫"薄伐猃狁，以奏肤公"相合。诗谓"文武吉甫，万邦为宪"，其声誉与甫侯、申伯、仲山甫等并驾齐驱。《常武》谓"赫赫明明，王命卿士，南仲大祖，大师皇父"，又载"王谓尹氏，命程伯休父"。南仲、皇父、程伯休父皆宣王时卿士③，从"整我六师"，"戒我师旅"等诗句看，三卿皆任武职，故《出车》亦谓"赫赫南仲，猃狁亦襄"。对此三卿的颂扬规格虽不及甫侯等

---

① "甫"即吕侯，《尚书·吕刑》伪孔传谓"吕侯见命为天子司寇"，《史记·周本纪》集解引郑玄说谓"周穆王以甫侯为相"。"申"指申伯，毛传谓为"周之卿士"，郑笺谓其"以贤知入为周之桢干之臣"。
② 王国维说兮伯吉父"疑即《诗·小雅·六月》之吉甫"，并谓"甲者，月之始，故其字曰伯吉父"（《观堂集林》别集卷 2 "兮甲盘跋"）。以后诸家，多从王说。
③ 《诗经·常武》郑笺以为"南仲大祖，大师皇父"为一人，马瑞辰指出郑笺此说实误，并谓"《积古斋钟鼎款识》载《无专鼎》铭曰：'王格于周庙，燔于图室，司徒南仲右。'其铭词不类商器，所谓南仲，当即宣王时臣，则南仲实为司徒"（《毛诗传笺通释》卷 27）。皇父，毛传谓其任大师之职，陈奂说"皇父为大司徒而兼大师"（《诗毛氏传疏》卷 25），盖近是。程伯休父，孔疏谓其为"程国之伯字休父者"，王命之"为大司马之卿"。

人，但亦是威风凛凛的人物。《诗经》中另一位英武的卿士是方叔，《采芑》篇就是他的颂歌。诗谓"方叔莅止，其车三千，师干之试"，"方叔元老，克壮其犹，执讯获丑"。毛传："方叔，卿士也，受命而为将。"据考证，宣王时器《师衰簋》的器主即方叔①。簋铭说他"虔不坠，夙夜恤厥将事，休既有功，折首执讯，无谋徒御，毆俘士女羊牛，俘吉金"，也是有赫赫战功的人物。

西周后期，卿不仅趋于职官化，而且随着人数增加及地位上升，卿的内部也逐渐等级化。卿往往有上、中、下之别。《左传》成公三年载"次国之上卿，当大国之中；中当其下；下当其上大夫"，并强调这种区别为"古之制也"。总的来看，卿的地位不仅高于大夫，而且高于师尹。西周后期器《瘨叔多父盘》谓"事利于辟王、卿事、师尹、朋友"，《伯公父瑚》谓"用召卿事辟王、召诸考诸兄"，均可见卿士地位已非一般。孟子讲周室班爵禄时说："君一位、卿一位、大夫一位"（《孟子·万章》下），这是符合西周后期情况的。《诗经·十月之交》罗列七名朋比为奸的高官，端首"皇父卿士"，郑笺说他"兼擅群职"，颇有一人之下、万人之上的势头。卿士不仅在王朝官员中居首位，而且其地位高于一般诸侯。就封地采邑而言，《孟子·万章》下说"天子之卿受地视侯"，《礼记·王制》说"天子之卿视伯"，其地域虽然不见得比诸侯大，但多在平坦肥沃的王畿地区，所以其经济实力并不在诸侯之下。就政治地位而言，卿士则明显高于诸侯，直到春秋初年王卿还有讨伐诸侯的权力。"宋公不王，郑伯为王左卿士以王命讨之"（《左传》隐公九年）就是一例。

尽管西周末年卿士对天子已有桀骜不驯之势，但终西周之世卿权仍可视为王权的附庸。卿士的权力只是表现在其受王命而主管某项职守或事务，其地位虽高，然而和后世的宰辅毕竟有所区别。《诗经·小旻》谓"谋夫孔多，是用不集，发言盈庭，谁敢执其咎"；春秋时郑三卿主张从楚，三卿主张待晋援，议而不决，最后由子驷拍板，谓"騑也受其咎"（《左传》襄公八年）；孔疏以此事释《小旻》，得之。可见卿士皆可参与政事，但又都不是直接责任的承担者。另外，卿士之间往往有激烈斗争，如《诗经·何人斯》序谓"苏公刺暴公也"、苏公和暴公"二人皆王朝卿士，其争田兴讼"②已至水火不容的地步。《诗经·节南山》抨击"秉国之均"的"尹氏大师"，亦源于"卿大夫缓于谊而

---

① 郭沫若说："方叔当是字，与衰对文相应。""衰假为圜，名圜而字方者，乃名字对文之例。"（《两周金文辞大系图录考释》，北京：科学出版社，1957年，第126页、第146页。）
② 王先谦：《诗三家义集疏》，卷17。

急于利，亡推让之风而有争田之讼"①。这种斗争客观上有利于周天子对卿士的控制。

周代王权对卿权的支配主要表现在天子对世卿的控制。周卿世袭多有所见，周、召二公世为王卿就是例证。此外，如成康之际的顾命大臣毛叔郑乃文王之子，其后嗣毛伯班曾受穆王命平定东域，毛公厝曾受宣王命为卿士，毛伯卫曾受襄王命赐命于鲁文公，毛伯得在景王时"侈于王都"②，可见毛氏世为卿士，直到敬王时毛伯得随王子朝奔楚，其卿位才消失。《诗经·十月之交》"蹶维趣马"，以卿士而任趣马之职的蹶，是幽王时人，为《常武》所载蹶父之后。诗谓"蹶父孔武，靡国不到，为韩姞相攸"，这位蹶父即北燕之君入为王卿士者③。和毛氏、蹶氏情况类似者还有尹氏、荣氏、虢氏、樊氏、原氏等，亦为世卿。周王朝之所以让某些卿士世袭，目的是笼络大族以巩固王权，然而又不能使卿权膨胀以危殆王权，这就需要采取适当措施加以控制。这些措施今可考见者略如下述。

首先是明确任官尚贤的原则。《尚书·立政》以讲述周王朝的设官之道为主旨，强调"立兹常事司牧人，以克俊有德"，要求设立常务主管官员必须任用杰出而有德行的人。还要求"继自今立政，其勿以憸人，其惟吉士，用劢相我国家"，选拔官员切勿用阴险谄佞之人，而要用"吉士"，即善良贤能之士。若周王不这样做，例如厉王任好专利的荣夷公为卿士以及幽王任谗谄的虢石父为卿士，那就会遭到舆论谴责。周王册命贵族时，在册命文辞中常强调受册封者的贤才，如《师䖒鼎》载"王曰：师䖒，汝克荩乃身，臣朕皇考穆王，用乃孔德逊纯，乃用心弘正乃辟安德"，就是一倒。《论语·尧曰》载"周有大赉，善人是富，虽有周亲，不如仁人"，在周王心目中，卿士当然应在"善人""仁人"中选拔。周王朝虽然允许卿位世袭，但又用尚贤的原则在实际上否定了卿位世袭的合法性。

其次，不使卿位与官位相结合，在许多情况下它只是级别、荣誉的标识，

---

① 王先谦：《诗三家义集疏》，卷17。
② 关于毛氏的彝铭和文献记载见《班簋》《穆天子传》《毛公鼎》《左传》文公元年和昭公十八年。
③ "趣马"即彝铭走马，职位有高低之分，"其最高者或当于卿"（郭沫若：《两周金文辞大系图录考释》，第152页）。《十月之交》的蹶当为卿。马瑞辰以姞姓的北燕与韩相近，且与蹶父同姓为据，指出"蹶父疑即北燕之君入为王卿士者"，又谓《十月之交》为趣马之蹶"盖宣王时蹶父之后"（《毛诗传笺通释》卷27、卷20）。

既无固定职守，也没有俸禄①。周公"次子留相王室，代为周公"(《史记·鲁世家》索隐)，召公"次子留周室，代为召公"(《史记·燕世家》索隐)，二公虽世代有卿位，但未必每世皆担任重要职官。周代贵族即使卿位世袭，其官职也不一定世袭。

再次，通过册命制度表明世卿乃是时王的恩宠，并非全是先辈荫庇的结果。《番生簋》载"王令……司公族、卿事大史寮"，《毛公鼎》载"王曰：父厝，已曰及兹卿事寮、大史寮、于父即尹"，都表明其为卿士乃王命所致。周王册命贵族时常强调受册封者的先辈尊崇天子、捍卫王室的功绩及其贤淑德行，其间仍有黾勉尚贤之意。

复次，周天子可以通过不再册命的办法使卿士自然淘汰。卿士固然有世袭者，然亦有一世或数世即失去卿位者。卿士后裔不再为卿者常以其祖的官职为氏。《国语·楚语》下谓"其在周，程伯休父其后也，当宣王时失其官守，而为司马氏"。程伯休父为宣王卿士，任大司马，其后裔"失其官守"，未能世袭，便以"司马"为氏。仿此例可知周代以司徒、司空、太宰等为氏者，皆"失其官守"的卿士后裔。

总之，西周时期周王朝对卿士采取的是既利用又限制的原则，一方面允许世卿现象的存在，另一方面又采取措施不使世卿成为制度。《公羊传》隐公三年谓"世卿，非礼也"，何休注："礼，公卿、大夫、士皆选贤而用之。卿大夫任重职大，不当世。"就礼制而言，《公羊传》此说可从②。

---

① 《孟子·梁惠王》下谓文王时"仕者世禄"。《诗经·文王》"凡周之士，不显亦世"，孔疏云"周制，世禄也"，又引或说谓"卿大夫得世禄，不得世位"。所谓"世禄"，并非世居官位而取得俸禄。清儒焦循说"畿内公卿大夫之子，父死之后，得食父之故国采邑之地""世禄谓世食其采地"(《孟子正义》卷2)，是论颇得要领。世禄即世代取得采邑收入，与后世官僚制度下的俸禄并不相同。以谷物为俸禄，肇端于春秋后期，西周时期并无谷禄之制。

② 王国维《殷周制度论》谓周人"以贤贤之义治官"，并论证说"卿大夫士者，图事之臣也，不任贤无以治天下之事。以事实证之，周初三公，惟周公为武王母弟，召公则疏远之族兄弟，而太公又异姓也。成康之际，其六卿为召公、芮伯、彤伯、毕公、卫侯、毛公，而召、毕、毛三公又以卿兼三公，周公、太公之子不与焉。王朝如是，侯国亦然，故《春秋》讥世卿。世卿者，后世之乱制也"(《观堂集林》卷10)。学者们对于周代是否有世卿制度的问题进行过许多讨论。王氏以周初三公的事实进行论证是有说服力的。然就"后世"而言，终春秋之世，世卿并没有成为周王朝以及任何一个诸侯国的制度，就是在卿权鼎盛时，"世卿"也只是一种惯例，说它是"乱制"则未尽妥当。

（三）

春秋时期卿权的发展可以分为前后两个阶段。春秋前期，卿权尚未对君权构成威胁。礼乐征伐"自大夫出"，形成世卿擅权局面，那是春秋后期的事情。兹分述周王朝以及各诸侯国情况，来说明卿权变化的阶段及其趋势。

先谈周王朝。春秋初年，郑庄公、郑武公、虢公忌父先后以诸侯而为王卿。郑庄公虽然强横，还在繻葛之战中打败周、蔡、卫、陈等国联军，却宣称"君子不欲多上人，况敢陵天子乎"（《左传》桓公五年），至少在表面上对王权依然谦恭。春秋时期真正对周天子构成威胁的是庶孽之乱。惠王时的子颓之乱、襄王时的子带之乱都使王室狼狈不堪。在平定这些叛乱的时候卿士皆支持周王。春秋后期子朝之乱时，不少卿士如毛伯得、尹氏固等支持王子朝，而与周敬王敌对。卿士召伯盈则先支持王子朝，后又转向敬王。可见其时卿士对王权已不甚谦恭，甚至势力崛起之后威胁王权。周景王不能容忍卿士单穆公、刘文公的专权，曾经以田猎为名"使公卿皆从，将杀单子、刘子"（《左传》昭公二十二年），因"心疾"速死而未果。单、刘二卿拥立悼王、敬王，权势甚显赫，王子朝指责他们"剥乱天下，壹行不若"（《左传》昭公二十六年），并非全是夸大之辞。春秋时期周王朝的王卿与诸侯国之卿稍有不同，那就是他们更注重利用君权的招牌以扩展自己的势力，不敢易帜篡位。子朝之乱时许多卿士支持王子朝，是因为在他们眼里王子朝并非庶孽，而是周王。在敬王地位已经巩固的时候尚有"东王""西王"（《左传》昭公二十三年）之说，这表明激烈拼争的两派卿士都没有舍弃周天子而另立炉灶。周卿士攫夺王权已是战国时期的事情。《韩非子·说疑》列有"上逼君、下乱治"的奸臣九人，其中有周的单荼。该篇又将单氏取周和田氏代齐、三家分晋等并列，盖战国时单氏曾攫取周权并可能有废君篡位之举。虽因史载阙略而不能详考，但单氏权势膨胀还是可以肯定。

再看各诸侯国的卿权，从卿与公室的关系看，各国大致有三种情况。一是卿主要来源于公室贵族，以鲁、郑、宋最为显著。鲁国除了自成公时期世执鲁政的"三桓"以外，东门氏出自庄公，臧氏、展氏出自孝公。郑国在春秋后期，其正卿则由出自郑穆公的"七穆"轮流担任。宋国的华氏、皇氏、乐氏出自戴公，鱼氏、何氏、荡氏出自桓公，诸族间以戴氏和桓氏任卿者居多，其他宋卿亦皆历朝公子或公孙。楚国也可归于这一类。担任令尹者多王族近亲。强大的卿族如斗氏、成氏出自若敖，芍氏出自蚡冒，阳氏出自穆王，沈氏和囊氏出自庄王，皆属王族。第二种情况是卿主要由异姓贵族及与公室血缘关系疏远的姬姓贵族充任，晋国是其典型。由于特殊的历史原因，晋公族衰微①，特别是文公继位后许多随从功臣被命为卿，异姓卿族遂奠定牢固基础。屡居卿位的郤氏、士氏、魏氏、先氏、狐氏、胥氏等虽与公室同为姬姓，但和武公以后的公室的血缘关系却相当疏远，严格说来并不能算是公族。第三种情况是卿既有公族，也有异姓贵族，可以齐国为代表。历为上卿的国氏出自太公，高氏出自文公，此外崔氏出自丁公，庆氏出自桓公，被称为"二惠"的栾氏和高氏出自惠公，皆公族。异姓之卿最著名的是管仲、鲍叔牙以及后取代姜齐的田氏。卫国亦属此类。执政的宁氏、孙氏出自武公、太叔氏出自僖侯，北宫氏出自成公，皆公族之卿。多次执卫政的孔氏则是异姓卿族。

春秋前期列国世卿尚未成惯例，卿权依然是君权的附庸。据《孟子·告子下》载，齐桓公在葵丘会盟诸侯时，曾将"士无世官"写入载书。赵岐注谓"仕为大臣，不得世官"，这是符合春秋前期情况的。在春秋前期各国，特别是中原地区的各个诸侯国，列国之卿不仅可由国君好恶而得任免，而且往往及身而已。郑国祭足原为镇守边地的封人，得郑庄公赏识而为卿，曾立郑厉公、郑昭公，又和郑庄公擢用的另一名卿士高渠弥擅立公子亹为君。后来齐国出兵干涉，杀高渠弥，此后祭氏、商氏再无任郑卿者。鲁国的羽父、宋国的孔父嘉、晋国的里克等也都是这种情况。这个时期还兴起禄田之制，卿大夫受赐田邑往往和其职位相联系。卫献公赏大夫免余六十邑，免余推辞说："唯卿备百邑，臣六十矣。下有上禄，乱也。臣弗敢闻。"（《左传》襄公二十七年）卿拥有百邑禄田当是卫国之制。按照惯例，职在禄在，职去而禄田自应归公。曹成公之弟"尽致其邑与卿而不出"（《左传》成公十六年），就是对惯例的遵从。禄田之制是国君控制卿大夫的一种手段。到春秋后期，随着君权式微、卿位世袭，致邑之事已属罕见，原先的禄田盖已并入卿大夫的采邑，成为卿的私有土地。

中原列国卿权由君权附庸发展到影响和干预君权、再到超越君权而决断政

---

① 《左传》庄公二十五年载晋献公"尽杀群公子"，使桓、庄之族受到致命打击。《国语·晋语》二载晋献公听骊姬之谗"尽逐群公子"，韦注谓"群公子，献公之庶孽及先君之支庶也"。《左传》僖公十五年载晋惠公"不纳群公子"。《左传》宣公二年谓骊姬之乱以后，"诅无畜群公子，自是晋无公族"。晋公子多居异国，惠公、怀公、文公、成公、悼公等皆从国外返归。

治，经历了比较长期的发展过程。一般说来，在前546年弭兵大会以前，这个过程即已基本终结，卿权臻至鼎盛。

世卿局面的形成是卿族擅权的重要标识。三桓世执鲁政，七穆轮流担任郑国正卿，是世卿执政的较早的例子。晋国情况稍有不同，由于诸卿相互牵制，所以君权保持了较长时期的强盛。然而晋国世卿亦早有所见，并逐渐威胁到君权。从襄公末年开始，赵盾继其父赵衰执政，狐射姑评论说："赵衰，冬日之日也；赵盾，夏日之日也。"（《左传》文公七年）观赵盾执政后逐狐氏、逼晋君、平王室、弑灵公、立成公诸事，可知赵氏已如炎炎夏日而威胁公室。赵盾之后，中行氏、范氏、韩氏、知氏、魏氏等先后执政，至顷公时形成六卿峙立之势，世卿集团控制了晋国政治。齐国世卿以国、高二氏最早，然春秋时实际执弃政的崔、庆、栾、高（指惠公后裔子尾）诸氏多仅及一人之身即告瓦解。田氏在春秋初年始至齐国，齐桓公虽有意提拔田完为卿，但被田完谦辞。田氏居于卿位可能是田完四世孙田文子时的事情。按照《左传》庄公二十三年"五世其昌，并于正卿"的说法，田完五世孙田桓子当已居正卿之位。齐国诸公族虽屡居卿位以执掌大权，但相互斗争激烈，故异姓的田氏得以脱颖而出，以"黑马"之势迅速攫取齐政。田氏自桓子世居正卿，至田成子终于弑简公而形成代齐之势。

春秋后期中原列国卿权实际上已凌驾于君权之上，征伐、会盟等大事已由卿掌管，不像春秋前期那样由国君决断。例如前546年的弭兵大会是一次极重要的会议，参加盟誓的是诸国之卿，且多为正卿。在国际政坛上居于霸主地位的晋国正卿甚至可以号令天下，前541年赵武召集包括楚在内的十一国会盟于虢，前517年赵鞅召集十国会盟于黄父，前509年魏舒召集诸国会于狄泉，皆为其例。列国间的征伐由卿决断和统领，这不仅由于卿执掌国政，而且与卿族拥有强大武装有关。鲁国三分公室以后，三军的军赋和指挥权皆落入三桓之手。就私人武装看，孟献子被称为"百乘之家"（《孟子·万章》下），季康子有甲士"七千"（《左传》哀公十一年），都相当可观。晋国公室败落情况正如叔向所谓，"戎马不驾，卿无军行，公乘无人，卒列无长"（《左传》昭公三年）。相反，卿族的私家武装却日益强盛，例如晋卿韩宣子势力很大，"韩赋七邑，皆成县"（《左传》昭公五年），"成县"即盛县，每县可出百乘战车，韩氏已拥有七百乘的私家武装。

凭借强大的经济和军事实力，中原诸国卿族日益强横，发号施令、驱逐或废立国君等皆卿族习见之事。《左传》襄公二十二年载郑卿子展语谓"国卿，君之贰也，民之主也"，但这只是口头上说说而已，在攫取权力时国卿并不把自己看作"君之贰"，而是不仅要为民之主，并且要为君之主。郑卿子产曾谓自己的职权，"发命之不衷，出令之不信，刑之颇类，狱之放纷，会朝之不敬，使命之不听，取陵于大国，罢民而无功，罪及而弗知，侨之耻也"（《左传》昭公十六年）。子产处理这些重大事情虽然多与其他诸卿商量，但从不向国君请示。七穆掌权以后，郑君形同虚设。鲁国昭公之被逐和定公之立皆由三桓操纵。随昭公逃亡的鲁大夫子家羁曾说"若立君，则有卿士大夫与守龟在，羁弗敢知"（《左传》定公元年），可见立君已由卿操纵。和中原诸国不同，处于边远地区的秦、楚、吴、越等国，由于受分封制和宗法制的影响较小，或因社会经济发展起步较晚，或因具有特殊文化传统，终春秋之世其君权依然强盛，卿权则远不如中原诸国强大。这种情况，表明了春秋时期各国政治发展的复杂性和多样性。

（四）

卿权在春秋战国之际的重大发展是其向新的君权的蜕变。当时的社会舆论对这个变化是取赞许态度的。鲁昭公于前517年被三桓驱逐，在外八年，客死异乡。赵简子曾问史墨："季氏出其君而民服焉，诸侯与之；君死于外而莫之或罪，何也？"史墨回答说："鲁君世从其失，季氏世修其勤，民忘君矣。虽死于外，其谁矜之？社稷无常奉，君臣无常位，自古以然。"（《左传》昭公三十二年）说"社稷无常奉，君臣无常位"是"自古以然"虽为夸张之辞，但它确是春秋末年关于君臣易位社会现象的概括。赵简子显然以歆羡的眼光看待三桓此举。

在采取公然易帜、取而代之的步骤以前，中原诸国之卿往往先享有君主的权力和荣光。《论语·八佾》载"三家者以《雍》彻"，孔夫子曾斥责其僭用天子之礼；季氏僭用八佾之舞也使孔夫子义愤填膺地说"是可忍，孰不可忍"。然而三桓的这些做法和晋齐之卿比起来简直可以算是小巫见大巫了。赵盾弑灵公以后，"宦卿之嫡而为之田，以为公族"（《左传》宣公二年），诸卿嫡子被任命为公族大夫。齐宣公时，田襄子"使其兄弟宗人尽为齐都邑大夫"；田常弑简公以后攫取齐政"乃选齐国中女子长七尺以上为后宫，后宫以百数"

（《史记·田敬仲完世家》）。在传统君权强大的时候，一个重要原则是"惟辟作福，惟辟作威，惟辟玉食，臣无有作福作威玉食"（《尚书·洪范》）。春秋战国之际，作为臣下的列国之卿不仅也在那里"作福作威玉食"，而且其程度往往超过"辟"——那些旧君主们。然而，实际上的"作福作威玉食"并不能完全满足其欲望，一些声威煊赫的卿便觊觎国君宝座，力求成为名副其实的君主。晋卿赵简子就是一位典型。他曾对其大夫说："我之帝所甚乐，与百神游于钧天。"并谓帝告诉他"晋国且世衰，七世而亡"（《史记·赵世家》），显而易见这是为以赵代晋制造舆论，告诉人们其权为帝所授，是理所当然的君主。《吕氏春秋·长攻》载"赵简子病，召太子而告之曰：我死，已葬，服衰而上夏屋之山以望。太子敬诺"。赵简子有"太子"，自己当必以国君自居，《史记·赵世家》说他"名晋卿，实专晋权，奉邑侔于诸侯"，是很有根据的。

晋齐两国是卿权转化为新君权的两个最重要的诸侯大国，其卿权蜕变的完成极大地改变了社会政治面貌，是春秋战国之际历史发展的转折点。前481年田常弑简公，田氏代齐已成定局，然此后姜齐仍历平公、宣公、康公三世才寿终正寝。前453年晋卿赵襄子、韩康子、魏桓子共杀知伯，三家分晋成为定局。此后晋君虽然"反朝韩、赵、魏之君"，但仍历五世才"绝不祀"①。这些史实说明，昔日的臣下变成今日的君主，完成由卿权向新君权的蜕变，并非一蹴而就的事情。三家分晋后过了半个世纪，直到周威烈王二十三年（前403）才被册命为诸侯；田氏代齐后直到周安王十六年（前386）田和才得魏武侯绍介而被周命为诸侯，这距田氏代齐已近一个世纪之久了。新的君主们尽管干着否定传统的伟业，并且早已作威作福，但他们心里还不踏实，竭力钻营以寻求已经十分衰弱的周天子的承认，便是一个极好的证明。

和晋齐两国情况相类似的还有卫宋两国。

卫国卿族南氏在春秋末年崛起。公子郢，字子南，是卫灵公之子。灵公欲立其为太子，公子郢见公室内部争夺君位相当激烈，故坚辞。公子郢之子公孙弥牟在卫国颇有影响，前470年主谋驱逐卫出公，翌年越、鲁、宋等国出兵纳

---

① 齐晋两国君主在被赶下政治舞台以后都绵延百余年之久才绝祀，这是新君主对传统的一种妥协。前547年被逐在外的卫献公图谋复辟时，曾许诺"政由宁氏，祭则寡人"（《左传》襄公二十六年），以换取卫卿宁喜的支持，可见君主对于祭祀之权是很重视的。按照传统，君主绝祀才是其国家最终灭亡的标识。

卫出公，公孙弥牟征求众人意见，是接纳卫出公或是自己逃出卫国，众人表示不接纳卫出公，也不赞成公孙弥牟逃亡，结果卫出公不敢复入，公孙弥牟遂立悼公而为其相，卫出公终卒于越。公孙弥牟又称卫将军文子，已集军政大权于一身。《战国策·卫策》屡载文子之卓见，知伯誉其为"贤人"。《大戴礼记·卫将军文子》载文子向子赣询问孔门弟子事，说："吾闻之也，国有道，则贤人兴焉，中人用焉，百姓归焉。若吾子之语审茂，则一诸侯之相也，亦未逢明君也。"可见这位卫卿很想招纳儒家贤才，以助其成为"明君"。夺取卫国君位者是公孙弥牟后裔子南劲。古本《纪年》载"卫将军文子为子南弥牟，其后有子南劲，朝于魏。后惠成王如卫，命子南为侯"。《韩非子·说疑》将子南劲和齐田恒等共列为"上逼君、下乱治、援外以挠内"的篡位之臣。子南劲之"援外"当即《纪年》所谓其"朝魏"之事。魏惠王至卫命子南劲为侯，当在卫声公末年。《卫世家》于武公之后、声公前诸君皆称公，声公之后则称侯，或即"命子南为侯"的结果。若此，则子南劲当即卫成侯。南氏之兴实自弥牟，弥牟为卫灵公之孙，称公孙弥牟，其后裔又称公孙氏。《战国策·卫策》载术士语谓卫之亡，"自今以往者公孙氏必不血食矣"，可见卫君已是公孙氏。卫是在秦统一后名义上依然存在的惟一姬姓诸侯国。汉武帝时"求周苗裔，封其后嘉三十里地，号曰周子南君"（《史记·周本纪》）。"周子南君"之号当源自子南弥牟、子南劲，其所以能为周后，盖因其为绵延姬姓国祚之最久者。南氏取卫之后，卫已是魏的附庸小国，已无多少政治影响可言，然仍不失为卿权蜕变之例证。宋国在春秋后期虽然君权依然未衰，甚至有"诸侯唯宋事其君"（《左传》昭公二十一年）的说法，但这赖于诸卿间的相互牵制。戴氏脱颖而出以后情况就不同了。戴氏收买民心的做法和齐国田氏相似，宋饥荒，子罕"出众粟以贷，使大夫皆贷，司城氏贷而不书，为大夫之无者贷，宋无饥人"①。春秋末年宋国"六卿三族降听政"，六卿分属戴氏的乐、皇两族及文公后裔灵族，形成了"三族共政"（《左传》哀公二十六年）的局面。战国时戴氏尤强，战国时人屡有戴氏篡宋之说，《韩非子·二柄》谓"子罕徒用刑而宋君劫"，《内储说下》谓"皇喜遂杀宋君而夺其政"，《说疑》谓"司城子罕取

---

① 《左传》襄公二十九年。《吕氏春秋·召类》载有司城子罕谦让作为普通民众的邻居之事，孔子闻之曰："夫脩之于庙堂之上，而折冲乎千里之外者，其司城子罕之谓乎！"子罕甚得民心，为戴氏篡宋奠定了基础，当属事实。

宋"，李斯说"司城子罕相宋，身行刑罚，以威行之，期年遂劫其君"（《史记·李斯列传》）。皇喜即子罕，是宋戴公的六世孙。戴氏篡宋盖在宋桓侯时。古本《纪年》谓"宋易城肝废其君辟而自立"，这位宋君即宋桓侯璧兵。易城肝当即司城罕，是春秋时司城子罕的后嗣，诸子所言劫君夺政的子罕盖指此人。由于"戴氏夺子氏于宋"（《韩非子·忠孝》），所以《吕氏春秋·雍塞》于宋偃之亡谓"此戴氏之所以绝也"。宋国最后八十多年，君位已入卿族戴氏之手，此时已近战国中期。

列国卿权的发展，并非皆如齐、晋、卫、宋等国那样一帆风顺，也有卿权一度强盛，可是终为君权挫败，从而蜕变未成而胎死腹中的情况。鲁郑皆为其例。

鲁国三桓之势在春秋战国之际炙手可热。"悼公之时，三桓胜，鲁如小侯，卑于三桓之家"（《史记·鲁世家》），鲁悼公可能为季昭子所杀，因此《韩非子·说林》有"季孙新弑其君"的说法。为悼公居丧时，孟敬子曾让季昭子食粥以尽臣礼，季昭子说："吾三臣者之不能居公室也，四方莫不闻矣；勉而瘠则吾能，毋乃使人疑夫不以情居瘠者乎哉？我则食食。"（《礼记·檀弓》下）鲁公之不容于三桓乃是"四方莫不闻"的事情，仅靠丧居食粥而变得瘦瘠是掩盖不了的，因此季昭子索性依旧进食，不做表面文章。悼公时期是三桓势力上升的顶点，此后便趋于没落。有人曾对仕于季昭子的吴起说："夫死者，始死而血，已血而衄，已衄而灰，已灰而土，及其土也，无可为者矣。今季孙乃始血，其毋乃未可知也。"（《韩非子·说林》上）吴起知季氏将衰败，故离鲁赴魏。《韩非子·外储说左下》几次提到季孙遇贼而遭暗杀之事，此季孙即季昭子，杀季昭子者可能为鲁悼公之子元公所派遣，也可能是季氏门客而与元公有关者。孔子谓"吾恐季孙之忧不在颛臾，而在萧墙之内"（《论语·季氏》），可算是有先见之明了。不仅如此，季氏之忧还在于三桓之间龃龉不合。墨子说："季孙绍与孟伯常治鲁国之政，不能相信而祝于丛社曰：'苟使我和。'是犹弇其目而祝于丛社［曰］：'苟使我皆视。'岂不谬哉！"（《墨子·耕柱》）这两位人物，孙诒让《墨子间诂》谓"当即昭子、敬子之若孙"，其时代在战国初年。执鲁政的季、孟两家水火不容，要化解其矛盾，依墨子看来，不啻是掩耳盗铃。季氏衰败和孟孙、叔孙的没落大约都在鲁元公时期。鲁哀公尝欲"以越伐鲁而去三桓"（《左传》哀公二十七年），元公效其故智并付诸行动，终将季氏打败。《孟子·离娄下》载"曾子居武城，有越寇"，焦循《孟子正义》引或说谓"武城近费，季氏之私邑在焉，说者因谓越寇季氏，非寇鲁"。越与鲁公室过从甚密，于武城寇季氏，当是其时季氏已退居于费。鲁穆公时卿位易主已有明确记载，《孟子·告子下》谓此时鲁国"公仪子为政，子柳、子思为臣"，景公、平公时"鲁欲使乐正子为政""使慎子为将军"，可见从穆公时起三桓已匿迹于鲁国政坛。战国时鲁虽国势益削，但和卿权比起来，其君权反而变得强大起来。

季氏失之东隅，收之桑榆，在鲁国政坛失败后便躲进费邑成一统，终于实现了其君主之梦。这以后的费俨然一诸侯之国，《吕氏春秋·慎势》将滕、费、邹、鲁并称，《史记·楚世家》将邹、费、郯、邳并称，《水经注》卷二十五引《鲁连子》将鲁费并称，因此顾炎武《日知录》列费入泗上十二诸侯。学者们多认为费为季氏之国①。费君可考者有《孟子·万章下》所载之费惠公，盖为《说苑·尊贤》提到的"酅君"之子。此篇载"鲁人攻酅，曾子辞于酅君"，并为酅君优待之事。《礼记·檀弓上》载曾子临没前执烛童子提醒他寝卧大夫之箦不合于礼，曾子说"斯季孙之赐也，我未之能易也"。这位季孙当即尊崇曾子的酅君，亦即《墨子·耕柱》之季孙绍。要之，战国时鲁卿季氏被鲁君联合越人打败，不得已而退居费，成为小国之君。顾炎武评论季氏"但分国而不敢篡位，愈于晋卫多矣，故曰鲁犹秉周礼"（《日知录》卷七），其实，季氏非不敢篡位，乃不能也。从卿权的发展看，鲁卿和晋卫之卿相比，可谓差之远矣。

郑国之卿子阳在战国初期势力崛起，似曾一度取得君位。《韩非子·说疑》列周郑等八国"身死国亡"的君主，其中有"郑子阳身杀，国分为三"的说法，子阳与陈灵公、楚灵王等并称，亦当为国君。《吕氏春秋·观世》和《庄子·让王》载子阳赐粟给列子，列子及其妻均称子阳为"君"，《吕氏春秋·适威》还将子阳与桀、纣并列，可见战国时人认为子阳是郑君。然而，《史记·郑世家》称子阳为"郑相"，《史记·六国年表》和《汉书古今人表》称"郑相驷子阳"，高诱注《吕氏春秋·首时》谓"子阳，郑相，或曰郑君"，注《适威》谓"子阳，郑君也，一曰郑相也"。这些说法表明子阳当为以相职而取君

---

① 关于费国，宋代王应麟谓为"鲁季氏之僭"（《困学纪闻》卷8）；清代顾炎武谓《孟子·万章》下之费惠公"即季氏之后而僭称公者"（《日知录》卷7）；阎若璩亦谓"季氏之强僭，以私邑为国号"（《国书释地》续，"费惠公"条）。

位者①，是郑卿罕氏后裔。《左传》襄公二十九年载，"郑子展卒，子皮即位，于是郑饥，而未及麦，民病。子皮以子展之命饩国人粟，户一钟，是以得郑国之民"。罕氏此举和宋国戴氏、齐国田氏争取民心的做法如出一辙，然罕氏结局并不佳。《吕氏春秋·适威》载"子阳极也好严，有过而折弓者，恐必死，遂应猘狗而弑子阳"，《观世》谓"民果作难，杀子阳"，《史记·郑世家》谓郑繻公二十五年（前398）"郑君杀其相子阳"，盖繻公因民众蜂起而复取君位。繻公复辟两年之后，虽然子阳之党共弑繻公，却不敢效尤子阳而攫取君位，只是立郑幽公之子为君，不再与君权抗衡。鲁国三桓尽管没有像三家分晋那样取得成绩，并且最终败在鲁君手下，却能不得已而求其次，如季氏还盘踞私邑以圆其君主之梦。然而郑国卿族罕氏则没有三桓那样的退路，子阳受诛于繻公，和季氏比起来显然是等而下之了。

（五）

从追溯源流的角度看，周代的卿起源于殷周之际周王左右的谋臣集团。西周中后期，卿的地位日趋重要，成为王权的必要补充。在春秋时期列国卿权较大发展的基础上，以晋齐为代表的中原诸国之卿，多在春秋战国之际蜕变成为新的君主，使得社会政治面貌发生重大改变。周代的卿多由高级别的贵族成员担任，其权力和地位不容一般贵族侵犯，例如郑国的驷秦为下大夫，却"常陈卿之车服于其庭"，来显示其豪华，从而冒犯了当时的等级观念，结果被"郑人恶而杀之"（《左传》哀公五年），卿的威严于此可见一斑。随着卿的数量增加，其内部渐有等级区别，文献所载正卿、冢卿、孤卿、散卿、上卿、亚卿、次卿、下卿等名称，就是这种情况的反映。

经过社会政治的剧烈变动，战国时期的卿有了全新面目，尽管如此，但仍以卿相称，然而，人们对于卿已经不甚了了。齐宣王与孟子有一段很有意思的交谈，颇能说明这个问题：

---

① 《韩非子·说疑》有"太宰欣取郑"之说，童书业认为太宰欣"或即郑子阳"（《春秋左传研究》，上海：上海人民出版社，1980年，第265页）可信。论者或谓子阳为驷氏之后，其实依郑国形势而言，当为罕氏之后。郑穆公之子子罕及其后裔子展、子皮、婴齐等皆郑卿，"罕氏常掌国政，以为上卿"（《左传》襄公二十九年），其与太宰之职是相近的。子皮为郑国"冢宰"（《左传》昭公元年），冢宰亦即太宰。盖太宰欣名宰，字子阳，太宰为其职。欣读昕，为旦明时日将出，与阳义通。阳有欣喜之义，《诗经·君子阳阳》毛传"阳阳，无所用其心也"，阳与欣义也相涵。名欣，字子阳，合乎名字解诂之例。

齐宣王问卿。孟子曰："王何卿之问也？"王曰："卿不同乎？"曰："不同。有贵戚之卿，有异姓之卿。"王曰："请问贵戚之卿。"曰："君有大过则谏，反复之而不听，则易位。"王勃然变乎色。曰："王勿异也。王问臣，臣不敢不以正对。"王色定，然后请问异姓之卿。曰："君有过则谏，反复之而不听，则去。"（《孟子·万章》下）

　　齐王对于作为股肱大臣的卿的性质弄不大清楚，以致要向孟子请教，尽管这事有点滑稽，但事属必然。这是因为卿不仅历史悠久，迭经变迁，而且自战国初期以来，客卿异军突起，挤入卿的行列，甚至造成喧宾夺主之势，从而使齐宣王眼花缭乱，分辨不清，自不足为奇。学识渊博的孟子把卿分为贵戚之卿和异姓之卿，是很有见地的。可以说周代的卿多为贵戚之卿。从春秋后期以来的史实看，他们确实可以使国君"易位"，并且自己摇身一变而为君，齐宣王勃然变色的原因就在于此。所谓异姓之卿，主要指战国时期的客卿。这些人从寒微之士而平步青云以射取卿相之位，有益于国而无祸于君，已属于封建君主专制制度下官僚的范畴，与周代的卿有了本质上的区别。从卿权的发展及其作用看，可以说周代的卿对君权既有支持的一面，又有限制、否定以至取而代之的一面，而战国以降的卿则完全成了君权的附庸和点缀。

三　战国相权

　　在我国上古时代社会政治的演变过程中，由各级宗法贵族统治到分层次的中央与地方官僚统治的发展主要集中于战国时期，而从周代卿权到战国相权的变迁正是这一发展过程中的关键所在。在社会经济基础和上层建筑都在迅速变革的战国时期，其相权的演变富于时代特色，从一个重要侧面反映了大动荡时期社会政治变化的面貌。以下试对战国相权的历史演变及其若干特点进行研究。

（一）

　　春秋时人将相的起源追溯到很早，如鲁国的大史克谓舜受天下拥戴，"以为天子，以其举十六相，去四凶也"（《左传》文公十八年），即把辅佐舜的"八恺""八元"称为"十六相"。春秋中期晋卿魏绛述夏代事谓伯明氏的不肖子弟寒浞，"夷羿收之，信而从之，以为己相"（《左传》襄公四年），认为夏代已有"相"。春秋后期宋臣仲几谓"仲虺居薛,以为汤左相"(《左传》定公元年),墨子说"伊挚,有莘氏女之私臣,亲为庖人,汤得之,举以为己相"(《墨子·尚贤》中),此为春秋时人以为商代有相之例。究其实际而言,舜至夏商时期,不大可能设置后世那样的相职,春秋时人只是将古代起到辅佐君主之责的大臣比附而称其为相。

相的本义为辅佐、襄助。春秋时期的相如果按其身份地位高低来说,大致可以分为两类,一是辅佐君主治国或完成各种礼仪的卿;一是各种赞礼或进行辅助事务工作的小臣。作为职司的"相"在春秋时期即已存在,并且多为辅佐国君或高级贵族完成各种礼仪者。然而,亦有身份并不高贵的人为相者①。例如,楚灵王建成章华台的时候,便"使长鬣之士相"(《国语·楚语》上),担任"相"礼事务的美须髯的男子,其身份为"士",在楚王手下当即从事杂使的小臣。鲁成公二年(前589)周定王以较低的规格接待晋国使臣,"使相告之曰:非礼也,勿籍"(《左传》成公二年),这样转达话语的相,当即小臣,其地位不会太高。襄助完成各种礼仪者称为相,其事称为"相礼"②。春秋时期各种礼仪十分繁富,仪节复杂,非为专门学识和经验者不足以当之。鲁昭公七年(前535)鲁昭公到楚的时候,孟僖子为相前往,却出了丑,在行礼的时候"不能相仪,及楚,不能答郊劳",返鲁后便发奋学习相礼之事。史载他"病不能相礼,乃讲学之,苟能礼者从之"(《左传》昭公七年),临死前还嘱咐其两个儿子要随从孔丘习礼。

史载最多的担任相礼之职者,为各国的高级贵族,其中多数还是执政之卿。春秋中期,晋卿士会到周,周定王举行享礼招待士会,"原襄公相礼"(《左传》宣公十六年),即由原襄公协助周定王完成各种仪节。这类相,其人数不固定,级别高低也不一致。例如,郑国君主外出时,执政之卿子产多曾为其相,其他郑国卿士也多曾为相。鲁成公六年(前585)"郑伯如晋拜成,子游相"(《左传》成公六年),翌年"郑子良相成公以如晋"(《左传》成公

---

① 春秋时人或将扶持盲人者称为相,史载"师慧过宋朝,将私焉,其相曰:朝也"(《左传》襄公十五年),即为其例。
② 除了相礼之外,君主外出的其他场合有些也需要"相"。鲁襄公十六年(前557)"郑子蟜闻将伐许,遂相郑伯以从诸侯之师"(《左传》襄公十六年),这是以卿为相外出征伐的一例。

七年），鲁襄公二十四年（前549）郑简公朝晋，"子西相"（《左传》襄公二十四年），翌年（前548）"子展相郑伯如晋"（《左传》襄公二十五年），鲁昭公三年（前539）"郑伯如晋，公孙段相"（《左传》昭公三年）等皆为其例。其他诸国也常以高级贵族为相。鲁成公十二年（前579）晋卿郤至聘楚，"楚子享之，子反相"（《左传》成公十二年）。鲁成公十四年（前577）晋卿郤犨至卫，卫君举行飨礼，"宁惠子相"（《左传》成公十四年）。鲁襄公三年（前570）鲁襄公朝晋，"孟献子相"（《左传》襄公三年）。鲁襄公七年（前566）卫卿孙文公聘鲁，鲁襄公接待孙文子的时候，"叔孙穆子相"（《左传》襄公七年）。鲁襄公十年（前563）"齐高厚相大子光，以先会诸侯于钟离"（《左传》襄公十年）。鲁襄公二十六年（前547）齐景公至晋，参加晋平公举行的享礼时"国景子相齐侯"（《左传》襄公二十六年）。鲁襄公三十一年（前542）"北宫文子相卫襄公以如楚"（《左传》襄公三十一年）。所有这些国君之相，都属于本国卿族，许多是声威煊赫的人物。论者或谓春秋时期担任相者，皆为小臣，实失于详察。

辅佐国君治国之事在春秋时期也多称为"相"。春秋前期，齐国的鲍叔力谏齐桓公，欲使管仲治理齐国，他说："管夷吾治于高傒，使相可也。"（《左传》庄公九年）齐桓公不念旧恶，"置射钩而使管仲相"（《左传》僖公二十四年），不是使管仲相礼，而是使他辅助自己治理齐国。晋公子重耳率臣流亡途中到达曹国的时候，有人即谓"吾观晋公子之从者，皆足以相国"（《左传》僖公二十三年），意即重耳手下的人都不是寻常之辈，而是可以辅助君治国的大臣。据专家研究，齐国兵器铭刻人名的相当多，"其中以田齐家族陈姓所造最多，占居记人名兵器之大半"①。为齐相的陈氏制造大量兵器，是齐国任相职的田氏势力强大的表现。在春秋战国之际列国卿权向君权转化的时候，有些卿士自己也设置相，或称为"相室"，意即卿族家室之相。相传，赵襄子的时候，其"相室"曾经进谏任命之事（见《韩非子·外储说左上》）。这种"相室"虽然并非国家的"相"，但其已经具备了这类相的雏形，当由卿所蜕变的新君主登上历史舞台的时候，这类"相室"就是新的诸侯国的相。

既然协助君治理国家称为"相"，久而久之，这类人物也便被称为"相"。城濮之战后晋文公曾谓"困兽犹斗，况国相乎"（《左传》宣公十二年），将楚

---

① 黄盛璋：《燕齐兵器研究》，《古文字研究》，第19辑。

国令尹子玉称为"国相"，在这里，"相"已由动词转化为名词。列国执政之卿似乎都可以被称之为相。秦国医生名和者曾经对晋国正卿赵文子说："主相晋国，于今八年，晋国无乱，诸侯无阙。"（《左传》昭公元年）即将卿的执政之事称为"相"。鲁国的季文子执政历鲁宣公、鲁成公、鲁襄公三世，故谓其"相三君矣"（《左传》襄公五年），亦与医和之语为同例。周的单襄公"为卿士以相王室"（《左传》襄公十年）郑国政治家子产被视为"善相小国"（《左传》昭公四年），他在铸刑书的时候，晋国的叔向写信反对，信中说"今吾子相郑国"，亦将子产所执行的正卿之事称为"相"。这样的"相"，其权力已经不小，例如春秋中期，"卫人立公孙剽，孙林父、宁殖相之"（《左传》襄公十四年），担任相的孙林父、宁殖可以废立国君，实非寻常。这类相，逐渐演变为一种职官。春秋时期，可能以齐国设置相职为最早。史载，鲁襄公二十五年（前548）齐臣崔杼弑齐庄公以后，立齐灵公为君，"崔杼立而相之，庆封为左相"（《左传》襄公二十五年）。既称"左相"，则崔杼本人当为"右相"，可以推测当时齐国已有左、右相的职官设置。

终春秋之世，可以说列国担任治理国家重任的"相"者，皆属于卿族。这些卿或随国君外出参加各种礼仪，或主持国政以决策国家军政大事，实质上都是卿权势力强大的一种表现。春秋中期，晋在鄢陵之战胜利以后，晋臣郤至告庆于周的时候，周臣即认为他"必相晋国，相晋国，必大得诸侯，劝二三君子必先导焉，可以树"（《国语·周语》中）。当时郤至还不是晋国上卿，所以周臣谋划着引导晋侯任命郤至为卿，所谓"导"，意谓"导晋侯使升郤至以为上卿"（《国语·周语》中韦注）。属于三桓的鲁国季文子在鲁宣公、成公时执鲁政，有人即说他"子为鲁上卿，相二君矣"（《国语·鲁语》上）。可见在当时人的心目中，相国之事实为卿的职守，晋国正卿范宣子"以相晋国"、赵文子以正卿身份执政事为"相晋国"（《国语·晋语》八），皆为其例。像秦这样的国家，春秋时期卿权不大，所以关于其负责治理国政的"相"的记载也比较少见。春秋时期的相权实即卿权，它属于宗法贵族政治的范畴。

（二）

战国时期列国相权相当强大，其与春秋时期的卿权的重大区别就在于，任列国之相者有许多人出身寒微，这是西周春秋时期极少见的现象，亦为秦汉时期布衣卿相的先河。

由出身于卿族以外的人担任相，这在春秋战国之际就已经出现。晋卿族擅权的时候，各自已经设置相。史载"三卿宴于兰台，智襄子戏韩康子而侮段规"，这位段规就是魏桓子之相。所以当时就有人批评智襄子侮辱段规事为"耻人之君相"，认为"君相"有相当影响，"蝤蚁蜂虿，皆能害人，况君相乎"（《国语·晋语》九）。段规并非晋国卿族，也不是晋君之相，而是日益显示出新君形象的晋卿之相。段规一类的人物实为战国时期那一类治国之相的先驱。到了战国时期，许多出身寒微的术士奔走于各国之间，纵横捭阖以谋取相位为最高荣光。曾出任赵燕等国相职的苏秦，"特穷巷掘门、桑户棬枢之士耳"（《战国策·秦策》一）。秦国的商鞅虽然始终没有正式的"相"的名号，而只任大良造，但其职守实即为相，所以战国时人谓"卫鞅亡魏入秦，孝公以为相"（《战国策·秦策》一），其出身虽然为卫国公族，是"卫之诸庶孽公子"，但商鞅本人地位并不高，只是魏相公叔座手下的一名"中庶子"（《史记·商君列传》）①。据《战国策·东周策》记载，周文君时候的东周君之相有称为"士工师藉"，前人或将"士"字删去，其实此正为其身份的标识而并非衍文。术士张仪在任相之前，被人视为"贫无行"者，随楚相饮酒时楚相丢了玉璧，张仪首先被怀疑，遂"共执张仪，掠笞数百"（《史记·张仪列传》）。秦相范雎向秦王这样讲述自己的出身："臣东鄙之贱人也，开罪于楚、魏，遁逃来奔。臣无诸侯之援，亲习之故，王举臣于羁旅之中，使职事，天下皆闻臣之身与王之举也。"（《战国策·秦策》三）以范雎这样的"东鄙之贱人"的出身，若觊觎君位，在当时是根本不可能的事情。战国时期出身并不高贵的人可任相职，秦汉时代布衣卿相之例实由此开端。

这些出身寒微的士人一旦为相，自觉没有什么根基，所以极少有可能觊觎君位。他们所努力的目标只是靠自己的聪明才智以博取君主的信任与欢心，从而巩固自己的相位。这样出身的相可以因国君的好恶而随时任免。所以这样的相对于各国而言，便都有益于国而无害于君。春申君黄歇担任楚相二十多年，"虽名相国，实楚王也"（《史记·春申君列传》）。从历史记载看，黄歇"游

---

① 关于中庶子之官，元吴师道《战国策鲍注补正》谓："《新序》楚庄王莅政云云，中庶子闻之，跪而泣曰：'臣尚衣冠御即十三年矣'。……秦王宠臣中庶子蒙嘉，卫鞅为公叔座庶子，甘罗事吕不韦为庶子。则中庶子者，侍御左右之臣，而当时家臣亦有此名。"这里判断中庶子为"侍御左右之臣"，是正确的。

学博闻",写得一手好文章,似为士人出身。他担任楚相如日中天而权力甚大的时候,曾经有人劝他"代立当国,如伊尹、周公,王长而反政,不即遂南面称孤而有楚国"(《史记·春申君列传》)。黄歇终不行此事,关键原因在于他在楚国贵族中并无根基,所以在楚国政变中被杀身死。由普通士人或低级贵族出身的人往往在激烈的政治军事斗争中靠自己为国家做出的贡献来谋取相位。周的王室贵族周最曾经对术士吕礼说:"子何不以秦攻齐?臣请令齐相子。"(《战国策·东周策》)按照周最的设想,吕礼可以先让秦攻齐,则齐便任命吕礼为相以免遭秦攻。卫国人吴起,曾经就学于曾子,可见其社会地位并不高贵,他从魏至楚的时候,"楚悼王素闻起贤,至则相楚,明法审令,捐不急之官,废公族疏远者,以抚养战斗之士,要在强兵"(《史记·孙子吴起列传》)①,"其为人臣,尽忠致功"(《战国策·秦策》三)。他尽忠于楚悼王,为楚国变法图强立下卓著功勋。

在复杂激烈的竞争当中,相往往处于政治斗争漩涡的中心,所以其间存在着许多矛盾斗争。特别是出身低的相,更由于没有牢固根基而常常遭人攻讦,所以更是时刻警惕,以免遭人暗算。东周君免相工师藉之后,任命周仓为相,周仓引见外来的术士往拜东周君的时候,"前相工师藉恐客之伤己,因令人谓周君曰:'客者,辩士也,然而所以不可者,好毁人'"(《战国策·东周策》),以此来避免伤害自己。术士往往利用置相之事作为攻击政敌的手段。张仪欲潜害秦国权臣樗里疾的时候,便设法让樗里疾出使楚国,"因令楚王为之请相于秦",然后张仪对秦王说楚王请秦任樗里疾为相,"今王诚听之,彼必以国事楚王"。此事引起秦王大怒,樗里疾不得不出走而避难。《战国策·秦策》一所载此事或当出于术士假托,然而从中也可以看出在当时术士的心目中,别国为某人请求命其为相,确是攻击政敌的有效手段。据《战国策·秦策》二记载,在保持相位的事情上,甘茂对于公孙衍就很有戒心:

> 甘茂相秦。秦王爱公孙衍,与之间有所立。因自谓之曰:"寡人且相子。"甘茂之吏道而闻之,以告甘茂。甘茂因入见王曰:"王得贤

---

① 楚国令尹屡被称为"相",如《史记·春申君列传》"以黄歇为相,号春申君",《史记·楚世家》作"以左徒为令尹,封以吴,号春申君",是为其证。《资治通鉴》周纪赧王三十四年胡注谓"令尹,楚上卿,执其国之政,犹秦之丞相",是正确的。从吴起至楚受重用的情况看,其地位应属令尹。

相,敢再拜贺。"王曰:"寡人托国于子,焉更得贤相?"对曰:"王且相犀首。"王曰:"子焉闻之?"对曰:"犀首告臣。"王怒于犀首之泄也,乃逐之。

甘茂采取捏造事实进行诬陷的手段将公孙衍击败。此事虽然不一定完全如此,但术士间为争夺相位而进行斗争之事,则当有之。在秦相应侯范雎失势的时候,术士蔡泽采取单刀直入的办法直接引起范雎的重视,他先扬言于范雎说"燕客蔡泽,天下骏雄弘辩之士也,彼一见秦王,秦王必相之而夺君位",然后在见到范雎时分析其利害,终于使范雎"因谢病,请归相印。昭王强起应侯,应侯遂称笃,因免相,昭王新说蔡泽计划,遂拜为秦相"(《战国策·秦策》三)。蔡泽因势利导,既没有得罪范雎,又为自己谋得了相位。张仪为了谋害其政敌陈轸,遂"令魏王召而相之,来将梏之"(《战国策·魏策》一),将相位作为诱饵,引诱陈轸上钩。魏王将要任命张仪为相的时候,术士公孙衍即派人游说,最终使自己"相魏"(《战国策·魏策》一)。

战国时期布衣卿相之局的发轫,对于自周代以来的社会政治的变化有很大影响,后世封建专制中的官僚系统实开端于此。这种政治格局标识着宗法贵族已经比较迅速地退出社会政治舞台的核心地位。在西周春秋时期多层次的宗法贵族统治下,普通民众之上的直接权威即宗法贵族,而不是诸侯王之类的高等级的贵族。从本质上说,普通民众,只对本宗族的贵族负责,而不受国家的干预和支使。可是,在布衣卿相格局下面,民众却听命于相权及其以下的各级官僚体系,而受控于作为国家代表的君主。布衣卿相之局正是在大量自耕农民涌现的情况下社会结构发生重大变动的结果,反过来又在很大程度上促进了这个变动。

(三)

战国时期所出现的一类特殊的"相",能够在很大程度上体现出列国间激烈竞争和权力下移的时代特点。这类任相职者有许多出身于术士。这类"相"与国家内部集各种权力于一身的相有不少区别。在各国纵横捭阖、外交斗争十分频繁的时候,一些为国君倚重的大臣可到别国为相,还有一人而挂多国相印者。这类"相"与作为国君股肱的相有所区别,他们实际上是一些高级别的外交官。所以说,战国时许多国家的相,类似于现在的驻外特命全权大使,与本国的真正掌权大臣有一定区别。这些"相"与当时的客卿相似。《战国策·楚策》一谓苏秦"乃佯有罪，出走入齐，齐王因受而相之"，《史记·苏秦传》载此事谓"详（佯）为得罪于燕，而亡走齐，齐宣王以为客卿"。可见《楚策》之客卿即《苏秦传》之相。除了横纵家之外，一些有影响的人物也有被别国召去任相者，这其中最著名的例子就是孟尝君相魏。魏国的公孙衍曾向魏襄王建议说："今所患者，齐也。婴子言行于齐王，王欲得齐，则胡不召文子而相之？彼必务以齐事王。"（《战国策·魏策》二）这个建议为魏襄王所赞赏，不久即召孟尝君田文至魏为相。显而易见，魏之所以召孟尝君为相，是因为其想加强与强齐的联系。这样的类于外交官的相，与本国实际上的相可以同时并列。

这种专司外交事务的诸国的相位，吸引了诸多纵横家参与竞争。《战国策·魏策》一记载，张仪先后为秦、魏之相的时候，楚国的术士史厌也为之心动。史厌对赵献说："公何不以楚佐仪求相之于魏，韩恐亡，必南走楚。仪兼相秦魏则公亦必并相楚韩也。"他劝赵献利用诸国间复杂的利害关系以谋求兼相楚韩两国的结果。以情理度之，赵献当是楚国专司外交的大臣，有可能和张仪类似，也属于纵横家的行列。不仅许多术士参加相位的角逐，而且术士还往往为贵族大臣出谋划策以射取相位。楚国术士名献则者曾经对秦国大臣公孙消说："公，大臣之尊者也，数伐有功。所以不为相者，太后不善公也。"并且为公孙消谋划如何取得太后的欢心，最后达到"太后必悦公，公相必矣"（《战国策·秦策》五）的目的。战国中期，魏相田需死后，由谁继任一时间成为列国统治者和术士们关注的焦点，楚相昭鱼担心由张仪、薛公孟尝君或犀首公孙衍中的某一人为相，术士苏代便拟往说魏王，请魏让太子任相。苏代所拟说辞如下："代也从楚来，昭鱼甚忧，代曰：'君何忧？'曰：'田需死，吾恐张仪、薛公、犀首有一人相魏者。'代曰：'勿忧也。梁王，长主也，必不相张仪。张仪相魏，必右秦而左魏。薛公相魏必右齐而左魏。犀首相魏，必右韩而左魏。梁王，长主也，必不使相也。'代曰：'莫如太子之自相。是三人皆以太子为非固相也，皆将务以其国事魏，而欲丞相之玺。以魏之强，而持三万乘之国辅之，魏必安矣。故曰，不如太子之自相也。'"（《战国策·魏策》二）从这段说辞里面可以看到这样几点：第一，置相对于他国的外交甚有影响，所以楚相昭鱼担心跟楚关系不好的人担任魏相；第二，在一般术士的心目中，一些担任过相职的著名术士，其政治倾向可谓尽人皆知；第三，相位对于术士是很有吸引力的诱饵，所似若魏太子为相，术士们便会认为定非长久之计，魏国定会任用他人为相，所以在魏国的"丞相之玺"的吸引下而靠近魏国。

战国时期这类特殊的"相"，以张仪最为典型。秦惠文王后元三年（前322）张仪为秦而相魏，即《史记·张仪传》所谓"相魏以为秦"。论者或以为张仪是主持魏国大政的"相"。其实不然。魏国不会那么傻，让一个秦国间谍担任掌握国家大权的相。魏以张仪为相，固然是看中了张仪的外交经验，也是迫于秦的压力，向秦做出友好姿态，是魏国试图通过张仪而跟强秦联络的一种方式。《史记·张仪传》谓，张仪相魏之后"欲令魏先事秦而诸侯效之，魏王不肯听"，其间的原因就在于魏惠王心中很清楚张仪的作为，并没有把他当心腹大臣看待。后来，魏国"乃倍从约而因仪请成于秦，张仪归，复相秦"。由此可见，魏国非常了解张仪的背景和其来魏的目的。《战国策·魏策》一谓"魏王所以贵张子者，欲得地"，指出魏任用张仪是为了联合秦国而使魏取韩国之地。种种情况表明，魏王任张仪为相，自有其如意算盘。魏人雍沮就很清楚张仪相魏的个中缘由。请看《战国策·魏策》一的相关记载：

> 张子仪以秦相魏，齐、楚怒而欲攻魏。雍沮谓张子曰："魏之所以相公者，以公相则国家安，而百姓无患。今公相而魏受兵，是魏计过也。齐、楚攻魏，公必危矣。"张子曰："然则奈何？"雍沮曰："请令齐、楚解攻。"雍沮谓齐、楚之君曰："王亦闻张仪之约秦王乎？曰'王若相仪于魏，齐楚恶仪，必攻魏。魏战而胜，是齐、楚之兵折，而仪固得魏矣；若不胜魏，魏必事秦以持其国，必割地以赂王。若欲复攻，其敝不足以应秦。'此仪之所以与秦王阴相结也。今仪相魏而攻之，是使仪计当于秦也，非所以穷仪之道也。"齐、楚之王曰："善。"乃遽解攻于魏。

由此可知，张仪"与秦王阴相结"之事，并不是太秘密的事情，雍沮就对此了如指掌[①]，和张仪有直接利害关系的公孙衍也知晓"张仪以合秦、魏"（《战

[①] 如果不明此类相的特点便会造成一些误解。林春溥《战国纪年》认为"薛侯会魏王之明年，齐与魏会，韩以兵合于三晋，因使孟尝君入秦，即齐策所谓孟尝君为从，先观秦王之谋也。及秦觉其谋，孟尝君几不免"，钱穆指出"孟尝君合从固非一日，然谓其入秦在诈观秦王，则恐未必"（《先秦诸子系年》第399页）。按，这个说法是正确的。外交与特务固然不可截然区分，但也不是没有区别。孟尝君被免相，根本原因在于秦国外交政策的改变，而不是发觉孟尝君之谋的结果。因为孟尝君相秦的目的，依照战国时期这类外交人员的相的特点，应当是尽人皆知的事情，不需要特别的发现。

国策·魏策》一）而为魏相的真正目的。张仪为秦而相魏，魏为拉拢秦国而使张仪为相，这就是事情的实质。就当时的情况而言，如果把张仪所任之"相"作为高级别的外交官来理解，那么，可以说张仪实际上是"并相秦、魏"（《战国策·魏策》一）的。他任魏相，实际上是负责了魏与秦的外交联络工作。张仪在魏国时，曾就魏与楚联合以伐齐的事情发表意见，但"魏王弗听"（《战国策·魏策》一），在涉及魏国对于秦国以外的其他国家的外交政策时，张仪的意见并不受重视。各国君主对于这一类担任相职的外国人员很不放心。战国末年，秦相吕不韦手下的小吏司空马到赵国担任"守相"，即代理之相，当秦军攻赵的时候，司空马曾经请缨于赵王，谓"臣少为秦刀笔，以官长而守小官，未尝为兵首，请为大王悉赵兵以遇"（《战国策·秦策》五）。赵王不信任司空马，终不使其率兵，司空马只得讪讪离赵。

　　强国能派重臣，特别是那些纵横家，到其他国家为相，弱国为了某种原因也能派臣到强国为相。秦惠文王后元七年（前318）赵国的"乐池相秦"（《史记·秦本纪》）就是一例。据记载，另有两处史载提到乐池。一是《韩非子·内储说上》载"中山之相乐池以车百乘使赵"。一是《赵世家》载燕王哙之乱时，赵武灵王"召公子职于韩，立以为燕王，使乐池送之"，集解和索隐皆谓纪年说与此同，可能这三个乐池为一人。他为赵臣，被赵派为中山相，后又至秦为相。乐氏为赵国大族，乐池当为赵国重臣，其为秦相，盖表示赵欲与秦交好。此年齐韩魏赵楚五国攻秦，但五国各自心怀鬼胎，貌合神离，赵派乐池到秦，应该是为了表明赵并不是秦国的主要敌人。假若与本国不利的人至大国为相，则其国往往想方设法使大国免其相位。秦昭王七年（前300）赵人楼缓相秦，于赵不利，赵便派术士机郝到秦国活动，"请相魏冉"（《战国策·赵策》三）。在机郝的周旋下，"秦果免楼缓而魏冉相秦"（《史记·穰侯列传》）。战国中期，"甘茂约秦、魏而攻楚，楚之相秦者屈盖为楚和于秦，秦启关而听楚使"（《战国策·秦策》二），从此事可以看到楚派到秦为相者，为争取秦不联魏而攻楚所进行的努力。

　　这种派人到别国为相的做法，实际上是一种外交联络和外交斗争的手段。这可以分为以下几个方面进行阐述。

　　首先，欲通过置相的办法以影响别国的外交政策。例如，战国后期，魏国欲与秦联合的时候，赵国相当恐慌，术士即建议赵国资助以反秦著称的周最到魏国为相，认为"资周最，而请相之于魏。周最以天下辱秦者也，今相魏，魏秦必虚矣"（《战国策·赵策》三），将此视为釜底抽薪的办法。战国中期，秦魏两国君主约定会见的时候，魏国缺相，术士便劝魏王任命亲齐者为相。其辞谓：

> 遇而无相，秦必置相。不听之，则交恶秦；听之，则后王之臣，将皆务事诸侯之能令于王之上者。且遇于秦而相有秦者，是无齐也，秦必轻王之强矣。有齐者不若相之，齐必喜，是以有齐者与秦遇，秦必重王矣。（《战国策·魏策》四）

所谓"秦必置相"，指秦将派人到缺相的魏国任相。就当时的形势看，魏置相之事，实为决定其外交是倾向于秦，抑或是倾向于齐的表态。依术士的分析，魏应置亲齐之相，这样魏便会与齐交好，从而秦也不敢小觑于魏。置相与外交的关系于此十分明确。为了扩展自己的影响，有的大国甚至可以为某人求取两国相位。秦昭王十九年（前288）五国攻秦以后，秦昭王即"欲为成阳君求相韩魏，韩魏弗听"（《战国策·秦策》三）。其事显然是秦为增强对于韩魏两国的影响而采取的一个措施。

其次，置相于别国是增强本国外交地位的重要手段。魏相翟强去世时，术士曾劝楚利用这个机会联合齐国一起让魏国任甘茂为相，其理由是"魏之几相者，公子劲也。劲也相魏，魏秦之交必善。秦魏之交完，则楚轻矣。故王不如与齐约，相甘茂于魏。齐王好高人以名，今为其行人请魏之相，齐必喜。魏氏不听，交恶于齐，齐魏之交恶，必争事楚。魏氏听，甘茂与樗里疾贸首之雠也，而魏秦之交必恶，又交重楚也"。（《战国策·楚策》二）术士从各个方面分析了甘茂相魏对于楚国外交政策的利益所在。战国时期术士曾经指出，"秦已善韩，必将欲置其所爱信者，令用事于韩以完之"（《战国策·韩策》三），显然将亲秦的人物置为韩相，正是秦国增强自己对于韩的外交地位的措施。

第三，有时候，弱国欲通过置相的办法给强国造成麻烦。据《战国策·楚策》一记载，战国中期，楚怀王曾经跟术士范环讨论派谁至秦国为相的问题，楚怀王以为甘茂可以，范环认为甘茂为贤才，而"秦之有贤相也，非楚国之利也"，并且建议"王若欲置相于秦，若公孙郝者可。夫公孙郝之于秦王，亲也。少与之同衣，长与之同车，被王衣以听事，真大王之相已。王相之，楚国之大利也"①。在相互竞争的时代，强国的贤相于弱国不利，范环深明此理，所以才建议楚力主让与秦王亲昵的人为相。术士在为楚国利益而讨论韩楚关系时曾谓"韩之父兄得众者毋相，韩不能独立，势必善楚"，认为楚应当支持在韩国群众间没有什么威望的人为韩相，楚怀王则必定推荐名韩珉者为相，谓"吾欲以国辅韩珉而相之可乎？父兄恶珉，珉必以国保楚"（《战国策·韩策》三）。后来，韩果然以韩珉为相，这与楚国奉行不使敌国有贤相的政策当有直接关系。

第四，将置相作为加强国家间联系的手段。前324年术士公孙衍在发动燕、赵、魏、韩、中山等五国相王之前，曾经"东见田婴，与之约结；召文子而相之魏，身相于韩"（《战国策·魏策》二）。将列国相位的安排作为联络诸国的重要办法。他曾对魏王说："王欲得齐，则胡不召文子而相之，彼必务以齐事王。"（《战国策·魏策》二）认为魏若任命孟尝君为相，必将加强魏齐两国关系。战国中期，赵国为了对付楚、齐、魏三国的联合，便"结秦，连[赵]、宋之交"，加强与秦宋两国的联系，其措施就是"令仇郝相宋，楼缓相秦"（《战国策·赵策》四）②。

第五，置相是本国外交倾向的一种表达方式。秦国推行连横政策时曾经"内韩珉于齐，内成阳君于韩，相魏怀于魏，复合衡交"（《战国策·赵策》四），将置相于别国视为重要的外交方式，表示秦与齐、韩、魏等国的交好。战国末年秦贬斥文信侯吕不韦的时候，吕不韦之臣"司空马之赵，赵以为守相"（《战国策·秦策》五）。任命司空马为赵国守相，表明赵国与秦并不友好的态度，所以为秦所嫉恨，遂即发兵攻赵。《战国策·韩策》一载："楚昭献相韩，秦且攻韩，韩废昭献。昭献令人谓公叔曰：'不如贵献以固楚，秦必曰楚、韩合矣。'"依这里所载，韩依然用昭献为相，即表明韩与楚国交好，使秦不敢小觑于韩。

---

① 这里的"公孙郝"，《史记·樗里子甘茂列传》作"向寿"，《韩非子·内储说下》作"共立"，并谓"共立少见爱幸，长为贵卿，被王衣，含杜若，握玉环，以听于朝，且利以乱秦矣"。
② 《战国策·赵策》四"魏败楚于陉山"章所述此事原作"结秦，连楚、宋之交"，姚本去"宋"字，但于文义未安。《战国策·东周》策"谓周最曰仇赫之相宋"章亦载此事，由文义看，此"楚"字当为"赵"字之误。关于仇郝（即仇赫）相宋的目的，是章载"仇赫之相宋，将以观帮之应赵、宋，败三国。三国不败，将兴赵、宋合于东方以孤秦，亦将观韩、魏之于齐也"，可见赵国实将置相于宋作为其外交政策的相当重要的一步棋。

就总的情况而言，这种专司外交职责的相位的设置，是战国时期频繁外交与列国间尖锐斗争的一个重要方面。小国受大国的压力而任命某人为相，实际上是对于大国的屈从，是并不光彩的事情。战国时期的术士对于这一点很明白，曾谓"韩求相工陈籍而周不听；魏求相綦母恢而周不听，何以也？周是列县畜我也"（《战国策·楚策》一）。周虽然十分弱小，但在有的时候为了本国的面子问题而敢于顶住大国压力，不按照大国的意愿而置相，其目的就在于以此表示周并不是大国属下的"县"，而是独立的国家。在大多数情况下，有些国家任用其他国家有影响的人物为相，往往有保持本国利益或振兴自己国家的用义在内。术士曾拟孟尝君到楚为相之事，并谓"小国所以皆致相印于君者，闻君于齐能振达贫穷，有存亡继绝之义"。（《战国策·齐策》三）孟尝君是战国中期政坛上的风云人物，其为各国所重并委之以相位，实出于各国自己的目的。在孟尝君一度被齐王放逐的时候，术士冯谖对魏惠王说："齐放其大臣孟尝君于诸侯，诸侯先迎之者，富而兵强。"魏惠王为了利用孟尝君的影响，于是"虚上位，以故相为上将军，遣使者，黄金千斤，车百乘，往聘孟尝君"（《战国策·齐策》四）。在这个方面，齐秦两国争取著名术士甘茂之事，亦为典型。甘茂离秦赴齐的时候，术士曾经对秦王说："甘茂，非常士也，其居于秦，累世重矣。自殽塞及至鬼谷，其地形险易皆明知之。彼以齐约韩、魏反以图秦，非秦之利也。"秦王明白了此中利害，"即赐之上卿，以相印迎之于齐"，而齐国也"位之上卿而处之"（《史记·樗里子甘茂列传》），欲以更优裕的条件以求甘茂留在齐国。

术士之类的人物被派往别国为相，虽然是很风光的事情，但有时候也存在着一些危险，特别是一些负有间谍使命的术士更是时刻面临杀身之祸。术士苏秦被"封为武安君而相燕，即阴与燕王谋破齐共分其地。乃伴有罪，出走入齐，齐王因受而相之。居二年而觉，齐王大怒，车裂苏秦于市"（《战国策·楚策》一），就是典型的例子。相传秦相吕不韦为了达到攻赵以扩展自己私邑的目的，便请张唐到燕国为相。张唐就推辞说："燕者必径于赵，赵人得唐者，受百里之地。"（《战国策·秦策》五）原来张唐与赵有隙，赵曾悬赏捉他，而从秦到燕须经赵国之地，张唐视其为危途，所以不愿到燕国为相。魏国的范座任相职期间不从赵命而拒绝实行合纵政策，所以范座在魏被免相以后，赵王便"使人以百里之地，请杀范座于魏，魏王许诺"（《战国策·赵策》四）。虽然经信陵君之救助而免一死，但任相职而带来的危险还是显而易见的事情。

（四）

由于传统的巨大影响，战国时期亦有高级贵族任相者。这样的相往往给君权造成威胁。例如，秦昭王时相魏冉，虽非秦国王族，但他是秦昭王母宣太后之弟，故能干预朝政，称穰侯。史载"魏冉力为能立昭王。昭王即位以冉为将军，卫咸阳，诛季君之乱，而逐武王后出之魏，昭王诸兄弟不善者皆灭之，威震秦国……穰侯之富，富于王室"（《史记·穰侯列传》）。在秦国东进与东方六国斗争的时候，魏冉使富庶的陶为其私邑，实为秦国的一支分裂势力。应侯曾经对秦昭王说："其令邑中自斗食以上，至尉、内史及王左右，有非相国之人者乎？国无事，则已；国有事，臣必闻见王独立于庭也。臣窃为王恐，恐万世之后有国者，非王子孙也。"（《战国策·秦策》三）秦相魏冉影响的强大于此可见。赵相平原君为赵王诸公子之一，曾经"三去相，三复位，封于东武城"（《史记·平原君列传》），在赵国很有影响。术士公孙龙曾经当面说他"君无覆军杀将之功，而封以东武城。赵国豪杰之士，从在君之右，而君为相国者以亲故。夫君封以东武城不让无功，佩赵国相印不辞无能"（《战国策·赵策》三），可见平原君是依靠贵族亲缘关系而占据相位的典型人物。

大贵族往往靠其在本国王室的重大影响而为相。齐国大贵族靖郭君田婴虽然在齐宣王继位后一度被废黜相职，但术士向齐宣王进言当年田婴如何向齐宣王之父齐威王力主其为太子，以至于有齐宣王继统之事，使得齐宣王感其恩而迎还田婴为相。史载，"靖郭君衣威王之衣冠，带其剑，宣王自迎靖郭君于郊，望之而泣。靖郭君至，因请相之。靖郭君辞，不得已而受。七日，谢病强辞。靖郭君辞不得，三日而听"（《战国策·齐策》一），遂复相位。田婴穿着齐威王赏赐给自己的衣冠，拿着齐威王赏赐给自己的剑，无疑是在表明自己与齐威王的特殊关系。各国的相对于继任者往往有推荐的权利。《韩非子·说林》上篇载："张谴相韩，病将死。公乘无正怀三十金而问其疾。居一日，君问张谴曰：'若子死，将谁使代子。'……张谴死，因相公乘无正。"公乘无正的地位虽然不高，但得张谴赏识和推荐，所以可以继任为韩相。

列国的贵族之相往往对于君权造成颇大的威胁。齐国的大贵族田婴任相职时，"与故人久语，则故人富；怀左右刷，则左右重"（《韩非子·内储说下》），跟故人多说一些话，赏赐左右一些布巾之类的小东西，都可以使他们贵富起来，可见其相位的重要。其子孟尝君为魏昭王相的时候，"上则得专主，下则得专国"（《荀子·强国》），"以人臣之势，假人主之术，而害不得生"，使得臣下"竞劝而遂为之"（《韩非子·外储说右上》），奔走于其麾下，对于齐国政局带来颇大影响，其势比田婴有过之而无不及。秦国的情况与此相类似。贵戚穰侯魏冉为相的时候，秦国大权一度旁落。术士范雎向秦昭王进言时谓"臣居山东时，闻齐之有田文，不闻其有王也；闻秦之有太后、穰侯、华阳、高陵、泾阳，不闻其有王也。……自有秩以上至诸大吏，下及王左右，无非相国之人者"，言明秦国政治局势中相权已经危害到君权，使秦昭王下决心采取措施，驱逐穰侯，废其相位，并且"拜范雎为相，收穰侯之印"（《史记·范雎蔡泽列传》）。《战国策·赵策》二载赵王之语谓："先王之时，奉阳君相，专权擅势，蔽晦先王，独制官事。寡人宫居，属于师傅，不能与国谋。"相的权力如果达到了"独制官事"的地步，对于君主而言，自然不能不感到恐惧。赵武灵王传位于赵惠文王以后，其晚年赵国发生内乱，其叔父公子成为相，与司寇李兑共掌大权，"是时王少，成、兑专政，畏诛，故围主父"（《史记·赵世家》），使赵武灵王饿死于沙丘宫中。战国时人评论此事谓"武灵王使惠文王莅政，李兑为相，武灵王不以身躬亲杀生之柄，故劫于李兑"（《韩非子·外储说右下》），赵武灵王之死乃是大权旁落的恶果。战国时期的术士讲楚国白公发动叛乱的时候，楚王左右都说没有此事，其原因就在于"州侯相楚，贵甚矣而主断，左右俱曰：'无有。'如出一口矣"（《战国策·楚策》一）①。楚王左右之臣众口一词，原因即在于其相的贵重主断。

（五）

战国时期，政事日繁，设置各种官吏由相职统领管理，实为形势所需。关于这方面的道理，荀子所论甚精。他说：

> 国者，事物之至也如泉原（源），一物不应，乱之端也。故曰：人主不可以独也。卿相辅佐，人主之基杖也，不可不早具也。故人主必将有卿相辅佐足任者然后可，其德音足以镇抚百姓，其知虑足以应待万变然后可，夫是之谓国具。……故人主无便嬖左右足信者谓之

---

① 《韩非子·内储说下》载此事谓"州侯相荆，贵而主断，荆王疑之，因问左右，左右对曰：'无有。'如出一口也"，与此略同。

暗，无卿相辅佐足任者谓之独。(《荀子·君道》)

值得注意的是，荀子将辅佐国君的卿相与国君左右的"便嬖"之臣分别论列，其间可能含有让国君依靠其左右足可信赖的近臣来牵制相权的用义在内。战国时期的相，荀子或称为"冢宰"，他说："本政教，正法则，兼听而时稽之，度其功劳，论其庆赏，以时顺修，使百吏免尽，而众庶不偷，冢宰之事也。"(《荀子·王制》)将国家的政务归之于"冢宰"，这是基本符合战国时期各国官制情况的。依照荀子的说法，"若夫兼而覆之，兼而爱之，兼而制之，岁虽凶败水旱，使百姓无冻馁之患，则是圣君贤相之事也"(《荀子·王制》)，"贤相"正是"圣君"总理天下事务的主要助手。战国时期的相在文献中屡称为"相国"①，彝铭资料则称为"相邦"，论者推测这是由于汉代避刘邦之讳而改字的结果，应当是有道理的。战国时期的相或称为"丞相"，秦武王二年（前309）秦国初置丞相之职，由樗里疾和甘茂分别任左、右丞相。赵国也有丞相之职。吕不韦派人到赵国的时候，赵国的建信君即"官之丞相，爵五大夫"(《战国策·赵策》三)，让其为赵国丞相的属官。

列国相权在政治影响方面相当强大。战国中期齐国术士有"千乘之君与万乘之相"(《战国策·齐策》三)的说法，万乘之国的相与千乘之国的君主相当，相的重要于此可见。在各国内政外交当中，许多重大事情的决策，君主都往往和相商量后决定。周赧王二十五年（前290）秦赵两国联合攻魏的时候，

---

① 有的论者认为，战国时期的丞相之上还设有相国（或称"相邦"），"相国一般由功高德重者担任，往往比丞相拥有更多更大的权力。丞相可以有左右，而相国只有一个"，并且由此断定《史记·秦始皇本纪》"令相国昌平君、昌文君发卒"应标点为"令相国、昌乎君、昌文君发卒"(胡正明：《"丞相启"即昌平君说商榷》，《文物》，1988年，第3期)。按，此说似有可商榷之处。就《史记·秦始皇本纪》言，先述官名后带人名者屡见不鲜，如"相国吕不韦""丞相绾"等皆为其例。秦王政九年时，吕不韦尚为相国，而此年昌平君亦为相国，此正是相国非必只有一人之证。昌平君为战国末年秦国著名人物，《史记·秦始皇本纪》索隐谓"昌平君，楚之公子，立以为相，后徙于郢，项燕立为荆王，史失其名"。云梦秦简《大事记》秦王政二十一年"韩王死，昌平君居其处"，此时与《史记·秦始皇本纪》所载秦王政二十三年"荆将项燕立昌平君为荆王，反秦于淮南"之事，可以相互关联。《文物》1986年第3期载《新发现的"十七年丞相启状"戈》一文认为，戈铭"十七年丞相启"，即史失其名的昌平君，是有一定道理的。此戈铭可补关于战国末年丞相情况的史载的不足。然而，其间仍有一定的问题，那就是史载称相国昌平君，而戈铭则谓丞相启，相国与丞相是否为一事，尚待论证。

魏遣术士以献邺于赵而往说赵王。史载"赵王喜，召相国而命之曰：'魏王请以邺事寡人，使寡人绝秦。'相国曰：'收秦攻魏，利不过邺，今不用兵而得邺，请许魏。'"（《战国策·魏策》三）于是赵才决定背秦而与魏媾和。这个决定的做出，赵的相国起了很大作用。战国中期，"齐王将见燕、赵、楚之相于卫，约外魏"（《战国策·魏策》一），可见"相"已经是列国外交政策的全权代表。国内的主和民众对于"相"也很重视，相传，"公仪休相鲁而嗜鱼，一国尽争买鱼而献之"（《韩非子·外储说右下》），即为一证。战国时期的兵器铭文屡有"相邦"某人的记载，例如秦器有"相邦仪之造""相邦冉造""相邦吕造"等，即表明此器为相邦属官所监制。其所提到的"仪"，即秦相张仪；"冉"，即秦相穰侯魏冉；"吕"，即秦相吕不韦。这说明兵器制造事宜为相的职守。

一般来说，战国时期的相权实为君权的一种补充和保证。秦孝公的伟业与商鞅相秦密不可分，《盐铁论·非鞅》谓"商鞅相秦也，内立法度，严刑罚，饬政教，奸伪无所容，外设百倍之利，收山泽之税，国富民强，器械完饰，蓄积有余……所给甚众，有益于国，无害于人"，充分肯定了商鞅相秦对于秦国君权的作用。战国时期秦国君权一直比较强大，这与秦国多任用出身低微者为相很有关系。卫嗣君任用佞臣，术士殷顺且以"自今以往者，公孙氏必不血食矣"为谏，认为如果不废佞臣，则卫国君位将不能继续下去。从保持卫国君权的目标出发，卫嗣君临死前"与之相印"（《战国策·宋卫策》），让殷顺且主断国家大事，将相印视为卫君立国的关键所在。战国后期齐襄王在位时以田单为相。一次涉水时，田单见老者寒冷，便"解裘而衣之"。对于此事，有人建议齐襄王应当嘉许田单的作为，说："寡人忧民之饥也，单收而食之；寡人忧民之寒也，单解裘而衣之；寡人忧劳百姓，而单亦忧之，称寡人之意。"后来果然民间传语谓："田单之爱人！嗟，乃王之教泽也！"（《战国策·齐策》六）这里实将相与君联为一体。相传，田婴为齐相的时候，有人建议齐王自听各地上计汇报之事，整日忙碌，"罢食后，复坐，不复暮食矣"（《韩非子·外储说右下》），结果事情还是弄得很糟。

战国时人特别强调"明主察相"的作用，认为只要神圣的君主和明察的相采取了正确的政策，就会取得"伯（霸）王"的成果。对于这一点，术士曾以商鞅为例进行说明，谓"卫鞅之始与秦王计也，谋约不下席，言于尊俎之间，谋成于堂上，而魏将以禽于齐矣；冲橹未施，而西河之外入于秦矣。此臣之所谓比之堂上，禽将户内，拔城于尊俎之间，折冲席上者也"（《战国策·齐策》五）。折冲樽俎之事，离开了明察之相，是不可想象的事情。楚怀王时期，昭阳任楚相，被人视为是相当好的配合，术士语谓"今楚王明主也，昭阳贤相也"（《战国策·秦策》一），是为其证。君主对于贤相应当信任，而不可再宠信其他大臣，以避免相权受到影响。《韩非子·内储说下》篇谓"国君好外则相室危"，所谓"好外"，即指国君宠信近臣。这种"好外"之君，就算不上"明君"。在荀子看来，贤相不仅可以使国家称霸称王，而且还有更重大的成果。荀子曾经对齐相孟尝君说："贤王愿相国之朝，能士愿相国之官，好利之民莫不愿以齐为归，是一天下也。"（《荀子·强国》）他认为在这样的"相国"的治理下，最终可以"一天下"，让天下归于统一。荀子所说的"曷谓贤？明君臣，上能尊主下爱民"（《荀子·成相》），正是贤相的标准。

战国时期有人依仗外国势力为自己谋取相位，还有些国家之相，勾结外国势力以固其相位。这些都为君主所忌讳。有人曾问中山王："为人臣，招大国之威，以为己求相，于君何如？"中山王即回答说："吾食其肉，不以分人。"（《战国策·中山策》）对于里通外国者的痛恨可谓无以复加。其所以如此，正是相权在和外国势力勾结后对于本国造成巨大危害的结果。这种里通外国的事情，在战国时期并不少见。相传，"陈需，魏王之臣也，善于荆王，而令荆攻魏。荆攻魏，陈需因请为魏王行解之，因以荆势相魏"（《韩非子·内储说下》），魏相陈需即利用楚国的影响而任魏国之相。又如"白圭相魏，暴谴相韩。白圭谓暴谴曰：'子以韩辅我于魏，我以魏待子于韩，臣长用魏，子长用韩'"（《韩非子·内储说下》），这属于两国之相彼此利用之例。韩国大贵族公叔任相职时屡与齐国勾结，甚至"使齐、韩约而攻魏，公叔因内齐军于郑，以劫其君，以固其位，而信两国之约"（《韩非子·内储说下》）。为了自己相位的巩固而将别国军队引入本国都城来劫持君主，其手段可谓非常毒辣。

就君权与相权的关系看，固然有其利益相一致的方面，但其间还有相互猜疑和矛盾的一面。相传，卫国之相阳山君听说卫王怀疑自己，便"伪谤樛竖以知之"（《韩非子·内储说上》），假装诽谤卫王近臣樛竖，则卫王必能听到樛的进言，然后观察王对自己的态度，从而判断王是否怀疑自己。从事情的另一个方面而言，如果一国之相贪婪无耻，那么也会给国家带来严重后果。战国末年，齐国灭亡的重要原因之一便是其相后胜的卖国行径。史载"后胜相齐，多受秦间金玉，使宾客入秦，皆为变辞，劝王朝秦，不修攻战之备"（《战国策·齐策》六），把齐国引入迅速败亡的道路。韩非子曾经相当尖锐地指出了相权与君权利益相左的一个方面。他说："主利在有能而任官，臣利在无能而得事；主利在有劳而爵禄，臣利在无功而富贵；主利在豪杰使能，臣利在朋党用私。是以国地削而私家富，主上卑而大臣重。故主失势而臣得国，主更称蕃臣，而相室剖符。"（《韩非子·孤愤》）不管君主地位如何变动，"相室剖符"而行使职权总是经常的事情。

相的地位的重要，使得君主选取何种人为相和如何控制相，便成为其执政的相当关键的问题。战国时人曾经传说赵简子任用鲁国叛臣阳虎为相的事情：

> 阳虎议曰："主贤明，则悉心以事之；不肖，则饰奸而试（弑）之。"逐于鲁，疑于齐走而之赵，赵简主迎而相之，左右曰："虎善窃人国政，何故相也？"简主曰："阳虎务取之，我务守之。"遂执术而御之。阳虎不敢为非，以善事简主，兴主之强，几至于霸也。（《韩非子·外储说左下》）

赵简子对于阳虎的"执术而御之"，可说是战国时期各国君主控制和利用相的共同原则。依照战国时期人们的观念，君主所执之"术"大致可以有以下几种。首先，战国时期的术士曾谓"主势能制臣，无令臣能制主"，这是君主必须达到的目标，而要做到这一点，所选取的相就不能是根基牢固的大贵族，所以"贵为列侯者，不令在相位，自将军以上，不为近大夫"，这样才可以使君权远远超出于相权之上。反之，"臣、主之权均之，能美，未之有也"（《战国策·赵策》一）。要达到"主势能制臣"，必须由君主严格掌握刑罚，"所谓壹刑者，刑无等级，自卿相将军以至大夫、庶人，有不从王令、犯国禁，犯上制者，罪死不赦"（《商君书·赏刑》）。其次，君主应当采取各种措施不使相权太大。韩非子谓"诸侯之博大，天子之害也；群臣之太富，君主之败也。将相之管主而隆家，此君人所外也"（《韩非子·爱臣》）。他认为君主必须排斥的事情就是将相管制君主而只使自己兴隆。对于相权蔽主者，韩非子主张君主应当坚决将其废弃，否则便会酿成大祸。韩非子说："民信其相，下不能其上，主爱信之而弗能废者，可亡也。"（《韩非子·亡征》）认为一个国家，如果民众只信任相国,而不喜欢君主,并且君主还爱信这样的相而不将其废弃,那么国家就必定会灭亡。再次,应当对相权进行监督。按照韩非子所提出的"下约以侵其上"的理论,要约定下级告发其上级,那么对于"相室"的监督,便要"约其廷臣"(《韩非子·八经》),让朝廷里面的臣子来告发相的错误言行。

列国君主按照何种标准选相,也是一个重要问题。战国时期的社会舆论认为选相应当强调人选的真才实学。战国后期著名的术士鲁仲连认为取相不必看重其地位和德行。他以管仲为例说明此事,谓"管仲射桓公中钩,篡也;遗公子纠而不能死,怯也;束缚桎梏,辱身也。此三行者,乡里不通也,世主不臣也。使管仲终穷抑,幽囚而不出,惭耻而不见,穷年没寿,不免为辱人贱行矣。然而,管子并三行之过,据齐国之政,一匡天下,九合诸侯,为五伯首,名高天下,光照邻国"(《战国策·齐策》六)。另外,各国还比较看重人选的威望和影响。孟尝君是战国中期的风云人物。关于孟尝君之所以屡为大国之相的问题,术士公孙戌说:"大国所以皆致相印于君者①,闻君于齐能振达贫穷,有存亡继绝之义。小国英桀之士,皆以国事累君,诚说君之义,慕君之廉也。"(《战国策·齐策》三)由此可见,列国选相的标准中还有一项是有威望的贤达者。如果其人不能为君主所控制,那么即使是一位人才,君主也不能任用其为相。例如,魏人名如耳者,有术说得卫嗣君连称是,但是卫嗣君还是不任用他,卫嗣君的理由便是"如耳,万乘之相也,外有大国之意,其心不在卫,虽辨智,亦不为寡人用,吾是以不相也"(《韩非子·外储说右上》)。可见,能够对君主言听计从,是选相的重要标准之一。关于相职的人选,荀子列有多项内容,其中第一项便是"知隆礼义之为尊君也"(《荀子·君道》),这里显然是从加强君权着眼的。选相时看重其实际经验,也是战国时人所提到的重要内容。相传,齐人曾经讨论公孙亶回虽然是"圣相"的材料,但何以被任命为地方州部小官的问题,认为"驱于声词,眩乎辩说,不试于毛伯,不关乎州部,故有失政亡国之患"(《韩非子·问田》),假若国君只为其花言巧语所动,而不用低级的职务来考察他而直接任其为相,那么就会有"失政亡国"的危险。《荀子·君道》所论选相标准的"知好士之为美名也,知爱民之为安国也,知有常法之为一俗也,知尚贤使能之为长功也,知务本禁末之为多材也,知无与下争小利之为便于事也,知明制度权物称用之为不泥也"等,都可以列入人选

———————
① "大国"的大字,原作小,据吴师道《补正》改。

的实际经验的范畴。战国时期韩国兵器铭文和《战国策·秦策》五载赵国职官设置者有"守相"的记载，赵国的廉颇还曾担任"假相国"（《史记·廉颇蔺相如列传》）。所谓"守相""假相国"，均指代理相邦，其中含有先试用，看其实际经验如何，然后再正式任命的意思。

（六）

在国家政治体制中，战国时期的相居相当重要的位置，甚至可以视为国家的代表。韩相昭献在阳翟的时候，东周君欲派周的相国前往，术士即向东周君进谏说："今昭献非人主也，而主君令相国往，若其王在阳翟，主君将令谁往？"（《战国策·东周策》）其意谓周的相国应当与韩王相会见，而会见昭献之事不必由周的相国亲自前往。实际是肯定相国地位的重要。在国家政治体制中，相应当是国君之下的最高行政长官，其他大臣的地位要在其下，并且为其所统辖。如果有地位与之相当的大臣，就会给国家带来危机，所以韩非子将"廷有拟相之臣"（《韩非子·说疑》）列为对国家有严重危害的四种情况之一。

需要看到的一点是，在战国时期各国君权已经相当强大并且形成牢固根基的时候，若欲步春秋战国之际卿权蜕变为君权的后尘，已经是此路不通。燕国内乱的事情即为例证。战国后期，"子之相燕，贵重主断……燕王因举国属子之，子之大重。……子之南面行王事，而哙老不听政，顾为臣，国事皆决子之。子之三年，燕国大乱，百姓恫怨"（《战国策·燕策》一），最后子之被杀，燕昭王继位，君权依然占据主导地位。尽管燕国内乱之事原因相当复杂，但君权与相权的纠葛，为一重要因素则可肯定。《战国策·中山策》所提到的"三相中山"的司马喜，据专家研究就是彝铭所见中山王诸器铭文的"相邦赒"。中山王曾经对他大加赞扬，说"天降休命于朕邦，有厥忠臣赒，克顺克俾，亡不率仁，敬顺天德，以左右寡人，使知社稷之任，臣宗之义，夙夜不懈，以导寡人"（《中山王𰻞鼎》铭文）。相邦赒也信誓旦旦地说："为人臣而反臣其宗，不祥莫大焉。"（《中山王𰻞方壶》铭文）种种迹象表明，中山国之相司马喜虽然权势很大，但尚无谋篡之举，其中一个重要原因就在于燕相子之为王之后"邦亡身死"的鉴戒。司马喜说，子之原为燕相，一跃而为国君，"将与吾君并立于世，齿长于会同，则臣不忍见也。赒愿从在大夫，以靖燕疆，是以身蒙𦍌胄，以诛不顺。燕故君子哙，新君子之，不用礼义，不辨逆顺，故邦亡身死，曾亡一夫之救。遂定君臣之位，上下之体，休有成功"（《中山王䂳方壶》铭文）。可以推测，战国后期在新的历史形势下，"君臣之位，上下之体"的政治体制已经确立，若随意变动，便是冒天下之大不韪，在危难时没有"一夫之救"，陷于孤立无援的境地。各国之相，有些权势赫然者不敢轻举妄动，不敢将国君的宝座随意攫为己有，根本原因就在于此。

相的权力颇大，就连为相服务的人员也有一定影响。战国时期周共王的庶子争立时，其庶子名公若者便施展计谋，派遣人员对可以影响周君的楚国相国御展子和啬夫空说，如果公若没有被立为太子，他就会继续留在宫中，"居中不便于相国"（《战国策·东周策》）。楚相果然施加影响，使周君立公若为太子。驾车的驭手和小臣啬夫正是通过向楚相进言而产生这样结果的。韩非子说："相室轻而典谒重，如此则内外乖，内外乖者，可亡也。"（《韩非子·亡征》）负责相室的典谒人员之所以有如此大的影响，正是相权膨胀的一个表现。

各国的相多负责文职事务，管理外交和内政，但在名义上又是统筹国家全部事务的大臣，因此相与统兵征战的将就时常发生矛盾和纷争。战国中期，齐国"成侯邹忌为齐相，田忌为将，不相说（悦）"，在田忌立有重大战功的时候，邹忌即派人装作田忌手下的人到市场上找卜人占卦，谓"我，田忌之人也，吾三战而三胜，声威天下，欲为大事，亦吉否"。邹忌随即派人将卜者逮捕，送交齐王处，以"证明"田忌确有图谋不轨之心，因此"田忌遂走"（《战国策·齐策》一）。可见相与将的斗争十分尖锐。公孙衍担任魏将的时候，不满意魏相田繻，术士即为公孙衍而向魏王进谏说："王独不见夫服牛骖骥乎？不可以行百步。今王以衍为可使将，故用之也；而听相之计，是服牛骖骥也。牛马俱死，而不能成其功，王之国必伤矣！"（《战国策·魏策》一）在一般情况下，相往往通过君主来干预将的事务。所以公孙衍要派人向魏王进言。战国中期，韩傀为韩国之相的时候，与严遂矛盾尖锐，闹到剑拔弩张的地步。史载，"韩傀相韩，严遂重于君，二人相害也。严遂政议直指，举韩傀之过。韩傀以之叱之于朝。严遂拔剑趋之，以救解，于是严遂惧诛，亡去游"（《战国策·韩策》二）。将相矛盾的情况于国家极为不利，赵相蔺相如对此深有认识，谓将相不和犹如"两虎共斗，其势不俱生"（《史记·廉颇蔺相如列传》）。对于各国君主而言，如何使将相和睦和控制利用将相以巩固其统治，是首要问题之一。

关于相权在战国时期的影响，还应当指出一点，那就是相权的发展是与"贤"的地位的上升同步的。从春秋战国之际开始，社会上对于"贤"的呼声日益高涨。这些"贤"者的基本特点是其出身不一定高贵，但一定要有为人称许的较高德操或者是具有较高的学识。例如，战国后期，荀子在各国间有较大影响，有人就向楚国掌权的春申君建议说："夫贤者之所在，其君未尝不尊，国未尝不荣也。今孙子（按即荀子），天下贤人也。君何辞之？"（《战国策·楚策》四）春申君果然派人往请荀子至楚。在各国君主那里任贤者为相是其基本职责之一，就是臣下也不例外，所以有"忠臣之于君也，必进贤人以辅之……故明主之察其臣也，必知其无妒而进贤也"（《战国策·楚策》三）。史载西门豹往邺地赴任前，魏文侯嘱咐他"入而问其贤良之士而师事之"（《战国策·魏策》一）。之所以必须任用贤者为相，是因为贤相对于稳固政治具有极大作用。所谓"贤人在而天下服，一人用而天下从"（《战国策·秦策》一），"主圣臣贤，天下之福也"，"去邪无疑，任贤勿贰"（《战国策·赵策》二引逸《书》），实为各国统治者的共识。

四 先秦时代爵制的起源及其初步发展

（一）

就字的本义看，爵与酒器有关。甲骨文和金文里面的爵字皆作酒器爵的形状。《说文》将爵列入鬯部，谓"爵，礼器也"，并且指出爵字上部"像雀之形，中有鬯酒"，爵字所从的"又"意谓"持之也"。酒器爵的形制与雀形相类，其古文爵字依《说文》所引，正如雀形，段玉裁谓"首尾喙翼具见，爵形即雀形也"（《说文解字注》五篇下）。爵与雀在古代文献中相通假，其根源就在于此。这些情况表明，"爵"字的爵位意义并非其本义。甲骨卜辞和彝铭资料里面，爵字用如祭名或人名、酒器名，并不用如爵位之称。

爵位虽然是社会等级的一种表现，但它并不与社会等级制度同时出现。社会等级制度从原始时代开始就世代存在，那么爵位制度何时与社会等级联系为一体的呢？换句话说，亦即等级制度何时开始采用爵位来表示的呢？《白虎通·爵》篇引纬书《含文嘉》谓"殷爵三等，周爵五等"，似商代就已经有了爵位制度，但甲骨卜辞中既不以"爵"字为爵位之称，又无采用爵制的记载，所以商代有无爵制的问题，就现有的材料看，还应以阙疑为宜。从商代社会结构的特征看，处于主导地位的是方国联盟制度，商王只是各方国君主之长，而非其君，由商王朝向各方国君主颁行爵位等级制度的条件还不成熟。《仪礼·士冠礼》谓"以官爵人，德之杀也。死而谥之，今也。古者，生无爵，死无谥"，郑注谓："今，谓周衰也，记之时也。古谓殷。殷士生不爵，死不为谥。"这里讲的是士阶层于殷时没有爵制。可是如果将它扩大而言，谓殷时尚无爵制，应当也是可以讲得通的。

　　爵位之制的开始实行应当与分封制、宗法制的实施同步，具体而言，可以说它滥觞于周代的册命制度。从周公成王的时代开始，周王朝大规模地封邦建国，在封建的时候必须有册命典礼。在册封鲁侯时"命以《伯禽》"，册封卫侯时"命以《康诰》"，册封晋侯时"命以《唐诰》"（《左传》定公四年）。这些册命之辞从今《尚书》诸篇里尚可寻其端倪。所谓"命"，有两层含义，一是它表示周王朝对于诸侯的任命，并且今后诸侯依然要随时接受周王朝的命令；一是它表示诸侯受周王朝之命以后而有了合法权利，从而也是这些受命诸侯特殊身份地位的标识。各国诸侯对于自己所属的卿大夫进行再分封的时候，也依此模式而赐"命"。总之，所谓"命"，不仅表示上、下级贵族主从关系的确立，而且表示贵族因受命而有了一定规格的社会地位。早期的册命制度下，虽然还没有用"爵"来表示秩次等级，但已经用"命"来表示秩次等级。可以说西周时期的"命"制就是爵制的雏形。

　　据孟子说，周代的爵位等级有公、侯、伯、子、男五等，《礼记·王制》亦谓"王者之制禄爵，凡五等"。五等爵位里面若每种再细分一下，又可以分为九个层次。当时的爵位级别称为"命"，犹后世所谓的"品"。爵位的高低可以用"命"数的多少来表示。《大戴礼记·朝事》说"典命诸侯之五仪，诸臣之五等，以定其爵，故贵贱有别，尊卑有序，上下有差也"。这些上下间的差别常用"九命"来区别，即"命：上公九命为伯，其国家、宫室、车旌、衣服、礼仪皆以九为节；诸侯、诸伯七命，其国家、宫室、车旌、衣服、礼仪皆以七为节；子、男五命，其国家、宫室、车旌、衣服、礼仪，皆以五为节。王之三公八命，其卿六命，其大夫四命。……公之孤四命，以皮帛视小国之君，其卿三命，其大夫再命，其士一命，其宫室、车旌、衣服、礼仪，各视其命之数"。这些规定相当详细而且系统，其主旨是通过这些差别和宫室、车旌、衣服、礼仪等方面的不同等级表现出各级贵族的"贵贱有别，尊卑有序"。《周礼·大宗伯》提到不同等级赐命的区别情况时谓"一命受职，再命受服，三命受位，四命受器，五命赐则，六命赐官，七命赐国，八命作牧，九命作伯"。这些规定见诸春秋战国时期的礼书，如《周礼·大行人》《周礼·典命》等，都有类似的记载。这些情况表明，虽然当时贵族的实际级别未必有如许细微的差异，但礼书所论大体上却是可以信从的。

以"爵"来称呼贵族的秩次等级可能是西周后期的事情。《诗经·桑柔》"告尔忧恤，诲尔序爵"，郑笺"教女以次序贤能之爵"，是爵字于共和行政以前已经用如爵位之称的证据。为什么要用"爵"来表示秩次等级呢？前人多以为古人饮宴时行爵有贵贱尊卑之别，故而以爵来表示等级。清代学问家朱骏声力驳此说，并且提出新论。他说：

> 爵，古音如醮，尊号之合音为爵，故借爵字以当之，犹本言而已而曰耳，本言之焉而曰旃，本言蒺藜而曰茨，本言葫芦而曰壶也。旧说古人行爵有尊卑贵贱，故引申为爵禄。按，凡礼器皆有次第，何独取于爵？岂觚、觯、角散亦行为尊号耶？……或又曰与尊用酒尊字同意，按，尊与椑对，故得转注，爵则有贵有贱，不得专为贵义也。《白虎通·考黜》"爵者，尊号也"，此为雅训。（《说文通训定声》小部）

朱氏释"爵"为"尊号"二字合音，从古音变化的角度看很有说服力。其解说中略有自相矛盾之处，即一方面他肯定爵为尊号，但另一方面却又说爵有贵有贱，不得专为尊义。然而这个小的缺失并不能否定朱氏说解主旨的成立。朱氏所云"爵则有贵有贱"，在一定范围里面，可以说是正确的。与公、侯爵位相比，子、男要贱，而公、侯要贵。然而，爵位之制开始只行用于贵族阶层，《周礼·大宰》所谓"爵以驭其贵"，正道出了这个相当重要的问题，就是最下等的爵位，对于普通民众而言，依然是高贵的。西周时期，爵只行用于贵族阶层，距离其下降到普通民众还有相当长的路程。所以在开始的时候，爵就是尊号，就是各级贵族所特有的尊号。这里需要指出的是，虽然朱氏此说可从，但是旧说似亦不可全废。正如朱氏所提出的问题"凡礼器皆有次第，何独取于爵"呢？这恐怕还应当从古人饮宴时序爵的惯例上找答案。《仪礼·燕礼》谓"执散爵者，酌以之公命所赐。所赐者兴受爵，降席下奠爵，再拜稽首。公答拜。受赐爵者，以爵就席坐，公卒爵，然后饮"，《礼记·曲礼》谓"侍饮于长者，酒进则起，拜受于尊所。长者辞，少者反席而饮。长者举未釂，少者不敢饮。长者赐，少者贱者不敢辞"。这些记载都说明在周代贵族饮宴的时候，以爵饮酒有长幼贵贱之序。爵虽然为尊号，但是在爵位当中实有等级差别，所以取饮宴时，"长者举未釂，少者不敢饮"之义，而用"爵"字来表示贵族等级的差别，乃是十分恰当的做法。综合前人旧说和朱氏之说，可以说采用"爵"字，有两种涵义，首先是表示贵族的尊号，其次是表示贵族间等级的差异。

另外，在古代礼仪中，爵为贵族常用器物，是普通贵族皆可使用者，而其他酒器则有许多限制。《礼记·礼运》篇说："醆斝及尸君，非礼也，是谓僭君"，郑注："醆斝，先王之爵也，唯鲁与王者之后得用之耳，其余诸侯用时王之器而已。"孔疏谓"寻常献尸则用王爵耳"。可见，爵为寻常祭礼皆可用者，而醆斝等酒器，则没有爵使用得普通①。从《仪礼》《礼记》等主要记载周人礼仪的古代文献中可以看到，许多礼仪中，持爵而饮、献爵表示尊重等事屡见不鲜，爵已经成为周人礼仪中不可或缺的器皿。爵作为贵族习用之物，用之来表示其尊卑地位，自然也就具有一定的普遍性质。以"爵"来称谓贵族的等级地位，这也应当是原因之一。

（二）

虽然早在西周后期就已经有了用"爵"表示社会等级的情况出现，但是直到春秋时期，贵族的社会等级，亦即爵位，还常用"命"来表示。春秋前期，周天子赐予诸侯"命"，还是相当隆重的事情。周襄王为褒奖晋文公的勤王之功而赐予其"命"，赐命的过程相当隆盛：

> 襄王使太宰文公及内史兴赐晋文公命，上卿逆于境，晋侯郊劳，

---

① 依照古代注释家所说，醆、斝和爵属于同一类型的酒器。《诗经·行苇》"洗爵奠斝"，毛传谓："斝，爵也，夏曰醆，殷曰斝，周曰爵"，郑笺释"奠斝"之义，谓"用殷爵者，尊兄弟也"。醆、斝、爵三种酒器，虽然同属一类器物，但是其形制仍略有区别，特别是在名称上，周人以"爵"相称。在周代的分封和宗法制度下，以"爵"来称谓贵族的社会等级地位，可能也有此举为周人所独有的用义在内。

馆诸宗庙，馈九牢，设庭燎。及期，命于武宫，设桑主，布几筵，太宰莅之，晋侯端委以入。太宰以王命命冕服，内史赞之，三命而后即冕服。既毕，宾、飨、赠、饯如公命侯伯之礼，而加之以宴好。

（《国语·周语》上）

晋文公所受赐之命为"诸侯、诸伯七命"之礼。整个典礼过程都体现了周天子和晋文公对于赐命的高度重视。这次赐命表示周天子"策命晋侯为侯伯"，在当时对于诸侯来说是莫大的荣宠。赐命时赏赐给晋文公的车服等物有"大辂之服、戎辂之服，彤弓一、彤矢百，旅弓矢千，秬鬯一卣，虎贲三百人"。赐命以后，晋文公的答辞谓"重耳敢再拜稽首，奉扬天子之丕显休命"（《左传》僖公二十八年）。由此可见，赐命与爵位制度所表现的正是周代上下级贵族间的主从关系的确立。在春秋时期和晋文公一样受到周天子赐命的诸侯，见诸史载的还有齐桓公。不过，尽管他受赐命的时间比晋文公要早，但当时的情况却语焉不详，仅谓"王使召伯廖赐齐侯命，且请伐卫"（《左传》庄公二十八年）而已，依照《史记·周本纪》的说法，则是"赐齐桓公为伯"，任命其为诸侯之长。另一位曾受周王赐命的是齐灵公，史载周灵王"使刘定公赐齐侯命"（《左传》襄公十四年），其受赐命的具体情况亦不详。

赐命不仅可以由周天子赐予诸侯，而且可以由诸侯赐予臣下。晋襄公曾经"以三命命先且居将中军，以再命命先茅之县赏胥臣……以一命命郤缺为卿"（《左传》僖公三十三年）。春秋时期各诸侯国的卿有"一命""再命"和"三命"的不同品级，和诸侯一样也是命数多者为贵，其车服制度也要以命数多少为转移。君主对于臣下的赐命，可以一次赏赐三命，也可以先赐一命或二命，然后再增加。鲁国的叔孙昭子曾经"以再命为卿"，后来待鲁国伐莒获胜之后，他又"更受三命"（《左传》昭公十二年）。在臣下立有功劳而需赏赐的时候，各国君主可以依照臣下的爵位等级赏赐相应的服饰器物。春秋中期，郑国军队攻陈国，史载郑简公赏赐率军诸卿的情况是，"郑伯赏入陈之功……享子展，赐之先路三命之服，先八邑；赐子产次路再命之服，先六邑"（《左传》襄公二十六年）。郑简公赏赐命服依子展、子产爵位的高低为差，体现了爵位等级的尊卑有序。诸侯不能赐命于别国的卿大夫，但可以赐予其不同爵位等级的服饰或器物，鲁襄公十九年（前554）鲁襄公在宴享晋国大臣的时候，曾经对于六卿"赐之三命之服；军尉、司马、司空、舆尉、候奄，皆受一命之服"（《左传》襄公十九年），就是一例。《礼记·王制》谓"大国之卿不过三命"，可见鲁君实以卿的最高级别的爵位等级来馈赠于晋国六卿的。

接受君主的爵位赐命，就意味着臣下对于君主必须忠诚尽力。鲁国人述孔子先祖弗父何受到君主赐命的情况，说他"佐戴、武、宣，三命兹益共，故其鼎铭云：'一命而偻，再命而伛，三命而俯，循墙而走，亦莫余敢侮。饘于是，鬻于是，以糊余口。'其共（恭）也如是"（《左传》昭公七年）。弗父何被宋君赐予"三命"，已经是上卿等级，但是他却更加恭谨慎重，可见其对爵位十分看重。依照《礼记·王制》的说法，大夫等级的贵族爵位不能世袭，即所谓"大夫不世爵，使以德，爵以功"。可见，君主将爵位视为自己独有的封赐之物，不可使一般贵族所私有。尽管诸侯之子可以继其父之位而君临其国，但其爵位依礼还需天子封赐。封赐之前，"未赐爵，视天子之元士，以君其国"（《礼记·王制》），只有待天子封赐之后，才算正式有了诸侯的爵位。春秋时期，这种封赐制度虽然多不实行，但在社会人们的观念中还存在着，所以还偶有执行这种制度者。"爵以功"的记载说明，统治者确是将爵位的封赐作为鼓励臣下尽忠效力的主要手段。

春秋战国时期，爵制的影响已经深入到社会各个领域。例如，在丧礼上，有爵位者可以持杖，无爵位者除丧主嫡子以外都不可持杖。《仪礼·丧服》谓"杖者何？爵也"，贾疏谓"有爵之人必有德，有德则能为父母致病深，故许其以杖扶病"。可见在一般人的心目中，爵位实为地位及品德的标识。伪古文《尚书·说命》中篇所谓"爵罔及恶，德惟其贤"，是合乎春秋战国时期社会观念的。爵位受到社会尊重。在周代社会上，宗族乡里之间聚会的场合必须序齿以排定位次，显示尊卑，但是有高级别爵位者却可以例外。《周礼·党正》载，"国索鬼神而祭祀，则以礼属民饮酒于序，以正齿位。壹命齿于乡里，再命齿于父族，三命而不齿"。在进行乡饮酒礼而序齿的时候，一命和再命的贵族依然要和宗族乡人序齿，这表明宗法制度在社会上还有强大影响，连国君赐命的贵族都要让它三分，可是君主毕竟是社会的代表、国家的象征，所以君主所赐三命的贵族可以不参加序齿而直接位于尊位。

春秋时期，各国统治者重视爵位制度，认为爵制是治国的重要手段之一。春秋初期齐桓公治理齐国而选贤举能的时候，有一项目标就是要做到"朝不越爵"(《国语·齐语》),使贤者的爵位高于不肖者。爵位品级在当时并非仅为名誉虚衔,而是有实际利益寓于其中。晋臣叔向说,"爵以建事,禄以食爵,德以赋之,功庸以称之"(《国语·晋语》八),意即君主所任命的职事要以爵位高低为转移,君主所颁赐的俸禄要依爵位高低而定其数量,因此爵位高低要依照其品德和功劳的情况来决定。《礼记·王制》篇谓"爵人于朝,与士共之",把封赐爵位作为对贵族进行公开表彰的重要方式。就君主而言,在朝廷上封赐爵位,表明自己操持有封赐大权;就受封赐的贵族而言,则在公开的场合下显示自己身份得到提高。贵族之所以重视爵位,除了要在政治上得到社会的承认以外,与爵位相应的利禄也是其所青睐的目标所在。到了战国时期,君臣关系已经加进了许多交易的因素,这种交易的一个重要内容便是君主以爵禄与臣下的才能、贡献相交换①,《战国策·楚策》一载楚国大臣蒙谷立有大功,楚王便"封之执圭,田六百畛",就是一例。孟子曾谓"天子有达尊三,爵一、齿一、德一。朝廷莫如爵,乡党莫如齿,辅世长民莫如德"(《孟子·公孙丑》下)。他认为在朝廷之上,爵位的赏赐是相当重要的统治手段。

春秋时期贵族必须按照爵位品级行事,如果品级不够而采用了上级品位的车服,就会受到舆论的批评。春秋中期,卫国的仲叔于奚因为立功而受赏赐,本来要赏赐给他邑,被他推辞,而是"请曲县、繁缨以朝",得到允许。孔子对这件事情评论说:"惜也,不如多与之邑。惟器与名,不可假人,君之所司也。名以出信,信以守器,器以藏礼。"(《左传》成公二年)孔子所说的"名",即指爵位称号而言。有某种爵位之号,则赋予其某种威信,这就叫"名以出信";有了某种名号下的威信便可以保持与其爵位等级相称的器物,这就

---

① 关于爵、禄二者是否有直接关系的问题,就现有的材料看,似乎两者之间尚不可合为一事。春秋战国之际的墨子谓"今王公大人,亦欲效人以尚贤使能为政。高予之爵,而禄不从也。夫高爵而无禄,民不信也"(《墨子·尚贤》中)。这段话表明,爵与禄并无直接关系,所以才有"高爵而无禄"的现象存在。爵与禄的联系盖需经过"官"这个环节。爵—官—禄,是依次而行的事情。有爵可以授官,有职官之位才有俸禄。墨子所说的"高予之爵,而禄不从",实际上是只授予爵而无其职官之位。《墨子·尚贤》中篇谓"王公大人有所爱其色而使……不能治百人者,使处乎千人之官,不能治千人者,使处乎万人之官。此其故何也?曰处若官者爵高而禄厚"。按照这个说法,爵、官、禄三者有了明确联系,可是爵位并非职官的前提,反而成了职官的附属。盖春秋战国之际各国赐爵制度尚无大的变化,战国后期那种有爵位才可升迁官阶的现象在这个时期尚未出现,所以墨子只能笼统地讲述这个问题。

叫"信以守器"。从孔子所说的"器以藏礼"看，具有很大影响的周代的礼，实际上与当时的爵位品级制度有着密切关系。鲁国的曹刿曾经强调说"朝以正班爵之义"（《左传》庄公二十三年），意即君主召集臣下的朝会，就是要按照爵位高低排列朝会上所立的位置，并由此辨别贵贱的不同等级。爵位不仅对于国家内部贵族等级尊卑的排定具有不少替代的作用，而且对于外交也有一定影响。派何种爵位级别的贵族出使，在春秋时期是很有讲究的。接待使臣的诸侯国也十分看重使臣的爵位级别。春秋中期，晋派郤季出使鲁国，让鲁国出兵助战，鲁臣臧武仲就向执政的季文子讲了一番道理：

> 伐郑之役，知伯实来，下军之佐也。今郤季亦佐下军，如伐郑可也。事大国，无失班爵而加敬焉，礼也。（《左传》成公十八年）

按照臧武仲的看法，如果使臣爵位等级高，那就自然应当多出兵，如今郤季和曾经前来鲁国的知伯的爵别等级一样，所以也应当照样出兵。这里面的核心意思是要做到"无失班爵"，即不要忘了使臣的爵位等级。各国贵族之间，往往十分计较爵位高低的区别，以及依爵位所应当得到的各种待遇。例如，春秋中期晋国派行人出使秦国的时候，用了任行人之职的子员，行人子朱即质问道："班爵同，何以黜朱于朝？"（《左传》襄公二十六年）行人子朱质问时所持的理由就是"班爵同"，即自己的爵位与子员相同，何以与子员的待遇不一。这件事情表明贵族对自己的爵位及相应的待遇并不掉以轻心。

春秋时人对周代传统的爵位制度津津乐道，实际上是援传统以自重。受周代传统文化影响颇深的鲁国十分重视周的爵制，连同颁赐爵位时间的早晚也要牢记，春秋初期，郑、卫、鲁等国往援被戎侵的齐国，齐国馈赠慰劳品的时候让鲁国排定次序，鲁即将立有主要功劳的郑国排在后边，理由就是按照周王室颁爵时间郑在后，立有首功的郑国便联合齐、卫两国伐鲁，想讨个说法，可是鲁国却不屈服，鲁国史官记载此事谓"齐侯、卫侯、郑伯来战"（《春秋》桓公十年），《左传》解释这个记载的含义谓"先书齐、卫，王爵也"（《左传》桓公十年）。当时郑庄公正是威风凛凛不可一世的时候，但鲁国却不买他的账，依然看重周的爵制，郑庄公也无可奈何。有爵位者在本国备受重视，《礼记·曲礼》下篇谓"去国三世，爵禄有列于朝，出入有诏于国"，可见贵族的爵禄是不能轻易被抹去的荣耀和实惠。

（三）

周代传统的五等爵制在春秋时期即已为有些国家所突破。楚国很早就自称为王，跳在五等爵制之外，不怎么把周天子放在眼里，所以在王之下便封有侯爵。《左传》昭公十二年载，"楚子狩于州来，次于颍尾，使荡侯……帅师围徐以惧吴"。所提到的"荡"，当即令尹子荡，已被楚灵王封为侯爵。到了战国时期，楚国的"通侯"（见《战国策·楚策》一）、赵国的"列侯"①，就可能是在春秋时期称侯的基础上发展起来的。战国时期在各国君主先后称"王"的情况下，周代传统的五等爵制已经失去了原来的意义，所以人们便不再怎么提它。战国时期各国内部的爵称，行用于贵族之间者主要是"侯""卿""大夫"等，其中有些爵称还分为较多层次，如侯有专称"关内侯"者，卿有"上卿""亚卿""客卿"等，大夫有"五大夫""上大夫""公大夫"等。楚国最高的爵位似为"执圭"。《战国策·东周策》谓楚国司马景翠"爵为执圭，官为柱国"。景翠为楚国最高的武官，地位仅次于令尹，其爵位为执圭。《战国策·齐策》三载术士问楚将昭阳："楚之法，覆军杀将，其官爵何也？"昭阳回答说："官为上柱国，爵为上执圭。"可见有时候，"执圭"或称为"上执圭"。其间的原因盖为楚国有执圭爵位者日见其多，所以便用"上执圭"以显示其超乎一般有执圭爵位者②。

战国时期各国君主往往把爵位与招揽贤才的事情联系为一体，不再像西周春秋时期那样将贵族的出身等级作为重要标准。这正如战国后期范雎上书秦昭王时所说"劳大者其禄厚，功多者其爵尊"（《战国策·秦策》三）。尽管术士语或谓"彼有廉其爵，贫其身，以忧社稷者"、有"不为爵劝，不为禄勉"的人物（《战国策·楚策》一），但是为高爵厚禄所吸引而建功立业仍是战国时期许多人才脱颖而出的一个重要动力。当时社会上的一种风气是认为爵高禄厚者必定为君主所信任，从而也具有一定威信。《战国策·赵策》载扩大其宫室的大臣腹击回答赵王询问时说："臣羁旅也，爵高而禄轻，宫室小而帑不众，

---

① 《战国策·赵策》一载张孟谈称引或说谓"主势能制臣，无令臣能制主。故贵为列侯者，不令在相位"。在这里，"列侯"与"相位"并举，可见列侯是爵称，而相位则是职官之位。此语表明，至迟在张孟谈的时候赵国已经有了"列侯"之爵位。

② 《战国策·楚策》一载张仪说楚王语谓"楚尝与秦构难，战于汉中，楚人不胜，通侯、执珪死者七十余人"。这七十余人虽然不可能全为"执珪"爵位者，但其间不会只是个别人员的爵称则可肯定。所谓的"执珪"当即执圭。

主虽信臣，百姓皆曰：'国有大事，击必不为用。'今击之巨宫，将以取信于百姓也。"可见当时社会人们实将君主的信任与爵、禄之事联为一体而密不可分。各国统治者往往把爵位作为与臣下尽忠效力的交换条件，说得冠冕堂皇一点便是"明主之为官职爵禄也，所以进贤材劝有功也"（《韩非子·八奸》），讲得干脆一点便是"臣尽死力以与君市，君垂爵禄以与臣市"（《韩非子·难一》），爵位实际上成了卖买关系中的筹码。荀子曾谓"人主欲得善射，射远中微者，县（悬）爵重赏以招致之"，"欲得善驭，及速致远者，一日而千里，县（悬）贵爵重赏以招致之"（《荀子·君道》），认为君主只要以爵位为交易，那么其所需要的人才便自然而然地归服。但是这种"卖买"，只存在于君主与臣下的忠诚、贡献之间，而不是与臣下的货贿。韩非子认为"官职可以重求，爵禄可以货得者，可亡也"（《韩非子·亡征》），将用货贿手段取得爵禄作为亡国的征兆之一。他还认为，"无功而受事，无爵而显荣，为有政如此，则国必乱，主必危矣"（《韩非子·五蠹》），将爵位不依功劳大小为转移视为国家政治混乱的重要因素。

赐爵范围的扩大是战国时期各国出现的一般趋势。各国赐爵不再如春秋时期那样只局限于若干大臣和高级贵族，而是尽量以爵位争取更多臣下的忠诚与支持。长平之战以前，韩国上党太守冯亭将上党献赵时，赵王曾欲赏赐冯亭的部下，"诸吏皆益爵三级"（《战国策·赵策》一），赐爵的范围已经比较广泛。各国都需要大量人力投入拼死战斗的疆场，所以明智的君主都知道"使士民明焉，尽力致死，则功伐可立而爵禄可致，爵禄致而富贵之业成矣"（《韩非子·六反》）。对于一般的官吏而言，如果要升迁，并不能只依靠君主的好恶，而是要凭自己的实际贡献，即军功的大小来争取，即《尉缭子·制谈》篇所谓"非战无所得爵"。爵位制度就是进入官吏阶层及官吏升迁的必经之途，因为按照爵位制，"爵尊而官大"，官的大小与爵位高低直接相关。《商君书·农战》篇提出"不官无爵"，主张将爵位作为取官的惟一途径。爵位与功劳挂钩，"迁官袭级，官爵受功"（《韩非子·八说》），如果没有功劳，自然也就谈不上爵位的升迁，官职地位的上升也就无从谈起。按照韩非子的说法，其中总的原则便是"爵禄循功"（《韩非子·八经》）、"推功而爵禄"（《韩非子·人主》），爵位要依功劳大小为转移。《墨子·号令》篇讲对于守城有功将领的赏赐情况，谓"城周里以上，封城将三十里为关内侯，辅将如令赐上卿，丞及吏比于丞者，赐爵五大夫，官吏、豪杰与计坚守者，十人及城上吏比五官者，皆赐公乘，男子有守者，爵人二级"。其所提到的关内侯、上卿、五大夫、公乘，皆爵位称号，并且多数见于秦国的二十等爵名号。这些爵位的赏赐皆与军功有关。对于国家的大臣，韩非子主张其势力不能太重，"其宠必在爵"（《韩非子·八经》）联系君主与臣下的纽带应当是爵禄，而不是个人的好恶。从战国时期许多国家的政治局面看，《史记·商君列传》讲商鞅变法实行爵制时谓"有功者显荣，无功者虽富无所芬华"，以及《墨子·号令》篇和韩非子的这些说法都是有一定根据的。总之，战国时期的有识之士所提出的这些关于爵位制度设立的原则，虽然在实际上未必完全变成了现实，但大体上却符合各国政治发展的一般情况。战国时期的爵位制度，形成了君主与臣下交易的良性循环，它可以较好地调动臣下以至于普通民众建功立业的积极性，对于国家的巩固和富强显然具有推动作用。

特别值得提出的是秦国从商鞅变法开始，为了表彰军功而逐渐形成了赐爵范围相当广泛的二十等爵的制度。从《商君书·境内》的记载看，秦国在商鞅变法前后已经有了"军爵"与"公爵"的区别[①]。盖其"公爵"指秦国各级行政官吏之爵，而军爵则专指赏赐军功之爵。在秦国大力提倡农战政策的情况下，几乎所有的官员和民众都或多或少地被绑缚于国家的"战车"之上而快速运作，所以军爵也就显得特别重要，而公爵则渐次隐而不显。《商君书·境内》所记军爵有公士、上造、簪袅、不更、大夫、官大夫、公大夫、公乘、五大夫、左庶长、左更、大良造等。是篇还提到"四更"，依照其他记载可以肯定除了不更、左更之外还应当有中更、右更。再加上其他文献所载的左庶长、右庶长、少上造、驷车庶长、关内侯、彻侯，可以合成二十等爵。关于如何以爵位赏赐军功的问题，《商君书·境内》亦有所载。例如，秦国军队中的"百将"和"屯长"，如果率领士卒斩获敌人首级33颗，则"百将、屯长赐爵一级"。再如，如果"能攻城围邑，斩首八千已上，则盈论；野战，斩首二千，则盈论。吏自操及校以上大将尽赏。行间之吏也，故爵公士也，就为上造"，并且

[①] 《商君书·境内》以记载秦国若干制度为主，所述之事相当重要。其谓"军爵，自一级以下至小夫，命曰校徒操出；公爵，自二级以上至不更，命曰卒"，是为军爵与公爵有别之证。

依次类推，所有参战人员都在原有爵位上升一级[①]。《商君书·君臣》亦谓"明君之治国也，士有斩首捕虏之功，必其爵足荣也"，认为赐予那些斩首捕虏之功者的爵位一定要使其感到光荣。云梦秦简有"军爵律"，特意规定"从军当以劳论及赐"[②]，与《商君书》所载的原则完全相同。

从秦国的军功爵位制度看，当时秦国已经将赐爵制度普及于一般的士卒。从商鞅变法时期开始，秦国已经实行了"有军功者，各率受上爵"的规定，在社会上"明尊卑爵秩等级"（《史记·商君列传》）。爵位对于普通士卒的实际用途，依照《商君书·境内》所说，可以分为以下几项。首先，可以凭由军功所得的爵位而得到赏赐的田宅，"能得甲首一者，赏爵一级，益田一顷，益宅九亩"。《史记·商君列传》讲商鞅变法内容时亦谓要依照爵位"各以差次名田宅"。其次，可以获得劳力为自己服役，"其有爵者乞无爵者以为庶子，级乞一人。其无役事也，其庶子役其大夫月六日"。假若有爵位的人出征服役，那么其"庶子"还要给他提供给养食粮。《荀子·议兵》谓"五甲首而隶五家"，是每得敌人甲士首级一枚，便可以升爵位一级，依照"级乞一人"之例，得五"甲首"者便可以隶使五家民户为其服役。再次，可以用爵位抵罪，"爵自二级以上，有刑罪则贬；爵自一级以下，有刑罪则已"。爵位达到二级以上者，若犯了罪，可以用降低其爵位办法进行处置；一级以下爵位者，则取消其爵位以抵罪[③]。复次，有爵位者死去，可以按照爵位的高低在其坟前植树，"其墓树级一树"。除了这些好处以外，《商君书·农战》还说"善为国者，其教民也，皆作壹而得官爵。是故不官无爵"，民众爵位高者可以为官而升迁，这应当也是

[①] 关于商鞅变法时所制定的军功爵规定，《韩非子·定法》提到"商君之法曰：'斩一首者爵一级，欲为官者为五十石之官；斩二首者爵二级，欲为官者为百石之官。'官爵之迁与斩首之功相称也。"《史记·鲁仲连邹阳列传》载战国末年术士鲁仲连语谓"彼秦者，弃礼仪而上首功之国也"，集解引谯周语谓"秦用商鞅计，制爵二十等，以战获首级者计而受爵，是以秦人每战胜"。这些说法是正确的，从中可以看出"上首功"的军功爵制度对于秦国军事力量的增强确有相当重要的作用。除了秦国之外，其他诸国对于斩敌首之功也应当是重视的，例如荀子曾谓"齐人隆技击，得一首者，则赐赎锱金"（《荀子·议兵》），齐国士卒得一敌首便可以受到奖给赎买金一锱（即八两）的赏赐。
[②] 睡虎地秦墓竹简整理小组：《睡虎地秦墓竹简》，文物出版社，1978年，第92页。
[③] 依照秦律规定，有爵位者除了可以用爵位来抵个人之罪以外，还可以用爵位免除亲属的官府奴隶身份。云梦秦简的《军爵律》规定："欲归爵二级以免亲父母为隶臣妾者一人，及隶臣斩首为公士，谒归公士而免故妻隶妾一人者，许之，免以为庶人。"（睡虎地秦墓竹简整理小组：《睡虎地秦墓竹简》，文物出版社，1978年，第93页）

爵位的用途之一。总之，赐爵制度（特别是军功爵制度）在战国时期的推广，是国家控制民众的重要手段。它可以通过奖赏军功而赐爵的办法调动广大民众参与征战的积极性。列国间以秦国实行军功爵制最为积极和彻底，所以其军队的战斗力也就最强。韩非子曾经这样描述赐爵制度下政治清明的情况，他说："夫有功者必赏，则爵禄厚而愈劝；迁官袭级，则官职大而愈治。夫爵禄大而官职治，王之道也。"（《韩非子·显学》）若把这些用来说明秦国的情况，应当是大致不错的，因为在二十等爵位制度下，确实做到了"有功者必赏"。

还应当提到的是，战国时期除了依军功而赐爵以外，还有其他的途径赐爵。纳粟赐爵就是其中之一。《墨子·号令》讲守城的时候，城内粟米、布帛等特别珍贵，有以将其蓄积贡纳者，官府应当记载下其所献之物价值，守城胜利以后加倍偿还，也可以"用其贾（价）贵贱、多少赐爵，欲为吏者许之，其不欲为吏，而欲以受赐赏爵禄，若赎出亲戚、所知罪人者，以令许之。……欲以复佐上者，皆倍其爵赏"。可见"赐爵"和"倍其爵赏"为鼓励民众贡献粟米财物的主要手段。《商君书·去强》提出应当"粟爵任"，要按照人们捐粮的多少给予其相应的爵位和官职。战国后期，韩非子认为"民有余食，使以粟出爵，必以其力，则农不怠"（《韩非子·人主》）。纳粟而赐爵虽然不属于军功爵的范围，但是这种做法的着眼点依然在于人们对于国家的贡献，而不是靠徇私情而得到爵位。《商君书·错法》主张圣明的君主应当"惟爵其实"，将爵位赐予有实际功劳的人。纳粟和军功一样，也是对于国家的实际贡献，纳粟而赐爵合乎"惟爵其实"的原则。纳粟赐爵对于调动民众的积极性也有好处。《商君书·靳令》篇曾经言及此事，谓"民有余粮，使民以粟出官爵，官爵必以其力，则农不怠"，显然这与商鞅一派法家积极主张的"农战"政策是完全一致的。秦王政四年（前243）秦国曾经下令"百姓内（纳）粟千石，拜爵一级"（《史记·秦始皇本纪》），可以确切证明，纳粟而赐爵之事曾为当时实际上所执行。除了纳粟之外，为了某种特殊的需要而取得民众支持的时候，也有赐爵的情况出现。秦昭王二十一年（前286）秦将任左更之职的名错者"攻魏河内，魏献安邑，秦出其人，募徙河东赐爵"（《史记·秦本纪》），这是通过赐爵让民众迁徙的一例。战国后期秦、赵长平鏖战的时候，秦昭王"赐民爵各一级，发年十五以上悉诣长平"（《史记·白起王翦列传》），这是通过普遍赐爵以扩大兵源的一例。战国秦汉时期征集民众参与战争、戍守之事频仍。官府对于民众鼓励的主要措施之一就是赐爵，民众的军功和纳粟都以争得爵位为实际目的。这就使民众利益和国家利益达到了一定程度上的吻合。

关于爵制的重要意义，战国时期的人认识得十分清楚。《商君书·错法》曾谓"行赏而兵强者，爵禄之谓也。爵禄者兵之实也。是故人君之出爵禄也，道明。道明，则国日强；道幽，则国日削。故爵禄之所道，存亡之机也"，将爵禄视为国家存亡的关键。《礼记·缁衣》谓"政之不行也，教之不成也，爵禄不足劝也，刑罚不足耻也。故上不可以亵刑而轻爵"，将爵位看得异常重要。之所以如此，是因为这种制度可以比较普遍地加强国家君主与广大臣民的联系。如果说西周春秋时期君主的"赐命"凝聚了广大的贵族阶层，那么战国时期的军功爵制则调动了广大民众的积极性。这两者虽然都是统治者所采取的重要统治手段，但其着眼点不尽一致。从"赐命"到"赐爵"，并不仅仅是赏赐办法变化的表现，更重要的是反映了在政治舞台上普通民众地位的加强。从"免以为庶人"一语看，当时秦国社会上有爵位者的地位已经超出于"庶人"之上。

五 先秦社会最高权力的变迁及其影响因素

权力是社会关系中的重要控制力量，是保证社会运转的必需手段。"权"，本指秤锤，有衡量之意，后亦作为权力、权势、权谋等的代称。"权力"一词虽然形成较晚①，但其意蕴却很早就出现了。先秦时期，人们曾经用各种方式

---

① 先秦时期，未见"权力"一词，汉代则多见。如《新书·藩伤》："权力不足以徼幸，势不足以行逆。"（贾谊撰，阎振益、钟夏校注：《新书校注》，北京：中华书局，2000年，第37页）《汉书·贾谊传》："天子春秋鼎盛，行义未过，德泽有加焉，犹尚如是，况莫大诸侯，权力且十此者乎！"同书《货殖传》："（罗）裒举其半赂遗曲阳、定陵侯，依其权力，赊贷郡国，人莫敢负。"《游侠传》："（万章）与中书令石显相善，亦得显权力，门车常接毂。"（《汉书》卷48《贾谊传》，北京：中华书局，1962年，第2232页；卷91《货殖传》，第3690页；卷92《游侠传》，第3706页）关于"权力"的定义，提出著名的"酋邦"理论的美国学者塞维斯认为，"权力"一词最为广泛使用的含义是：某人或某集团使他人或他集团服从的相对的能力，或者反过来说，某人或某集团对他人或他集团"不必屈服"的能力。（参见易建平：《酋邦与专制政治》，《历史研究》，2001年，第5期）我们可以说，在商周时代使全社会的人或集团都服从的权力就是神权和王权，只是这一最高权力有一个发展变化的过程，有着不同的表现方式。这种最高权力不一定是强制性的暴力，也可能是传统习俗所形成的权威。

表达"权力"这一概念①。社会上的权力有不同的层次和范畴，先秦时期，社会权力观念起初是以"主"的名义出现的。本文试以先秦时期的神主、君主等称谓为线索进行讨论，虽然不能完全深入研究那个时期国家最高权力的所有问题，但却可以从一个新的角度来认识先秦时期社会最高权力的嬗变情况，了解这个过程中社会最高权力制约因素的消长情况。

由甲骨卜辞，可以看到神灵是商代最高权力的体现。这种神的权力被称为神权，神权的物化形式是"神主"。从权力角度来说，商代就是神权（亦即神主）的时代。到了周代，周天子和各诸侯国的国君拥有社会最高权力，所以周代可以称为君权（亦即君主）的时代。春秋战国时期还出现了"民主"的概念。这个概念并非是民众自己做主，而是国君替民众做主，实际上是"君主"概念的另一种表达方式。尽管如此，"民主"概念的出现毕竟是民众在社会生活中影响增强的结果，所以也还是一件颇有意义的事情。这就是在秦王政称"始皇帝"之前，商周社会最高权力运转的大致情况。应当指出，权力在当时社会实际中的表现和发展却远非如此简单。考虑到关于商代神权、周代君权及春秋战国时期"民主"观念的兴起已多有专家论析，而商周社会最高权力的演变脉络及其特点的系统缕析尚未之见，不揣谫陋，特从这个角度出发试行讨论，谨陈鄙见，以供方家参考。

（一）神主与商代国家祭祀

夏、商代去上古未远，其最高社会权力（亦即王权）除了靠初期的国家权力来巩固之外②，还十分需要传统的神灵崇拜发挥作用。神灵世界实际上成了

---

① 先秦时期曾经以器物的"柄"，以及缰绳的"辔"作为权力的代称。如《左传》襄公二十三年："子在位，其利多矣。既有利权，又执民柄。"（阮元校刻：《十三经注疏》，北京：中华书局，1980年，第1976页）《管子·任法》："明王之所操者六：生之杀之，富之贫之，贵之贱之；此六柄者，主之所操也。"（黎翔凤撰，梁运华整理：《管子校注》下册，北京：中华书局，2004年，第909页）《吕氏春秋·审分》："有道之主，其所以使群臣者亦有辔。其辔何如？正名审分，是治之辔已。"（陈奇猷：《吕氏春秋新校释》（下册），上海：上海古籍出版社，2002年，第1040页）这里所说的"柄""辔"皆指君主治理臣民的权力。正如《管子·山至数》所说："圣人理之以徐疾，守之以决塞，夺之以轻重，行之以仁义，故与天壤同数。此王者之大辔也"。（黎翔凤撰，梁运华整理：《管子校注》（下册），第1340页）所谓"大辔"，意即御马的大缰索，喻指君王所拥有的统治和管理社会的最高权力。
② 商王朝尚属初期国家范畴，商代的国家形态不具备完全成熟的性质。相关讨论参见本书第2章。

夏商之王持有的最高权力的保护伞。关于夏代的情况我们了解得很少，但是对于商王朝的情况，因为有了大量的甲骨卜辞资料，所以有了较多的认识。作为社会最高权力的代表，商王必须为这种权力寻找依据，证明其政权的正当性与合理性。《尚书·汤誓》载商汤动员众庶灭夏时，历数夏桀败坏的德行，说道："夏德若兹，今朕必往……致天之罚。"奉天罚罪，就是殷革夏命的理由①。那么，商王执掌社会最高权力的依据又是什么？从《尚书·盘庚》中我们看到的是"先后神灵"和"恪谨天命"两项，其所强调的是祖先神灵和天命。

中国古代历朝帝王皆炫耀自己品德之高尚、能力之非凡，有的还编造出"龙种"之类的神圣光环放到自己头上，来为自己最高权位的合理性作证据。自夸和让他人来夸，无所不用其极。不过，值得注意的是，无论是文献抑或卜辞中都罕见商王自夸的文字。史载中只有一位商王（纣王）颇能自我炫耀，可是他却遭到亡国的命运②。不自夸并不是不想自夸，而是因为手中权力还不够强大。商王既然不能靠炫耀自身来增强权威，那么，他就独辟蹊径，凭借"神"来达到目的。《礼记·表记》所载孔子的一段话颇可说明此点："殷人尊神，率民以事神。先鬼而后礼，先罚而后赏。"商王率领民众侍奉神灵，并且一切以神灵世界为先（"先鬼"），目的就是强化自己手中的权力，商王历来坚持敬神灵而强己威的路线（"先罚而后赏"），颇有假鬼神以令天下之意。

商代祭祀中受祭的对象即人们心目中的神灵，这些受祭的神灵是以"主"的形式出现的。在殷人庞大而复杂的神灵世界里，神灵固然虚幻，然而作为神灵物化载体的神主则是现实的。商周时代物化的神主有石质与木质两类，称为"祏"或"宔"。《说文》谓："祏，宗庙主也"，"宔，宗庙宔祏。"主、宔两个字当为古今字，并且祏也是主。所以主、宔、祏皆神主之意③。殷墟卜辞中习

---

① 据《尚书·甘誓》记载，夏后启讨伐有扈氏时，所举有扈氏的罪状是"威侮五行，怠弃三正，天用剿绝其命。今予惟共行天之为题"。可见，奉天命以征伐，也是夏王朝建立的依据。
② 《诗经·商颂·长发》所云"武王载旆，有虔秉钺"，盖为仅见的赞美商王个人的话。《史记·殷本纪》说商纣王"矜人臣以能，高天下以声，以为皆出己之下"（《史记》卷3《殷本纪》，北京：中华书局，1959年，第105页），应当是一个很能自夸的君主。
③ 参见徐灏：《说文解字注笺》卷7下，《续修四库全书》第226册，上海：上海古籍出版社，2002年，第72页。

见的表示祖先神灵的"示"字与"主"字通用，或者说两者为一字之分化①。示，即神主，诸家之说比较一致。卜辞中有关于"示帝"的贞问，裘锡圭指出："'示'的本义是神主，'示帝'可能是给康丁立神主的意思。"②卜辞中有大量关于"示"的记载，如"大示""小示""上示""下示""示癸""示壬"等，分别表示不同的先王，为了称谓方便亦将神主用数量表示，称为集合神主，如七示、九示、十示、十示又几示、二十示等。和"示""主"具有同等地位的还有"尸"。神主是神灵附着于物，称为"主"；神尸则是神灵附着于"人"，称为"尸"。"尸"亦有"主"之意，即人化的神主。这种礼俗到春秋时尚存。如《国语·晋语》八载，春秋后期晋国祭天，"祀夏郊，董伯为尸"。韦注："尸，主也。"可见董伯曾为"尸"，作为天的神主受祭。《礼记·礼器》篇有"殷坐尸"的说法，盖谓殷代的"尸"是坐着受祭的③。汉代的许慎讲上古时代的"神主"之意，说："主者，神象也。""唯天子诸侯有主，卿大夫无主，尊卑之差也。卿大夫无主者，依神以几筵，故少牢之祭，但有尸，无主。"④其所言"唯天子诸侯有主""卿大夫无主"，虽然有些绝对化，但大体如此。于此亦可见，"主"的本意多限于表示国君的统治国家之权，而卿大夫至少在名义上无此种权力。

　　商代社会比较稳定，没有出现过大的动乱，也没有大规模的民众起义，《史记·殷本纪》所说"比九世乱"，只是继统方式之不合常规而造成的王位继承之乱，而非大规模的社会动荡。这与商王恰当地采用神权维护其统治有很大关系。大大小小频繁的祀典，名目众多的祈祷，使得整个商王朝就像一座被神

---

① 关于"主"字起源，除了说它源于表示神主的"示"字以外，还有源于火烛之说。该说由王献唐在20世纪40年代所撰写的《古文字中所见之火烛》（济南：齐鲁书社，1979年影印本）一书中提出，后来何琳仪据新出考古资料进行探讨，其结论仍然认为"'主'、'示'实乃一字之分化"。（何琳仪：《战国文字通论（订补）》，南京：江苏教育出版社，2003年，第309页）商代神主具体形制尚不明确。春秋时期的神主，据《谷梁传》文公二年范宁《集解》说"其状正方，穿中央，达四方。天子长尺二寸，诸侯长一尺"。
② 裘锡圭：《关于商代的宗族组织与贵族和平民两个阶级的初步研究》，《古代文史研究新探》，南京：江苏古籍出版社，1992年，第299页。
③ 《礼记·礼器》郑玄注谓"无事犹坐"，然孔颖达疏谓"是为恒坐之法……言尸本象神，神宜安坐"，两说相较，孔疏为优。可见在祭祀时，"尸"坐而受祭，乃是出于对"尸"的尊重。
④ 郑玄：《驳五经异义·补遗》，《丛书集成初编》，上海：商务印书馆，1935年，第22—23页。

监视着的心灵监狱。众多的神灵（神主和神尸）似乎都在睁大眼睛注视着众人的一切行动，使祭拜者的心灵受到巨大而持久的震撼。法国学者福柯曾将监狱的无所不在的监视，称为"全景敞视主义"，这种无所不在的监视除了人对人的监视以外，还要靠"上帝"。福柯指出百年前欧洲的一些监狱，"囚室的墙上书写着黑色大字：'上帝注视着你。'"①商代祭典上的神灵所展现的就有这种"注视"的效果。商王在祭典上自然也同样为神灵所慑服。商代王权所受到的限制，这是其中之一。

  商代王权受到的限制还表现在所祭神灵的多样性，反映了诸多方国部族在商代政治生活中有较大影响，使商王不能独断天下。商王朝的占卜和祭祀形式从表面看是商王的行为，实际上则是国家祭祀。这主要表现在如下几方面。

  首先，商王朝祭典所祭的神灵中异姓氏族的首领也占有一席之地。特别是那些对于商王朝贡献卓著的大族的祖先，在祀典中享有与商王族的先公、先王几乎同等的祭祀规格。最著名的例子就是协助成汤立国的伊尹。伊尹曾与成汤一起受祭，伊尹的配偶和商先王配偶一样受祭②。不唯如此，卜辞中还有"伊二十示又三"（《合集》第34123片）③的记载，这表明伊尹部落首领世代都被列入国家祭祀之中。《尚书·盘庚》记载，商王盘庚曾告诫民众："兹予大享于先王，尔祖其从与享之。"这些听盘庚讲话者有些与商王并不同祖，所以盘庚才会说"尔祖其从与享之"。盘庚还告诫这些人要与他同心，如果不这样做，他们的先祖"乃断弃汝，不救乃死"。作为商王族与其他各族的保护神的祖先神灵，既有商朝的先公先王，也有非王族的祖先，他们共同构成祖先神灵世界④。周代祭

---

① 福柯：《规训与惩罚：监狱的诞生》，刘北成、杨远婴译，北京：生活·读书·新知三联书店，2003年，第219、第338页。
② 参见陈梦家：《殷虚卜辞综述》，北京：中华书局，1988年，第363—364页。
③ 参见郭沫若主编：《甲骨文合集》第11册，北京：中华书局，1982年，第4243页。（以下称引甲骨卜辞，皆简称书名和片数）。
④ 商代祭典亦祭异姓部落首领，表明部落联盟于商代社会上的重大影响。后世对此情况，常以"君臣观"视之，如《孔丛子·论书》载："《书》曰：'兹予大享于先王，尔祖其从与享之。'季桓子问曰：'此何谓也？'孔子曰：'古之王者，臣有大功，死则必祀之于庙，所以殊有绩劝忠勤也。盘庚举其事以厉其世臣，故称焉。'"（王钧林、周海生译注：《孔丛子》，北京：中华书局，2009年，第22页）是为此种观念的一个典型表达。

祀的一个重要原则是只祭本族的先祖①，而商代的情况却并非如此。

作为商王族的子姓氏族的发展壮大，除了本族的繁衍生息之外，还应当有另外的途径，那就是接纳和融合其他的氏族部落。为子姓氏族部落的早期发展作出重大贡献的原本是异姓氏族部落的首领，为殷人世代尊崇和记忆并称之高祖。卜辞中称为高祖者除了像"高祖王亥""高祖夒""高祖上甲"这样的子姓部落首领外，有些被称为高祖者可能属于异姓氏族部落。如"高祖河"（《合集》第32028片）②，就可能是原居住于大河附近的部落后来融入子姓部落者，作为此部落首领的"河"留在商人记忆中，亦被尊为高祖③。

其次，各氏族向商王朝进献占卜用的龟甲，以示对于国家祭礼的参与。这在记事刻辞中有所记载。对于殷墟甲骨的甲桥、甲尾、背甲、骨臼、骨面等不便施以钻凿之处所刻的记事之辞，胡厚宣先生曾作过系统研究，他所见到的这些记事刻辞有825例之多④，其中许多刻辞记载甲骨的来源，如某氏族进贡

---

① 关于周人祭典的原则，《国语·鲁语》谓："非是族也，不在祀典。"《左传》僖公三十一年说："鬼神非其族类，不歆其祀。"这应当是那个时代的一般规则，但是也有不同的思考，郑国的子产曾说："夫鬼神之所及，非其族类，则绍其同位。是故天子祀上帝，公侯祀百辟，自卿以下不过其族。"关于"非其族类，则绍其同位"，韦注："绍，继也。殷、周祀之是也。"（《国语·晋语》）在韦昭看来，殷周时代的祭祀应当有超出只祭本族先祖这个一般原则的情况。从卜辞所反映的情况看，商代可能尤为如此。常玉芝曾举出伊尹、伊奭、黄尹、黄奭、咸戊五位异族神的祭祀情况，并指出这"说明了后世古书上所说的'神不歆非类，民不祀非族'（《左传》僖公十年）的规则在商代尚未施行；而'非我族类，其心必异'（《左传》成公四年）的说法也不是人人皆然的"。（宋镇豪主编，常玉芝著：《商代宗教祭祀》，北京：中国社会科学出版社，2010年，第419页）
② 关于这条卜辞的"高祖河"，陈梦家读为"高祖、河"，于省吾读为"高祖河"（陈梦家：《殷虚卜辞综述》，第343页），今从于先生说。
③ 关于这类高祖神，齐文心、王贵民曾经指出："有的可能是属于一个部落联盟，但不一定是有血缘关系的部落首领，由于他的功勋卓著，逐渐形成为共同崇拜的保护神，又成为象征性的祖先神。"（中华文化通志编委会编，齐文心、王贵民撰：《商西周文化志》，上海：上海人民出版社，1998年，第107页）这是一个很精辟的认识。笔者认为除了这种可能性之外，还可能是原始意识留存的结果。远古时代，民智未开，不能将人与外物完全区分。《国语·楚语》下所谓"民神杂糅，不可方物"（韦注："同位故杂糅。方，犹别也。物，名也。"），亦有这种远古思维影响的印迹。此一问题较为复杂，存以待考可也。
④ 参见胡厚宣：《武丁时五种记事刻辞考》，《甲骨学商史论丛初集》，济南：齐鲁大学国学研究所，1944年，第599页。除胡厚宣先生的研究之外，曹锦炎又发现在龟腹甲中甲右方也刻有记事刻辞，称为"中甲刻辞"，他所发现的三例刻辞皆属自组，是时代较早的记事刻辞。（参见曹锦炎：《中甲刻辞——武丁时代的另一种记事刻辞》，《东南文化》，1999年，第5期）。

骨之数量，或到某氏族征集甲骨之数量。兹举骨臼刻辞的情况略作说明。骨臼刻辞多有"示屯"的记载，常见的格式是某氏某数量之屯，如：

①癸巳，妇井示（氏）一屯，亘。（《合集》第 130 臼）
②壬寅，妇宝示（氏）三屯，岳。（《合集》第 17511 臼）
③古示（氏）十屯出（又）一く，宾。（《合集》第 17581 臼）
④丁丑，邑示（氏）四屯，耳。（《合集》第 17563 臼）①

上引刻辞的意思是某日、某氏族进献之兽骨多少屯（读若捆），验收的贞人某。骨臼刻辞所载妇某的氏族和其他氏族进献龟甲的各约四十多个②。如果加上骨臼刻辞以外的记事刻辞所载者，进献龟甲的氏族应当更多一些。这类刻辞所表明的进献，到底是氏族的主动行为，抑或是商王朝征取的结果，从现在所见辞例中不能作出明确判断。可是，有些刻辞所表现的则很可能是商王朝征集的结果。可举两例如下：

庚申，中（得）自雩十屯。（《合集》第 5512 臼）
乙酉，䎽二屯，屯自匽中（得）。（《合集》第 17629 片）③

上引第一条是骨臼刻辞，意思是说庚申这天从雩族（或雩地）得到龟甲十捆。第二例的意思是说乙酉这天䎽族进献龟甲两捆，是贞人名屯者从匽地得到的。占卜所用牛胛骨易得，而龟甲则较难寻，所以各氏族进献龟甲成为一项重要任务。众多氏族向商王朝进献龟甲，固然表示对商王朝政治上的支持，但更重要的一项应当是表示各氏族参与了商王朝的祭祀。在殷人看来龟甲兽骨是交通神灵的神物，是探赜索隐的利器，神意要通过其上的裂纹方可显示。某氏族进献（或被征集）龟甲，盖寓有本氏族的神物参与祭祀之意，表示其氏族亦参加了

---

① 关于"示屯"类刻辞的研究，郭沫若虽未释此字为"屯"，但指出刻辞表明此类卜骨"有所包裹而加缄縢"，并且是"两骨一包"。（郭沫若：《殷契粹编》，北京：科学出版社，1965年，第747页）胡厚宣说："く"字，"疑为片字之古文。……言'十屯又一'者，背甲十对又一半也。"（胡厚宣：《甲骨学商史论丛初集》，第596页）
② 参见晁福林：《殷墟骨臼刻辞"示屯"及其相关的一些问题》，《殷都学刊》，1990年，第2期。
③ 两例"中"字，专家多释为"乞"，笔者曾另献一说，以广思路，将其释为甲骨文中的另一类"中"字，在卜辞中它可以读若"得"，或释为"可"之意。（参见晁福林：《甲骨文"中"字说》，《殷都学刊》1987年，第3期）

商王朝的国家祭祀。

其三，时王的祖若父（特别是父），按说是神灵世界中最能增强商王个人权威者，但在商代祭典中，对于祖若父并不特别重视。史载商王祖庚肜祭其父高宗武丁，祭品比较丰盛，即受到贤臣祖己的批评，说"罔非天胤。典祀无丰于昵"（《尚书·高宗肜日》），意即所有先祖没有不是天之后嗣者，因此贡献祭品不应于父亲的祢庙特别丰盛。卜辞表明，历代商王皆举行种类繁多的祀典祭祖，特别是周祭，这是"用翌（日）、祭、曺、劦（日）、彡（日）五种祀典对自上甲以来的所有先公、先王和自示壬之配妣庚以来的先妣轮番和周而复始地进行的一种祭祀"①。表现出的是对祖先神灵的"厚今而不薄古"的态度，说明商王是以祭典的方式在尽量大的范围内团结商的王族及子族，再通过其他的祭典和方式，让子姓部族以外的部族也参与到国家祀典中来。神灵世界（特别是祖先神灵）已成为商王朝各个邦国部族的共同信仰所在。祀典也就成为联系各邦国部族与商王族的重要纽带，表现出非王诸族对于商王的影响之大。

其四，如果说神灵是下界投影的话，那么表达王权强大的应当是"帝"。卜辞中"帝"的情况便折射出商王的影子。商代后期商王名号有称"文武帝""帝乙""帝辛"者，表明后期商王对于"帝"的欣赏和重视。

"帝"在商代神灵世界中的地位如何？迭经专家研究，现在比较一致的看法可以概括如下。关于"帝"的神能。第一，它能支配风、雨、雷、晴、旱、涝等气象，可以影响年成好坏。第二，它保佑某些征伐之事，支持建造城邑。第三，它对于有些事情可以作祟、降咎，破坏甚至灭绝城邑。总结这些方面的内容，可以看出"帝"的性质，专家指出它"是个具有巨大威力的自然神"②，是很正确的。但是，还应当看到"帝"的权力是有限的，它不做（或不能做）的尚有许多事情。最主要的是它不像祖先神灵那样可以指挥人世间的具体事务。卜辞表明，商王及其他人的吉凶祸福、生老病死诸事，以及官吏任命等皆向祖先神灵祈祷福佑，而不祈祷于帝。可以说"帝"的权力是十分有限的。

总之，帝对于人世间的影响虽然很大，但只是一种自然而然的行为，人们虽然希望它来保佑，但大部分事情并不指望它。卜辞中的"帝"类似于战国时期荀子所说"天行有常，不为尧存，不为桀亡"（《荀子·天论》）的"天"，

---

① 宋镇豪主编，常玉芝著：《商代宗教祭祀》，第427页。
② 常玉芝：《由商代的"帝"看所谓"黄帝"》，《文史哲》，2008年，第6期。

虽然高悬于人世之上，但与世间的事务并没有多少关系①。这一点在文献中亦可找到证据。《尚书·高宗肜日》说："惟天监下民，典厥义。降年有永有不永，非天夭民，民中绝命。"这里所说虽有"人在做，天在看"的意思，但其所强调的天与民没有直接关系②，如果民遭遇祸害，乃是民自己伤害了自己，并非天的缘故。正因为求它也罢，不求它也可，所以"帝"在商代虽然也多见于卜辞，但却"门庭冷落"，没有香火祭祀。有的商王甚至有侮辱天神之举③。若把它作为人世间威严的主宰一切的君主的投影，似有不妥。恩格斯说："一个上帝如没有一个君主，永不会出现，支配许多自然现象，并结合各种互相冲突的自然力的上帝的统一，只是外表上或实际上结合着各个因利害冲突互相抗争的个人的东洋专制君主的反映。"④这段话能否作为商代已出现统一专制君主的证据呢？笔者认为是不行的。关键在于此上帝非彼上帝。恩格斯所说的上帝是西方基督教中的上帝，它是唯一的至上神，是宇宙和万物的创造者。殷墟卜辞中的"帝"，虽有"帝"之名，却无西方上帝之实。卜辞里的帝，论其影响只是与祖先神、自然神的地位差可比肩的神。商王朝时期还处于早期国家阶段⑤，还没有出现专制的中央集权统治。商代社会是以商王族为核心的各部族的联合体，还远不是恩格斯所提到的"东洋专制君主"。按照"一个上帝如没有一个君主，永远不会出现"这个原则，商王朝时期还没有这样的君主，作为

---

① 关于帝与天的关系，朱芳圃曾经引明义士、叶玉森说指出帝源于商周时代的焚天燎祭，指出："《说文》示部：'祡，烧柴燎以祭天神，从示此声。'盖以火光之熊熊，象征天帝之威灵，《诗经·大雅·皇矣》'既受帝祉'，郑笺：'帝，天也。'"（朱芳圃：《殷周文字释丛》，北京：中华书局，1962年，第39页）可见，帝与天在造字时即有意义之密切关联。
② 《尚书·高宗肜日》的"天监下民"，《史记·殷本纪》引此没有"民"字，《尚书》别本所载亦多如此（刘起釪指出有云窗本、内野本、岩崎本、神宫本等，参见刘起釪：《尚书校释译论》，北京：中华书局，2005年，第1004页）。按：足利本亦如此，参见顾颉刚、顾廷龙：《尚书文字合编》（上海：上海古籍出版社，1996年，第1196页）。所以原文当即"天监下"，而非"天监下民"。若此可信的话，那么更增加了"天"与"民"的距离。
③ 商王对"天"不恭，于史载所见者无过乎武乙。相传他曾"为偶人，谓之天神。与之博，令人为行。天神不胜，乃僇辱之。为革囊盛血，卬而射之，命曰'射天'"。（《史记》卷3，《殷本纪》，第104页）
④ 《马克思恩格斯通信集》，第1卷，北京：生活·读书·新知三联书店，1957年，第53页。
⑤ 关于中国早期国家问题，谢维扬所著《中国早期国家》（杭州：浙江人民出版社，1996年）一书作出了重大贡献，他将夏商周（包括春秋战国）都划入中国早期国家阶段的说法是可信的。笔者认为早期国家是否有"中央集权"这一问题，尚有继续研究的余地。

唯一至上神的"上帝"自然也不会出现。

以"神"为主，这并非商代的发明，而是商人对于原始文化传统的继承。远古时代的古国中多"神守"之国，孔子曾说："山川之灵，足以纪纲天下者，其守为神。"（《国语·鲁语下》）①这里所说的"守"即是"主"，"神守"，亦即神主。按照章太炎的说法，这样的古国靠神权立国，"不守社稷而亦不设兵卫……神国无兵，而皂牢亦不选具"，进入文明时代以后依然保持"神守"传统，"营于禨祥，不务耕战，亦甚少与公侯好聘，故方策不能具，及其见并，盖摧枯拉朽之势已"②。殷商时代，将"神守"传统发展到极致，在此之后，神守传统的影响逐渐削弱，这是文明时代社会文化进步与社会权力演进的结果。

纵观有商一代历史，可以说商王依赖神灵世界、以神为主的做法，在一定程度上达到了维护最高权力的目的，也适应了社会政治发展的需要③。但是，从另一方面看，商代的神权同时也给予王权以限制，使商王不得不忌惮于非王诸族及异姓方国部族的势力和影响。商王虽然青睐"帝"，但在神灵世界中，"帝"远没有成为定于一尊的至上神。这应当是商王权势尚被束缚的情况的反映。要之，商代的"神主"之权固然为加强商王所拥有的最高权力提供了一定帮助，但这"神主"也是对王权的一种限制。商代的神灵世界犹如一张巨大无比的天网，商王之权在一定程度上正是被这张天网所约束。

（二）宗法王权：周代君主的盛与衰

经过周革殷命的政权更迭，周王朝的最高权力呈现着前所未有的新面貌。

---

① 韦昭注"其守为神"云："山川之守主，为山川设者也。"所谓"守主"，当即山川之神的神主。

② 章太炎：《封建考》，《章太炎全集》，第4卷，上海：上海人民出版社，1985年，第112—113页。关于"神守国"的研究，详见杨向奎：《中国古代社会与古代思想研究》（上册），上海：上海人民出版社，1962年，第160—169页；杨向奎：《再论老子——神守、史老、道》，《史学史研究》，1990年，第3期；吴锐：《论"神守国"》，《齐鲁学刊》，1996年，第1期。

③ 关于天、神对社会政治的影响，梁启超早就指出："在天监督下以行政治，则本来之最高主权属于天，甚明。"（梁启超：《先秦政治思想史》，上海：东方出版社，1996年，第36页）亚里士多德说："人们原来用人的模样塑造着神的形象，那么凭人类生活来设想群神的社会组织也就极为自然了。"（亚里士多德：《政治学》，吴寿彭译，北京：商务印书馆，1965年，第7页）

周代最高权力掌握在周王以及其下大大小小"君主"手中①。周天子以及诸侯国君主的权力在周初主要是经由两个途径来实现的：其一，采用殷商故技，托庇于神灵；其二，创立宗法体系，实施分封制度。关于这两个方面，专家多有精辟论析。这里，笔者认为值得进一步思考和探讨的问题是，在因袭商人做法的同时，周统治者又进行了怎样的创新与发展。

我们先来考察周人神灵世界的问题。周人对于殷商神灵世界不仅多有继承，依然尊奉天神和祖先神，而且为适应宗法王权的需要，还大力进行创新和改造。十分显著的是，周人拉近了原来被高悬一格、不食人间烟火的"帝"与人世的距离。周代的"帝"不仅"降懿德"（《瘼钟》，《集成》②251）于周人，而且，用周厉王的话来说，还可以降下"大鲁令（命），用黈保我家、朕位、胡身"（《胡簋》，《集成》4317）。还有的彝铭谓："肆皇帝亡斁，临保我又（有）周，雩四方民，亡不康静。"（《师訇簋》，《集成》4342），意思是说，辉煌的帝不厌其烦地俯视和保佑着我们周王朝，以及四方庶民，使得普天之下无不安康稳固。《诗经·大雅·皇矣》篇亦谓："皇矣上帝，临下有赫。监观四方，求民之莫。"这里说上帝十分关注民生，了解民众疾苦③。由此可见，从周王到庶民皆为天帝所保佑。

此外，周人创造出"帝廷"作为天帝"办公"场所，据说，周人的祖先可以到帝廷并侍奉在帝之左右，传达帝的旨意。《诗经·大雅·文王》说："文王在上，於昭于天。周虽旧邦，其命维新。有周不显，帝命不时。文王陟降，在帝左右。……仪刑文王，万邦作孚。"周文王的神灵侍奉于帝之左右，这于彝

---

① "君主"一词虽至战国时期才出现，但"君"为社稷之主人的观念在春秋时期已经多见，如《左传》隐公三年："先君以寡人为贤，使主社稷。"《左传》庄公十四年："苟主社稷，国内之民其谁不为臣？臣无二心，天之制也。"《管子·侈靡》篇所谓的"社主"应当是社稷主的简称。《管子·形势解》谓："主牧万民，治天下，莅百官，主之常也。"春秋时期虽未见"君主"之称，但却已到了呼之欲出的地步。战国时代的文献，"君主"之称则屡见不鲜，如《韩非子》之《十过》《爱臣》，《晏子春秋·外篇》《韩诗外传》卷九等。周代各诸侯国君主所拥有的虽然不是周王朝的最高权力，却是本诸侯国的最高权力。
② 中国社会科学院考古研究所：《殷周金文集成》（下文简称《集成》），北京：中华书局，1984—1994年。
③ 《诗经·大雅·皇矣》"莫"，传笺释为"定"，三家诗作"瘼"。今从三家诗之说。说见马瑞辰：《毛诗传笺通释》卷24，北京：中华书局，1989年，第838页。

铭亦有证。周初的《天亡簋》说"丕显考文王事喜上帝"(《天亡簋》,《集成》4261),清楚地表达了周王拥有最高权力而使"万邦作孚"的原因,那就是周人最伟大光荣的文王的神灵升之于天,侍奉在帝之左右,得到了帝所授予的统治天下的命令,后世周王以文王为榜样("仪型文王"),所以天下顺服。可以说"帝"成为周代王权最得力的靠山。一座巍峨的"帝廷"出现于天国。帝廷之中,先王仍然可以监临天下,《尚书·金縢》说:"(先王)乃命于帝庭,敷佑四方,用能定尔子孙于下地。"在天国的"帝廷"与人世间,周先王上下"陟降",通于神人之际,传达天命于下界。周厉王曾说:"朕皇文剌(烈)祖考……其濒(频)才帝廷陟降……阤阤降余多福宪烝、宇慕远猷。"(《胡簋》,《集成》4317)意思是说,我的辉煌、典雅、有伟大功业的祖先,频繁地在帝廷升降,传达帝的旨意,绵绵不断地降给我许多幸福美善以及安定国家的谋略和计划。周的先王总是居于"帝廷",彝铭谓"先王其严才(在)帝左右"(《戡狄钟》,《集成》49)是说先王的神灵庄严地在帝左右侍奉。开始的时候似乎只有周先王之神灵才可以升到"帝廷",后来,商人后裔亦仿此例,把自己的先祖也抬到天上去侍奉帝,说"赫赫成唐(汤)又(有)敢(严)才(在)帝所,尃受天命"(《叔尸钟》,《集成》275)。这是殷商后裔向周人学习的结果。然而,只说成汤升到"帝所(帝所在的处所)",但并未登堂入室,只是怯怯地表示升到帝之居处,尚不敢与在"帝廷"侍奉于天帝左右的周先王比肩。

通过改造,以"帝""天"为主的神灵世界成为周代王权强有力的后盾。周人曾劝说殷遗民要顺服于周,说这是"天命靡常"(《诗经·大雅·文王》)的结果,春秋中期,楚庄王问鼎王城之下时,周人还以"天命"作为利器而使楚不敢轻举妄动,周人说:"成王定鼎于郏鄏,卜世三十,卜年七百,天所命也。周德虽衰,天命未改!"(《左传》宣公三年)使得不可一世的赫赫霸主楚庄王在周的"天命"面前不敢造次,对于天命的重视于此可见。后世有"挟天子以令诸侯"[1]之枭雄,如果相比较的话,可以说周王正是挟天帝以令诸

---

[1] 《三国志·魏书·武帝纪》注引《献帝春秋》载,有人向曹操建议:"若挟天子以令诸侯,四海可指麾而定。"(《三国志》卷1《魏书·武帝纪》,北京:中华书局,1959年,第15页)

侯了①。

  周人创造了"天子"之称,作为其神圣性质的根本依据,亦是其天命理论的进一步发展②。"天子"之称应与周代宗法制的创制有关。宗法的核心在于嫡长子继承制。嫡长子有宗法观念里面的"承重""传重"之责,即嫡长子有继承和延续宗族祭祀和宗族统绪的重责。在宗族的各种关系中,父子关系是至为重要者。父亲要将一切重大责任和权利传给嫡长子。周王得天命,犹言天之重责和大权传给周王,周王亦即天之嫡长子,天子之称实即宗法关系里的父子关系的投影。天子即天的嫡长子,所以《尚书·召诰》说:"皇天上帝,改厥元子。兹大国殷之命。惟王受命,无疆惟休。"皇天上帝更改其长子即此大邦殷之命,将这命授予周。周王接受天命,拥有无疆界的美善。《尚书·立政》载周公告成王语谓"拜手稽首。告嗣天子王矣。称成王为"天子王",意即以天子的身份为王。"天子"之称的潜台词是说,天帝把统治天下的权力赐予周王,就好像父亲把宗族大权传授给其长子一样。"天子"之称亦是周人的一大发明。

---

① 观《墨子·非命》上篇引《尚书·仲虺之诰》曰:"我闻于夏,人矫天命,布命于下,帝伐之恶,龚丧厥师。"似乎夏商时期即有"矫天命"之事。其实,并非如此。当时"矫天命"者乃是普通的"夏人",而非夏王桀。夏去古不远,所谓"人矫天命"正是上古时期人神不分习俗的孑遗。且夏代尚无后世那种天命观念,更不可能产生夏王矫天命以布己意之举。要之,挟天命以重王权应当是周代才有的事情,夏商时代尚未出现。
② 据文献记载,似乎夏商时期就已有天子之称,但那是后人追记的结果。《郭店楚简·唐虞之道》:"古者尧生于天子而又(有)天下。"(武汉大学简帛研究中心、荆门市博物馆编著:《楚地出土战国简册合集》(一),北京:文物出版社,2011年,第61页)此为称尧为天子之例。《郭店楚墓竹简·穷达以时》:"舜耕于鬲(历)山……立而为天子。"(武汉大学简帛研究中心、荆门市博物馆编著:《楚地出土战国简册合集》(一),第42页)《礼记·中庸》:"舜其大孝也与?德为圣人,尊为天子,富有四海之内。"(阮元校刻:《十三经注疏》卷52,第1628页)此为称舜为天子之例。《韩非子·难势》:"桀为天子。"(王先慎撰:《韩非子集解》卷17,钟哲点校,北京:中华书局,1998年,第388页)此为称夏王为天子之例。《墨子·兼爱》下:"汤贵为天子,富有天下。"(孙诒让:《墨子间诂》卷4,北京:中华书局,2001年,第123页)《韩非子·初见秦》:"昔者纣为天子。"(王先慎撰:《韩非子集解》卷1,第11页)此为称商王为天子之例。早期的可靠文献记载,如《诗经·商颂·长发》:"允也天子,降予卿士。"《尚书·西伯戡黎》:"奔走告于王曰:'天子,天既讫我殷命。'"这两例皆为后人的述古之作,而殷墟甲骨卜辞和最可靠的商代作品《尚书·盘庚》篇中则只有"王"称而无"天子"之称。若谓殷商时期尚无周代那样的"天子"之称出现,从现今所见卜辞和文献资料的情况看,应属可信。

周人对于最高权力的总体设计是：周王向上对于天国而言，垄断了天国和天命；向下对于社会而言，则是以宗子的身份而凌驾于芸芸众生。自周公制礼作乐以降，周王即成为天下大宗的宗子。周代社会的最高权力可以称为"宗法王权"①。宗法与分封是周王最高权力的两翼，宗法偏重于周王子孙，分封则兼及整个社会。自"君统"而言，周王是社会政治的主宰；自"宗统"而言，他又是普天之下最高的宗子。"君统"言其政治地位；"宗统"则表示其传统的宗族关系。在西周时期，这二者是合一的。周王的最高权力通过分封诸侯（以及重申任命）、巡狩、赏赐、设监以"监国""监军"；诸侯依礼朝聘、纳贡等措施得以实现。以至于《诗经·小雅·北山》所云"溥天之下，莫非王土。率土之滨，莫非王臣"，成为周人口头禅一样的信条。《礼记·曾子问》引孔子语谓"天无二日，土无二王……尊无二上"，是周王拥有最高权力的反映。对此，王国维说得最为精当，他说：周公东征之后，行宗法分封之制，"新建之国皆其功臣昆弟甥舅，本周之臣子，而鲁卫晋齐四国，又以王室至亲为东方大藩，夏殷以来古国方之蔑矣。由是天子之尊，非复诸侯之长而为诸侯之君"②。以周公为代表的周初政治家们的国家改造与设计，尽管反映了高度的政治智慧，但由于历史的局限，君主权力的实现与国家机构的合理配置还显得比较粗糙，尚不能满足长时段的社会运转的需要。

周人对于最高权力的设计，自以为周到细密，简直无懈可击。周王所拥有的最高权力有天命、帝廷作为其终极的无敌的后盾；有宗法以网络天下大大小小的宗族；有分封以保证开拓和稳固天下疆土；有作为贤才的卿士为其操劳朝政。然而，周天子还是不放心，我们从文献和彝铭记载中见不到周天子意满志得、飞扬跋扈之态，倒是可以窥见其"战战兢兢，如临深渊，如履薄冰"的心绪。周公告诫成王要像保持火焰永远燃烧一样延续王权，"叙弗其绝"，还说

---

① 将周代王权称为"宗法王权"的认识是建立在周代宗统与君统合一的观念之上的。周代君统与宗统的关系，自汉儒以来历有不同理解，或认为这两者属于不同范畴，关于此说，金景芳曾发表《论宗法制度》（《东北人民大学学报》1956年，第2期）一文，后来陈恩林《关于周代宗法制度中君统与宗统的关系问题》（《社会科学战线》1989年，第2期），对金老之说又作了全面研讨和发挥。自王国维以来，也有许多现代学者主张周代君统与宗统二者合一。本文取刘家和《宗法辨疑》（《古代中国与世界》，武汉：武汉出版社，1995年，第235—253页）一文的说法。
② 王国维：《殷周制度论》，《观堂集林》卷10，北京：中华书局，1959年，第467页。

"继自今嗣王，则其无淫于观、于逸、于游、于田"（《尚书·洛诰》《无逸》），周厉王自言其勤政，"亡康昼夜"（《胡簋》，《集成》4317），周平王呼吁晋文侯"汝多修，扞我于艰"（《尚书·文侯之命》）。这类语言固然表现着最高权力拥有者勤于德政的自勉之意，但也流露出许多忧愁。周天子忧愁的原因何在？值得我们探究。

正所谓"成也萧何，败也萧何"，周王拥有的最高权力因宗法分封而兴，亦因之而衰。在某种程度上可以说，分封制度乃是对于宗法王权的一个制约因素①。宗法与分封固然把周王架到无与匹敌的"天下共主"的最高位置，但也让他不与基层社会权力发生关系。周代等级层次纷繁，社会统治权力亦层层相叠压，即《左传》昭公七年所谓"天有十日，人有十等。下所以事上，上所以共神也"，周王的地位虽然至高无上，但其所直接臣属的仅限于诸侯及周王朝的公卿一级。各国诸侯虽然不敢觊觎周王之位，但很少有与周王真正同心同德者。各诸侯国的大夫、士、庶民仅对其直接的"上"（即诸侯、大夫、士）负责，而与周王无直接干系。周王所拥有的社会最高权力便层层消弭于这个层次结构之中。尽管周天子是普照的光，然而，"普照"却类乎"不照"，中下层的受赐者无须对周王直接感恩戴德。西周前期，周王带"天子"之光环，携文、武之余烈，拥"六师"之兵众，巡狩会同而威加诸侯，"君主"之姿，荣焉耀焉，威风凛凛。然而好景不长，西周后期，形势即急转直下，周厉王时的"共和行政"可谓一个标志。这一转变，实肇端于因王室经济的匮乏而实行的侵犯贵族利益的"专利"政策，由此而引起国人暴动。周厉王狼狈逃窜，最后不得不由卫国诸侯入主朝政而平息祸乱。貌似强大的周厉王溃败于贵族们的现实经济利益。得益于宗法与分封制度的贵族们为实利而不惜与周天子翻脸，这一方面是他们数典忘祖的表现，另一方面也展现了周王所拥有的最高权力已是江河日下。

总之，宗法王权的确立，虽然为周王拥有社会最高权力开辟了新的路径，

---

① 曾有学者认为宗法分封加强了中央集权，谓："周人所分过于琐细，宗愈分愈多，亦愈分愈小，亦愈能中央集权。"（李玄伯：《中国古代社会新研》，上海：开明书店，1948年，第43页）这恐怕是以汉代"推恩令"来类比的结果。汉武帝时，采纳主父偃建议，"推恩分子弟，以地侯之。彼人人喜得所愿，上以德施，实分其国，必稍自削弱矣。"（《汉书》卷64《主父偃传》，第2802页）其实，周、汉社会结构不一，汉代中央集权制度已经确立，似非周代层次性的社会结构可比拟。

但随着贯彻宗法精神的分封制度的不断实施,王权也随之衰落。并且,被高高悬置于上苍的天国只是周王专擅天命的后盾,而不可能如同商代那样成为限制王权的天网。从这个角度可以说,社会最高权力在西周时期进入"有法无天"的时代。可是,这个"法"(即宗法)对于王权也是一种限制。王权要摆脱羁绊,真正成为"无法无天"的专制权力,还有一长段路要走。

(三)"民主":新君权的影子

周王朝自厉幽以后,王权日益下降,社会最高权力渐渐分散到各国诸侯手中。春秋以降的各国"君主",没有了头上的光环,也不再专擅天命,他们手中的利器之一就是"民主"。

正如神主的光芒下"君主"已经悄然显现一样,在君主的光芒中"民主"也开始露出。一个饶有兴味的现象是我国上古时代"民主"的理念,最初是穿着君主的袍子,迈着君主的步伐登上政治殿堂的,或者可以说它只是"君主"观念的折射,只是"君主"的另一种表达。先秦时期的"民主"的观念与"君主"没有太大的区别。"民主"一词,在西周初年就出现于《尚书·多方》:"亦惟有夏之民叨懫,日钦劓割夏邑。天惟时求民主。……克以尔多方,简代夏作民主。……天惟五年须暇之子孙,诞作民主。"这段话是周公在平定三监之乱以后对于因参与叛乱而被迁到洛邑的各方国人员的讲话,周公说道:有夏之民贪饕忿戾,残害夏邑。上天因为这个原因才为夏民寻求其主,并且大大地降下光显嘉命给成汤,让他殄灭有夏。……成汤在你们多方的支持下取代夏作了天下民众之主。商朝末年的时候,上天对商王宽待了五年,让他仍然作商民之主。这个时候的"民主",实即君主,"民主"意即民之主人,也是君为民做主的意思。

商周时代君权神授,天命可以授权于君,也可以将这权力拿走而转予他人。春秋时期则不然,君权可以为国人、庶人、民众等的态度所左右。春秋初期,卫懿公得不到"国人"支持,于狄族入侵时落得身死国灭的下场[①];《左传》僖公十五年载晋惠公被秦俘获时,"朝国人以君命赏",才得以挽救危难;《左传》文公十八年载,莒国太子名仆者,靠国人支持杀掉莒纪公,史称"因国人以弑纪公";《左传》襄公十九年郑卿子孔专权,国人不满,贵族子西便"率国人伐之,杀子孔而分其室";《左传》昭公十三年载,楚灵王时,楚国内

[①] 事见《左传》闵公二年和《史记·卫康叔世家》。(《史记》卷37《卫康叔世家》,第1594页)

乱，右尹子革曾建议他"待于郊，以听国人"，让国人决定楚灵王的命运，但因"众怒不可犯也"，终究得不到国人支持而选择了自杀；《左传》襄公十四年载，卫献公无道，"百姓绝望"，被驱逐出国。晋人评论此事说："天之爱民甚矣，岂其使一人肆于民上，以从其淫，而弃天地之性。必不然矣。"这些史实都反映了国人对于诸侯国君权的影响之巨。

春秋时期，残暴的国君为国人所驱逐之事屡有发生，作为"君主"（亦即"民之主人"的"民主"），为民所废，这个现象如何解释呢？《左传》襄公十四年载，在天命论的笼罩下，春秋时期的人对于这个问题有这样的表述："夫君，神之主也，民之望也。若困民之主、匮神乏祀、百姓绝望、社稷无主，将安用之？弗去何为？天生民而立之君，使司牧之，勿使失性。"①

从思想史的发展途径上可以看出，这里所强调的内容虽然承继了"神主"的观念，但却突出了"君"的地位。君，一方面是神主，一方面又指出它是民望，即民众希望之所在。民众对于君的希望是什么呢？照这里的说法，就是希望"君"能够统领、管理（"司牧"）民众，使民众不至于失却纯朴的本性（"勿使失性"），犹如一群绵羊希望有一个好的牧羊人来管理自己一样。如果这位牧羊人不好好管理这群羊，反而虐待它们（"困民之主"），那么这样的牧羊人有什么用呢（"将安用之"）？那就应当被换掉。这一段话，体现着春秋中期人们的"民主"观念。这个"民主"的意思就是"民之主人"，就是"牧羊人"。按照这个"民主"观念，君主天生就是民的主人，②这是天所安排好了的。这样的"民主"对于"民"有着生杀予夺的权力，所以"民"必须拥戴其

---

① 这里所说的"牧"，先秦时期文献，讲君主管理民众，多称用之，虽然已是管理的意思，但其根源依然是放牧牲畜。《尚书·吕刑》有"天牧"之辞，意即替天牧民。上古时代的诸侯（即各氏族方国的酋长），在《尚书·尧典》中称为"群牧""十有二牧"。《管子》有《牧民》篇，专讲治理民众之事。孟子亦用"牧民"的观念，曾经向子思请教如何牧民的问题，谓"牧民何先？"（《孔丛子·杂训》，王钧林、周海生译注：《孔丛子》，第87页）《逸周书·命训》讲古代的明王的职责就在于"牧万民"。
② 这时候的"民主"，不一定指国君，就是大臣亦可有此称。春秋中期，晋国刺客行刺晋贤臣赵盾的时候，见他兢兢业业于国事，受到感动，说道："不忘恭敬。民之主也。贼民之主。不忠。"（《左传》宣公二年）这位刺客宁肯自杀也不愿意刺杀赵盾，因为他是刺客心目中的"民主"。再如晋卿赵文子苟且贪财，鲁贤臣穆叔预言："赵孟将死矣，其语偷，不似民主。"（《左传》襄公三十一年）春秋中期郑大夫子展说："国卿。君之贰也。民之主也。"（《左传》襄公二十二年）可见各诸侯国之卿即被视为"民主"。

主，正如《管子·国蓄》所说："予之在君，夺之在君，贫之在君，富之在君。故民之戴上如日月，亲君若父母。"民尊奉君主（亦即"民主"），其根源不仅有着信仰、伦理道德方面的因素，而且更为直接的则是经济基础方面的因素。春秋时期各国有远见卓识者，强调"民"对于国家政治影响之巨大的言论不绝于史载，足可反映"民"在社会舞台上的位置的重要。春秋后期所出现的这种君主的理念，其核心内容是强调君主应当是一个好的"牧羊人"，而不应当是一个在民众头上作威作福的暴君。这种"为民做主"的理念比之于"替天作主"，显然是一个不小的进步。

春秋时期的"民主"观念，大致可以分为两个方面，上述这些可以算作第一方面。这个方面的要点在于强调国君是"民"之主人，是"民"之管理者，并且这是由天意来安排和决定的。这是那个时代的"民主"观念的主要方面。另外一个方面，就是以民为本的理念。前一个方面实质上是强调"君"对于"民"的重要，强调"君"治民乃是天经地义的事情，而后一个方面，则是努力阐明"民"之重要。具体说来，春秋时期，这一逐渐兴起的理念固然离不开周王朝政治理念中"保民""惠民""恤民""治民"等说法，但比之于其前的"民主"观念，也可以看出以下几个新的特点：

其一，能够成为"民主"者，不再完全是由上天所决定，而可以是凭借个人的高尚品德而为"民主"。依照商周之际的政治理念，君所以治民，那是上天的安排，所以《尚书·洪范》谓："天子作民父母以为天下王。"到了东周时期这一观念有所转变，"为民父母"者非必为"天子"，而是道德高尚者，《诗经·大雅·泂酌》云"岂弟君子，民之父母"①，孔疏谓"有道德，为民之父母"。郭店楚简《唐虞之道》篇谓："古者尧之举舜也：昏（闻）舜孝，智（知）其能养天下之老也；昏（闻）舜弟，智（知）其能事天下之长也；闻舜

---

① 《泂酌》虽然被编入《诗经·大雅》，但其诗为民歌之风。《诗序》谓是篇为"召康公戒成王"，姚际恒说此说"未有以见其必然"。（姚际恒：《诗经通论》卷14，北京：中华书局，1958年，第290页）。方玉润说："其体近乎风，匪独不类大雅，且并不似小雅之发扬蹈厉，剀切直陈者。"（方玉润：《诗经原始》卷14，北京：中华书局，1986年，第520页）当代专家推测，"可能本是周地民歌，因其颂美之意浓厚而收入《大雅》"。（程俊英、蒋见元：《诗经注析》，北京：中华书局，1991年，第830页）这个推测是可信的，笔者认为此篇时代当同于《国风》诸篇，为春秋早期的作品，此诗何时何故而被编入《大雅》的问题，可存以待考。

慈乎弟［象□□，知其能］为民主也。"①在《唐虞之道》的作者看来，舜因为有慈爱品德所以能成为"民主"。这与春秋中期晋臣所谓"恤民为德"（《左传》襄公七年）的意思是相通的。

其二，不称职的"民主"可以被撤换。"民之主人"，犹如牧羊人有责任把自己的羊群放牧好一样，有责任管理好民众。如果不能管理好民众，则这样的"民主"被撤换是很正常的事情，此正如《左传》襄公十四年载晋国的师旷语所谓："岂其使一人肆于民上？"《左传》昭公元年载，春秋后期的人引用《尚书·泰誓》的话说"民之所欲，天必从之"。大致可以理解为民众之欲望假天之手来实行之。但是至于如何撤换不称职的"民主"，由谁来撤换，对于这个问题尚未有明确说法。春秋时期弑君、逐君之事层出不穷，社会舆论也多见怪不怪。这反映了君、民关系淡漠化的趋势，鲁昭公被逐在外，终死未能返鲁，晋臣史墨评论说："民忘君矣。虽死于外，其谁矜之？社稷无常奉，君臣无常位，自古以然。故《诗》曰：'高岸为谷，深谷为陵。'三后之姓，于今为庶。"（《左传》昭公三十二年）②春秋中期鲁贤臣臧文仲所云"民主偷，必死"（《左传》文公十七年），已成为名言被传颂。以前的"民主"要由天命来更换，春秋以降则是由民来更换。这是新的历史时期出现的新观念。

其三，君民关系由"利"来系连。君利之，民则归附；否则，民则离去。春秋中期周贤臣富辰对周襄王说，君主举措如果有利，"民莫不固其心力以役上令"，否则的话，"民乃携贰，各以利退"（《国语·周语》中），即民众就会离心离德，因为自身的私利而退去。鲁庄公曾想以施小惠于民而获得支持，鲁臣曹刿即谓："小惠未遍。民弗从也。"（《左传》庄公十年）可见施"惠"，是统治民众的一个办法。由于利害关系的背反，君民关系有时会相当紧张。周卿

---

① 武汉大学简帛研究中心、荆门市博物馆编著：《楚地出土战国简册合集》（一），第61页。此条简文"能事天下之长"的"事"字，原整理者读为"嗣"，裘锡圭指出："从文义看，此字也有可能读为'事'。"（荆门市博物馆编：《郭店楚墓竹简》，北京：文物出版社，1998年，第159页）今从之。
② 春秋时期不仅国君一级的"民主"可以被废黜，就是卿大夫一级者，亦可如此。例如，郑大夫"驷秦富而侈，嬖大夫也而常陈卿之车服于其庭。郑人恶而杀之。子思曰：《诗》曰：'不解于位，民之攸塈。'不守其位，而能久者鲜矣。"（《左传》哀公五年）驷秦被杀，依子产之孙国参（即子思）的说法，卿大夫的本分是安于其位，能够让民众休息安稳。若做不到而被杀，是正常的。

士亶襄公曾经用古谚语"兽恶其网，民恶其上"（《国语·周语》中），来说明"民"对凌于"其上"的统治者的憎恶。晋贤臣叔向反对郑国铸刑书，谓："民知争端矣，将弃礼而征于书。锥刀之末，将尽争之。乱狱滋丰。"（《左传》昭公六年）认为民就是趋利而行，君应当制止这种倾向。齐国贤臣晏婴讲齐国陈氏坐大的原因就在于"陈氏厚施焉，民归之矣"（《左传》昭公二十六年）[①]，所谓"厚施"，就是以物质利益聚拢民心。在此之前，支撑君权的民心要由共同的信仰（神灵崇拜）来维系，后来又要靠由宗法和分封所体现的血缘关系来维系，这两者虽然至东周时期一直沿用，但起主导作用的则逐渐变成了现实的经济利益。

其四，国家的最高权力表现在对于民众的管理和控制。和此前相比，在"民主"的时代，那种神秘的温情的面纱渐被揭去，逐渐凸显出赤裸的直接的对于民众的统治。春秋时期的人有"政以治民"之说（《左传》隐公十一年）。春秋后期大政治家子产所谓"民不可逞"（意即不可让民众欲望得逞）（《左传》昭公四年），也是基于治民的一种说法。春秋后期陈臣说"以礼防民，犹或逾之"（《左传》哀公十五年），足见统治者对于民众之提防心态。春秋时人对于君民关系的理想状态，可以用春秋中期师旷的话作为代表，他说："良君将赏善而刑淫，养民如子。盖之如天，容之如地。民奉其君，爱之如父母，仰之如日月，敬之如神明，畏之如雷霆。"（《左传》襄公十四年）国君掌握的政治权力是统治民众的主要手段，所谓的"赏善而刑淫"，就是其中的两项。春秋初年郑国大夫说："苟主社稷，国内之民其谁不为臣？"（《左传》庄公十四年）可见"主社稷"，掌握政权是为"治民"的关键[②]。春秋时期的君主力图将民纳入礼治轨道，鲁大夫臧僖伯说："君，将纳民于轨物者也。"（《左传》隐公五年）认为君就是要将民纳入法度（"轨物"）的人。从较长的历史时段看，西周春秋时期的"君主"实际上不和"民"发生关联，而春秋以降的号称

---

① 陈氏兴起的原因，《左传》昭公三年所载晏婴跟叔向的谈话中有明指，其中的"以家量贷，而以公量收之"（亦即以大斗借贷于民，而以小斗收回，从而施利于民），是为典型。
② 国家政权以"社稷"称之，盖肇端于两周之际（"社稷"之辞，最初见于《左传》隐公三年。《史记·殷本纪》载汤迁夏社事，后儒或以为是变置社稷，盖非后世所谓"社稷"之义）。关于国家政权的理念，春秋时人逐渐有所认识。原先以为君主就是国家，就是政权，但逐渐认识到国家政权在君主之外，君主只是社稷之主而已，因此春秋后期齐贤臣晏婴说："君民者岂以陵民？社稷是主。"（《左传》襄公二十五年）

"民主"的君主，则逐渐直接和民关联，成为实际上的民的主人。这对于加强君主权力可以说是关键步骤。

要之，春秋时期"民主"观念的兴起，是自西周后期以来庶民群众力量逐渐登上历史舞台的标志。由于民之重要，所以君主要为民做主，为民负责，即成为民之主人，而在此之前，君主则只对天或祖先负责。这一转变的意义非同小可，它既标志着社会最高权力冲破天命和宗法的束缚而取得更大的行为自由，另一方面在社会实践中君主的权力也处处受到"民"（包括国人、庶民、庶人等）的限制和掣肘[①]。

（四）余论

纵观先秦时代社会最高权力的迤逦变迁之路，可以看出，三代君主在其权力尚未强大的时候，无不充分利用天、祖、民这些影响巨大的力量为其权势服务，为其权势寻求终极的依据，宣示自己权力的合理与合法。应当说，社会最高权力的增强有其合理性。三代之君主，在邦国林立之时他是天下之中的旗帜，在漫无秩序的状态之中他是秩序的标识。可是，等到这权力逐渐发展时，君主们的贪欲和权势欲日益膨胀，摆脱"天命"、宗法以及"民"之羁绊，就成为他们梦寐以求的企盼。贪婪的君主们虽然需要光环、需要保护伞、需要被拥戴，但绝不希望被掣肘、被制约、被束缚。天命也好，祖宗也罢，就连民众也让君主们忧虑和担心，此正如《大戴礼记·曾子立事》篇所说，"天子日旦思其四海之内，战战唯恐不能义；诸侯日旦失其四封之内，战战唯恐失损之"。

历史进入战国时代。各国变法运动引起巨大社会变革。推动变法的各国君主，其目的就是为了使其手中所拥有的权力最大化，将束缚其权力的最后一块绊脚石踢开，把"民"彻底驯服，把这块绊脚石变为提高其君权的踏脚石。战国时期各国大力推行的变法运动，实际上是为君权的进一步提升创造条件。对于君主集权，历代的有识之士皆有明确认识。《管子·明法》所说"威不两错，政不二门"，汉代桓谭所说"权统由一，政不二门"[②]，都强调集权力于君主

[①] 对于君权予以限制者，除了"民"之外，还有贵族阶层的内部力量。这种力量与体现周代贵族政治的"三朝制"有关，也与原始民主遗存有关。对此，刘家和《三朝制新探》（《古代中国与世界》，第356—376页）、徐鸿修《周代贵族专制政体中的原始民主遗存》（《中国社会科学》，1981年，第2期）等，有深入而详细的研究。
[②] 《管子·明法》，黎翔凤撰，梁运华整理：《管子校注》（下册），第1212页。桓谭撰，朱谦之校辑：《新辑本桓谭新论》卷2，北京：中华书局，2009年，第3页。

一人之手的重要性。君主集权,是变法运动对于先秦时期社会最高权力变迁的最大贡献。战国时期直至秦统一天下,社会巨大运转的荦荦大端者有以下几项。其一,通过废井田开阡陌,实行授田制将宗族里的士庶变为国家直接控制的自耕农民。其二,设三公九卿为皇帝之仆,直接听命于皇帝。强化郡县乡里制度,使普通劳动群众直接为君主所控制。其三,虚置天神和祖先,极力宣扬皇帝个人权威。秦始皇统一六国、专制皇权横空出世,可谓战国变法运动在政治上的最终成果。这时候,对于皇帝的最高权力来说,该抛弃的都扔掉了,该虚置的都被淡化了,该控制的都紧握在皇帝一人之手了。秦始皇为夏商周三代社会最高权力的发展画上一个森严无比的句号。从此开始,专制权力压迫于民众头上,忠君观念荼毒于民心两千余年,直到明清之际的早期启蒙思想家方才明确指出专制君主是"天下之大害"①,开始对它发出一点影响微弱的批判声音。

---

① 黄宗羲:《明夷待访录·原君》,《黄宗羲全集》第1册,杭州:浙江古籍出版社,1985年,第3页。

第四章
夏商时期社会结构与社会制度的若干问题

　　社会结构、社会制度跟社会形态关系极大，犹如骨骼决定人的体态和面貌一样，社会结构、社会制度也在很大程度上决定着社会形态。夏商两代的社会结构与社会制度，是一个范围很大的问题，非本书有限的篇幅所能包含，本章只选择其中最能反映其特征的若干问题进行研究。

　　首先接触到的是夏朝的社会结构问题。由于夏代是由野蛮向文明转变的时代，所以其社会结构不可避免地带有社会转型期的特点，正如禹是站在文明门槛上的历史巨人一样，夏代的社会结构可以说是门槛上的结构，呈现着新旧两种颜色。

　　成为早商与晚商分界点的重大历史事件是盘庚迁殷。盘庚迁殷的原因，是一个历来有较大争论的问题。不少专家往往从社会外部条件寻找盘庚迁殷的原因，本章第三节试图从社会结构的角度进行重新考察。盘庚迁殷有一个过程，这在《史记》中写得很清楚，惜多被忽略，并且进而将《尚书·盘庚》三篇次序作不必要的更动，以迁就对盘庚迁殷过程的简单化理解。本章关于盘庚迁殷的探讨，并非仅为历史事件的研究，对说明早商和晚商的社会形态应有一定意义。

　　商代社会制度，本章着重探讨其祭祀制度。因为这是以丰富的甲骨卜辞记载较能说得明白的一项制度。

　　愚以为夏商周三代之间没有根本性的社会变革，其社会形态属于同一类型。在中国古史的氏族时代，夏商周三代以其模式的相同而自成一系。晚周以降的人常将此三代相比较而论之，如谓"夏后氏尚匠，殷人尚梓，周人尚舆"（《周礼·考工记》），"钩车，夏后氏之路也；大路，殷路也；乘车，周路也"，"夏后氏之绥，殷之大白，周之大赤"，"夏后氏骆马黑鬣，殷人白马黑首，周人黄马蕃鬣。夏后氏牲尚黑，殷白牡，周骍刚"，"爵，夏后氏以琖；殷以斝，周以爵"，"灌尊，夏后氏以鸡夷；殷以斝，周以黄目。其勺，夏后氏以龙勺，殷以疏勺，周以蒲勺"，"夏后氏之鼓足，殷楹鼓，周县鼓"，"夏后氏之四连，殷之六瑚，周之八簋。俎，……夏后氏以嶡，殷以椇，周以房俎。夏后氏以楬豆，殷玉豆，周献豆"，"夏后氏祭心，殷祭肝，周祭肺。夏后氏尚明水，殷尚醴，周尚酒"（《礼记·明堂位》）。诸如此类的夏商周三代制度的比较，有一个根本点，那就是三代制度实质上一致，只不过形式上有所区别而已。这正如孟子讲三代贡赋制度的那一段名言所指出的"夏后氏五十而贡，殷人七十而助，周人百亩而彻，其实皆什一也"（《孟子·滕文公》上），贡赋的数量表面看来有区别，而实质是一样的，都是"什一"之税。按照孔子的说法，他只讲夏商周三代的制度与文化存在着"损益"，而不提夏商周三代间有什么根本变革。这是符合三代社会形态发展实际的精当之论。过去的古史分期讨论中，专家或提及商周间有"革命"发生云云，在探讨先秦社会形态的情况以后，愚以为这种观点，似可修正。

一 夏代社会结构

从夏代开始，我国社会进入了文明时代。夏代社会结构中既有传统的遗存，又有许多新的因素。在研究夏代社会性质等重大问题时，前辈专家曾经对于夏代社会结构问题有过不少精辟论断，但是其间还有一些问题尚有继续研究的余地。夏代社会结构反映了由野蛮向文明迈进的时代特色，当时的社会结构既保有氏族传统，又出现了国家的雏形，其设官分职与颇富氏族时代特色的"中邦锡土、姓"（《尚书·禹贡》）合为一体，虽开后世官僚体系之先河，但又与后世的职官大异其趣。研究夏代社会结构对于说明那个时代的社会形态，实为关键之所在。

（一）

氏族和部落联盟在夏代社会占有重要地位。如果和部落以及部落联盟相比，氏族当然只能是其基础的社会组织形式。然而，古代文献中又常以"氏"来作为上古时代部落和部落联盟的代称。东周时期周王朝的太子晋说："帅象禹之功，度之于轨仪，莫非嘉绩，克厌帝心，皇天嘉之，祚以天下，赐姓曰

'姒'，氏曰'有夏'，谓其能以嘉祉殷富生物也。祚四岳国，命以侯伯，赐姓曰'姜'，氏曰'有吕'，谓其能为禹股肱心膂，以养物丰民人也。"（《国语·周语下》）这里所说的便是上古时代赐姓之事①。古代"姓"与"氏"有别，姓多指一些古老的有影响的大族，最初的姓如姬、姜、姒、妫等，皆以女为偏旁，可能是母系姓族的标识，后世父系时代依然沿用。氏，则多指姓族的分支，但有时候也指一些大的部族，如太子晋所提到的夏、吕，就是上古时期很有影响的大的部族。据《左传》记载，上古时代著名的"氏"，还有陶唐氏、御龙氏、豕韦氏、唐杜氏等，都是以血缘关系为基础的大的部族。就我国古代的情况看，原始氏族与夏代的氏族有着一脉相承的关系。夏代的氏族多以方国部落的面貌出现，换言之，也就是说夏代的方国部落实际上也就是社会上的大的氏族。当然，这里所说的"氏族"，包括部落以至部落联盟在内。

夏代的氏族与原始氏族有些什么区别呢？

从社会经济形态上看，夏代的氏族中已经出现了封建制度，这是原始氏族中所未曾有的。从社会组织形态上看，夏代社会上的大量作为方国部落的氏族，与夏王朝之间存在着封建的关系，这也是过去所未曾有的。《史记·夏本纪》的一段话对我们探讨夏代社会性质问题至关重要，是篇谓："禹为姒姓，其后分封，用国为姓，故有夏后氏、有扈氏、有男氏、斟鄩氏、彤城氏、褒氏、费氏、杞氏、缯氏、辛氏、冥氏、斟戈氏。"按照这个记载，夏代的夏后氏，有扈氏、有男氏、斟鄩氏等，都是禹以后"分封"的结果。经过封建之后的方国部落，便在社会组织上成为以夏王朝为主的方国联盟的成员。这与方国部落间一般的友好关系并不完全一致。夏王朝时期方国部落的数量很多。《吕氏春秋·用民》篇谓"当禹之时，天下万国"。在这样的方国部落中，夏王朝进行封建的情况是比较复杂的，我们可以从古代文献的记载里面窥见其中的一些情况。东周时期，晋国的史官讲述古代的豢龙氏和御龙氏的沿革变化，谓："昔有飂叔安，有裔子曰董父，实甚好龙，能求其耆欲以饮食之，龙多归之，乃扰畜龙，以服事帝舜，帝赐之姓曰董，氏曰豢龙，封诸鬷川，鬷夷氏其后也。故帝舜氏世有畜龙。及有夏孔甲，扰于有帝，帝赐之乘龙，河、汉各二，各有雌雄。孔甲不能食，而未获豢龙氏。有陶唐氏既衰，其后有刘累，学扰龙

---

① 关于"赐姓曰'姒'，氏曰'有夏'"，韦注谓"尧赐禹姓曰姒，封之于夏"，以夏为受封之地名，并没有什么根据。其实，"夏"和"姒"一样，也是氏族之名。

于豢龙氏，以事孔甲，能饮食之。夏后嘉之，赐氏曰御龙，以更豕韦之后。龙一雌死，潜醢以食夏后。夏后飨之，既而使求之，惧而后迁于鲁县，范氏其后也。"（《左传》昭公二十九年）这位晋国的史官博识多闻，所以对于古代氏族的变化沿革情况知道得很多。他这一段话中值得注意的是这样两点。其一，"帝舜氏世有畜龙"①，但在夏后孔甲的时候却"未获豢龙氏"，找不到畜龙的氏族。帝舜之后有豢龙氏，到了夏代却找不到，这说明夏王朝建立后曾经灭掉了一些氏族。夏的分封与灭国是很有关系的两件事，从某个角度上可以说只有灭国，才能有分封。《国语·郑语》谓"董姓鬷夷、豢龙，则夏灭之矣"。夏王朝所灭掉的氏族数量应当是很多的。禹的时候万数的诸侯，"至于汤而三千余国"（《吕氏春秋·用民》），其间所差的六七千诸侯当为夏所灭者。其二，上古时代陶唐氏的后代刘累的氏族为夏驯龙，"夏后嘉之，赐氏曰御龙，以更豕韦之后"（《左传》昭公二十九年），杜注谓："更，代也。以刘累代彭姓之豕韦。累寻迁于鲁县。豕韦复国，至商而灭。"其事在夏后孔甲的时候，已届夏的后期，可见有夏一代在不断地进行封建之事。

经过封建的氏族是夏王朝统治的基础，许多氏族担负着夏王朝所委派的任务。例如羲氏、和氏为夏观测天象以制定历法。周族的先祖曾为夏的农官以主持稼穑之事，直到周穆王的时候，卿士祭公谋父还说"昔我先王世后稷，以服事虞夏，及夏之衰也，弃稷不务"（《国语·周语上》）。周在夏代是以善于务农而著称的部落，世任夏王朝的后稷之官，一直到夏王朝衰亡的时候。另有封父，可能是专门为夏制作良弓的部落。《左传》定公四年载周封鲁以"封父之繁弱"。《荀子·性恶》篇说，"繁弱"为良弓之名。《礼记·明堂位》郑注谓"封父"为国名。"封父之繁弱"的说法表明，封父部落所制的良弓在上古时期是非常有名的。《唐书·宰相世系表》谓"封氏出自姜姓，至夏后氏之世，封父列为诸侯。其地汴州封丘有封父亭，即封父所都。至周失国，子孙为齐大夫"。所谓"至夏后氏之世，封父列为诸侯"，即指封父部落接受夏王朝的封建而为诸侯。我们前面所提到的刘累的氏族为夏豢龙"夏后嘉之，赐氏曰御龙"，亦为一例。《左传》定公元年载"薛之皇祖奚仲居薛以为夏车正"，居于薛（今山东滕县南）地的夏朝车正奚仲，可能是夏代善于造车的氏族首领而就封于夏者。商族的首族冥为夏的"水官"（《礼记·祭法》注），献身于治河事业，商族在

---

① 关于"帝舜氏世有畜龙"意义的考辨见本书第83页。

夏代可能受封而担任治水事宜。史载"其在启之五子，忘伯禹之命，假国无正，用胥兴作乱，遂凶厥国，皇天哀禹，赐以彭寿，思正夏略"（《逸周书·尝麦》），此事或即古本《纪年》所谓的"启征西河"。若此，则彭寿曾经随启往讨"五观"之乱。彭寿为大彭氏的首领。在夏代，大彭氏武力颇为强盛，为祝融八姓之一，地在今江苏徐州市铜山区一带。在夏代所封建的诸侯中间，为其首领者，可能是昆吾氏，《国语·郑语》有"昆吾为夏伯"的说法，是为其证。

夏代存在着以夏王朝为核心的方国部落联盟。这个联盟是由夏行封建而形成的，受夏之封者，便与夏王朝保持着一定的关系，也受到夏王朝的保护。夏王朝与其所封建的诸侯国的关系并不太稳定。有些方国部落，如称为"夏伯"的昆吾氏，还有大彭氏等，可能和夏的关系一直很好，在今豫北一带的豕韦氏和在今河南濮阳市范县一带的顾氏，和夏的关系也很好。《诗经·长发》述商汤灭夏事谓，"韦、顾既伐，昆吾、夏桀"，可见韦、顾和昆吾一样，也与夏王朝保持着十分密切的关系。也有的方国部落与夏的关系时好时坏。《国语·鲁语下》载孔子语谓"昔禹致群神于会稽之山，防风氏后至，禹杀而戮之"，防风为汪芒氏首领名，其虽为禹所杀，但汪芒氏在夏代还与夏保持着关系，所以孔子语还谓"汪芒氏之君也，守封、嵎之山者也，为漆姓，在虞夏商为汪芒氏"。夏与东夷族也保持着一定的关系，东夷族的后羿能够"因夏民以代夏政"（《左传》襄公四年），盖表明其族是在夏王朝为首的方国联盟以内者，曾受夏封建，所以夏民能够对他不存太多敌意。

夏代的封建不仅具有政治方面的内容，而且还是夏王朝与方国部落间经济关系建立的标识。《尚书·禹贡》篇讲述禹治理九州山水之功，又讲了九州田地的好坏及贡赋财物的种类。虽然托名为禹事，实则是后世以夏代情况为准而写成者。其中有关于夏代封建与贡赋关系的一个重要记载，是篇谓："四海会同，六府孔修。庶土交正，厎慎财赋，咸则三壤成赋，中邦锡土、姓，祗台德先。"这里的意思是说四海之内的氏族部落都归附了夏王朝，水、火、金、木、土、谷等六种物质也都治理完备。各处田地的优劣已经清楚，据此而定的赋纳皆得其正而不偏颇，征收财赋之事可以慎重地开始进行，因为已经可以按照三等田地而决定赋纳的数量，夏王朝也可以依据不同的赋纳而在中邦的九州之地赐土、赐姓[①]，还要依据这些方国部落与夏王朝关系的密切程度以及其德操而

---

① "中邦锡土，姓"指夏王朝对于方国部落的赏赐。关于其意义的考辨见本书第85页注。

定出封建的先后次序。按照这个说法，"中邦锡土、姓"所表示的封建与"厎慎财赋"所表示的赋税征发，两者之间关系极为密切，简直可以说是一件事情的两个方面。《尚书·禹贡》篇所列各地赋纳的情况是以九州为序的。实际上指的是处于九州之内的各个方国部落。今将其赋纳情况摘引如下：

　　冀州：厥赋惟上上，错，厥田为中中。

　　兖州：厥田惟中下，厥赋贞，作十有三载乃同。厥贡漆丝，厥篚织文。

　　青州：厥田惟上下，厥赋中上。厥贡盐、绨，海物惟错，岱畎丝、枲、铅、松、怪石。莱夷作牧，厥篚檿丝。

　　徐州：厥田惟上中，厥赋中中。厥贡惟土五色，羽畎夏翟，峄阳孤桐，泗滨浮磬，淮夷蠙珠暨鱼。厥篚玄纤缟。

　　扬州：厥田惟下下，厥赋下上，上错。厥贡惟金三品，瑶、琨、篠簜、齿、革、羽、毛惟木。岛夷卉服，厥篚织贝；厥包橘、柚、锡贡。

　　荆州：厥田惟下中，厥赋上下。厥贡羽、毛、齿革，惟金三品，杶、榦、栝、柏、砺、砥、砮、丹惟箘、簵、楛。三邦厎贡厥名，包匦菁茅。厥篚玄纁玑组。九江纳锡大龟。

　　豫州：厥田惟中上，厥赋错上中。厥贡漆、枲、絺、纻，厥篚纤纩，锡贡磬错。

　　梁州：厥田惟下上，厥赋下中三错。厥贡璆、铁、银、镂、砮、熊、罴、狐、狸、织皮。

　　雍州：厥田惟上上，厥赋中下。厥贡惟球、琳、琅玕。织皮：昆仑、析支、渠搜。

　　这里所列的贡纳物品，如铁、镂等，其出现的时代不会太早，所以其间掺杂有东周时期的情况。专家从本篇所云地理及物品情况定其写作时代在春秋时期，是可信的。然而，《尚书·禹贡》一篇所反映的基本史实，则是夏代的事情。是篇所列九州贡纳，说明了夏代在九州的区域内所封建的方国与夏王朝的经济关系。《尚书·禹贡》除了列出九州方国部落所贡纳的物品名称以外，还排列出"五服"的情况:"五百里甸服:百里赋纳总,二百里纳铚,三百里纳秸服,四百里粟,五百里米。五百里侯服:百里采,二百里男邦,三百里诸侯。五百里绥服:三百里揆文教,二百里奋武卫。五百里要服:三百里夷,二百里蔡。五百里荒服:三百里蛮,二百里流。"这"五服"当中与夏王朝关系最密切的是距夏王城五百里以内区域的方国部落,这个区域称为"甸服"。在这个区域里面夏所分封的诸侯向夏王朝的贡纳,以道里远近为差,靠近王城百里之内者缴纳带秸秆的谷物,其外百里者缴纳禾穗,再往外百里者缴纳带稃的谷物,再往外百里者缴纳粗米,再往外百里者缴纳精米。可见甸服是夏王朝粮食的主要供应区。甸服以外五百里的区域称为侯服,是夏王朝各级诸侯的所在地。侯服以外五百里的区域称为绥服,这也是夏王的王政所能达到的区域。绥服以外五百里的区域称为要服,是夏王朝需要通过结好而方能施加影响的区域。要服以外五百里的区域称为荒服。这个区域里面虽然政教荒忽,但是夏王朝的影响依然可以到达。这种"五服"排列,非必为夏王朝所实有,但是其排列在《尚书·禹贡》篇中,还是反映了其作者对于夏王朝社会结构的某种看法。这些看法中有些存在着夏王朝的史影。例如,向夏王朝缴纳各种不同的谷物,就当为夏王朝所实有。

(二)

如果说氏族和部落属于夏代社会结构中传统因素遗存的话,那么,国家的萌芽则是当时社会结构中的新的因素。夏代是由国家萌芽向国家的完备形态发展过渡的时期。按照古代礼学家关于"大同"和"小康"两个社会发展阶段的区分,夏代正是"小康"时期的开端。《礼记·礼运》篇在叙述完"大同"之世的情况以后谓:"今大道既隐,天下为家。各亲其亲,各子其子,货力为己,大人世及以为礼,城郭沟池以为固,礼仪以为纪,以正君臣,以笃父子,以睦兄弟,以和夫妇,以设制度,以立田里,以贤勇知(智),以功为己。故谋用是作而兵由此起。禹、汤、文、武、成王、周公,由此其选也。此六君子者,未有不谨于礼者也,以著其义,以考其信,著有过,刑仁讲让,示民有常,如有不由此者,在势者去,众以为殃。是谓小康。"从禹所开始的"小康"时代的社会面貌,虽然与"大同"之世有了明显的区别,或如论者所谓这是阶级社会的景象,但是它与"大同"之世又有着密切的联系。"今大道既隐"一句,历来多以为指"大同"之世的"大道"隐去而不行,其实应当指"大道"已经由大同之世所决定，可以凭据，因此才会有小康之世的各种礼仪制度，才会有禹、汤等"六君子"出现。小康之世比大同之世虽然出现了不少新的东西，但是有些却是一脉相承的。例如，大同之世强调"讲信修睦"，小康之世也强调"以著其义、以考其信"。《礼运》所言主旨并不在于强调"大同"与"小康"的区别，而在于强调"小康"对于"大同"的继承。从夏代国家萌芽的发展壮大情况看，它不仅有对于过去时代制度和观念的否定，而且有继承。在儒家的理论里面，大同之世以后分为两种历史时期，一种是禹、汤等杰出人物在位的时期，另一种是暴君在位的时期。《孟子·滕文公》下篇谓："尧舜既没，圣人之道衰，暴君代作，坏宫室以为污池，民无所安息；弃田以为园囿，使民不得衣食；邪说暴行又作，园囿污池多而禽兽至，及纣之身，天下又大乱。"赵注"谓羿、桀之时也"。这种暴君的行径与禹、汤等"六君子"的"谨于礼""著其义"，迥然有别。《淮南子·览冥训》谓"逮至夏桀之时，主暗晦而不明，道澜漫而不修，弃捐五帝之恩刑，推蹶三王之法籍，是以至德灭而不扬，帝道掩而不兴"。这里将夏禹、商汤、周文王等"三王"与"五帝"并提，并没有将两者相对而言。种种迹象表明，《礼记·礼运》所谓"大道既隐"的时代，乃是大道已定，社会有所发展的时代，并不是一个与大同时代迥异而十分糟糕的时代。对于我们考察夏代国家机构的问题，《礼记·礼运》篇的这一段话里面，最为重要的是"大人世及"和"以设制度"两项。

所谓"大人世及"，主要是指社会最高权力的传递不再是原始民主制下的禅让，而是父子相继，如同视天下为家中之物一样，将社会最高权力据为私有。《礼记·礼运》篇的"天下为家"，可能蕴含着这样两个方面的意思，一是视天下为个人家中私有之物；二是天下之人皆以自己的家庭为中心，亦即"各亲其亲，各子其子"。既然视天下为私有，那么，上古时代禅让制度的终结便是不可避免的事情。这件事情在我国社会政治的发展过程中至关重要，因为它与国家的萌芽与发展密切相关，见于史载的最为典型的禅让是尧举舜、舜举禹以及禹举益等。相传"尧举舜于服泽之阳，授之政，天下平；禹举益于阴方之中，授之政，九州成"（《墨子·尚贤上》）。这种禅让制度实际上是原始民主制度的末尾阶段，到了禹和启的时期，它已经不能适应社会形势的需要，故而由传子制所代替。关于这种替代的原因，战国时人或谓是"至于禹而德衰，不传贤而传于子"(《孟子·万章上》)的结果，或谓是禹子启贤的结果①，似皆未中肯綮。其中的主要原因可能在于随着社会物质财富增长而增长的氏族贵族的贪欲和权势欲。战国时人或谓"禹名传天下于益，其实令启自取之"(《战国策·燕策》一)，这种说法倒可能近于实际。从启所开始的"大人世及以为礼"，标志着世袭制度的完全确立。

夏代社会上已经出现了具有国家性质的新的因素。从古代文献记载看，夏代已经有了刑法，《尚书·吕刑》序"穆王训夏《赎刑》和《吕刑》"，是夏代已经有《赎刑》存在，并曾流传到周代，成为周代制定刑法时的重要参考。所谓的《赎刑》，可能就是《禹刑》，即春秋时期晋国的叔向所说的"夏有乱政而作《禹刑》"(《左传》昭公六年)。关于《赎刑》的内容今已无可考，若顾名释义，则"赎刑"有可能指纳物以代罚。关于夏代的刑罚，《左传》昭公十四年引《夏书》载"昏、墨、贼、杀"，指犯有三种罪过者要处死。春秋时期晋国的叔向谓这是"皋陶之刑"(《左传》昭公十四年)可能是皋陶所制之刑而为夏代沿用者。相传，夏王芬曾经建造"圜土"，即监狱，夏桀的时候有称为"夏台"(《史记·夏本纪》)的监狱，商汤曾经被囚禁于此。夏王朝通过奖赏和刑罚对于民众进行治理的情况在《夏书》中也有反映，那便是"戒之用休，董之用威，劝之以《九歌》，勿使坏"②。所谓"戒之用休"便是以奖赏告诫民众；"董之用威"便是以刑罚来督理民众；"劝之以《九歌》"便是用《九歌》来引导民众。《尚书·甘誓》载"用命赏于祖，不用命戮于社"，所谓"戮于社"应当是"董之用威"之一种。

---

① 关于禅让的经过和原因，孟子有比较多的叙述。他说："昔者舜荐禹于天，十有七年。舜崩，三年之丧毕，禹避舜之子于阳城，天下之民从之，若尧崩之后不从尧之子而从舜也。禹荐益于天，七年。禹崩，三年之丧毕，益避禹之子于箕山之阴，朝觐讼狱者不之益而之启，曰：'吾君之子也。'讴歌者不讴歌益而讴歌启，曰：'吾君之子也。'丹朱之不肖，舜之子亦不肖。舜之相尧、禹之相舜也，历年多，施泽于民久，启贤，能敬承继禹之道。益之相禹也，历年少，施泽于民未久。舜、禹、益相去久远，其子之贤不肖，皆天也，非人之所能为也。"(《孟子·万章上》)孟子的这个叙述相当宝贵，其中突出了禅让过程中民众意愿的作用，应当是符合古代情况的。然而，其谓禅让与否在于儿子的贤良与否，并且谓"舜、禹、益相去久远，其子之贤不肖，皆天也"，将终极的原因归之天。孟子的这个论断有其偏颇之处。禅让的结束，其主要原因并不在于"启贤，能敬承继禹之道"，而是社会形势使然。

② 转引自《左传》文公七年所引，伪古文《尚书》采之载入《大禹谟》篇。

夏代已经设官分职。《尚书·甘誓》篇载启与有扈氏大战前的誓辞，关于甘之战的情况谓"大战于甘，乃召六卿，王曰：嗟！六事之人，予誓告汝"。所谓"六卿"不大可能与周代的六卿相同，但其为夏王左右大臣则无可疑，《墨子·明鬼》篇载此事即作"左右六人"。《礼记·明堂位》有"夏后氏官百"的说法，这百名官员应当就是所谓的"六事之人"的属官。夏代的职官可能已经有了高低的区别，《礼记·祭义》篇说"昔者，有虞氏贵德而尚齿，夏后氏贵爵而尚齿"。可见夏以前的时代所贵者为"德"，到了夏代，虽然还有尊老的习俗在，但所贵者已经是"爵"。夏代未必有什么爵位，但是其官员中有了一定的等级区分，还是可能的。流传到春秋时期的《夏书》上有"赋纳以言，明试以功，车服以庸"的说法[1]，指听其言而观其志，给予任务以考察其完成的效果，然后赐予车服以定其官阶。这些可能是夏代的设官分职时候的选拔官员的情况。夏王朝的文职官员，见于史载者有"太史令"[2]，专家或谓即上古时代的羲和之官，为后世阴阳家之滥觞[3]。见于史载的还有"车正"。春秋时人谓"薛之皇祖奚仲居薛以为夏车正"（《左传》定公元年），可见夏王朝有专司造车的职官。夏朝时期，有些方国部落有"牧正""庖正"一类的职官。太康失国的时候，在有仍氏长大的少康"为仍牧正"，后来少康逃奔到有虞氏时，又"为之庖正"，还"有田一成，有众一旅"（《左传》哀公元年）。所谓"牧正"，据说就是牧官之长；所谓"庖正"，就是掌管酋长饮食之官。夏王朝派到各地征取诗歌和意见的官员称为"遒人"。《左传》襄公十四年引《夏书》载"遒人以木铎徇于路，官师相规，工执艺事以谏"。杜注："木铎，木舌金铃。徇于路，求歌谣之言。"遒人的属官，盖即地位并不太高的"官师"和"工"[4]。所谓"工"，盖即官员的属吏。《左传》昭公十七年引《夏书》载"辰不集于

---

[1] 转引自《左传》僖公二十七年所引，伪古文《尚书》采之载入《益稷》篇。
[2] 夏朝的太史令，据后世所说，可能是掌管图籍者。《吕氏春秋·先识》载："夏太史令终古，出其图法，执而泣之。夏桀迷惑，暴乱愈甚，太史令终古乃出奔如商。"终古盖出自黄帝后任姓的终国（转引自《路史·国名纪》）而任职于夏朝者。
[3] 陈奇猷：《吕氏春秋校释》，上海：学林出版社，1984年，第947页。
[4] 杜注谓"官师"为大夫。王引之《经义述闻》卷十八指出"《左传》之'官师'与'工'并举，《楚语》之'官师'与'旅贲'并举，乃是官之小者"，并举出不少例证说明"官师"非为大夫。按，"大夫"的级别和称谓出现得较晚，西周初年尚无之，王引之关于夏代的"官师"非为大夫的说法是正确的。

房,瞽奏鼓,啬夫驰,庶人走",发生日食的时候,官员和庶人们都奔走相告。瞽当属于"工"之类者,啬夫可能是地方上的小吏,与"工"相似。夏王朝可能还有专司卜筮的官员。《左传》哀公十八年引《夏书》载"官占,唯能蔽志,昆命于元龟"。所谓"官占",即卜筮之官。这里是讲占卜的时候,要先由卜筮之官发布命龟之辞,表达所祈求于神灵的意愿,然后才用龟占卜。《墨子·耕柱》篇载夏后启铸鼎的时候,"使翁难雉乙卜于白若之龟","翁难雉乙"有可能是夏启时的卜筮之官。

国家的职能之一是赋役的征发。夏代"五服"的贡纳反映了与原始时代很不相同的情况,尽管前面曾经提到过,但是在考察夏王朝国家机构的问题时还应当再提出来讨论。依照《尚书·禹贡》所载,夏的九州地区的臣属于夏的方国部落都要向夏王朝缴纳各种物品,《尚书·禹贡》讲"甸服"的情况谓"五百里甸服:百里赋纳总,二百里纳铚,三百里纳秸服,四百里粟,五百里米",意指距夏王城五百里以内区域的方国部落,这个区域称为"甸服",在这个区域里面夏所分封的诸侯向夏王朝的贡纳,以道里远近为差,靠近王城百里之内者缴纳带秸秆的谷物,其外百里者缴纳禾穗,再往外百里者缴纳带稃的谷物,再往外百里者缴纳粗米,再往外百里者缴纳精米,可见甸服是夏王朝粮食的主要供应区。这些征收和赋纳都要通过夏王朝诸多的官员来完成。《礼记·明堂位》说"夏后氏官百",其中有些应当是专司赋役征发者。

值得注意的是,夏代的国家还只是处于初期阶段,其组织形态、典章制度还很不完善。作为夏王朝统治基础的主要是散布于广大中原地区的为数众多的方国部落。夏的王畿地区虽然有可能有地域组织出现,但不会占主要地位。《尚书·禹贡》说大禹治水以后"九州攸同",并分述九州的山川、土地、物产等情况,然而"九州"是后世的概念,不应当据此篇而断言夏代已经有了九州的区划。在夏代,以血缘关系为准则的氏族、部落还在社会上有巨大影响。夏王朝的"家天下"的局面尽管已经确立,但在民众的心目中,夏王还没有至高无上的绝对权威,东夷族的羿可以轻而易举地"因夏民以代夏政"(《左传》襄公四年),就是一个证据。在后世的传说里面,夏桀多被描绘成暴君形象。其实,在较早的文献里,关于桀的记载还是很简单的。汤伐桀的时候,专门指斥桀的罪状,可也只是说他"率遏众力,率割夏邑"(《尚书·汤誓》)而已。暴君的形象可能是人们依照后世君主劣行对于桀的刻画。实际上,在夏代的国家机构里面,王权远不能与后世相比拟。《国语·周语》引《夏书》谓"众非元后,何戴?后非众,无与守邦"。这一方面说明需要"后"(即君主)作为全社会的代表;另一方面又说明"后"与民众有着十分密切的关系。这是符合国家出现初期情况的,《夏书》的这段话应该是夏代情况的反映。

二 盘庚迁殷

盘庚迁殷是商王朝历史的转折点,研究盘庚的过程及相关问题,实为考察殷商社会形态所不可缺少的内容之一。记载盘庚迁殷史事的文献有《尚书·盘庚》三篇。这是弥足珍贵的三篇文字。甲骨卜辞虽然数量不少,但至今尚未发现与盘庚迁殷相关的直接记载,《盘庚》篇的重要价值于此就显得更为突出。因此,本节研究盘庚迁殷首先便从对于这三篇文字的研究入手,进而考察其迁殷的过程。

先秦时代的文献由于流传既久、辗转刊刻等原因,其错讹舛误之处在所难免。清代学者在这方面做出过重要贡献。然而,情况却是复杂的,有些是文献版本有误,后人纠正了;有的则是文献本来没有问题,而后人却做了误解,把原先正确的东西变成了谬误。这后者的一个例证就是俞樾在《群经平议》中对《尚书·盘庚》三篇次序的重新排定。《盘庚》三篇的次序不仅仅是一个文献版本问题,更重要的是它直接涉及到了对于盘庚迁殷史事的认识。盘庚迁殷标志着商王朝历史的转折,然而由于人们对《竹书纪年》的相关记载不加分析,造成了对盘庚迁殷史事阐述的简单化。这里试对《盘庚》三篇的次序问题进行再研究,以求从新的角度阐述盘庚迁殷这一重要历史事件。

(一)

关于盘庚迁殷的文献记载,最早的是《尚书·盘庚》篇,但它讲得很笼统,只有"盘庚迁于殷""不常厥邑,于今五邦"等简略说法,至于迁殷的原因、具体过程等并没有讲清楚。在《尚书》以后,把这个问题说得稍微清楚一些的是古本《竹书纪年》。现在流行的是《史记·殷本纪》正义所提到的《括地志》引《竹书纪年》的说法:"自盘庚徙殷,至纣之灭,二百五十三年[①],更不徙都。"这个说法之所以流行,不仅在于它简单,而且因为它和某些考古

[①] 此年数据晚清金陵书局本,中华书局《史记》1959年标点本即据此,是可信的。别本均作"七百七十三年",不可从。

成果似乎合拍。从20世纪20年代以来，在河南安阳小屯一带陆续发掘出了商王朝的宗庙建筑、祭祀场所、民居、铸铜作坊、墓葬等遗址和大批甲骨卜辞，证明这里就是《史记·项羽本纪》提到的"洹水南殷墟"，即商王朝后期都城的遗址。论者多据此断定盘庚迁于殷地①，并且直到商末再没有迁过都。然而，随着殷墟考古事业的发展和甲骨卜辞断代研究的深入，关于盘庚迁殷以后不再徙都的论断至少遇到了以下四个方面的诘难。

第一，从1928年起，到1937年间在殷墟进行过15次发掘，解放后又历经发掘。专家们对于殷墟文化已可以做出科学的分期。中国社会科学院考古研究所安阳考古队的学者，依据殷墟地区的苗圃北地、梅园庄、孝民屯等十一个地点所发掘的殷代遗址、文化遗物和墓葬的资料，将较早时期的殷墟文化分为三期，认为一期的上限年代早于武丁，下限最晚到武丁，二期从武丁到祖甲，三期在祖甲以后。他们进行综合研究后，有这样的概述：

> 总的看来，第一期的遗迹少，堆积较薄；第二期的遗迹增多，堆积也较厚；第三期的遗迹最多，堆积也最厚。若从每个遗址的内涵看，一期的范围小，遗迹少，越到晚期，遗址的范围越大，遗迹亦增多②。

邹衡先生将殷墟文化分为四期，其第一期属盘庚、小辛、小乙时代。关于这个时期的建筑情况，他说：

> 第一期的版筑房基，尚无法确定；可能还保留有比较原始的"白灰面"建筑。第二期已出现大规模的版筑房基……看来，殷人在殷墟大兴土木，大概是从第二期开始的，而更广泛地建造，似乎在第三、四期③。

---

① 所谓"盘庚徙殷"为《括地志》引用《竹书纪年》时的隐括之语。别本所引作"盘庚自奄迁于北蒙曰殷墟"，或谓"盘庚即位，自奄迁于北蒙曰殷"（《水经·洹水注》引《竹书纪年》）。今安阳小屯一带在春秋战国时当称北蒙。《左传》庄公十二年："宋万弑闵公于蒙泽。"杜注："蒙泽，宋地。梁国有蒙县。"蒙县西北有亳城，在今河南商丘，山东曹县之间，即汉山阳郡薄县。王国维曾举三证说明此地为汤都北亳。（《观堂集林》卷12）小屯一带在蒙泽西和北，"北蒙"之称可能由此而来。这一带商时是否称为殷，在甲骨卜辞中并无确证，然《尚书》有"盘庚迁于殷"之说。故宜当从之。
② 中国社会科学院考古研究所：《殷墟发掘报告》，北京：文物出版社，1987年，第280—281页。
③ 邹衡：《夏商周考古学论文集》，北京：文物出版社，1980年，第87—88页（下引该文，版本同此）。

这个论断和安阳考古队的结论是一致的，都说明了在武丁以前小屯一带没有大规模的建筑出现。殷墟宫殿区所发掘的56座建筑基址，能够确定时代的，均属于武丁及其以后的时期。盘庚迁殷至武丁以前，已历三王，若居于殷地，为什么其宫殿建筑基址迄今未见踪影呢？

第二，殷墟的王陵区在今小屯村西北，称为西北冈，与宫殿区隔洹河相望。王陵区共有八座带四条墓道的大墓，另有三座带两条墓道的大墓及一座带一条墓道的大墓，此外还有一座未修成的大墓。关于这些墓葬的性质和分期，杨锡璋先生说：

> 西北冈的大墓并不一定全都是属于王的，可能只有八座带四条墓道的大墓，其形制和规模才够得上王陵，其余四座，因只有两条或一条墓道，规模又小，可能是属于王的配偶或其他人的。我们曾根据出土器物的形制及地层叠压关系将殷墟文化分为四期，第一期约相当于武丁前期及更早的时期……根据西北冈八座带四条墓道大墓墓中随葬器物形制判断……没有第一期的墓①。

从武丁到帝乙共八王，当即八座带四条墓道的王陵的墓主。盘庚、小辛、小乙三王若居于殷，为什么在殷墟王陵区没有其墓葬呢？

第三，自从1899年甲骨文被发现和认识以后，八十多年来先后出土甲骨达十五万片以上。1933年董作宾先生发表《甲骨文断代研究例》②，根据世系、称谓、贞人、坑位、方国、人物、事类、文法、字形、书体等十项标准，将甲骨文划分为五个时期。虽然有的专家曾提出过卜辞中一定会有盘庚、小辛、小乙时的甲骨，但迄今为止在卜辞断代研究中还没有能把这部分卜辞明确区别出来。一般认为某些卜辞可能是早于武丁时期的，但数量很少。盘庚至小乙三王若居于殷，历时当非常短暂，并且紧随小乙之后的武丁时期又是甲骨卜辞数量最多的一个王世，但为什么没有盘庚至小乙时期的大量卜辞出现呢？

第四，关于商王世系的记载以《史记》最为完备。司马迁所依据的资料据他自己所说有这样两类，一是"余以《颂》次契之事，自成汤以来，采于

---

① 杨锡璋：《商代的墓地制度》，《考古》，1983年，第10期。
② 董作宾：《甲骨文断代研究例》，载《庆祝蔡元培先生六十五岁论文集》（上册）。中央研究院历史语言研究所集刊外编，1935年。

《书》《诗》"(《史记·殷本纪》)，一是秦以前的"牒记"，如《五帝系牒》《尚书集世》等（《史记·三代世表》序）。今日所见的《尚书》《诗经》《大戴礼记·五帝德》等的记载远远构不成《史记·殷本纪》所排列的商王世系，而先秦谱牒又鲜有所见，所以对于司马迁所记的商王世系是否为信史，人们历来持保留态度。然而，本世纪以来的甲骨卜辞研究表明"有商一代先公先王之名不见于卜辞者殆鲜"[①]，证实了《史记·殷本纪》的相关记载，除极个别之处外，绝大部分都是正确的。这样也就大大提高了《史记·殷本纪》的可靠性。《史记·殷本纪》关于盘庚迁殷有和《竹书纪年》不同的说法，谓"帝盘庚之时，殷已都河北，盘庚渡河南，复居成汤之故居"。那么，关于盘庚迁殷的史事，信《史记》乎？《竹书纪年》乎？

近年的殷商史研究对于以上四个方面问题的回答，大略有三种说法，一是坚持《竹书纪年》关于盘庚迁殷以后更不徙都的说法。认为盘庚至小乙时期的宫殿遗址、大量的甲骨卜辞虽然迄今尚未发现，但并不能肯定以后不会发现。至于文献中和《竹书纪年》不同的记载，一概被视为误记或后人窜改。二是有的研究者干脆否认盘庚迁殷，而认为"盘庚把都城迁到了河南偃师"[②]。这种认识虽有启发性，但却回避了《尚书·盘庚》篇所记"盘庚迁于殷"的问题，显然是有漏洞的。三是认为商代两都或数都并存，殷墟一带是主要都城，偃师商城是辅都，朝歌是商代后期又一都城。这种说法虽有可取之处，但具体到盘庚迁殷的问题，仍有继续探讨的余地。

除了以上三种说法之外，我们能否另辟蹊径，进行新的探索呢？答案是肯定的。这个新探索的契机就在于对《尚书·盘庚》三篇次序问题的再认识。

（二）

《尚书·盘庚》初本不分篇。《汉书·艺文志》载《尚书》类典籍有"大小夏侯章句各十九卷"和"大小夏侯解故二十九篇"，这与《史记·儒林传》谓伏生治《尚书》"独得十九篇"的说法相合，故《盘庚》此时尚为一篇。《艺文志》又载"欧阳章句三十一卷"，至欧阳氏时始分《盘庚》为三篇。《隶释》卷十四所载熹平石经以欧阳氏《尚书》为本，亦分为三，上、中两篇及中、下两篇之间各空一字，以示区别。此后，各代刊本里《盘庚》上、中、下三篇次序

---

① 王国维：《殷卜辞中所见先公先王考》，《观堂集林》卷9。
② 彭金章、晓田：《试论河南偃师商城》，《全国商史学术讨论会论文集》，1985年，第417页。

均同，无异说。

清代学者俞樾"尝取《盘庚》三篇反复推求"（《群经平议》卷四），认为三篇所述与盘庚迁殷史事不符。兹将俞说详细征引如下：

> 篇首曰"盘庚迁于殷，民不适有居"，盖民习于耿之奢淫，故至殷而民不适有居，言不安于所居世。盘庚"以常旧服正法度"而告之曰"无傲从康"，又曰"不昏劳，不服田亩，越其罔有黍稷"，又曰"各长于厥居，勉出乃力，听予一人之作猷"，又曰"自今至于后日，各恭尔事，齐乃位。度乃口，罚及尔身弗可悔"。所再三致告者，皆勉以本业，戒以荒淫，正与去奢行俭之指合。且曰"自今至于后日"，则为既迁后所作可知。使其时尚未迁，则但可如中篇之末所云"今予将试以汝迁"，不当曰"自今至于后日"也。又自"王若曰格汝众"至"罚及尔身弗可悔"，凡数百言无一语及迁，至中篇则屡言之曰"视民利用迁"，又曰"今予将试以汝迁，安定厥邦"，又曰"今予将试以汝迁，永建乃家"，岂非中篇述未迁时语，故屡及之？上篇乃盘庚迁殷后正法度之言，与迁无涉乎。故以当时事实而言《盘庚》中宜为上篇，《盘庚》下宜为中篇，《盘庚》上宜为下篇。曰"盘庚作惟涉河以民迁"者，未迁时也；曰"盘庚既迁，奠厥攸居"者，始迁时也；曰"盘庚迁于殷，民不适有居"者，则又在后矣。

这个分析试图从《盘庚》所述史事的内在联系中来说明三篇次序有舛误。此说遭到杨树达先生的驳难：

> 上篇首云"盘庚迁于殷"者，乃计谋决迁后之辞，非已迁之辞也。自"我王来"至"底绥四方"，皆殷民吁咸矢言之语，而前人皆误以为盘庚告民之辞者，以文有"天其永我命于兹新邑"之云，谓新邑必指将迁之殷言也。……今据《竹书纪年》所载南庚迁奄及盘庚迁殷之年计算，知殷此三王居奄之时日，不过二十二年，殷民称之为新邑，良非无故。新邑斥奄。非斥殷，则"天其永我命于兹新邑"之语为殷民之语，非盘庚之语明矣。中篇云："予若吁怀兹新邑"，予若吁乃若吁予之倒文，怀兹新邑正谓殷民怀恋奄都也。必知此义而后知三

篇之次序井然不紊，无可移易，俞樾谓中下二篇当为上中二篇，上篇当为下篇者，非也①。

这个说法并没有将俞说驳倒。如《盘庚》上篇首句"盘庚迁于殷"，俞说谓指盘庚迁殷以后事，杨说谓指盘庚计谋中事，从文义分析而言显然以俞说为长。又如"新邑"之称于中篇凡两见，作"予若吁怀兹新邑"和"无俾易种于兹新邑"。"新邑"当指新迁之邑，不大可能指旧居之邑。杨说以"新邑"指奄，很难使人信服。尽管俞说曾被驳难，但由于驳难不力，所以俞说仍有很大影响。杨筠如先生《尚书覈诂》（陕西人民出版社1959年版）在《盘庚》篇序里曾称引俞说，并谓"俞说近似"。顾颉刚、刘起釪两先生认为俞说"与三篇内容相符合"，并在《"盘庚"三篇校释译论》（《历史学》，1979年，第1—2期）里"采取了他的说法，把各篇次序按讲话时间的先后纠正过来：以原中篇为第一篇，原下篇为第二篇，原上篇为第三篇"。

然而，俞说并非无懈可击。

首先，对于《盘庚》篇的时代、作者和性质的判断，俞说是有问题的。他说："《盘庚》之作当从《史记·殷本纪》说，纪云'帝盘庚崩，弟小辛立，是为帝小辛。帝小辛立，殷复衰。百姓思盘庚，迺作《盘庚》三篇。'是《盘庚》之作在小辛时，作盘庚所以讽小辛也，伤今思古，犹《小雅·楚茨》诸篇之义也。"（《群经平议》卷四）按照殷人通例，对于祖若父、兄辈先王只称祖某、父某、兄某，如武丁在二期卜辞中称父丁、三四期卜辞称祖丁，直到五期卜辞才称武丁。又如盘庚，在一二期卜辞中绝大多数称父庚、祖庚，般庚之称只在周祭卜辞中流行。虽然小辛之时的卜辞尚未发现，但依通例，当时称盘庚应为兄庚②。《盘庚》篇只以盘庚为称，必非作于小辛之时。又如殷代不用"天"字，《盘庚》却用了五个，虚词为"而""则"等均周代所始用，《盘庚》篇却多用。凡此皆说明此篇不当作于小辛之时。其实《史记·殷本纪》关于《盘庚》之作除了俞氏所称引的一种说法之外，还有"告谕诸侯大臣"之说。《史记·殷本纪》两说并存而未加抉择。历代注疏家多以为《盘庚》为盘庚诰诫臣下之语，周代才加工润色而写定。王国维说"商书之著竹帛当在宋之初

---

① 杨树达：《尚书易解》序，长沙：岳麓书社，1984年。
② 早期卜辞中有两例"兄庚"（《合集》2920、20018），字作竖刻，与二期卜辞中习见的横刻形式不同。这两版无贞人名，有可能刻于小乙或小辛之时。

叶"①，当近于实际。《盘庚》应为周代人依据商代诰谕之辞所撰的述古之作。

其次，俞氏按照他自己的理解为《盘庚》三篇重新排定次序，说是"《盘庚》中宜为上篇，《盘庚》下宜为中篇，《盘庚》上宜为下篇"。这在文献版本流传上是毫无根据的。《盘庚》原为一篇，至汉始分为三，然三篇次序从不紊乱。古代文献中因错简而前后次序混乱者，间有所见，然均以十几字乃至几十字为限，成篇文章误倒者尚未有闻。若一定说《盘庚》上、中、下三篇次序皆错，一定得有文献版本学的证据，而俞氏却没有提出这方面的任何一点根据，其根据仅仅是"以当时事实而言"，这样，人们不禁要问，俞氏所谓的"当时事实"是否合于历史实际呢？

再次，关于盘庚迁殷的路线俞氏信《帝王世纪》之说。《后汉书·文苑传》载杜笃《论都赋》"盘庚去奢，行俭于亳"注引《帝王世纪》："盘庚以耿在河北，迫近山川，自祖辛以来，奢淫不绝，盘庚乃南渡河，徙都于亳。"此说盖以《史记·殷本纪》"祖乙迁于邢"为本，认为自祖乙至阳甲六王一直居于耿。索隐："邢音耿，近代亦本作耿，今河东皮氏县有耿乡。"正义引《括地志》云："绛州龙门乡东南十二里耿城，故耿国也。"此耿的地望在今河南省温县东，位于大河北岸，故有"般庚南度河"之说。《帝王世纪》谓"徙都于亳"，与《尚书·盘庚》的"盘庚迁于殷"显然不合。俞氏不仅没有对这个矛盾加以辨析，而且忽略了《竹书纪年》"盘庚自奄迁于殷"的记载，俞氏一方面谓盘庚徙都于亳，另一方面又以盘庚迁殷为事实依据而重排《盘庚》三篇次序，不析其间的矛盾纠结，所以其立论的根据是有问题的。

总之，以上几个方面的讨论可以说明俞樾重新排定《盘庚》三篇次序的论断是缺乏根据的。既然如此，为什么不少人还是相信俞说而认为历代相传的《盘庚》三篇次序是排错了呢？对俞说的肯定，一般都先有这样两点认识：（1）认为盘庚是自奄迁于殷的（尽管俞氏不承认这一点）；（2）认为盘庚迁殷后，"更不徙都"。显然这两点认识都源于俞氏所忽略的《竹书纪年》，俞氏的对《盘庚》三篇次序的重新排定和这两点认识是合拍的。《盘庚》中篇谓"盘庚作，惟涉河以民迁"，是谋划迁徙之事，所以当在迁殷之前；下篇谓"盘庚既迁，奠厥攸居"，指刚迁完毕；上篇谓"迁于殷，民不适有居"，当指民众在殷住了若干时间以后的事。对盘庚迁殷作如是解，那么自然就要肯定俞说的正确

---

① 王国维：《"高宗肜日"说》，《观堂集林》卷1。

了。《帝王世纪》和《竹书纪年》的说法是矛盾的,俞氏虽然以前者为立论依据,论断粗疏,却恰恰符合了后者所载盘庚迁殷史事。不少人正是从肯定《竹书纪年》这一点出发来相信俞说的,而对俞说的粗疏、舛误都置于不论不辨之列了。

(三)

前面已经探讨了这样两个方面的问题。一是考古发掘成果和甲骨卜辞的深入研究表明,盘庚至小乙三王的宫殿遗址、王陵、墓葬、卜辞在今殷墟一带没有多少踪迹可寻,所以关于盘庚迁殷后不再徙都的说法是值得商榷的。二是俞樾重新排定《盘庚》三篇次序的论断缺乏根据,不足为信。《盘庚》三篇是关于盘庚迁殷史实的最可宝贵的文献记载,其内容与盘庚迁殷后更不徙都之说龃龉不合。"更不徙都"之说源于战国时期成书的《竹书纪年》,而写定于周初的《尚书·盘庚》篇不仅时代比《竹书纪年》早得多,而且其可信程度,亦为学术界所公认。显然,我们不应当以更不徙都之说改铸《盘庚》三篇,重排其次序,而应当依据三篇原本的内容来探讨盘庚迁殷史事。

文献记载表明,盘庚自奄迁于殷的说法是可信的。《水经·洹水注》引《竹书纪年》曰:"盘庚即位,自奄迁于北蒙,曰殷。"《史记·项羽本纪》集解引《汲冢古文》曰:"盘庚迁于此汲冢,曰殷墟。南去邺三十里。"《太平御览》卷八三皇王部引《纪年》曰:"盘庚旬自奄迁于北蒙,曰殷。"《尚书·盘庚》序:"盘庚五迁,将治亳殷。"正义引束皙云:"孔子壁中《尚书》云'将始宅殷'。"《史记·殷本纪》索隐:"契始封商,其后裔盘庚迁殷。"凡此记载均与《尚书·盘庚》"盘庚迁于殷"相合。丁山曾以为盘庚并非迁殷,而是迁于蒙泽,说:"以北蒙定盘庚所迁的殷邑,我认为决在今河南商丘北大蒙城。"①其实蒙泽并不以北蒙相称。《史记·殷本纪》正义引《括地志》云:"相州安阳本盘庚所都,即北蒙。""洹水南岸三里有安阳城,西有城名殷墟,所谓北蒙者也。"此说北蒙地望十分明确,庚盘迁于北蒙即是迁于殷。丁氏对北蒙地望强为之解,并不可取。

盘庚迁殷之后是更不徙都,还是再次迁徙呢?

"更不徙都"之说并非《竹书纪年》原义。《史记·殷本纪》帝纣"益广沙丘苑台"正义引《括地志》云:"沙丘台在邢州平乡东北二十里。《竹书纪年》

---

① 丁山:《商周史料考证》,上海:龙门联合书局,1960年,第37页。

自盘庚徙殷至纣之灭二百五十三年，更不徙都，纣时稍大其邑，南距朝歌，北据邯郸及沙丘，皆为离宫别馆。"古代文献引用《竹书纪年》讲盘庚迁殷之事者甚夥，如《水经注》《太平御览》《尚书正义》《史记集解》《史记索隐》等，甚至《史记·殷本纪》正义在另一处所提到的《括地志》引《竹书纪年》，均无"更不徙都"之说。王国维谓"更不迁都"之说"不似《竹书》原文"①，方诗铭、王修龄先生说"正义所引，实出自李泰《括地志》，乃隐括《纪年》之文"②。如果三占从二的话，那分，应当肯定《竹书纪年》原来并没有更不徙都之说。

古代文献关于盘庚迁殷以后又曾迁徙的记载颇多。《史记·殷本记》说："帝盘庚之时，殷已都河北，盘庚渡河南，复成汤之故居，乃五迁，无定处。殷民咨胥皆怨，不欲徙。盘庚乃告谕诸侯大臣曰：'昔高后成汤与尔之先祖俱定天下，法则可修，舍而弗勉，何以成德？'乃遂涉河南，治亳，行汤之政。"这里提到盘庚曾从大河之北，迁往河以南的成汤故居——亳。关于亳的地望，集解引皇甫谧曰，"今偃师是也"。《水经·谷水注》说："阳渠又东迳亳殷南，昔盘庚所迁，改商曰殷，自此始也。"《史记·封禅书》正义引《帝王世纪》说："殷汤都亳，在梁，又都偃师，至盘庚徙河北，又徙偃师也。"《史记·殷本纪》正义引《括地志》说："河南偃师为西亳，帝喾及汤所都，盘庚亦徙都之。"《后汉书·郡国志》谓，"匽（偃）师有尸乡"，刘昭注引《帝王世纪》说："帝喾所都，殷盘庚复南亳，是为西亳。"这些记载的个别地方不可凭信，如《史记·殷本纪》谓盘庚"五迁，无定处"，显然脱胎于《尚书·盘庚》的"不常厥邑，于今五邦"，但做了误解。关于此"五邦"所指，《尚书》序、《史记·殷本纪》《竹书纪年》等的记载稍有出入，一般认为指仲丁所处之嚣、河亶甲所迁之相、祖乙所迁之邢、南庚所迁之奄、盘庚所迁之殷。《殷本纪》移花接木，说盘庚有"五迁"，这是靠不住的。尽管如此，诸种记载对于盘庚迁殷之后又有迁徙之事却无异词，并且一致指出盘庚从殷迁到了亳，即今河南偃师。这些记载肯定了两点史实，一是盘庚确实迁到过殷，并在殷居住了一些时间；二是盘庚又从殷迁到了亳。

值得重视的是，文献上的这些记载得到了考古成果的支持。

---

① 王国维：《说殷》，《观堂集林》卷12。
② 方诗铭、王修龄：《古本竹书纪年辑证》，上海：上海古籍出版社，1981年，第31页。

殷墟文化第一期虽然没有宫殿和王陵遗址，但这个时期的窖穴和墓葬以及陶器、青铜等在殷墟仍有发现。殷墟版筑房基乙十七基址也可能是属于这个时期的①。甲骨卜辞的断代研究也指出了这方面的问题。胡厚宣指出"卜辞中一定会有盘庚、小辛、小乙时的甲骨"②。李学勤根据出土甲骨的坑位和层位关系，指出有贞人扶的卜辞的时代早于武丁时期的宾组、子组等卜辞。刻写贞人扶卜辞的甲骨修治粗糙、字体和行款特殊，因此，"如果推测扶卜辞有一部分属于武丁以前，似乎不是不可能的"③。这些表明盘庚确曾迁于殷，在殷居住过一段时间，但历史不会太久，按照《史记·殷本纪》和《尚书·盘庚》的说法，很可能只经过不长时间就南渡大河迁移到亳去了。殷墟虽然有盘庚至小乙时期的某些遗址、遗物，然而数量稀少；虽然有这个时期的卜辞，但所见不多。这些都是盘庚居殷时间不长即南迁这一情况的反映。

偃师商城的发掘对于盘庚"涉河南，治亳"（《史记·殷本纪》）的说法是很有利的。1983年所发现的偃师商城遗址南北现长1,700余米，东西宽度其北部为1,215米，南部为740米，中部为1,120米，面积约为190万平方米。城周围有夯筑土城墙，一般宽为十余米至二十几米。城内有大型夯土建筑群的基址。引人注目的是偃师商城有修补的遗迹。发掘报告指出：

> 在T_2北段解剖沟内发现修补城墙的遗迹。后补部分为黄色夯土（按，原城墙为红褐色夯土），以黄白色生土夯打而成，其南北宽为0.4~0.9米、高2米。黄色夯土内未出现任何文化遗物，但地层叠压关系清楚：它打破第五层（T_2第五层的年代属二里冈上层），并坐在城墙外侧的附属堆积上，而在探沟之第三、四层文化层下（T_2第三层为汉代文化层，第四层和第五层同属二里冈上层），为判断修补的时间提供了依据④。

关于偃师商城的性质，专家们多认为它是汤都西亳。发掘报告指出，"在与二

---

① 邹衡：《夏商周考古学论文集》，北京：文物出版社，1980年，第76页。
② 胡厚宣：《甲骨文合集》序言，北京：中华书局，1982年。
③ 李学勤：《小屯丙组基址与扶卜辞》，《甲骨探史录》，北京：生活·读书·新知三联书店，1982年，第76页。
④ 段鹏琦、杜玉生、肖淮雁：《偃师商城的初步勘探和发掘》，《考古》，1984年，第6期。

里冈上层相当的某段时间里，城墙曾作过修补，该城废弃的年代，约相当于二里冈上层晚期或更迟一些的时期"。二里冈上层文化与殷墟文化第一期是同时期的考古文化，正值盘庚、小辛、小乙在位的时期。偃师商城城墙的修补应当是盘庚自殷迁此以后所进行的。

说到这里，应当简单讨论一下"都"的概念问题。自从专制主义中央集权的国家出现以后，"都"常被理解为首都，是全国的政治中心，但在此之前，"都"的全国政治中心的含义并不浓厚。《左传》庄公二十八年说："凡邑有宗庙先君之主曰都，无曰邑。"这是先秦时代关于"都"的概念的典型说法。当然，有先君宗庙之邑又往往是政治中心，这二者可能是重合的，但是它所强调的并非政治中心。先秦时代的"都"的概念是族在政治中有巨大影响这一情况的反映。商王朝的"都"曾经多次迁徙，它和后世作为全国政治中心的首都的迁徙是有一定区别的。商王所到之处往往建立先君宗庙，这个地方也就可以称为"都"，所以商代应该是数"都"并存。盘庚从殷迁到亳，殷和亳都是当时的商王朝的"都"。盘庚以后的小辛、小乙两世，也当是居于亳的，直到武丁时期才返回殷。这与偃师商城逐渐废弃的时代相符合。

无独有偶，几乎是在偃师商城修补的同时，郑州商城也进行了修补。郑州商城的许多发掘探沟里有二里冈上层的文化堆积，如房基、窖穴、灰坑、墓葬等。郑州商城的废弃年代也和偃师商城大体一致，是在二里冈上层文化晚期①。今郑州商城与偃师相距不远，如果推测盘庚迁到西亳，即今偃师商城以后，还曾到过郑州商城，那么这当不是无稽之谈，从建筑规模和文化堆积情况看，郑州商城作为商王朝都邑的时间可能是长于偃师商城的。这里可以举出一件彝铭资料略作说明。《利簋》载："辛未，王在柬师，锡右史利用。"此铭讲武王伐纣，于甲子日克商，六天之后的辛未日到达柬。这个"柬"字原来很繁复。从宀、从柬、从门、从月，后来省写为柬，成王时的《柬鼎》即如此。今为方便计，统写作柬。古代文字中从柬、从间、从官之字每音同字通，所以于省吾说《利簋》的柬，"应读为管蔡之管"②。此说甚确。殷器《戍嗣子鼎》有商王在"柬宗""柬大室"的记载，它器亦有"王在柬"的记载。此地既有

---

① 《郑州商城遗址发掘简报》，《文物》，1977年，第1期。《郑州商城遗址发掘报告》，《文物资料丛刊》，1979年，第1期。
② 于省吾：《利簋铭文考释》，《文物》，1977年，第8期。

商王的宗、大室，那么它就应当是商王朝的一处都邑。隞地在春秋时称为管。《左传》宣公十二年："次于管以待之。"杜注："荥阳京县东北有管城。"管地在今河南郑州。《逸周书》的《大匡》《文政》两篇均有武王灭商以后到隞的记载。它从侧面反映了隞地的重要，应为商的一处都邑。所以说盘庚从西亳又到郑亳是合乎情理的。考古学的成果为此说提供了证明。郑振香说："自五十年代郑州二里冈、辉县琉璃阁等遗址内发现早于殷墟文化的商文化以来，考古学家、历史学家都认为殷墟文化是承袭郑州二里冈商代文化发展而来的，多年的发掘资料证明这一意见是正确的。"①殷墟地区的梅园庄和孝民屯第三区遗址"所出的典型器物，有的同于郑州二里冈下层文化，有的与河南偃师二里头第四期文化接近"，"孝民屯出土的一件三角形铜刀，形制极似二里头商代早期遗址所出的一件"②。这些都说明了殷墟、郑州、偃师三处商代遗址确有文化内涵上的密切联系。

　　总之，盘庚迁殷以后，从殷又迁往今河南偃师和郑州一带，这在文献和考古资料上是可以得到证明的，盘庚至小乙时期商王的建都、迁都的具体情况虽然难以索考，但商王朝将统治重心从今偃师、郑州一带迁往今殷墟的时代则可考见。《国语·楚语》上说："昔殷武丁能耸其德，至于神明，以入于河，自河徂亳，于是乎三年默以思道。"所云"以入于河"，韦注"迁于河内"，是此时武丁自河南迁到了大河以北。所云"自河徂亳"，韦注"从河内往都亳也"。按，此亳即亳社，亦即殷社，卜辞中屡有祭祀于亳社的记载（《合集》28106—28111）。武丁可能是在亳社"默以思道"的，故有"自河徂亳"之说。武丁曾"旧劳于外，爰暨小人"（《尚书·无逸》），结识过傅说，因此后来有"得说于傅险"（《史记·殷本纪》）之举。傅险在今山西平陆，临黄河，在今偃师以西。武丁继位前生活于民间，其地不会距都邑太远，或许就在傅险一带，则小乙时仍当都于河南。考古资料和卜辞一致证明武丁已居于殷，他迁往大河以北可能是继位以后的事情。

　　我们通过对文献和考古资料的讨论，清楚了盘庚迁殷以后再次迁徙的大致情况，这对于探索《尚书·盘庚》篇的问题是有意义的。

---

① 郑振香：《论殷墟文化分期及其相关问题》，《中国考古学研究》，北京：文物出版社，1986年。
② 中国社会科学院考古研究所：《殷墟发掘报告》，北京：文物出版社，1987年，第280页。

（四）

《尚书·盘庚》是公认的研究商代历史最珍贵的文献资料，其价值毋庸多言。对于盘庚迁殷以后是否再迁徙的问题，它为我们提供了最重要、最直接的文献根据。现从以下六个方面探讨。

第一，《盘庚》三篇每一篇都开宗明义讲清楚了本篇所述内容的时间。上篇云"盘庚迁于殷，民不适有居"，指盘庚已经从奄地迁到了殷。这时民众甚有怨言，所以盘庚考虑再迁，故中篇云"盘庚作，惟涉河以民迁"。下篇载迁至西亳以后事，故谓"盘庚既迁，奠厥攸居"。迁于殷之事仅见于上篇，而中、下篇无一迁殷字样，这也很能说明问题。若依俞樾所定三篇次序，则迁殷字样应在中篇或下篇。而《盘庚》篇首就讲"迁于殷"，可见之后的内容均当为盘庚迁殷以后事。

第二，最能证明三篇次序的是"新邑"的问题。全篇"新邑"凡四见，试依次说之。

上篇云"若颠木之有由蘖，天其永我命于兹新邑，绍复先王之大业，厎绥四方"，意谓如同仆倒的树木又生出新芽一样，天使我们的国运在这新邑得以延续，使我们能够继承和恢复先王的大业并安定四方。因为篇首已明指"盘庚迁于殷"，所以"兹新邑"必指殷而无疑。

中篇有两"新邑"，其一云："殷降大虐，先王不怀厥攸作，视民利用迁。汝曷弗念我古后之闻？承汝俾汝，惟喜康共；非汝有咎，比于罚。予若吁怀兹新邑，亦惟汝故，以丕从厥志。"意谓每当天降大灾时，先王总是不留恋其亲手缔造的城邑，而是为民众利益进行迁徙。你们为何不考虑先王对民事的勤勉呢？我是为了拯救你们、保护你们，使大家共享安乐；并不是你们有了过错，把迁徙当作对你们的惩罚。我曾呼吁大家留恋此新邑，但也是为了你们的缘故，我才做出新的决定以遵从先王的意志。盘庚所说的"厥志"，即先王意志，指先王"不怀厥攸作，视民利用迁"。这段话的根本意思要人们不可再留恋此新邑了，应当遵从先王的意志进行迁徙。盘庚迁殷之初，可能是想长期居留于此的，但民众和贵族们意见纷纷，即盘庚所谓的"今汝聒聒，起信险肤""胥动以浮言，恐沉于众"（《盘庚》上篇），因此经过慎重考虑后才决定"试以汝迁，安定厥邦"（《盘庚》中篇）。既然"兹新邑"指殷，那么从"兹新邑"出发所进行的再次迁徙便应当是《史记·殷本纪》所说的"涉河南，治亳"。中篇所提到的另一个"新邑"见于下面一段话:"乃有不吉不迪,颠越不共,暂遇奸宄,我乃劓殄灭之,无遗育,无俾易种于兹新邑。往哉,生生!今予将试以汝迁,永建乃家。"意谓若有人不善良和顺,不听命令,奸诈邪恶,我就将其杀戮绝灭,不使其遗留后裔,不使其劣种在此新邑延续。去吧,去追求新的生活。如今我将要把你们迁移过去,永建你们的家园。所谓"往哉",从哪里"往",依文义看,只能是从"兹新邑"往。这段话同样表明了"新邑"指殷,盘庚是在"新邑"动员民众再迁徙的。能否作另外一种解释,即"新邑"之事不是从殷出发外迁,而是指从奄地出发而将要迁往殷呢?答案是否定的。关键在于"新邑"之前有"兹"字加以限制。兹者,此也。"兹新邑"即此新邑。若说是指自奄地将要迁往之处,则当是"彼新邑",而绝不会是"兹新邑"。

下篇提到"新邑"的一段话是"朕及笃敬,恭承民命,用永地于新邑"。所谓"永地于新邑",指永远居住于新邑。此时盘庚迁西亳以后之事,故有永地之说。我们可以将下篇的"永地于新邑"和上篇的"永我命于兹新邑"进行比较。上篇为盘庚迁于殷而尚未再次迁徙时事,故只谓"永我命",即延长我之命于此新邑,并不提永远居留之事。下篇开始即言"盘庚既迁",为再迁以后之语,所以才有保护民命安居于此之义。

总之,《盘庚》上、中、下三篇关于"新邑"的用法表明,盘庚确曾在殷地,即"兹新邑"动员民众和官员再次迁徙。假若按照俞樾的说法,《盘庚》中篇指"未迁"于殷之时,那么这时盘庚尚在奄地,他当称殷为"彼新邑",而不会是"兹新邑"。《盘庚》中篇的"兹新邑"称谓证明是篇所述必定为迁殷以后之事。应当说,"新邑"之称实是俞说的一个不可逾越的障碍。

第三,《盘庚》上篇言"盘庚迁于殷",知其所述为迁殷以后之事。其中有云:"先王有服,恪谨天命;兹犹不常宁,不常厥邑,于今五邦。今不承于古,罔知天之断命,矧曰其克从先王之烈?"这时已经居于殷地,但盘庚仍然号召大家"从先王之烈",即从事先王们的功业,这功业就是"不常宁,不常厥邑"。这种情况除了说明盘庚有意于再次迁徙以外,很难做出其他解释。

第四,《盘庚》中篇所述为在"兹新邑",即殷地之事,其中有云"失于政,陈于兹,高后丕乃崇降罪疾,曰:曷虐朕民!"意谓如果由于我在政治上的失误,不能决策再次迁徙,而使民众长久地滞留在此新邑,那么先王就会重重地降下惩罚知疾患,责问我为什么虐待民众。显而易见,这段话表明盘庚认为不应当"陈于兹",而必须再次迁徙。

第五,《盘庚》中篇谓"盘庚作,惟涉河以民迁"。旧说或以为指盘庚欲从奄渡过黄河而迁于殷。其实,奄(今山东曲阜)地虽然今日距黄河不算远,但商周时期的古黄河并不入今山东境,因此奄地距古黄河很远。商周时期,古黄河在今河南荥阳一带即折而东北流,至今豫北浚县的大伾山又北流,穿过今河南省内黄和安阳之间入今河北境,流入古大陆泽,最后在今天津一带入渤海。古本《竹书纪年》说:"河亶甲整即位,自嚣迁于相。"《吕氏春秋·音初》说:"殷整甲徙宅西河,犹思故处,实始作为西音。"河亶甲所居之相,《括地志》《元和郡县志》等皆谓在今河南省内黄县。相又称西河,亦可证当时的黄河不是自豫入鲁、而是入冀的。盘庚再次迁徙时首先考虑到"涉河",是黄河必当在其居地的近处。今殷墟地区的东、南两面均距古黄河不远。殷墟卜辞屡有"河东"之称,还有一条卜辞说"出虹自北饮于河"(合集10405反面),谓虹自北出现后横越天际,像要饮水于南方之河。凡此都可以说明殷在豫境的古黄河西北不远处。盘庚"涉河以民迁"(《盘庚》中篇),即"涉河南,治亳"(《史记·殷本纪》)的实际路线完全合乎古黄河与殷的方位关系。反之,如果以为"涉河以民迁"指从奄迁殷,那么从奄地出发时决不会首先考虑"涉河"的问题,而是先要长途跋涉,最后才是渡黄河,因为渡过黄河,殷地也就到了。总之,从古黄河的流向看,《盘庚》中篇的"惟涉河以民迁"必指自殷向南渡河而言。此亦为盘庚迁殷后曾再次迁徙之一证。

第六,《盘庚》下篇有几句很费解的话,谓"古我先王,将多于前功,适于山用降我凶,德嘉绩于朕邦"。义指先王们要发扬光大前人的功业。往往迁于山地以减降灾患,从而使前人的美好业绩在我们的邦邑里得以继续。盘庚所以要说这几句话,是为了证明他率领民众所进行的迁徙与先王的作为完全一致。所谓"上帝将复我高祖之德,乱越我家"(《盘庚》下篇),义指盘庚认为要安定国家,必须按照上帝的旨意,回复到祖先的作为上去。过去由于把《盘庚》下篇的"盘庚既迁"解为盘庚已经从奄迁到了殷,所以后面的"适于山"就很难索解了。殷墟一带为平川之地,为什么盘庚要用"适于山"这样的先王的作为和自己进行的迁徙相类比呢?这确实是旧说无法回答的问题。历代注释家多谓这几句有衍文错简或误字,然宋代学者蔡沈《尚书集传》却眼光犀利,谓"适于山"指"往于亳",是因为亳地依山的缘故。这个解释深中肯綮,是正确的。就偃师商城的地理位置看，它北依绵延数十里的邙山，面向洛河，披山带水，而且是东西交通的孔道。盘庚所举先王"适于山"，当指成汤到邙山之麓建立西亳。盘庚以"上帝将复我高祖之德"相号召，就是要大家信奉神意，重演成汤都西亳故事。《史记·殷本纪》载盘庚告谕诸侯大臣语，"昔高后成汤与尔之先祖俱定天下，法则可修"，并谓盘庚都亳以后"百姓由宁，殷道复兴，诸侯来朝，以其遵成汤之德也"，盘庚以遵成汤之德而自诩，他所以举出先王的"适于山"，原因就在于此。另外，《盘庚》下篇谓殷民"荡析离居，罔有定极"，并责问"曷震动万民以迁"，细绎其义，当非自奄至殷一次迁徙所形成的情况，也应当是再次迁徙的结果。

总而言之，如果不是先有一个固定的模式，先断定盘庚迁殷后不再徙都，而是实事求是地分析《盘庚》三篇的内容，就会看到《盘庚》篇和其他文献关于盘庚迁殷以后又再次迁徙的记载是一致的。由此可以看到司马迁关于盘庚"涉河南，治亳"的说法，并非孟浪无根之谈。它和《史记·殷本纪》准确可靠地记载商王世系的情况一样，也应当是渊源有自、基本可信的。由此也可断定《尚书·盘庚》三篇的次序并无舛误，它是盘庚迁殷及其以后再度迁徙的情况的宝贵文献记载。

三 从方国联盟的发展看殷都屡迁原因

（一）

所谓殷都屡迁，主要指早商时期的殷都迁徙。早商时期指的是汤至盘庚这一历史时期。在汤以前的先商时期，殷都虽屡次迁徙，但基本上属于部落的流移，还算不得严格意义上的都邑迁徙。而盘庚以后的晚商时期则一直都于殷不再迁徙。史载早商时期的都邑迁徙情况是：成汤都亳；仲丁都嚣；河亶甲都相；祖乙都邢；南庚都奄；盘庚都殷。从成汤至盘庚共迁都五次。总结这些迁都的情况，可以这样概括殷都屡迁的特点：第一，迁徙的范围比较大，遍布了今天的河南、河北、山东等省的广大地区。第二，迁徙的次数比较多，所谓"殷人屡迁，前八后五"（张衡《西京赋》）就是这种情况的概括。第三，两次迁徙之间相隔的时间比较短，甚至一代或者两代就要迁徙一次。从这三个特点看，殷都屡迁确是"前不见古人，后不见来者"的一种独特的历史现象。因此，它也就引起了人们的广泛注意。

关于殷都屡迁原因的传统解释有"去奢行俭"说和"水灾"说两种；近代以来的解释有"游牧"说、"游农"说、"阶级斗争"说三种。这些解释都回避了这样一个问题：在大致相同的历史条件下为什么在先商、早商时期殷都屡迁，而晚商时期就不再频繁迁徙了呢？晚商时期和早商一样有"水灾""游牧""阶级斗争"等的影响，为什么没有成为迁都的原因呢？历来关于殷都屡迁原因的解释所以不能令人满意与回避了这个关键问题有直接的关系。我们应当从深刻的社会因素上去寻找殷都屡迁的原因。本节试图从新的角度，即从社会结构的角度进行一些补充性质的探讨，以求说明殷都屡迁是由殷代社会结构的发展变化所决定的。

殷代社会结构的根本特点是方国联盟占有极重要的地位。而这一点恰恰在一个很长的时期里被人们忽略了。从战国秦汉时代开始，人们往往用对当时封建王朝的理解来推想古代社会的情况，把夏、商、周看成和秦汉一样的封建专制帝国。孟子说，商代武丁时就"朝诸侯、有天下、犹运之掌"（《孟子·公孙丑》上）。司马迁写《史记》分别为夏、商、周立了本纪，这是当时"大一统"的社会思潮对史学影响的结果。尽管这基本上反映了夏、商、周是我国古代文明的核心这一史实，但是，说夏的时候"九州攸同"（《史记·太史公自序》），商汤时"践天子位，平定海内"（《史记·殷本纪》），周武王时"实抚天下"（《史记·太史公自序》），这就未免乖戾于夏、商、周时代实际的历史进程。夏、商、周三代，特别是夏商时代，还是方国林立的状态。这在古代文献里有不少记载，如《左传》哀公七年："禹会诸侯于涂山，执玉帛者万国。"《墨子·非攻》下："古者天子之始封诸侯也，万有余。"《吕氏春秋·用民》："当禹之时，天下万国。"《战国策·齐策》四："大禹之时，诸侯万国，及汤之时，诸侯三千。"《晋书·地理志》："春秋之初，尚有千二百国，迄获麟之末，见于经传者，百有七十国。"这些材料表明，夏、商、周三代确实存在着为数众多的部落和方国。它们之间的分化、组合、联盟关系的发展和演变，是当时社会历史进展的轴心。像殷都屡迁这样重大的社会政治问题应当而且可能从这里找到答案。

（二）

在商族发祥的历史上，商主要和有娀氏、有易氏、河伯族等发生联系。

《诗经·商颂·长发》说："有娀方将，帝立子生商。"《史记·殷本纪》说："殷契，母曰简狄，有娀氏之女。"这表明殷与有娀氏的关系是十分密切的。帝乙帝辛时期的卜辞里有殷王娶娀女为妇的记载（见前2、11、3），这正如于省吾先生所分析，表明了"商代从先世契母简狄一直到乙帝时期还与有娀氏保持着婚媾关系"①。

先商时代殷活动的范围在今河北中部和南部，以后又渐次南移至今河南北部。殷与这个地区的有易族、河伯族也有联系。古代文献里保存有王亥、王恒、上甲微等与有易族、河伯族相互往来的史影。《山海经·大荒东经》说："有人曰王亥，两手操鸟，方食其头。王亥托于有易、河伯仆牛。有易杀王亥，取仆牛。河〔伯〕念有易，有易潜出。"王亥托寄牛羊于有易、河伯，但王亥却被有易所杀，牛羊也被劫掠。关于王亥被杀的原因，郭璞注引《竹书》说："殷王子亥宾于有易而淫焉，有易之君绵臣杀而放之。"《天问》更把这些形象化了："干协时舞，何以怀之。平胁曼肤，何以肥之。有易牧竖，云何而逢，击床先出，其何所从。"这里说王亥以干舞引诱"平胁曼肤"的有易美女，终至被捉了奸（闻一多《天问疏证》第85—86页）。最后，双方关系恶化，上甲微靠了河伯的帮助才灭掉有易，使有易族居地成为一片荆棘丛生的废墟。这些史实说明在先商时殷并不强大，与周围的部族还没有形成牢固的联盟关系。

从王亥以后，殷比较注意都邑的建设和占有地区的巩固。《天问》说王恒的时候"往营班禄，不但还来"。"班禄"当即班麓。其地望在今河北保定市徐水区。王恒时定居于班麓，而且与有易族仍有瓜葛，故"不但（读旦）还来"，常不及旦明之时来往于两地。今河北保定徐水一带是先商时期有易族活动地区，王恒的时候殷与有易族很可能有着密切的关系。到了上甲微的时候殷又南移与河伯相近。假若《路史·国名纪》卷三关于邺地为"上甲微居"之说可信，则殷的势力在上甲微时即已到达今殷墟一带②。所谓先商时期的"自契至汤八迁"（《尚书·商书》序），实际上是殷族的流移迁徙。在迁徙的过程中逐渐加强了部族间的联系，为早商时期方国联盟的形成准备了条件。

---

① 于省吾：《略论图腾与宗教起源和夏商图腾》，《历史研究》，1959年，第11期。
② 文献所载与考古发掘材料是一致的。先商文化漳河型的中心分布地区是河北省的滹沱河与漳河之间的沿太行山东麓一线（转引自邹衡：《夏商周考古学论文集》，北京：科学出版社，2011年，第118页），这正是文献所载先商时期殷人由北而南迁徙的路线。

商代方国联盟是在成汤时期形成的。成汤所以能够灭夏，"正域彼四方"（《商颂·玄鸟》），创立了赫然卓然的丰功伟绩，与他致力于方国联盟的建立和巩固有直接关系。在汤的主持下，殷和有莘氏首先结成了牢固的联盟。有莘氏又称有侁氏，自先商时期开始就居于今河南省开封、陈留等地。这一带直到春秋时还被称为"有莘之虚"（《左传》僖公二十八年）。汤的时候，殷居于今河南郑州、安阳一带，位于有莘氏的西面，所以《天问》说："成汤东巡，有莘爰极，何乞彼小臣，而吉妃是得。"成汤亲自东巡，娶有莘氏女。有莘氏派伊尹作为部族的代表赴殷结成联盟。后来由于成汤被塑造成为封建帝王的形象，所以这件史实便成了帝王纳后妃的热闹场面。但是不少古代文献里也还保存着殷与有侁氏联盟的史影。《吕氏春秋·本味》说：

> 其（指伊尹）母居伊水之上，孕，梦有神告之曰：臼出水而东走，毋顾。明日，视臼出水。告其邻，东走十里而顾，其邑尽为水；身因化为空桑，故命之曰伊尹。……长而贤，汤闻伊尹，使人请之有侁氏。有侁氏不可。伊尹亦欲归汤。汤于是请取妇为婚，有侁氏喜。以伊尹媵女。……汤得伊尹……设朝而见之。

有侁氏是一个居于"伊水之上"的古老部族，通过联姻与殷结成联盟。结盟之后，有侁氏和伊尹对于殷灭夏建立了巨大功勋，《叔夷钟》说："成唐（汤）又（有）敢（严）在帝所，敷受天命，翦伐夏后，败厥灵师。伊小臣佳惟（辅），咸有九州。"这里对伊尹的辅弼之功做了充分肯定。后来，伊尹被称为"汤师小臣"（《吕氏春秋·尊师》）受到殷人隆重祭祀。

卜辞说："丙寅贞又彳岁于伊尹二牢。"（后上22.3）"伊尹岁十牛"（南明505），"癸巳贞又彳伐于伊，其彳大乙彡。"（后上22.1）"癸丑卜上甲岁伊宏。"（南明513）在殷人看来，伊尹的地位与成汤、上甲等名王不相上下，连伊尹的妻子也被认为有呼风唤雨的神力而受到尊崇[①]。伊尹在成汤死后曾经"放太甲于桐，乃自立"（《竹书纪年》），一度掌握了最高的权力。这就是《天问》所说的汤"受礼天下，又使至（读挚，伊尹名）代之"。伊尹的儿子伊陟在大甲和大戊时是"格于上帝""乂于王家"（《尚书·尹奭》）的显赫人物。伊尹

[①] 甲828："乙丑贞哥（宁）风于伊奭。"南明422："其桒雨于伊奭。"按照卜辞通例，伊奭即伊尹的配偶。

的后代也受殷人的祭祀。如："癸酉卜，又伊五示。"（南明507）"又岁于伊二十示又三。"（京津4101）"丁巳卜又于十立（位）伊又九。"（粹194）《吕氏春秋·慎大览》说伊尹"世世享商"，《天问》说伊尹"尊食宗绪"，与卜辞所记均相符合。这说明从成汤时开始殷与有莘氏结成了长时期的牢固联盟。到了晚商时期，有莘氏与殷的关系仍然十分密切。卜辞中有地名"先"，属于殷的直辖区域，当即有莘佚氏的故地。其首领在殷王朝中任职，称为"亚先""先伯"（见遗31、乙192等）。后世的殷王有时也和成汤一样从有莘氏娶妇，称为"妇先"（见后上29.2、续3、7、4等）。

在早商时期的方国联盟中，除了有莘氏之外，还有彭、韦、邳、犮、相、井、奄等。但殷与有莘氏的联盟是方国联盟的核心。史载"汤与伊盟，以示必灭夏"（《吕氏春秋·慎大览》），可见汤灭夏与这个联盟是很有关系的。只要我们拂去成汤和伊尹关系上的圣君贤臣的光环和幻影，剩下的便只是方国联盟的真实历史画面。

成汤灭夏以后，方国联盟有很大发展。《吕氏春秋·当国》就有汉南四十国归服成汤的记载。许多方国和部落的首领对早商时期的方国联盟做出了贡献，所以受到殷人的祭祀和赞颂。这些首领见于文献和卜辞记载者有成汤时的伊尹，大甲时的保衡，大戊时的伊陟、巫咸等人。尽管后人往往视他们为商王的贤臣良相，但殷人却对他们毕恭毕敬，视同先王一样。在早期卜辞中，他们受祭的情况并不比殷先王的受祭逊色。盘庚曾经对诸邦伯说：

> 迟任有言曰："人惟求旧，器非求旧，唯新。"古我先王暨乃祖乃父胥及逸勤，予敢动用非罚，世选尔劳，予不掩尔善。兹予大享于先王，尔祖其与从享之。（《尚书·盘庚》上）

这里说的"乃祖乃父"就是早商时期的诸方国首领，也就是卜辞中的"旧臣"（后下5.3）、"旧老臣"（前4、15、4），所谓"人惟求旧"的"旧"即指这些人。盘庚认为殷王是和这些人一起"胥及逸勤"，共同掌握赏罚大权的。卜辞里诸方国首领和殷先王一同受祭的情况，与盘庚所说"大享先王，尔祖与其从享之"完全契合。这些都渗透原始民主平等精神，用盘庚的话来说，就是"古我先王亦惟图任旧人共政！"（《尚书·盘庚》上）"共政"的情况乃是早商时期社会政治结构的基本格局。成汤及其以后的早商时期的殷王正是通过"共政"的形式导演出了威武雄壮的历史场面，取得了空前的巨大功绩。后来周人演成汤故事，亦靠方国联盟的力量灭商而代之。所以周人对于成汤时期的方国联盟很有些精辟的说明。周公曾经对殷的所谓"诸侯"，即诸方国首领说："乃惟成汤，克以尔多方，简代夏，作民主。"(《尚书·多方》)周公认为灭夏是成汤与"多方"共同建立的功勋。周公还对周王室的官吏说："我闻在昔，成汤既受命，时则有若伊尹，格于皇天。"(《尚书·君奭》)成汤"受命"与伊尹"格于皇天"有着密切关系，周公的这个说法是有历史根据的。伊尹及其后人曾在殷王朝担任巫职，这正是"格于皇天"的勾当。以殷与有莘氏为核心的方国联盟的成功是周人所借鉴的重要历史经验之一。

（三）

方国联盟不仅贯穿于有殷一代，而且存在于夏、周两朝。可是早商时期的方国联盟却是最典型、最具有特色的。它不仅在那个时代的社会政治结构中占有极重要的地位，而且就联盟本身来看也具有许多重要特点。

第一，早商时期的方国联盟具有浓厚的原始民主、平等性质。《史记·殷本纪》说：

> 汤出，见野张网四面。祝曰："自天下四方皆入吾网。"汤曰："嘻！尽之矣。"乃去其三面，祝曰："欲左，左；欲右，右。不用命，乃入吾网。"诸侯闻之，曰："汤德至矣，及禽兽。"

诸方国的首领所以能"毕服"(《史记·殷本纪》)于殷，与成汤所标榜的平等、民主原则有很大关系。虽然存在着联盟关系，但各方国、部落仍是自由的。"欲左，左；欲右，右"，有了这种原始民主原则，才使得方国联盟在早商时期不断发展。平等的联盟关系在早商时期一直存在，直到盘庚迁殷时的诰命里尚可看得出来。《尚书·盘庚》三篇所记盘庚诰训的对象是"邦伯、师长、百执事之人"。所谓"师长、百执事"即殷的"内服"，也就是殷直属的各种官吏。所谓"邦伯"即殷的"外服"，也就是《酒诰》说的"越在外服：侯、甸、男、卫邦伯"，亦即诸方国首领。盘庚这样讲述他与这些人的关系：

> 古我先后既劳乃祖乃父，汝共作我畜民。汝有戕则在乃心，我先后绥乃祖乃父，乃祖乃父乃断弃汝，不救乃死！兹予有乱政同位，具乃贝玉，乃祖乃父丕乃告我高后曰："作丕刑于朕孙！"迪高后丕乃崇

降弗祥。(《尚书·盘庚》中)

这些人的祖、父先辈跟殷人的"先后"是平等的。这些人的祸福和命运并不由殷人的"先后"掌握。这些人犯了过错必须经过他们的成为神灵的先辈同意,才能"崇降弗祥",大大地除下灾祸。盘庚还对这些人说,如果你们不跟我一条心,殷的"先后"就会这样责怪你们:"曷不暨朕幼孙有比!"应当特别注意这句话里的"比"字。在盘庚看来,诸方国和殷的关系准则便是"比"。比,甲骨文作"

",为二人平臂向前斜举之形。《尚书·牧誓》的"比尔干",谓举起你的干,即用"比"的本义。在古代文献中,"比"亦用作亲近友善之义,《尚书·盘庚》和卜辞中的"比"即是这种用法。殷代被"比"者主要是侯、甸、男、卫之类的邦伯,如:"贞䡓……令比……"(南辅26)"贞,王䡓而伯罣比伐……方。"(乙2948)"辛巳卜㱿贞,王比易伯猱。"(南师2.148)"乎比丹伯。"(乙3387)"癸亥卜王贞,余比侯专。"(前5、9、2)"勿此囚任。"(乙3417)上引最末一条卜辞,"囚"为人名,又称"囚任"(见天87、4、28、2,续4、28、4等)。任古通男,所以"囚任"即"囚男",为囚地的方国首领,和而伯、侯专等相类似。早商时期的方国首领见之于文献记载的有《孟子·滕文公》里的"葛伯",《国语·郑语》里作为"商伯"的"大彭,豕韦"等。它们与殷的关系具有原始民主、平等的性质,盘庚所说关于"比"的一番话就是明证。

早商时期方国联盟的第二个特点是依靠神权作为维系诸方国的主要纽带,而不以行政命令为主要手段。请看《诗经》关于成汤能成就伟业的原因的叙述:"帝命不违,至于汤齐。汤降不迟,圣敬日跻。昭假迟迟,上帝是祇,帝命式于九围。"(《商颂·长发》)成汤所以能"式于九围",在广大地区里树立起崇高威信,是由于他对上帝的恭敬和虔诚。"式"是样式、榜样的意思。"帝命式于九围"就是让众多的方国都效法成汤的"上帝是祇"。《孟子》所记汤与葛伯的关系也是一个例证。

汤居亳,与葛为邻。葛伯放而不祀。汤使人问之曰:"何为不祀?"曰:"无以供牺牲也。"汤使遗之牛羊。葛伯食之,又不以祀。汤又使人问之曰"何为不祀?"曰:"无以供粢盛也。"汤使亳众往为之耕,老弱馈食。(《孟子·滕文公》下)

成汤对于葛伯最关心的是他的"放而不祀"。在成汤看来对神灵的亵渎实在是"罪莫大焉",所以派人送去祭祀的牺牲,派人替葛耕种田地以供祭祀的粢盛。在这里,成汤对葛伯没有任何颐指气使的表示,只是试图用神灵的意志和共同的信仰争取与葛的联合。这种神权方面的联系是原始民主、平等的原则在意识形态上的一个反映。

第三,早商时期的方国联盟在经济上平等互利,不存在后世那样的赋役征发。《商颂·长发》说成汤的时候:

> 受小球大球,为下国缀旒。何天之休,不竞不绉,不刚不柔。敷
> 政优优。百禄是遒。
>
> 受小共大共,为下国骏庞。何天之龙,敷奏其勇,不震不动,不
> 戁不竦,百禄是总。

"球"和"共"都是方国送给殷的礼物,殷还赠之以"缀旒"和"骏庞"。诗句赞扬成汤对方国的以礼相待,还赠的礼品更为丰富,从而受到了上天的嘉美和宠爱。成汤对葛伯的支援也是这方面的一个例证。早商时期方国联盟中的经济关系按照《商颂·殷武》的说法就是:"命于下国,封建厥福。"互相帮助和支援是早商时期方国联盟不断发展的重要的经济因素。盘庚曾经对邦伯们说:"汝曷弗念我古后之闻,承汝俾汝,惟喜康共。"(《尚书·盘庚》上)盘庚所说的"古后",正是早商时期的殷王。所谓"惟喜康共",就是喜欢大家共同富裕、安固。可以说这种"惟喜康共"的经济关系从成汤开始就奠定了基础。尽管成汤被后世誉为贤圣的君主,但轻徭薄赋一类的溢美之辞却总也挂不到成汤名下,因为这离真实的历史实在太远了。

第四,早商时期的方国联盟允许敌对势力中的被征服者加入自己的联盟。这既不像先商时期上甲微灭有易那样,变有易为一片荆棘废墟,也不像晚商时期那样变被征服者为商的版图。早商时期的大彭和豕韦原是祝融之后。《水经注》济水下说:"又东经韦城内,即白马县之韦乡也。史迁记曰:夏伯豕韦之故国矣。"可见豕韦曾为夏伯。大彭当即夏时的彭伯寿,《今本竹书纪年》帝启十五年"彭伯寿帅师征西河",可见大彭亦曾为夏伯。《国语·郑语》说:"大彭,豕韦为商伯矣。……彭姓彭祖,豕韦、诸稽,则商灭之矣。"粗看起来,大彭、豕韦既为商伯,又为商灭,似有矛盾,但仔细分析则是合乎情理的。大

彭、豕韦虽曾为夏伯,但汤灭夏之后即加入了早商时期的方国联盟,故又称之为商伯。在晚商时期大彭、豕韦则被灭掉并入殷的版图。卜辞中有地名"彭"(《合集》7064、8283等)"韦"(《合集》28064、36909等)即为大彭、豕韦的故地。成汤灭夏以后,史载:"汤既胜夏,欲迁其社,不可。作《夏社》,伊尹报,于是诸侯毕服。"(《史记·殷本纪》)汤本来想迁徙夏社,将夏彻底灭掉,但迫于诸侯,即诸方国首领的压力,才没有迁夏之"社"。成汤在《汤诰》里说:"三公咸有功于民,故后有立。"索隐云:"谓禹、皋陶有功于人,建立其后,故之有立。""三公"当即夏的遗留势力,成汤将其纳入商的方国联盟。恩格斯曾经指出,"对被征服者的统治,是和氏族制度不相容的"(《马克思恩格斯选集》第4卷,第148页)。这种原始民主、平等的原则在氏族时代结束之后仍然存留了很长时间,我们在早商时期方国联盟对外关系的准则中可以找寻到它的踪迹。

晚商时期虽然也存在着方国联盟,可是它与早商时期相比,已经发生了很大的变化。第一,晚商时期虽然殷与诸方国之间存在着一定的联合关系,但更多的则是支配的、主从的关系。卜辞中"乎""令"某侯、某伯的记载很多,就是殷王支配诸方国的明证。这反映了原始民主、平等原则在方国联盟关系中的衰落。盘庚迁殷时对诸邦伯的训告虽有一些威胁的口气,但主要内容则是商量和劝告,这与卜辞所载晚商时期殷王的专制口吻是泾渭分明的。第二,在王权日益强大的情况下,晚商时期的神权逐渐退避三舍。神权已经不再是联系诸方国的主要纽带,而是渐次沦为王权的附庸。第三,从卜辞中可以看到不少向诸方国征收贡物、调集人力的记载,早商时期那种平等的互相支援的经济关系不再占有重要位置。第四,晚商时期对于被征服的敌对势力,不再让他们以平等的地位加入方国联盟,而是将其直接变为殷的辖区。如"祭方"原为殷的敌国,武丁时期的卜辞里就有攻伐祭方的记载。到了廪辛康丁时期祭则成为殷的一个地名。可见"祭方"已经并入了殷的版图。其他如"㞢方""马方"等都有类似的情况。总之,原始民主、平等的原则在晚商时期已经是"无可奈何花落去"了,晚商时期的方国联盟与早商时期有着明显不同的根本原因就在于此。

(四)

"都"是一个后起的概念。东周时候的人把有先君宗庙的邑称为都。作为国都、首领的概念是春秋战国以后才出现的。严格说起来，殷人还没有后世那样的"都"的概念。《竹书纪年》记载早商时期的情况均言某王"居"某地，如"外丙胜居亳""祖丁即位居庇"等，而不言某言"都"某地。这合于历史实际。尽管如此，早商时期殷王所居之处是当时的方国联盟的政治中心，则是毫无疑问的。殷都屡迁实际上是方国联盟政治中心的屡次迁徙。

殷都屡迁从根本上来说是方国联盟这种政治结构形式所决定的，也可以说是早商时期方国联盟中原始民主、平等精神的体现和诸方国对比的结果。

早商时期方国联盟中的原始民主、平等精神要求殷都不能只固定于某一方国，而要轮流于诸方国之间。包括殷墟在内的早商时期的六处都邑，其中两处在山东，三处在河南，一处在河北。这些都邑并不全在殷的辖区，如邢、嚣、奄等就处在诸方国的地域。既然诸方国在政治上是平等的，那么，作为政治中心的殷都就应当是诸方国——至少是力量最强大的若干方国，都有份儿的。成汤的时候，殷的势力在今河南北部和河北南部一带，而有莘氏则居于今豫东一带。所以当早商时期以殷与有莘氏联盟为核心的方国联盟形成的时候，汤以后的八王（包括伊尹掌握最高权力的时期在内）一直都于亳。据考证这个亳地即郑州商城（邹衡《夏商周考古学论文集》第183页）。亳正处于殷与有莘氏的中间地带。都于此，反映了两大联盟力量的基本平衡。仲丁迁都于嚣亦是这方面的一个例证。据考证，嚣在今山东沂蒙山一带，卜辞中的地名"夒"即嚣的别写（丁山《商周史料考证》第29—30页）。近年来的考古材料也说明嚣当在今山东沂蒙山一带。山东滕县井亭村发现有成批的带有"夒"字族征的商代铜器和陶器，这是"夒"地望的一个有力证据。卜辞中有"旧臣"名"夒戊"者[①]，由于他和咸戊并见于同版卜辞（乙753，乙3476），所以其时代和咸戊相近，亦当是大戊时期的人。从他受到殷人祭祀的情况看，夒戊当是伊尹一类杰出的方国首领。或许是由于"夒"的强大，因此在大戊的儿子仲丁时将殷都迁于夒（嚣）地。

《商颂·殷武》关于成汤以后的商代情况说："天命多辟，设都于禹之绩。岁事来辟，勿予祸适，稼穑匪解。"这是文献中关于殷都屡迁的一条重要史料。"禹之绩"指大禹治水的区域，据考证这主要是古代的兖州、豫州的东部及徐州的一部分（徐旭生《中国古史的传说时代》第139页）。早商时期的殷都恰

---

① 后下4.11"贞出于夒戊。"余8.2"史于夒戊。"

恰在这个地区。按照《商颂·殷武》的说法，"设都于禹之绩"这件事，不是老天爷命令成汤或某一殷王进行，而是命令"多辟""设都""多辟"即许多君主，指的是包括殷王在内的诸方国首领。他们共同议定设立都邑。殷都屡迁与方国联盟的关系在这里得到完全的证实。在早商时期的方国联盟中，殷的势力虽然强大，但还没有居于绝对优势的地位，所以在原始民主、平等精神的影响下殷的都邑也就不能在殷的辖区。又要保持殷的主导地位，又要顾及方国联盟的实际情况以体现民主、平等的精神，这确是一项难题。可是殷人以迁都的方式妥善而巧妙地解决了这个难题，不能不说这是殷人在政治结构建设上的一项创举。

早商时期的诸方国要求联盟本身能够提供强大的力量对付敌对势力的骚扰和劫掠。这种军事上的需要也是殷都屡迁的一项重要原因。仲丁迁于嚣和河亶甲迁相，很大程度上是出于军事上的考虑。《竹书纪年》载："仲丁即位征于蓝夷。"《后汉书·东夷传》载："至于仲丁，蓝夷作寇，自是或叛或服。"蓝夷在今沂蒙山一带。仲丁迁都于嚣，加强了对蓝夷作战的力量。外壬时由于有侁氏叛离，所以早商时期方国联盟用兵也逐渐转移，《竹书纪年》说："河亶甲整即位，自嚣迁于相。征蓝夷，再征班方"就反映了这种情况。"相"在今河南内黄县一带，迁都于此，便利于对班方用兵。从"彭伯、韦伯伐班方，侁人来宾"（今本《竹书纪年》）的记载看，河亶甲时已经打败了班方。因此，河亶甲的子辈祖乙为殷王的时候才可能将殷都北迁到"邢"①。

迁都于邢大大地加强了殷与邢的关系。卜辞材料表明邢与殷有密切的婚媾关系，妇井（邢）是武丁时期最显赫的王妇之一。邢还是殷抵御羌方入侵的重要地区。羌方是殷在北方、西方的劲敌，对羌方作战是商的重要的军事行动。卜辞有"［子］刊在井（邢），羌方弗……"（屯南2907）的记载，说明直到晚商时殷还派人驻守于邢。殷与邢的密切关系形成了殷的北部屏障，以至终殷之世北方无强敌入侵，这种局面的形成溯其源当是祖乙迁邢的结果。史载祖乙享国时间很长，是早商时期的中兴英主。在卜辞中他被尊称为"中宗祖乙"

---

① 《史记·殷本纪》："祖乙迁于邢。"其他文献尚有迁耿、迁庇二说。耿与邢古音同，当为一地。邹衡以考古材料证明今邢台一带大范围的早商文化遗址当即祖乙居邢的遗存。同时，这里有不少早商文化遗址，在此建都有广泛的基础（转引自邹衡：《夏商周考古学论文集》，第207页）。

"毓祖乙""高祖乙""下乙"等，受到殷人极其隆重的祭祀。他的文治武功与迁都于邢之后方国联盟的加强有着密切关系。

无论原始民主、平等精神在早商时期的方国联盟中占有多么重要地位，但是随着殷和诸方国社会生产力的发展，在方国联盟内部争夺权力的斗争还是在不断地发展起来。调整诸方国的关系以巩固和发展方国联盟，是殷都屡迁的另一项原因。从《尚书·盘庚》篇的记载里可以看到，盘庚认为迁都是为了改善殷与诸方国的关系，使诸方国得到巩固。他说：

> 先王有服，恪谨天命，兹犹不常宁；不常厥邑，于今五邦。今不承于古，罔知天之断命，矧曰其克从先王之烈！若颠木之由櫱，天其永我命于兹新邑，绍复先王之大业，厎绥四方。（《盘庚》上）

在盘庚看来，殷都屡迁就是"先王之烈""先王之大业"。他迁都于殷和先王的"不常厥邑"一样是为了"厎绥四方"。"厎绥"犹言安定。盘庚号召诸邦伯"尚皆隐哉！予其懋简相尔"（《盘庚》下），要大家发扬蹈厉，争取受到选拔。成汤的时候曾经选用殷和诸方国的杰出人物加以任用，"其在商邑，用协于厥邑；其在四方，用丕式见德"（《尚书·立政》），以此来巩固殷与诸方国的关系。盘庚通过都邑迁徙所达到的"厎绥四方"与成汤的作为十分相似。盘庚说先王迁都为的是"德嘉绩于朕邦"（《盘庚》下），又说自己迁殷是要"安定厥邦"（《盘庚》中）。"朕邦"与"厥邦"囊括了早商时期方国联盟中所有的"邦"——方国。盘庚不愧是一位卓越的宣传家，他把迁都的原因和意义讲得十分详细而且生动。他用这样的语言来比喻殷都迁徙的意义："若网在纲，有条而不紊；若农服田力穑，乃亦有秋。"（《盘庚》上）抓住了都邑迁徙这件大事，就是抓住了"纲"，就会给方国联盟带来新的活力，结出丰硕的果实！

总之，殷都屡迁，适应了方国联盟发展的需要，是原始民主、平等精神的体现。它从政治、军事、经济几个方面都加强了殷与诸方国的关系。在古代历史上，与周围很少发生关系的闭塞于一隅的方国或部落是没有什么发展潜力的。只有那些通过不断地相互融合、联盟、交往而注入新的活力的方国或部落才有广阔的发展前景。夏、商、周三代的发祥史上都有不少都邑或整个邦国迁徙的事例。这些迁徙是在当时的历史条件下推动社会向前发展的有力措施。夏、商、周之所以相继成为我国古史上的三面光耀大地的旗帜，这是极为重要的一项原因。

（五）

兄终弟及是殷代王位继承中一种独特的历史现象。关于它所以产生的原因，长期以来尚无令人满意的解释。论者往往把它归之于亲族制度的演变，认为它是母系氏族社会的孑遗。其实这是说不通的。文献记载表明，先商时期从契到汤基本上都是传子制。若说兄终弟及是母系氏族社会的孑遗，那么先商时期距母系氏族社会最近，必当是兄终弟及最盛行的时期，然而，恰恰相反，先商时期则罕见兄终弟及的现象。这说明兄终弟及与母系氏族制的孑遗没有多少关系。李学勤曾经指出，兄终弟及可能是"因政治的需要"而产生的（《论殷代亲族制度》，《文史哲》1957年，第11期）。这为揭开兄终弟及这一历史之谜指出了正确方向。"政治的需要"，实际上就是早商时期方国联盟的需要。这乃是产生兄终弟及现象的根本原因。

早商时期是方国联盟典型发展的时期，亦是兄终弟及这一历史现象最集中的时期。若从有明确世系记载的上甲算起，商代共历二十三世，三十七王，兄终弟及（包括传位于兄之子者）十八王中有十六王集中在成汤至小辛（盘庚弟）的时期。从汤至盘庚的二十王里，兄终弟及者就有十五王。这表明兄终弟及制是早商时期的王位继承的主要形式，也可以说，兄终弟及与早商时期方国联盟的发展相始终。早商时期的方国联盟中，一方面存在着原始民主、平等精神，另一方面也存在着争夺联盟内部最高权力的斗争。伊尹的摄政和有莘氏的叛离就是这方面的两个例证。为了保持殷人在联盟中的支配地位，势必要选择有丰富经验的人物出任殷王。这样的人物一般应当是殷王的弟辈，而不是其子辈。在方国联盟中殷王的诸弟可以受到各方面的锻炼，汲取较多的经验，相比之下，殷王的子辈在施政经验上远不能和其叔父们相比拟。所以在早商时期的王位继承中一般都是兄终弟及，等到"弟终"的时候再将王位传给已经长大了的"兄"之子辈，以此来保证出任殷王者是精明强干、经验丰富的卓越人物。到了晚商时期，殷的王权势力已经大大超过诸方国的势力，在方国联盟中居于绝对优势的地位，已经不怕大权旁落。所以在晚商时期，兄终弟及的现象越来越少。廪辛以后终至绝迹。到了封建时代，传子制成了天经地义的事儿，连襁褓中的婴孩也可"登极"称帝，这与早商时期的兄终弟及更是大相径庭了。由此可见，王位继承制度是深深植根于当时的社会政治结构形式之中的。

四 殷墟卜辞中的"示"和"宗"及其与宗法制的关系

"示"和"宗"在殷墟卜辞里常被上、下、大、小等词修饰和限制,形成许多含义不同的概念,反映了殷代王位继承制度的一些重要特点。长期以来,不少研究者都运用这些概念来论证宗法制的起源及其初步发展的问题。殊不知,这些概念在殷墟卜辞中的确切意义至今还不很清楚,这就势必影响了相关探讨。兹拟先讨论这些概念,然后再分析宗法制的一些问题。

(一)

"大示"多被视为"直系"先王的集合称谓,如陈梦家说:"大示自上甲起,终于父王,与直系同"①。这种说法是有问题的。

首先,一般所理解的直系是有直接血统关系的亲属。按照这种理解,从帝辛上溯至大乙,共有直系先王十六人,上溯至上甲则有二十二人,然而,卜辞所载大示,最多者仅称"六大示",从数量上看与直系先王甚悬殊,而不是"与直系同"。其实,殷代并没有直系与旁系的严格区别,陈梦家曾经提出三条判断是否直系的标准②,但均难成立。他提出的第一条是"在帝乙帝辛的周祭卜辞中凡直系的配偶皆入祀典"。之所以限定"帝乙帝辛的周祭卜辞",是因为祖甲时的周祭卜辞里有羌甲配偶进入祀典的记载(合集23324),而按陈先生的标准,羌甲属旁系,而非直系。这个限字首先就为判定标准是否有普遍意义添了疑问。卜辞材料表明,先王配偶若能进入祀典,并不因为该先王为"直系",而在于此配偶有子为王。郑慧生说:"入祀配偶,均系登位儿王的生母"③。这是很正确的。陈先生所指出的"直系"先王配偶有子为王者可入祀典,但并非"凡直系的配偶皆入祀典"。第二条标准是"在某些选祭卜辞中,一世一王,只有直系入选"。然而,有些先王,按照陈先生的划分并不属于直系,也可被合祭,如小甲(合集32384)、羌甲(合集226、22911)、河亶甲(合集22421)、南庚(合集27207)、盘庚和小辛(屯南738)等。陈先生虽然以"某些选祭卜辞"加以限制,但实际上模棱两可,所以是很难成立的。第三条是"在文献上(据《殷本纪》),凡某王之子继为王者,此王为直系"。按,

---

① 陈梦家:《殷墟卜辞综述》,北京:科学出版社,1956年,第372、第466页。
② 同上书。
③ 郑慧生:《从商代无嫡妾制度说到它的生母入祀法》,《社会科学战线》,1984年,第4期。

依《殷本纪》，河亶甲子为祖乙，沃甲子为南庚，但按照陈说，河亶甲和沃甲却均属旁系。这也说明其判断标准并不可信。总而言之，在殷商史的研究中不应当把殷人所没有的"直系""旁系"的概念强加给他们，更不必把这概念引入"示"和"宗"问题的探讨。

第二，"大示"在卜辞中和若干示并列的情况说明它不可能指从上甲到父王的所有"直系"先王。卜辞中有这样一例：

大示三牢，六示二牢，小［示］……牢。（合集14898）

这是一期卜辞，其中"大示"和"六示""小示"并列。如果"大示"指所有"直系"先王，那么，这条卜辞里的"六示"的范围将无法确定。"六示"在"大示"和"小示"之间，按照旧的理解，则其归属将有不可逾越的障碍。另外，如果这条卜辞里的"大示"指所有先王，那么，"小示"的范围也将无法确定。过去以为卜辞中的若干示皆指直系先王，后来李学勤发现载有"二十示"（合集34120—34122）的卜辞与出土于早期地层属《合集》一期卜辞附录的甲组的《屯南》4516片为同时同事所卜，所以，载有"二十示"的几片甲骨"肯定是武丁时代的东西"①。由此看来，"二十示"就不会是上甲至武丁的"直系"先王，因为其数量不足二十，而应当是上甲之后以继位先后为序的二十位先王。总之，"大示""小示"和若干示一样，都不应当是从上甲开始的所有先王的世系排列，而只可能是部分先王的组合。

另外，"大示"曾和"多后"并列于一辞，谓"大示至于多后"（合集14851）。关于"后"，文献和卜辞均不乏记载。《尚书·盘庚》云"古我前后""我先神后""高后"，《诗经·商颂》云"商之先后"，卜辞云"后祖丁""后祖乙"。所以，"多后"即多位先王。若"大示"指所有直系先王，那么若谓"大示至于多后"则不辞矣。在卜辞中除了"多后"之外，和"大示"并列于一辞的还有"父丁"（屯南1104）、"下乙"（乙编6291）等，分别指康丁和祖乙。康丁、祖乙皆陈梦家先生所断定的"直系"先王，他们与"大示"并列，可见"大示"不是"直系"先王的集合称谓。

分析卜辞中的相关材料，可以说"大示"只能是一部分先王的集合称谓。"大示"在卜辞中的特点是，其一，数量最多者只有"六大示"；其二，和其他

---

① 李学勤：《小屯南地甲骨与甲骨分期》，《文物》，1981年，第5期。

集合称谓，如小示、若干示等，在卜辞中并列时，"大示"总排列在前，可见其时代应当比较早；其三，对于"大示"的祭品丰盛，远过于小示、若干示等。根据这些特点，我以为"大示"的范围一般包括大乙、大丁、大甲、大庚、大戊五位冠以"大"字的先王，若包括上甲在内，便称为"六大示"。请看以下三例：

庚午贞，今来……御①自上甲至于大示。（屯南1104）

乙酉贞，禽以牛其〔用〕自上甲五牢……大示五牢。（屯南9）

甲午贞，大御自上甲六大示，燎六小牢，卯九牛。（屯南1138）

这三例都是四期卜辞。所谓"自上甲至于大示""上甲五牢，大示五牢"，显然是将上甲与大示分述的；而云"自上甲六大示"，显然是将上甲包括在了大示之内。卜辞单称"大示"者，如"登于大示"（合集14831）、"其祈于大示"（合集34093）、"于大示告方"（屯南63）等，应指大乙至大戊五位冠以"大"字的先王而言。曹锦炎指出，"大示专指某一固定的庙主群"②，甚有创见。自上甲至示癸恰有六位先王，与习见的"六大示"数量相同。能否说"大示"即指自上甲至示癸六位先王呢？这是值得探讨的问题。从卜辞里上甲和大示分述，以及报乙、报丙、报丁、示壬、示癸等的祭祀规格远较大乙至大戊等先王为低的情况看，很受殷人尊崇的"大示"似不当指上甲至示癸六位先王。卜辞中的"大示"应指大乙至大戊五位冠以"大"字的先王，若称"六大示"，则是又加上甲一位先王。至于"大示"、大乙至大戊等先王为什么冠以"大"字，"上甲"又为什么冠以"上"字，这些问题将在下节讨论。

（二）

卜辞里面与"大示"相同的称谓有"元示"，请看两例：

甲子卜争贞，来乙亥告禽其西于六元示。（合集14829）

……于六元示。五月。（合集14830）

"元示"的最大数量是六，并且卜辞里有"自上甲元示"（合集25025）的记载，所以说元示和大示相同，很可能是大示的别称。

---

① 为减省刻字，本文在不影响文义的情况下将一些字做了更换，如御、禽、燎等皆如此，这些字早已习见于学者们的论著。请读者见谅。

② 曹锦炎：《论卜辞中的示》，中国先秦史学会第一届年会论文。

无独有偶，与大示相同的卜辞中的称谓还有"上示"，如谓"禽见百牛……用自上示"（合集102）、酒祭于"上示"（合集14866）等。卜辞中的"上示"，过去多被误为"二示"。甲骨文"二""上""下"这三个字虽易混淆。但若仔细审视，仍能将其区别。契刻者一般将"二"字刻得两笔长度一样；将"上"字刻得上一笔稍短；将"下"字刻得下一笔稍短。卜辞里面，上示从来不和大示、元示并列于一辞。从上引《合集》102片可以看到，上示享用"百牛"之丰盛祭品，其数量之多只有大示与之相当。因此，上示也和元示一样是大示的别称。

为什么大示、元示、上示三者一致？为什么这同一群先王会有不同的称谓呢？愚以为其主要原因在于甲骨文"大""元""上"三个字具有含义上的一致性。"大"字在早期卜辞里的写法是甲骨文的"上"字与习见的作正面人体形的"大"字的组合，或释为"天"字，其实是"大"字之异，后世才变为"天"字，所以卜辞中的"大乙"，《史记·殷本纪》《世本》等作"天乙"。甲骨文里的"元"字，是由作为侧面人形的"人"字与"上"字的组合而形成。从造字方法看，甲骨文里的"大"与"元"实出一途，其区别仅在于一为正面人形、一为侧面人形，然而它们都冠以甲骨文的"上"字，其用义盖指上古之人。

古代文献中，"元"和"大"意义相涵。《诗经·六月》："元戎十乘。"传："元，大也。"《易经·坤》："黄裳元吉。"正义："元，大也。"《尚书·酒诰》："肇我民，惟元祀。"疏引顾氏之说亦谓"元，大也"。其他如元龟指大龟、元德指大德等，文献习见，兹不备举。另外，"大"与"太"在古代文献中每混用无别，如表示始、极之义的"太"即多由"大"变成。古公亶父被周人尊为"大王"，《诗经·閟宫》所云"后稷之孙，实维大王"即此。这里的"大王"，《史记·周本纪》索隐引为"太王"。其他如太祖即大祖，太庙即大庙等，均其例。总之，古代文献中的"元"与"大（太）"相通的情况跟卜辞的"元示"与"大示"相通的情况是一致的，这对于我们理解"元示""大示"的含义颇有启发。

《说文》训元为"始也"。《公羊传》隐公元年谓"元年者何？君之始年也"。"元""大（太）"有初始之义，其根源当在于这两个字在甲骨文里都冠以的"上"。"上"字有初、始之义，如《商君书·开塞》："上世亲亲而爱私，中世上贤而说仁，下世贵贵而尊官。"这里的上世、中世和下世均指时代早晚。

除此之外，古代文献中的上古、中古、下古，上旬、中旬、下旬，上伏、中伏、下伏等亦当如是观。另外，每月上旬的丁日称为"上丁"（《礼记·月令》），上旬的辛日称为"上辛"（《谷梁传》哀公元年），也都表明"上"有初、始之义。

既然元、大、上三个字的古义一致，那么，卜辞的元示、上示、大示的意义也应该是一致的。它们都表示最初的祖先神。卜辞中的上甲之所以冠以"上"，是因为他是第一位有确切世系可考的先王。卜辞中的"大乙"，又称"上乙"（甲编3598），是因为他是殷王朝的开国之君，上甲之所以能够和大乙等并列，纳于"六大示"之列，其原因也正在于"上"字和"元""大"古义的一致性。卜辞里的大乙等五位冠以"大"字的先王，往往有冠以"中"若"小"的先王与之相对，如：

大丁——中丁——小丁
大乙——中宗祖乙——小乙

这就是最典型的例证。殷王世系里，凡称"大"者均排列在前，称"中"者排在中间，称"小"者必定排列在后，其次序从不错乱。依此类推，我们可以说，卜辞里的大示、元示、上示即殷王世系里的初期之"示"。

（三）

"中示"是被研究者忽略了的一个称谓，原因在于甲骨文里一类比较少见的"中"字未被释出。为了弄清"中示"的相关问题，我们应该先来讨论一下这一类比较少见的"中"字。

一般所说的甲骨文"中"字为上下有斿的旌旗之形。古代有竖立旗帜以召集民众之俗，卜辞中就有"立中"（合集33049）以召集军旅的记载。《周礼·大司徒》："大军旅，大田役，以旗致万民。"郑注："旗，画熊虎者也，征众，刻日树旗，期于旗下。"这类常见的"中"字从地域中央取义，是左、中、右之中，也是东、西、南、北、中之中。这类"中"字的音、形、义迭经专家疏证，殆无可疑。我们所说的另一类"中"字与此不同。它不作旌旗形，也不表示中央之义。它由上下两长横划与中间的一短横划组成，颇类于一、二、三的三字（以下用"三"代替）。这个字过去被释为"气"，疑未是。甲骨文"气"字源于表示气体飘逸的偏旁，与"三"并无关系。甲骨文中"三"字的造字方法与作为指事字典型的"上""下"相同。许慎谓"指事者，视而可识，察而见意，上下是也"，段玉裁指出上、下两字的古文为"二"和"二"（《说文解字注》卷15），颇具卓识。段说被甲骨文、金文完全证实。上、下两字的初义是，短横划在长横之上者为"上"，在其下者为"下"。甲骨文"三"的短横划在两长横之中，表示上下之间，指明此即中也，所以"三"应即上、中、下之中。卜辞表示正午时分的"日中"（合集29789），又作"日三（中）"（合集15464）；作为地名的"中录"（屯南2529），又作"三（中）录"（屯南2116），均可证"三"为中字异构。这类比较少见的中字，由于和表示数字的三字极易混淆，所以在殷周之际逐渐被废弃①。

卜辞"中示"的中均作"三"。它从上、中、下取义，表示时代的先后，而不是像甲骨文习见的中字那样表示中央地域。"中示"之称与殷人以元、大、上等置于示字之前的用意是一致的。不过是一指初期、一指中期而已。请看以下几例：

……卯贞，其大御王自上甲血，用白豭九，中示……牛。在祖乙宗卜。

……其大御王自上甲血，用白豭九，中示……牛。在大乙宗卜。（屯南2707）

丁未贞，其大御王自上甲血，用白豭九，中示……牛。在父丁宗卜。（合集32330）

上引都是四期卜辞。例中的"三（中）示"多被误为下示。这是一个需要认真辨析的问题。我们可以用《屯南》所载示字的字形为例进行探讨。《屯南》共有示字73例，作"丅"形（上横明显地短于下横）者37例；作"丅"形者20例；作"丅"形（两横相等或上横略短于下横）者15例；作"丅"形者1例。没有一例示字作"丅"形（上横长于下横）者。上引几例卜辞里的"三（中）示"或释为"下示"，那么，其示字的上横要明显的长于下横，显然与示字的字形通例不合。因此，可以断定，这几例里是"三（中）示，"而不是下示。

---

① 关于这类比较少见的中字的详细讨论，参阅拙稿：《甲骨文"中"字说》，《殷都学刊》，1987年，第3期。

在卜辞里，"中示"曾和"大示""小示"并列。如：

庚子贞，伐卯于大示五牢，中示三牢。

乙亥贞，卯于大〔示〕其十牢，中（？）示五牢，小示三牢。（屯南1115）

这也是四期卜辞。辞中的第二例"中"字，疑契刻者漏刻下横画，因其下部有较大空隙，也可能是土锈未剔净所致。"中示"排在"大示"之后，"小示"之前，可能是说明其时代较大示为晚，较小示为早，而处于大示、小示之间。

"中示"之称仅见于三、四期卜辞，说明它是殷代中期以后才产生的一个集合称谓。殷代前期仅有大示和小示，后来，世系逐渐增多，才在大、小示中间划分出中示。大示、元示、上示是殷人心目里时代较早的有重大影响的祖先神的集合称谓；中示则是时代居中的祖先神的集合称谓。自中丁起的几代殷王常与中字结缘，如中宗祖乙、中宗祖丁等，这和中示概念的出现若合符节，反映了殷代庙制的发展变化。

（四）

卜辞里的"小示""下示"常排列在其他集合称谓之后。请看以下三例：

庚寅贞……伐自上甲六示三羌三牛，六元二羌二牛，小示一羌一牛。（合集32099）

辛巳卜大贞……自上甲元示三牛，下示二牛。十三月。（合集25025）

乙未贞，其祈自上甲十示又三牛，小示羊。（屯南4331）

上引中间一例是二期卜辞，其余两例是四期卜辞。中间一例的下示，旧多误为二示。该辞与《合集》第1159片的内容、字体、文例均一致，可能是成套卜辞。细审两片字体，特别是《合集》第1159片的"下"字，其上横确比下横为长，释其为"下"字应属可信。上引几例的排列情况表明，小示、下示是晚近时代先王的集合称谓。甲骨文"小"字有晚、近之义，犹"大"字之有始、初之义然。例如：卜辞表示时间的"大采"指早晨，"小采"则指傍晚。卜辞里的"小臣"并不是微贱之臣，而是指近侍之臣。同样，"下"字也有晚、近之义。《诗经·下武》云："下武维周，世有哲王。"传："下犹后也。"卜辞以"小采"指傍晚，古文献则以"下昃"(《春秋经》定公十五年)、"下稷"(《谷梁传》定公十五年)为傍晚之称。由此可见，"下"与"小"在有些情况下其意义是一致的。卜辞里的"下示""小示"应当是晚近先王的集合称谓，它们和"大示""上示"等的区别不在于地位尊卑，只在于时代早晚。

卜辞里还有"枇示"之称。甲骨文枇字，或释为榃，似不妥。甲骨文从於之字皆以旗帜之形为偏旁，而甲骨文枇却无此偏旁，所以，尽管枇字可以转注为榃[1]，但不如迳释为枇来得简捷妥当。枇示在卜辞里排列在若干示之后，现仅见如下的一例：

> 庚申卜……自上甲一牛，至示癸一牛，自大乙九示一牢，枇示一牛。(合集22159)

这是一条午组卜辞。《说文》："枇，落也。"段注："落亦为篱落，缠络字。"枇本指篱落，和墙垣相比，篱落不仅低矮，而且须缠束系连，所以，枇当含有低、连之义。卜辞"枇示"可能指系连于大示、中示的晚、近之示。我们暂定它和小示、下示相同。

总而言之，卜辞里以示相称的殷先王的集合称谓，可以分为大示(含上示、元示)、中示、小示(含下示、枇示)三组。各组所包括先王的数量在殷代不同的时期也有所变化。

(五)

殷墟卜辞里的"宗"绝大多数与殷先王有密切关系。其中，除了少数可以直接理解为殷先王集合称谓以外，多数的"宗"指祭祀先王的场所，犹如后世之宗庙。过去，研究者多笼统地分析殷代"宗"的特点，却对"宗"的演变注意不够。其实，弄清楚殷代各个时期"宗"的不同发展情况，对于其规律性的研究和其他相关问题的探讨是至关重要、不可忽视的。

武丁时期的卜辞关于"宗"的记载不多。这个时期一般不为某位先王单独立宗庙，仅开国之君——大乙属于例外。一期卜辞有"唐宗"(合集1339)之载。"唐"为大乙的众多名称之一。春秋时齐器《叔夷钟》有"成唐"之称。卜辞里，"唐"又屡次排列在上甲与大丁之间，所以，专家们断定唐即成汤，亦即大乙，是有根据的。一期卜辞里有两例"庚宗"(合集333、334)，因甲

---

[1] 朱骏声：《说文通训定声》随部，北京：中华书局，1984年。

骨文唐字从庚，故疑"庚宗"为"唐宗"之异称。一期卜辞里有"于宗"（合集13549）举行祭祀的记载，此"宗"可能是合祭先王的宗庙。武丁时期多在"堂"①合祭先王。堂是商王室的公共祭祀场所。这个场所的宗庙建筑称为"堂宗"，绝大多数见于一期卜辞（合集13534—13544），只偶见于二、三期卜辞（合集26764、屯南739）。

祖庚祖甲时期继承了武丁时期的做法，亦有"于宗"（合集24954）祭祀的记载。"宗"在这个时期主要是公共祭祀场所，先王单独的宗庙仍然少见，仅武丁及两位先妣有宗庙，称为"父丁宗"（合集23265）、"妣庚宗"（合集23372）、"母辛宗"（合集23520）。这个时期卜辞里面的"新宗"（合集24950）和其他名目的"宗"（合集26010）似不应以某先王的单独宗庙视之。祖甲时期开始有了周祭制度，商王及王室贵族用翌、祭等五种祀典对先祖"轮番和周而复始地进行祭祀"②。周祭是否在宗庙进行，因无确切材料，尚不可知。

廪辛康丁时期，关于在宗庙祭祀的卜辞增多。商王先祖的单独的宗庙虽然有"祖丁宗"（合集30300）、"父己宗"（合集30302）的记载，分别指武丁和孝己的宗庙，但大多数先王仍然没有单独的宗庙，许多卜辞还是称"既宗"或"于宗"，宗仍然是公共祭祀场所。值得注意的是，这个时期开始出现了大宗、中宗、小宗的区别。这种区别可能是从合祭转变为分组祭祀的反映。这个时期的卜辞里所出现的"亚宗"（合集30295）、"旧宗"（合集30328）、"又（右）宗"（合集30321）、"新（？）宗"（合集30323）等，可能是专祭某一些先王的宗庙名称。有些宗庙名称里宗字之前的修饰词可能是宗庙情况的说明。由于材料的局限，现在对于当时的宗庙制度还说不大清楚。

武乙文丁时期，虽然仍有一些合祭先王的卜辞，但作为时代特点的是大量涌现了单独致祭于某一位先王的宗庙，如"大乙宗"（合集32360）、"大甲宗"（屯南2707）、"大庚宗"（屯南3763）、"大戊宗"（屯南3763）、"中丁宗"（合集38223）、"祖乙宗"（合集34050）、"祖辛宗"（合集38224）、"祖丁宗"（合集34053）、"康祖丁宗"（合集38229）、"文武丁宗"（合集36157）等。这个时期，在祭祀方面应当是从祖庚祖甲时期处于初级阶段的周祭向帝乙帝辛时期完

---

① 这个字在甲骨文里作类似于口字的方框形，对其考释，诸家颇有异义，但作为公共祭祀场所来理解，似无大的问题。愚以为当释为堂字说，详见本章第七节。
② 常玉芝：《商代周祭制度》，北京：中国社会科学出版社，1987年，第1页。

备的周祭过渡的时期，也可以说是五期周祭的准备阶段。这个时期既然为各个先王建置了单独的宗庙，那么，就势必要定期致祭于这些宗庙。周祭很可能与定期致祭的完备发展有直接关系。

帝乙帝辛时期，一般的作为公共祭祀场所的"宗"很少在卜辞里出现，仅偶有"西宗"（合集36482）、"北宗"（合集38231）的记载，盖为殷都以外的宗庙。这种情况并不意味着先王宗庙的消失，而是例行的关于某先王的周祭一定要在某先王的宗庙举行，从而无须载于卜辞的缘故。与武丁时期普遍出现"堂宗"的情况相反，这个时期普遍出现了关于"宗堂"的记载。"堂宗"是公共祭祀场所的宗庙，而"宗堂"则是某先王的宗庙所附属的祭祀场所。五期卜辞里关于"宗堂"的记载为数不少，但只限于武乙、文丁两位先王，称为"武乙宗堂"（合集36082）、"文武丁宗堂"（合集36154）。由此可见，这个时期对于父、祖两代先王格外重视。

分析殷代"宗"的演变情况，可以看到其发展趋势是由合祭所有先王的公共祭祀场所，渐次变为合祭某一些先王的场所，最后变为某一位先王的单独祭祀场所。殷代祭祀先祖的神庙殿堂是由大而小、由集中到分散而演变的。殷墟建筑基地的发掘情况和卜辞关于"宗"的演变趋势的记载相一致[①]。殷墟已发掘出的五十多座基址，许多分布在祭祀坑附近，应当是宗庙遗址。其中属于殷代早期的乙类基址范围最大，如乙八基址，南北长约85米，东西宽约14.5米，可以想见当初其规模颇为壮观。属于殷代中期的甲类基址比乙类为小，而属于殷代晚期的丙类基址则面积最小，如丙十五基址的面积就只有4.3平方米。殷墟建筑基址的这些情况可以与卜辞关于"宗"的记载相互印证。

过去以为卜辞里的"大宗""小宗"是宗庙建筑，"中宗"是先王称谓。现在看来，并非绝对如此。应当说，大宗、中宗、小宗既是宗庙建筑，又是先王称谓。它们之间的区分标准应当和大示、中示、小示一样，以时代先后划分，而不在于所谓的"直系"与"旁系"的区别。一般说来，大示者入大宗，中示者入中宗，小示者入小宗。卜辞"大示"所包括的大乙至大戊等冠以"大"字的商王，应当是同时又被称为大宗（即太宗）的，如《史记·殷本纪》即称大甲为"太宗"。卜辞"中示"诸王可被称为中宗，如古本《纪年》谓祖乙为

[①] 北京大学历史系考古教研室商周组：《商周考古》，北京：文物出版社，1979年，第67—68页。

"中宗",《屯南》2281亦谓祖丁、祖甲为中宗。小示诸王应当是可以被称为小宗的。小宗的"小"当与"小示"之小相同，也含有晚、近之义。后世曾将父庙称为弥庙。弥通尼，近也。弥庙即近庙。卜辞"小宗"与弥庙颇有相似之处。就殷代先王称谓看，我们可以按时代先后及其他标准进行不同群类的区分。然而，就殷代宗庙建筑情况看，大宗、中宗、小宗之间并无严格区分。在卜辞里，无论是在大宗，或是在小宗，均有祭祀自上甲以后诸先王的记载（合集34044、34047等）。需要特别指出的是，关于大宗、中宗、小宗的卜辞记载为数很少，现仅见二十余条，并且集中于三、四期卜辞。这些都说明以大、中、小来区分的"宗"的类别只是在廪辛至文丁时期存在，而不是贯穿于殷王朝始终。如果对"宗"的区别过分肯定，那是不符合实际的。

（六）

宗法制是我国古史研究的一个重大课题。研究者对于宗法制的起源时代问题还存在着很大分歧。就当前的情况看，殷代有无宗法制的问题已经成了讨论的一个关键。

很早以前，王国维就提出过殷代没有宗法制的论断[①]。近年，这个论断受到不少驳难。现在看来，王国维的不少论证，如谓商王继统"无弟然后传子"等，确实需要加以修正，但是，他的论断主旨还是值得肯定的。关于殷代没有宗法制的结论还是正确的。不能因为个别论据的问题而将其论断全部否定。

宗法制的关键是嫡长子继承制。王国维指出，"商人无嫡庶之制，故不能有宗法"。近年，郑慧生在研究卜辞所载商王配偶情况的基础上指出商代没有嫡妾制度[②]。这些研究表明，商王诸子并不存在嫡庶之分。此外还可以指出，历代商王并非都是长子，殷代并不存在只有长子才能继位为王的制度。殷代从上甲至帝辛共36王，其中，上甲至示癸六王的情况，早在殷代前期，至迟在武丁时期已不得其详，仅仅大略知道上甲以后传六世至大乙。这六世是否长子继位，实不可考。成汤以后，以弟继兄为王者有外丙、仲壬、大庚、雍己、大戊、外壬、河亶甲、沃甲、南庚、盘庚、小辛、小乙、祖甲、康丁共十四王，所余大乙、大甲、沃丁、小甲、中丁、祖乙、祖辛、祖丁、阳甲等九王是否为长子，史载和卜辞皆无明文，因此尚难断定。其他的一些王，似可从卜辞记载

---

① 王国维：《殷周制度论》，《观堂集林》卷10。
② 郑慧生：《从商代无嫡妾制度说到它的生母入祀法》，《社会科学战线》，1984年，第4期。

窥知一些底蕴。武丁时期的卜辞里有兄甲（合集2781）、兄丁（合集2891）、兄戊（合集2912）等。祖庚祖甲时期的卜辞里有兄己（合集23472）、兄壬（合集23520）。廪辛康丁时期的卜辞里有兄丙（合集27609）、兄己（合集27617）、兄庚（合集27620）、兄癸（合集27634）。武乙文丁时期的卜辞里有兄丁（合集32732）。这些情况表明，武丁等王也有可能不是长子。总括看来，有殷一代继王位者，弟为多数，兄为少数。弟继王位有两种可能，一是继父之位，一是继兄之位。不应当笼统地说殷代继统主要是子继，因为在子继里面仍有长子与诸弟的区别。假若把父死子继与嫡长子继承制等同起来，那将是一种误解。

对王国维的论断进行驳难并进而肯定殷代已有宗法制的研究者，常常提出这样一项理由作为主要论据，那就是殷代的大示和小示，大宗和小宗，已经具有了周代宗法制度下大宗、小宗的性质。一些研究者认为，殷代王室祭祀，以自己直接出身的先王为大示，而以旁系先王为小示；以祭大示的宗庙为大宗，合祭小示的宗庙为小宗，从而形成了宗法制度。由此可见，对于殷代"示""宗"性质的认识是讨论殷代是否有宗法制存在的一个契机。

应当说，前面关于"大示""中示""小示"以及"大宗""中宗""小宗"的确切含义的探讨，已经基本上解决了这个问题。既然"大示""中示""小示"等是以时代先后为标准来区分的，那么，就应当说，它们和周代宗法系统里以直系、旁系，亦即嫡庶之别为标准来区分的大宗、小宗具有截然不同的性质。殷代的祭祀形式，无论是对于示、宗的祭祀，或是周祭，其实质都是要轮流祭祀殷先王，并且这些先王在享祭时基本上没有高低贵贱之别，而仅以先后次序而享祭。这种情况与周代大、小宗在祭祀制度上的严格区分很不相同。

在一般情况下，至少从形式上看，殷人对其远祖比之于近祖更为重视。然而，在周代宗法制度下，其情况恰恰相反，周人对于近祖比之于远祖更为重视。周先王世系，按照《史记·周本纪》的排列，从弃至周文王为十五世，合于《国语·周语》所谓"后稷勤周，十有五世而兴"。但这个十五世之数多曾被人怀疑。《诗经·公刘》孔疏："虞及夏殷周有千二百岁，每世在位皆八十许年，乃可充其数耳。命之短长，古今一也，而使十五世君在位皆八十许载，子必将老始生，不近人情之甚。以理而推，实难据信。"这个质疑是有道理的。《史记·周本纪》索隐推测其中缘由，认为是周人在追溯先祖世系时，"失其代数"。这个推测比较可信。"失其代数"的根本原因在于周人历来对远祖不够重视，以至有些先祖随着星移斗转而被后人遗忘。再从周人丧礼情况看，其丧礼以斩衰为最重的丧服。《仪礼·丧服》说："为父何以斩衰也？父，至尊也。"然而，按照殷人的传统观念，如果过分尊崇近祖，那就会被视为越轨行为。《尚书·高宗肜日》载殷王祖庚祭祀时，牺牲粢盛曾经特丰于弥庙，祖己即规劝说："呜呼！王司敬民，罔非天胤，典祀无丰于昵。"伪孔传："祭祀有常，不当特丰于近庙。"殷代周祭所有先王，一律以相同的规格和形式进行祭祀，而且在祭祀大示时，其牺牲、祭品还要比小示丰盛，表现出厚古薄今的倾向。

当然，绝对静止的事物是不存在的。殷代祭祀制度不断发展变化，到了后期，其王室祭典实际上存在着两种趋势：一是尊崇所有先王的旧传统的削弱；一是尊崇父若祖辈先王的观念兴起。前者表现于关于示、宗的祭祀和直到后期愈益规范、严密的周祭；后者表现于选祭若干先王——特别是父王，进行较高规格的、有丰盛祭品的祭祀。尽管如此，卜辞材料还是表明，一直到殷代末期，旧的传统仍然有相当大的影响。殷纣王破坏了旧的传统，"昏弃厥肆祀，弗答"（《尚书·牧誓》），结果不仅使商王室内部分崩离析，而且为武王伐纣提供了口实，成为在商郊牧野被武王所罗列的重要罪状之一。

早在原始氏族时代，宗法制就有所萌芽，但作为一种维系贵族间各种复杂关系的完整制度，其形成和完备则是周代的事情。尽管如此，就是到了周文王、武王时期，宗法制仍然没有确立，因此，文王舍长子伯邑考之子而立次子武王，武王死前又欲传位于弟周公。随着周公执政称王和平定三监之乱，封邦建国的制度遂成为周王朝的立国之本。周代从周公开始，经成康昭穆诸王以降所实行的分封制的精髓，在于将尽量多的王室子弟和亲戚分封出去，建立新的诸侯国，故有"立七十一国，姬姓独居五十三人"（《荀子·儒效》）之说。从根本上看，宗法制是适应了周代分封制普遍展开以后、稳固周王朝统治的需要而产生的。与周王朝的情况不同，殷代没有分封之制，所以也就没有实行宗法制的社会需要。总之，关于"示"和"宗"的卜辞材料不仅不能证明殷代已经有了宗法制，而且相反地说明了殷代并不存在宗法制下的那种大宗与小宗的区别。这对于宗法制度的研究可能会有所裨益。

五　殷墟卜辞中的商王名号与商代王权

在商代社会结构中，王权占有特殊位置。研究它的时代特征和发展情况是殷商政治史的一个重要课题。这里试从殷墟卜辞中的商王名号问题考察，重在说明商代王权的特征。

（一）

卜辞中的商王名号大致可以分为三类：一是庙号，这是商王死后追称的名号，如大甲、武丁之类；二是亲属称谓，如父乙、兄辛之类；三是生称，也可以说是商王的本名。自从王国维发表《殷卜辞所见先公先王考》及《续考》[①]以来，经过专家们的长期研究，前两类卜辞中的商王名号大都能和文献印证，但对第三类名号却所知甚少。迄今为止，人们所能确知者仅大乙本名唐一例。要从卜辞中找出商王的生称本名是比较困难的，这不仅和相关的甲骨文字尚未确考有关，而且因为卜辞对于时王绝大部分只称王而略去其本名，对于故去之王则称庙号或亲属称谓，所以在卜辞中可以有系统的先公先王庙号及亲属称谓，而没有系统的商王本名。可是在某些特殊的情况下，卜辞也偶然记有商王本名，如果能将其确指并和文献记载相印证，那么这对于殷商史事的研究和甲骨断代将有重要意义。现将卜辞里除汤（唐）以外的商王名号分述如下。

1. 南庚更

据《史记·殷本纪》记载，殷王南庚是沃甲之子。沃甲之后由其兄祖辛之子祖丁继位，祖丁以后南庚继位。古本、今本《竹书纪年》和《路史·国名纪》均谓南庚名更。南庚时期，殷都从邢迁奄。武丁时期，南庚是被重点祭祀的先王之一，一期卜辞里关于南庚的祭祀卜辞就有八十多条。卜辞中的"王更"之称，当即南庚的生称。如：

① 壬……卜，王更…虎…（合集10952）
② …丑［卜］，王更…麋…（合集10380）
③ 王更死。（合集21371）

上引前两例是一期卜辞，③为《甲骨文合集》所称谓的甲组卜辞。前两条卜辞贞问王更田猎时能否擒获虎或麋。《合集》10951片云"更阱擒，允擒"，

[①] 王国维：《观堂集林》卷9。

盖谓王更以陷阱狩猎，果然有擒获。以上辞例表明王更经常狩猎并且卓有成绩。③辞贞问王更是否会死去。

这些关于王更的卜辞是什么时候契刻的呢？从其内容上看，无疑是南庚在世时所契刻。按照现在一般所采用的五期断代法，这些是武丁时期的卜辞。若此，则武丁时南庚尚活于世。今本《纪年》载商王在位年数①：南庚六年、阳甲四年、盘庚二十八年、小辛三年、小乙十年。假若南庚弱冠继位，历五十余年到武丁时虽有尚活在世的可能，然而若以前引《合集》10952片和10380片为据，说南庚在耆老之年尚去田猎且与虎麋搏斗，毕竟有些滑稽。所以，这些卜辞属于武丁时期的可能性不大。

我们可以做另外的推测，即载有"王更"的卜辞为武丁以前所契刻。这类卜辞今见于一期者共五版（合集10380、10951、10952、18673、19361），皆无贞人名，亦无武丁时期习见的人名，不能将其以人名系连的办法确指为武丁时期卜辞。这类卜辞见于甲组者两版（合集20118、21371）。一般认为甲组卜辞是武丁及其前后时期的卜辞。李学勤指出有贞人扶的卜辞"有一部分属于武丁以前"②。记载"王更"的《合集》20118片正是贞人扶的卜辞。另外，卜辞有王更猎虎麋的记载，从年龄上看，王更在老年时狩猎虽有可能，然而要是说这时的王更正值壮年，似乎更合适些。根据这些情况，我们应当说关于王更的卜辞属于武丁以前。如果这个推测不误，那么便可以为上引李先生的灼见添一佐证。

那么，这些卜辞具体应在武丁以前的什么时期呢？这有两种可能。一是这类卜辞为南庚在奄地时所契刻，盘庚迁殷之后将其从奄带到大邑商。二是南庚曾经逊位于阳甲，为了与时王相区别而在卜辞中称其为"王更"，这类卜辞应当契刻于阳甲至小乙之时。从卜辞文例看，后一种推测应当是近于实际的。这

---

① 关于商王在位年数以今本《纪年》最有系统。自成汤至纣共三十一王，今本《纪年》所记有十三王与《尚书》《孟子》、古本《纪年》《史记》《御览》《通鉴外纪》等的记载相合，还有八王仅稍有差别。今本《纪年》虽然是"后人纂辑，非是原书，然大都有所据依，非出臆撰"（杨树达：《积微居小学述林》，卷7），它关于商王在位年数的记载是有重要参考价值的。今本《纪年》的价值不应一概否定。王国维说"今本所载殆无一不袭他书"（今本竹书纪年疏证·序）。尽管如此，他还是认为今本的某些记载"可信"（说自契至于成汤八迁，《观堂集林》卷12）。

② 胡厚宣：《甲骨探史录》，北京：生活·读书·新知三联书店，1982年，第69页。

里需要解释一个问题，即如何理解《史记·殷本纪》关于"南庚崩"而后阳甲继位的记载。司马迁记夏、商史事，往往以后世封建专制制度下的情况例之，以为父死方能子继，兄终方能弟及。其实，上古时代的权力递嬗与后世的继承制度有很大区别。殷商时代，特别是其前期，父兄逊位于子弟的情况并不罕见。盘庚以前的商王在位年数大都短暂。古本《纪年》记商代诸王情况，无一提到崩卒之事者，只是说某王居某地，如"外丙胜居亳""阳甲即位于奄"等。和《殷本纪》比较而言，应当说古本《纪年》的有关记载是可靠的。我们应当根据作为商代史事直接记载的卜辞材料和可靠的文献中的有关记载，对商王继位等问题进行重新探讨，而不必拘泥于与史实不符的旧说。

总之，殷王南庚名更，在卜辞中称为"王更"。他继位以后只经过几年时间可能就逊位于祖丁之子阳甲。这以后，南庚虽然不参与殷王朝的军国大事，但仍然参加田猎。贞人为了将南庚和时王相区别，因而在卜辞中称其为王更。

2. 小辛颂

小辛是著名的殷王盘庚之弟，盘庚以后继位为王。《史记·殷本纪》说："帝小辛立，殷复衰。百姓思盘庚，乃作《盘庚》三篇。"今本《纪年》说小辛在位三年，时间如此之短，很可能与他的政绩不佳有关。古本、今本《纪年》皆谓小辛名颂。有关小辛的卜辞数量较少，仅有二十余条。在武丁时期的卜辞里，多将小辛称为父辛，然而关于父辛的卜辞亦不多见，这是小辛在位时间短暂、且无卓著贡献的反映。

甲骨文有讼字，旧说误为听字。甲骨文中的这个字从耳、从两口，亦偶有省作从一口字者。其所从两口字，与讼字古文相合，并且甲骨文中已自有听（圣）字，因此这个字应当是讼字初文[①]。段玉裁《说文解字注》三篇上谓"讼、颂古今字"。既然讼、颂为古今字，并且这个字在卜辞中大多数用作人名，与文献所载小辛之名相合，所以，我们可以将这个字径直释为颂，颂字在卜辞中多和王系连，称为"颂王"或"王颂"，应即小辛。如：

④ 己未卜贞，王颂来女。（合集10560）

⑤ 颂王入。（怀特氏等收藏甲骨文集800，合集9376）

⑥ 贞，王颂母（毋）告。（合集1051）

---

① 此问题较复杂，容另作专门论述。

⑦贞，王颂不隹有祟。（合集11395）

⑧丁卯卜扶，王颂、父戊。（合集20017）

上引⑧为甲组卜辞，余皆一期卜辞。④辞贞问王颂是否贡献祭祀所用的女性。⑤辞是甲尾刻辞，意指此龟版为颂王所进献。殷代前期，神权在政治上有很大影响，颂王奉献人牲和龟板的记载就是这一情况的反映。除此之外，记"颂王"者还有残辞"膳颂王"（合集15306）。卜辞云"膳伊侯"（合集9511），即宴请伊侯；此云"膳颂王"，即宴请颂王。⑥辞的"告"当读若祰。《说文》："祰，告祭也。"告祭谓外出时告于祖庙。这条卜辞贞问王颂是否举行告祭。卜辞还有"颂亡其出"（乙编1263），贞问王颂是否外出，与这条贞问是否举行告祭的卜辞似有关系。和⑥辞对贞的卜辞是"贞，王于甲午告"，问王是否于甲午日举行告祭，可见"王颂"和"王"的地位相当，当然，也可能此"王"为"王颂"之省称。⑦辞贞问王颂是否有灾祸。这类卜辞的数量颇多（见合集7768、9671、1773、5298、6033等片），还有两条卜辞贞问王颂到唐地是否有灾（合集8017、5309）。这些都说明王颂的安危很受重视。⑧辞贞问是否祭祀于王颂和父戊。这条卜辞应当是在王颂刚刚去世而尚未确定庙号时所刻。

总之，殷王小辛名颂，为了和时王相区别，在卜辞中称为"颂王"或"王颂"。他的庙号为父辛，在二期和五期的周祭卜辞中称为小辛。关于王颂的卜辞有两条和父乙同版（合集1773、1051）。根据这种情况推测，王颂去世的时间比小乙为晚，可能在武丁中期。关于王颂的卜辞的契刻时间，有一部分应在武丁以前。

3. 小乙敛

小乙是殷高宗之父，在一期卜辞中关于他的祭祀卜辞多达五百余条，超过了同时期任何一位先王的祭祀卜辞的数量，其被尊崇的情况于此可见。古本、今本《纪年》均谓小乙名敛。

甲骨文中有斂字①，其初文为两人争语之形，或省作一人急语时唾沫飞溅形，正合于斂字的造字本义。在卜辞中，斂字除了读若唤、汜之外，用得最多的是作人名，或称"斂王"，或称"父乙斂"，与《纪年》所载吻合无间，应即小乙斂。如：

⑨ 翌日父乙斂。（合集19945）

⑩ 甲戌卜扶，于来丁酉父乙斂。（合集19946）

⑪ 斂王入。（合集9375）

⑫ ……午卜宾〔贞〕，令先斂王。（续存上1146）

上引前两例为甲组卜辞，后两例为一期卜辞。⑨辞贞问是否于翌日祭祀父乙斂。⑩辞贞问是否于丁酉日祭祀父乙斂。甲组卜辞是武丁及其前后时期的卜辞，所称"父乙"即小乙，称"父乙斂"正与《纪年》所载"小乙斂"契合。⑪辞又见于《合集》40532片，内容完全相同。这是甲尾刻辞，意指这片龟板是由斂王进献的。⑫辞的"先"，《说文》训"前进也"。甲骨文"先"字从止（趾）、从人，有之、往义。这条卜辞贞问是否命令往斂王处。往斂王处干什么？由于辞义简略，已很难确指，但相关的辞例可作参考。《合集》21069片云："癸巳卜，令养斂。"《礼记·王制》："凡养老，有虞氏以燕礼，夏后氏以飨礼，殷人以食礼。"养指供养侍奉。"令养斂"即供养斂王之谓，贞问是否于癸巳日给斂王奉献美馐珍馔。⑫辞的"先斂王"与"养斂"的意思应当是一致的。这条卜辞是武丁时期的宾组卜辞，可见那时斂王尚活在世。

关于"我母"的卜辞也表明武丁初期小乙斂并未死去。甲骨文里的"我母"合文，过去一直被误为娥字。近来，范毓周破除旧说，释为"我母"合文②，甚确。卜辞云：

⑬ 己酉卜，王占，我母娩，允其于壬。十一月。（合集21068）

---

① 甲骨文的这个字，金祥恒《续甲骨文编》卷8收为次字，李孝定《甲骨文字集释》第2829页从之。张政烺楷为次，读若羡（《甲骨探史录》第32页）。按，《说文》："次，从欠二声。"段注："当做从二。"甲骨文中的这个字不从二，亦不以二为声符，因此不应当释为次。张先生楷为次，其说甚有创见，次为涎之初文。《说文》："次，慕欲口液也。"这个字的繁体在甲骨文中作两人对语之形（合集376、21069），因此将其楷为斂，似乎更恰当些。
② 范毓周：《说"我母"》，载《全国商史学术讨论会论文集》，第294—301页。

⑭我母齿。（合集 18057）

上引⑬为甲组卜辞，⑭为一期卜辞。⑬辞谓殷王亲自占卜，贞问"我母"是否于壬日分娩。卜辞中屡有关于分娩日期的贞问，如《合集》13965、13949、14001 等片，上引⑬辞亦为一例。辞中的字原作𠂤，朱凤瀚指出它与后同，亦后字"可用为生称"（《论卜辞与商金文中的"后"》，中国古文字研究会第六届年会论文），甚是。若此，则可有两种读法，一是"王后我母"，此王指小乙，一是"王，后我母"，王指武丁。这个字的考释更为"我母"之身份添一佐证。辞中的"王"指武丁，"我母"即武丁之母。⑭辞的"齿"指舛错、灾患①。这条卜辞贞问武丁之母是否有灾患。上引两例表明武丁时期其母尚能分娩生育。武丁时期，其父小乙尚在，此可为确证。

总之，卜辞中的"父乙敛"和"敛王"，均指《纪年》所载的"小乙敛"。

4. 康丁嚣

康丁是祖甲之子，《史记·殷本纪》和《纪年》称之为庚丁。康、庚古通，庚丁亦即康丁，五期卜辞中正是称其为康丁的。虽然康丁已经属于殷代后期，但古代文献里关于他的记载却非常阙略，仅今本《纪年》说康丁名嚣，在位八年。

甲骨文有嚣字，过去都释为兕。其实，嚣和兕同出一源。由于这个字均见于三期卜辞，又多作人名，并与康丁之名相合，因此释其为嚣是合适的。三期卜辞有"嚣焚"（合集 28801），指焚烧山林进行狩猎时以呐喊助威，嚣在卜辞中不用作人名而辞义明确者仅此一例。

卜辞的"王嚣"当即康丁嚣，如：

⑮庚寅卜，翌日辛王嚣省鱼，不冓雨。（屯南 637）

⑯［丁］亥卜，翌日戊王嚣田，大启。（合集 28663）

⑰马隹翌日丁先，戊王嚣从，不雨。（屯南 8）

上引均为康丁时期的卜辞。⑮辞贞问第二天辛卯日王嚣省视捕鱼，是否会遇到雨。⑯辞贞问第二天戊子日王嚣田猎，是否晴天。这条卜辞的占辞说"允大启"，谓果然是个晴天。⑰辞的"马"指骑马的武士；"先"为率先前往之

---

① 于省吾说：卜辞中的"齿"除指齿牙有疾以外，多"为发生某种事故或祸祟之义"（《甲骨文字释林》，北京：中华书局，1979 年，第 223 页）其说甚是。

义。这条卜辞贞问第二天丁日命令骑士率先前往狩猎之处，待到第三天戊日王嚣才去，会不会遇到雨。

在卜辞中，对于时王一般只称为王而省去其本名，而康丁则除了称王以外又称其为"王嚣"。其中的原因现在尚不能断言，据推测，可能是由于廪辛尚存活于世的缘故。今本《纪年》载廪辛在位四年，《御览》卷八三《史记》说廪辛在位六年。在三、四期卜辞中祭祀兄辛、父辛的卜辞数量很少，也说明他在位时间不长。如果说廪辛曾经逊位于康丁，到康丁中期才死去，这应当是可能的。若果真如此的话，那么关于"王嚣"的卜辞当为康丁初期所契刻，称其为"王嚣"是为了与廪辛相区别。《屯南》2358片是康丁时期的卜辞，其中有"后王射咒"的记载，依照我们前面的分析，可以说这里的"后王"和"王嚣"一样，亦当指康丁。

卜辞所记载的更、颂、敛、嚣四名，都和王字系连，或称"王某"，或称"某王"。这些名号和文献记载的商王南庚、小辛、小乙和康丁的生称不仅在名字上，而且在时代上都契合无间。相关的卜辞材料表明他们生前的吉凶祸福、往来行止、田猎饮宴等都备受关心；死后还得到尊崇而被隆重祭祀。这些都和时王的待遇相差无几，没有多少区别。卜辞中的这些名号应当是商王名号，而不是封国君长的名号。除了我们已经指出的四位以外，卜辞中还可能有商王阳甲、廪辛等的生称本名。只是由于材料的局限和研究得不够深入而未能确指。

(二)

大约从汉代开始，封建史实就往往以专制王朝的模式去塑造夏商周的政治格局，把它们和后世的专制王朝等同起来，有相似的圣君贤相、相似的昏君弄臣、相似的分官设职、相似的女宠祸国等等。试看司马迁所写的夏商周诸本纪，就很难从政治格局上把它们和秦汉王朝区别开来。其实，两者是很有区别的。特别是商代王权更与后世迥然相异。

商代王权的许多特点都与当时方国联盟的发展[①]有直接的关系。我们前面

[①] 关于商代方国联盟问题，近年引起不少研究者的重视。如，林沄说：商王朝"至多是一个较强大的方国联盟的王朝"(《甲骨文中的商代方国联盟》，《古文字研究》，第6辑)；唐嘉弘说："从夏代开始直到商周，国家的因素逐渐增长，部落联盟因素日益衰退"(《略论夏商周帝王的称号及国家政体》，《历史研究》，1985年，第4期)；赵诚说："商代是各种方国联盟组成的社会"(《商代社会性质探索》，《全国商史学术讨论会论文集》，第31—49页)。

通过对于商王名号的探讨所说明的南庚禅位于阳甲、小辛禅位于小乙、小乙禅位于武丁、廪辛禅位于康丁等情况，从根本上说是适应方国联盟发展的需要而产生的。为了保证商王朝在方国联盟中的主导地位，必须由年富力强、精明干练的人物出任商王。如果说后世的封建帝王所被看重的是笼罩其身上神秘灵光和作为国家象征而起到的维系民心的作用的话，那么，在殷商时代，商王所被重视的并不在于其象征意义，而在于他运筹帷幄、统驭八方、经略天下的实际能力和才干。商王的能力和才干对于商王朝在林立的方国之中的地位乃是至关重要的。当一位强干的商王在位的时候，往往是"诸侯毕服"，反之则"诸侯莫朝"（《史记·殷本纪》）。史载，成汤之孙太甲被"放之于桐宫"，进行"悔过自责"，长达三年之久（《史记·殷本纪》）；商王武丁"旧劳于外，爰暨小人"；祖甲在继位前也曾经"旧为小人""爰知小人之依"（《尚书·无逸》）。这些在后世罕见的做法，其目的无疑是为了锻炼和提高准备继位的商王的实际能力。尽管在王族内部存在着王位之争，但是在方国林立纷争的历史条件下，在统治机构远未完善而且王权尚未神化的情况下，在大敌当前的时候，王族内部的权位之争①毕竟只能处于次要地位。

商王继统时，"兄终弟及"和"父死子继"并存，究其根本目的应和禅位的做法一样是为了加强和改善王权。如，武丁时期其子孝己称"小王"②。论者多谓这是预立储君，即太子。我很怀疑那个时代是否有后世那样的"太子"概念的存在。殷代重"小"，所谓"小王"，即少王。在武丁后期实际上是两王并存。这种局面到祖庚时期仍无改变。祖庚肜祭高宗时，孝己训诫祖庚如何治国安民、如何依礼祭祀，耳提面命，俨然长兄教诲小弟景况，就是明证。此事载《尚书·高宗肜日》。小辛政绩不佳，在位仅三年即传位于其弟小乙。从小辛到武丁，商王朝国势日炽，蒸蒸向上。这种情况的出现与禅让王位改善了王权很有关系。在我国古代政治发展史上，商代王权颇有其特征，继统时的兄终弟及和禅让可以说是这特征的第一项内容。

---

① 关于商王族内部的权位之争，史载极简略。从卜辞中似可窥某些底蕴。如《合集》1772片载，"昔祖丁不黍，佳南庚祟"。这是一期卜辞，"不黍"读若不谷、不淑、不录。这条卜辞谓从前祖丁死去，是否由于南庚为祟所致。这表明武丁时期的人很怀疑祖丁去世是由于南庚做了手脚的缘故。
② 关于"小王"的卜辞有十几条，在武丁时期，"小王"是一位比较活跃的人物。

商代王权的第二项特征是它虽然有一定的专制独裁因素，但更主要的是它在种种制约下呈现着某种原始民主色彩。这些制约主要来自三个方面。

1. 方国联盟势力

早商时期方国联盟的核心是商与有莘氏的结盟。有莘氏，又称有侁氏，是个历史悠久、活动地域甚广的部族。它的著名首领叫作伊尹，又称伊挚。商汤曾经竭力与之结盟。由于商汤被后人塑造成圣明君王的典范，所以结盟也就变成了纳后妃、得贤臣的热闹场面。《墨子》《庄子》《韩非子》《吕氏春秋》《淮南子》等均有所载，司马迁撮其要，说伊尹"欲奸汤而无由，乃为有莘氏媵臣，负鼎俎，以滋味说汤"；或谓"伊尹，处士，汤使人聘迎之，五反，然后肯往"（《史记·殷本纪》）。诸说扑朔迷离，屈原问道："成汤东巡，有莘爰极？何乞彼小臣，而吉妃是得？"（《天问》）其实，所谓"成汤东巡"，即成汤亲赴有莘氏联系结盟事宜。

伊尹不仅协助商汤灭夏，而且执掌国柄。《墨子·尚贤》上篇说"汤举伊尹于庖厨之中，授之政"；中篇说汤使伊尹"接天下之政，治天下之民"；下篇说"汤得而举之，立为三公"。《韩非子·说难》谓"伊尹为宰"。春秋时齐器《叔夷钟》说"伊小臣佳辅"。《吕氏春秋·尊师》称伊尹为"汤师小臣"。凡此种种，都说明了伊尹在政治上拥有巨大影响。成汤死后，伊尹的影响有增无减。《史记·殷本纪》说：

> 伊尹乃立太丁之子太甲。太甲，成汤嫡长孙也，是为帝太甲。帝太甲元年，伊尹作《伊训》、作《肆命》、作《徂后》。帝太甲既立三年，不明，暴虐，不遵汤法，乱德，于是伊尹放之于桐宫。三年，伊尹摄行政当国，以朝诸侯。帝太甲居桐宫三年，悔过自责，反善，于是伊尹乃迎立帝太甲而授之政。帝太甲修德，诸侯咸归殷，百姓以宁。伊尹嘉之，乃作《太甲训》三篇，褒帝太甲，称太宗。

这个记载和《孟子》《左传》《尚书》序等相合，应属可信。分析这个记载可以看到，作为最高执政的伊尹有以下几种权力。第一，选立商王。汤死后，经外丙中壬之后，而由成汤之孙太甲继位，实由伊尹所决定，故《史记·殷本纪》谓"伊尹乃立太丁之子太甲"。第二，摄政当国。按照古本《竹书纪年》的说法，伊尹不仅摄政，而且即王位而"自立"。第三，处罚或褒奖商王。太甲的被放逐于桐和迎立授政①，均决定于伊尹。伊尹执政是原始民主精神在上古时代政治史上一次光彩熠熠的表现，它真实地反映了商代王权被原始民主精神制约的情况。在卜辞里，对伊尹祭祀的辞例甚多，且和成汤一样多享用相同规格的祭典（合集32103），并附祭于著名的商先王上甲（合集27057）。卜辞有"伊五示"（合集32722）、"伊尹五示"（合集33318）、"伊二十示又三"（合集34123）等记载，这说明伊尹和商先王一样也受到尊崇。由此可见，《天问》谓伊尹"尊食宗绪"，《吕氏春秋·慎大》谓"祖伊尹世世享商"，良非虚语。在商王朝前期，实际上存在着一国二主的"两头制度"②，而且两巨头不分轩轾；只是在后代人们的想象里，一个被尊为圣明君王，另一个才不得不屈居于臣位。

　　除了商汤时的伊尹之外，历任最高执政职务的还有大甲时的保衡（《尚书·君奭》）、沃丁时的咎单（《史记·殷本纪》）、大戊时的伊陟和巫咸、祖乙时的巫贤、武丁时的甘盘（《尚书·君奭》）、帝辛时的祖伊（《尚书·西伯戡黎》），此外还有时代在盘庚以前的迟任（《尚书·盘庚》）。这些人物的情况虽然由于史料阙略而难知其详，但仍有可稽考者。如，其一，保衡即卜辞中和伊尹地位相当的黄尹③，黄尹在卜辞中又为地名、族名，所以保衡可能和伊尹一样，也是方国联盟势力的代表。其二，伊陟为伊尹之子，《史记·殷本纪》说大戊命伊陟"言弗臣"，其地位之高，于此可见一斑。其三，甘盘，《史记·燕世家》作甘般，很可能是武丁卜辞习见的师般。卜辞称"师般古王事"

---

① 春秋战国时代君主继统时相互残杀的事例不绝于史书，时人对此耳濡目染，渐渍以为常，故有不相信伊尹迎立太甲之事者，因此，古本《竹书纪年》谓"太甲潜出自桐，杀伊尹"。从殷墟卜辞里伊尹受尊崇的情况看，此说并不可信。
② 两头或多头制度习见于古代社会。古代斯巴达"有两个国王，他们分别属于两个家族，职位是世袭的。两个国王具有同等的权力和地位"；古代雅典"最重要的官员是十司令官"；古代罗马"最高行政权力由两个权力相等的执政官掌握"（刘家和：《世界上古史》，长春：吉林人民出版社，1984年，第234、第251、第296页）。这种制度起源于氏族公社解体并向国家过渡时期的军事民主制。
③ 《诗经·长发》毛传谓"阿衡，伊尹也"；《史记·殷本纪》谓"伊尹名阿衡"。论者每以此为据断定保衡即伊尹。陈梦家曾举三事证两者非一人，并谓黄、衡古相通用，因此保衡即卜辞之黄尹（《殷墟卜辞综述》，第364页）。从卜辞里黄尹和伊尹的写法截然有别的情况看，陈说可信。

（合集5468）即师般治王之事①。其四，迟任，依照伊尹、保衡、巫咸、师般等人名里均含有职务名称的情况看，迟任的"任"亦当为职称。任与男，古代音同字通。迟任即迟男。卜辞"而任""卢任"等皆诸侯名称，迟任亦当如是。

综上所述，可以说殷王朝历任最高执政者，多为诸方国的代表人物。他们所以能入居于高位，是因为其方国与殷有牢固的联盟。当然，并不排除这样的可能，即经过长期结盟，其方国已融合于殷，再不具有多少独立的性质了。

关于最高执政的作用，春秋时晋国的师旷有一段著名的论述："天生民而立之君，使司牧之，勿使失性。有君而为之贰，使师保之，勿使过度。……善则赏之，过则匡之，患则救之，失则革之。……天之爱民甚矣，岂其使一人肆于民上，以从其淫，而弃天地之性？必不然矣。"（《左传》襄公十四年）这里所说的"贰"即商周时代的最高执政，若伊尹、周公者然，亦即春秋时代权势颇大的卿佐。所谓赏善、匡过、救患、革失诸事，可以说在伊尹时代表现得最为鲜明。在殷代，这些作用主要是方国联盟势力的代表人物以原始民主精神为武器对王权加以制约的结果。

2. 神权

殷代的政治生活中，神权举足轻重，颇有影响。商周之际的箕子曾向武王谈及决疑的办法："汝则有大疑，谋及乃心，谋及卿士，谋及庶人，谋及卜筮。"（《尚书·洪范》）卜筮的结果是决策的重要依据。殷代前期几乎是每日必卜，每事必卜，举凡任免、征伐、田猎、行止、祭祀、垦殖、赋役、生育、丰歉、疾病等，都要占卜其吉凶。过去，人们多以为神权只不过是商代王权的附庸，是商王专制统治的工具；现在看来，未必完全如此。商代的王权与神权既有相互利用的一面，又有相互斗争的一面。卜辞材料表明，占卜的时间和内容多由贞人决定，尽管也有殷王亲自占卜的辞例，但数量很少，远不能和贞人的卜辞相比。占卜时，虽然殷王可以发布占辞，但既然占卜的内容和卜兆等都由贞人操纵，王的占辞就不可避免地要在贞人意志的范围里转圈子；况且不少贞人也和商王一样发布占辞，可见宣布占卜结果并非殷王的特权。商王占辞的

---

① 郭沫若说："古王事者，当即勤劳王事之意，乃卜辞成语。《诗》屡言'王事靡盬'，古必盬之初字。"（《甲骨文字研究·释寇》）此说甚确。甲骨文"古"从十口相传以发布命令取义，有掌管、执行之意。后世方取十口相传为久远、古老之意，但甲骨文"古"字并无此意。

失误，贞人在验辞部分往往如实记载①。这可能是那时还没有"为尊者讳"一类的信条，也可能是在贞人们的眼里，殷王还不是至高无上的尊者。

殷代神权从某种意义上可以说是原始民主的一种形式上的遗存。卜辞有多位贞人，或诸贞人与商王、大臣等同问一事的记载，有些还是不厌其烦地从不同角度进行的反复贞问。与其把这些贞问看成是向神灵的祈祷，毋宁说它是会议讨论的记录更为合适。箕子讲殷代决疑，"三人占，则从二人之言"（《尚书·洪范》），《左传》成公六年引《商书》亦谓"三人占从二人"，这实际上是进行民主表决，占卜的最终结果并不由包括商王在内的某一个人的意志决定。同时，方国联盟的势力也往往利用神权施加影响。大戊时，"巫咸治王家有成"，祖乙时因"巫贤任职"而使殷复兴。巫咸、巫贤既代表了方国联盟势力，又代表了神权，影响之大，可以想见。

能够从更深刻的意义上对神权在殷代政治生活中的影响及其对王权的制约加以说明的，是内服、外服的问题。《尚书·酒诰》说："越在外服，侯、甸、男、卫邦伯；越在内服，百僚庶尹、惟亚惟服、宗工，越百姓里居（君）。"这是关于殷王朝情况的可靠的宝贵记载。一般认为内服、外服指内事、外事，犹如后世的京官和地方官，也有人认为外服是畿外或邦外的诸侯。总之，都把内服、外服和作为地域概念的内、外相联系，以为在殷都及其附近者为内服，远离殷都者则为外服，这种解释似是而实非。实际上，殷代内服有远离殷都者，外服也有距殷都甚近者。例如，孤竹的首领曾任殷王朝的亚职，李学勤考定孤竹是商代的同姓诸侯国②。其地在今河北东北部和辽宁西南部一带，近年在辽宁喀左县出土有殷代晚期的孤竹首领"亚微"的铜器，是为其证。可见内服有远离殷都者。而作为外服的杞侯、仓侯、舞侯等却都距殷都不远。殷代的内服、外服呈现着星罗棋布的状态，其所称谓的"内""外"和后世作为地域概念的内、外应当不同。

甲骨文没有内、外字。殷代的内、外概念在卜辞里由入、卜两字表示。在

---

① 《合集》641片是关于捕获逃臣的占卜，王的占辞说"其得佳甲乙"，但实际结果，既非甲日，也不是乙日，而是丁亥日将逃臣捕获的。又如《合集》1045片反面和1046片反面均有卜旬之辞，王的占辞说会有灾祸发生，但验辞却记载了某人在这一旬并未死去。
② 李学勤：《试论孤竹》，《社会科学战线》，1983年，第2期。

很多情况下，卜辞里的入即内，卜即外①。最初的内服、外服可能即入服、卜服。卜辞用入表示贡纳者，绝大多数指贡纳龟甲，如"雀入二百五十"（合集9233）、"竹入十"（合集902）即指名雀者贡纳二百五十版，名竹者贡纳十版。贡纳龟板者有雀、喜、唐、殷、竹、奠等六十多人，其中不少人是殷王朝政治舞台上十分活跃的文臣武将，这与《酒诰》所谓"越在内服，百僚庶尹、惟亚惟服"恰相符合。另外，骨臼刻辞屡有"示屯"的记载。这里的示读若氏，屯读若捆，如"帚（妇）井示五屯"（合集17941）、"子央示二屯"（合集11170），即指妇井氏进献骨版五捆，子央氏进献骨版两捆②。据统计进献卜骨者，王妇所在之族有四十多个，其他的同姓和异姓诸族三十多个。这与《酒诰》所谓内服包括"宗工，越百姓里居（君）"的情况亦符合。总之，内服即以贡纳龟甲、骨版来表示服从的意思。殷代的侯、田（甸）、任（男），一般不贡纳龟甲、骨版，可是要服从占卜所表示的神灵的意旨，所以卜辞屡有通过占卜来命令外服进行征伐、垦田、采矿等的记载。总之，外服即以听令于占卜来表示服从的意思。殷代的内服和外服可以互相转化，其间并没有鸿沟。从整体看来，内服的地位要高于外服。内服贡纳龟甲、骨版，其用意在于表明贡纳者有参与占卜和决策的一定的权力。与此相反，外服则没有这种权力，而只有听从占卜所表达的神灵意旨的义务。内服和外服的情况表明神权是商同诸方国、诸宗族联系的一条重要纽带。

如果说方国联盟势力主要以原始民主精神的遗存对王权加以限制，压抑王权里的专制独裁因素的增长，那么，神权则主要以原始落后愚昧的遗存对王权加以限制，阻挠王权驾驭政局的活力的增长。应当说，神权主要是殷代社会发展的阻力和惰力。在神权的直接影响下，殷代的人殉人祭格外盛行，成千上万的人成了无谓的牺牲，大量的财物作了毫无价值的耗费。有殷一代，王权从弱小走向强大的历史进程，就是它同神权进行斗争的过程，可谓是"神权不倒，王权不兴"。武丁曾经"三年不言"，以"梦得神人"的计谋，选拔出身卑贱的

---

① 卜辞里表示方位的"在入"（合集8307、屯南756）、"于入"（合集1201）、"自入"（合集15973）等当读若在内、于内、自内。《说文》内、入互训，可见两字同源。卜辞"于卜"（合集32968）、"在卜"（屯南550）当读若于外、在外。《殷本纪》的外丙、外壬，卜辞作卜丙、卜壬，可证外、卜两字古通。
② 说详见拙稿《殷墟骨臼刻辞"示屯"及其相关的一些问题》（原载《殷都学刊》1990年第2期，后收入《夏商西周史丛考》，北京：商务印书馆，2018年，第431—440页）。

传说（《史记·殷本纪》）。这是商王意志的胜利。在选拔卿佐的斗争中，贞人显然败给了武丁。商王武乙以僇辱天神著称，帝辛则"昏弃厥肆祀"（《尚书·牧誓》），更加怠慢于鬼神。在王权与神权的斗争中，贞人权势江河日下，逐渐从名垂甲骨的赫赫大员变成了记录例行公事的无名差役，康丁以后，几乎没有什么贞人名字出现于卜辞，就是一个明证。商纣王谓"我生不有命在天"（《尚书·西伯戡黎》），其用意在于取消天人之际的中间环节，不再让贞人传达天命，而是商王直接和"天"沟通。后世的"天子"概念在此已经露出了端倪。可以说只是到了这个时候，商代王权才基本摆脱了神权的桎梏。

3. 族权

商代诸族主要有"以国为姓"和以职业为姓两类。其中大部分以其职业为姓。和"以国为姓"者相比，它们当属于子姓部族的下层氏族。从根本上说，子姓诸族是商王朝得以立国的主要支柱。族权也是制约王权的主要力量之一。

在军国大事决策时，子姓族众有相当大的发言权，可直言不讳地发表意见。灭夏以前，商汤召集"众庶"计议，众庶说："我后不恤我众，舍我穑事而割正夏。"抱怨商汤舍弃农事，而让族众伐夏。汤解释说："夏氏有罪，予畏上帝，不敢不正。"众庶又追问："夏罪其如台？"让汤将伐夏的理由解释明白。《尚书·汤誓》所云的这些情况可以看成是族众会议的记录。盘庚迁殷时，族众曾经"协比谗言"，质问盘庚："曷震动万民以迁？"（《尚书·盘庚》）盘庚不得不召集族众到"王庭"举行会议，细致认真地进行解释。卜辞屡见"氐众""以众"和"立（莅）众"的记载，皆为招致众人之义，其中不少应是为了举行族众会议而召集的。有一条残辞作"氐众……宗……"（合集31），似指召集族众到宗庙参加祭典。商的族众分为许多部分。有确切卜辞记载可考的诸族首领禽（合集31974）、埔（合集31970）、子义（库1745）、驱（合集31997）、并（合集40911）等，都是殷代政治舞台上很活跃的人物。《尚书·洪范》所说决疑时的"谋及庶人"，应当是和这些族众的代表人物进行磋商。孝己告诫祖庚的"王司敬民"（《尚书·高宗肜日》），是让他最大限度地团结商的族众。这与后来箕子所说的"无偏无党，王道荡荡；无党无偏，王道平平"（《尚书·洪范》）的原则完全一致。

族众在商王朝的重大影响，有其深刻的历史渊源。盘庚曾经这样向族众讲述他们之间的关系："古我先王，暨乃祖乃父，胥及逸勤；予敢动用非罚？世选尔劳，予不掩尔善。兹予大享于先王，尔祖其从与享之。作福作灾，予亦不敢动用非德。"（《尚书·盘庚》）盘庚认为，子姓诸族的族众和商王的关系可以追溯到遥远的古代，族众的远祖曾经和商先王同甘苦共患难。盘庚还指出，如果他愧对族众，那么，先王将会在冥冥之中责问他"曷虐朕民"；反之，若族众不尽力辅助商王，那么先王也会责问族众"曷不暨朕幼孙有比"（《尚书·盘庚》）。武丁时期的卜辞里屡有"王族""多子族""众人"以及诸族首领等"古王事"的记载（合集22、14912、6813），说明族众可以参与军国大事。盘庚所说"惟图任旧人共政""邦之臧，惟汝众"，是对族众作用的充分肯定。商王对于族众似乎还没有直接的生杀予夺之权。盘庚说："兹予有乱政同位，具乃贝玉。乃祖乃父（按，指族众的祖若父）丕乃告我高后曰：作丕刑于朕孙。迪高后丕乃崇降弗祥。"（《尚书·盘庚》）如果商王任用只知聚敛贝玉的乱臣而引起族众不满，那么，族众的祖先就会告于商先王，让先王重重地降下灾祸。假若去掉盘庚这个认识里的迷信成分，便会看到族众的势力确是对王权的一种制约。

在商代社会结构中，王权由弱而强，不断发展，充满无限的活力。这是商代王权的第三项特征。商代是一个方国、部族林立的时代。尽管诸方国、诸部族之间有一定的联系，但总的看来，在相当大的程度上还呈现着漫无秩序的状态。商代诸王致力于子姓部族的发展，致力于以商王朝为核心的方国联盟的发展，形成了适应时代潮流的政治格局，这是一个重大的贡献。如果将商周政体加以比较，便会发现两者有明显区别。周王朝的政体属于开放型，它将王族成员分封出去，遍布于周的势力所能达到的最广大的区域。商的政体则属于内聚型，它既凝聚子姓诸族，又使尽量多的方国聚集在商王朝的旗帜之下。和这种内聚型政体相关的方国联盟、兄终弟及、殷都屡迁、王位禅让、甲骨占卜等现象，基本上是前不见古人，后不见来者，属于殷人独创，其中不少曾被视为千古之谜，迄今也还未能洞悉其所有奥妙。内聚型政体是商立国数百年之久的重要保证，尽管殷商时代没有周朝那样大规模的封邦建国，也罕见倾巢而出的声势浩大的征讨攻伐，但商的声威却震于遐迩，影响远及后世。在内聚型政体里，王权的发展乃是其关键之所在。在漫无秩序中，商的王权是秩序的标志；在诸方国、诸部族的经济、文化等的交往中，商王朝是沟通各方的枢纽。

总之，商代王权一方面在同旧的传统落后势力的斗争中克服了历史发展的阻力和惰力，另一方面又较多地保存了原始民主精神的影响，所以它蒸蒸日上，顺应了时代潮流，因此，那些改善和加强王权的措施，如继统时的兄终弟及和禅让、方国联盟和子姓族众势力对王权里专制独裁因素的压抑、王权与神权的斗争等，都是值得深入研究的。

六 殷商制度的若干问题以及甲骨文封、饩、衰、墼等字的释义

对于殷商社会史的研究具有重要意义的殷商各项制度的情况，素以难考著称。这一方面是由于时代杳渺，传闻多异辞；另一方面也因为文献阙略，考证难取信。甲骨卜辞研究为考察殷商制度开辟了新的途径，许多专家都曾做出过重要贡献。然而仍有一些问题尚有继续探讨的余地。本节试图在前辈专家研究的基础上，通过对一些甲骨文字的考释和相关卜辞的研究，对殷商时代的土地疆界制度、计时制度、祭祀制度、用牲制度等的某些方面加以窥测。

（一）

卜辞记载表明，殷代农业已经有了相当程度的发展，农作物播种之前要对土地进行规划和平整。甲骨文"田"字的字形一般表示土地被分为四块、六块、八块或九块。商王常命令众人到田地上"作藉"（《甲骨文合集》第8片，以下简称《合集》）或"协田"（合集1）。殷代农田是否做出疆界呢？卜辞关于"封"的记载提供了肯定的答案。

甲骨文 ，旧释为甫，甫字在金文中多见，皆从父从用，而甲骨文中的这个字既不从父，又不从用，因此断非甫字。既然如此，那么把这个字释为甫并引申为圃的说法就是缺乏根据的，从而不能成立的。

我以为这个字是"封"字古文，理由如下。

首先，从造字本义上看，它从田从 𐙨。𐙨为植物之形。这个字在甲骨文中亦作 、 等形，表示在田边植树或植草之义。甲骨文表示在田地中间种植之义者有 字，为圃字古文。这个字与圃的造字本义同出一源，不过一则表示在田边种植，一则表示在田中种植罢了。《周礼·大司徒》："凡造都鄙，制其地域而封沟之。"孔疏："四境界上皆有沟封而树之，以为阻固。"《格伯簋》《矢人盘》等器铭都有以封树作为田地疆界标志的记载。后世往往把疆界地域

称为封略、封域、封疆、封畛等,溯其源当是甲骨文中这个字的造字本义。封的古义是起土界植树木作为田地疆界标志,这与甲骨文的情况是符合的。

其次,这个字与《说文》所引邦字古文——相似,因此王国维等认为封与邦古为一字。这种说法固然可取,但却简单化了。邦的古义偏重于都邑,故金文邦字皆从邑旁,《说文》训"邦,国也",即此之谓。都邑居住之地往往以高大树木为其标志,故甲骨文邦字作形,即表示这种含义。卜辞有"邦土(社)"(前编4.17.3),"社"在都邑之中①,可见甲骨文邦字是指都邑而言的。与邦字不同,封的古义则偏重于疆域,故《说文》训封为"爵诸侯之土地"。甲骨文邦、封二字的古义,一谓以高大树木为标志,一谓以矮小树木甚至草类为标志。从这两个字的异同比较来看,甲骨文中的这个字亦当是封字古文。

再次,从字形演变情况上看,这个字亦当释为封字。五期甲骨文有""(含集36938),于省吾说:"即绊的初文"②,可见在殷代后期封字已有省去田旁的情况。在周代金文中,封字有作形者,见于《盂卣》《父子尊》等器。后来省去田旁而加手旁,作(《矢人盘》)、(《召伯簋》)等形,仍表示植树植草的封字的造字本义。在金文中封字仍有保留田旁作形者(《中山王礐鼎》)。晚周陶文绊字作或,其中的偏旁盖为《说文》所本。《说文》所引封字古文作,籀文作,和金文相比又省去了手旁,而突出了从土中生出植物之形。古文封字所从的"土"在植物之下,籀文则移于右旁,小篆封字复又加上手旁,作。田与土,古义相涵。文献中"土田"往往连用。因此,封字在演变过程中由原来的从"田",变成了从"土"。甲骨文中的这个字与《说文》所引封字古文,其间的递变关系隐若可见。

最后,从古音上看,甲骨文中的这个字与封是一致的。这个字从田从,亦声。即生字异文。按照先秦古音系统,"生"为耕部字,封则归入东部。

---

① 《考工记·匠人》:"国中九经九纬,经涂九轨,左祖右社。"此可证社和祖庙一样,也在都邑之中。
② 于省吾:《甲骨文字释林》,北京:中华书局,1979年,第148页。

东、耕两部古音甚近，并且这两部的字常常同源，可见其始音当是相同的。东部的葑字，又作菘、𧆑。《说文》："葑，须从也。"朱骏声《说文通训定声》丰部云"须从之合音为菘"。《尔雅·释草》："须葑，蓯。"葑、菘又称蔓菁，或只称菁，菁为耕部字，与葑俱指一物，可见其古音是相同或者是十分相近的。语音的发展过程应当由粗疏到精密。随着时代的发展以及社会生活的繁富和复杂化，古音韵部可以有分有合，然而在一个相当长的时期里其总趋势当是逐渐增多的。东、耕两部在殷代盖为一个古韵部，是后世才分开的。封字的语言演变可以说是这方面的一个例证。另外，金文中习见的丰字，实以已经简化了的甲骨文封字为其声符。《辅伯鼎》《丰兮簋》等器的丰字与简化了的封字的关系尤为明显。《仪礼·大射仪》郑注谓繁体丰字的豆字以上部分为声符，是正确的。由于丰与封音同而通，所以《天亡簋》的"大丰"即"大封"见（郭沫若《两周金文辞大系考释》第1页）。

总之，从以上四个方面我们可以说甲骨文中的这个字为封字古文。它在卜辞中多用为地名、人名，如：

① 贞，今日其雨。十一月在封鱼。（合集14591）
② 贞，封弗其遘……方。（合集6196）

这两条都是一期卜辞。①辞的"封鱼"，为地名，卜辞习见。②辞的封为人名或族名。甲骨文中人名、族名、地名往往一致。鱼、父古音同部，疑卜辞"封鱼"即"封父"。《左传》定公四年："封父之繁弱。"杜注："封父，古诸侯也。"《礼记·明堂位》有封父之龟，郑注封父为"国名"。《唐书·宰相世系表》："封氏出自姜姓，至夏后氏之世，封父列为诸侯。其地汴州封丘有封父亭，即封父所都。至周失国，为齐大夫。"封鱼地望在今豫东地区的封丘县。

在卜辞中，"封"还表示一种农业劳作名称，如：

① 癸亥卜，令多尹禹封于西。
乙酉卜，令禹封于京。（书道1·10·3）
② 丁酉卜争贞，平封耜于㚸受㞢（有）年。
旐众㱿封藉于㚸受年。（合集13505）
③ 丁酉卜㱿贞，我受封藉在㚸年。三月。

丁酉卜𣪘贞，我弗其受封藉在妲年。（合集900）

上引均一期卜辞。①辞的耒原为手持箕畚劳作之义。"再封"犹如作封，指修造土地疆界。②③两例的藉原为踏耒劳作之形。"封藉"连用指整理疆界和翻耕土地两项农事。这两条卜辞贞问在妲地封藉能否有好收成。由这两例卜辞可以推想，殷代有"封"——即疆界的农田应当是规划修整得比较整齐的良田。周代所谓的"仆墉土田"（《召伯虎簋》）、"土田附庸"（《诗经·閟宫》）、"土田陪敦"（《左传》定公四年）等，均为这类良田。"仆墉""附庸"等为"封"字古音分化而成，或者说是缓言之为"仆墉""附庸"，急言之则为封。犹如"须从之合音为蓯"一样，"仆墉"的合音为封。

我们还应当讨论一下甲骨文"田"字。这个字旧释为田，张政烺指出它从田从V，不是田字①。裘锡圭指出这个字所从的"V"即丫之省②。这些都是很正确的。既然这个字从田从V（丫），那么它就应当是封字异文。《合集》9742片载"令尹作大封"，可以与前引①辞的"令多尹再封于西"相互印证。"多尹"为"尹"职的集合称谓，"作大封"和"再封"是相同的农事，只不过是要作高大的土地疆界而已。

总之，甲骨文中的这个字即封字古文。它在卜辞中除用作地名、人名之外，还指土地疆界，亦指修造疆界的农事劳作。与其相关的卜辞反映了殷代土地疆界制度的情况。

（二）

殷代祭祀制度中的用牲办法在卜辞中多有反映。有一种用牲方法是将牺牲煮熟之后置于食器之内用于祭祀，义谓在热气升腾时让神灵歆享其味。这种制度过去未曾被指出，这是因为甲骨文"饩"字未被释考出来。这个"饩"字除了说明一种用牲制度之外，还揭示了殷代计时制度的一些情况。由此看来，关于这个字的考释还是很有必要的。

仅见于武丁时期的甲骨文"饩"字，诸家考释颇多，有释禋、良、间等说，但于这个字的音、形、义皆有未妥之处，并且很难通释相关辞例，所以仍有继

---

① 张政烺：《卜辞裒田及其相关诸问题》，《考古学报》，1973年，第1期。
② 裘锡圭：《甲骨文所见的商代农业》，《全国商史学术讨论会论文集》，第238页。

续探讨的必要。

这个字是一个会意字。它由 🜊 和) (两部分构成。对其含义我们可分析如下。

这个字的偏旁 🜊 并不是某一类单纯的器物形体的摹写。甲骨文所记的器皿有鼎、爵、卣、鬲、豆、斝、壶等，这个偏旁与之皆有某些相似之处，但又都不相同。可以说它是盛食物的器皿的概括。这个偏旁还见之于甲骨文和金文的登字，作 🜊（屯南639）、🜊（屯南149）、🜊（《郑邓吊盨》）等形。《英藏》150 片有两登字，一作 🜊，一作 🜊，可证 🜊 同于上加食物的 🜊。登表示双手捧器皿献祭于祖先神灵。甲骨文登字里这个偏旁亦是盛食物的器皿的概括。

这个字的偏旁) (指气体。这一点可由以下证据加以说明。

（1）甲骨文单字 🜊（合集 18569）表示釜鬲中炊气升腾。

（2）甲骨文息字作 🜊（合集 2354 骨臼）、🜊（合集 2349）等形，义谓气息从鼻出入。

（3）甲骨文良字作 🜊（合集 4953）。谓室内烟和水气从门廊向外涌出飘逸。良字又有作 🜊（合集 6614 骨臼）形者，可证这个偏旁亦指气体。

（4）甲骨文曾字作 🜊（合集 16060）、🜊（合集 1012）等形，金文曾字作 🜊（《易鼎》）、🜊（《曾伯文簠》）等形，均有) (为偏旁。对于其含义，段玉裁说"象气之分散"（《说文解字注》二篇上），杨树达说指气体"上冲，穿窗而出"（《积微居小学述林》自序）。

（5）金文尚字作 🜊（《陈公子甗》），小篆尚字作 🜊。段玉裁说其所从的这个偏旁"亦象气之分散"（《说文解字注》二篇上）。尚字以向为偏旁，《说文》训向为"北出牖"，所以尚字初义指气体穿窗牖而上升。

（6）金文尊字有作 🜊（《召仲鬲》）、🜊（《金文编》卷十四）等形者，所从的这个偏旁表示酒之香气。

（7）小篆只字作 ⃤ 形,《说文》谓"象气下引之形,所从的这个偏旁指口中之气。

（8）《说文》："兮,从丂、丿(,象气越亏也"。段注："越、亏皆扬也。丿(,象气分而扬也。"

总之,作为偏旁的 丿(常常附丽于鬲、尊、鼻、口、窗等,其为气体之形,当无疑义。在甲骨文中的这个字里,它应当表示器皿中的食物热气升腾貌。

甲骨文食字作 ⃤ 形,为有盖的装满食物的器皿形。在用作偏旁时,它往往省去器盖之形,如 ⃤ （合集22706） ⃤ （合集34564）等即楷为饩。在我们前引《英藏》150片里有两登字,其偏旁 ⃤ 又作 ⃤ 。因此在一定场合下, ⃤ 应视为食字之省。甲骨文字的偏旁结构常有省略某一部分的情况,如 ⃤ （合集584反面）省作 ⃤ （合集583反面）、 ⃤ （合集881）省作 ⃤ （合集8394）、 ⃤ （合集6473）省作 ⃤ （库491）、 ⃤ （合集880）省作 ⃤ （合集9472）、 ⃤ （合集9741）省作 ⃤ （合集16079）等。煮熟的食品置于器皿之中,去掉其盖即热气升腾,这是 ⃤ 之本义,所以这个字应为从气,从食省之字,当即饩之初文。

饩字见于《左传》《论语》《国语》等先秦古籍,可见其起源甚早。《说文》将饩列为气字或体。《左传》桓公十年"齐人饩诸侯",《说文》和"气诸侯",可见饩与气古字相同。

在卜辞中,饩常用作祭祀时用牲方法的名称,如"饩羊"（合集713）、"饩十物牛,酉百物牛"（合集10116）、"饩三牛,酉三十……伐三十牢"（合集886）等。饩谓将牺牲蒸熟或煮熟以祭,酉、伐谓将牺牲砍斫以祭。由于用饩的方法处理牺牲比较麻烦,并且要用很多器皿,所以用饩的方法处理的牺牲数量很少。酉、伐等的牺牲数量往往是饩法的十倍。在一条卜辞里,凡有几种用牲方法者,饩总是排在最前面,这反映了殷人对饩法的重视。古人认为天帝神灵,包括死去的祖先在内,都住在天上。祭祀时的烟和香味可以上达于天,让神灵知晓并赐福。在郊外或庭院中古人常用禋、燎等祭法燔柴以祭,但在宗庙里就不便使用这类方法了。在庙堂之上要用饩的方法,使熟了的牺牲的香味随着升腾的热气上达于天，以此告慰神灵。饩的祭法与《诗经·生民》所谓的"卬盛于豆，于豆于登。其香始升，上帝居歆"，应当是相同的。

殷人饩法所用的只是牛、羊、豕三牲，并不用稻粱或其他物品。殷以后，饩的意义逐渐变化。原先以熟的牺牲为饩，后来活的牺牲也称为饩。春秋时告朔典礼所杀的牺牲称为"饩羊"（《论语·八佾》），活的牲畜则称"饩牵"（《左传》僖公三十三年）。原先把祭祀所用的牲畜称为饩，后来把馈赠别人的牲畜也称为饩。《仪礼·聘礼》："介皆有饩。"注："凡赐人以牲，生曰饩。"原先牲畜称饩，后来牲畜所吃的草料也称为饩，故《国语·鲁语》有"马饩不过稂莠"之说。饩的含义再引申一步，就把馈赠别人粮食也称为饩了。《左传》僖公十五年"晋又饥，秦伯又饩之粟"，此即《说文》所谓"气，馈客之刍米也"的意思。这时候的饩的意思已经与其初谊相去甚远了。

在卜辞中，饩有一种独特的用法，即用在紧邻的两干支之间，如：

① 癸亥车弗……之夕饩甲子允……（合集6834）

② 癸亥卜……贞，旬亡祸。之夕饩甲子……（合集16158）

③ 乙未夕饩丙申。（合集13472）

④ 乙酉夕饩丙戌允……来入齿。（合集17299）

⑤ 己亥饩庚子。（合集13481）

⑥ 甲子饩乙丑王梦。（合集376）

为了更清楚地说明问题，上引卜辞的内容均有所删节。这类辞例可分为三种情况。前两例辞例为"之夕饩干支"，"之夕"的之所代表的干支必为后一干支的前一日。③④两例为"干支夕饩干支"，⑤⑥两例为"干支饩干支"，两干支皆前后相随。旧说以为这些字表示天气荫蔽之义。现在看来是很难说得通。如，《合集》8643片载征伐事，926片问遘逃事，14003片记生育事，都在两干支间用有这个字，就很难和天气荫蔽联系起来。

卜辞两干支之间的饩字应当读如既，用如暨。饩和既常常相互通假。《说文》所引气字或体，一作暨，一作饩，显然饩和暨是相通的。《仪礼·聘礼》郑注："古文既为饩。"《礼记·中庸》："日省月试，既廪称事。"注："既读为饩。"《大戴礼·朝事》："私觌致飨既。"注引戴先生曰："既即饩字。"《论语·乡党》："不使胜食气。"《说文》五篇下引作"不使胜食既"。凡此皆可为证。

从词义上看，饩与既是有联系的。《左传》僖公五年记虞公语："吾享祀丰絜，神必据我。"宫之奇反驳说，图谋灭虞的晋国也会"取虞而明德以荐馨香，神其吐之乎"，认为神吃了晋的祭品不会吐出来，而同样会去保佑晋的。神闻到了馨香就等于吃了祭品。在甲骨文里，讲献热气腾腾的祭品于神前称为饩，而人在器皿前坐食称为既。神闻到了香味就等于大嚼了祭品，所以也可称为既。饩与既实际上是一件事的两个方面，它们之间的通假是这种密切关系的反映。既有已、尽之义。《易经·小畜》"既雨既处"，《尚书·尧典》"九族既睦"，《诗经·汝坟》"既见君子"等，传注皆训"既，已也"。《公羊传》桓公三年："既者何？尽也。"《国语·郑语》："童妾未既龀。"注："既，尽也。"古人为了表示一日已结束，次日既将来临，便在"既"字下加一"旦"字，造出一个暨字。《说文》："暨，日颇见也"。在古文文献里，暨多训为与。卜辞"甲子饩乙丑"，即"甲子暨乙丑"，"乙未夕饩丙申"即"乙未夕暨丙申"，分别指甲子与乙丑两天和乙未之夕与丙申日。所有两干支间的饩字都可以用如暨。

甲骨文饩的这种用法的考定，对于理解某些重要卜辞的意义很有帮助。如：

① ……己未夕饩庚申月㞢食。（英藏886）

② ……七日己巳夕饩〔庚午〕㞢新大星并火。（合集11530反面）

这两例是关于月食和星宿运行变化的宝贵记载，由于饩字及其用法的考定，我们可以确知①辞所记月食是从己未日晚上延续到庚申日的；对于②辞，我们可以根据饩字系连两个紧邻干支的规律，在夕字后补上"庚午"两字，使其意思更加明确。

总之，甲骨文中的这个字即饩字初文。它在卜辞中有三种用法，第一，作地名和人名，如"在饩"（合集8920反面）、"寻饩"（合集6614骨臼）等。第二，祭祀时的用牲方法名称。第三，在它联系两干支时，读如既，用如暨。它对于殷商时代祭祀用牲制度和计时制度的考察很有意义。

（三）

关于殷代计时制度，专家们多有考辨。卜辞里的"中日"（或"日中"）指正午，"昃"指日头偏西。在"中日"和"昃"之间还有两个计时名称，过去未曾指出，那就是"衰日"（或"日衰"）和"日大衰"。要想说明这个问题必须首先考释一下甲骨文的"衰"字。

甲骨文 ☒、☒、☒ 等，皆一字之异。又有 ☒ 字，从字形上看与前几例近似，只是多一手形。在甲骨文字里手形偏旁屡有省略或增添者①，所以这个加手形偏旁的字可能和前几例同为一字。不仅如此，而且在辞文例上也可得到证明。如：

① 于翌日 ☒ 遘祈又大乙，王受又。（合集27092）

② 己丑卜，其又岁于翌日 ☒ 又岁于大乙。（合集33370）

上引①为三期卜辞，②为四期卜辞。两例中 ☒ 和 ☒ 都连缀于"翌日"之后，又都在表示祭祀的动词之前，其使用情况完全一致，再联系到两者字形十分近似的情况，我们可以大致确定两者为一字。诸家相关的考释极少，仅《甲骨文编》将 ☒ 楷为祎，但却无释解，至于 ☒ 等则漏释而弃之不论。

这些字从衣从 ☒，应当衰字初文。《说文》：

衰，草雨衣，秦谓之萆，从衣象形。☒，古文衰。

这里所指出的衰字古文，为我们的考察提供了重要线索。古文衰所从的 ☒，即 ☒ 字。段玉裁说："☒☒者，柔弱下垂之貌。"（《说文解字注》九篇下）☒ 字在甲骨文金文中均有所见，作 ☒（合集4744）、☒（《南疆钲》）、☒（《冉鼎》）等形。☒ 字由 ☒ 繁化而成。在甲骨文的偏旁里有作 ☒（合集22063）形者，也有作 ☒（英藏2294）形者，还有繁化作 ☒（屯南4310）形者。

甲骨文里以 ☒ 为偏旁者，如 ☒（屯南2392）、☒（合集4544）、☒（合集11006）、☒（合集136）等，均由柔弱下垂会意。☒ 从衣从 ☒，对其形义

---

① 甲骨文里这类例证不少，如 ☒ 又作 ☒、☒ 又作 ☒ 等，均为其例。相似的例证还有很多，因刻字烦难，故而略去。

301

可以有两种考虑：第一，它表示远古先民所穿的蓑衣，即《说文》所谓的"草雨衣"。第二，它表示丧服所缀的布条，即缞。《说文》："缞，服衣，长六寸，博四寸，直心，从系衰声。"张舜徽说："许以'服衣'训缞者，服乃动字，谓服著于衣上也。下云'直心'，直犹当耳，谓服著于衣上也。"（《说文解字约注》卷26）由此看来，缞即缀于衣服上的不缉不缝的布条，其下端散乱，有似草枝。《左传》襄公十七年："齐晏桓子卒，晏婴粗缞斩。"杜注："斩，不缉之也。缞在胸前。"《释文》："缞本又作衰。"这两种解释都可以说明衰为本字，后来衰被借为盛衰字后，人们才也造出蓑若缞这样的孳乳字。无论哪种解释，都可以说明甲骨文中的这个字为衰字初文。这种造字方法和裘字如出一辙。甲骨文裘字作 （合集2853），衣上缀有毛状物，当即兽毛在外的裘衣之形。金文裘字作 （《次卣》），已经附加了声符。衣服外有兽毛者为裘；衣服外有柔弱下垂物者为衰。

在卜辞中，衰可用如盛衰的衰字，表示某一段时间。如：

① 于日衰彫。

中日彫。（屯南2366）①

② 于日大衰彫。

……小彫。（屯南3677）

③ 癸丑夕卜，衰日酒彫俎羌。

癸丑卜，弜衰迺俎羌。（合集41303）

上引①辞的"日衰"与"中日"相对应。"中日"指日正午之时，"日衰"当指日稍偏，即过午之时。这条卜辞问是正午之时，还是过午之时举行彫祭。②辞的"日不衰"当比"日衰"为晚，指日甚偏西之时。③辞的"衰日"与"衰"相对应，可见在表示时间的卜辞里"衰"为"衰日"（即"日衰"）之省。过去排列卜辞公段计时情况时，"中日"后就是"昃"。现在看来"中日"后还当有"日衰""日大衰"两段时间，然后才是"昃"。约略估计"日衰"在今下午一时左右，"日大衰"在下午三时左右。

---

① 这条卜辞里的"中"，过去多释为屰，疑未是。它应是殷代的另一类中字。详见拙稿：《甲骨文"中"字说》，《殷都学刊》，1987年，第3期。

卜辞里有些单独使用而不和"日"系连的衺，有可能是"衺日"之省，如：

① 衺伐不大雨。

于翌日旦[伐]大雨。（英藏2336）

② 于翌日衺酒祈又大乙王受又。（合集27092）

上引①辞问何时伐祭可祈求到大雨。"衺"和"翌日旦"相对应，即指今天过午还是明日早晨。②辞的"翌日衺"指明天的过午时候。同类辞例还见于《合集》33370片，谓"于翌日衺又岁于大乙"。这类辞例也可以理解为"日"字一字两用。"翌日衺"即"翌日日衺"。说亦可通。

衺在卜辞中还和肜系连，如"肜衺其御"（合集34416）、"衺肜于祖丁又（侑）"（英藏2410）、"肜衺其祈"（屯南2234）等。肜为连续致祭之义，《尔雅·释天》："绎，又祭也。周曰绎，商曰肜，夏曰复胙。"《尚书·高宗肜日》伪孔传："祭之明日又祭，殷曰肜，周曰绎。"卜辞有"肜夕"（合集22721），为连夕之祭。上引辞例中的"肜衺"则当为连衺之祭，即连续于衺日时致祭。"肜衺其御"即连续在过午时分举行御祭；"衺肜于祖丁又（侑）"即连续在过午时分侑祭于祖丁；"肜衺其祈"即连续在过午时分向神灵祈祷。

总之，甲骨文中的这个字，无论其初义指先民所穿的蓑衣，或是指连缀于丧服上的麻缞，都可以说明它为衺字初文，蓑若缞都是衺借为盛衺字后的孳乳字。在卜辞里无论是作"衺日""日衺"，还是单独使用，均表示过午时分的时间概念。衺和肜系连使用则表示连续于过午时分举行某种祭祀。衺字的考定可以为殷代分段计时制度的探讨提供一项新的内容。

（四）

殷代有一种残暴地挖去牺牲眼睛的用牲制度。关于这种制度的情况，与甲骨文里一个未被确认的字的考释很有关系。

仅见于一期的甲骨文有▨字，或释为盾，但字形字义很难通释。后来，于省吾释为䀏[1]，论者间或从之。释䀏之说的根据在于金文䁖字所从的夗与甲

---

[1] 于省吾：《甲骨文字释林》，北京：中华书局，1979年，第41页。

骨文中的这个字的字形对比。其实两者是很有区别的。金文所从有 ▨（《臣辰卣》）、▨（《臣辰盉》）、▨（《吕鼎》）等形，可是甲骨中的这个字皆从目，而无一例从 ▨ 或 ▨ 者，说两者相同，很难服人。应当说关于这个字的考释尚有继续探讨的余地。

愚以为甲骨中的这个字是掔字初文。《说文》："掔，手掔也。杨雄曰：掔，握也。从手瞿声。"关于掔字，段注颇详：

> 掔者，手上臂下也。肉部曰：臂者，手上也，肘者，臂节也。又部曰：厷者，臂上也。是则肘以下手以上，浑言之曰臂；析言之则近手处曰掔。

在文献中，掔与捥若腕为古今字。《仪礼·士丧礼》："设决丽于掔。"注谓古文"掔作捥"。《汉书·游侠传》："显名天下搤掔而游谈。"颜注："掔，古手腕字。"《吕氏春秋·本味》："述荡之掔。"高注："掔读如'棬椀'之椀。"《玉篇》掔与捥同。《集韵》或作腕、捥。掔指手腕，殆无可疑。但是，《说文》谓掔"从手瞿声"，训瞿则为"从目叉"，为什么表示手腕的掔字里赫然有一目字呢？难道眼睛和手腕还有什么必然联系吗？

甲骨文中的这个字为解决上述问题提供了答案。这个字里面，有弯曲前伸的手臂形，前端分叉处为手的侧视形①。这分叉处即瞿字所从的叉。《说文》："叉，手足甲也。"段玉裁说："叉、爪古今字。"（《说文解字注》三篇下）以爪甲伸向眼睛，这个字即表示挖目之形。故《说文》谓"瞿，掐目也"，"掐目"即剜目、挖目。作为偏旁的"手"往往不仅指今日所谓之手，而且包括了胳膊在内，如掣字，《说文》训"人臂貌，从手削声"其偏旁手即指臂。掣字所从的"手"亦指臂而言。甲骨文 ▨ 字，其眼形为"目"，前端分叉所表示的

---

① 甲骨文表示手的部分常用 ▨ 形，但也有不少以前端分叉之形表示者。比较以下诸例：▨（合集4559反面）与 ▨（合集6986）；▨（合集20119）与 ▨（合集19945）；▨（合集21535）与 ▨（合集21534）。特别是《合集》9803片的两条对贞卜辞里同一字，一作 ▨ 形，一作 ▨ 形。凡此都可证明前端分叉者和 ▨ 一样，也是手形。周代金文，如《格伯簋》《荣有司䚈》等也有这种情况存在。

爪甲形为"叉"，其余的臂形则为睪字的"手"偏旁。释其为睪应当是可以的。这个字最初由挖目会意，后来才引申为手腕之义，但与之紧密相关的䀏字引一直保留着"掐目"之义。表示手腕之义的睪字里之所以有"目"之偏旁，其原因盖在于此。

我们说甲骨文里的这个字为睪字初文，还可以指出下面一项旁证。《说文》手部除有睪字外，还有一个与之十分相似的擎字。睪与擎初当为同字，以后才略有区别。故《说文》训擎为"手睪也"，此"手睪"之睪或本又作擎。这种现象所以出现，原因在于初期文字里"目"与"臣"仅有横目与竖目之别，但均源于眼睛。甲骨文中的这个字所从的眼形一般为横目，但也有两例为竖目形，见于《合集》14832 片和《卜辞通纂》118 片，字作𤓸形，盖为擎字所本。甲骨文睪字的横目、竖目形并存与《说文》里睪字、擎字并存，当非巧合。

睪字在卜辞里数目不多，现仅见有十余例，辞义明确并且较完整者有以下几条：

① 丁丑卜争贞，来乙酉睪用派来羌自元〔示〕。（合集 239）

② 乙亥卜宾贞，告以羌睪用自……（合集 280）

③ 壬午卜贞，登自上甲大示睪唯牛。（合集 14849）

④ 丁巳卜宾贞，睪𤓸于大示。（合集 14832）

上引几例代表着睪的不同用法。前两例挖掉羌俘眼睛用以祭祀。①辞谓乙酉日将名派者送诣的羌俘挖眼后祭祀元示。②辞问是否将名告者送诣的羌俘挖眼后用于祭祀。③辞问是否将牛挖眼以祭于自上甲开始的大示。④辞没有明指睪法处理的牺牲种类，而只问是否用睪法处理牺牲以侑祭于大示。这几例表明睪在卜辞中的用法是跟其造字本义一致的。

殷人为什么要以爪甲挖去牺牲之目，而不用刀、戈一类刃具呢？这大概是因为爪甲为上古先民自身所有的最锐利的武器的缘故。古人对爪甲很重视。成汤祈雨时曾经"翦发断爪祷于桑林之社"（《御览》卷八十三引《帝王世纪》），"翦其发鄌其手，以手为牺牲"（《吕氏春秋·顺民》）。周公为武王祈祷时，为了表示其诚心，曾经"自揃其爪以沉于河"（《史记·蒙恬列传》）。

既然古人以剪去爪甲为顺服于神灵的表示，那么以亲自动手并用爪甲处理牺牲所表达的当是对神灵的虔诚。从卜辞记载情况看，用擇法处理牺牲以祭的对象大部分是大示和元示，也偶用于部分先王。大示是殷人重点致祭的若干先王的集合称谓，因此擇法也当为殷人所重视。

总之，甲骨文中的这个字为擇字初文，其义为《说文》所训𣅥字的"掐目"。《史记·吴太伯世家》载伍子胥语："抉吾眼置之吴东门。"掐目即剜目、挖目，亦即此抉眼。在卜辞中擇用其本义，指将牺牲眼睛挖去。这些对于殷商时代祭祀用牲制度的考察当有一定作用。

七 甲骨文"堂"字释义以及商代祭祀制度的若干问题

甲骨文"□"是最习见的字例之一，它除了用作干支字——"丁"以外，尚有其他用法千余例之多。长期以来，诸家相关的考释虽然很多①，但尚有继续探讨的余地。本节力求在前辈专家研究的基础上进行一些新的探讨，除了考释这个字以外，还试图揭示一种现象，即与这个字相关的卜辞跟殷墟祭祀场所有直接关系。此外和这个字相关的卜辞对于考察商代的"明堂"也有不少启发。

（一）

甲骨文的造字本义，除了表现于其字形以外，往往还蕴含于它作为偏旁时所表现的意义上，对于某些形体简单的甲骨文字的考释，这后一个方面是不可或缺的考释线索。单从"□"来看，要说其造字本义，似乎一切方形（或近似方形）的物体和建筑都可以与其比附，很难固定于某一种含义。然而，分析它在甲骨文中作偏旁时的含义，则可比较容易抓住关键。在作意符使用时，"□"

---

① 这些考释，特别是对其造字本义的研究，主要有：郭沫若的鱼睛说，谓其"系睛之古字"（《甲骨文字研究·释支干》）；叶玉森的人颠顶说，谓"像人颠顶也"（《殷墟书契集释》1.40）；吴其昌的钉顶说，谓"像自颠下视，但见铺首之形"，即钉之本字（《金文名象疏证·说丁》）；王国维的匡主说，谓其"取主及郊宗石室之义"（《戬寿堂殷墟文字考释》1.10）；杨树达的宗祊说，谓"即经传之祊字"（《积微居甲文说》，第27页），释此字为"城之初文"（《积微居小学述林》，第192页）。岛邦男的禘祀说，谓其"在周初作啻，到后世作禘"（《殷墟卜辞研究·禘祀》，译文载《古文字研究》，第1辑）。

主要表示居住之处。起初，它是古人穴居或半穴居处所的象形。甲骨文"⛤"，唐兰《殷墟文字记》据字形演变释其为良字。徐中舒指出这个字的中间部分为古人半穴居处所的象形，旁边的弯曲部分则表示通风的走廊（徐仲舒《周原甲骨初论》，载《四川大学学报丛刊第十辑·古文字研究论文集》）。《诗经·绵》所说的"陶复陶穴"就是这样的住所。甲骨文"亘"字就是复穴之形。这个字的下部加上表示行走的足趾之形作"复"，即复的本字，表示往复进出之义。这种半地穴式房屋加上较高的屋顶，这在甲骨文中写作"合"，其中的方形亦表示居住之处。和表示居处的含义相关，在作偏旁的时候，"囗"也表示人死后的埋葬之处。甲骨文死字作"𠂉"若"𠤎"，表示侧身葬或仰身葬，其方形所表示的实即人的另一居住之处。甲骨文的正、邑、韦、圉等也以"囗"为偏旁，其含义可以视为扩大了的居所之形。

明确了"囗"的造字本义，进而讨论其读音。

"囗"的读音在甲骨文"甲"里表现得相当明确。"甲"字从"囗"从"十（甲）"，即商先王上甲，既然"十"在卜辞里即干支字甲，那么，"囗"当读上音，古音属阳部。可以直接读出其音的另一个例证是甲骨文"成"字。这个字从"戉"从"囗"。在卜辞中，作为人名的"成"，即成汤，又称为"唐"。卜辞屡有关地成、唐的占卜，"成"与"唐"既然为一人，其音读当是一致的，所以商代的成当读若唐。甲骨文"成"为会意兼形声之字。《史记·殷本纪》谓"汤曰：吾甚武，号曰武王"。"成"字所从之"戉"，为斧钺类武器之形，当表示成汤的"甚武"之意。那么"成"字所从的"囗"就当为其音读，而读若唐，就古音系统而言，亦为阳部字。还可以为"囗"的音读提供参考的是它在古文字中又表示火堂之形。甲骨文有"吕"字，徐中舒说它"就是火塘，先民每于屋中掘地为火塘，烧火其中，多人围坐取食，夜则用以取暖"（同上）。考古材料表明，在早商时代的居住遗址中，其入门处多有穴状烧烤痕迹，徐中舒称之为火塘；郭宝钧称之为火堂（《中国青铜器时代》，三联书店，1963年，第131页）；邹衡称之为火坑（《商周考古》，文物出版社，1979年，第74页）。大汶口文化的陶文里有"⛬"，龙山文化的陶文里有

"回"，甲骨文作为复字偏旁者有"⊡"（《甲骨文合集》31759片），这些均可视为有火堂的居室形。金文"⊡"字，见于《毛公鼎》铭文，描画了在居室的火堂架木烧火的形象，其中的"吕"为火堂形至为鲜明。甲骨文宫字作"⊡"，为有火堂的居室形。甲骨文"⊡"，即共字，亦见于陶文和金文，从手伸向火堂烤火而人所共之取义。甲骨文"⊡"，本为火堂烟气升腾之形①，用为"公"之本字，取意于火堂人人可得而烤之，故有公共之义。不管这种烤火处在商代是称为火堂，或是火塘若火坑，其音读还是阳部字。甲骨文以"囗"为偏旁的字，如良、黄、享、尚、明、昌等，也多入于阳部。从这些方面看，断定"囗"的古音在阳部，应当是可以的②。

从造字本义和音读两个方面的情况看，我以为甲骨文"囗"字就是"堂"字初文。这个推断还可以从以"囗"为偏旁的字的形体演变上得到证明。

"囗"最初表示穴居或半穴居。随着社会发展，居室地面逐渐升高，四周墙壁也升高，屋顶上有了透烟气处，这反映在文字上便是出现了象形字"向"和"尚"，以后房基高出地面，完全摆脱穴居状态。这时建造房屋要先筑地基，夯土层层打实。这种房其初称为"堂"。《尚书·大诰》"厥子乃弗肯堂"，孔疏谓"堂"为"基址"。《礼记·檀弓》上篇"封之若堂"，郑注"堂形四方而高"。到了周代，堂的高低成了社会地位的一种标志，所以《礼记·礼器》篇有"天子之堂九尺，诸侯七尺，大夫五尺，士三尺"的说法。春秋时期，这种作为基址的"堂"，或称为"坛"，即《左传》哀公元年所说的"室不崇坛"之坛。可见在这个时候，"堂"已经成为屋室类建筑的一种专用名称了。由"囗"所开始的上古居住习俗变化在古文字方面的演变，表列如下：

---

① 古文字里）（的初义为烟、气上升之形。《说文》谓）（"象气之分散"。杨树达先生谓从）（的曾、尚两字，皆有"气散越达于牖外"（《积微居小学金石论丛》，北京：中华书局，1983年）之义。
② 在古音系统里，与阳部密切邻近的是东、耕两部。这两部是从阳部繁衍出来的韵部。甲骨文以"囗"为偏旁的字也有入于东部者，如工、雍、共、公等皆是；也有入于耕部者，如正、星、冥等皆是。总之，甲骨文以"囗"为偏旁的字大部分入于阳部，也有的入于从阳部分化出来的东、耕两部。这个现象是探讨其古音的重要依据。从"囗"字大量作偏旁使用的情况看，其音读应当是较早确定的，应当属于阳部。

□（甲骨文）—𠆢（甲骨文，《前编》6.54.3 片）—向（金文，《尚鼎》铭文）—坐（金文，中山王墓兆域图）—𡓷（籀文，《说文》所引）—堂（小篆）

堂字古音属阳部，《说文》谓"堂，殿也，从土尚声"，其实当做从土、从尚，尚亦声。在"堂"字里，"尚"不仅表音，而且表意。从音、形、义三个方面的讨论看，确定甲骨文"□"为堂字初文当无大误。

（二）

从卜辞记载和考古发现的材料的对比研究中可以看出"□（堂）"的性质。关于甲骨文"□（堂）"字的卜辞可以分为两大类。一类是时代较早的从武丁到武乙时期的卜辞。这类卜辞里的堂字单独使用；另一类是文丁、帝乙时期的卜辞，这类卜辞里的堂字附属于某一位先王或先妣的名号之后使用。值得注意的是，这两类卜辞所记载的内容都和殷墟考古发掘所见的祭祀场所的情况相符合。

先来说一下殷墟的大规模祭祀场所的情况。

经考古发掘所揭露的商代大规模祭祀场所集中在殷墟的侯官庄西北岗殷王陵东区。解放前所进行的殷墟第 10 次发掘（1934 年），在这里发现葬坑 63 座（其中发掘 23 座）；第 11 次（1935 年春）发掘 441 座；第 12 次（1935 年秋）发掘 785 座（胡厚宣：《殷墟发掘》，学习生活出版社，1955 年，第 74—92 页）。解放后在这里于 1950 年发现葬坑 26 座；1976 年发现 250 座（其中发掘 191 座）①。解放前所发现的 1,300 多座葬坑，除了极个别的以外，皆为南北向的长方形竖穴。解放后发现的 276 座葬坑，除了 35 座为东西向的以外，其余也是南北向。东西向葬坑出土的陶器形制属于殷墟文化二期，所以这类葬的时代也当属于这个时期，即祖庚至廪辛的时期。地层关系表明，有 10 余座东西向葬坑是叠压在南北向葬坑之上的。可见南北向葬坑的时代要早于属于祖庚至廪辛

---

① 《安阳殷墟奴隶祭祀坑的发掘》，《考古》，1977 年，第 1 期。文章指出，"殷王室从武丁至祖庚、祖甲、廪辛近百年时期，曾在这里进行了长期的祭祀活动。据钻探和发掘的资料得知，在这片祭祀坑的东、西、南面都还有许多同样的祭祀坑，这一祭祀场所的面积约有数万平方米。而这次发掘的祭祀坑仅是这一庞大的祭祀场所的一部分"。

时代的东西向葬坑,而应当属于殷墟文化一期,即武丁时期①。

关于"囗(堂)"的前一类卜辞,即武丁至武乙时期的卜辞,至少在以下几个方面是和上面所说的殷王陵区大规模祭祀场所的情况是符合的:

第一,两者的性质相同。这个大规模祭祀场所并非专属某一个大墓,而是商王室祭祀祖先的公共祭祀场所②,而在前一类卜辞中,堂也不专属某一位先王,如:

① 甲辰卜贞,告于堂一牛。五月。(合集2543)
② 丙戌卜贞,翌丁亥出于堂,牢。(合集1916)

这两例都是一期卜辞,在堂所举行的告祭、出祭是对于整个祖先神以至所有神灵而言的。其他如"祈年于堂"(合集10116)、"疾齿告于堂"(《英国所藏甲骨集》1122)、"燎于堂"(合集4070)、"岁于堂"(合集3018)、"出牢于堂"(合集1914)等,也都没有特定的祭祀对象。有一条二期卜辞谓"自上甲其告于堂"(合集22680),在堂所举行的告祭的对象是自上甲开始的所有先王,也还没有很多的限制。这些都表明堂是公共祭祀场所。

第二,两者的时代相同。殷王陵区的大规模祭祀场所其时代在商王武丁、祖庚、祖甲和廪辛的时期。占大多数的南北向葬坑属于武丁时期,而前一类卜辞的大多数也属于武丁时期。占少数的东西向葬坑属于祖庚至廪辛时期,关于堂的卜辞也只是前一类卜辞的少数。

第三,两者都包括有种类繁多的祭祀。前一类关于堂的卜辞中有告、出、祈、钔、燎、酯、岁、取等祭祀名称(依次见《合集》4388、1911、10116、328、8235、1954、3018、20354等片)。这在祭祀坑的情况里也有所反映。祭祀坑大多数集中而有规则地排列,同一排葬坑的坑间距离、坑口方向、大小、深浅以及坑内骨架的埋葬姿势和数目等,都基本相同。有的一排相同,有的数排相同,也有的是几个坑相同。胡厚宣将解放前发掘的葬坑依形制分为24种,每一种还可再分为若干组(胡厚宣:《殷墟发掘》,第74—92页)解放后所发掘的葬坑被分为22组。据分析每一种(或每一组)葬坑就是一个种类的祭祀

---

① 关于这些祭祀坑时代的研究转引自杨锡章、杨宝成:《从商代祭祀坑看商代奴隶社会的人牲》一文,载《考古》,1977年,第1期。
② 同上一页脚注1。

活动的遗存。从各种、各组葬坑的区别看，当时所进行的祭祀活动的形式也是不同的。这与卜辞所载在堂所进行的种类繁多的祭祀情况是符合的。

第四，祭祀场所使用的人牲数量很多。解放前所发掘的葬坑，"或埋全人一具，或埋全人二具，或埋全人多具，或埋无头的人肢体骨，或埋无肢体人头骨十个，或埋无肢体的人头骨二十七至三十九个"（同上）。解放后所发掘的南北向葬坑中，"大部分埋八至十具人架。少数有埋十具以上的"，"东西向的坑中人架数目无一定规律，少的埋一二人，多的埋七至九人"，总计不会少于1,930人①。假若以此为例推算，解放前发现的1,200多座葬坑所埋当近万人。据卜辞记载，在"宗""寝""室"等祭祀场所虽然也有使用人牲的情况，但数量甚少，真正能和殷墟王陵区大规模祭祀场所用牲数量比拟的只有在"堂"的祭祀。如：

①戊子卜宾贞，叀今夕用三白（百）羌于堂。用。（合集293）
②三百羌用于堂。（合集295）
③……丑卜，宾贞……三百羌用于堂。（合集294）
④于堂㞢百羌。（合集22543）
⑤丙辰……于堂㞢三十羌。（合集315）
⑥丙辰卜贞，翌丁巳㞢堂十。（合集430）

上引第四例为二期卜辞。余皆属一期。这些都是明确指出用人牲于堂祭祀且有具体数量者。第一例谓要在戊子日的晚上在堂杀300名羌俘以祭祀，辞尾的"用"字，表明事已决定而付诸实施。这几例的用人牲的数量，一次祭祀用300至数十不等。其所载用牲数量之多和祭祀场所的情况是符合的。

第五，就人牲的具体埋葬情况言，两者也相符合。例如卜辞载：

丁丑卜宾贞，子雍其钔王于堂，妻二。妣已㞢羊三册羌十。（合集331）

这是一期卜辞。其中的"妻"字原作以手持女之形，应为一种女奴名称。这条卜辞说要在堂以二妻、十羌和三羊为祭品替商王在堂举行钔祭，并且同时祭祀于妣己。殷墟武官村北地编号为M4和M5的两个并列的祭祀坑里，一个

---

① 《安阳殷墟奴隶祭祀坑的发掘》，《考古》，1977年，第1期。

葬有侧身的两具骨架，随葬玉饰、石蛙、玉笄各一件，所埋为两名女奴。另一坑埋葬骨架10具，无随葬品。如果说这两坑所埋为上引卜辞的"妻二"和"羌十"，当不为无据。又如，1976年所发掘的第14组有19座葬坑，共有完整骨架220具。这组还有一些坑未被掘出，已发掘的坑中有3座因盗掘扰乱，所以无法统计骨架数量，总括而言，第14组葬坑的骨架总数当在300具上下。前引卜辞多有用300羌祭于堂的记载，如果说第14组即其中之一，也当不为无据。再如卜辞载：

> 丁卯卜宾贞，奚羌白（伯）盥，用于堂。（合集1118）

这是一期卜辞。其中的"奚"字原作双手以绳索缚人之形。辞谓捆绑羌伯名盥者为人牲以用祭于堂。1976年发掘的M240坑，埋1人，不仅其为仰身直肢而与一般的俯身葬的葬式不同，而且随葬有作为权力象征的石钺，表明其身份非同一般，很有可能是上引卜辞里的羌伯之名盥者。再如发掘报告指出，不少骨架是被砍断、肢解后零乱地扔在坑中的。这与卜辞所载在堂用肢解、割裂人牲以祭的情况（见《甲骨文合集》第331、1073等片），也是一致的。再如卜辞载：

> 庚子卜贞，牧氐羌延于堂，曾用。（合集218）

这也是一期卜辞，辞中的"曾"当读若层。《说文》"层，重屋也"，段注"曾之言重也，曾祖、曾孙皆是也，故从曾之层为重屋"。层从曾声，曾之义与层通谐。这条卜辞谓将名牧者进献的羌俘牵于堂下，杀伐之后层层排列以供祭祀之用。这在祭祀的情况里有所反映。如M141坑，"遗骨被肢解、剁截，骨骼紊乱，重叠三四层，堆积高达一米"①，所云"重叠三四层"，盖即上引卜辞所谓的"层用"。

第六，使用畜牲的情况，两者也是一致的。卜辞记载用于堂的畜牲有牛、羊、豕、鹿、鸟、虎等（见《甲骨文合集》第1945、331、15521、4603、1606等片和《小屯南地甲骨》第2510片）。这类畜牲的残骸在殷墟王陵区的大规模祭祀场所的葬坑里多有所见，而且有些情况还与卜辞记载十分相似。如

---

① 《安阳殷墟奴隶祭祀坑的发掘》，《考古》，1977年，第1期。

M3 号葬坑，内埋一头猪，"骨架保存尚好，猪个体甚大，长约1.6米，高约1米，獠牙较大"①。卜辞有"……堂，一豭"（合集1988）的记载。这是一期卜辞，谓在堂以一豭为祭。豭为牡豕，与M3号葬坑所埋的个体甚大、獠牙较大的猪牲是符合的。这是一座时代较早的南北向葬坑，与以"一豭"为祭的卜辞的时代亦相合。

总之，殷王陵区的公共祭祀场所是殷墟考古发掘所见的面积最大、使用时间最长、祭祀种类最多、用牲数量最多的祭祀场所。在卜辞中能够在各个方面和这个祭祀场所相符合的只有关于堂的前一类卜辞。由此可得出这样的推论，即武乙以前的甲骨卜辞中的堂，就是殷王陵区公共祭祀场所的名称。

卜辞表明，商代的堂是宫室类的建筑。堂有门，卜辞有"堂门"（合集13602）、"堂宾（？）户"（合集18803）的记载。堂上有神主牌位，称为"堂示"（合集22289）"堂宗"（合集13538）②。作为宏大祭祀场所的堂应当是高敞的，所以卜辞有"陟于堂"（《英国所藏甲骨集》第1969片）的说法，指登于堂上。康丁时期，堂的建筑规模可能已经扩大，所以三期卜辞里有"堂西室"（合集30372）的记载。根据卜辞资料，可以说堂是殷王陵公共祭祀场所里举行祭祀和各种仪式的主要所在，绵延数万平方米的祭祀葬坑只不过是堂的附属区域。

（三）

从武丁至武乙时期的卜辞里可以看到，堂主要用于举行种类繁多的祭祀。除此之外，商王室还在堂举行一些其他活动，如：

①乙酉卜，于堂令马。（《战后宁沪新获甲骨集》1.506）

②……酌，大事于堂，箙一牛。（合集1973）

③三固曰：惟今月癸见堂。（合集667反面）

④……酉卜宾贞，告禽受令于堂。（合集19563）

---

① 《安阳殷墟奴隶祭祀坑的发掘》，《考古》，1977年，第1期。

② "宗"字和"示"一样亦有神主之义。《周礼·肆师》"凡师甸用牲于社宗"，郑注"宗，迁主也"；《周礼·小宗伯》郑注"迁祖曰主"。孙诒让《周礼正义》谓"祖、宗一也"。卜辞的"堂宗"犹"堂主"，指堂上的神主。

⑤令并于堂。七月。(合集4390)

上引第一例的"马"为武职官员，辞谓这类官员在堂接受命令。第二例谓酚祭之后在堂举"大事"，从宰杀一牛的情况看，可能是宴享之事。第三例的"见堂"疑为商王在堂举行会议。第四例意为名禽者受命令于堂，并为此事而举行告祭。第五例指名并者在堂接受命令。卜辞记载到堂参加各种仪式和活动的，除了贞人、卜人之外，还有其他各种人员，如：

①丁酉卜行贞，王宾堂岁三牢。(《殷墟书契前编》1.40.5)
②甲子卜贞，王宾堂，亡尤。(合集23062)
③壬申贞，多宁以罍尊于堂。(《小屯南地甲骨》2567)
④贞，翌丁卯乎子出于堂。(《铁云藏龟拾遗》19)
⑤乙丑卜宾贞，翌丁丑吕其出于堂。(合集3077)
⑥众又(侑)于堂。(《小屯南地甲骨》599)
⑦贞，燎告众步于堂。八月。(合集37)

上引前两例是二期卜辞，第三、六两例属于武乙时期，余皆为一期卜辞。前两例表明商王亲自到堂参加祭祀或其他活动。第三例的"多宁"，疑为商王室的近侍职官名称。第四例在堂举行出祭的"子"为商王同姓贵族之称。第五例的吕和前引卜辞提到的禽、并等人一样，也是商王室的贵族官员。第六、七两例指"众"到堂参加侑祭和燎祭。总之，从商王到一般贵族和职官，以至于作为普通氏族成员的"众"，都可以到堂参加活动。那么商代的"堂"，是否就是古代文献所记载的"明堂"呢？

明堂之制，自古有之。最初的明堂并不是什么雄伟豪华的建筑。《吕氏春秋·召类》谓"周明堂茅茨蒿柱，土阶三等，以见节俭"，《大戴礼记·明堂》亦谓明堂"以茅盖屋，上圆下方"，可见它就是以茅草为盖的方形大房子。这种房子，四面敞亮，光线充足，给人以明亮的感觉。古代的学问家认为夏的"世室"、殷的"重屋"、周的"明堂"是一个类型的建筑。作为商王室公共祭祀场所主要建筑的堂，应当是"重屋"，亦即当时的明堂。古人认为"明堂者，天子太庙，所以祭祀，夏后氏世室，殷人重屋，周人明堂，飨功、养老、教学、选士皆在其中"(《礼记·明堂位》疏引蔡邕《明堂月令章句》),还谓建官、行政、治历颁朔、耕籍、献俘等亦常在明堂进行。前引卜辞表明,商王授令、会议、祭祀等大事都曾在"堂"举行,可见商代的堂与文献所载的明堂的功能是大体相合的。孟子谓明堂为"王者之堂"(《孟子·梁惠王》下),商代的堂也有这种性质。康丁时期的卜辞载"癸丑卜,其登王堂,于妣辛卯牢"(合集27455),当时的堂已称为"王堂",正是"王者之堂"的意思,表明了当时王权的增强。商代的堂虽然不是惟一的祭祀场所。但是卜辞记载表明,在堂举行祭祀的次数和规模都远远超过在室、寝、宗等处的祭祀。《白虎通义·辟雍》谓"天子立明堂者,所以通神灵、感天地、正四时",卜辞所载商代的堂正具有明堂的这些功能。

(四)

商代前期的堂祭偶有选祭某位先王的情况出现,如"亦(夜)于堂"祭祀大甲(合集295)、"告于祖乙于堂"(合集7094)等。到了康丁时期这种现象大为增加,并且选祭的对象多集中于康丁的父辈。卜辞载:

①丁亥卜,其祝父己、父庚一牛,堂宗焌。(《小屯南地甲骨》2742)

②癸卯卜荷贞,翌甲辰其又堂于父甲牢,飨。(合集27321)

这两例都是三期卜辞,辞中的父甲、父己、父庚,就是商王康丁的父辈祖甲、祖己和祖庚。康丁、武乙时期的堂祭所出现的另一种新情况是单为伊尹和祖甲立堂祭祀,卜辞载:

①癸亥卜,又于伊尹堂,車今日又(侑)。(《小屯南地甲骨》3033)

②丁酉贞,又(侑)于伊堂。(《小屯南地甲骨》978)

③……父甲堂祭,王受又。(《小屯南地甲骨》1061)

④癸酉卜,……帝甲堂其牢。(合集27438)

上引第二例是武乙时期卜辞,余皆属康丁时期。伊尹是商代一直受到隆重祭祀的特殊人物,"伊尹堂""伊堂"就是单为他所立的堂。第三例的"父甲",是康丁对其父祖甲的称谓;第四例的"帝甲",诸家释其为商王祖甲,可信。"父甲堂""帝甲堂"的设立,表明了康丁对于其父的特殊尊崇。如果把殷墟的大规模祭祀场所的堂称为明堂的话①,那么,自康丁时期开始出现的专属于某位先王或其他人物的堂则可以称其为享堂②。

康丁、武乙时期,商王朝的祭祀制度正酝酿着深刻而重大的变化。主要是,第一,商王陵区的公共祭祀场所逐渐被废弃,所发掘的祭祀坑皆属殷墟文化第一、二期就是明证,我们前面提到的那种没有限定的专门祭祀对象的堂祭卜辞皆属一、二期,也是明证。第二,从康丁时开始在堂祭时较多地选祭父辈先王,说明商王室随着王权的加强已经不满足于以前习见的那种笼统的堂祭。第三,和前一类堂祭卜辞锐减的情况形成鲜明的对照的是在宗、室等处祭祀的卜辞大量涌现③。康丁、武乙时期祭祀制度的这些变化,为文丁、帝乙时期新的堂祭形式的出现创造了条件。

在文丁、帝乙时期的卜辞里,堂祭卜辞有其固定的格式④。这个时期的正

---

① 卜辞中似已有明堂之称。甲骨文 㡿,疑为堂字异构。卜辞"名㡿"(《殷墟文字乙编》1425)可读为明堂。《诗经·猗嗟》"猗嗟名兮",名通明,是为其证。卜辞"畴籍于㡿"(合集9505)即在明堂举行籍礼的记载。另有二期卜辞谓"其㞢于堂,牢,王曰:弜畴"(合集23805),其义盖为在明堂举行㞢祭之后再行籍礼。关于"名㡿"的问题,由于材料尚少,故只能略作推测。
② 一期卜辞有"又虎于祖乙堂"(合集1606),由同期卜辞"于示于堂"(合集3101片)例之,疑堂字前省(或缺)一"于"字,此堂并非专属祖乙。
③ 关于宗的记载罕见于一期卜辞,二期卜辞亦少见,但从康丁时期开始却出现了许多不同名目和种类的关于宗的记载。除了在宗举行繁多的占卜和祭祀以外,商王室还在宗进行授命征伐、宴飨、召集众人等事。如果说殷王陵区公共祭祀场所的堂是早期明堂的话,那么,在这个公共祭祀场所逐渐废弃之后,宗实际上具有了明堂的功能。宗的位置很可能不在王陵区,而应当是宫殿区的建筑。这个时期不仅有祭祀所有先王和神灵的作为公共祭祀场所的宗,还出现了专属某位先王的宗,常见的有"祖丁宗"(合集30300)、"父己宗"(合集30302)、"大乙宗"(合集34048)、"祖乙宗"(合集34050)等。
④ 过去曾将这类卜辞全部断定为帝乙卜辞,或笼统地称为五期卜辞,常玉芝先生论定其分属于文丁、帝乙两世(转引自《商代周祭制度》,北京:中国社会科学出版社,1987年)。其说甚确。

式的堂祭对象仅限于武丁、祖甲、康丁、武乙、文丁五位直系先王。卜辞谓：

① 丙戌卜贞，武丁堂其牢。（合集 35832）

② 癸酉卜贞，祖甲堂其牢。（合集 35916）

③ 丙戌卜贞，康祖丁堂其牢。（《英国所藏甲骨集》2514）

④ 甲申卜贞，武乙堂其牢。（合集 35829）

⑤ 丙戌卜贞，文武丁堂其牢。（合集 36829）

上引第三例的"康祖丁"，即商王康丁。这类卜辞表明，当时的堂祭规格化一，所用牺牲皆为一牢，除了五位直系先王以外，还有武乙的配偶母癸享受堂祭①，辞谓"壬戌卜贞，母癸堂虫羊"（合集 36328），以羊为祭品和祭祀武丁等直系先王的祭品规格是有区别的。卜辞所载这个时期的堂祭资料表明，当时在殷王陵区已经建有武丁、祖甲、康丁、武乙、文丁等先王以至母癸等的专用的享堂。此外，还可能有帝乙的享堂存在。解放前安阳侯家庄殷代大墓群发掘时，在圹口以下发现有大砾石暗础的遗存，这类大墓有些可能是王陵，墓上应当有享堂之类的建筑②。战国时期中山王陵兆域图表明，其墓上建筑分别称为"王堂""王后堂""哀后堂""夫人堂"等。通过对于卜辞所载"堂"的研究，我们说墓上建筑称"堂"之制可以追本溯源到商代。

文丁、帝乙时期的堂祭卜辞的占卜日期绝大多数是在王、妣所名之日的前一日，只有极少数和王、妣所名之日为同日。这和周祭卜辞中大多数卜日与

---

① 岛邦男著：《殷墟卜辞研究·禘祀》（载《古文字研究》第1辑）里说，还有妣己、妣癸两例。其说误。他所指出的《遗珠》391片，《合集》收为37953片，该片"妣己"后一字残缺，不能断定其为"堂"字。他所指出的《南明》735片，《合集》收为36317片，辞中"妣癸"以后为"必正"。岛氏在《殷墟卜辞综类》475页和544页都释为"正"字，他在《禘祀》里的改释是错误的。

② 商代墓葬上建有供祭祀使用的建筑，这已为考古发掘所证实。如安阳大司空村编号为M311和M312的墓上都发现有夯土台基、砾石柱础，并且墓上建筑正坐落在墓圹口上。建筑平面大小与墓圹口基本相等。著名的殷墟妇好墓上亦有坐落在墓口之上和墓口大小接近的建筑基址。基址上有"排列较规整的柱洞六个"，"洞内大多保存白色木柱灰，洞底均有河卵石柱础"（中国社会科学院考古研究所：《殷墟妇好墓》，北京：文物出版社，1980年），据推测它是享堂建筑的遗存。

王、妣所名之日相同的情况显然有所区别。究其原因盖在于商代后期的占卜和祭祀多在宫殿区的宗庙里举行，多数周祭卜辞的卜、祭日与先王的日干名一致。是在占卜后即在宗庙里举行祭祀仪式；而先王的享堂不在宫殿区，而在距宫殿区有数里之遥的王陵区，所以要在王、妣所名日的前一日进行占卜，以便次日前往祭祀。

还需要指出的是，文丁、帝乙两世，除了以建筑单独的享堂的形式表示对于近世直系先王的尊崇以外，还为近世直系先王的父、祖两世设立"宗堂""必堂"，以表示特殊的尊敬。这个时期的卜辞谓：

①甲申卜贞，武乙宗堂其牢。（合集36081）
②甲申卜贞，武乙必堂其牢。（合集36106）
③甲戌卜贞，武祖乙宗堂其牢。（合集36080）
④甲辰卜贞，武祖乙必堂其牢。（合集36116）
⑤丙午卜贞，文武丁必堂其牢。（合集36115）
⑥丙戌卜贞，文武丁宗堂其牢。（合集36154）

"宗"指宗庙；"必"指幽邃的神宫①。前两例的"武乙宗堂""武乙必堂"是文丁为其父武乙所建。第三、四两例的"武祖乙宗堂""武祖乙必堂"是帝乙为其祖武乙所建，当然也有可能是沿用文丁时的建筑而改称的结果。最后两例的"文武丁宗堂""文武丁必堂"是帝乙为其父文丁所建。文丁、帝乙为其祖若父所建的"宗堂""必堂"当是在宗庙或神宫里专门的享堂。

（五）

综上所述，可得出以下几点结论。

首先，甲骨文"囗"，从音、形、义几方面考察，都可以说明它是"堂"字初文。关于它的大量卜辞是研究商代祭祀制度和殷墟祭祀场所的重要资料。《礼记·孔子闲居》有"殷人吊于圹"的说法。圹指墓穴，在古人看来，它是人的另在住处，因此《荀子·礼论》谓"圹垄，其貌像室居"。圹古音与堂同。

---

① 关于甲骨文"必"的考释今从省吾说，详见《甲骨文字释林》，北京：中华书局，1979年，第38—40页。

所谓"殷人吊于圹",实即殷人吊于堂。殷墟王陵区的祭祀场所,既是圹,又是堂,可以说是圹、堂合而为一。

其次,在武丁至武乙时期的卜辞中,堂是公共祭祀场所,并且具有多种功能。这个时期的堂即文献所谓的"明堂"。文丁、帝乙时期的卜辞中,堂附属于武丁等直系先王及武乙的配偶母癸,成为专属某位先王或先妣的享堂。"明堂"的作用从康丁时期即逐渐由"宗"来代替。

再次,文丁、帝乙时期的"宗堂""必堂"之制,表明了对于祖、父两代先王的特殊尊崇,其目的在于提高时王的威望以增强王权。

复次,殷王陵区的大面积的祭祀坑是作为公共祭祀场所的堂的附属区域。商代后期合祭或分组祭祀先王已常在"宗""室"等处进行。据卜辞推测,武丁至文丁时期的商先王墓上有享堂,武乙、文丁两王的宗庙、神宫里也各有其享堂。在享堂祭祀近世直系先祖为商王所特殊重视。

第五章
西周时期的社会结构与社会观念

西周时期社会结构建立在分封制和宗法制的基础之上。氏族到了周代多称宗族，这是宗法制普及的结果。本章对分封制的讨论，目的在于说明其社会结构赖以建立的广阔而厚实的社会基础。

关于商周两大族的关系，特别是商王朝时期周族与殷商的关系。前辈虽然研究甚多，但尚有可以继续探讨的地方，其中之一就是姬周族国号的起源。这也是本章首先要探讨的问题。

周代的历史，特别值得重视的是西周前期的周公摄政称王和西周后期的"共和行政"。这两件大事虽属政治范畴，但其出现的根源则在于其社会结构的特征。论者或将"共和行政"纳入阶级斗争范围内而大谈其意义，其实它并不是所谓的农民起义或社会下层的阶级斗争，而只是社会结构变化的反映。在研究"共和行政"问题时我较多地注意到了诸侯势力的兴起，春秋时期诸侯兴起，霸权迭兴，这种政治格局实肇端于"共和行政"。从这个角度说"共和行政"是两周政治变迁的枢纽，实不为过。本章有一节讨论"共和行政"以后社会观念的变化，也是从同一个思路出发来理解问题的。

关于周代普通社会成员的身份问题，专家多有详细研究。本章从"国人"与"庶民""舆人"等的社会身份的变化来谈，力求将国人与庶民有一个时代的区分。关于国人的身份及社会重要性，前辈专家和时贤学者论之夥矣。但国人作为宗族成员这一点还强调得不够，只是到了春秋中后期我们才能看到游离于宗族之外的"国人"的身影——初试身手的早期士人。

夏、商、周三代对于后世影响最大的是周代。可以说，周代社会观念的形成，是中国古代传统观念的奠基。在晚周诸子中，有相当部分源于"王官"，实际上是源于周代的传统观念。分析周代社会观念问题，对于先秦诸子的研究应当是重要的前提。

一 从甲骨卜辞看姬周族的国号

（一）

关于姬周族的国号问题①，古代的学问家多有所论。最早提出这个问题的可能是西汉时期的司马迁。他说："戎狄攻大王亶父，亶父亡走岐下，而豳人悉从亶父而邑焉，作周。"（《史记·匈奴列传》）此后，更明确地谈到这个问题的是东汉时期的高诱。他说："岐山之阳有周地，及受命，因为天下号也。"（《吕氏春秋·古乐》注）高诱认为，周的称号源于岐山之阳的周地。魏晋时期的皇甫谧进一步指出：古公亶父"邑于周地，故始改国曰周"。（《史记·周本纪》集解引）他断定"周"称自古公亶父始，并谓"始改国曰周"，可见皇甫氏以为古公亶父以前并不称为周。唐代张守节明确指出："因太王所居周原，因号曰周。"（《史记·周本纪》正义引）唐朝的司马贞也说："后稷居邰，太王作周。"（《史记·周本纪》索引述赞）

此所谓"太王"即古公亶父，司马贞也认为周称自古公亶父始。但是，古公亶父以前的周族在文献中也偶有冠以"周"称者。如《左传》昭公二十九年谓"周弃亦为稷"，即为一例。对此，唐孔颖达解释说："弃为周之始祖……以其后世有天下，号国曰周，故以周冠弃，弃时未称周也。"（《春秋左传正义》卷五十三）

总之，古代的学问家多以为周称始于古公亶父，系因周原的地名而称之者。

上古时代的国号、族号往往因地名而起，始"黄帝以姬水成，炎帝以姜水成，成而异德，故黄帝为姬，炎帝为姜"（《国语·晋语》四），此即为显例。据专家研究，商系以漳水之漳而取音称商。周族以周原而名周，乃是顺理成章的事情。但是，甲骨文"周"字考定以后，皇甫谧、张守节、司马贞等人关于

---

① 严格说来，古公迁岐以后，方有周称，这里所谓"姬周族"，实际上是指古公以前一个姬姓部族，也可以说是后来称为"周族"的那个族。为了行文方便，才以姬周相称。正如下文所称"晋境"指汾水流域一样，都是以后世通用的概念来说明前代的事情，特附识于此。

周称源始的说法就屡被论者斥为无据妄说。论者以为既然武丁卜辞就习见"周"字，那么，若说远在武丁以后的古公亶父时才有周称，便绝无此理。检讨前人的旧说和论者的指斥，愚以为有不少问题，尚待继续探讨。例如，依旧说，古公亶父居周原时始称周，那么古公亶父以前，其族以何为称呢？这是旧说所未涉及而尚待研究的一个重要问题。另外，卜辞里面固然有"周"的记载，但何以证明其必为夏商周之"周"呢？如果不能证明，那么它又应当作何种解释呢？以下试图从几个方面进行研究，重点指出：

第一，姬周族是在大河以东的汾水流域形成和发展的。

第二，古公亶父以前，由于长期居于汾水流域，所以只称为"汾"，而没有周称。

第三，甲骨文"周"字有其特定的含义，并不指夏商周之"周"。

第四，《诗经·豳风》的内容也有利于说明上述各点，因为它是晋诗，是追述姬周族居于晋境时的农事诗和周公东征的史诗。

如果能够说明以上几点，那么，我们不仅可以断定皇甫谧等人的说法是正确的，而且还有助于澄清殷周关系史上的一些问题。

（二）

要究明姬周族的国号问题，应当先弄清楚姬周族最初的居地和以后的迁徙情况。周穆王时期的祭公谋父说：

> 昔我先王世后稷，以服事虞夏，及夏之衰也，弃稷不务，我先王不窋用失其官，而自窜于戎狄之间，不敢怠业……至于武王，昭前之光明而加之以慈和，事神保民，莫弗欣喜。（《国语·周语》上）

祭公所指出的周先王和虞夏的密切关系，这应当是正确的。因为周人自己多以"有夏"相称，周的最初居地应当和虞夏毗邻。周先王从不窋开始，"窜于戎狄之间"，韦昭注谓"去夏而迁于邠"，再以后的事情，祭公谋父已经不甚了了，无从说起，因此从不窋起到武王的一段，在祭公谋父的叙里就成了空白。

关于姬周族的最初居地，学者们进行过多方面的探讨，不少人认为是在陕西的泾渭流域。其主要根据有三项。第一，《诗经·生民》谓后稷"即有邰家室"。邰地在今陕西武功县。第二，与姬周族累世婚姻的姜族自来居于关中平原西部，传说宝鸡一带有姜太公垂钓处、姜城堡、神农祠等。第三，考古资料表明，关中地区的漆水下游有不少先周文化遗址，可见先周文化是一种土著文化。

和这种说法不同的是姬周族源于晋境说，首倡此说的是钱穆①，后来吕思勉②、陈梦家③陆续采用钱说。从考古学角度对此说加以说明的有邹衡④、李仲立⑤等，后来，王玉哲⑥、李民⑦又从新的角度对此加以证实。诸家所论多有发现，但是因为侧重点不同，故而详略取舍各自有别，间或有某些不足之处而需补充说明者。这里拟总括诸家所论，经梳理补充并稍加修正，可以对于姬周族源于晋境说提出下述几项比较系统的看法。

第一，先周历史上屡有邠称，如《孟子·梁惠王》下篇谓"昔者太王去邠"，《逸周书·度邑解》谓"王乃升汾（《史记·周本纪》引为幽）阜以望商邑"等，即为其例。由于邠、豳同字⑧，所以又屡有豳称。如《诗经·公刘》篇谓"于豳斯馆"，《史记·匈奴列传》谓公刘"邑于豳"，《史记·周本纪》谓庆节"邑于豳"。此皆说明，先周族实居于邠地。姬周族邠以邠相称，应当是由于它长期居于汾水流域的缘故。周厉王避难到汾水边上的彘邑居住十四年之久，以至于《诗经·韩奕》称他为"汾王"，周宣王败于姜戎氏以后"料民于太原"（《国语·周语》上）。这些都说明汾水流域是姬周族的根基之地。后来，古公迁岐时才将邠称带了过去，犹殷人所居之地皆称亳然。

第二，《诗经·绵》追述姬周族发祥历史说："民之初生，自土沮（徂）漆"，此"土"，应当和《诗经·长发》"禹敷下土方"之"土方"以及殷墟卜辞习见的"土方"有关系。或谓土方即《左传》襄公二十四年所载"唐杜氏"之杜，地在今山西石楼一带，其地望在晋境。《诗经·公刘》有"逝彼百泉""观其流泉"之句，与晋境泉水特多的情况相合。《水经注》卷四谓"水出汾阴县南四十里，西去河三里，平地开源，喷泉上涌，大几如轮"。陈梦家说："此

---

① 钱穆：《周初地理考》，《燕京学报》，1931年，第10期。
② 吕思勉：《先秦史》，上海：开明书店，1940年，第117—118页。
③ 陈梦家：《殷墟卜辞综述》，北京：科学出版社，1956年，第292页（下引该文，版本同此）。
④ 邹衡：《夏商周考古学论文集》，北京：文物出版社，1980年，第342页（下引该文，版本同此）。
⑤ 李仲立：《试论先周文化的渊源》，《社会科学》，1981年，第1期。
⑥ 王玉哲：《先周族最早来源于山西》，《中华文史论丛》，1982年，第3辑，第1—24页。
⑦ 李民：《释<尚书>"周人尊夏"说》，《中国史研究》，1982年，第2期。
⑧ 转引自《说文》六篇下和《史记·周本纪》索隐。

所形容，当是今万泉县东谷中有井泉百余区之地"①。此地在晋西南，公刘所视之泉，当即此处。

第三，古公自邠迁岐时，其子"大伯不从"（《左传》僖公五年），仍然留在姬周族原住地，做了虞国的始祖。虞在今山西平陆境。此可证迁岐之前姬周族必在晋境。故而《穆天子传》才说"大王亶父之始作西土，封其元子吴太伯于东吴（虞）"，如果说姬周族源于泾渭流域，那么这里就不会有"西土""东虞"的说法。《尚书·大诰》篇云："有大艰于西土，西土人亦不静。"此称泾渭流域为"西土"，则其"东土"当指汾水流域。古公"逾梁山，止于岐下"（《孟子·梁惠王》下）的梁山即晋境之吕梁山，古公迁岐的原因，或谓"狄人侵之"（《孟子·梁惠王》下），或谓"薰育戎狄攻之"（《史记·周本纪》），所谓的"狄人""薰育戎狄"，皆古有易族的名称，有易族原居于冀境的易水流域，后被商族攻击，"昏微遵迹，有狄（易）不宁"（《天问》），被迫西迁，而与居于汾水流域的姬周族冲突，经过长期的相持斗争，姬周族也被迫西迁，依晋冀接壤的形势观之，姬周族也应当是居于晋境的，而不会在陕地。

第四，周人屡次自称为"有夏"，如"惟文王尚克修和我有夏"（《尚书·君奭》），"仍伻我有夏，式商受命"（《尚书·立政》）等皆然。姬周族和夏关系密切，甚至可能原为夏族的分支。《逸周书·商誓》谓"在昔后稷惟上帝之言克播百谷，登禹之绩"，亦明确指出后稷活动的地域为"禹之迹"。《诗经·閟宫》谓后稷"奄有下土，缵禹之绪"，亦认为后稷所居为禹之故地。是篇还说"实维大王，居岐之阳"，明确指出迁岐自大王始。夏的基地在豫西和晋南一带。这屡为考古和文献资料所证明。从姬周族与夏密切关系看，其发源故地亦当在晋境。

第五，后稷母姜原是有邰氏女。《路氏·后纪》卷三载"上妃有骀氏曰姜原"，有骀氏当即《左传》昭公元年所谓的"封之汾川"，后来又成为"汾神"的台骀氏。既然被封在"汾川"，那么其地望自当在晋境，后稷的"即有邰家室"（《诗经·生民》）也当在此。

第六，与姬周族累世婚姻的姜族多居于晋境。上古时代的姜族最著名者有齐、许、申、吕四国，古称"四岳"（《国语·周语》下）或"太岳"（《左传》隐公十一年、庄公二十二年）。《诗经·崧高》谓"维岳降神，生甫（吕）

---

① 陈梦家：《殷墟卜辞综述》，第292页。

及申",即明指姜姓的甫（吕）、申与"岳"有直接关系。春秋时代的姜戎氏曾经自称"四岳之裔胄"（《左传》襄公十四年）。四岳、太岳古均指晋境的霍太山，因此与四岳、太岳有直接关系的姜族应当是在晋境的。姜与羌古同字，卜辞关于羌的记载有近万条之多，羌族在卜辞里又分为"马羌"（合集6624）、"北羌"（合集6628）、"羌方"（合集22982）、"冄黾羌"（合集451）等部，多居于晋境。尽管陕西和甘肃南部也有姜族分布，但其主要居留地是在晋境。这就为姬周族源于晋境说提供了一项旁证。

第七，考古材料也证明姬周族源于晋境。先周墓葬，不论大小，一般都随葬陶鬲，常见到的，只有分裆鬲和联裆鬲两种。其联裆鬲的形制恰与山西光社文化相同。"由于光社文化的这种联裆鬲的年代比先周文化第一期要早，因此只有一种可能，即先周文化的联裆鬲是从光社文化来的，而绝对不可能相反"①。另外，周族里有徽号作铜弓形的和作"天"字形的两个著名氏族，根据对所出土的这两个氏族的百余件铜器的断代和分布区域的研究，邹衡指出，这两个氏族早期居于山西，后迁至陕西的泾渭流域，克商以后有的支族才迁至河南。不难发现，这个结论是周族源于晋境说的极有力的考古学证据。

总之，和姬周族源于陕西泾渭流域的说法比较起来，姬周族源于晋境说的证据更充分一些，应当属可信。需要指出的是，由于上古诸族屡有迁徙，因此，相关的地名和史迹也往往随之带到各地，例如，商亳就有四五处之多，泾渭流域是古公以后的姬周族的根据地，在这个地区出现先周的某些地名和史迹并不能成为其起源的可靠证据，而可能从中窥见姬周族自晋迁陕以后的某些发展情况。

（三）

既然姬周族最初居于晋境的汾水流域，那么，按照因地而名的通例，则其族名、国名就当为"汾"，或者是与汾音相同的邠若豳，而不能称为周。今本《竹书纪年》有以下记载：

①祖乙十五年，命邠侯高圉。
②盘庚十九年，命邠侯亚圉。
③祖甲十三年，命邠侯祖绀。

---

① 邹衡：《夏商周考古学论文集》，第336页。

④武乙元年，邰迁于岐周。

⑤武乙三年，命周公亶父，赐以岐邑。

高圉、亚圉是古公以前的姬周族的首领，《国语·鲁语》上篇谓"高圉、大王能帅稷者也，周人报焉"。《左传》昭公七年，卫襄公卒，周王遣使吊唁，其辞有云："余敢忘高圉、亚圉！"据此可以推测，卫祖即高圉、亚圉的后裔。今本《纪年》提到的组绀即《周本纪》的"公叔祖类"、《世本》的"组绀诸盩"，从今本《纪年》的记载里可以看到，古公以前的组绀、亚圉、高圉等皆称"邰侯"，迁于岐周以后才冠以周称。显然，这是对于姬周族国号起源问题的很好说明。

今本《纪年》的这些记载可靠吗？

尽管今本《纪年》的问题很多，但是其中不少内容是从类书、古注里面摘引的，据推测它的出现，"最迟当在南宋时期"，其编纂者所见的古本《纪年》佚文"可能比我们看到的为多"，所以，它"仍有其一定的史料价值"①，杨树达也指出今本《纪年》"大都有所据依，非出臆撰"②。王国维《今本竹书纪年疏证》，以"捕盗者之获得真赃"（见其书序言）的办法追寻今本《纪年》剿袭它书的证据，但对于邰侯的记载却不能置一词，可见这个记载应当是可信的。今本《纪年》关于邰侯的记载可与古本《纪年》的记载相互补充，古本《纪年》的"殷纪"里面武乙以前缺周事，《文选·典引》注引《纪年》曰："武乙继位，周王季为殷牧师"，此为古本《纪年》提及周事之最早者，今本《纪年》关于邰侯的记载在一定程度上可补其缺。另外，从世系上看，殷先王祖乙至武乙之间有六世，而《周本纪》所载高圉至古公间仅两世，今本《纪年》的排列似有可疑之处。学者根据《山海经》《路史》等记载，多认为周代世系必有"失其代数"（《史记·周本纪》索隐）者，根据文献记载，高圉至古公之间，至少可以拟补两世，所以今本《纪年》关于邰侯世系的记载当属可信。尽管其系年未必准确，但其大旨是可信的。

既然姬周族源于晋境，在古公以前长期居于汾水流域，既然高圉等周先祖被称之为邰侯，那么，姬周族所立国在古公以前应当称为"邰"若"汾"的。

---

① 方诗铭、王修龄：《古本竹书纪年辑证》，上海：上海古籍出版社，1981年，第3页。
② 杨树达：《积微居小学述林》卷7，北京：中华书局，1963年。

《尔雅·释地》："东至于泰远，西至于邠国"，《说文》引《尔雅》邠国作"汃国"。《说文》平字下谓"从八，八，分也"；半字下谓"半，物中分也，从八，从牛，牛为物大，可以分也"。《说文》训分、八皆为"别也"。凡此皆可证"八"与"分"相通，因此"邠国"也可以作"汃国"，"汃"当与汾同。此"邠国"指极西部之国，应即姬周族居汾水流域时所立之国。它给上古时代的人留下深刻印象，陈陈相因而为《尔雅》所采。因为邠通于豳，所以《周礼·春官》注引郑司农说又称"豳国之地，《说文》邠，周大王国"。按此说稍有误，应谓邠指周大王迁岐前大国。《史记·周本纪》"庆节立，国于豳"。显而易见，这些文献记载也为姬周族的国号问题提供了很好的说明。

（四）

特别应当指出的是，殷墟卜辞里关于"汾方""侯汾"的记载，不仅能和文献记载印证，而且是姬周族国号问题的最直接的证据。甲骨文有"分"字，《甲骨文编》和《甲骨文字集释》都释为分。这是可信的。在卜辞里面，"分"用为地名，应当与"汾"同。甲骨文有从水从刀之字，作"⿰氵刀"形，诸家漏释。以刀为偏旁的甲骨文多有分割之义，如利、刻、黎、初等皆然。《说文》："分，别也，从八、刀。刀，以分别物也。"这个字取义于以刀划水，当是汾字初文。和这个字相关的卜辞有：

① 甲申卜贞，我弗其受分（汾）方又。（合集9728）

② 弗𢦏汾。（合集6660）

③ 𢦏汾方。（合集6659）

④ ……巳卜贞，氏侯汾。（合集9154）

⑤ 癸酉卜，𠇗于栗⿱，入⿱，汾从。（合集19956）

⑥ 分（汾）养（牧）。（合集11398）

⑦ 癸未卜，兔以汾人，允来。（屯南427）

⑧ ……驱分（汾）人。（合集31997）

上引⑤为自组卜辞，⑦⑧为四期卜辞，余皆一期卜辞。上引前三条卜辞贞问讨伐汾方能否受到神灵保佑。④辞的"侯汾"依例即汾侯，犹卜辞中称"侯告"即告侯、"侯专"即专侯者然。这条卜辞贞问是否征召汾侯。今本《纪年》

载盘庚时曾经"命邠侯亚圉",依时代而论,④辞的"侯汾"有可能是邠侯亚圉。⑤辞的 ⌇ 字不识,疑与 ⌇ 同,亦指驻军之事。这条卜辞贞问名足者驻军于粟,入于某地时是否让"汾"跟从。此"汾"盖指随王室军队征伐的汾侯的族众。⑥辞的养字原从羊从殳,罗振玉释其牧,李孝定根据它与《说文》所载养字的古文合而释为养字,谓它"像手执杖以驱羊",与牧同意(《甲骨文字集释》卷五,第1770页)。这条卜辞贞问是否于"分(汾)"地放牧。卜辞有"于南养(牧)"(合集11395)、"养(牧)于唐"(合集1309)等,皆与⑥辞同例。⑦辞贞问名兔者征召汾人能否来到。⑧辞同版有关于父乙的贞问,四期卜辞的父乙即武乙,所以这条卜辞属文丁时期。这条卜辞贞问驱逐分(汾)人之事。

分析上引卜辞记载,有下述各事值得重视:

第一,文献所载殷周关系,其时代最早者为祖乙"命邠侯高圉"(今本《纪年》)。这时的殷都可能已经迁至今冀南邢台一带①,与姬周族所居住的晋南相邻。此时殷周间有了初步的关系是十分可能的。武丁时的殷周关系,文献阙如,上引一期卜辞正补其缺。

第二,武丁时期,汾曾经是殷的敌国,上引①至③辞关于讨伐汾方的贞问,是为其证。

第三,武丁后期,经过讨伐,汾即宾服,此后殷周关系渐趋密切,卜辞有征召"侯汾""汾人"和"汾从"的记载,这与盘庚、祖甲时"命汾侯"(今本《纪年》)的文献记载是一致的。古本《纪年》屡载季历伐西落鬼戎、燕京之戎、余无之戎而受到武乙赏赐,卜辞极少有称某方又称某侯之例。然而却有"汾方""侯汾"之载,这说明殷周关系一度十分密切。

第四,⑦辞表明汾地原曾为殷王朝的放牧之处。姬周族强大以后,武乙命季历为"殷牧师"(古本《纪年》),对此,卜辞和文献记载可以相互印证。

第五,文丁时期姬周族虽已迁于岐,但仍讨伐晋境的余无、始乎、翳徒诸戎并皆大捷,可见姬周以岐为基地将势力又扩展至晋境,在殷商感到威胁、无可容忍的时候,终于导致"文丁杀季历"(古本《纪年》)。文丁此举,意在夺取晋境。上引⑧辞就是文丁驱逐汾人以控制晋境的记载。

---

① 邹衡:《夏商周考古学论文集》,第207页。

（五）

通过对相关文献和卜辞的考察，可以说，姬周族迁岐以前称为邠若汾，这个推断是能够成立的。对此的一项旁证就是，在周人自己的史诗和谕诰文献里，其自称为"周"总是从古公开始，而追述古公以前的历史时却从来不用"周"称。他们认为"周虽旧邦，其命维新"（《诗经·文王》）。什么时候开始"受命"而为周了呢？《诗经·下武》说：

> 下武维周，世有哲王，三后在天，王配于京。

他们认为武功强盛的周邦自来就有圣哲之王——即已经升到天上的"三后"和正在京师执行帝命的武王。"三后"指太王、王季、文王。这几句诗确凿地表明周称自"太王（古公亶父）"开始。《史记·鲁周公世家》载东征以前周公语谓"我之所以弗辟而摄行政者，恐天下畔周，无以告我先王太王、王季、文王"，称周之先王亦从太王起。《尚书·无逸》载周公语"厥亦惟我周太王、王季、克自抑畏"，《金縢》谓太王、王季、文王为"三王"，此皆为周称自古公起的显例。周人有时也有"二后"之称（见《诗经·昊天有成命》），指文王、武王。《逸周书·世俘》载武王灭商以后至庙告祭"王烈祖自大王、大伯、王季、虞公、文王、邑考以列升"，所列周先王亦自太王起。可以设想，如果自来就有周称，那么后稷、公刘、高圉、亚圉等便不至于被完全排除在周先王以外。《生民》《公刘》两篇是追述姬周族史迹的长篇史诗，两诗中均不见周字，讲后稷只谓"即有邰家室"，讲公刘只谓"豳居允荒"，无一处提及后稷或公刘时已经有了周称者，从周人对自己历史的追述看，确是从太王始有周称的。皇甫谧所谓古公迁岐之后"邑于周地，故始改国曰周"的说法有此为证，可谓信然。

现在需要讨论的一个问题是，皇甫谧所谓古公"邑下周地"之说是否正确，即周原之称是古已有之，抑或是古公带来的地名呢？《诗经·绵》载古公迁岐之事谓：

> 古公亶父，来朝走马，率西水浒，至于岐下，爰及姜女，聿来胥宇，周原膴膴，堇荼如饴。

古公至岐，见到"周原膴膴"，从诗义看，是周原之称必在古公迁来以前。《路史·国名纪》卷一云：

郮,《潜夫论》：詹、资、郮、翟,黄帝后,故《玉篇》云：资、郮故国,黄帝后,封在岐山之阳,所谓"周原朊朊"者,顾伯邺云：昌意后,止于夏商间。

罗泌所见《玉篇》当系别本。《玉篇》通作"郮,故国,黄帝后所封也",与罗所引大旨相同。不管郮是黄帝后,或是昌意后,既然其"止于夏商间",那么它的时代远在古公迁岐以前。很可能夏商之间,在周原一带就居有黄帝部落的某一支系,并且此一支系以周为称,后人加邑旁而称其为"郮"。《诗经·绵》谓古公迁岐,"行道兑夷,混夷駾矣",此"混夷"即原居于岐下者。"混夷",《诗经·皇矣》作串夷,《汉书·匈奴传》作畎夷。它属于犬戎的一支,《山海经·大荒北经》说它是黄帝后裔,可见其为姬姓,这与作为"黄帝后"的郮的记载是一致的。很可能岐地原有的郮国即为混夷所立。陕西扶风的柿坡、岐山及和扶风交界处的樊村、召陈、任家、康家、庄白、齐镇、方塘、齐家、礼树贺家、董家、王家嘴等处都发现有早周遗址,有些遗址的时代早于周原遗址。这些情况都说明古公来此以前,周原一带并非荒无人烟的去处,而当有先民——很可能就是后来被为"郮"的一支姬姓族居于此处。周原之称"周",应为在古公迁岐之前早已有之者。姬周族先民居于晋境时,因汾水而得名,称为汾若邠①,古公迁岐之后因邑于周地而称为周。姬周族国号递变的荦荦大端可以说是信而有征的。

（六）

如果周族在古公以前居于晋境并且以汾（邠）相称的说法可信的话,那么很自然地考虑到如何理解殷墟卜辞里的"周"的问题。不少专家讲殷周关系时往往是以殷墟卜辞里关于"周"的记载为依据的,其前提就是卜辞之"周"就是夏商周之周,亦即姬周之周。这确是一个必须探讨的问题。这个关键就在于认识卜辞里的"周"的特定含义。

甲骨文囲、田,初皆误为卤字,释为鲁,后来孙诒让、吴大澂等经过甲骨文、金文的比较研究,始释为周字,诸家从之,终成定论,释"周"之说,大旨不错,然而其造字本义和音读起源等问题却不明晰。这也就影响了对于相

---

① 汾、邠、豳三字在古文献里,每相通假。如《逸周书·度邑》"王乃升汾之阜以望商邑",注："汾,一作邠。"《史记·周本纪》述此事作"登豳之阜"。是为其证。

关卜辞的释读。

甲骨文"周"字与舟船很有关系，表示舟船的甲骨文除了常见的"舟"字外，还有"囗"（即船字象形初文）①。甲骨文周字所从的"田"、若"冊"即桴（舟）之形。有人以为甲骨文周是田中禾苗之形，其实甲骨文田字虽有异形作"田""囲"者，但其四周皆不出头，与"田""冊"的区别一望可知，所以甲骨文周字并不以田为偏旁，而是以桴（舟）形为偏旁的。《论语·公冶长》"道不行，乘桴浮于海"，集解"桴，编竹木，大者曰栰，小者曰桴"，《国语·齐语》"方舟设泭，乘桴济河"，韦注"编木曰栰，小泭曰桴"。桴又作泭。《尔雅·释水》"庶人乘泭"，郭注："并木以渡，泭音桴。桴又作筏"。《北堂书钞》卷一三五《东观汉纪》"乘筏从江下"，今本筏作桴。《广韵》"筏，大曰筏，小曰桴。乘之渡水"。泭、筏与桴皆为一声之转。甲骨文作偏旁的"田""冊"即编木而成的桴形，甲骨文兴字作"🙌"形，从众手抬船会意。其异体作"🙌"（合集16081）"🙌"（合集20236），所从的"田"与"囗"（船）、"囗"（舟）同，足证其本义是一致的。桴、舟古音均为幽部字，上古时代的桴与舟虽然其形制有别。但作为水上交通工具两者却实为一事。从广义上说，甲骨文周字所从的"田"既可称为桴，也可称为舟。

在古代文献里，周与舟每相通谐。如：《诗经·大东》"舟人之子"，郑笺"舟当做周"。《考工记》"车行以陆，作舟以行水"，郑注"故书舟作周"。屈原《九歌》"龙驾兮帝服，聊翱翔兮周章"，《尚书大传·虞夏》"舟张辟雍"，《尔雅·释训》"伤张，诳也"，所云"周章""舟张""伤张"与汉魏以降的"倜傥"，实为一词。《左传》宣公十四年"申舟"，《吕氏春秋·行论》高注作"申

---

① 以舟字为偏旁的甲骨文字，如"朕""受"等，亦将偏旁舟写作"囗"，殷王盘庚，卜辞作般庚，其"般"字绝大多数以"囗"为偏旁，此可证甲骨文舟与"囗"相通。《说文》舟、船二字转注，古文献里舟、船每互用无别。这可能是不同地域的人们对同一事物的异称。《方言》"关西谓之船，关东谓之舟"，即此之例。在卜辞里，"囗"读若凡；甲骨文"南""般""丹"等以"囗"为音符。这些字的音读均当源于船。甲骨文有一个从水从二"囗"的字（见合集11477），即泛字初文。《说文》泛、浮互训，浮古音与舟同，浮与泛互训是舟、船转注的结果。

周"。《左传》襄公二十三年"华周",《说苑·立节》作"华舟"。《说文》的鶋字,俗作遇。《尔雅·释训》俦。《释文》谓"或作倜"。均为周、舟相通之证。《诗经·河广》"曾不容刀",郑笺和《释文》均谓:《说文》作"鶋"。今本《说文》无鶋字,段玉裁据之以补。《释名·释船》"三百斛曰鶋",鶋字的出现一方面说明"周"的本义隐晦是比较早的事情;另一方面也说明,"周"的本义确实为桴(舟),鶋字以舟为偏旁,是对"周"的本义的强调。周与舟相通谐,不仅是由于其古音相同,而且由于它们在造字本义同出一源。

既然甲骨文周(田、囲)所从的田、囲为桴(舟)形,那么它所从的点形表示何种意义呢?

甲骨文偏旁里的点形,除个别的起指示作用者(如叉字)以外,大部分表示散状物,如甲骨文"土""霾"字里表示土块、飞尘;在"雨""水"字里表示水滴,在稻、黍字里表示粮食颗粒等。与周类似的甲骨文作"囗"形的丹字,表示船上运载之物。《说文》谓"丹,巴越之赤石也",并指出"点像丹形",甲骨文周(田、囲)表示桴(舟)上运载之物,与丹的会意如出一辙。它所从的桴(舟),一方面表示其音读,另一方面会意,表示此物为舶来品,不是殷墟本地所产者。和"囗"相比,田所装满的应当是大量而且笨重的物品,既然以桴装载,那么它还应当是不怕水浸的物品,据推断,此物品应当是铜矿石或者玉石之类。

据《安阳县志》记载,在安阳西北四十里处有铜山,曾经产过铜。安阳以西的水冶,以南的汤阴高村桥一带现在还产铜。今安阳后岗西南不远的铁路苗圃北地是殷代铸铜作坊遗址①。距洹河甚近,在小屯村和高楼庄的薛家庄南地也发现了数处铸铜遗址②。这些遗址都在洹河南岸的近处。殷代航运业甚为发达,卜辞屡有这方面的记载,盘庚迁殷时,曾涉大河,并"若乘舟,汝弗济臭厥载"(《尚书·盘庚》)作比喻。另外,殷代青铜铸造业高度发达,不仅青铜器的数量巨大,并且多厚重古朴之器。这样看来,所需铜矿石的数量一定是十分可观的。根据此分析,如果说为满足铸铜业的需要,殷人从殷墟周围的某地开采矿石,然后沿洹河以桴(舟)运至铸铜作坊,这应当是完全可能的。

---

① 安志敏、江秉信、陈志达:《1958—1959年殷墟发掘简报》,《考古》,1961年,第2期。
② 赵霞光:《安阳市西郊的殷代文化遗址》,《文物参考资料》,1958年,第12期。

愚以为甲骨文田、田虽然可以迳释为"周",但实际上它是琱字初文。《说文》"琱,治玉也。一曰石似玉,从王,周声"。虽然在经传中琱多通作彫、雕,用其治玉之义,但《说文》却保存了它的"石似玉"的训释,这是很宝贵的。这种"似玉"之石与作冶铜主要原料的孔雀石十分相似。据研究,"铜矿砂分自然铜、氧化铜和硫化铜三种,硫化铜最难提炼。商代大概用自然铜和氧化铜。在殷墟发现的铜矿砂,都属孔雀石,为氧化铜的一种,其中最大的一块重18.8公斤。这种孔雀石应该就是当时用以炼铜的矿砂"[①]。自然铜的含铜量在百分之九十以上,孔雀石的含铜量在百分之七十以上。用以冶铸是十分理想的原料,孔雀石一般呈绿色,有玻璃光泽或金刚光泽,可以琢磨装饰品。它与《说文》所谓"石似玉"的"琱"完全吻合,殷代应该是称孔雀石和其他铜矿石为"周"的。殷以后,"周"的本义渐隐,古人才又加玉旁造出"琱"字,仍表示"周"的本义。在金文里,周与琱相通,如《函皇父匜》的"周娟",簋作"琱娟"。以周为偏旁的画字,或从"周"(如《师兑簋》),或从琱(如《录伯簋》)。这些都说明琱所表示的是周的本义,由于琱可琢磨为装饰品,故而琱又引申指雕。周的本义遂湮没。

我们还应当进而讨论在卜辞里和"周"连用的甲骨文"𢦏"字。此为双手持工具在山下开凿玉石之形,因其太繁琐,而有省写作"𢦏"(合集6819、6823)、"戠"(合集8466)形者,这个字,诸家多释为寇若戠,为讨伐义,又进而推论"寇周"或"戠周"即伐周,但验之以卜辞文义,均难读。叶玉森释其为凿(《殷墟书契前编集释》卷四),较为合理。在卜辞里,凿字恒与周(琱)连用,如:

① 已卯卜允贞,令多子族从犬侯凿周(琱)古王事。五月。(合集6814)

② 贞,令多子族暨犬侯凿周(琱)古王事。(合集6813)

③ 癸未卜争贞,令𠂤氏多子族凿周(琱)古王事。(合集6814)

这几例都是一期卜辞。贞问是否命令多子族、犬族等去凿周(琱)以执行王事。关于"古王事"的卜辞多不确指何事,明言何事者以"凿周(琱)古王

[①] 北京大学历史系考古教研室商周组:《商周考古》,北京:文物出版社,1979年,第46页。

事"为最著,此外仅见两例(合集22、5483),将垦田、田猎与"古王事"相关联。关于征伐的卜辞有数千例之多,无一与"古王事"相联系者,而关于"凿周(琱)"的卜辞却绝大部分和"古王事"相关联。根据"凿周(琱)"的本事及其和"古王事"相关联的情况,可以断定,"凿周(琱)"绝非伐周之义。对此,还可以提出这样一项反证,即数千例讨伐类的卜辞里无一例以"凿"表示讨伐之义者,如果凿周(琱)指伐周,那么卜辞里一定还会有"凿土方""凿羌方"之类的卜辞,然而卜辞里"凿"字只与"周(琱)"系连,而无例外。愚以为"凿周(琱)"非伐周,此亦当为确证。

除了凿周(琱)之外,在卜辞里,周(琱)字用其本义者还有作为赏赐物品名称的"周(琱)宓"(合集4885、4886),这里的宓字原作"𢆉",专家或释其为"宓"①,可从。愚以为"周(琱)宓"即"琱",周代金文罗列赏赐物品,其中常有"戈琱宓缟彤沙",盖指以琱装饰之戈。《左传》昭公十二年"君王命剥圭以为铖柲",卜辞"周(琱)宓(柲)"应当是装饰着圭玉的戈或斧。周代金文中琱字一般加玉旁,但也有不加者(如《县妃簋》),仍以周表示其本义。

其次,卜辞里用作人名、族名、地名的周(琱)字并不是姬周方国,甚至不是一个方国名称。这是因为:(1)卜辞里有周(琱)入若干龟板的记载(合集3183反面)。卜辞所记贡纳龟纳龟板者皆为殷王朝的头面人物或王室成员,及王妇,而从来没有某方国进献龟板的事例。"周(琱)入"的记载表明它不当是方国名称。(2)卜辞有"周(琱)氐"(合集5654)——即周送诣某种人牲或物品的记载,而卜辞中从来没有某方国主动地"氐"——送诣人牲或物品的记载。(3)卜辞中,没有称周(琱)为方的辞例,论者过去所指出的"周方",其实是误铲为周的结果。这个字作"用"形,其上部不出头,中间竖划伸出于下部,字的中间没有点状,这些与甲骨文周(琱)字都有明显区别。这个字应当是于省吾所指出的铲字的异构②。这个字在卜辞里仅用作地名,其地望在殷墟以东,可能是《左传》隐公三年"寻卢之盟"的卢,地在今山东长清西南一带。应当把这个字跟周(琱)区别开来。

卜辞里的周(琱)地应当是殷的铜矿产地,其地望在殷墟以西。早期𠂤组

---

① 裘锡圭:《释秘》,载《古文字研究》第3辑,第10页。
② 于省吾:《甲骨文字释林》,北京:中华书局,1979年,第30页。

卜辞里有"伐周（琱）"（合集20508）的记载，大概在武丁中期，殷才牢固地控制了周地。因为是铜矿产地，所以卜辞里屡有关于"方"是否合进犯"周（琱）"和周（琱）地是否有灾祸的贞问（见合集6782、8454），表明殷人对周（琱）地安危的关注。

还应当提到的是卜辞里有无"周侯"记载的问题。论者每每提到的"周侯"，其实是很可疑的。所谓的"周侯"，在卜辞中仅一见，这版卜辞原为《甲编》436片，《甲骨文合集》收为20074片。这版系残辞，行款紊乱，周、侯两字分属两行，并无可能连读。由此，我们可以断定卜辞中并无"周侯"之称。这个时期的姬周族既然以汾相称，其酋长在卜辞中只能称为"汾侯"，卜辞无"周侯"之称，应当是十分自然的事情。

总括起来，可以得出这样概述：甲骨文田、田为桴（舟）上运载铜矿石之形，它由桴（舟）得其音读，所以古代文献里，周与舟相每相通谐。金文周字作田、䛗，小篆作𠱿，由于递变之迹十分清楚，所以甲骨文田、䛗可释为周，然而应该注意的是从本义上看，它是琱字初文，在卜辞里，周（琱）字和凿相连用，指铜矿石（很可能是孔雀石）；其余作人名、地名者系指殷王朝直属的铜矿产地及以周（琱）相称的部族，它与姬周方国并无瓜葛。这个时期——集中出现关于（琱）的卜辞时期，姬周族尚居于晋境，以"汾"（邠）相称，明乎此，就可以断定卜辞里的周（琱）与迁陕地以后才出现的姬周方国是风马牛不相及的了。

（七）

一般认为《豳风》是姬周族居于泾渭流域的豳地时的诗篇。这是囿于姬周族源于陕地而提出的说法。如果姬周族源于晋境说能够成立，那么这种说法的无据是不待烦言的。近年，有的专家提出《豳风》应当为春秋时期的鲁诗，但此说尚待研究之处不少。

分析《豳风》的内容可以看到，它不仅与早周历史有密切关系，而且直接反映了周公东征的某些情况。《尚书·金縢》说：

　　武王既丧，管叔及其群弟，乃流言于国，曰：公将不利于孺子。
　　周公乃告二公曰："我之弗辟，我无以告我先王。"周公居东二年，则罪人斯得。

这是关于周公东征这个重大历史事件的最早文献记载。旧释"居东"，有避居东都和避居商奄两说，谓周公听到管叔等的流言蜚语，就跑到东都或商奄躲避起来，对这两种解释，赵光贤先生有精辟分析：

> 说周公避居东都，东都一般指洛邑，武王虽有意定洛邑为都，但未营建，营建东都在周公摄位时，而且在平武庚、管、蔡之后，这有《召诰》《洛诰》《尚书大传》为证。管、蔡放流言时，尚无东都可居，如《墨子》所说，以居东为居商奄，则当时奄君蒲姑方劝武庚举事（见《尚书大传》），周公怎能到敌人那里去住？这些说法都是讲不通的①。

《尚书》所云"周公居东"，并不是避居东都或商奄，而是东征平叛。从当时的政治局势来看，周公东征很可能是经过晋境，甚至以晋南作为东征基地之一。《逸周书·度邑》篇说武王灭商以后曾经"升汾之阜以望商邑"，然后才返回周地。显然武王从殷返周是途经晋境的。如果推测说周公东征亦循武王之故途，路经晋境并曾在此停留，这应当不是臆说。

愚以为《豳风》是产生于豳地——即晋境汾水流域的诗篇。《豳风》七篇可以为三部分。《七月》是追姬周族居于晋境时的农事和社会生活的诗篇；《鸱鸮》《东山》《破斧》是周公"居东"时的诗篇；《伐柯》《九罭》《狼跋》是反映西周时期汾水流域社会生活的诗篇。要而言之，可谓《豳风》为晋诗。

《诗经》国风部分皆以地域划分，《豳风》必与豳地有关。我们前面关于姬周族源于晋境的讨论说明，古公以前的豳地即汾水流域，谓《豳风》为晋诗，其证一。

《七月》诗里称月者用夏正，称日者用周正，这说明当时周人并用夏历和周历。晋境是夏的根据地之一，在那里有广泛的影响。而周人又长期居于晋境，早周时期出现周历、夏历并用的地区，只能是周、夏两支文化交互影响的地区，此地区非晋境莫属。其证二。

《七月》"二之日凿冰冲冲，三之日纳于凌阴"，《水经注》河水"《春秋左传》曰：日在北陆而藏冰，常以十二月采冰于河津之隘，峡石之河，北阴之中，即豳诗二之日'凿冰冲冲'矣"。此处古在晋境。其证三。

《尚书·金縢》篇谓周公居东时，"为诗以贻王，名之曰《鸱鸮》"，此诗

---

① 赵光贤：《说<尚书·金縢>篇》，《中华文史论丛》，1980年，第3辑。

现存《豳风》，既然"居东"指东征，并且东征又途经晋境并以晋南为基地之一，那么此诗必产生于晋境。其性质可洞若观火。其证四。

《左传》襄公二十九年记公子札对《豳风》的评论："美哉荡乎！乐而不淫，其周公之东乎！"可见，春秋时人仍以《豳风》为周公居东时所作。其证五。

《七月》所载"授衣""献豣于公"，"上入执宫功""跻彼公堂"等，与古公以前的姬周族社会发展情况相合，其所载禾麻菽麦黍稻等农作物便与晋地农作情况相合。其证六。

《七月》和《东山》都提到"穹窒"，毛传"穹，穷；窒，塞"，郑笺："穹窒，鼠穴也"。两说皆不可信。这两个字以穴为义符，指高大的穴室，犹今日所谓之窑洞。这与古公在晋境时"陶覆陶穴"（《诗经·绵》）的情况相合。其证七。

《吕氏春秋·音初》谓"《破斧》之歌，实始为东音"，所谓东音，即东国之乐诗。是此"东"亦周公"居东"之东，今破斧存于《豳风》。其证八。

总括上述证据，应当得出这样的认识，即《诗经·豳风》是产生于晋境汾水流域的诗篇，虽然它写定的时代未必太早，但其传诵却应当属于《诗经》中最早的部分。《周礼·春官》提到"豳诗""豳雅""豳颂"之称，在国风以"雅""颂"相称，说明它的性质与其他诸国风有别，《豳风》是追述周先祖情况的史诗性的作品。《豳风》性质的考察，对于认识姬周族国号问题，当有一定启发。

二　西周分封制

对于作为西周社会结构柱石的分封制度，前辈专家和时贤学者进行过许多研究，卓见迭出，令人叹服。然而关于西周分封制的一些重要问题尚多歧义，也有的为论者所忽略，因此还有继续探讨的余地。今论述如下。

（一）

分封制是周代的一种重要政治制度。关于它开始施行的时间，论者一般笼统地说是周初。这当然没有什么错误，可是假若再具体些，追究到底是周初的什么时间，那么论者则多以为是从武王伐纣以后开始的，难道还有什么疑问不成？其实，这个问题还真应当疑问一下，因为它不仅是一个时间问题，而且牵涉到对分封制实质的理解。

据说殷代就已经有了分封的现象。周公所谓作为殷商"外服"的"侯、甸、男、卫、邦伯"（《尚书·酒诰》），粗看起来确实和周代的诸侯没有太多的区别，卜辞中也有不少相关的记载。其实，不惟殷代如此，夏代也有类似的情况，所以太史公才说"禹为姒姓，其后分封，用国为姓"（《史记·夏本纪》）。从渊源看，夏商时代的分封现象乃是原始时代部落、氏族繁衍发展情况的继续，只是随着社会发展而增添一些新的内容并形成方国联盟，这才具有了时代特色。周代的分封制虽然不能说与夏商时代的分封现象没有联系，但在本质上两者却有很大区别。夏商时代，分封只是方国联盟的一种补充，当时社会结构的基本格局是在强盛的夏商王朝周围凝聚着大大小小的众多方国部落，很有些众星捧月的意味。周代的情况则不同，分封制度已是社会结构的主体，它并不单纯依靠周王朝的强盛所产生的凝聚力，而是分封子弟亲戚，让他们建立新的国家，遍及周人势力所能达到的最广大的区域。夏商王朝联系诸方国，主要靠神权；周王朝则主要靠血缘亲戚关系，神权已经退居于十分次要的地位。

关于夏商与周代情况的这些比较，对说明分封制在周初开始施行的具体时间问题很有作用。大致而言，武王时期的"分封"，只是夏商时代以来传统的分封现象的继续；周公东征以后大规模的封邦建国才是周代分封制的真正开始。

《史记·周本纪》载武王灭商以后"追思先圣王，乃褒封神农之后于焦，黄帝之后于祝，帝尧之后于蓟，帝舜之后于陈，大禹之后于杞"。这类"褒封"的着眼点在于兴灭国、继绝世。与其说武王此举是在实施分封制，毋宁说它是招徕天下诸侯的姿态。戎马倥偬之中，武王所注目的是灭商大业和政局的稳定，并没有真正把分封诸侯提到议事日程上来。《逸周书·度邑》载武王灭商以后曾经夜不能寐，所担心的是"维天建殷，厥征天民名三百六十夫，弗顾亦不宾灭，用戾于今"，考虑如何对待殷商遗留势力。史载表明，武王所走的依然是传统的路子，竭力以周王朝为核心组成新的方国联盟。武王封神农、黄帝、尧、舜、禹的后裔，又封纣子武庚禄父"以续殷祀"（《史记·殷本纪》），都是以方国联盟领袖的形象出现的。周初武王时期的政体、祭仪甚至历法都一仍殷商旧制,这是周文化对于殷商文化的继承,也为稳定时局所需要。前面所提到的武王的那些分封并不属于周代所创立的分封制度的范围,而是夏商传统的延续。

需要特别研究的是《史记·周本纪》所载武王的另外几次"分封"。"封尚父于营丘,曰齐。封弟周公旦于曲阜,曰鲁。封召公奭于燕。封弟叔鲜于管,弟叔度于蔡。"这些"分封"情况除《周本纪》外又散见于《史记》诸"世家"。今依次试做分析。

先说齐国。

《史记·齐太公世家》谓:"于是武王已平商而王天下,封师尚父于齐营丘。东就国,道宿行迟。逆旅之人曰:吾闻时难得而易失。客寝甚安,殆非就国者也。太公闻之,夜衣而行,黎明至国。莱侯来伐,与之争营丘。营丘边莱。莱人,夷也,会纣之乱而周初定,未能集远方,是以与太公争国。"清代学者崔东壁指出:"太公至成王时犹在王室,是太公未尝亲就国也,安有夜衣而行之事乎!此文绝类战国策士之言,盖其所假托。"①此说甚是。太公在武王时并未被封于齐,更主要的理由在于武王时齐地并未在周人手中。齐都营丘,《史记·齐世家》正义引《括地志》谓在临淄以北。这一带是蒲姑旧地。《后汉书·郡国》四:"博昌有薄姑城。"《左传》昭公九年杜注:"乐安博昌县北有薄姑城。"《水经注·济水》引《地理书》:"薄姑故城在临菑县西北五十里,近济水。"这些记载表明薄姑之地在汉魏时代属博昌县境,在今山东博兴县南②,营丘正在这个地区。蒲姑原为殷商方国,是周初三监之乱的积极参加者。据《尚书大传》记载,早在三监之乱以前蒲姑就曾怂恿武庚禄父抓紧时机举事。《盥鼎》铭载:"隹(惟)周公于征东尸(夷),丰伯、敷古咸哉。公归,荐于周庙。戊辰,钦秦钦,公赏盥贝百朋。"意谓名某者随周公征伐东夷,杀灭了丰伯、敷古,返归后被赏以百朋。铭文中的"敷古"即蒲姑。《保卣》铭载:"乙卯,王令保及殷东国五侯,诞兄(荒)六品。"郭沫若认为"五侯"指

---

① 崔述著:《崔东壁遗书》,顾颉刚编订,上海:上海古籍出版社,1983年,第341页。
② 《汉书·地理志》,琅邪郡"姑幕,都尉治,或曰薄姑。"此地据《清一统志》谓"在诸城县西南五十里"。这里距博兴的蒲姑之地有五六百里之遥,商周之际的蒲姑辖地不会扩展至此。此地或为周公东征后蒲姑所迁居者。

徐、奄、熊、盈、蒲姑等五国诸侯。"及"同逮，即逮捕之意①。周公东征前后三年，"凡所征熊、盈族十有七国"（《逸周书·作雒》），"驱飞廉于海隅而戮之，灭国者五十"（《孟子·滕文公》下）。可以说，直到周公东征以后，周人势力才扩展到了东部地区。在临淄、营丘一带，齐国和蒲姑只能有先后的关系，不可能同时并存。古人对此有所认识，《左传》昭公二十年载晏子语谓齐国这块地方，"爽鸠氏始居此地，季萴因之，有逢伯陵因之，蒲姑氏因之，而后，太公因之"，显然太公建立齐国是蒲姑南迁以后的事情。我们说齐国始封于周公东征以后，还有这样一项旁证。《左传》僖公四年载管仲语谓："昔召康公命我先君大公曰：五侯九伯，女实征之，以夹辅周室！赐我先君履，东至于海，西至于河，南至于穆陵，北至于无棣。"《史记·齐世家》列召康公命太公之事在管蔡之乱以后，这是正确的，因为此前不可能让齐国势力"东至于海，西至于河"。对照《左传》定公四年所载分封鲁、卫等国的命辞，可知管仲之语实为分封齐国时的部分命辞。召康公即召公奭，《史记·燕世家》谓"其在成王时，召公为三公"。他发布对太公望的命辞应在其为三公的成王之时。总而言之，齐国的分封必在周公东征以后，而不可能在武王时期。

再说鲁国。

《史记·周本纪》谓武王"封弟周公旦于曲阜，曰鲁"。曲阜古为奄国地。《说文》："郁，周公所诛郁国，在鲁。"郁即今奄字。《逸周书·作雒》："周公立，相天子，三叔及殷、东、徐、奄及熊、盈以畔。"奄和蒲姑一样是三监之乱的积极参加者，所以《尚书大传》有周公"三年践奄"之说。奄，旧为商都，故又称商奄。奄和盖古训相同，故亦称商盖②。《禽簋》铭谓"王伐盖侯"，《冈劫尊》铭谓"王征盖"③，皆周公伐奄之证。《尚书大传》载："武王杀纣，继公子禄父，及管蔡流言，奄君薄姑谓禄父曰：'武王已死，成王幼，周公见疑矣，此百世之时也！请举事。'然后禄父及三监叛。"（《诗经·豳

---

① 郭沫若：《文史论集》，北京：人民出版社，1961年，第320—322页。
② 段玉裁《说文解字注》邑部："大部曰：奄，覆也。《尔雅》：弇，盖也。故商奄亦呼商盖。《墨子》曰：周公旦非关叔，辞三公，东处于商盖。《韩非子》曰：周公旦将攻商盖，辛公甲曰：不如服众小以劫大。乃攻九夷，而商盖服矣。商盖即商奄也。"
③ 《禽簋》和《冈劫尊》的盖字多释为楚，陈梦家《西周铜器断代》二（《考古学报》1955年，第2期）、唐兰《西周铜器新断代中的"康宫"问题》（《考古学报》，1962年，第1期）释其为盖。陈、唐两家之说可从。

风·破斧》孔疏引）按照这个记载，奄君实为三监之乱的主谋。文献中多有周公"践奄"的说法，《尚书大传》说"践之者，籍之也。籍之谓杀其身、执其家、潴其宫"，可见周公对奄十分痛恨，原因就在于奄君策动了三监之乱。情况表明，在周公东征以前绝无分封鲁国于奄地的可能。关于鲁国的始封，《左传》定公四年明确记载"昔武王克商，成王定之，选建明德，以蕃屏周，故周公相王室以尹天下，于周为睦。分鲁公以大路、大旂……因商奄之民，命以《伯禽》而封于少皞之虚"，乃是东征以后的事情。《诗经·閟宫》说"王曰叔父，建尔元子，俾侯于鲁"。此为成王对周公之语，"元子"指伯禽，可证鲁之封必在成王之时。这些证据十分确凿，连太史公也无可奈何，只得在《史记·鲁世家》里说武王"封周公旦于少昊之虚曲阜，是为鲁公。周公不就封，留佐武王"，试图弥缝其间，然而仍旧捉襟见肘，无法让人相信。究其原因即在于其说悖于史实。

再说燕国。

《史记·燕世家》谓"周武王之灭纣，封召公于北燕"。这个说法验诸其他史载，殊不可信。武王、成王时期召公一直在周王朝任要职，并没有到"北燕"建立封国。《尚书·君奭》篇载三监之乱时周公谆谆劝勉召公之语，其中说道："予惟曰襄我二人，汝有合哉，言曰：在时二人。天休兹至，惟时二人弗戡。"可见周公极力争取召公和自己同心同德安定政局。前面我们已经提到齐初封时召康公（即召公奭）曾向姜太公发布命辞，齐初封为东征以后之事，是时召公奭当供职于周王朝。《尚书·顾命》载"乃同召太保奭""太保率西方诸侯"，可见康王时召公奭仍在朝中任地位很高的"太保"之职。这个史实太史公也并不否认。他在《史记·燕世家》中说"其在成王时，召公为三公，自陕以西，召公主之"，这当是以《公羊传》隐公五年"自陕而西者召公主之"为依据的。然而此说却与"封召公于北燕"之说相牴牾，太史公没有设法弥缝，应该是很难自圆其说的缘故。再从周初形势看，武王立"三监"，其中武庚居邶。《说文》谓："邶，故商邑，自河内朝歌以北是也。"清光绪年间在冀北涞水县出土北伯诸器，王国维考证谓"北，盖古之邶国"，其地远在殷北，所以"邶即燕"①。冀北地区与殷商历史有不解之缘。商人先祖曾在易水流域活动，终被有易氏所杀，事见《山海经》《易经》《天问》等，商代三戈也出于

---

① 王国维：《北伯鼎跋》，《观堂集林》卷18。

易州,《逸周书·作雒》谓三监之乱失败以后,"王子禄父北奔",凡此可证周代燕国所居原为商势力根深蒂固的地区。周公平定三监之乱以前召公被封于北燕是不大可能的事情。召公长寿,其彝也多,有"大保""公大保""尹大保"之类记载的彝铭并不出自燕国,这也揭示着召公奭并未被封于燕。燕国的燕在彝铭中作匽。论者或以为燕国初封在今河南偃师,周公平叛以后才迁居于今北京一带。此说当近是。近年发掘的偃师商城原为商的亳都,当可称偃亳。召公奭之子立国于今北京一带时将这个名称带去,所以后来周人谓"燕亳"为其"北土"①。成王时器《匽侯旨鼎》载:"匽侯旨初见事于宗周,王赏旨贝二十朋。"这位"匽侯旨"是召公奭之子,为第一代燕侯。总之,燕国之封当和齐鲁一样,也是周公东征以后的事情。

再说"三监"。

周武王立"三监"之事常被误解为周初实施分封制的举动,《史记·管蔡世家》即谓"武王已克殷纣,平天下,封功臣昆弟,于是封叔鲜于管,封叔度于蔡,二人相纣子武庚禄父"。其实立"三监"与实施分封制不应混为一谈。"三监"之义,较早文献记载皆谓指管叔、蔡叔、武庚分治殷民,后来才出现了管、蔡、霍三叔监视武庚之说,比较而言,前说是可信的②。古文字"监"作人俯身向盛水的鉴盂之形,盖谓从水中视己之相貌,故较早的文献里"监"多用为视义。监,初指莅临、观察,以后才引申为监察、监督。关于周代诸监和诸侯的区别,徐中舒在研究《仲几父簋》时曾以卫康叔为例进行说明,"卫即诸监之一","康叔出为方伯,入为王官,地位虽极尊崇,但他还是要受王室节制,实际上反不如诸侯能自擅一国"③。可见周初的"监"实际上是为王室镇抚民众的官,与独擅一国的"侯"是有区别的。《仲几父簋》谓"史(事)于者(诸)侯、者(诸)监",这是彝铭关于两者区别的确证。管叔、蔡叔、武庚从不被称之为公、侯、伯等,而只是"三监",这说明他们并不是周王朝的诸侯。他们只是受命为周王朝镇抚殷王畿地区,并非在那里封邦建国。"三监"之立和实施分封制并没有直接关联。

---

① 《左传》昭公九年;又齐器《陈璋壶》铭文叙述齐伐燕之事,其中有"陈璋内(人)伐匽亳邦之获",可与文献中"燕亳"的记载相互印证。
② 王引之论"三监"所指,断定将霍叔列入"三监"是错误的,详见《经义述闻》卷3。
③ 徐中舒:《禹鼎的年代及其相关问题》,《考古学报》,1959年,第3期。

综上所述，那种把分封制的实施定在武王时期的说法是不合乎历史实际的。作为周王朝立国之本的分封制在周公东征以后才开始实施。周代各诸侯国的具体分封情况虽然不尽相同，但举行授民授疆土和赏赐器物的仪式则是都要进行的。武王可能让其子弟在一些要地驻守，周公成王时则复加册命赏赐。这些诸侯的分封自应从正式册命算起。分封制的实施在周公、成王、康王时期最为集中，进入西周中期以后分封制所造成的政治格局已经形成，但个别诸侯国的分封却迤逦延至西周后期。

（二）

从我国古代政治结构发展和演变进程看，分封制的意义在于它是联结方国联盟制和君主郡县制的关键。

商代是实行联盟制的典型时期，以商王朝为核心的方国联盟对于商代政治有举足轻重的影响。商王朝末期虽然王权有很大发展，但方国联盟这一基本政治格局并未改变。诸方国、部落虽然对商王朝有一定贡纳和联系，然而基本上是独立的，它们对于商王朝并没有太多的依附。这些方国部落的向背对商王朝兴衰有极大影响。所谓周文王时"三分天下有其二"（《论语·泰伯》），并非天下的三分之二都成了周的疆土，而是指多数诸侯国投向周的阵营。殷周兴亡，这是最主要的原因。武王时期，兴灭继绝，试图走殷商老路，靠方国、部落的拥戴以实现周王朝的巩固。然而，武王死后，"三监"和东方诸国即发生大规模的叛乱。这个事实表明传统的联盟制已经不能适应周初的形势发展，"小邦周"要真正战胜"大邦殷"，就必须在政治结构上有所发展。具有卓越政治才能的周公审时度势，不再循规蹈矩，而是开创了分封诸侯的新局面。

春秋时期周大夫富辰说："昔周公吊二叔之不咸，故封建亲戚以蕃屏周。"（《左传》僖公二十四年）"二叔"指管、蔡，正在所谓的"亲戚"之列。富辰的话表明武王并没有封建"二叔"，所以才有管、蔡之乱，周公因此才总结教训而"封建亲戚"。关于周代分封诸侯的数目，《吕氏春秋·观世》谓"周之所封四百余，服国八百余"，《荀子·儒效》谓"周公兼制天下，立七十一国，姬姓独居五十三人"，《左传》昭公二十八年谓"兄弟之国十有五人，姬姓之国者四十人，皆举亲也"。姬姓的王室子弟是分封的重点。这些诸侯国的名称多见于《左传》僖公二十四年，分别称之为"文之昭""武之穆"和"周公之胤"。这些封国的地望集中于今关中平原和黄河中、下游一带，这是当时经济最发达的地区，也是周王朝统治的核心地区。除了"封建亲戚"以外，分封制的原则还有"选建明德"，《左传》定公四年载卫国太祝子鱼语谓"昔武王克商，成王定之，选建明德，以蕃屏周"。"选建明德"大概有两层意思。一是选拔姬姓王室弟子中的"明德"之人，将其分封为诸侯。相传周公、康叔、唐叔，受封最多，"三者皆叔也，而有令德，故昭之以分物"，有些人虽为王室子弟，但没有"令德"，所以也就未被分封，"五叔无官"（《左传》定公四年）的情况就是证明。二是指对于异姓诸侯国的分封，如姜姓的齐、厉、吕、申、向、许、莱；妫姓的陈；嬴姓的江、黄、纪、莒、葛、梁；偃姓的蓼、六、贰、轸、舒；妘姓的鄅；子姓的宋；风姓的任、宿、须句；曹姓的郏、邹；曼姓的邓；祁姓的杜等，判断它们是否有"明德"的标准就是拥戴周王朝与否。

封建诸侯具体情况，见诸彝铭者有《宜侯夨簋》，见诸文献者则以《左传》定公四年所记最详。周王朝封赐给诸侯者以民众和土地最为重要。作为分封信物的是命圭。《周礼·玉人》"命圭九寸"，郑注："命圭者，王所命之圭也。朝觐执焉，居则守之。"《国语·吴语》："命圭有命，固曰吴伯。"可见吴国初封时受有命圭。《史记·晋世家》"削桐叶为珪以与叔虞"。珪即命圭，文献中或称之为"介圭"（即大圭）。康王继位的仪式上，"太保承介圭"（《尚书·顾命》），是为周王分封诸侯权力的一种象征。宣王分封申伯，"锡尔介圭，以作尔宝"（《诗经·崧高》），韩侯朝觐之时"以其介圭"（《诗经·韩奕》）而行礼。如果说授民授疆土是周王朝在经济上对诸侯的主要赐予，那么，授予命圭则是从政治上对诸侯的任命，其作用和后世的符玺相似。

通过"封建"所形成的诸侯国具有两个方面的特征。首先，大部分诸侯国，特别是姬姓诸国，是经过周王朝册封所建立的新的国家。它们和夏商以来的方国部落不同，其建立和巩固都与周王朝息息相关，并且和周王朝有主从关系，正所谓"天子之尊，非复诸侯之长而为诸侯之君"①。这跟方国联盟时代诸方国与夏商王朝之间的平等联合状态是不可同日而语的。其次，这些诸侯国对于周王朝来说具有相当的独立性质，这和后世专制主义中央集权国家靠郡县制所实现的中央与地方的密切关系，也是不可同日而语的。分封制是政治体制方面的一项创举，它的实施是继联盟制以后加强中央与地方关系过程中不可或缺的重要一环。

---

① 王国维：《殷周制度论》，《观堂集林》卷10。

分封诸侯并非王朝单方面的无偿奉送，而是有其深刻用意。赏赐和受封是主从关系的体现。春秋时期，周景王说王室对于诸侯，"有勋而不废，有绩而载，奉之以土田，抚之以彝器，旌之以车服，明之以文章，子孙不忘，所谓福也"（《左传》昭公十五年），如果忘记了，那就是数典忘祖而被视为非礼。周天子到诸侯国视察，称为巡狩，"入其疆，土地辟，田野治，养老尊贤，俊杰在位，则有庆，庆以地。入其疆，土地荒芜，遗老失贤，掊克在位，则有让"（《孟子·告子》下）。周天子可以召见天下诸侯，所谓"成有岐阳之蒐，康有酆宫之朝，穆有涂山之会"（《左传》昭公四年），皆为其事。周天子征取贡赋，即春秋时子产所谓"昔天子班贡，轻重以列，列尊贡重，周之制也"（《左传》昭公十三年）。诸侯对周天子有各种义务。他们朝见天子称为"述职"（《孟子·告子》下），一般是春秋两次"受职于王"（《国语·周语》上）。《左传》僖公十二年载管仲语"若节春秋来承王命"，《国语·吴语》记晋侯述周天子语"昔吴伯父不失，春秋必率诸侯以顾在余一人"，《吴语》又谓"春秋贡献，不解于王府"，凡此皆谓春秋为朝觐天子之时。这种朝觐，或谓诸侯"五年之间四聘于王"（《国语·鲁语》注引贾侍中语），也有说是比年一小聘、三年一大聘的，大概在不同时期朝见的次数和时间有所变化。按照《国语·鲁语》的说法，诸侯国的军队要听命于周天子，即"元侯作师，卿率之，以承天子"，形成"上能征下，下无奸"的局面。诸侯讨伐戎狄，要向周天子献俘，"凡诸侯有四夷之功，则献于王，王以警于夷"（《左传》庄公三十一年）。

周天子和诸侯间的主从关系已经超出了夏商时代那样联盟的范畴。王国维在《殷周制度论》中谈到"自殷以前，天子诸侯君臣之分未定"的情况，并指出，"周初亦然"，于《牧誓》《大诰》皆称诸侯曰友邦君，是君臣之分亦未全定也。逮克殷践奄，灭国数十，而新建之国皆其功臣、昆弟、甥舅，本周之臣子，而鲁、卫、晋、齐四国，又以王室至亲为东方大藩，夏殷以来古国方之蔑矣。由是天子之尊，非复诸侯之长，而为诸侯之君（《观堂集林》卷十）。他敏锐地注意到了在分封制度下"天子之尊"的显著变化，是很正确的。在政治制度发展史上分封制具有划时代的意义。

西周初年，诸侯国的范围是比较小的，孟子说，"公侯皆方百里，伯七十里，子男五十里"（《孟子·万章》下）。然而，后来许多诸侯国却迅速发展起来。这固然是诸国各自努力的结果,但也与分封诸侯时周王朝采取了正确的政策有关。《左传》定公四年叙述分封鲁卫两国的情况时说"皆启以商政,疆以周索"。分封唐叔时则谓"启以夏政,疆以戎索"。《商书·康诰》载周公对卫康叔的告诫之辞,其中说:"绍闻衣德言,往敷求于殷先哲王,用保乂民。""汝惟小子,乃服惟弘王,应保殷民。"这些记载表明周王朝让各诸侯国根据实际情况,因地制宜地发展,既要贯彻维护周王朝统治这一总的原则,又可以采取变通措施。

分封制度形成了开放型的周代社会结构,它在各方面所注重的是"分",而不是"合"。周王朝将尽量多的子弟、亲戚以及功臣分封出去建立诸侯国,这具有深远的影响,它表明周王朝比夏商王朝具有更强大的实力。夏商时期的都邑很少,到了周代则数量剧增,呈现出星罗棋布的状态,各地的经济文化联系也得到了前所未有的加强。分封制在一定程度上打破了古代方国部落的闭塞状态,大大推动古代文明发展的进程,其意义不可低估。

三 周代社会结构与"乡遂制度说"

若干时期以来,把乡遂制度作为周代社会结构基本特征的说法在史学研究中颇为引人注目。例如断言从西周初期起,直到春秋时代,天子的王畿和诸侯的封国都存在有乡遂制度。这种乡遂制度就是当时社会的主要结构。乡与遂不仅是两个不同的行政区域,而且是两个不同阶级的人的居住地区。还有的论者把乡遂制度和古代农村公社联系起来,认为是古代农村公社社会形态的一个重要特征。关于乡遂制度的这些论述,可以称之为"乡遂制度说"。它涉及许多重大问题。按照此说,乡遂制度是十分重要的,因为:第一,它具有延续世代的长期性,从西周初年至春秋时代,包括了前11世纪到前5世纪的600多年时间。这是历史上少见的现象。第二,从周天子的王畿到各诸侯国都有这种乡遂制度,说明它具有存在地域的广泛性。第三,它对于先秦时期阶级状况的研究具有特殊的重要性。从以上三点来看,乡遂制度的确是很重要的。对"乡遂制度说"进行辨析,是一项必要的工作。

(一)

"乡遂制度说"的主要根据是《周礼》中的记载。《周礼》又名《周官》,

成书于战国时期。《周礼》虽然有某些周代社会的史影，但其内容多为后人的杂凑或设想。因此，用《周礼》来研究周代社会的历史，需持十分谨慎的态度。《周礼》的材料应当和铭文材料以及《诗》《书》等可靠的文献记载相印证，方可使用。持"乡遂制度说"的论者尽管承认《周礼》"夹杂着许多拼凑和理想的部分"，可是在论证时却是毫无保留地以《周礼》的材料作为确证，这也就难免出现差错了。

1. 《周礼》中没有"乡"和"遂"的严格区别

《周礼》关于"乡"和"遂"两个行政区域的划分见于《地官》：

> 乃施教法于邦国都鄙，使之各以教其所治民。令五家为比，使之相保；五比为闾，使之相受；四闾为族，使之相葬；五族为党，使之相救；五党为州，使之相赒；五州为乡，使之相宾。（《大司徒》）

> 遂人，掌邦之野，以土地之图经田野，造县鄙形体之法。五家为邻，五邻为里，四里为酂，五酂为鄙，五鄙为县，五县为遂。（《遂人》）

这两条记载就是"乡遂制度说"的主要根据，认为王城连同四郊六乡，可以合称为国，六遂及都鄙等地可以合称为野。但是且不说别的材料，仅就这两条集中的记载来看，它和"乡遂制度说"就有矛盾之处。《大司徒》的记载表明乡的系统行之于"邦国都鄙"，即邦国的都鄙。而都鄙按照"乡遂制度说"，应包括在野的范畴之内，因此乡的系统当属野。然而这种说法又断言"四郊六乡"合称为国，则乡又当属国。乡的系统究竟属野、属国？"乡遂制度说"很难说清楚。

其实，也不能完全责怪"乡遂制度说"的自相矛盾，因为《周礼》中本来就没有乡和遂的严格区别。如《地官·乡大夫》：

> 乡大夫，各掌其乡之政教禁令。正月之吉，受教法于司徒，退而颁之于其乡吏……以岁时登其夫家之众寡，辨其可任者，国中自七尺以及六十，野自六尺以及六十有五，皆征之。

按照"乡遂制度说"，乡大夫和乡师等一样，都是乡的系统里的官员，"各掌其乡之政教禁令""各掌其所治乡之教"。可是，在《周礼》中乡大夫不仅要管"国中"的乡，而且要管野，也就是管到遂的系统里了。这与"乡和遂对立的制度，即国和野对立的制度"的说法显然有矛盾。

再如《地官·闾师》：

> 凡任民：任农以耕事，贡九谷；任圃以树事，贡草木；任工以饬材事，贡器物；任商以市事，贡货贿；任牧以畜事，贡鸟兽；任嫔以女事，贡布帛；任衡以山事，贡其物；任虞以泽事，贡其物。

按照《周礼》的乡遂系统，闾师之职当同于闾胥，犹如乡师之同于乡大夫，都是乡的系统里的官员。闾师要管农、圃、工、商、牧、嫔、衡、虞8种事务，实非乡的系统里的第五级小职所应执掌者，同时这8种事务也非仅为乡的事务。清代的学问家江永即已看出这种破绽，他说："闾师任民通乎乡、遂。"（《周礼疑义举要》卷2）乡、遂相通是《周礼》中不少乡遂官职都存在的现象。

又如，在《地官·大司徒》里，州为乡之下的一个居民单位，说是"五党为州""五州为乡"的。然而，《夏官·量人》却说：

> 量人掌建国之法，以分国为九州，营国城郭。

这里的"建国"指建造都城。《周礼》言及六乡（见《地官》的《大司徒》《小司徒》《乡师》等），以"五州为乡"计之，则国有六乡，共计三十州。而《量人》仅"分国为九州"，与三十州之数相差甚远。如果《周礼》中有严格的乡、遂两套系统，那么，这种乖戾情况是不会有的。

就乡遂系统的一些单位名称看，它们只是在相当狭小的范围里才作为居民行政单位使用。如，里本来是遂的第五级单位，在《乡师》里却和乡的第二级单位——州并列，说是：

> 既役，则受州里之役要……凡四时之田，前期出田法于州里。

按《小司徒》的说法，"五邻为里"，当属于遂。但在《乡师》里，它却和属乡的州并列，而且归乡师统辖，故又当属乡。这种矛盾情况在《周礼》中多有所见，例如：

①以廛里任国中之地。（《地官·载师》）

②量其市朝州涂，军社之所里。(《夏官·量人》)

③掌邦之委积……乡里之委积……郊里之委积。(《地官·遗人》)

④凡万民之有罪过而未丽于法而害于州里者，桎梏而坐诸嘉石……三月役，使州里任之。(《秋官·大司寇》)

⑤以考乡里之治，以诏废置。(《地官·司谏》)

⑥令州里除不蠲。(《秋官·蜡氏》)

这些例子之中，作为遂的第五级单位的"里"和乡、郊、州等并列，这除了说明《周礼》中并无严格的乡和遂的区别之外，还说明里用如遂的第五级单位名称的情况是少见的，它一般都作居住之地来讲。

《周礼》中的"闾"类同于"里"，一般也不用如乡遂系统的单位名称。例如：

①士师之职掌国之五禁之法……书而县于门闾。(《秋官·士师》)

②司稼掌巡邦野之稼……以为法而县于邑闾。(《地官·司稼》)

这两处的"闾"，指邑中的巷门或里门，而不是居民单位。除了里、闾之外，《周礼》中乡遂系统的其他名称也都存在类似的情况，它们被纳之于乡遂系统是《周礼》的作者强行拼凑的结果。实际上作为系统的居民组织的乡遂制度，无论是西周或是春秋时期都不曾存在，《周礼》的作者杂凑的乡遂制度怎么能够天衣无缝呢？

"乡遂制度说"不顾《周礼》关于乡遂记载形成的客观情况，只是从主观上将乡遂制度大加发挥，这就不仅与西周春秋间的社会情况相距甚远，而且也不符合《周礼》的原义。《周礼》关于地域的概念主要是国、郊、野三者，此外还有稍甸(《地官·县师》)、九畿(《夏官·大司马》)、家削、邦都(《天官·大宰》)、九服(《夏官·职方氏》)、六服(《秋官·大行人》)等名目。《周礼》关于地域的概念，包括乡、遂在内，本不是系统一致的。《周礼》将春秋、战国间的一些地域、家族、邻里的名称排列为五、四进位制的系统，实际上是战国时人喜用数字排比文风的反映，类同数字游戏，本没有什么微言大义。《论语·雍也》："毋以与尔邻里乡党乎。"《论语·卫灵公》："言不忠信，行不笃敬，虽州里行乎哉！"可见邻、里、乡、党、州乃是同一社会组织，而《周礼》却分邻、里属之六遂，州、乡、党属之六乡，岂不大相剌谬。《大雅·韩奕》说韩侯娶了一位高贵的夫人，乃是"汾王之甥、蹶父之子。韩侯迎止，于蹶之里"。蹶父是周王朝的显贵，所居之处称为"里"。这显然不是《周礼》中遂的系统的第五级居住单位。按照《周礼》的记载，居住于"里"的人是要被"合耦于锄，以治稼穑，趋其耕耨"的（见《地官·里宰》），假若真有一套乡遂制度，那么作为达官显贵的蹶父难道说竟然纡尊降贵，也来操耒执耜干起了平民的勾当不成？若此，还有什么封建等级制度可言呢？可见，《周礼》关于乡遂系统的划分是不可信的。《周礼》关于乡、遂系统的排列，可能是《周礼》的作者为未来统一的泱泱大国所设计的方案之一，但从其龃龉而杂乱的情况看，这个设计又十分粗糙。然而"乡遂制度说"却将属于想象中的东西，当成了已经实行过的社会制度。这一点似乎是论者对《周礼》中的乡遂制度进行分析的根本缺陷。

2. 《周礼》中的郊、野概念

《周礼》对于西周春秋时期确实存在过的地域概念，如国、郊、野等的使用前后一致，并无龃龉之处。这与《周礼》中的乡遂概念的使用正好相映成趣。例如：

①以节巡国中及郊、野，而以王命施惠。（《地官·司救》）

②正岁，率其属而宪禁令于国及郊、野。（《秋官·士师》）

③凡治质剂者，国中一旬，郊二旬，野三旬。（《地官·质人》）

④凡士之治有期日，国中一旬，郊二旬，野三旬。（《秋官·朝士》）

⑤凡国之大祀祭，令州里除不蠲……以及郊、野。（《秋官·蜡氏》）

⑥比国、郊及野之道路宿息井树。（《秋官·野庐氏》）

这些材料里的国、郊、野的概念十分明确。国指都城之中，郊指邻近城域地区。野指郊外的广大原野。郊、野的大小并没有一个固定的数目字。汉人解经说郊"去国百里"（《周礼·大宰》郑玄注）云云，并不合乎实际。应当注意的是，在上引的材料里，郊和野的关系似乎要比郊和国的关系密切一些，因此郊野可以连称，但却没有国郊连称之例。《秋官·司民》云：

> 掌登万民之数，自生齿以上皆书于版，辨其国中与其都鄙，及其郊野。

登记户口时要分清居住之地为国中、都鄙或是郊野。大概国中和都鄙的居住者属于"城镇户口"，而郊野则属"农村户口"，因此国中与都鄙相类，郊和野则合为一个类型登记。所以，《地官·泉府》云"国人、郊人从其有司"，将国人与郊人的身份区别得很清楚。假如当时果真有严密的乡遂制度，那么只需要按各级乡遂机构统计户口就行了，大可不必去辨别居民属国中、都鄙或是郊野。《周礼》中的郊野连用给"乡遂制度说"出了一个难题：既然四郊六乡合称为国，那为什么郊野又属同一类型呢？在《周礼》中，不仅郊野连用，而且它们有时还游离于乡遂之外。《夏官·大司马》云：

> 中秋，教治兵，如振旅之陈，辨旗物之用……乡遂载物、郊野载旐、百官载旟，各书事是与其号焉。

按照"乡遂制度说"，"所有六乡地区都可以称为郊或四郊"，然而《大司马》所载的郊则与乡并列而不合为一体。"乡遂制度说"断定"六遂及都鄙等地，可以合称为野"，然而《大司马》所载的野却与遂并列而不合为一体。那么，乡和郊、遂和野到底是什么关系呢？这恐怕又是一个"乡遂制度说"很难讲得通的问题。

在《周礼》中，不仅郊野如此，而且郊里之称也不能纳入乡遂系统。《地官·县师》云：

> 掌邦国、都鄙、稍甸、郊里之地域。

这个"郊里之地域"曾使清代的经学家们大伤脑筋。因为郊里无论属乡或是属遂，都不好解释，所以只好说它在乡遂之间。其实，郊里就是郊中之里，指位于郊的居住之地，如同《周礼》中的乡里、州里、廛里一样，都是普通的地域之称，而不是乡遂系统的一个单位名称。关于郊的解释，郑玄说的"郊所居也"（《地官·县师》注），倒是近于实际。《县师》里面"都鄙、稍甸、郊里"之载表明了郊里排列在都鄙、稍甸之后，然而按照"乡遂制度说"，"郊"却远在都鄙之前，可见，它是与《县师》的记载大相刺谬的。

《地官·比长》的一条记载，"乡遂制度说"曾以之为"六乡和六遂是分布在两个不同的行政区域"的根据。这条记载云：

  徙于国中及郊，则从而授之。若徙于他，则为之旌节而行之。若无授无节，则唯圜土内之。

这条材料能证明"乡遂制度说"的论断吗？不能。原因在于"若徙于他"的"他"，并没有指明为六遂。从《周礼》中比较明确的国、郊、野的概念看来，这个"他"与其说指六遂，毋宁说指"野"较为合适。这里使用的是国中和郊的概念，《秋官·司民》使用的是国中、都鄙和郊野的概念。关于迁徙住处和统计户口的记载都不使用乡遂的概念，这也从一个方面说明乡遂制度在实际上并不存在。《周礼》的作者在设想未来的方案时可以煞有介事地将乡遂系统胡诌一番，然而在谈到人们所习见的迁徙住处和户口统计时就不好再信口开河了，只得讲得实际一点。在这种情况下用国、郊、野的概念而不谈乡遂，其原因当在于此。

3. 关于"六乡"的地域问题

六乡的概念在《周礼》中是模糊不清的，《地官·小司徒》云：

  小司徒之职，掌建邦之教法，以稽国中及郊邦都鄙之夫家九比之数，以辨其贵贱、老幼、废疾，凡征役之施舍，与其祭祀、饮食、丧纪之禁令，乃颁比法于六乡之大夫，使各登其乡之众寡、六畜、车辇，辨其物，以岁时入其数。

小司徒以"教法"稽查国中及四郊都鄙的"夫家九比之数"，同时以"比法"使乡大夫也要登记种种数字。这里的六乡和国中、四郊是并行的，并无相互统属的关系。这里又是一个"乡遂制度说"无法解释的问题。因为按照"乡遂制度说"，"王城连同四郊六乡，可以合称为国"，六乡是不应当与国中、四郊并行的。《地官》里的乡大夫是标准的乡系统的官员，乡大夫要负责"国中"的赋役征发，并且"正岁，令群吏考法于司徒以退，各宪之于其所治国"。唐石经作"各宪之其所治之国"。今本《周礼》国字前无"之"字，当据补。江永《周礼疑义举要》卷二曾否定这个"之"字，理由是"乡中安得有国乎"。其实，《乡大夫》两次提到乡"国中"之事。这并不是乡中有没有国的问题，而是《周礼》中六乡地域模糊的一种反映。江永以疑问之词否定唐石经的"之"字，这是不正确的。这种乡国不分的情况证明六乡在"国以外"的说法也不合于《周礼》。

在《周礼》中，六乡有时甚至和六遂相混，如《地官》有这样两条记载：

①大丧，率六乡之众庶，属其六引。（《大司徒》）
②大丧，率六遂之役……而属六绋。（《遂人》）

同是丧礼中牵引柩车绳索的差事，一则是六乡的众庶来干；一则是六遂的役夫来干，可见六乡与六遂并无甚区别。《地官·大司徒》云"大宾客，令野修道委积"，这与《地官·遂人》所云"凡宾客，令野修道而委积"亦是一致的。在《周礼》中，虽说"修道委积"是"遗人"的职责，可是役使的基本劳力还得靠征发民众。由《大司徒》来看，"修道委积"是由六乡之众庶来完成的；由《遂人》来看则是由六遂的役人完成的。在这里，六乡和六遂所承担的任务完全一致，这是《周礼》在乡和遂之间本无明显界限之一例。

又如，持"乡遂制度说"的论者以《地官·遂人》之载为遂的组织机构的明证。依此例之，《秋官》的《遂士》也当是负责遂的事务的。可是，偏不。据《周礼》所载，遂士却是"掌四郊"的，说是"凡郊有大事，则戮犯命者"。按照"乡遂制度说"，四郊本为乡的地域，遂士却染指其间，岂不怪哉？郑玄替《周礼》弥缝说："掌四郊者，此主四郊狱也，六遂之狱在四郊"（《周礼·遂士》郑注）。依郑玄的意思，遂士的"掌四郊"只是掌管四郊中的六遂之狱，实际上还是管六遂。郑玄之说虽然乖巧，但其实却是错误的。且不说"六遂之狱在四郊"之说为郑玄杜撰，就是即令如此，那么又何以解释遂士的职责里还有"凡郊有大事，则戮犯命者"一项呢？郑玄对这一项不加注解，大概是由于无法讲得通而故意回避了。《周礼》中的遂士掌管四郊的刑狱之事，这是郑玄所曲解不了的。遂的长官插手乡的事务，难道还能说乡与遂有严格区别吗？

《周礼》中的六乡地域位置的令人捉摸不定与六乡概念的模糊相一致。《秋官·大司寇》云：

以五刑纠万民：一曰野刑……二曰军刑……三曰乡刑……四曰官刑……五曰国刑。

乡刑与国刑、野刑并列，可见乡不属于国，亦不属野。那么，乡到底在哪儿呢？论者说是在"国以外和郊以内"。国指都城，郊指何处呢？传统的解释有两种：一是"国外为郊"（《尚书·费誓》注），"邑外曰郊"（《尔雅·释地》），意为城郭之外的邻近地区可称为郊。二是"距国百里为郊"（《说文》卷六），意为城郭之外百里的地方可称为郊。许慎的这种解释，可能是受了汉人解经的影响，硬要在国与郊之间挤出一个"乡"的地域来。其实，《周礼》中郊的概念，指的是城郭之外的地方。《春官·小祝》云：

有寇戎之事，则保郊祀于社。

有敌寇兵戎之事的时候，小祝的职责是保护在社进行的郊祀。古人常在城门之外祭祀，如《左传》襄公九年载，宋国火灾的时候就曾经"用马于四墉，祀盘庚于西门之外"。郊祀当与此类似。另外，既然"郊祀于社"，则郊与社的地望当是一致的。《春官·甸祝》云：

及郊，馌兽，舍奠于祖祢。

田猎返归到了郊要馈献禽兽，在祖庙和父庙举行舍奠之礼。可见，郊和祖庙、父庙的地望亦是一致的。《考工记·匠人》云：

匠人建国……左祖左社。

社和祖庙在初建都城的时候在城郭以内。可是随着世代累积，社和祖祢亦有可能建筑在城郭之外，以避免城中的拥挤。《周礼》中社、祖庙、父庙和郊的地望的一致性当是这种情况的反映。《周礼》所载的祭祀有些是在郊举行的。例如，《春官·小宗伯》云："兆五帝于四郊。"说是在四郊设立坛位祭祀五帝。《天官·夏采》云："以乘车建绥复于四郊。"说是在四郊举行招魂礼。社、祖庙、父庙的位置假若不在城中，那么是在城郭的百里之外，还是在城郭之外呢？联系《左传》等的记载，恐怕是以城郭之外较为近于情理。所以，与社、祖庙、父庙的地望一致的郊即城郭之外，而不是城郭百里之外。

《周礼》中还有两条记载可以说明在国与郊之间并不存在一块"乡"的地域。《地官·载师》云：

以廛里任国中之地，以场圃任园地，以宅田、土田、贾田任近郊之地，以官田、牛田、牧田任远郊之地。

这里所排列的是国中之地、园地、近郊和远郊之地。论者说六乡在"国以外和郊以内"。若依此说，则《载师》记的园地当即六乡。那么，园地是否为六乡之所在呢？不是。在《载师》里，园地指城郭之中可种瓜果草木的空地，所以又称园廛。《周礼》所载的六乡要给民众分配大量土地，所谓的"再易之地"每户达300亩之多（见《地官·大司徒》），而且要以此征发赋役，"以任地事而令贡献"（《地官·小司徒》）。城郭之中哪里有如许之大的地块？区区的园地绝不会是六乡之地。所以可以断言，国、郊之间并无乡的地域。又如《地官·司救》云：

以节巡国中及郊野而以王命施惠。

考察灾情巡行慰问，出了国中就到郊野。假若国、郊之间有一块"六乡"之地，恐怕官职为"司救"的长官大人是不会掉头不顾的吧，更何况在《周礼》中，六乡乃是为统治者青睐的地区呢。又如《秋官·野庐氏》云：

比国、郊及野之道路宿息井树。

巡行检查通往都城的道路和其他设施，这道路从国至郊、至野。假若国、郊之间有六乡这个地域，恐怕这道路不会从天上越过这六乡去，而是必须经过的，那么道路经过的地区当依次为国、乡、郊、野，方才合适。然而，《周礼》关于"国郊及野"的记载却是如此明确，哪儿有一点让六乡夹塞于国、郊之间的余地呢？

总之，六乡这个地域在西周春秋时代的社会中是不存在的，它只存在于《周礼》关于未来社会组织的设想中。当《周礼》的作者把眼光从未来转向现实、从冥思转向实际的时候，就往往摈弃了六乡地域的概念。"乡遂制度说"把六乡的地域说得那样肯定和确凿，实际上是违背了《周礼》原义。

4. 《周礼》中的乡遂居民身份问题

持"乡遂制度说"的论者说：乡遂居民的"身份亦有不同"，根据在于"六遂的居民有个特殊的称呼，叫甿、氓或野民、野人；六乡的居民则可称为国人"。这个根据有两点根本性质的不妥之处：

第一，按照论者的意思，六遂的居民似乎都可以称为甿或野民。这是不正确的。《周礼》中的六遂居民有众庶（《秋官·县士》）、夫家（《地官·鄙长》）、人民（《地官·遂人》）、甿（同上）、野民（《地官·遂师》）等称呼，其中用得最多的是夫家，怎么能仅仅把甿列为六遂居民的"特殊称呼"呢？论者先把六遂的部分居民由称甿者讹变为氓，使其成为六遂居民的特殊称呼，使甿的概念自个别上升到一般，然后再加以推论。这未免有以偏概全之嫌。

甿，又作氓。古书上训解其意义的田民、野民，但是，应该注意这个字从"亡"，其意义又不完全同于一般的田民。甿，应指从外地新来的田民或者其他劳动者。《孟子·滕文公》云：

> 有为神农之言者许行自楚之滕，踵门而告文公曰：远方之人闻君行仁政，愿受一廛而为氓。文公与之处。其徒数十人，皆衣褐，捆屦织席以为食。陈良之徒陈相与其弟辛负耒耜而自宋之滕曰：闻君行圣人之政，是亦圣人也，愿为圣人氓。

这里的氓均为自外而来者。许行"自楚之滕"，陈相、陈辛"自宋之滕"，他们原来都不是滕国人。氓，不仅包括"负耒耜"的田民，而且包括"捆屦织席以为食"的手工业劳动者。《周礼》中的甿指的是田民。《地官·遂人》云：

> 凡治野，以下剂致甿，以田里安甿，以乐昏扰甿，以土宜教甿稼穑，以兴锄利甿，以时器劝甿，以疆予任甿。

在这一段之前，《遂人》本来已经讲到"以岁时稽其人民而授之田野"了，为什么这里又大讲"以田里安甿"之事呢？原因在于甿和原先被"授之田野"的人民并不一样。所谓"以下剂致甿"，意为以下等的较轻的役法招来氓到本国耕种。以比较优厚的条件吸引别国的劳动力到本国来，这是战国时期常见的现象。《商君书·徕民》主张以"利其田宅而复之三世"的办法吸引别国的劳动力到秦国。《周礼》的"致甿"思想与《商君书》的"徕民"思想完全一致。《地官·遂人》的甿，指新招致的田民，因此，下面才说"以田里安甿"，不仅给予田地，而且安排住处，并以种种优待让他们安心务农。拿《地官·旅师》的记载和《遂人》对照，其意思就更明确了。《旅师》云：

> 以质剂致民，平颁其兴积，施其惠，散其利，而均其政令。凡用

粟，春颁而秋敛之。凡新甿之治皆听之，使无征役。

旅师要以券书会聚庶民，平均颁发贮存之粟，施舍恩惠，散布利益，均平政令。向庶民颁发救济之粟，春天颁发，秋天聚敛。凡是新从外地迁来的氓的请求，旅师必须替他们解决，并免除其征役。这种对甿的优待和《遂人》的致甿、安甿、扰甿、利甿云云是完全一致的。这些记载表明，《周礼》中的甿的地位并不比一般庶民为低。这一点还可以从《地官·遂大夫》的一条材料里得到证明：

> 三岁大比，则帅其吏而兴甿，明其有功者，属其地治者。

三年一次大评比的时候，遂大夫要帅其属吏荐举有贤能的甿，其有功者要表彰之，并且要勉励他们勤于职事。甿既可立功受奖，那么，能否由民升为官呢？《周礼》中没有明确讲到这个问题，但从《遂大夫》记载里并不能排除这种可能性。论者说甿的"身份和地位远较国中的乡人为低"，这是没有根据的。

第二，论者说"六乡的居民则可称为国人"，这在《周礼》中有证据吗？没有。论者是绕了一个圈子间接"证明"的，说是六遂因为处于野的地区，其居民可称为野人，"那么，六乡处于国的地区，其居民就可以称为国人了"。这个推论的前提是"六乡处于国的地区"，但是论者却没有证明这个前提的正确性。如前所述，六乡的地域在《周礼》中是令人捉摸不定的。论者既说六乡在"国以外"，又说六乡"处于国的地区"，到底在哪儿连论者自己的说法都自相矛盾，还怎么能以六乡地域作推论的前提呢？

关于《周礼》中的六乡居民的称呼，在《周礼》中是很多。例如：众庶（《地官·闾胥》）、夫家（《地官·族师》）、人民（《地官·小司徒》）、民徒（《地官·乡师》）等，但没有一条记载表明《周礼》中的六乡居民可以称为国人。《周礼》中称国人之例甚为少见，只在个别地方偶有记载。如《地官·泉府》云：

> 买者各从其抵：都鄙从其主，国人、郊人以其有司，然后予之。

抵，郑玄注："实柢字。柢，本也。"买官府贮积货物者，应当有身份证明。如果是都鄙的居民必须有都鄙长官的证明；如果是国人、郊人，必须有国郊的有关官吏的证明，然后才能卖给他们。《泉府》所云的国人与六乡之民毫无瓜葛，可谓是风马牛不相及了。《地官·泉府》贾疏云："国人者……即六乡之民也。"孙诒让《周礼正义》云："言国人，以晐外之六乡。"贾、孙两说均未提出任何证据来说明国人何以为六乡之民的问题。他们的断言，乃想当然耳。论者以贾、孙在这里的臆说为根据，而不考察《周礼》本身的记载，轻率断言"六乡的居民可称为国人"，显然不能令人信服。

春秋战国时代，众庶、夫家、人民等均为一般庶民的称谓。在《周礼》中，乡遂居民同有这些称谓，并且都是其常用的称谓。这就有力地说明了乡遂居民身份的一致性。乡遂居民都包括在《周礼》所谓的万民、徒庶（《地官·大司徒》）之中。论者说乡遂居民身份不同，而《周礼》的材料却表明乡遂居民身份相同。在这个问题上，信《周礼》乎？不信《周礼》乎？这个赫然显目的问题是"乡遂制度说"很难绕过去的。如果不能解决这个问题，不能论证乡遂居民身份不同，那么就可以说论者由乡遂居民身份不同而推导出来的乡遂居民是"不同的两个阶级"的结论，是无源之水、无本之木，这该是恰如其分的吧。

5.《周礼》中的乡遂居民负担问题

由于《周礼》中不存在乡遂系统的严格区别，由于乡遂居民的一致性质，所以《周礼》中乡遂居民的负担也是最基本一致的。《地官·小司徒》载六乡居民的赋役征发概况是：

乃颁比法于六乡之大夫，使各登其乡之众寡、六畜车辇，辨其物，以岁时入其数，以施政教，行徵令。

《地官·遂人》载六遂居民的赋役征发概况是：

以岁时登其夫家之众寡，及其六畜车辇，辨其老幼废疾与其施舍者，以颁职作事，以令贡赋。

比较这两条记载可以看到，无论是六乡或是六遂，居民的赋役征发都要先统计人数的多少以及六畜车辇的数字。《遂人》所谓"辨其老幼废疾与其施舍者"，虽然在《小司徒》里没有记载，但在《地官·乡师》里却有十分相似的记载，说是"辨其老幼贵贱废疾马牛之物，辨其可任者与其施舍者"，可见在辨别劳动力的老幼废疾以及是否免除劳役这一点上，乡和遂的规定也是一致的。

应当指出的是，《周礼》所载的赋役情况基本上是春秋战国时期的赋役情况。这个时期的赋役制度正处于迅速变动的时期，一方面，自周代而来的劳役地租形式正在消亡，但还没有完全退出历史舞台；另一方面，新的实物地租形式正在发展成为主要的地租形式，但还没有成为惟一的地租形式。《周礼》将种种赋役形式杂糅起来，并随便地分列在各项官职之下，这虽然反映了春秋战国时代赋役制度的变动，但是却混淆了不同的赋役形式的时代概念。如果使用这些材料时不加区别，就会得出错误的认识。例如，论者说六遂居民不仅要在公田上从事无偿劳动，即所谓"助"，而且所耕"份地"（即上田、中田、下田）也还要出贡赋，并且断定这是西周时代的赋役情况。其实，西周时代是力役地租占统治地位的时代。"古者公田，籍而不税"（《礼记·王制》），这才是西周时代的情况。《周礼》所说农民既种公田，又在私田中出税，显然是"税亩"制实行以后的情况，不可据此说明西周租赋之制。

论者为了说明乡和遂是两个不同阶级的居住地区，便否认《周礼》的乡遂赋役征发的一致性。论者说六乡居民主要提供的是军赋，而六遂居民主要负担的是农业生产上的无偿劳动，即所谓"助"。此说的乖巧之处在于用了两个"主要"，似乎以此就可以自圆其说了。其实不然。《周礼》的记载表明，六乡居民有军赋，六遂居民同样也有；六遂居民负担力役剥削，六乡居民亦是同样。既然两者无甚差别，那么"主要"云云也就只能是空话了。《周礼》关于六乡居民的力役负担的记载，可举以下几例：

① 颂比法于六乡之大夫……以令贡赋，乃均土地以稽其人民，而周知其数，上地家七人，可任也者家三人，中地家六人，可任也者二家五人，下地家五人，可任也者家二人。凡起徒役，毋过家一人。（《地官·小司徒》）

② 以荒政十有二聚万民：一曰散利，二曰薄征，三曰缓刑，四曰弛力……（《地官·大司徒》）

③ 受教法于司徒，退而颁之于其乡吏……辨其可任者，国中自七尺以及六十，野自六尺以及六十有五，皆征之。其舍者：国中贵者、贤者、能者、服公事者、老者、疾者……正岁，令群吏考法于司徒以退。（《地官·乡大夫》）

所谓比法，即统计劳力、财务之法。《小司徒》规定要依照胜任劳役的情况授田。这个劳役是农业上的无偿劳动，或是军赋呢？由"凡起徒役，毋过家一人"的记载看来，当是农业上的无偿劳动，即力役地租的形式。据《大司徒》所载，遇到灾荒时要实行荒政，其中一项为"弛力"，就是缓免力役。由此可见，在一般情况下六乡居民常有力役负担。《乡大夫》云，都城之中身高7尺以上，年龄60岁以下者"皆征之"。干什么？是力役或是军赋？可以肯定是力役。因为《乡大夫》云有"贵者、贤者"等6种人可以免除征发，而先秦时代，车战时的主力是具有一定身份的人才可充当的甲士，普通民众是高攀不上的。因此《乡大夫》规定的按年龄和身高"征之"者必非军赋，而是力役。这里还有一个证据是征役的法令出自司徒，而且，"令群吏考法于司徒"。西周时代，司徒的主要职责是管理籍田，鼎铭中就有任命某人为司徒"官司籍田"的记载（见《哉簋》）。籍田即让庶民耕种公田。春秋而后，司徒的职责虽然有变化，但是征发力役仍为其主要职责之一。以上的事实说明，《周礼》中的六乡居民是有力役负担，即提供农业上的无偿劳动的。

《周礼》的材料还表明六遂居民和六乡居民一样提供军赋，下面几例可以说明。

①以令师田，以起徒役……凡事致野役，而师田作野民，帅而至，掌其政治禁令。（《地官·遂人》）

②若将用野民师田行役、移执事，则帅而至。（《地官·县正》）

③若作其民而用之，则以旗鼓兵革帅而至。（《地官·鄙长》）

④里宰，掌比其邑之众寡，与其六畜兵器，治其政令。（《地官·里宰》）

《大司马》所载的茇舍，郑玄注："茇读如莱沛之沛。茇舍，草止之也。军有草止之法。"茇舍指战时宿营的军法。参加茇舍者，除了乡、州之外，还有县、鄙这两个遂的单位。可见六遂居民是参与军事的，所以遂的官员职责里常有负责"师田行役"一项。论者说，"六遂居民被征发去参加师田行役，只是随从服劳役而已"。论者举出证据说明这个论断了吗？一点也没有。其实，《鄙长》《里宰》说得很清楚，六遂居民参与军事行动时有"旗鼓兵革""六畜兵器"，如果仅仅是"随从服劳役"，那么，六遂居民的兵器、甲胄还有什么用处,难道都是为了摆阔气才带上的吗?《大司马》明明说六遂的县、鄙和六乡的乡、州一样参加军事演习并有一定编制,还要准备兵器和甲胄。这正是六遂居民有军赋的一个证明。这也从一方面说明了乡遂居民的负担是一致的。

6.《周礼》中的乡遂居民权利问题

关于乡遂居民权利的问题,论者断定六乡居民有"参与政治权利""接受教育的权利""被选拔的权利",而六遂居民则没有这三项权利。关于后两项权利,论者是以下面的三条材料为根据的:

①若国有大故,则致万民于王门。(《地官·大司马》)

②外朝之政,以致万民而询焉:一曰询国危,二曰询国迁,三曰询立君。(《秋官·小司寇》)

③以乡三物教万民而宾兴之。(《地官·大司徒》)

第一条材料说,若国家发生了重大事故,大司徒就率"万民"集合于宫门之外。第二条说,小司寇掌外朝的政法,召集"万民"征询意见。第三条说大司徒要以乡学的三种教法教化"万民",并以宾客之礼待之。这三条材料说参与政治和接受教育者,乃"万民"也。而论者却将"万民"的概念变为"六乡之民"来使用了。

按照《周礼》的划分,大司徒为地官之首。在众多的《地官》职位里,只有大司徒才能"佐王安邦"。大司徒所管理的不仅有六乡,而且有六遂,包括了普天之下的"邦国都鄙"。大司徒要"以天下土地之图,周知九州之地域""制天下之地征",而不是只管六乡。大司徒类同于天官的大宰,春官的大宗伯,夏官的大司马,秋官的大司寇,是《周礼》中最高级别的长官之一。因此,不应当将《大司徒》的内容局限为六乡范围的施政措施,也不应当将大司徒降格为六乡的长官。《周礼》中的小司徒为大司徒的副手,两者的职责很相似。《大司徒》《小司徒》关于居民称谓的繁杂情况也证明了大、小司徒职责范围的广大。这些称谓有人民、众庶、万民、徒庶、夫家、余子等等,这些称谓的内涵并不相同,其中范围最广者当是"万民"。其他如人民、众庶、夫家等所包括的范围也相当大,不仅六乡居民而且六遂居民也有这些称谓。《周礼》中没有一处是以万民、众庶等称谓作六乡之民的代称的。相反,《周礼》却比较注意万民、众庶等普遍性质的称谓和六乡居民的区别。例如,《地官·乡大夫》云：

> 大询于众庶，则各帅其乡之众寡而至于朝。

这里所说的六乡的庶民只是众庶的一部分。《秋官·大司寇》云："掌外朝之政，以致万民而询焉。"这与《乡大夫》的记载完全一致，可见《乡大夫》里的众庶就是万民。

六遂居民也是众庶的一部分。《周礼》有这样两条记载：

①若邦有大事聚众庶，则各掌其遂之禁令。（《秋官·遂士》）
②若邦有大役聚众庶，则各掌其县之禁令。（《秋官·县士》）

遂、县是六遂系统的两级单位，其民众都是众庶的组成部分。《地官》的《遂人》《遂师》《遂大夫》《县士》《鄙师》《酇长》等都有六遂居民称"民"之例。有没有理由否认这些民为《大司徒》所称"万民"的组成部分呢？没有。

既然万民、众庶等称谓是广泛性质的概念，不仅包括六乡居民，而且包括六遂居民，那么，民众、众庶所拥有的参与政治、接受教育的权利，还能够仅仅由六乡之民囊括而去吗？

至于被选拔的权利，按照《周礼》的记载，同样也不应当局限于六乡之民。《地官·乡大夫》云："使民兴贤，出使长之；使民兴能，入使治之。"兴者，举也。六乡之民举荐的贤者、能者，虽然可以"出使长之""入使治之"，但究竟给个什么官儿，《乡大夫》却语焉不详。说得比较清楚一点的倒是《地官·遂大夫》，然而这却是六遂系统的事了。《遂大夫》云：

> 三岁大比，则帅其吏而兴甿，明其有功者，属其地治者。凡为邑者，以四达戒其功事。

兴甿即举甿，所云："有功者""地治者""为邑者"，均指被荐举的甿。甿似乎可以当个管理"邑"的小官。这比《乡大夫》所云的"长之""治之"的空头支票算是有些实惠了。

战国时期的人对于周代的爵禄制度已经知道得寥寥无几了。北宫锜曾经问孟子："周室班爵禄也如之何？"博雅如孟夫子者竟然也答不完全，只好说："其详不可得闻也。"周代从庶民中选官的制度，在先秦诸子中似乎还没有人提到过，他们谈的基本上是春秋战国时期的情况。《周礼》中并没有一套完整而系统的从庶民中选拔官吏的制度，而只是从原则上略作说明。例如：

①以八统诏王驭万民：一曰亲亲，二曰敬故，三曰进贤，四曰使能。（《天官·大宰》）

②施十有二教焉……十有一，曰以贤制爵，则民慎德；十有二，曰以庸制禄，则民兴功。（《地官·大司徒》）

《大宰》的"进贤""使能"类同《乡大夫》的"兴贤""兴能"，对选拔官吏的具体措施仍是阙而不载。《大司徒》所云倒是进了一步，它说到要以爵位、俸禄鼓励民"慎德""兴功"。《周礼》的这些记载基本上符合东周时期的官制情况。这个时期，一方面世卿、世禄的贵族官制走了下坡路，但还占据着主要的地位；另一方面从士、庶民阶层中出现了一些官吏。可是，尽管布衣卿相时有脱颖而出者，但毕竟太少了。虽然士、庶民出身者可以平步青云变为官吏，但还远没有形成一个系统的、固定的制度，其佼佼者的加官晋爵多靠诸国君主的青睐。至于系统化的军功爵，那已经是战国中期以后的事情了。《周礼》的"以贤制爵""以庸制禄"正是战国时期官制发展潮流的反映。应当注意的是，《周礼》所云"进贤""使能"的范围是"万民"，并不局限于六乡之民。论者所讲的乡遂居民在选拔官吏等权利上的区别，在《周礼》中并不存在。

7. 乡、遂试析

研讨西周社会情况最可靠的材料，除了彝铭之外，当推《尚书》《诗经》。这些可靠的材料表明，西周时期并没有《周礼》所云的乡遂制度。不仅如此，而且连"乡""遂"两个字也可能是不作居住单位名称来使用的。

金文中的"乡"字，主要用如宴飨之"飨"、方向之"向"、卿大夫之"卿"。用如飨者如：

①用乍（作）宝鼎用乡（飨）朋友。（《趞曹鼎》）

②用自乍（作）醴壶，用乡（飨）宾客。（《曹伯陭壶》）

用如向者如：

右伊立中廷，北乡（向）。（《伊殷》）

"北乡"指封赏时受封者面向北立。这种用法在彝铭中很多，是一种固定的格式。用如卿者如：

①用乐我嘉宾，及我正乡（卿）。(《邾公钘钟》)

②公令延用乡（卿）事寮。(《令彝》)

从字形上看，可说乡、卿在金文中本为一字，但从它的本义和使用情况看，此字当释"乡"较为合适。可以肯定的是，金文中的"乡"没有一例是用于居住单位的。

金文中的"遂"字，有坠、往两个意义。用作"坠"者如：

我闻殷遂（坠）命。(《大盂鼎》)

用作"往"者如：

王各于周庙，遂于图室。(《无叀鼎》)

遂和乡一样，在金文中没有一例是用于居住单位的。

彝铭中屡有居住地域的称谓，如国（《班殷》）、都邑（《洹子孟姜壶》）、土（《中彝》）、里（《大簋》）、野（《夫鼎》）、颂（《兴钟》）等，却都不用乡、遂来表示。这说明了周代并没有乡、遂作为居住单位的概念。《尚书》的记载同样表明了这一点。《尚书》诸篇中用"乡"者有以下几例：

①若火之燎于原，不可乡尔，其犹可扑灭？(《盘庚》上)

②惟帝降格，乡于时夏。(《多士》)

③牖间南乡……西序西乡……东序东乡……西夹南乡。(《顾命》)

《盘庚》《顾命》所用之"乡"同"向"。《多士》所用者同"飨"。这两种用法都同于金文中的"乡"的用法。

在《诗经》里，可信为西周时代的作品中，如《大雅》《周颂》，都没有"乡"字。杂有东周人作品的《小雅》，以及为春秋时期作品的《国风》里，用"乡"者有以下3例：

①夜其何如？夜乡晨。(《小雅·庭燎》)

②薄言采芑，于彼新田，于此中乡。(《小雅·采芑》)

③爰采唐矣，沬之乡矣。(《小雅·桑中》)

《庭燎》所用之"乡"同"向","乡晨"指近晓,即拂晓的意思。《采芑》用"乡"字的句式基本相同,都是回答在什么地方这个问题的,即在何处采集野菜?在何处采集棠树之果?《采芑》的"于此中乡"和上一章的"于此中亩"相对应,乡类似于亩,"中乡"即乡中,指野外之地。《桑中》的"沫之乡"例同其下两章的可以"采麦""采葑"的"沫之北""沫之东",指的是沫邑的郊野地区。《商颂》里还有用"乡"之一例:

维女荆楚,居国南乡。

这个"乡"同"向","南乡"即南方。《商颂》的写作时代尚无定论,但应早于《国风》诸篇,似当可信。《诗经》用"乡"者共有以上4例,其中时代较早的诗篇,乡用如何,这大概反映着西周的情况。时代较晚的诗篇,乡用如田野,但也不是居住单位的名称。由于《诗经》比较《尚书》来说,经过较多的后世的整理,所以"乡"用作饮宴之义者均已写作飨,如"朋酒斯飨"(《豳风·七月》)、"即右飨之"(《周颂·我将》)等,因此在《诗经》中"乡"才没有用如飨者。

春秋战国时期,"乡"字的意义发生了变化。"乡"字本来的两个意义,逐渐由"向"和"飨"代替,而另外有了表示田野的新的意义,前引的《采芑》《桑中》就是两个例子。后来,可能由于人们同在田野中劳作,所以就有了同乡之义,进而表示劳动者聚住的地区了。例如:

①原思为之宰,与之粟九百。辞。子曰:"毋以与尔邻里乡党乎?"(《论语·雍也》)

②孔子于乡党,恂恂如也,似不能言者。……乡人饮酒,杖者出,斯出矣。乡人傩,朝服而立于阼阶。(《论语·乡党》)

③子贡问曰:乡人皆好之,何如?子曰:未可也。乡人皆恶之,何如?子曰:未可也,不如乡人之善者好之,其不善者恶之。(《论语·子路》)

④子曰:乡原,德之贼也。(《论语·阳货》)

⑤朝廷莫如爵,乡党莫如齿。(《孟子·公孙丑》)

⑥乡人长伯兄一岁,则谁敬?曰:敬兄。酌者谁先?曰:先酌乡

人。(《孟子·告子》)

⑦一命齿于乡,再命齿于族,三命族人虽七十,不敢先?(《荀子·大略》)

⑧曹刿请见,其乡人曰:肉食者谋之,又何间焉?(《左传》庄公十年)

《雍也》中乡党与邻里合用,故邻里与乡党的意义当大致相同,都指同乡之人。《阳货》的"乡原",《孟子·尽心》引万子语解为"一乡皆称原人",孟子说这种人"同乎流俗,合乎污世,居之似忠信,行之似廉洁",即那些在同乡之中善于逢迎而居心叵测之人。论者说六乡居民"多采取聚族而居的方式""多保持血统关系"。其实并不如此,春秋战国时期的乡人指同乡之人。乡之在公众场合下要序齿,以年龄大小分尊卑。宴饮时只要"乡人长于伯兄一岁",就应该先给乡人酌酒(《孟子·告子》);对持拐杖而行的长者必须恭敬,"乡人饮酒,杖者出,斯出矣"(《论语·乡党》),所以才有"乡党莫如齿"(《公孙丑》)的说法。既然乡人是以"齿",即年龄分尊卑,而不是依宗族、血统的辈分高低分尊卑,那么就应当肯定乡人并不按宗族、血统关系组合。论者仅仅根据《周礼》所载比、闾、族、党、州、乡6个名称就断定六乡之民按宗族、血统关系组合,其证据很不充分。文献关于乡人的记载完全否定了这个论断。

应当注意的是,在春秋时期只有"乡"的概念,并无作为地域的"遂"的概念。《仪礼》有"乡饮酒礼""乡射礼",《礼记》有"乡饮酒义",然而都没有"遂饮酒礼",亦无"遂射礼"。周代射属六艺之一,应有射礼。贵胄之间酬酢,当有饮酒礼。如《周礼》所云六乡、六遂,则乡、遂并重,不应只言乡饮酒礼、乡射礼,而遂无之。郑玄注全据《周礼》为说,谓乡饮酒礼之主人为诸侯之乡大夫,乡射之主人为州长,乡大夫若在焉,则称乡大夫。此说实不通。礼仪应是自王以下至于士、庶人,何以乡大夫专属之诸侯,而乡饮酒与射礼又专属之乡大夫与州长?孔子射于矍相之圃,观者如诸墙。孔子死后,"诸儒亦讲礼、乡饮、大射于孔子家"(《史记·孔子世家》),可见古人习射决不限于州长与乡大夫为主人。由《仪礼》观之,春秋时代应有"乡"和"乡人"而无"遂"和"遂人"。曹刿欲见鲁庄公,其乡人曾劝告他"肉食者谋之"云云,而不言其遂人劝他。由此可见春秋时有"乡"无"遂"。所谓"乡"者,乃邻里乡党之"乡",与六乡、六遂之说大异。

关于"遂"的有无问题,清代的经学家已经注意到《周礼》本身叙述的矛盾。孙诒让《周礼正义》卷二十二在谈到周代乡遂学制的时候,指出:"依郑《三礼注》义,乡学名庠,六乡则六庠也。乡之次为州,州学名序,六乡三十州,则有三十序也。州之次为党,党学亦名序,六乡百五十党,则有百五十序也。六乡地不逾四同,而立庠序百八十有六。……若然,六遂亦有六序,遂之三十县,百五十鄙,与乡之州党同,当亦有学,然其名不见于经。"《周礼》所列乡学之数固然已有问题,然而更大的问题却在于"六遂"。依照《周礼》的体系,"六遂"和"六乡"一样也应当有数目相同的学校,"然其名不见于经"。孙诒让虽然没有否认"六遂"的存在,但却敏锐地看出了《周礼》经文的阙失。

"遂"字在先秦文献里的使用,基本上同于金文,主要作坠、往来讲,但其使用范围扩大了。例如:

①戎成不退,饥成不遂。(《小雅·雨无正》)
②羝羊触藩,不能退,不能遂。(《易·大壮·上六之爻》)
③牺牲不略,则牛羊遂。(《国语·齐语》)
④大事殆乎弛,小事殆乎遂。(《荀子·王制》)
⑤成事不说,遂事不谏。(《论语·八佾》)

这些例证中的"遂"字表示经过、顺从、前进、生长、因循、成就等义。其使用的范围比原来的坠、往两个意义已经引申和扩大了很多。可是,尽管其范围很大,但在先秦文献中除《周礼》外,没有一例用作居民单位名称,它和"乡"字一样,说明了《周礼》中的乡遂制度并不符合西周春秋间的社会情况,以《周礼》中的乡遂制度为依据论断西周春秋间的社会结构是靠不住的。

早在20世纪60年代,于省吾就明确指出:"在已经出土的几千件铜器铭文中虽然有不少处叙及军队、土地、人民、奴隶之事,然而没有一处以卿或家用作《周礼》六乡之'乡'或六遂之'遂'者。""《尚书》中属于周初的篇章,都找不到乡遂制度的迹象,这又是周代初期没有乡遂制度的一个证明"[①]。对

---

① 于省吾:《关于〈论西周金文中六自八自和乡遂制度的关系〉一文的意见》,《考古》,1965年,第3期,第132页。

此，坚持"乡遂制度说"的专家作了辩解，认为于先生所云是"默证"，是"难以成立的"，"无论西周金文和《尚书》记载，内容都有很大的局限性，不能以为这些史料所未涉及的典章制度，就是当时不存在的"①。从双方的讨论里可以看到，尽管于省吾的论证是正确的、有力的，但是坚持"乡遂制度说"的专家仍有堡垒可据，并没有折服。这个堡垒就是《周礼》中有乡遂制度。于先生并没有对《周礼》中的乡、遂记载加以辨析，以找出其主要症结，所以对"乡遂制度说"也就奈何它不得。在以上几节的讨论里，从《周礼》本身内容出发证明了它并没有严格的乡、遂两个系统；《周礼》中六乡的地域概念是含混不清的；《周礼》中的乡遂居民并没有称谓、身份、权利、义务的区别，所以乡、遂并不是两个不同阶级的居住地区。这些辨析的目的就在于从根本上指出"乡遂制度说"的不妥之处。

（二）

论者说："春秋时期各国还多保留有乡遂制度，这种制度就是其社会组织的主要结构。"可是，细绎关于春秋时期社会情况的材料，这个论断却很难令人信服。论者对齐、宋、鲁、郑等国的一些材料加以论述，我们也依次进行讨论。

1. 齐国的"参其国而伍其鄙"

齐国是论者认为保留有乡遂制度"最显著"的国家，根据是《国语·齐语》的记载。为了便于讨论，现将《齐语》的有关记载录之如下：

> 管子对曰：昔者圣王之治天下也，参其国而伍其鄙，定民之居，成民之事……桓公曰：成民之事若何？管子对曰：四民者，勿使杂处……处士也，使就闲燕；处工，就官府；处商，就市井；处农，就田野。

> 桓公曰：定民之居若何？管子对曰：制国以为二十一乡。桓公曰：善。管子于是制国以为二十一乡：工、商之乡六、士乡十五。公帅五乡焉，国子率五乡焉，高子率五乡焉。参国起案，以为三官，臣立三宰，工立三族，市立三乡。

> 管子于是制国：五家为轨，轨为之长；十轨为里，里有司；四里

---

① 杨宽：《再论西周金文中"六自"和"八自"的性质》，《考古》，1965年，第10期，第526页。

为连，连为之长；十连为乡，乡有良人焉。

　　桓公曰：定民之居若何？管子对曰：制鄙，三十家为邑，邑有司；十邑为卒，卒有卒帅；十卒为乡，乡有乡帅；三乡为县，县有县帅；十县为属，属有大夫。

　　《齐语》的这些记载是春秋时期齐国情况的反映，抑或是战国时期游说之士托名于齐的信口雌黄？从《齐语》的内容分析，当以后者近是。《齐语》写桓公霸业的着眼点是强调任用贤能智士的重要性，说是"唯能用管夷吾、宁戚、隰朋、宾胥无、鲍叔牙之属而伯功立"。游说之士渴望登上政治舞台而一展宏图，所举出的管仲、宾胥无等人的身上有着他们自己的影子。从《齐语》托名于桓公、管仲，并盛赞其霸业的情况看，其作者很可能属于齐的稷下学派。《齐语》的施政措施就是他们托名于管仲而宣扬自己的社会政治规划。这也符合战国时期拟古、托古风气。他们打着古人的旗号，讲述自己对未来社会的憧憬，他们是表面上的复古主义者，实质上的社会革新者，亦可称之为托古改制的先驱。因此，对他们侃侃而谈的东西必须认真检查，切不可将他们对未来社会的粗糙设计当做历史陈迹的记载。论者以为《齐语》所载即是桓公、管仲时代的情况，其实只是一张蹩脚的社会结构的设计图，研讨春秋间的社会情况必须对此认真甄别，切不可上当。

　　《齐语》有关记载的矛盾舛误主要有以下几个地方：

　　第一，按照《齐语》所载，管仲"定民之居"的原则是"四民者，勿使杂处"，不让士、农、工、商杂住一块。目的是使他们"不见异物而迁焉"。但是，在"制国以为二十一乡"的时候，却让工、商合为六乡，士独占十五乡，而将农漏掉了。因此韦昭注引或说云："士与农共十五乡"。若此，则是工、商杂居，士、农混同，从而在实际上否定了"四民者，勿使杂处"的原则。

　　第二，《齐语》所设计的居民组织系统是杂乱无章的，其粗糙程度比之《周礼》有过之而无不及。所谓"制国以为二十一乡"就糊涂得很。这个"国"指的是整个齐国呢？或是仅指齐的都城？从《齐语》中还有一套"制鄙"的设计看，这个"国"当是与鄙相对应的，仅指齐的都城而言的，然而在提到"国"的官职设置时又说"泽立三虞""山立三衡"，都城之中哪里会有泽和山呢？按照《齐语》中的说法，15个"士乡"是齐的兵力来源，而这些士却是从农民中选拔的。《齐语》云："农之子恒为农，野处而不暱。其秀民之能为士

第五章　西周时期的社会结构与社会观念

369

者，必足赖也，有司见而不以告，其罪五。"这些农民属于《齐语》划分的"乡"的范畴，"于子之属，有拳勇股肱之力秀出于众者，有则以告。有而不以告，谓之蔽贤，其罪五"。从"国"之中有泽、山和数万农民的情况看，这不是某个都城所能容纳得了的，所以这个"国"又当指整个齐国。由此可见作为《齐语》所设计的居民组织系统核心的"制国以为二十一乡"，就是模糊不清的。又如"乡"概念的使用也极为随便。《齐语》先提出"十连为乡"，又说"市立三乡"，还说"十卒为乡"，这些都属于"制国""制鄙"等不同的系统。看来，《齐语》的作者在设计居民系统时并没有精细地考虑和排比，只要能自成一说，也就饥不择食地将一些概念拼凑起来，甚至连"乡"的概念不应出现重复使用的情况也顾不得了。

第三，《齐语》力图说明管仲是按照古代圣王的"参其国而伍其鄙"的原则治理国家的。什么是"参其国"呢？按照《齐语》的解释是"公帅五乡焉，国子帅五乡焉，高子帅五乡焉。参国起案，以为三官"，也就是韦昭注所说的"三分国都以为三军"的意思。可是这样的解释，疑问也就随之而来了。国子、高子何许人也？他们有什么资格与桓公鼎足而三呢？查《左传》记载，桓公和管仲都死于鲁僖公十七年，在此之前齐国称"国子"者一个也没有，此后16年，于鲁僖公三十三年才有国归父称"国子"。显而易见，国归父不可能是与桓公鼎足而三者。桓公、管仲时代，齐国称高子者为高傒。他在《春秋》《左传》中凡三见。一是庄公九年鲍叔向桓公推荐管仲说："管夷吾治于高傒"可见高傒亦是一个理政事之才。另外两件事是他于庄公二十二年和闵公二年两次代表齐国与鲁会盟。在齐国的军事行动中，高傒不露面，这也说明他不具备掌管齐国一军的将领身份。既然国归父和高傒不类《齐语》中的国子、高子，那么，《左传》僖公二十二年的"天子之二守国、高"是不是呢？也不像。周王要以上宾之礼宴飨管仲，管仲辞谢说："臣贱有司也，有天子之二守国、高在。"此国、高两人乃是任命的守臣，当类于周代的监国。在诸侯势力崛起的情况下，其地位虽高，实权却不会很大。难道桓公这样的赫赫霸主会将齐国一多半兵力轻易交给别人吗？看来，国、高两人也不是掌管齐国二军的将领。《齐语》里的国子、高子必定不是桓公、管仲时代的著名人物，桓公与之鼎足而三是绝无可能的事情。前面我们已经指出过，从本质上看，《齐语》所载并不直接反映桓公时的情况，那么"参其国而伍其鄙"乃是"昔者，圣王之治天下"时的事情。可是，论者却错误地断定"参其国而伍其鄙"是齐国当时施行的政策了。

总之，《齐语》的矛盾舛误情况表明了它虽然有国、鄙、乡、属等说法，但是却不应当作为齐国实行过乡遂制度的证据。

关于管仲的治国措施，《左传》基本上没有记载，《史记·齐世家》也只有一些简略的说明：

> 桓公既得管仲，与鲍叔、隰朋、高傒修齐国政，连五家之兵，设轻重鱼盐之利，以赡贫穷、举贤能。齐人皆说。

这里根本没有如《齐语》那样的划分乡、属等措施。由此可见，太史公是不相信《齐语》那一套的。

《齐语》关于社会组织的说法，在《管子》诸篇里也可找到其踪迹，但有的已经是面目全非了。例如《管子·立政篇》云：

> 分国以为五乡，乡为之师。分乡以为五州，州为之长。分州以为十里，里为之尉。分里以为十游，游为之宗。十家为什，五家为伍，什伍皆有长焉。

这里的"分国以为五乡"与《齐语》的二十一乡明显不同，乡以下的各级组织亦不相同。关于这些组织系统，《乘马篇》还有另外一种说法：

> 方六里命之曰暴，五暴命之曰部，五部名之曰聚，聚者有市，无市则民乏。五聚命之曰某乡，四乡命之曰方。

这里所提到的不仅各组织的名称不同于《齐语》和《管子·立政篇》，而且在乡之上还多出"方"这一级。与《齐语》基本上一致的是《管子·小匡》：

> 制国以为二十一乡：商工之乡六，士农之乡十五。……制五家为轨，轨有长；十轨为里，里有司；四里为连，连有长；十连为乡，乡有良人；三乡一帅。

根据《齐语》与《小匡篇》基本一致的情况，顾颉刚说，编《国语》的人"把《小匡篇》略加压缩和修改，算作《齐语》"，并且指出《齐语》和《管子》关于社会组织的设想是"战国时代领主制快到了消灭的时候的计划"①。顾先生的考证是正确的,《管子》的许多篇和《齐语》确是战国末期为实现帝制而准备的东西。如果说这些空想出来的种种制度尚且表现着一定的时代精神的话,那么它们便是战国末期的人对新的社会组织形态的探索的反映。对于《齐语》的这种时代特征必须十分重视,然而论者讲述春秋时期齐国的情况时却恰恰忽视了这一点。

2. 宋国的"隧正"

《左传》襄公九年载,宋国发生火灾,"使华臣具正徒,令隧正纳郊保奔火所"。论者说"隧正"即为"隧的长官","隧正所调遣的役徒,当即郊外'隧'的居民"。那么,何以见得隧正为遂的长官呢?论者并没有解释这样一个关键问题,显然是认为"隧"与"遂"音同字通,无必要加以说明的了。但是,古文字的通假有一定规律,并非一定是音同字通的。就拿"隧"和"遂"来说,"遂"为本字,"隧"是后起字。前面已经说过,"遂"字在先秦文献里所表达的意义很多。为了避免意义混淆,古人给"遂"加上"阜"的偏旁,派生出"隧"字,专门指孔洞和道路而言。"隧"是"遂"的部分意义的固定化。在古代文献里,"隧"并没有"遂"的许多方面的意义。例如:

①大风有隧,有空大谷。(《大雅·桑柔》)
②出入不当门隧。(《礼记·曲礼》上)
③具舟除隧,不共有法。(《国语·鲁语》)
④连大车以塞隧而殿。(《左传》襄公十八年)
⑤凿隧而入井。(《庄子·天地》)

"隧"均指孔洞或者道路,这是"遂"字意义的引申。由于"遂"为本字,故文献中有"遂"通"隧"之例,例如:

迷者不问路,溺者不问遂。(《荀子·大略》)

"遂"通"隧",指河中可以涉水而过的路。可是,在文献中没有"隧"通"遂"之例。这是因为"隧"本来是"遂"的意义的一个部分,如果"隧"通"遂",则是以个别的意义代替普遍的意义。所以,见到隧正的官名就以"隧"

---

① 顾颉刚:《"周公制礼"的传说和<周官>一书的出现》,《文史》,第6辑。

"遂"音同为理由，说隧正为"遂的长官"，实在是值得重新考虑的。

隧正是何种官员，"纳郊保奔火所"又是什么意思呢？由于"隧"指道路，故隧正当为职掌修筑和管理道路的官员。《左传》襄公二十四年载，孟氏修筑葬道时，"籍除于臧氏，臧孙使正夫助之，除于东门"。杜预注："正夫，隧正。"隧正的职责于此可见。"郊保"是什么意思呢？当是守卫城郊地区堡垒的军队或者役夫。《左传》襄公八年说："焚我郊保，冯陵我城郭。"这里的"郊保"与"城郭"并举，指的是城外的堡垒。《左传》襄公九年"纳郊保"的"郊保"当即城外堡垒的守卫者，要让这些人迅速去救火。

春秋时期，如果某国都城发生火灾，那么执政者除了布置救火事宜之外，还要加强保卫工作。如，《左传》昭公十八年载，郑国火灾时，子产命令"城下之人伍列登城"，并且亲自"授兵登陴"，加强警戒；又"辞晋公子、公孙于东门，使司寇出新客，禁旧客勿出于宫"，管制交通，暂时断绝内外往来，以防止外人的趁火打劫。宋国火灾时也同样加强了戒备，"使皇郧命校正出马，工正出车，备甲兵庀武守"。这个时候命令管理道路的隧正暂时断绝交通，亦是情理中事。外来的救火者要经允许可以入内。"隧正纳郊保奔火所"的"纳"即内，意为让守卫"郊保"者进入城郊都内，可以直奔"火所"。显然，这里的隧正与《周礼》所谓的乡遂制度风马牛不相及。

退一步说，假定遂正为遂的官员，但按照论者的说法是"所有六乡地区都可以称为郊或四郊"的，那么"郊保"当即六乡之民。但是，为什么偏偏要遂的官员带领六乡之民去救火呢？如此不是打乱了乡、遂界限了吗？似乎论者已经察觉了这个问题，所以说："遂正所调遣的役徒，当即郊外'遂'的居民"。《左传》上明明是"郊保"，论者硬说是"郊外"，这是很难令人信服的。

3.鲁国的"三郊三遂"

《尚书·费誓》有"鲁人三郊三遂"之载。论者认为这"说明鲁国在西周初年已有三乡三遂的制度"，并推论说："鲁国是以奉行'周礼'著称的国家，可以推想，周天子的王畿之内一定早就实行着这种制度。"由此可见，"三郊三遂"乃是"乡遂制度说"的主要支柱。

据《史记·鲁世家》，《费誓》是西周初年鲁国伯禽讨伐淮夷、徐戎时的誓师之辞。《费誓》云：

> 甲戌,我惟征徐戎,峙乃糗粮,无敢不逮;女则有大刑。鲁人三郊三遂,峙乃桢榦。甲戌,我惟筑,无敢不共;女则有无余刑非杀。鲁人三郊三遂,峙乃刍茭,无敢不多,女则有大刑。

这段话的意思是,甲戌这天要去征伐徐戎,你们要准备好干粮。如果不这样做,我就要用大刑处罚你们。还要准备好筑城时搅拌在泥中的刍草,准备不够者要受大刑处罚。还要准备好筑城用的桢榦。甲戌这天就要开始筑城了,如果不遵命,那就用除去死刑之外所有刑罚处置你们。这段话里最费解的是"三郊三遂"。《尚书·费誓》孔颖达疏云:

> 此言三郊三遂者,三郊谓三乡也。盖使三乡之民分在四郊之内,三遂之民分在四郊之外,乡近于郊,故以郊言之。乡遂之民分布在国之四面,当有四郊四遂,惟言三郊三遂者,明东郊令留守,不令峙桢范也。

论者继承孔疏的说法,认为"三郊三遂"即三乡三遂。这种解释十分牵强。如果真有一套遂系统,那么征发徭役时必定以乡为单位,而不会以郊为征发单位,这是因为乡的范围比较大,而且从《周礼》中可以看到,乡有乡师,乡大夫有官员统率,而郊则没有。再说,如果"三郊三遂"即是三乡三遂,那么"鲁人三郊三遂"又如何解释呢?是鲁人居于三郊三遂者,抑或是三郊三遂的鲁人?《尚书》里关于人们的称谓有众庶、万民、正人、俊民等等,但从无"鲁人三郊三遂"这样繁杂称谓的例证。退一步说,如果"三郊三遂"即是三乡三遂,那么,按照论者所说的"六乡居民可以编成六军"的原则,"鲁人三郊三遂"只可组成三军。然而,春秋时期的大国方才有三军。《左传》襄公十四年云:"成国不过半天子之军,周为六军,诸侯之大者,三军可也。"所以,西周初年的鲁国军力绝决不会超过三师(类同春秋时的三军)。因此"三郊三遂"可以说是鲁国的全部兵力了。但是依《费誓》所载,这些人既不准备兵器,又不准备甲胄,而只准备筑城用的桢榦和刍草,难道这些人都不打仗吗?难道鲁国的军队全是工程兵?从以上几个方面看来,释"三郊三遂"为三乡三遂,这在《费誓》中扞格难通。

要正确解释"三郊三遂",必须放弃不合《费誓》原义的孔疏旧说,才能另辟蹊径，找到答案。我以为解释"三郊三遂"的关键是"三"字。在甲骨文和金文中，"三"字往往和一种特殊的"中"字相混。《费誓》的"三"字有可能为"中"字之误。"中"字古义有得、当等。"三郊三遂"之义可能是当郊当遂的鲁人，即前往郊遂的鲁人。

《费誓》此例虽为古代文献中之罕见者，但是仍有几项理由可以佐证此解。

第一，甲骨文、金文已有多例证明了古代的一类"中"字与"三"字字形差别甚微，仅其中间一划稍短而已。因此，古代文献的传抄中有可能误为"三"。

第二，《费誓》的制作，依《史记》所云，那是很早的，也可以说与《天亡簋》的时代接近。依近人余永梁（见《古史辨》第2册《费誓的时代考》）、杨筠如（见《尚书覈诂》《费誓》解题）等所说，是为春秋时的作品，若此《费誓》则与洹子孟姜壶等器的时代接近。无论它制作于周初或是春秋，《费誓》的"三"字都有可能同于当时的彝铭中的写法，以致使后世的传抄者误为"三"的。

第三，释"三郊三遂"为三乡三遂，于《费誓》文意难通，但若释为前往郊、遂之鲁人，则《费誓》此段文意即可豁然开朗，通读而无碍。这可算是一条很有力的证据。古人行文原非故意诘屈聱牙，乃是由于时代悬隔、传抄有误等原因，才使后人不得通读之法，这个通读之法有时可能深蕴于一字一句的考释之中。"三郊三遂"的解释可以算是这方面的一个例证了。

《费誓》开始就说："公曰：嗟！人无哗，听命！"这些听命之人有鲁人，也当有鲁的附庸国之人。伯禽要率这些人讨伐淮夷、徐戎。讨伐的地点是费。《史记·鲁世家》引费作肸，云："淮夷、徐戎亦并兴反，于是伯禽率师伐之于肸。"集解引孔安国曰："费，鲁东郊之地名也。"索隐云："即鲁卿季氏之费邑地也。"这里距鲁的都城比较近，伯禽一方面要联合附庸国的兵力去讨伐淮夷、徐戎，另一方面又要加强鲁国自身的戒备。《后汉书·东夷传》云：周穆王时，徐戎曾称王，"地方五百里，行仁义，陆地而朝者三十六国"。对于徐戎这样的劲敌，伯禽自然要十分谨慎。伯禽一方面命令出征之人准备兵器、甲胄、糗粮，另一方面命令鲁人迄郊迄遂，即至郊至遂，带上桢榦和刍草去修筑城墙和防御工事。这都反映了伯禽的谨慎态度。《鲁世家》引"遂"作"隧"。隧者，道路之谓也。交通要道乃是军事重地，因此，需要在遂修筑坞堡之类的防御工事。伯禽让鲁人干这样的差事，一方面是因为鲁让人携带桢榦、刍草等到达郊、遂，比之于让附庸国的人要方便得多，另一方面也有保存鲁人实力的用意在内。这样解释"三郊三遂"似乎可以将《费誓》的一段文章弄清楚了。若此说不谬，那么"三郊三遂"与乡遂制度毫无关系也就是显而易见之事。

4. 郑国的"乡校"

《左传》襄公三十一年载：

> 郑人游于乡校，以论执政。然明谓子产曰："毁乡校如何？"子产曰："何为？夫人朝夕退而游焉，以论执政之善否。其所善者，吾则行之；其所恶者，吾则改之；是吾师也，若之何毁之？"

论者根据这条材料说："乡人有参与政治的权利，所以能够在乡校中议论执政之善否。这都是郑国存在遂制度的证明。"乡校为乡里之校，从《左传》的记载看来，乡人可以在乡校里议论政事。那么，这和乡遂制度有必然的关联吗？春秋时的乡人，即同乡之人，前引《论语》《左传》《孟子》等的记载都说明了这个问题。乡人、乡校、乡遂制度乃是不同性质的几个概念，从文献记载里丝毫也看不出乡人为乡遂制度下之人的意思，也丝毫看不出乡校为乡遂制度下之校的意思。这样的性质不同的概念怎么能够彼此说明呢？

这里有一个疑问。《左传》有不少关于乡人的记载，可是，论者却不明指乡人即为六乡之民，反而以国人和六乡之民类比，这岂不是舍近求远了吗？这个问题并不难理解。因为《左传》和其他先秦文献里的乡人与《周礼》中的六乡之民殊不相似，所以，尽管乡人与六乡之民的称谓类似，却也得不到论者的赏识而终置弃而不论之列了；相反，对国人倒是饶有兴趣。

论者举出不少史料说明，"春秋时各国军队主要由国人编制而成"，国君和卿大夫的废立以及国家发生危机时都要"征询国人意见"，有些贪暴的卿大夫"也常被国人逐出或杀死"。论者的这些说明都是正确的。可是，这都是国人的事情，与乡遂制度有什么瓜葛呢？论者说："春秋时代各国保留乡遂制度，还有显著的一点，就是像《周礼》所说的六乡居民性质的国人在各国普遍存在。"这段话较为难懂，说得明白一点就是：因为国人类同于《周礼》中的六乡居民，而春秋时代各国普遍存在有国人，所以各国保留着乡遂制度。这样的逻辑推理正确吗？可以举例说明之。例如，秦汉而后的封建社会长期都有庶民、士人等阶层,他们类于《周礼》中的六乡居民,所以,秦汉而后还长期有乡遂制度。能够认为这样推导出来的结论是正确的吗?古代希腊、罗马社会中有自由民阶层存在,亦与《周礼》中的六乡居民类似,是不是古代希腊、罗马也有乡遂制度呢?再扩大些范围说,世界各国历史上都有与《周礼》中的六乡居民相似的自由民阶层存在,是否各国都有乡遂制度呢?从一个小的限定性质的前提引出一个大的普遍性质的结论,这种推理方法不能认为是正确的。

春秋时代的国人身份是一个复杂的问题,因为国人包括着许多不同的成分,在不同的场合、不同的时期,它有着不同的含义,包括的范围也各不一样。春秋时期,国人概念的大量使用与其说是乡遂制度存在的证据,毋宁说它是不存在的证据更为合适。如果春秋时期有乡遂制度,有论者所说的《周礼》中的那些享有种种特权的六乡之民,那么,操纵春秋时期许多政治斗争的必然是六乡之民,何至于让国人之载不绝于史呢?正是由于春秋时期根本没有乡遂制度,所以,乡人才仅指同乡之人,并无什么特殊权利加在他们身上;所以,那些六乡之民就始终没有在政治舞台上露面,即使千呼万唤也不见其踪影出来。"皮之不存,毛将焉附",既然乡遂制度在实际上并不存在,那么,享有种种特权的六乡之民便只生活在《周礼》所设计的理想国之中。

无论是齐国的"参其国而伍其鄙"、宋国的"隧正",或者是鲁国的"三郊三遂"、郑国的乡校,这些尚且不是春秋时期有乡遂制度的证据,那么,仅仅和六乡之民有点儿类似的国人的存在就更不是证据了。

(三)

所谓的乡遂制度,在论者那里不仅是两个不同阶级的行政区划,而且它与西周时代的军事组织还是一回事情。这样,论者于乡遂制度的肯定就远远超过了《周礼》。例如,《周礼》中的师氏之职为:

> 掌以媺诏王,以三德教国子……居虎门之左,司王朝,掌国中失之事,以教国子弟,凡国之贵游子弟学焉。凡祭祀、宾客、会同、丧纪、军旅,王举则从。听治亦如之。使其属帅四夷之隶,各以其兵服守王之门外,且跸。朝在野外,则守内列。

师氏的职守概括起来是这样三项:当贵族子弟的教师;作王的随从;率领四夷之隶守卫王门。由此可见,依《周礼》而言,师氏是与乡遂制度无关的。

可是，论者却说师氏与乡遂制度很有关系，因为师氏"既是高级军官，又具有地方行政长官的性质"，论者首先肯定师氏既管军事，又管乡邑，然后推论说："西周时代的六师和八师，即是国家的军事组织，又是自由公民地域组织。"到底是乡遂组织囊括了六师、八师，或是六师、八师囊括了乡遂组织？"乡遂制度说"并没有说清楚这个问题。但有一点却是肯定的，即论者认为六师、八师虽然与遂无关，可是与乡有着密切关系，说它是"一种和军队编制相结合的组织"。

论者在论证西周时代的乡遂制度时，奉《周礼》为至宝，可是在讨论西周时代的六师、八师时却将《周礼》弃之如敝屣。然而，这却又未尝不是一件好事，因为在讨论乡遂制度时，论者终于把眼光转向了西周时代可信的史料上了，我们的讨论重点也就可以转向这些史料的研讨了。

1. 邑人不是"乡邑的长官"

论者断定六师、八师"是一种军队编制和乡邑编制相结合的组织"，主要根据是彝铭记载里师氏统属的官员里有邑人，而邑人乃是"乡邑的长官"，因此师氏不仅管军，而且管邑，所以六师、八师也就是乡邑组织了。由此可见，考察邑人的性质就是一个关键问题，因为关于六师、八师为乡邑组织的整个结论的阁楼就建立在邑人为"乡邑的长官"这样一根立柱上。邑人之职不见于《周礼》。在彝铭里有以下几条记载：

王乎史□册命师酉：司乃且啻官邑人虎臣、西门尸（夷）、虎尸（夷）、秦尸（夷）京（夷）、異身尸（夷）、新。（《师酉簋》）

令女啻官司邑人先虎臣后庸、西门尸（夷），秦尸（夷）、京尸（夷）□尸（夷）师□侧新、□华尸（夷）、由□尸（夷）□人成周走亚、戍秦人、降人服尸（夷）。（《詢簋》）

王乎内史吴册命师□曰："先王即命女，余唯踵先王命，命女官司邑人师氏"。（《师□簋》）

《师酉簋》的"秦"字，段绍嘉释秦，郭沫若释春（见《文物》1960年第2期），容庚说段释是（见《文物》1960年第8—9期）。论者认为"虎臣是武官名，邑人亦为官名，乃乡邑的度官"。其实，上引三铭中的邑人乃是对虎臣、先虎臣后庸、师氏的身份的标明，并不是官职名称。《詢簋》于1959年出土后，诸有考释中关于邑人的句读有两种。一是将邑人和先虎臣后庸并列，在庸字之后加冒号，说"庸字统括西门夷以下直至服夷"（见《文物》1960年第2期）。一是在邑人后加冒号，认为邑人是统括虎臣及其以下那些夷和人的（见《考古》1961年第6期），这两种句读方法都是可以商榷的。前一种句读方法把虎臣和庸均误为官职之称；后一种句读则将夷人与邑人混淆，这两种句读都不大符合彝铭原义。笔者试做了新的句读，不在邑人之后断句，而让邑人和后面的虎臣，或是先虎臣后庸，或是师氏，连为一句读。这样句读的根据在下面再作较为详细的说明。

虎臣见于彝铭和文献者，有时可以为官职之名，如《毛公鼎》云："命女□司公族□参有司、小子、师氏、虎臣于朕褱事。"《尚书·顾命》云："乃同召太保、芮伯、彤伯、毕公；卫侯、毛公、师氏、虎臣，百尹、御事。"虎臣虽然为官职称谓，但其地位并不高，大多数情况下虎臣是武士之称，并不用作官名。《师寰簋》云："今余肇令女率齐币、□□、□□左右虎臣正（征）淮尸（夷）。"在"左右虎臣"前面的"齐币"等为三处地名，说明左右虎臣是这三地之用于征伐淮夷者。《师克盨》云："令汝更乃祖考，□司左右虎臣。"左右虎臣类同（无叀鼎）的"遹（正）侧虎臣"，解以武士较为合适。《伯戜鼎》云："率虎臣御淮戎。"《大雅·常武》云："进厥臣虎，阚如虓虎。"《鲁颂》云："即作泮宫，淮夷攸服。矫矫虎臣，在泮献馘。"这些虎臣均指武士而言，和文献中常见的虎贲十分相似。在《师酉簋》《詢簋》里，虎臣并不像《毛公鼎》那样与"参有司"等官员并列，而是与庸和诸夷并列，所以这里的虎臣当即武士。

邑人列在虎臣、庸的前面，说明此虎臣、庸原来的身份是邑人，而不是诸夷。周代的华夷辨甚为严格，对于人们的出身和业绩的考察很重视，有所谓"内其国而外诸夏，内诸侯而外夷狄"的说法（《公羊传》成公十五年），说明直到春秋时代对于华夷的区别还是分辨得十分清楚。所谓邑人，指属于周族的里邑之人。周人对资历很重视，金文中习见的"蔑历"即含有考察其出身和业绩的内容。《卫风·硕人》："齐侯之子，卫侯之妻，东宫之妹，邢侯之姨，谭公维私。"讲了这许多，说的都是齐姜一个人，可见春秋时人不仅重视家庭出身，而且也重视社会关系。彝铭中常有以某某人表明身份之例。如：

①邦人、正人、师氏人又（有）罪又（有）故（辜），□即女。（《曶盨》）

②淮夷旧我帛畮人。（《兮甲盘》）

③易臣三品：州人、□人、□人。（《周公簋》）

④王乎史□册令此曰：旅邑人善夫。（《此鼎》）

⑤女毋弗善效姜氏人。（《蔡簋》）

《曶盨》和《兮甲盘》的邦人、正人、师氏人、帛畮人分别指犯有罪过的三种人和服役之人的身份。《周公簋》《大克鼎》的州人、井人等，指被赐赏的居于某地之人。《此鼎》的邑人是对善夫身份的说明。旅有陈列之义，引申为排比序列，名"此"者的职责为掌管邑人善夫的诠选事宜。《蔡簋》的"善效姜氏人"，意为服从姜氏之人的派遣。另外，《井人妄钟》的名妄者首先标明自己是井人，也和用邑人标明身份一致。以上说明标志出人物身份和住地乃是彝铭中的常见现象。

用邑人标志身份之例除了前引的《师酉簋》《匍簋》《师晨簋》《此鼎》以外，还有：

公乃命郑司徒函父、周人司工□、□史、师氏、邑人奎父、毕人师同，付永厥田。（《永盂》）

《永盂》里的邑人与周人、毕人并列，当为同例。在"周人"之后有司工的官职名，可证周人必非官名，则邑人亦非官名。《卫盉》《卫鼎》的"司工邑人服""司土邑人□"是邑人非官名的直接证据。"邑人"只是他们原来身份的标志。《卫簋》还有"矩伯庶人"之称，庶人亦是矩伯身份的标志。

与邑人相类似者，在彝铭中还有"里人"之称。如"成周里人"乃是成周的里人，具体说明了里人的地域。

大量的彝铭材料说明，邑人在铭文里只是身份的标志，而不是官职名称。《师酉簋》《匍簋》《师员簋》的邑人之后不应当断句，其根本原因就在这里。既然邑人不是官名，那么就不应当说它是"乡邑的长官"，也就不应当说统率邑人的师氏为"地方行政长官"，也就不应当说六师、八师为"自由公民的地域组织"。由此可见，只要拿掉关于"邑人"的这根立柱，论者的许多推论便坍台了。这说明西周时代的六师、八师与乡遂制度是本来就没有什么关系的。

2. 如何理解铭文中"奠人"

持"乡遂制度说"的论者特别重视《师晨鼎》，因为它的铭文中有"奠人"的记载：

> 王乎乍册尹册令师晨足师俗司奠人，唯小臣、善夫……善夫、官守友。

论者说这里的"奠人""即相当于《周礼》的遂人"。何以见得？论者绕了一个圈子作说明。《尔雅·释地》云"郊外谓之牧"，一本"牧"作"田"。田、甸古通。因为郊外为甸，《周礼》之遂亦在郊外，所以甸即等于遂。而奠人又当读为甸人，所以奠人即遂人。这个大圈子的关键环节是奠人读甸人。为什么奠要读为甸呢？可惜，论者并没有对这个关键问题做出任何说明，未能令人信服。

在彝铭中，"奠"字只有两种用法。第一是作置祭讲。奠为酒在案上之形。《说文》："奠置祭也。"《召南·采蘋》："于以奠之？宗室牖下。"所用"奠"字即其本义。祭奠是庄严的，故奠由置祭引郑重之义，如"□奠王令"（《克钟》），即为十分郑重地对待王命。祭祀时放置祭品要安定，因此文献中亦有将奠引申为奠定之义者，如《尚书·禹贡》"奠高山大川"，即是这种用法。彝铭中，奠作置祭讲者，如"癸卯，王令束奠新邑"（《束鼎》），指王在新邑置祭；奠作奠定讲者，如"奠保我邦我家"（《叔向簋》），指奠定保护我邦我家。

奠在彝铭中的第二个用法是用作地名。奠为郑的本字。金文中的郑字均作奠：

①王在周，令免乍司土，司奠还□暨吴暨牧。（《免簋》）
②易奠七伯。（《宜侯夨簋》）
③王在奠。（《大乍大仲簋》）

以上几例中的"奠"均为地名，即郑。彝铭中的"奠"指郑国的例子很多，如《奠伯筍父鬲》《奠大师瓵》等都是。

可以说，迄今所见到的彝铭中没有一例是奠读甸，或通甸的。在金文里，与"甸"相通的是"田"字，如"唯殷边侯田（甸）"（《大盂鼎》）、"侯、田（甸）、男舍四方令"（《令彝》）就是两个例子。特别是《克钟》里有"甸"与"奠"并现于一铭的情况。《克钟》云：

易克甸车马乘，克不敢遂（坠），□奠王令，克敢对扬天子休。

甸车即田车，乃是田猎所用之车。甸和奠的并见，足证彝铭中的甸与奠并不能相假。因此，将《师晨鼎》的"奠人"读作"甸人"是没有根据的。

那么，《师晨鼎》的邑人、奠人应当如何解释呢？这里的邑人、奠人类同于前引《永盂》的周人、邑人、毕人，都是用来标明其后面的某个人物的身份或地域的。《师晨鼎》里的善夫凡二见：一为邑人出身的善夫，或者是管理邑人的善夫；一为奠地，即郑地之人的善夫。邑人是标明身份的，奠人是标明地域的，与乡遂制度根本不沾边。要想从邑人、奠人的记载里面找乡遂制度的影子，是不大可能的。

还应当附带讨论一个问题，《曶壶》云："王乎尹氏册令曶曰：更乃祖考乍冢司土于成周八师。"论者以为这也是六师、八师自为"军队编制和乡邑编制相结合的组织"的一个证据，因为"冢司土"和《周礼》的小司徒的职掌是一样的。若按这种方式推导起来，六师、八师之中不仅有司徒，而且有司马、司空、师氏，所以六师、八师就不仅是军事组织、乡邑组织，而且还是畜牧组织、建筑和手工业组织、教育组织，其士兵就既不但学军，也要学工、学文、学农，还要搞畜牧。如果说西周时代的军队竟有如此之全的功能，恐怕很难使人信服。

就周代的情况来看，最初的官制应当说比较简单，职掌也并不复杂。可是随着周王朝的发展，不仅官员增多，而且职守也趋复杂起来，有的甚至背离了官职名称的原义。例如司工，原为一名小工头，只管理工匠，后来却位于叁有司之列，而负责多种事宜了，《扬簋》记载的名扬者虽然官为司工，但司工事仅是他一系列职守的最末一项。周代的司土之职又称司徒，原是负责土地的，后来职位升高，乃为王室重臣。见于彝铭和文献的司徒，人数甚多，职责庞杂，级别和地位也各不一样。这说明司土之职是一个复杂的官职问题。《曶壶》的冢司土未必为管理土地和徒役者。周代官制中似乎没有文官、武官的严格区别。王室官员平时管理政事，战时率兵出征。《尚书·牧誓》就罗列了"御事、司徒、司马、司空、亚旅、师氏、千夫长、百夫长"等等官名。由于牧野之战是关键性的大战役。故叁有司和其他的官员们全部出动。在这兵戎相见的时候,是否司徒要去管土地,司马去管军赋,司空去管建筑工程呢?恐怕不是。至于"成周八师"里的冢司土的职掌到底是什么,由于彝铭过于简略,文献又无说明,所以这个问题还是阙疑为宜。如果仅仅根据一些推想就断定冢司土之职说明了六师、八师是"军队编制和乡邑编制相结合的组织",这未免显得有些轻率了。

总之,彝铭材料和可靠的文献记载说明了六师、八师只是西周时代的军事组织,而不是军队和乡邑编制合二为一的组织。论者力图以彝铭中的邑人、奠人、司土等记载说明六师、八师亦是乡邑组织,不仅其证据十分薄弱,而且对邑人、奠人等的解释也不正确。从另外一个方面来说,既然乡遂制度只是《周礼》的纸上谈兵,那么西周时代确实存在的军事编制——六师、八师和它毫无关系,乃是十分自然的事情。

(四)

在先秦史的研究中,把乡遂制度提到社会结构的高度来论述,这种良好的主观愿望和勇敢的探索精神值得肯定,但是这样的研究却得出了不正确的结论。这是什么原因呢?根本的原因似乎在于研究的方法问题。这里仅就乡遂制度研究的方法谈一些粗浅意见。

1. 马克思主义是史学研究的理论基础

史学研究必须以马克思主义作为指导思想。马克思主义的真理是放之四海而皆准的,可是,在某些具体问题上,马克思主义的经典著作里并没有、也不可能逐一做出具体答案。因此,我们在史学研究中应当用马克思主义的立场、观点和方法考察各种问题,而不应当希冀从马克思主义经典中寻求各种问题的具体答案。这些道理,论者当然十分明白,但在分析具体问题时似乎注意得不够。

论者在论证乡遂制度时,曾引用了恩格斯的一段话:

> 我们已经看到,国家的主要特征,便是脱离人民大众的公共权利。雅典在当时仅握有由人民直接补充的人民军队与舰队,此种军队与舰队用以外抗敌人,内制奴隶,奴隶在当时已占人口的大多数了。

对于公民，这种公共权利起初不过当做警察而已，警察，像国家一样，也是很古的了……所以，雅典人跟他们的国家同时，并创办了警察，由步行与骑马的携带弓矢之人……组成的真正宪兵队。不过，这种宪兵队是由奴隶编成的。这种警察的服务，在自由的雅典人看来是卑贱的。所以，他们宁愿叫武装的奴隶逮捕自己，而自己不愿干此种贱事，这仍旧是旧的氏族生活的思想方式，国家如无警察就不能存在，不过它还很年轻，还未享有充分的道德的权威，足以使人对于旧氏族社会成员必然要视为卑贱的职务加以尊敬①。

论者说这是恩格斯关于"雅典国家主要特征"的分析，并且肯定地说："西周时代国家的主要特征也是如此。"其实，论者对恩格斯的论述并没有准确理解。就在这一段话的前面，恩格斯说道："这一点从下面的一个国家设施中可以看出来。"所谓的"一个国家设施"，就是由奴隶组成的宪兵队。这只是雅典国家机器的一个部分，并且是受到旧的氏族社会的影响而形成的部分，它并没体现出雅典国家的主要特征。关于这一特征，恩格斯指出：第一，"它的产生非常纯粹，没有受到任何外来的或内部的暴力干涉……因为在这里，高度发展的国家形态，民主共和国，是直接从氏族社会中产生的。"第二，雅典国家的阶级对立，"已经不再是贵族和平民之间的对立，而是奴隶和自由民之间的对立，被保护民和公民之间的对立了。到了雅典全盛时代，自由公民的总数，连妇女和儿童在内，约为9万人，而男女奴隶为365,000人，被保护民——外地人和被释的奴隶为45,000人。这样，每个成年的男性公民至少有18个奴隶和2个以上的被保护民。"第三，使雅典灭亡的原因是"排斥自由公民劳动的奴隶制"②。恩格斯并没有把雅典的"一个国家设施"作为雅典国家的主要特征，所以，论者的说法并不妥当。另外，断言西周时代国家的主要特征也和雅典一样，这也是不妥当的。雅典的"奴隶在当时已占人口的大多数"，西周时代的奴隶是否也有如许之多？按照"乡遂制度说"，六乡居民肯定不是奴隶；六遂居民虽然是"被剥削者和被压迫者"，但还要"平均分配耕地"，因此也不好断言其为奴隶。既然"乡遂制度就是当时社会的主要结构"，既然乡遂居民

---

① 《马克思恩格斯选集》，第4卷，第114—115页。
② 同上书，第115页。

都不是奴隶，那么能说以乡遂制度为社会主要结构的西周社会的奴隶占当时人口的大多数吗？显然不能。若此，还怎么能和雅典相类比呢？

雅典有一支"由奴隶编成的"宪兵队，而西周时代有这样一支宪兵队吗？文献和彝铭材料里有许多不同名目的人员，但没有一种是负有军事、政治警察职能的。据《国语》和《史记》的记载，周厉王时期曾派人监视民众的言行，使得大家不敢饶舌，只能"道路以目"，这监视民众并向厉王打小报告者当类似宪兵的了。然而这却是"卫巫"所干的事儿，既然是"巫"，也就算不得奴隶了。因此，即令卫巫算是干了军事、政治警察的勾当，那么若干神汉巫婆又怎能称得上一支"由奴隶编成的"宪兵队呢？

论者说《周礼》所载的"四夷之隶""四翟之隶"，具有"警卫人的性质"，认为他们是"由奴隶编成的"宪兵队。为了便于分析，现将《周礼》中的"四夷之隶""四翟之隶"的职守的记载辑录如下：

①使其属帅四夷之隶，各以其兵服守王之门外，且跸。朝在野外，则守内列。（《地官·师氏》）

②凡囚执人之事，邦有祭祀、宾客、丧纪之事，则役其烦辱之事。掌帅四翟之隶，使之皆服其邦之服，执其邦之兵，守王宫与野舍之厉禁。（《秋官·司隶》）

③掌役百官府与凡有守者，掌使令之小事。（《秋官·罪隶》）

④掌役校人养马，其在王宫者，执其国之兵以守王宫，在野外，则守厉禁。（《秋官·蛮隶》）

⑤掌役牧人养牛马。（《秋官·夷隶》）

⑥掌役畜养鸟而阜蕃教扰之。（《秋官·闽隶》）

⑦掌役服不氏而养兽，而教扰之，掌与兽言。（《秋官·貉隶》）

这些记载都是《周礼》的作者设计的官制中一部分供役使的人员，并不能反映周代的社会情况。可是仅就这些也能说明一些问题。从这些记载看来，夷狄奴隶的职责主要为两项：一是守卫王宫、王门；二是供校人、牧人、服不氏等官吏役使。夷狄之隶所干的差事有两点值得注意：第一，警卫王宫时要"服其邦之服，执其邦之兵"。这可能是统治者故意摆排场，犹如过去的英国佬用个头裹大头巾的印度门卫一样。第二，在拘捕囚犯、进行祭祀、迎送宾客、举行丧礼的时候，夷狄之隶操持"烦辱之事"。显而易见，夷狄之隶的这些职责与"真正的宪兵队"的职责不一样，两者不能混为一谈。

还有一点应当指出的是，恩格斯讲雅典的国家设施，目的是说明氏族时代的影响。恩格斯说："旧氏族时代的道德影响、传统的观点和思想方式，还保存很久，只是逐渐才消亡下去"。这个时期的雅典国家"还很年轻"，所以还保留着一些氏族时代的影响。就国家产生和发展的历史来看，西周时代的国家已经远远超过了刚脱离氏族时代的"年轻"的阶段，拿雅典与之相比并不合适。另外，雅典由奴隶组成的"真正的宪兵队"，这是"旧氏族时代的道德影响"，而《周礼》所载的使用夷狄之隶养马、养兽，操持"烦辱之事"等，是阶级压迫的奴役形式，并没有氏族时代道德影响的痕迹。

无论是国有的产生、发展情况，抑或是国家的主要特征，西周时代的国家和雅典都有很大区别。不应当把恩格斯关于雅典国家的具体分析硬套在西周时代国家的分析上。简单的类比自然是省力气的事情，然而它却违背了具体情况具体分析这个马克思主义的原则。认真学习和领会马克思主义的精神实质，运用马克思主义的立场、观点和方法进行史学研究，是十分重要的。

2. 史料鉴别是史学研究的前提条件

没有经过鉴别的确凿可信的史料，史学研究就没有坚实的基础，也就得不出正确的结论。"乡遂制度说"在史料鉴别上是欠谨慎的。

"乡遂制度说"最主要的根据是《周礼》。论者虽然承认《周礼》"夹杂有许多拼凑和理想的部分"，但是毫无保留地用《周礼》的材料论述乡遂制度。这就未免令人怀疑：《周礼》中的乡遂制度有没有拼凑和理想的部分呢？如果有，那么乡遂制度不也就有了"拼凑和理想"的痕迹了吗？用这样的材料来说明西周、春秋时代的情况难道能说是可靠的吗？从论者的整个论述看，他是认为《周礼》中的乡遂制度没有"拼凑和理想的部分"的，可是，却没有举出一点理由说明为什么《周礼》中有这样的成分，而偏偏《周礼》中的乡遂制度就没有呢？

《周礼》这部书，过去的人说是周公所作，这是错误的。实际上它是战国时期学问家的东西，它被当作儒家的经典，已经是汉朝以后的事情了。先秦时代所有的文献都没有引用或者评论《周礼》，说明它流传于世的时代很晚。《周礼》所讲的制度与其他古书的记载多不相合。如《孟子》讲诸侯封国为公侯百里，伯70里，男50里，《周礼》却说公侯方500里，与《孟子》所讲的差别很大。又如膳夫，按照《诗经》《尚书》和彝铭材料的记载为出纳王命的王室重臣，然而在《周礼》中却成了为王准备膳食的炊事班长。显而易见，《周礼》所说是不符合周代的实际情况的。再如《地官·遂人》和《考工记·匠人》所设计的有一整套沟洫系统的田制，只是在田地间横七竖八地安排些沟渠，在实际耕作中根本行不通，若说这些就是周代的田制，显然也靠不住。现在有些研究者迷信《周礼》，迷信郑玄对《周礼》的解释，不加区别和分析就引用《周礼》说明周代情况，这种做法是不够谨慎的。

就《周礼》整部书来看，它不出于一人之手，亦不成于某一个较短的时期。有些研究者说它成书于战国中期以后的齐国，当属可信，但在汉代，《周礼》还经过某些经学家的增损删改也是极有可能的事情。《汉书·艺文志》载有"《周官经》六篇""王莽时刘歆置博士"。《周礼》的风靡于世很可能是西汉以后的事情。

《周礼》这部书早在它广泛地流传于世人之前，就已经被怀疑和批判。现在知道的最初的批判者之中就有一位雄才大略的汉武帝。贾公彦《序〈周礼〉废兴》曾说："林孝存以武帝知《周官》末世渎乱不验之书，故作《十论》《七难》以排弃之"。（《周礼疏》）贾公彦此说何据，已经不可考见，林孝存批判《周礼》而作的《十论》《七难》也已湮没无闻，因此，汉武帝是怎样知道《周礼》这部书为"末世渎乱不验之书"的，当然也就寻不出端绪来。可是，既然《周礼》相传为景帝时的河间献王刘德搜罗进献，那么，汉武帝知道这部书，甚至看过它，也不是绝无可能的事情。东汉末年的经学家何休说《周礼》是"六国阴谋之书"，就代表着汉代不少人的看法，认为它不是周代的，而是战国时的东西。至于宋朝的不少人说《周礼》为王莽令刘歆伪造，这里面有不少攻讦王安石的成分在内，似可置而不论。然而，清代的学者对《周礼》的批判却是应该重视的。

万斯大的《周官辩非》（《昭代丛书》续编卷一）曾举出《周礼》中的55条材料加以辨析，论证比较有力。万氏云：

> 世称《周礼》周公所作。吾考鲁史克有言："先君周公制《周礼》曰：'则以观德，德以处事，事以度功，功以食民。'"今观《周礼》

无此言，则知周公之《周礼》已亡，而今之所传者，后人假托之书也。

万氏举出的"先君周公"一段话，见于《左传》文公十八年。以今本《周礼》无此语来证明《周礼》必非周公所作，确是一条有力的证据。万氏论析《周礼》为"后人假托之书"，主要方法是拿《周礼》"取校于五经、《论》《孟》"，这当然不能算尽善尽美的方法。但是，五经、《论语》《孟子》终究要比《周礼》可信得多，以此是而证彼非，这种对比倒也不失为一种简捷方法。除了这种方法之外，万氏还揭发《周礼》本身的谬误以证其非。例如，《地官》载有乡遂官员的总数，万氏作了统计之后指出：

> 六乡六遂总为三公，三十二卿，中大夫六十人，下大夫二百九十三，上士一千一百四十三，中士四千五百三十六，下士一万九千四百四十五，不命之士万五千。而又有命官而无定数者，如山虞，每大山，中士二人；中山，下士六人；川衡，每大川下士十二人之类，不知当几十百也。而又冬官亡阙，其为卿大夫，上、中、下士不知又几十百也。

根据这些统计，万氏不仅指出如此之多的官员是不可能的，而且按照"有官即有禄"的原则，还指出周代绝无这么大的采邑之地，"数王畿犹不足""又况中士、下士如是其多，而府吏胥徒之属且不下数万，将何以置之哉"。这个问题提得很有道理，足证六乡六遂乃是《周礼》作者的信口雌黄，只要进行一些较为实际的分析，并不难看出其中的谬误。《浙江采集遗书总录》说万氏的《周官辨非》"持之有故，言之有物"（《昭代丛书》续编卷），这是平实而正确的评价。

然而，由于时代的限制，无论是汉宋，或是清代的《周礼》批判者，他们都没有先进思想的指导，所依据的批判标准也有很大的局限，因此，这就在一定程度上影响了他们辨析的正确性。当代以马克思主义为指导思想的史学家把对《周礼》的辨析推进到一个新阶段。郭沫若的《周官质疑》曾列举大量彝铭材料和《周礼》比较，这就有力地说明了《周礼》的性质。顾颉刚的《"周公制礼"的传说和"周官"一书的出现》细密地考证了《周礼》产生的时代背景和流传原委，提出不少深刻的见解。我们应当借鉴前人对《周礼》辨析的成果，慎重地运用《周礼》所提供的史料。如果只是顺手撷取《周礼》的某些材料，又没有可信的先秦文献材料或彝铭材料作旁证，而轻率地论证自己的观点，这就很容易混淆《周礼》材料的时代内容，也容易使自己的观点陷于谬误。

在史学研究中，不仅要分析鉴别作为史料的某一部书，而且连古代的某个概念甚至名称都应有所分析，否则的话，也可能影响自己的论证。例如，论者说：

> 西周春秋间被称为"国人"的"乡"中居民，是具有完全公民权的统治阶层。

> 西周春秋间被称为"国人"的这种自由公民……还享有被选担任低级官职的权利①。

其实，"国人"之称是有其时代内容的。春秋时有大量的关于国人的记载，然而西周时代是否有"国人"这个称谓呢？《国语·周语》云："国人……流王于彘。"表面看来，这个记载可以作为西周时代有"国人"称谓的一个例证。但是，《国语》乃是春秋战国间人所写，虽然一定程度上反映了西周时代的史实，但在遣词造句上不可避免地要受到春秋战国的影响。"国人"一词在《国语》中出现，很可能是这种影响的一个反映。《史记·十二诸侯年表序》云："及至厉王，以恶闻其过，公卿惧诛而祸作，厉王遂奔于彘。"《左传》昭公二十六年载有王子朝的一段话，说到"至于厉王，王心戾虐。万民弗忍，居王于彘"。可见，最初记载的流放厉王者很可能是"公卿"或者"万民"，前引《国语》中的"国人"之载乃是后世的讹变。在西周时代的彝铭材料里和《尚书》里都没有"国人"的称谓；《诗经》中可信为西周时代的诗篇者也无"国人"之称。西周时代民众的称谓主要是民、人，由此派生出来的有俊民（《尚书·多士》)、义民（《尚书·多方》)、庶民（《大雅·灵台》)、烝民（《周颂·执竞》)、平民（《尚书·吕刑》)、庶人（《大盂鼎》)、王人（《宜侯矢簋》)、邦人（《尚书·金縢》）等，此外还有百姓（《臣辰盉》《尚书·君

---

① 杨宽：《讨论西周春秋间的乡遂制度和社会结构》，《古史新探》，北京：人民出版社，1965年，第286页。

奭》）等。在普通民众的大量称谓里均无"国人"，这说明了西周时代是不用这个称谓的。《尚书》里用"邦"，并有"邦人"之称，而无"国人"之称；《周礼》往往用"邦国"，这不仅说明了《周礼》是晚出的东西，而且证明了西周时代没有"国人"之称。论者关于西周时代"乡"中居民称用"国人"的论断所以不妥当，这一方面是由于国人与六乡之民并不是一回事情，乡遂制度属于子虚，六乡之民只生活在《周礼》所设计的理想之国；另一方面还由于论者没有细察国人称谓的时代内容，误以为西周时代也有国人之称了。由此可见，在史学研究中，不仅要鉴别整部古书的真伪，而且对古书中的某些记载也要有所分析。

3. 必须坚持实事求是的原则

史学研究中的实事求是态度是一个很重要的问题。由于时代久远，由于文献和彝铭材料的局限，因此，先秦史的许多问题并不清楚。对于这些问题应从实际出发，有多少证据就作多少结论。有的问题与其强为作解，倒不如暂时存疑，留待新的材料发现或更深入的研究以后再作结论较为适宜。

例如，周代的六师、八师是不是"自由公民的地域组织"的问题，尽管论者作了十分肯定的论断，可是，其根据却仅仅是师氏统辖者有邑人、奠人这样一条，确实太薄弱了。经过辨析，已经知道了彝铭中的邑人并非官名，奠人也不当读甸人，所以，这条根据是不能成立的。退一步说，即令有这样一条根据，似乎也只能说明六师、八师与行政机构有一定联系。邑人、奠人两个称谓并说明不了组织机构、范围、赋役形式等问题，并没有理由仅以这两个称谓就断定六师、八师是"自由公民的地域组织"。

又如，鲁国三桓"三分公室"之事，《左传》襄公十一年云：

> 季氏使其乘之人，以其役邑入者，无征；不入者，倍征。孟氏使半为臣，若子若弟。叔孙氏使尽为臣。

由于这个记载过于简略，所以历来都没有能够把它的意思解释清楚。在没有别的材料可资佐证的时候，仅就《左传》的记载讲论"三分公室"之事，只能是冥行摘埴，摸索而已，切不可做出绝对化的结论。可是，论者在引用了《左传》的上述记载之后，紧接着就论断说："由此可知鲁国的军队组织是和乡邑组织密切结合的。"这个论断真是使人疑惑不解：《左传》的这段记载里哪有"乡邑组织"

的影子呢？关于"三分公室"时季氏的办法，杜预注云："使军乘之人率其邑役入季氏者，无公征。"此解近是。"三分公室"讲的是军赋之事，故"其乘之人"当即"军乘之人"。这些人不是普通民众，而是拥有私邑的贵族。如鲁国的御叔，他有私邑，因事被罚，即"令倍其赋"（《左传》襄公二十二年）。赋即指私邑应出的军赋，"三分公室"的"其乘之人"，当为御叔一类的人物。这些人是"有禄于国，有赋于军"（《左传》昭公十四年载郑子产语）者，他们的禄邑亦是其私邑，对各诸侯国君主来说，这些私邑有相当大的独立性。这与"乡遂制度说"里由各国君主直接控制的乡遂组织显然是不一样的。至于《左传》关于"三分公室"这段话的其他内容，如"半为臣，若子若弟"等，都是十分费解的话。究竟如何"三分公室"，军赋如何征发，三桓如何建立自己的军事编制等问题，《左传》的记载并不能说明。既然这些重要问题都不清楚，而且"三分公室"的记载里又没有乡遂组织的影子，所以，关于鲁国的军队和乡邑组织是否密切结合的问题，依据现有的材料而言，是应当付之阙如的。可是论者却断定两者"密切结合"，这就不能说是实事求是的态度了。

史学研究是从历史实际出发，还是从主观设想的某些论断出发，这是一个根本问题。恐怕大家都说应当从历史实际出发，才能引出正确结论来。可是，在分析具体问题时，有的研究者就往往不是这样了，而是先制作一个框子，然后再填史料进去。"乡遂制度说"实际上是依据《周礼》的部分内容制成框子，先肯定"乡与遂不仅是两个不同阶级的行政区域，而且是两个不同阶级的人的居住地区"，然后将一些材料纳入乡遂系统中去，由于不是从历史实际出发的，所以，"乡遂制度说"的材料和结论往往方枘而圆凿。

坚信"乡遂制度说"的论者往往是持西周奴隶制社会说的。既然论者肯定乡遂制度是"当时社会的主要结构"，又肯定西周春秋时代是"奴隶制社会结构"，那么就应当说明乡遂制度乃是奴隶制的结构。可是，为什么论者丝毫不涉及奴隶制结构的问题呢？既然论者说"乡和遂对立的制度，实质上就是当时社会结构中阶级对立的制度"，那为什么不说明这个阶级对立就是奴隶主和奴隶的阶级对立呢？这个明显的漏洞之所以出现，原因大概在于论者不是从历史实际出发去探讨西周春秋间的社会结构，而是从"乡遂制度说"这个框子出发的。在《周礼》中，虽说有"四夷之隶""四翟之隶"，但均不属乡遂系统，而在乡遂系统里却又没有奴隶的踪影。如果采取实事求是的态度分析问题，那就应当说《周礼》所反映的已经不是奴隶制时代的情况了,而是封建时代的阶级关系和社会情况。"乡遂制度说"实在是论者的古史分期说的一个赘疣,因为按照"乡遂制度说"来分析问题,必然导致西周奴隶社会说的否定。论者又不能顾及自己的古史分期学而将"乡遂制度说"忍痛割爱,所以才不可避免地出现了这样一个颇大的漏洞。由此看来,从历史实际出发,坚持实事求是的态度,对于史学研究该是多么重要。

四 关于"共和行政"

"共和行政"是西周史上一个奇特而又重要的时期。然而,关于它的古代文献记载却很少,并多相龃龉。铜器断代时,"共和"时器多被忽略。因此,不仅"共和行政"情况不明,而且连"共和"的含义都成了聚讼不已的问题。前辈专家对"共和行政"做了许多开创性的研究,然而尚有不少问题至今纠葛不清。兹试作一些探索,希冀能够说明一些关键问题。

(一)

国人暴动后,周厉王逃彘邑避难,太子静年幼,匿不敢出,周王朝大厦将倾。在这种情况下,王政大权谁主沉浮?《史记·周本纪》说:"召公、周公二相行政,号曰共和。"依此说,支撑大局者乃周、召二公,"共和"就是二公"相与和而修政"(何焯《义门读书记》卷十三引冯钝吟语),实为近世民主共和概念里"共和"之义的滥觞。韦昭、杜预、司马光、崔述等皆从《史记》之说。与此不同的另一说出自古本《纪年》,谓"共伯和干王位",则支撑大局的不是周、召二公,而是共伯和。郦道元、苏辙、罗泌、顾炎武、梁玉绳等皆主《纪年》之说。

在《史记》与《纪年》两种截然不同的记载中抉择,是很费斟酌的事情。相对而言,《纪年》之说略占优势。这是因为它在古文献里尚有佐证,而《史记》之说则如唐代学者颜师古所谓为"无所据也"(《汉书·古今人表》颜注),又如清代学者梁玉绳评论的那样,是"史公之单说"(梁玉绳《史记质疑》卷三),缺乏旁证。论者或斥《纪年》之说为猎奇误传,是战国游士捕风捉影、随意附会。然而,论者并没有举出证据。可是《纪年》之说却可以从《左传》中找出有力佐证。春秋时期,和周敬王争夺王位的王子朝曾檄告诸侯,历数周朝史事，谓："至于厉王，王心戾虐，万民弗忍，居王于彘，诸侯释位，以间王政"（《左传》昭公二十六年）。这段话明确指出，厉王奔彘以后，治王之事者是"诸侯"，而不是周、召二公这样的王室大臣。清代学者朱右曾解释王子朝这段话时说："周、召，王朝卿士，不得为'诸侯'；卿士摄政，不可谓'释位'。子朝冀诸侯助己，故历举诸侯之勤王者以为准的，非有望于刘、单二子也"（朱右曾《诗地理微》卷七）。其说甚确。王子朝所谓的"诸侯释位，以间王政"与《纪年》合拍，而跟《史记》相左。

除春秋时期王子朝的言论外，战国时的一些文献也与《纪年》说相得益彰。请看以下两条。

①王者厚其德，积众善，而凤凰圣人皆来至矣。共伯和修其行，好贤仁，而海内皆以来为稽矣。周厉之难，天子旷绝，而天下皆来谓（或本作"请"）矣。（《吕氏春秋·开春》）

②共伯名和，好行仁义，诸侯贤之。周厉王无道，国人作难，王奔于彘，诸侯奉和以行天子事，号曰共和元年。十四年，厉王死于彘，共伯使诸侯奉王子靖为宣王，而共伯复归国于卫也。（《史记·周本纪》正义引《鲁连子》）

前一条材料见于《吕氏春秋》，其作者十分重视"天子"的作用，曾有"乱莫大于无天子"的说法，认为周厉之难时，天下之人皆请"贤仁"的共伯和登天子之位。战国时的《鲁连子》亦谓"诸侯奉和以行天子事"。这都是可信的说法。

这些文献记载和《纪年》说吻合，可以断定"共和行政"即共伯和代行王政。共伯和何许人也？有人认为共伯和就是周公的后嗣凡伯。清代学者魏源说："《鲁连子》谓共伯使诸侯复奉王子靖，而自归于卫，则即《地理志》共属河内郡故共国。……杜预谓共县东南有凡城，《郡县志》共有汎亭，即《雅》诗凡伯之国，则共地即凡国。古者多以所都名国，故殷与商并称，唐与晋并称，以及梁魏、韩郑皆然。凡之即共，亦犹是也。凡、蒋、邢、胙、蔡，皆周公之胤。而凡伯《板》诗作于厉王时，已称'老夫灌灌'，则其年必长于周、召二公，故二公从民望而推之，以亲贤镇抚海内。其后归老于凡，并释位不君，而老于共山之首，故天下皆以共伯称焉。"（《诗古微》卷一四，《大雅答问》下）学者或谓此说"博辩可喜"①，然此说漏洞颇多，虽然其谓"凡之即共"不为无据，但却忽略了一个重要问题，那就是凡伯并不名"和"，故而与"共伯和"的记载不能相统一。

论者多不认为共伯和即凡伯，而认为是卫武公。然而，相关的文献记载却多有矛盾纠结之处，这是我们应当辨析的问题。

（二）

断定共伯和即卫武公，主要有这样三项理由。一是，春秋时期，"共"为卫别邑。《左传》闵公二年"益之以共、滕之民为五千人"，杜注云："共及滕，卫别邑"。共地在今河南辉县，与作为卫都的沫临近。两周之际，卫可能一度居此，或者卫君在共地有离宫别馆而常居于此。辉县东琉璃阁发现有卫国公室墓地，跟这种情况当有关系。由于卫曾都共，或者卫君曾居于共，所以某些卫君又可称为共伯，犹周厉王又称汾王、晋君又称鄂侯然。《鲁连子》谓"共伯复归国于卫"，亦证明共伯即卫君。二是，卫自康叔始封以来，历代卫君多以"伯"相称，又谓卫君为东方诸侯方伯②。《尚书·康诰》："孟侯，朕其弟，小子封。"伪孔传："孟，长也。五侯之长，谓方伯。"可见，卫君称伯由来已久。另外，共伯和的哥哥已称共伯余，所以卫武公是完全可能以伯相称的。三是，史载卫武公名"和"，自与共伯和之名符合。

这里存在的一大疑难是史载的年代问题。《史记·卫世家》云："僖侯十三年，周厉王出奔彘，共和行政焉。二十八年，周宣王立。四十二年，僖侯卒，太子共伯余立为君。共伯弟和有宠于僖侯，多予之赂；和以其赂赂士，以袭攻共伯于墓上。共伯入僖侯羡自杀。卫人因葬之僖侯旁，谥曰共伯，而立和为卫侯，是为武公。"按照这个记载，共伯和立为君是周宣王时的事情，而在国人暴动时他只是一个年轻的诸侯庶子，并且他有弑兄篡位的恶行。在国人暴动后

---

① 陈子展：《诗经直解》，卷24，上海：复旦大学出版社，1983年。
② 《史记·卫世家》以为卫君本为公、侯、伯、子、男五等爵制里面的伯，由于卫顷侯厚赂周夷王，所以升级为侯。《史记》索隐已辨其说之非。

复杂而动荡的形势下，包括周、召二公在内的王朝卿士们已经束手无策，这时能够力挽狂澜以安定政局的人物必不会是一个稚嫩的诸侯庶子，也不可能是一位恶行昭著的人。由此看来，古本《纪年》等文献所记载的共伯和其人其事，与《史记·卫世家》的相关记载之间差距甚大，并且没有办法弥缝其阙。唐代学者张守节曾经针对这种情况而断言"明《纪年》及《鲁连子》非也"（《史记·周本纪》正义）。这个论断显然是不能令人信服的。

关于先秦史实的记载，《史记》多有舛误。清代学者崔述说："《史记》纪汉事多得实，纪三代事多失真"①。顾颉刚说："司马氏之学优于汉而绌于古，今试其所记，自秦以上，时见抵牾，至于不胜指摘。"②这些都是十分中肯的见解。由此看来，《史记》关于卫武公和"共和行政"的记载并不可贸然相信。

唐代学者司马贞曾对《史记·卫世家》所述卫武公弑兄篡位的事情加以探讨，举三事以证其非，并推断说关于卫武公的记载"盖太史公采杂说而为此记耳"（《史记·卫世家》索隐）。其所论实属卓见。今就其所举三事略加申说补证。其一，春秋时期，吴公子季札聘鲁，听乐工演唱卫国歌曲之后评论说："美哉渊乎！忧而不困者也。吾闻卫康叔、武公之德如是"（《左传》襄公二十九年）。季札博闻强志，并且去卫武公未为太远，他自己还曾有辞让君位的贤举，因此，他所盛赞的卫武公当非弑兄篡位的歹徒。其二，春秋时期以熟悉三坟五典而著称的楚左史倚相曾以"睿圣"赞扬卫武公，说他"在舆有旅贲之规，位宁有官师之典，倚几有诵训之谏，居寝有亵御之箴，临事有瞽史之导，宴居有师工之诵"（《国语·楚语》上）。很难设想这样一位注重礼仪、思闻训道的贤者会有弑兄的残忍举动。其三，《诗经·柏舟》述贞女寡妇矢志不嫁之辞，序谓"共姜自誓也。卫世子蚤死，其妻守义，父母欲夺而嫁之，誓而弗许，故作是诗以绝之"。既称卫世子早死，而且诗中为亦绝无伤悼其夫死于非命之义，那么就可以肯定共伯余并非《史记·卫世家》所说的那样为其弟弑杀。还可以举出一例以说明卫武公的人品。《诗经·淇奥》是卫武公入周王朝任职以后卫人的思慕之作。诗中称赞他道："有匪君子，如切如磋，如琢如磨。""有匪君子，如金如锡，如圭如璋。"诗序谓《淇奥》"美武公之德也。有文章，又能听其规谏，以礼自防，故能入相于周，美而作是诗

---

① 崔述著：《崔东壁遗书》，顾颉刚编订，上海：上海古籍出版社，1983年，第237页。
② 顾颉刚：《史记》校点本序言，转引自：杨燕起等编：《历代名家评史记》，北京：北京师范大学出版社，1986年，第38页。

也"。徐干《中论·修本》谓卫武公"夙夜不怠，思闻训道，卫人诵其德，为赋《淇奥》。"《左传》昭公二年"北宫文子赋《淇奥》"，杜注："《淇奥》，诗卫风，美武公也。"

总而言之，无论是季札和倚相的评论，或是《柏舟》《淇奥》等诗篇，都可以说是众口一词地赞扬卫武公遵循礼仪、听从规谏，是一位享有盛誉的贤者，而且这些称颂和《吕氏春秋》《鲁连子》关于卫武公的记载与评论完全一致。在春秋战国时人的口碑里，卫武公并不是那种狡诈而凶狠的歹徒，而是一位睿智、自重、循礼的贤者。人们对《史记·卫世家》关于卫武公的叙述加以怀疑，应当说是有充分理由的。由此可以推论，《史记·卫世家》关于卫僖侯、卫武公时代的记载亦不可凭信。卫武公活跃于政治舞台上的时间，应在厉宣时期，而不是在宣幽时期。

关于卫武公——亦即共伯和的行状，我们可以根据先秦时代的文献资料做出以下推测。卫僖侯时期，其世子共伯余早逝，庶子和即位，即共伯和，亦即卫武公。由于卫武公敬慎威仪，注重道德修养，所以他闻名遐迩。周厉王时期，卫武公以侯伯身份入周王朝任职，国人暴动之后继天子位，执政长达十四年之久。周厉王死后，卫武公将权位交付给厉王的太子靖，即周宣王，自己返归卫国，在共山过着悠闲的生活，并以高龄而善终。我们相信这些推测可靠，不仅在于文献记载的根据，而且是因为彝铭的发现与研究为这些推测提供了文献以外的佐证，这些佐证为了解"共和行政"的诸多问题提供了宝贵资料。我们下面的探讨将重点对彝铭资料进行分析研究。

（三）

彝铭和文献资料都表明卫武公亦即共伯和曾经任职于周王朝。这种任职情况应是周代的通例。周初的周公旦、召公奭，春秋初年的郑武公掘突、郑庄公寤生、虢公忌父等都曾以诸侯身份为王朝卿士。《尚书·顾命》载周成王弥留之际召见太保奭、芮伯、彤伯、毕公高、卫康叔和毛公，伪孔传："召、芮、彤、毕、卫、毛，皆国名，入为天子公卿。"这些都是著名的例证。

《诗经·淇奥》序谓卫武公"入相于周"。《汉书·地理志》河内郡注引孟康曰："共伯，入为三公者也。"这两个记载应当是一致的。关于"三公"，历来有不同的说法。伪古文《尚书·周官》称太师、太傅、太保为三公；《汉书·百官公卿表》引或说谓司马、司徒、司空为三公。西汉时期，每称三公为大司马、大司徒、大司空。孟康是汉代人，他说共伯"入为三公"，所指三公当以《汉书》之说为本，或者即指共伯入为大司马之职。周王朝的司马是掌管武事的要职，又称为"司武"①，主要执掌王畿地区军事，所以又有"圻父"之称。《尚书·酒诰》："惟若畴圻父。"伪孔传："圻父，司马。"孔疏："司马主圻封，故云圻父。父者，尊之辞。"圻通畿，指王畿之地。"圻父"在西周后期职掌显要，所以宣王时诗有"祈（圻）父，予王之爪牙"（《诗经·祈父》）之句。毛传谓"祈（圻）父，司马也，职掌封圻之兵甲"。就地位而言，司马之职逊于周公、召公等保傅类职官，但从实际权务看，由于它执掌王畿地区兵权，所以其重要性并不比保傅类职官差。《公羊传》隐公五年："天子三公者何？天子之相也。则何以三？自陕而东者周公主之，自陕而西者召公主之，一相处乎内。"既然司马"职掌封圻之兵甲"，那么"一相处乎内"者，当即司马也。汉人之说虽然未必可以完全凭信，但是联系到彝铭和其他文献材料的记载，还是应当说它具有重要参考价值。

共伯和由诸侯而入周王朝任职可能是先担任"师"职，继而才担任司马的。周代的"师"职与司马很有关系。《诗经·常武》"大师皇父，整我六师"，"大师"指挥六师军队，与司马之职是一致的。从周初的师尚父开始，直到见于彝铭的周代各个时期的师职，除极少数是执掌礼乐者以外，绝大部分是武职。共伯和担任师职的记载，见于彝铭。

元年师兑簋云："惟元年五月初吉甲寅，王在周，各康庙，即位。同仲右师兑入门立中廷。王乎内史册令师兑足师和父司左右走马，五邑走马。"这是一篇典型的西周后期册命类彝铭。铭文中的"同仲"又见于《几父壶》②，是同国公族。铭文谓师兑在康庙接受周王册命，由同仲担任傧右，周王令内史册命师兑佐助师和父管理左右走马和五邑走马。铭文里的"足"字对于理解文意至关重要，然诸家考释颇多分歧。刘心源释为"世"（《奇觚室吉金文述》卷一六），杨树达谓"刘说至确"，并举《国语·周语》韦注"父子相继曰世"、

---

① 《左传》襄公六年"司武而梏于朝"，杜注："司武，司马也。"这大概是由于马、武古音相同、义又相涵的缘故。
② 陕西省考古研究所：《陕西出土商周青铜器（二）》，北京：文物出版社，1980年，第164页。

《吕氏春秋·圜道》高注"父死子继曰世"等，说这个字义为父子世及①。陈梦家释为"疋"，许慎《说文》以疋、足、胥为一字，故疋即胥，有辅佐之义②。这两种解释虽皆有据，但依字形而言，则以郭沫若释"足"③为长。"足"有足成、佐助之义。彝铭既称"师兑足师和父"，可见他们是同时代的人。师和父即共伯和，郭沫若曾在《两周金文辞大系图录考释》中加以论证，其说甚确。元年师兑簋说师和父的职守是"司左右走马、五邑走司"。"走马"即古代文献里的"趣马"。其地位高低不同。《诗经·十月之交》"蹶维趣马，楀维师氏"，《诗经·云汉》"趣马师氏，膳夫左右"，"趣马"与师氏等相提并论，并且名蹶者乃朝廷赫赫大员，这说明趣马是较高的职务。《周礼·春官》列趣马之职为下士，这种趣马的职务是较低的。"左右走马、五邑走马"当是周王朝派往各地的军职官员，管理他们的师和父的职位应该是跟《周礼·夏官》的大司马相近。三年师兑簋的内容和元年簋是连续的。铭云："惟三年二月初吉丁亥，王在周，各大庙，即位。……伯右师兑入门立中廷。王乎内史尹册令师兑：余既令女足师和父司左右走马，今余惟䌛就④乃令，令女籍⑤司走马。"铭文中的"籍司"为金文习见用语，如"籍司公族"（《毛公鼎》）、"籍司王宥（囿）"（《谏簋》）等，义为掌管某项具体事务。此铭表明师兑是时仍为师和父的助手，师和父仍在主持管理司马的职务。

师兑二器的时代，从各种情况看，应定为厉王元年和三年时器。两件铭文所载可补文献之不足。文献记载或谓周厉之难时共伯和才入主王事，或谓卫武公曾入为三公，但具体情况都语焉不明。从师兑二器我们可以知道，至迟在厉王初年共伯和就已经入周王朝任"师"职。他当时是否"大师"，现在尚不可断言。《诗经·节南山》云："尹氏大师，维周之氐，秉国之钧，四方是维。"

---

① 杨树达：《积微居金文说》，北京：科学出版社，1952年，第127、第138页（以下引文，版本同此）。
② 陈梦家：《西周铜器断代（六）》，《考古学报》，1956年，第4期。
③ 郭沫若：《两周金文辞大系图录考释》，北京：科学出版社，1957年，第115、第149页（以下引文，版本同此）。
④ 这个字原作重屋之形，诸家考释多歧义。孙诒让说这个字和《说文》"就"字所引籀文的偏旁相同，疑其为"就"字之省，"盖重复申成之意"（《籀廎述林》卷7）。
⑤ 这个字原形颇奇特，诸家或释为骏、并、继、静、恭等。郭沫若释其为措之异文，并说可用如籍，转引自：《两周金文辞大系图录考释》，第79、第122页。

可见"大师"的职务是相当重要的。《师望鼎》"大师小子师望",师望是大师的部属,大师应当是师职的上司。师兑二器表明师兑是师和父的助手,所以师和父的职位当在普通师职以上,有可能是大师。

周代"师"与"司马"的关系现在还不大清楚。据推测,武职的"师"多率军征伐,而司马则较少出征。司马除兵事以外还管理赋役和其他事务,"师"的职守则比较单纯。整个周代,师职都屡有所见,而司马则不见于早期彝铭,很可能是西周中期以后才设置的中央职官。尽管"师"和"司马"都分别有高低之分,但总括而言,司马的地位似高于师职。共伯和入周王朝后,其权位的增长应当有一个过程。周厉王三年以前,共伯和仅担任师职,称为师和父,是时还未被任命为司马。然而,其升迁却很快,到周厉王三年三月,即周厉王第二次册命师兑以后不久,共伯和就有了司马的职位。这就是司马共组诸器为我们所揭示的重要内容。

司马共组今见四器,跟共伯和相关的内容如下:(1)《师晨鼎》:"惟三年三月初吉甲戌,王在周师录宫。旦、王各大室,即位。司马共右师晨入门立中廷。"师晨又称伯晨,据《伯晨鼎》记载,他曾继其祖考而在某地为侯。这次册命,司马共担任其傧右。周代以右为尊,傧右的地位比受封册者为高,并可能是其上司。(2)《师俞簋》:"惟三年三月初吉甲戌,王在周师录宫。旦,王各大室,即位。司马共右师俞入门立中廷。"此铭与《师晨鼎》如出一辙,且为同日之事。(3) 20世纪70年代出土的微氏家族铜器群中一件盨铭云:"惟四年二月既生霸戊戌,王在周师录宫,各大室,即位。司马共右。"(4)《谏簋》:"惟五年三月初吉庚寅,王在周师录宫。旦,王各大室,即位。司马共右谏入门立中廷。"这几件彝铭里的"共"字与金文习见的共字稍有不同,或释为下,但不如郭沫若释为共妥当。上引一、二、四器,《两周金文辞大系》列为厉王时器,甚确。上引第三件彝铭的器主是名墙者的儿子,而微氏家族铜器群里的《墙盘》多被定为共王时器,所以这件彝铭便定在懿王时期。今检讨《墙盘》铭文内容及其形制、花纹,可以断定它为夷王时器[①],所以上引第三件彝铭仍当属厉王时器。

总之,周厉三年至五年的司马共组四件彝铭表明共伯和在这个时期已担任司马之职。他在册封典礼中屡任师职人员的傧右,其职位应当就是周王朝的最

---

① 参阅拙稿:《墙盘断代再议》,《中原文物》,1989年,第1期。

高一级的司马。《周礼》谓"大司马之职，掌建邦国之九法，以佐王平邦国，制畿封国以正邦国，设仪辨位以等邦国，进贤兴功以作邦国，建牧立监以维邦国，制军诰禁以纠邦国"，大司马实为朝廷中的要员。观共伯和以司马之职在周王左右进贤设官，并于国人暴动后独断王畿而稳定了大局，可信《周礼》之言良不诬矣。

（四）

关于共伯和在周厉王奔彘以后执掌朝政的情况，史载多阙如，然而彝铭资料却提供了某些信息。有一件名为师某者的簋铭记载："惟王元年正月初吉丁亥，伯和父若曰：师……乃祖考有劳于我家，女又惟小子，余令女死我家，籍司我西扁东扁仆驭、百工、牧、臣、妾、东（董）裁内外。"此铭的伯和父即《师兑簋》等彝铭里的师和父，亦即《师晨鼎》等彝铭里的司马共。这件彝铭表明，"共和行政"时期，共伯和不仅摄政，而且称王。其证据有三：

第一，铭称"惟王元年正月初吉丁亥"，或谓此王指厉王，但干支月相不合。厉王在位年数，古今皆有异说。就当代学者研究成果看，有厉王在位三七年、十五年、二〇年、十六年、十八年、十二年诸说。据《中国先秦史历表》①，前两说的正月虽有丁亥日，但不合初吉月相，后四说的正月皆无丁亥日。由此看来，此器很难说是作于厉王元年的。然而，簋铭的这个记载却与共和元年完全契合。共和元年正月壬午朔，丁亥为六日，恰在初吉范围之内。这种情况恐怕不能视为偶然的巧合。此铭的"惟王元年"即共和元年，这里的"王"，即共伯和。

第二，铭称"伯和父若曰"，这是罕见之例。杨树达曾经指出，"非王而称某某若曰，仅此伯和父之铭"②。共伯和称"若曰"，和周公摄政称王时称"若曰"的情况类似，《尚书·君奭》就有"周公若曰"的记载。在武王病逝、三监叛乱、成王年幼的严峻形势下，周公曾摄政称王。《尚书·大诰》"王曰……朕诞以尔东征"，东征为周公之事，故此"王"即周公。《尚书·康诰》"王若曰：孟侯，朕其弟，小子封"，此"王"称康叔为弟，则必不可能是成王，而当是周公。共伯和面临的严峻形势曾和周公称王之前的形势十分相似。国人暴动后厉王奔逃，太子静成为暴动群众发泄愤怒的目标而不得不藏匿隐

---

① 张培瑜：《中国先秦史历表》，济南：齐鲁书社，1987年。
② 杨树达：《积微居金文说》，第127、第138页。

伏，具有崇高威望并且大权在握的共伯和此时执掌朝政，而被拥戴为王，应当说是很自然的事情。共伯和跟当年周公执政称王一样，并没有在"王"前加一美称，如文武成康然，而是在称王的同时依然使用原来的称谓。《尚书·君奭》记周公劝告召公事，此时他已经称王，但也称周公。共伯和执政称王以后，纪年称"惟王元年"，但其本人亦称伯和父。金文屡见"王若曰"之称，称"若曰"者皆王。周公和共伯和皆有"若曰"之称，他们虽然本不是王，但在特殊的历史条件下曾经执政称王，从这一点来说，相关的记载并没有逸出称"若曰"者皆王这个惯例。

第三，器主在这件簋铭的最后说："拜稽首，敢对扬皇君休。"伯和父被称为"皇君"，颇为引人注目。"皇君"之称见于彝铭者，如"弗敢不对扬朕辟皇君之易休命"（《叔夷钟》）、"奔走事皇辟君"（《召卣》），均指君主，而不是普通的大臣或贵族。伯和父被称为"皇君"，可见在称颂者的心目中其地位非同一般，应当说是他已经执政称王的一种反应。

作于共和元年的这件簋铭所表明的共伯和执政称王这件事，对于认识古代文献中的相关记载很有意义。古书屡言"有共伯和者摄行天子事"、共伯和"干王位""行天子事""摄王政"①等，证之以彝铭，更觉其非虚语。

共伯和与师职的密切关系是引人注目的另一个重要问题。厉王初年，共伯和曾以师职主持王朝军事，不仅被正式任命为司马，而且先后参加了师晨、师俞、谏的册命典礼，并为其傧右，由此可见，共伯和属下有许多师职人员，拥有相当可观的力量。共伯和在国人暴动中的态度，由于文献记载阙略而难以稽考，可以略做推测的是共伯和一直主张"惠于朋友，庶民小子，子孙绳绳，万民靡不承"（《诗经·抑》），他对厉王"专利"和钳制民众的暴政该是持反对态度的。据宣王时期的一件盨铭记载，参加暴动的有"邦人、正人、师氏人"等，其中的"师氏人"应即师职官员手下的士卒。王畿地区武装归司马管辖，共伯和手下就有不少师职官员，"师氏人"参加暴动应当与共伯和的默许（或支持）有关。国人暴动以后，共伯和之所以能够很快安定政局，与他的这种态度不能说没有联系。

共伯和执政称王以后仍然十分重视网罗和利用师职官员。我们前引那件彝铭里的师某是世代附属于共伯的，所以共伯和才说他"乃祖考有劳于我家"。

---

① 这几条材料依次见《晋书·束晳传》、古本《纪年》《鲁连子》《史记索隐》。

共伯和命令师某担任家臣总管以"东（董）裁内外"，表明了他对师职官员是很重视的。《诗经·板》谓"价人维藩，大师维垣，大邦维屏，大宗维翰"，认为国家命脉为价人、大师、大邦、大宗所维系。"价人"，《荀子·君道》引作"介人"，义指甲士。"价（介）人"和"大师"这样的武职列在大邦、大宗之前，在诗作者的心目中，其重要程度当可想见。共伯和对师职人员的重视与诗篇所表达的思想完全一致。

（五）

关于共伯和执政称王的情况，还可以举出另一件彝铭进行探讨。《师釐①簋》云："师和父乍②，釐叔市巩，告于王。惟十又一年九月初吉丁亥，王在周，各于大室，即位。宰琱生内右师釐。王乎尹氏册命师釐。"王若曰："'师釐，在昔先王小学，女敏可使，既令女更乃祖考司小辅，今惟踵就乃令。令女司马祖旧官小辅暨鼓钟。易女权市、金黄、攸勒，用事。'"簋铭先以十一个字述事，然后才按照惯用的册命铭文格式进行记叙。这在周代册命彝中是很奇特的，盖有非常之时产生非常之铭的寓意在内。为了说明问题，必须对簋铭一些关键问题进行简要的讨论。

首先，簋铭第四字，即"师和父"后面的那个字，容庚认为"当读为胙，赐也"，郭沫若不同意容说，他根据《说文》古文说这个字"读为殂"③，意谓师和父死去。按，容、郭两先生的说法，虽然从读音上看皆有据，便从铭文意义上分析，则实不可取。郭沫若曾对容说质疑，谓"师和父赐釐市，何以当告于王？此不可解"。这个质疑很有道理。然而，对郭说亦可如此质疑：师和父死，何以当告于王？并且何以又因此而受王之赐并作器纪念呢？此亦不可解。这个字疑当读为籍。从乍、从昔之字古每相通。《淮南子·汜论》"履天子之籍"，高注："籍借为阼"。《说文》"秸，予属，从矛昔声，读若笮。"《墨子·辞过》"厚作敛于百姓""作敛"即籍敛。《中山王壶》和《叔夷钟》皆有从乍之字，皆用如籍。这些皆可为证。簋铭开头谓"师和父乍（籍）"，指师和父举行籍田之礼。天子行籍礼为周代定制，它表示最高统治者与民同甘苦和

---

① 这个字原铭不从"里"而从"又"，此簋为传世器，著录时或称《师釐簋》，今为方便计而暂以釐字代之。
② 原铭这个字在"乍"的右边有"殳"旁，今为方便计而省写为"乍"。
③ 郭沫若：《两周金文辞大系图录考释》，第115、第149页。

对农业生产的关心。共伯和历来主张"无竞维人，四方其训之"（《诗经·抑》），他对籍田礼应当是很重视的。器主参加了为"王"——即共伯和所重视的籍田礼，并在籍田礼仪上担任了重要角色，因而备感荣幸，所以在铸器纪念时，于铭文开首即述此事。

其次，"釐叔市巩，告于王"是什么意思呢？釐，又称"辅师釐"，见于《辅师釐簋》。郭沫若先生考证"辅师"即《周礼·春官》的"鎛师"①。在由许多种类的乐师所组成的乐队中，鎛师虽以击鼓为职责，但演奏的开始和结束、快慢和高低都须鎛师负责，所以他实际上是乐队的指挥。"叔市"的叔，或假为素，但叔与素的今音虽相近，而古音叔为觉部审纽，素为鱼部心纽，相距较远。以声类求之，"叔"当读若绣。《考工记》："五彩备谓之绣。""市"通绂，即古代礼服的蔽膝。"叔市"疑即绘有五彩的蔽膝。《诗经·瞻卬》毛传："古者天子为籍千亩，冕而朱纮，躬秉耒。诸侯为籍百亩，冕而青纮。"可见，参加籍礼的人其服饰应当是有等级区别和规定的。"叔市"应该合乎辅师的身份，指明釐着叔市参加籍礼。

簋铭的"巩"，又见于《毛公鼎》和《墙盘》，诸家歧说颇多，似皆不如郭沫若先生、李学勤先生"读为攻"②恰当。《尚书·甘誓》"不攻于左"，伪孔传释攻为"治其职"。《诗经·灵台》"庶民攻之"，毛传："攻，作也"。"巩（攻）"盖有治、作之义。举行籍礼时，据《吕氏春秋·孟春》所述，"天子三推，三公五推，卿诸侯大夫九推"。"釐叔市巩"指名釐者身着叔市参加籍礼并亲推耒耜。

在籍礼上，名釐者"告于王"，这与其辅师的职责有关。据《国语·周语》记载，在正式举行籍礼的前五天，"瞽告有协风至"，举行籍礼的当天，"是日也，瞽师、音官以风土"，韦注谓"以音律省风土"，盖指瞽师、音官向天子和卿大夫们报告阴阳、风雨、土地等方面的情况。韦注释瞽为"乐太师"，音官为"乐官"，这与作为乐队指挥的辅师之职相去不远。铭云"告于王"，指名釐者在籍礼上向王报告风雨和土地情况。对辅师来说，这是一次显露脸面的好机会，他为此而甚感荣宠，故而铭记。

---

① 郭沫若：《辅师釐簋考释》，《考古学报》，1958年，第2期（以下引该文，版本同此）。
② 郭说见：《金文丛考》，北京：科学出版社，1954年，第262页；李说见：《论史墙盘及其意义》，《考古学报》，1978年，第2期。

总之，"告于王"者并不是师和父的死讯，也不是师和父赏赐给他叔市，因为这两项事情皆无须由名釐者向王禀报，即使禀报了也无须作器纪念。"告于王"乃是籍礼的一项内容。我们这样来理解，簋铭的开首十一字才贯通而无扞格之处，庶几符合铭文原意。

再次，铭文"惟十又一年九月初吉丁亥"。查《中国先秦史历表》，共和十一年庚辰朔，丁亥为八日，合乎初吉月相。这可为确定此簋为共和时器的一项证据。除《师釐簋》和前述第四节开头所引的那件簋铭以外，可以确定为共和时器的还有《辅师釐簋》。它称"惟王九月既生霸甲寅"，缺年份，但其中有"更乃祖考司辅"的说法，和《师釐簋》的"既令女更乃祖考司小辅"在意义上是连贯的，所以它当在《师釐簋》之前。查《中国先秦史历表》，共和时期合乎"九月既生霸甲寅"者有共和七年与十三年，既然《师釐簋》为十一年器，那么在其前的《辅师釐簋》就当是共和七年所铸器。

这些彝铭的内容表明共伯和执政期间注重网络和利用各派贵族力量。前面我们已经指出，共伯和对作为军事长官的师职十分重视，《师釐簋》又表明他对召公一派势力也很重视。簋铭"宰琱生内右师釐"，作为傧右的琱生又见于《琱生簋》，其中有"用作朕烈祖召公尝簋"之句，按照金文人名的称"生（甥）"之例，可知琱生为召公之甥。这位召公，就是召伯虎，亦即厉宣两朝重臣召穆公。厉王时期，召穆公曾经以"防民之口甚于防川"等一大段著名语谏诤，尖锐批评周厉王。西周后期，宰的权势颇重，《诗经·十月之交》罗列操持朝政的大臣，其中就有"家伯维宰"之句。琱生为召穆公之甥，被共伯和任命为宰，或者是共伯和让他继续担任宰的职务，并以宰的身份在册命典礼上担任傧右，其间所透露的消息说明共伯和对召公一派势力采取了团结态度。《辅师釐簋》表明共伯和对厉王时期的荣夷公颇重视。荣伯担任辅师釐的傧右而参加册命典礼，据郭沫若考证"此人当即荣夷公"，"荣公之或称荣伯，犹召公之或称召伯"①。以"好专利而不知大难"（《国语·周语》上）著称的荣夷公曾为厉王朝卿士，他并没有随厉王奔彘，而依然在朝中任职。种种迹象表示，共伯和对于各派贵族势力采取了平衡、网络的策略。"共和行政"期间政局稳定，与此当有直接关系。

周厉王是一位志大才疏的角色，据《胡簋》记载，他曾自诩"余亡康昼

---

① 郭沫若：《辅师釐簋考释》，《考古学报》。

夜，经雍先王，用配皇天"，然而其政策却遭到社会各阶层的强烈反对，最后不得不逃奔彘邑避难。"专利"之举和一般贵族及国人争利，旨在增加王朝收入而忽视了农业生产。共伯和执政称王以后不久就行籍礼，实际上是对厉王"专利"政策的扭转。写作于共和时期的《诗经·桑柔》说："天降丧乱，灭我立王。降此蟊贼，稼穑卒痒。"稼穑遭殃与厉王"专利"是有关系的。这篇诗作称赞共伯和道："维此惠君，民人所瞻。""维此圣人，瞻言百里。"被赞誉为"惠君""圣人"的共伯和与志大才疏的周厉王相比，其差别何啻千里之遥。

(六)

最后，需要说明的是共伯和在"共和行政"之后，亦即致政于宣王之后的情况。

《鲁连子》说周宣王继位以后，"共伯复归国于卫"。《庄子·让王》谓"共伯得乎共首"，说他不贪恋天子之位而自愿逍遥得志于共山之首。盖共伯和归卫以后已不再任卫侯，但他在卫国仍有崇高威望。《国语·楚语》上谓："昔卫武公年数九十有五矣。犹箴儆于国曰：自卿以下至于师长士，苟在朝者，无谓我老耄而舍我，必恭恪于朝，朝夕以交戒我；闻一二之言，必诵志而纳之，以训导我。"虽然共伯和已年至老耄，但仍然虚心纳谏，循礼自重。《诗经·抑》篇，从内容上看应当是共伯和晚年的一首诫子诗。是时，他依然念念不忘要"敬慎威仪，维民之则"。在这首诗中，他指出，应当"修尔车马，弓矢戎兵，用戒戎作，用遏蛮方"，对于西周末年的戎狄之祸似乎早有预见。

宣王时期的《井人钟》，据考证是共伯和之子所作之器。钟铭云"作和父大林钟"，意即为其考作大林钟以享祀。《井人钟》谓共伯和"克哲厥德，贲屯用鲁，永冬（终）于吉"。其中的"贲屯"读若混沌，喻自然天成；"永终于吉"指共伯和善终。共伯和长寿，其逝盖在宣王后期。他死后被称为"睿圣武公"，并未被视为篡权叛逆，可证成《井人钟》"永终于吉"之说。

在西周后期的政治舞台上，共伯和是一位叱咤风云的杰出人物。在国人暴动之后他表现出了挽狂澜于既倒的魄力；在"共和"时期他表现出了革除弊政、董理天下的才能。"共和行政"是对危机的宗法王权的挽救。正当执政称王大展宏图之际，共伯和激流勇退，"宣王有志，而后效官"（《左传》昭公二十六年），说明他能审时度势，保持清醒头脑，也说明他能以天下大业为重，而不斤斤计较于个人权势的得失。"共和行政"保证了西周后期社会的稳定，为宣王中兴奠定了基础。

五 "共和行政"与西周后期社会观念的变迁

西周前期,经过了成康昭穆时期的平稳发展,社会安定,经济繁荣。贵族礼乐繁盛,在盛世的烟雾氤氲、钟鸣磬响之中,人们"跻彼公堂,称彼兕觥,万寿无疆"(《诗经·七月》),沉浸在恢宏而和谐的氛围里。可是,西周后期的国人暴动却犹如山崩地坼一般惊醒了人们的甜美之梦,随之而来的长达十四年之久的"共和行政"更是前所未有的大变动。这些都迫使人们重新审视世界、考虑问题。这里将分析"共和行政"前后社会观念所发生的某些重要变化,这对于说明周代社会与文化的发展脉络当有所裨益。

(一)

在周代政治发展史上,"共和行政"①是一个独特而又重要的时期。共伯和以一诸侯的身份而入主王政,这即表明了周王权出现了严重危机。西周时期挽救王权危机的最主要的事件有两个。一是周公执政称王,一是共和行政。这两次有共同之处,即都是在风雨飘摇之中由卓越的政治家力挽狂澜,用执政称王的非常之举安定了政局,并且都在适当时机将王位和权力交出。然而,仔细分析起来,两者亦有不同之处,那就是周公与共伯和的身份的差异。他们虽然都是姬姓贵族,但周公是文王之子、武王之弟,据《逸周书·度邑》记载,武王曾有意传位于他。在宗法制度尚未完备的时候,周公执政称王具有某些合法因素,他和王政大位的距离是不远的。可是,共伯和却仅为一藩邦诸侯,虽曾入周王朝任职②,但他既非王子,又不是王弟,周厉王也没有传位于他的意思,并且周王朝经过八九代人的传位继统,宗法制已趋于完善,在这种情况下,可以说共伯和并不具备执政称王的传统的合法因素,他与王政大位的距离

---

① 关于"共和行政"的史事。《史记》和古本《纪年》有不同的记载,经过长期研究,学者们越来越倾向于《纪年》之说,认为"共和行政"即共伯和执政,而不是周、召二公相与执政。
② 《汉书·地理志》河内郡注引孟康曰"共伯入为三公者也",《诗经·淇奥》序说他曾"入相于周"。彝铭资料表明共伯和曾任周王朝的"师"及"司马"的职务。

是很远的。然而，共伯和毕竟堂而皇之地执政称王①达十四年之久，当时逃奔彘邑的周厉王只不过是一位向隅而泣的可怜虫。共伯和死后，被谥为"睿圣武公"（《国语·楚语》上）而为时人赞颂。另外，周公执政时曾经遭到以"三监"为代表的贵族们的强烈反对，以致周公不得不动用强大兵力，用三年之久的时间才平定了叛乱。可是，共伯和执政时几乎为贵族们所一致拥护。之所以如此，固然有共伯和善于审时度势、制定适当的策略的因素在内，但最主要的原因应当在于当时人们的王权观念已经发生了重大变化。

关于西周前期的王权观念，《诗经·文王》篇有典型的表述："文王在上，于昭于天。""亹亹文王，令闻不已。陈锡哉周，侯文王孙子，本支百世。""仪刑文王，万邦作孚。"人们认为周王的权位乃是自文王以来由上天所授予的，王位应当由文王孙子的"本支"世代相承，诸侯要唯周王马首是瞻。周康王继位时曾经对诸侯和大臣们说，自文王、武王以来，除有天命保佑以外，"亦有熊罴之士、不二心之臣，保乂王家"，诸侯们"虽尔身在外，乃心罔不在王室"（《尚书·顾命》）。虽然当时还没有后世那样的"愚忠"观念出现，但是只有"文王孙子"的"本支"才可以"百世"为王，乃是人们的共识。当时的周王尚有崇高威望，周夷王有病，"诸侯莫不并走其望，以祈王身"（《左传》昭公二十六年），就是一个例证。然而"共和"前后，周王就已经成了人们抨击的目标。《诗经》中的《大雅》《小雅》是西周时代的作品，其中《小雅》自《六月》以后的58篇，《大雅》自《民劳》以后的12篇，郑玄称之为"变雅"。孔疏谓这些诗"皆王道衰乃作，非制礼所用，故谓之变雅"。这70篇诗作按照《诗序》所言，大部分都是刺厉王或幽王之作。其说虽不尽属实，但大体近是。虽然有少数诗篇赞扬了宣王，但这些诗却缺乏对周天子的虔敬和热诚，并且这个时期也不乏刺宣王之作。东周灵王时有"自我先王厉、宣、幽、平而贪天祸"（《国语·周语》下）的说法，可见宣王的威信其实并不很高。指斥周王的作品大量出现于"共和"之后，不能不说是王权观念变化的一种反映。

---

① 古书屡言共伯和据王位而行天子之事。古本《纪年》："共伯和干王位。"《庄子·让王》和释文《路史·发挥》二注并引作"即于王位"。《鲁连子》："共伯和行天子事"《史记索隐》：共伯和"摄王政"。《晋书·束晳传》："有共伯和者摄行天子事。"另外，金文中只有王才有"若曰"的说法，所以"共和"时期一件簋铭的"伯和父若曰"的记载也说明共和不仅摄政，而且称王。

西周后期刺王之作的典型诗篇当推《桑柔》。诗序说它是"芮伯刺厉王"之作，《潜夫论·遏利》云："昔周厉王好专利，芮良夫谏而不入，退赋《桑柔》之诗以讽。"这篇诗把共伯和与周厉王做了对比，写道："维此惠君，民人所瞻，秉心宣犹，考慎其相。维彼不顺，自独俾臧。自有肺肠，俾民卒狂。""维此圣人，瞻言百里。维彼愚人，覆狂以喜。""维此良人，弗求弗迪。维彼忍心，是顾是复。"从《国语》《诗经》《鲁连子》等文献的相关记载看，共伯和是一位睿智、自重、循礼的长者，与《桑柔》所说的"惠君""圣人""良人"若合符节。周厉王以"专利"和暴虐著称。他拒谏饰非、钳制民众，连其子——周宣王都说他"弘其唯王智，迺唯是丧我国"（《毛公鼎》），其行径与《桑柔》所说的刚愎自用并贪得无厌的"不顺""愚人""忍心"者的作为完全合拍。周厉王后期"国人谤王"（《国语·周语》上）的事情反映了社会舆论对周王的抨击，周王在人们心目中的威望已经大为降低了。西周末年，人们对于幽王宠幸褒姒、任用"佞巧善腴好利"的虢石父为卿士（《史记·周本纪》），也颇多抨击。史伯曾说："今王弃高明昭显，而好谗慝暗昧。……夫虢石父谗诌巧从之人也，而立为卿士，与剸同也；弃聘后而立内妾，好穷固也；侏儒戚施，实御在侧，近顽童也；周法不昭，而妇言是行，用谗慝也；不建立卿士，而妖试幸措，行暗昧也。"（《国语·郑语》）《诗经·十月之交》曾列举幽王任用七个佞臣盘踞高位的情况："皇父卿士，番维司徒，家伯维宰，仲允膳夫，棸子内史，蹶维趣马，楀维师氏。"他们随意征发赋役，以至民众哀怨"彻我墙屋，田卒污莱"。幽王对褒姒的宠幸使贵族和民众普遍不满。《诗经·瞻卬》斥责"妇有长舌，维厉之阶，乱匪降自天，生自妇人"，虽然有女宠祸国论的某些偏颇，但其所指的幽王宠幸褒姒的恶劣影响仍是事实。当时已有贵族起来一针见血地对周王加以批评，《诗经·节南山》所谓的"家父作诵，以究王讻"，就是其中的一例。

社会舆论对周王的抨击并不意味着贵族和国人们要废除王政，恰恰相反，他们是"恨铁不成钢"，目的在于"柔远能迩，以定我王"（《诗经·民劳》），使王位得以稳固。尽管如此，周王的威信在"共和"之后还是大大降低了。《国语·郑语》记载了西周后期所流传的王室秘闻。其大意说，厉王末年发现自夏以来藏龙漦的木椟，龙漦流于王庭，化为玄鼋以入于王府。王府童妾遇之而怀孕，至宣王时生一女婴。因无夫而育，故惧而弃之于路。宣王听到"檿弧箕服,实亡周国"的童谣,遂将贩卖"檿弧箕服"——即山桑做的弓与箕木所做的矢房——的夫妇游街示众。夜间,这对夫妇见到在路上号哭的被王府童妾抛弃的女婴,遂携其而逃奔褒国。此女长大以后就是褒姒,褒君将其献给幽王。这段秘闻的主旨是攻讦褒姒乃玄鼋与王府童妾相合而生,说明西周后期的王室在人们的观念里已不再是圣洁而崇高之所在,已经变成了肆行淫乱而藏垢纳污的地方。这秘闻虽有神秘色彩,但其背后并非人们对王室的恭敬,而是对王室的戏谑。

在周人的观念里,西周前期诸王,特别是太王、文王、武王等,不仅是周人的先祖,而且"于昭于天""在帝左右"(《诗经·文王》),简直是另一种天神。到了西周后期,周天子已从天上降到了人间,人们不再以天神视之。且不说厉王和幽王,就连号称"中兴之主"的宣王的情况亦是如此。"共和"以后虽然出现了一些赞美宣王的诗篇,但其威信远不能和前期诸王相比,并且这些诗篇与其说是赞美宣王,倒不如说是赞美那时代的贵族大臣更为合适。例如,写宣王北伐南征的《六月》《采芑》两首诗,前者写"文武吉甫,万邦为宪",后者写"方叔元老,克壮其犹",分别详述尹吉甫和方叔的伟业,对宣王则一提而过。其他如《崧高》赞颂申伯和甫侯、《烝民》赞颂仲山甫、《韩奕》赞颂韩侯、《江汉》《黍苗》赞颂召伯虎、《出车》赞颂南仲等都是这种格式。这些贵族大臣在诗中的形象十分高大完美,如谓"申伯之德,柔惠且直,揉此万邦,闻于四国"(《崧高》),"衮职有阙,维仲山甫补之"(《烝民》)等。这类赞颂贵族大臣的诗句在西周前期的诗歌中毫无踪影,而"共和"以后则大量出现,其原因并非诗人心血来潮,而是王权下降、贵族势力崛起这种社会状况的反映。所谓"下武维周,世有哲王"(《诗经·下武》)是不包括西周后期诸王在内的。作为一种偶像而言,周王在西周后期已经失去了往日的灵光。

周代王权由盛而衰的转折点就是"共和行政"。共伯和作为一位杰出的政治家,他力挽狂澜,安定了政局。为周代社会发展做出了贡献。从他致政于宣王的情况看,他并无意于抛弃周的王权或取而代之,他只是审时度势,致力于旧秩序的恢复,从而让宗法君主制度发展下去。可是,共伯和执掌王政、履行天子之事长达十四年之久,这件事情本身却又暴露了宗法王权的弊端,使人们的王权观念发生了很大变化,即由对周王的近乎狂热的崇拜变成了对周王的冷淡与漠视。《尚书》载周代诰誓文献多集中于成康时期,至穆王已属少见,到了西周后期则成绝响。其原因固然很多，但王权跌落，人们对王室由崇敬变成了抨击，从而不再重视王室诰誓，应当是一项重要原因。

（二）

西周后期，社会上的宗法观念也发生了变化。

宗法与分封是维系周代社会的两项重要制度。它们决定了周代社会的基本特点，即等级森严、上下相维、内在和谐。由氏族传统转化和凝聚而形成的宗法观念深入人心。在通常情况下、各阶层的人们各安其位、内向克制，对宗族有强烈的责任感，尊祖敬宗是人们不可须臾离开的准则。需要说明的是，周代宗法观念并非一蹴而就或周公一类的圣人灵机一动而发明出来的，而是经过了长时期的初创、发展、变化才逐渐完善和系统化了的。假若以"共和"为分界来看宗法观念的特征，那么可以概括地说宗法观念在西周前期是以周王为核心的，到了后期则以贵族为核心。和社会权力下移的历史进程一样，宗法观念也有一个下移过程。

作为周族史诗之一的《诗经·公刘》有"君之宗之"的话，颂扬公刘既为异族姓的君主，又为姬周族的宗子。可见从公刘的时代起，周王已在宗法系统里占有了最重要而显著的位置。周初诗篇颂扬文王的诗篇尤多，其原因就在于"文王孙子，本支百世"（《诗经·文王》），为姬周族大发展奠定了基础。除了文王之外，武王的位置也很重要。《逸周书·祭公》说："天之所锡武王时疆土，丕维周之丕基。……维我后嗣旁建宗子，丕维周之始并（屏）。"武王有病的时候，周公向先王祈祷说："惟尔元孙某，遘厉虐疾；若尔三王，是有丕子之责于天。"（《尚书·金縢》）周公认为武王是先王的"元孙"，因此先王更有责任保佑他。成王弥留之际嘱咐大臣们说："尔尚明时朕言，用敬保元子钊。"（《尚书·顾命》）他所强调的是"元子"。以赞美周王为主旋律的《诗经》《大雅》的大部分诗篇和《周颂》都产生于西周前期，其内容十分完整地表现了这个时期人们以周王为核心的宗法观念。人们认为"勉勉我王，纲纪四方"（《棫朴》）、"万邦之方，下民之王"（《皇矣》），周王的作用是无与伦比的。西周前期的一些诗篇虽然也写了贵族欢宴的场面，但往往画龙点睛式地写出贵族对周天子的忠诚，"蔼蔼王多吉士，维君子使，媚于天子"（《卷阿》）"百辟卿士，媚于天子"（《假乐》）等等，就是典型的诗句。这样来写贵族，实际上也是在颂扬周王。周王是天下的共主，又是姬姓贵族的大宗，这一点在西周前期的社会观念是十分明确的。

"共和"以后,周王威信下降,在人们的宗法观念里不再居于主导的重要位置。共伯和并非王室的"宗子"或"元子",但却可以堂而皇之地高踞于王位而不受非议,可见人们对于王位继统所贯彻的宗法原则已经不大感兴趣了。从反映贵族势力崛起的写作于西周后期以及两周之际的《小雅》诸篇中可以发现这样的新情况,即贵族在宗法观念里的位置日趋重要。尽管在宗法系列里,周天子仍踞于顶端,但他却离人们日益遥远而渺茫,人们更着重的是自己宗族的兴盛和本宗族的宗子的威仪。西周后期,贵族经济实力迅速增长。为了保持既得利益,在社会政局不稳、内外危机四伏的情况下,贵族们不再高唱对周王的赞美曲,而是采取各种措施加强本宗宗族内部的凝聚力。《小雅》的《鱼丽》《南有嘉鱼》《南山有台》《蓼萧》《湛露》《鸳鸯》《天保》等篇都描写了为贵族祝福、祝寿或贵族饮宴的场面。贵族进行这些活动的主旨在于加强宗族团结。兄弟间的联合是西周后期社会观念特别强调的事情,这以《常棣》所述最为典型:

> 凡今之人,莫如兄弟。死丧之威,兄弟孔怀。原隰裒矣,兄弟求矣。脊令在原,兄弟急难。每有良朋,况也永叹。兄弟阋于墙,外御其务。

据春秋初期周大夫富辰所说,这首诗乃是思召伯虎所作,"召穆公思周德之不类,故纠合宗族于成周而作诗"(《左传》僖公二十四年)。召伯虎"纠合宗族于成周"而不是在宗周,这便透露他们对周王朝已不寄太多希望。从这首诗里可以看到,贵族们认为越是在丧乱的时期,越显出兄弟情谊的珍贵。兄弟间的联合对于处理好宗族内部大宗与小宗的关系至关重要,这是宗法观念在西周后期的一个进展。

兄弟或同宗之人又称为"朋友"。西周后期彝铭《克盨》说:"用献于师尹、朋友、婚媾。"另有一件彝铭谓"好朋友与百者(诸)婚媾"。"朋友"在婚媾之前,应指同宗兄弟。宣王时期的《毛公鼎》谓"以乃族干吾王身",另有一件同时期的簋铭则谓"以乃友干吾王身",可见"友"与"族"相当。"朋友"一词原指族人,特别是同宗兄弟,《尔雅·释训》谓"善兄弟为友",犹存古义。西周后期,人们迫切地呼唤同宗兄弟联合,呼唤人们珍惜宗族的兴旺发达,如谓:

①嘤其鸣矣，求其友声。相彼鸟矣，犹求友声，矧伊人矣，不求友生？（《伐木》）

②君子至止，福禄既同。君子万年，保其家邦。（《瞻彼洛矣》）

③嗟我兄弟，邦人诸友。莫肯念乱，谁无父母？（《沔水》）

④言旋言归，复我邦族。（《黄鸟》）

⑤维桑与梓，必恭敬止。靡瞻匪父，靡依匪母。（《小弁》）

⑥兄弟婚姻，无胥远矣！……此令兄弟，绰绰有裕；不令兄弟，交相为瘉。（《角弓》）

从这些强烈呼唤声中，人们可以深切体察到西周后期社会观念对宗族是何等重视！这与西周前期人们对周天子的虔敬的顶礼膜拜相比，可以说是大异其趣了。

在宗法系统里，"宗子"的地位非常重要。无论是西周前期或是后期，人们对宗子都很重视。然而仔细分析起来，西周前期的宗子，无论是"君之宗之"的公刘，或是"元孙""元子"的武王、康王，都是以周天子为主的；到了"共和"以后，宗子则多数指贵族大宗的族长而言了。真正重视宗子在宗族里的作用是西周中期以后的事情。这个时期的彝铭出现了"其用各（格）我宗子雩（与）百生（姓）"（《善鼎》）之类的文辞。"百生（姓）"指官员和诸族的族长，"宗子"位居其前，可见他的地位已非一般。西周后期农事诗里的"曾孙"应即宗子。《甫田》云："曾孙来止，以其妇子。""曾孙不怒，农夫克敏。"《大田》云："播厥百谷，既庭且硕，曾孙是若。"朱注："曾孙，主祭者之称。"按照规定，宗族内要由宗子主祭。西周后期叙述贵族祭祀情况的诗篇里的"孝孙"也当是宗子。如《楚茨》云："孝孙徂位，工祝致告。……诸父兄弟，备言燕私。"作为"主祭之人"（《楚茨》朱注）的孝孙，在诸父兄弟中居于主导地位，其身份亦非宗子莫属。《礼记》有不少关于宗子在祭祀时的特殊地位的记载，如"支子不祭，祭必告于宗子"（《曲礼》下），"宗子为士，庶子为大夫，其祭也，……（庶子）以上牲祭于宗子之家"（《曾子问》）。从《诗经》和相关彝铭记载看，早在西周后期，贵族大宗的宗子的特殊地位就已经确立了。写作于"共和"时期的《诗经·板》讲到在天下大乱的时候支撑大局的几种力量："价人维藩，大师维垣，大邦维屏，大宗维翰，怀德维宁，宗子维城，无俾城坏，无独斯畏。"其中的"价（介）人""大师"指王朝武装力量；"大邦"指诸侯；"大宗"，朱注谓指强族；"宗子"指大宗的族长。诗作者认为最重要的是"无俾城坏"，即注重在宗子周围的全宗族人员的团结。西周后期的《仲殷父簋》铭谓"用朝夕享孝宗室"，另有一件簋铭谓"其万年子孙永宝用享于宗室"，其中所蕴含的意义与"宗子维城，无俾城坏"的诗句相吻合。

虽然厉、宣、幽诸王无不致力于王权的稳固与提高，但花团锦簇、轰轰烈烈的蓬勃发展的局面在西周后期已成隔年黄历。周王手中已无大块的土地和丰厚的财物可资封赏，然而自周初以来逐渐羽翼丰满的贵族势力却今非昔比。他们虽然依旧对周天子顶礼膜拜，但却少了几分虔诚，周天子也就逐渐处在了空有鹤立鸡群之志的尴尬境地。西周后期，虽然人们依然遵循传统观念把周天子视为天下之大宗，甚至到春秋时期还有"郑祖厉王"（《左传》文公三年）之说，但是人们的宗法观念里却注入了新的内容，那就是宗族内部关系准则的建立与完善。诗句所谓"大宗维翰"（《板》）与彝铭所谓"子子孙孙用享孝于大宗"（《兮敖壶》），都表明了在西周后期大、小宗的关系已经明确，贵族宗族内部人们的各种关系也日益有了准则可循。宗法观念的下移并没有使宗法制度瓦解和崩溃，而是使它更加系统化、制度化。可以说，"共和"以后，宗法观念和宗法制度已经进入到了一个新的其内容更充实的发展阶段。

宗法观念在西周后期的演变情况可以启发人们思考君统与宗统的关系问题。汉儒认为天子、诸侯的继统属君而不行宗法，卿大夫、士行宗法而属于宗统。历代研究礼书的学者多信奉这种说法，如谓"大小宗法，大夫、士有之，诸侯则绝"（阎若璩《四书释地》），或谓"宗法者，大夫、士别于天子、诸侯者也"（程瑶田《宗法小记》）。近代以来，学者们多不相信这种说法，而认为君统、宗统是分不开的。王国维指出："由亲之统言之，则天子诸侯之子身为别子，而其后世为大宗者，无不奉天子诸侯以为最大之大宗。"[①]《礼记》《仪礼》以及汉儒关于君统、宗统的说法，其主要缺陷在于忽略了宗法观念的发展变化从而做出以偏概全的绝对论断。就周代而论，"共和"之前，周天子、诸侯、卿、大夫、士之间不仅存在着君臣隶属关系，而且有宗法维系其间。"共和"之后，随着王权下跌，人们日益重视本族内部的宗法关系，到了春秋中、

---

① 王国维：《殷周制度论》，《观堂集林》卷10。

后期，周天子基本上成了传统的象征，与一般的宗法关系已经相当渺茫，宗法制度的系统与完善仅局限于宗族内部。战国秦汉时代的宗法制度大体上也沿着这个轨迹运动。汉儒为了颂扬君权，便把自"共和"以来周天子在宗法系统里被冷落的情况点石成金，衍化出表明君权至高无上的君统宗统之说。我们既要指出汉儒之说的错误，又要对它进行实事求是的分析。因为汉儒之说毕竟反映了一个历史时期的某些情况。只要明确了宗法观念下移和发展的脉络，那么，君统与宗统关系之谜是不难析解的。

（三）

周厉王"专利"政策的实施直接导致了国人暴动，这表明社会经济观念在西周后期已经发生很大变化。"共和"以后，直至宣、幽两朝，各阶层的人们都对经济日趋重视，经济观念有了比较显著的发展，形成了古代经济观念转变的一大契机。

以力役地租为主要剥削形式的农业经济是周王朝立国的基础。周王室和贵族的土地靠征发民力耕种，其田地称为籍田。《诗经·周颂》中的许多篇章都是王室举行籍田礼祭祀先王的乐歌。《载芟》云："千耦其耘，徂隰徂畛。侯主侯伯，侯亚侯旅，侯彊侯以。有嗿其馌，思媚其妇，有依其士。有略其耜，俶载南亩。"这样欢快的劳作场面反映了形成时期的籍田制对生产力的推动。孔子所说"先王制土，籍田以力而砥其远迩"（《国语·鲁语》）就是"共和"以前的农业情况。《良耜》写籍田丰收的情况："获之挃挃，积之栗栗。其崇如墉，其比如栉。以开百室，百室盈止，妇子宁止。"可见贵族们对当时农业的发展是相当惬意的。

王室经济在西周后期严重衰退。周厉王企图专擅山林川泽之利以补充王室经济。芮良夫批评说："夫利，百物之所生也，天地之所载也，而或专之，其害多矣。天地百物皆将取焉，胡可专也？"（《国语·周语》上）他认为天地所生之物，人皆可资为用，非必为王有。这种观念和西周前期周王"敷有（佑）四方，畯正厥民"（《大盂鼎》），视天下万物万民皆归王有的观念已经很不相同了。周厉王"专利"所依据的是"皇天既付中国民越厥疆土于先王"，（《尚书·梓材》）的古训，认为自己"膺受大令（命），敷有（佑）四方"（《五祀胡钟》），然而，包括一般贵族在内的各个阶层的人们却不买这个古训的账。既然王室经济已失去了昔日的独尊局面，那么厉王专擅经济利益的企图也就显得不识时务了。宣王谓其父"弘其唯王智，乃唯是丧我国"（《毛公鼎》），对厉王不顾国人反对而实行专利的刚愎自用的做法也颇有微词。

"共和"之后，周宣王采取的一系列经济政策比其父高明得多，反映了王室贵族经济观念的变化。

首先，宣王继位后"不籍千亩"（《国语·周语》），不再举行籍田礼。籍田制的核心是对民众进行力役地租剥削。宣王"不籍千亩"以后采用何种剥削形式，史载不明，不可轻率断言。然而从一般发展规律和春秋时代赋役情况来推测，宣王时可能在王畿范围内开始实行某种实物地租剥削形式。宣王还曾采取"料民"的措施以增加赋役。《国语·周语》载"宣王既丧南国之师，乃料民于太原"，"料民"——即统计民数——的直接目的在于增加兵员，但也和废止籍田制后实行新的税收制度有关。宣王时期，周王室已经走出了籍田制的模式，开始具备了新的经济观念。

其次，宣王屡派大员采取各种方式聚敛财富，如委派毛公"庶出入事于外，敷命敷政，艺小大楚赋"（《毛公鼎》）；派兮甲"政司成周四方责（积）"（《兮甲盘》）；派仲山甫"赋政于外，四方爰发"（《诗经·烝民》）。西周后期的彝铭虽然也有不少册封典礼的记事之作，但其封赏的财物仅限于衣饰、弓箭及仪仗等物，以示荣宠而已，不再有周初封邦建国时赏赐大量山川土田和劳力的宏大气魄，并且西周后期载入彝铭的派员聚敛财物的情况绝少见于前期。西周前期，周王派员巡视，多以政治意义为主，目的是宣扬周王朝恩德，"绥万邦，娄丰年"（《诗经·桓》），使"四方来贺"（《诗经·下武》）。在王室经济衰退的情况下，西周后期的统治者不得不更多地注目于经济，以补苴罅漏而维持王室的体面。

再次，宣王时期对外战争的经济目的比以前大大增强。《兮甲盘》云："淮夷旧我帛畮（贿）人，毋敢不出其帛、其资、其进人。其贮（贾），毋敢不即次、即市。敢不用令，则即井（刑）扑伐。"从这件盘铭可以看到，除了榨得财物以外，掠取劳力也是宣王时期对外战争的一个主要目的。另有一件和讨伐淮夷相关的簋铭谓"无谌徒驭，驱孚（俘）士女牛羊"，可以与此俱为佐证。《驹父盨》记载宣王十八年"南仲邦父命驹父盨南诸侯，率高父见南淮夷厥取厥服，堇（谨）夷俗遂不敢不敬畏王命，逆见我厥献厥服。我乃至于淮，小大邦亡敢不储具王命①"诸家谓"服"指服物,即布帛之类。甚确。盨铭谓淮河流域的"小大邦"都已储备好贡纳物品以待王命。宣王屡对南方用兵,除盨铭外,还见于《诗经》的《江汉》《采芑》《常武》等篇。榨取财物已成为这些战争的主要目的,这与西周前期以炫耀国威为主要目的的战争是有所区别的。

宣王的这些经济措施,虽然使周王朝一度有了"中兴"气象,但它终究不能扭转周王朝的颓势。至幽王时,王室经济复现窘境。《诗经·召旻》所谓"维昔之富,不如时!维今之疚,不如兹",就是贵族对王室经济衰败的哀叹。随着分封制的发展,到了西周后期,周王室所直接控制的地域已不像前期那样广大,而是"日蹙国百里",变得狭小起来。另外,过去征发大量无偿劳力耕种王室籍田的情况自宣王时起已不复存在,所以王室经济日益入不敷出。幽王时的诗人谓"池之竭矣,不云自频;泉之竭矣,不云自中"(《诗经·召旻》),说池之竭由外之不入,泉之枯由内之不出。他们对王室经济衰退根源的看法,可以说是一针见血的。

和宗法观念等的下移情况相似,某些经济观念也有下移过程。当周王室困难于征发劳力等问题而不得不废止籍田制度的时候,一般贵族却还在对这种力役地租剥削形式大唱赞歌。写作于西周后期的《小雅·甫田》谓:"倬彼甫田,岁取十千。我取其陈,食我农人,自古有年。"对于大块田地上的庄稼丰收,贵族十分满意。然而,曾几何时,贵族所采取的这种力役剥削形式也出现了危机,写作于春秋时期的《齐风·甫田》已经在说"无田甫田,维莠骄骄"了。春秋时期各诸侯国陆续采取"初税亩""初租禾""相地而衰征"等措施,实物地租剥削形式才最后确立。由此可见,关于地租剥削形式的经济观念的转变是经历了很长时期的。

自从西周中期以后,随着工商业的发展,社会上出现了一批新兴贵族。他们乘坚策肥,侯服玉食,一派富豪景象,使那些没落的昔日权贵不禁咽着口水投过贪羡的目光。据彝铭记载,西周中期有一位名叫裘卫的新兴贵族。他经营皮货业,兼管官府营造工程。有一位名叫矩伯的贵族要去参加周王在丰京举行的建立太常之旗的典礼,但却没有像样的饰物,便"取堇璋于裘卫,才(在)八十朋厥贮(价),其舍田十田"(《卫盉》)。除了用十块田地从裘卫那里换取了价值八十朋的一件瑾璋之外,矩伯还用三块田换了共值二十朋的两件虎形

---

① 盨铭释文据:李学勤:《兮甲盘与驹父盨》,《西周史研究》,《人文杂志》,1984年,第2辑。

玉器、两件鹿皮披肩和一件蔽膝。据《九年卫鼎》记载，矩伯为了参加周王举行的迎宾礼，曾以一处里邑换取裘卫的一辆有虎皮罩子的车和车马饰件。矩伯有资格参加周王举行的典礼，并拥有土地和里邑，但却穷得置办不起参加典礼的礼器和车辆，不得不可怜巴巴地向新贵族裘卫换取。其间的消息使我们看到了新旧贵族经济实力的消长变化。《诗经·小雅》有一篇《都人士》。其首章谓："彼都人士，狐裘黄黄。其容不改，出言有章。行归于周，万民所望。"[①] 马瑞辰谓"都人乃美士之称"[②]，甚确。从"士"这一称谓看，"都人士"不大可能是名门显贵，但他却穿着名贵的狐裘，为万民所仰望。如果他是裘卫一类的新兴贵族，那么与其身份当是符合的。这首诗说明当不同社会阶层的经济实力变化的时候，人们的观念也在变化，穷困的旧贵族逐渐失去了往日的荣华，财大气粗的新贵族则被青睐。幽王时期的诗篇《瞻卬》说："如贾三倍，君子是识。"获取三倍利润的贾人，原为君子所不齿，现在却成了君子憧憬的偶像。这种经济观念上的变迁正所谓"高岸为谷，深谷为陵"了。

（四）

在分封与宗法的凯歌行进中所形成的传统观念反复申明一切都是和谐的整体。在这种观念支配下，西周前期人们的精神状态可以用安详肃穆、因循守礼进行概括。"共和"之后，社会人们的精神状态犹如王权观念、宗法观念、经济观念等一样，也和西周前期有了很大变化。写作于西周后期的诗篇比较集中地表达了当时人们——特别是下层群众的怨恨、彷徨与悲观情绪，反映了那个时代的精神面貌。

西周前期，虽说也有武王立国、周公东征、昭王南巡、穆王西行等耗费大量人力、物力的举动，然而并没有多少怨恨之辞留传于世。尽管也有"勿士行枚"（《东山》）之盼，也有"哀我人斯"（《破斧》）之叹，但参加者却充满神圣的使命感，人们对前途还充满着信心。然而，西周后期的情况却大不相同，人们怨恨情绪之激烈是前所未有的。征夫愁怨、其妇盼归，成了这个时期

---

① 《都人士》的首章与其后四章不类，且为齐、鲁、韩三家诗所无，王先谦定其为"逸诗孤章"（《诗三家义集疏》卷20），是正确的。"狐裘黄黄"一句，贾谊《新书·等齐》引作"狐裘黄裳"。《论语·乡党》有"黄衣，狐裘"之说，指黄衣与狐裘搭配，故原诗当是"狐裘黄裳"。

② 马瑞辰：《毛诗传笺通释》卷23。

许多诗篇的主题。《小明》云："我征徂西，至于艽野。二月初吉，载离寒暑。心之忧矣，其毒大苦。念彼共人，涕零如雨。岂不怀归，畏此罪罟。"戍役者心中如有毒药，可见痛苦已极，但畏惧法网而不得不硬撑着继续服役。"涕零如雨"一句将其愁苦心态表现得淋漓尽致。许多征夫长期在外服役，终年累月不得归返。《采薇》云："昔我往矣，杨柳依依。今我来思，雨雪霏霏。行道迟迟，载渴载饥。我心伤悲，莫知我哀。"这些诗句和描写周公东征时征夫归返情况的《东山》相似，但《东山》诗充满盼归之情，而《采薇》则增多了伤悲之意。《小雅》许多篇章都有"王事靡盬，我心伤悲"一类的诗句，征夫所伤悲者不止在于戍役延期，"继嗣我日"（《杕杜》），归返无望；也不止在于战场杀伐，备尝艰辛，而且在于"王事多难，维其棘矣"（《出车》），在于"曷云其还，政事愈蹙"（《小明》），在于生活竭蹶，"知我如此，不如无生"（《苕之华》）。人们既然已经对周王室的前途悲观失望，对朝政败坏的状况忧心忡忡，对自己的悲惨处境痛心疾首，那么，归期无望的远戍和征伐攻战的危殆便都成了难以容忍的巨大负担。《小雅》中表达征夫怨恨情绪的诗篇，不仅揭示了当时战事频仍的情况，而且反映了下层社会的强烈不满情绪。

如果说西周后期下层社会群众的情绪以怨恨为主旋律的话，那么，这个时期上层社会贵族们的情绪则是欣喜与悲哀交汇，自信和彷徨相融，呈现着多种色调。

当政局相对稳定——例如宣王"中兴"的时期，贵族们对自己日益增强的经济实力感到欣慰。作为贵族内心独白的《楚茨》篇说："我艺黍稷，我黍与与，我稷翼翼，我仓既盈，我庾维亿。以为酒食，以享以祀，以妥以侑，以介景福。"连用的五个"我"字，充分表达了贵族的自我满足心情。对贵族而言，似乎是一顺百顺，就连雨水也那么充足和及时，"既霑既足，生我有谷"（《信南山》），使粮食丰收，堆积如山，"曾孙之稼，如茨如梁；曾孙之庾，如坻如京；乃求千斯仓，乃求万斯箱"（《甫田》）。在这些时候，贵族们志得意满，认为神灵一定会赐以更大幸福。"报以介福，万寿无疆"，几乎成了当时贵族的口头禅。他们认为只要"不愆不忘，率由旧章"，就能"干禄百福，子孙千亿"（《假乐》）。《无羊》的末章写一位拥有大量牛羊的贵族梦的情况："牧人乃梦，众维鱼矣，旐维旟矣。大人占之，众维鱼矣，实维丰年。旐维旟矣，室家溱溱。"他梦见蝗虫变成了肥美的鱼，画着普通图案的旗帜变成了画有飞隼的旗帜。于是他请"大人"占卜，结果是年成丰收、添人进口的吉兆。贵族们连做梦都梦到吉利，其踌躇满志的心态可谓溢于言表。

国人暴动前后的政局动荡与频仍发生天灾人祸的幽王时期，是西周后期比较集中的社会不稳固时期。贵族们的心态在这些时期虽然没有从温柔富贵之乡一下子跌入万丈深渊，但却充满了彷徨与悲哀，趾高气扬之态为之收敛，自信与憧憬都化为泡影。贵族们抱怨劳役不均，"或燕燕居息，或尽瘁事国；或偃息在床，或不已于行"（《北山》），还抱怨待遇不公，"东人之子，职劳不来；西人之子，粲粲衣服"（《大东》）。这种抱怨虽然远不如下层群众的怨恨情绪强烈，但也是对现实不满的一种呼声。朝廷中的贵族们对政务争论不休，但谁也不想担负责任，形成"发言盈庭，谁敢执其咎"（《小旻》）的局面。动荡的时局使贵族内部矛盾加剧，出现了不少痛斥谗言的诗作，如《何人斯》云："彼何人斯，其心孔艰！""为鬼为蜮，则不可得。有觍面目，视人罔极。作此好歌，以极反侧！"诗中对为鬼蜮的小人极尽斥责之辞。序谓"《何人斯》，苏公刺暴公也。暴公为卿士而谮苏公焉，故苏公作是诗以绝之"。《巧言》痛斥肆播谣言的丑行："往来行言，心焉数之。蛇蛇硕言，出自口矣！巧言如簧，颜之厚矣！"一些贵族靠如簧的巧言搬弄是非以牟取私利，这不仅说明朝政败坏，而且是贵族阶层虚弱心态的一种反映。

虽然西周后期贵族因为拥有了更多的财富而踌躇满志，但这种心态并不稳固和持久。当社会局势阴云密布的时候，贵族们极易醉生梦死、挥霍浪费而不顾礼仪。"宾既醉止，载号载呶。乱我笾豆，屡舞僛僛。是曰既醉，不知其邮"（《宾之初筵》），这种酗酒乱舞的饮宴是贵族们绝望情绪的发泄。当祸难临头、大厦将倾之时，贵族们纷纷另谋出路，对周天子不再有惓惓之忧。据《诗经·十月之交》记载，幽王时的王朝卿士皇父曾在向（今河南尉氏县西南）营造私邑，并将财物从镐京用车马运到向邑，以备不虞。周幽王的司徒郑桓公见王室危殆，曾向史伯询问说："王室多故，余惧及焉，其何所可以逃死？"（《国语·郑语》）他听从史伯建议，将虢、郐之地作为"逃死"的处所。周原和丰、镐地区屡有窖藏铜器出土。这些呈圆袋形或长方形的窖穴大多是临时挖成的，窖穴四壁基本不加修整。穴内铜器层层叠压，混乱放置，据推测，这些铜器穴藏是厉王奔彘或幽王灭国时埋藏的。当贵族们目睹大批"子子孙孙永宝用"的宝器被仓皇埋于坑中的时候，其往日的从容与自信大概是会跑到爪哇国去的。"战战兢兢，如临深渊，如履薄冰"（《小旻》）、"惴惴小心，如临于谷"（《小宛》），是对西周晚期面临祸乱时刻的贵族心态的极好描述。《节南山》谓："天方荐瘥，丧乱弘多，民言无嘉，憯莫惩嗟。"当时神怒民怨、丧乱屡至，许多贵族惶惶然如漏网之鱼，"末日"之感笼罩着他们，《頍弁》所说的"死丧无日，无几相见，乐酒今夕，君子维宴"，就是典型表达。这里面的含义真可谓著名诗句"对酒当歌，人生几何"的滥觞了。

随着王权的跌落，在西周后期"天"也失去了往常的尊严。《大雅》和《小雅》中那些痛斥"天"的诗篇皆产生于"共和"之后，就是明证。"昊天不惠，降此大戾"（《节南山》），"天降丧乱，饥馑荐臻"（《云汉》），"浩浩昊天，不骏其德"（《雨无正》）"天方艰难，曰丧厥国"（《抑》），这些直斥昊天的诗句与西周前期"维天之命，於穆不已"（《维天之命》）之类敬仰昊天的诗句是大相径庭的。周初统治者虽然认为"天命不易，天难谌"（《尚书·君奭》），但那只限于周革殷命之事件的反省，他们对于"天休于宁（文）王，兴我小邦周"（《尚书·大诰》）则是坚信不移的。到了西周后期，虽然厉王还在说"唯皇上帝、百神保余小子"（《胡钟》），宣王还在说"丕显文武，皇天弘厌厥德，配我有周"（《毛公鼎》），但那只是孤家寡人的官样文章，包括某些上层贵族在内的各个阶层的人们已经不怎么相信那些陈年说教了。天神和天命作为人们精神的慰藉，影响着社会人们的精神风貌。西周后期，由对"天"的敬畏变成抨击，这不仅是天命观开始变革的反映，而且是当时的社会心理与时代思潮变化的标志。

总而言之，随着经济基础变革的进展和社会政治的动荡，以"共和行政"为标志所开始的西周后期社会观念的变迁，无论是王权观念、宗法观念、经济观念，抑或是人们的精神状态，都是十分重要的。周代的文化与思想并非凝固不变的一块，而是有一个发展变迁过程的。作为一个历史时代的综合性研究而言，从鸟瞰的角度对周代的文化与思想进行概括论断，诚然十分必要。然而，这种概括却且不可把相关论断绝对化，且不可抹杀其发展与变迁。春秋时代社会上发生了巨大变革，与西周社会已经有了很大区别。这是人们所容易看得到的。可是，人们却往往忽略了这些变革的许多方面早在西周后期就已经萌芽了。没有长时期的准备，社会变革绝不会出现。西周后期社会观念的变迁是巨大运转的我国上古社会的强劲脉搏，它为社会变革开辟了道路，其意义不可低估。

六 周代的"舆"和"舆人"

舆，古义通车，并不仅指车厢。周代的车舆与礼制颇有关系，这一方面表现在车辆的等级制度上，另一方面又表现在车舆这个行礼的规范中。依照《考工记》所载，周代制车者又被称为"舆人"，到了春秋时期，舆人则成为一个有特殊定义的社会阶层。

（一）

车是古代最主要的交通工具。舆本为车厢，但古人常用舆代表车，如《论语·卫灵公》"在舆则见其倚于衡"，《汉书·律历志》舆引车，《论语·微子》"执舆者"，汉石经舆作车。春秋后期，执辔驾车的人被称为"执舆者"（《论语·微子》），战国后期燕破齐的时候齐将向子乘一辆车逃亡，《战国策·齐策》六记为"齐军破，向子以舆一乘亡"。《国语·楚语》上篇载楚国左史倚相语谓"在舆有旅贲之规"。《战国策·齐策》四载齐国孟尝君的食客冯谖"复弹其铗，歌曰：'长铗归来乎！出无车。'"《史记·孟尝君列传》述此事"车"作"舆"。舆皆为车之义。《考工记·舆人》"舆人为车"，郑注"车，舆也"。墨子曾将"文轩"与"弊舆"相对比（见《战国策·宋卫策》），轩、舆皆为车的代称。上引诸例皆为舆即车之代称的证据。《说文》"车，舆轮之总名也。舆，车舆也"，《论语·乡党》皇疏"车床名舆"。段玉裁谓"舆人不言为舆而言为车者，舆为人所居，可独得车名也"，《广雅·释诂》"车，舆也"，这些训释是合于古义的。

西周时期的车辆形制，虽然保存了商代以来的独辀车的样式，但是在车的构造方面有所改进，由于制造技术的进步而使车辆更为坚固耐用，车辆装饰得相当豪华美观。历年考古发现所见的西周时期的车马坑颇多，其中以沣镐地区所发现的最为完整和典型。关中地区沣河西岸的张家坡经发掘和清理的就有十多座西周时期的车马坑。一般埋一辆车、两匹马，最多的一个坑埋有四辆车。每个车马坑一般殉葬一名舆者。张家坡所发现的西周时期的车辆都是双轮独辀，辀的前端向上扬起，车衡有直衡、曲衡两种。曲衡都比较长，衡的两端渐细并且向上翘起，衡末横插着铜矛。车厢多为长方形，也有的两个前角内部呈圆形。张家坡还出土了一套马具，包括有络头、络嘴、马冠和一些革制品，是比较完整的一套。

上古时期车辆上乘人之处称为舆，即车厢。和商代比较起来，周代车辆的舆要大些。舆的四周立有栏杆，称为"轸"。组成车轸的竖木称为"轵"，横木称为"轵"。舆的后面留有缺口作为登车之处，车轸上拴有革绳，称为"绥"，供乘车者上车时手拉所用。在立乘的车上，在左右两旁的车轸上各安一个横把手，称为"较"。乘车的时候，勇敢者往往从车轸后面的缺口处一跃而上，称为"超乘"。一般贵族则没有这种勇气，不仅不敢一跃而上，而且还要踏着乘石上车，女子则踏几而上。此外，绥还是乘车者的把手，特别是站立乘车的时候更需要抓住绥。为了在车辆驰骋的时候不致被颠簸下来，所以要求乘车者全神贯注。孔子有这样的主张：

升车，必正立，执绥。

车中，不内顾，不疾言，不亲指。（《论语·乡党》）

乘车者登上车之后就必须端正地站好，要抓住绥；在车上不要向内回顾，不要很快地说话，不要用手指指画画。战国时期，张仪诓骗楚怀王之后，回到秦国，"详（佯）失绥堕车，不朝三月"（《史记·张仪列传》）。若抓不牢绥，就有坠车的危险。为了使乘坐者安全，所以车舆上的许多部件都可以凭倚或扶持。位于舆的左右两侧的轸，因为可以供人凭倚，所以又称为"輢"。在站立乘车的时候，除了可以抓住绥以外，还要抓住安在輢上的把手——"较"。

在舆的前端，安置有扶手横木，称为"轼"。有的车舆三面皆有轼，形如半框。乘车者在途中为了表示对于某人的敬意，可以扶轼俯首，这叫做"轼"或"式"。

关于车舆的组成，除了前面所提到的轸、轵、轵、绥、轼等之外，还应当提到的是车舆四周的木框，它称为"軫"；軫间的木梁称为"桄"。舆底由木板铺成，这些木板称为"阴板"。阴板上铺有席子，称为"车茵"。起初车茵以苇草编织而成，后来则用绵类丝织物编成，高级贵族乘坐的豪华车辆则以兽皮作为铺垫之物。贵族乘坐车辆的舆上一般立有车盖，形如雨伞，故又称为伞盖，用以遮阳避雨。除车盖之外，还有车衣。春秋时期，齐国管仲出门的时候，"朱盖青衣"（《韩非子·外储说左下》），乘坐有朱红色车盖和青色车衣的车，相当风光豪华。现在所见到的最早的车盖实物出土于北京琉璃河西周遗址的车马坑。车盖呈圆形，径长1.5米。山东莒南大店和湖南长沙浏城桥等地发现有春秋时期制作得相当考究的车盖。车盖一般为伞形，其柄称为"杠"；柄的顶端膨大，称为"部"，也叫"盖斗"或"保斗"。在"部"上凿出榫眼以装盖弓。盖弓的中部和尾部常有小孔，以备穿绳将各条弓牵连起来。按照《考工记》和《大戴礼记·保傅》所说，盖弓应当有28根，以象征28宿。

考古所见春秋战国时期车盖的盖弓往往只有十几根或二十根，与古书上所说的不同。盖弓的末端多有铜质的盖弓帽，战国时期有盖弓帽做得很精美，河南辉县固围村1号战国墓所出土的盖弓帽，银质兽首，用额上的独角充当棘爪，构思相当巧妙。春秋战国时期的车盖多能拆卸，车杠也分为若干截，可以用铜箍连接起来。河南洛阳中州路战国车马坑所出土的车辆就有错金银的铜箍。

车舆的制作，是当时的一项综合性的高技术的工程，即《考工记》所谓"一器而工聚焉者，车为多"。车舆的制造比较困难，所以拥有高质量的车舆也就成了贵族身份的标志。孔子主张"朋友之馈，虽车马，非祭肉，不拜"（《论语·乡党》），已将车马列为最为华贵的物品①。贵族对于车舆的重视还可以从《论语·先进》的记载里面窥见一斑：

> 颜渊死，颜路请子之车以为之椁。子曰："才不才，亦各言其子也。鲤也死，有棺而无椁。吾不徒行以为之椁。以吾从大夫之后，不可徒行也。"

颜渊是孔夫子最为器重的弟子，但他却不肯卖掉车舆来给颜渊置办棺椁。孔子解释他这样做的原因就在于"以吾从大夫之后，不可徒行也"。车舆对于贵族的重要于此可见。我们从春秋战国时期的纹饰图案中常见有各种漂亮的车子奔驰的形象。当周代各级贵族乘在这样的车舆之上，穿过田野和都邑时那种怡然自得的满足心情是可以想见的。

（二）

《考工记》"周人尚舆"一语正点明了周人物质文化与礼俗之一重要特征。车舆与礼俗的关系约略可以分为三项：

---

① 《礼记·坊记》谓"父母在，馈献不及车马"，郑注："车马，家物之重者。"刘宝楠《论语正义》谓"夫车马，馈之重者，车马不拜，则他馈自非祭肉皆不拜可知"。此亦可证车舆为最被重视的物品。

首先，车舆是贵族身份的标志。对此的典型说明，见于《周礼·巾车》：

> 巾车掌公车之政令，辨其用与其旗物而等叙之，以治其出入。王之五路：一曰玉路……金路，钩，樊缨九就，建大旂，以宾，同姓以封；象路，朱，樊缨七就，建大赤，以朝，异姓以封；革路，龙勒，条缨五就，建大白，以即戎，以封四卫；木路，前樊鹄缨，建大麾，以田，以封蕃国……。服车五乘：孤乘夏篆，卿乘夏缦，大夫乘墨车，士乘栈车，庶人乘役车。凡良车、散车不在等者，其用无常。

经文所说明的，关于车舆作为身份标志的意义有二。第一，所谓的"等叙之"，郑注谓"以封同姓、异姓之次序"，指的是周天子所掌握的五种车舆——玉路、金路、象路、革路、木路，除玉路归周王自乘以外，其他四种都按照分封制度赏赐不同等级的诸侯君主所用。这些诸侯君主指：同姓诸侯、异姓诸侯、四方卫服之国的封君①、九州之外的藩国之君。《周礼》的这个说法，于史可征者，见于《左传》之载：周成王分封鲁、卫两国时，封赐物品中皆有"大路"（定公四年），春秋前期，周王在城濮之战以后赐晋文公以"大辂之服"（僖公二十八年），此"大路""大辂"，亦即《巾车》所谓的封同姓诸侯的"金路"。车舆上的饰物也很有讲究。例如车舆上旗下边垂悬的饰物称为旒，"龙旂九旒，天子之旌"（《礼记·乐记》），这是周天子车舆旗帜的规格。按照分封制的规定，侯伯只能有七旒，子男级别者只能有五旒。第二，不同形制和饰物的车舆不仅是不同等级诸侯君主社会地位的标志，而且也是不同社会身份的人的标志，《巾车》所谓的孤、卿、大夫、士、庶人，就是周代社会五种典型的社会等级身份。卫国曾有法律规定"窃驾君车者刖"（《韩非子·说难》）。高规格的车舆实为君主的象征，所以周礼规定"君不与同姓同车，与异姓同车不同服"（《礼记·坊记》），"行不与同服者同车"（《韩非子·外储说右下》），这些都为保持君主至尊地位所必须。春秋后期，吴攻入楚的时候，楚昭王逃奔到随国，"子西为王舆服以保路"（《左传》定公六年），其目的就在于让国人看到国君的车服还在，由此树立信心而不溃散。此事表明，车服实即君主的象征标志。春秋后期，鲁昭公僭礼而"乘大路"（《公羊传》昭公二十五年），遭到鲁大夫子家驹的批

---

① "四卫"，孔广森谓"言四方卫服之国"，孙诒让举《尚书·酒诰》《尚书·康诰》所载证成孔说（转引自：《周礼正义》卷52）。按孔、孙两家之说可从。

评。关于此事，何休注谓"礼：天子大路，诸侯路车，大夫大车，士饰车"。《艺文类聚》卷七十一引《白虎通》谓"路者，君车也。天子大路，诸侯路车，大夫轩车，士饰车"，也属这类说明。春秋后期，卫国太子让浑良夫帮助他返卫为君，卫太子与他约定说"苟使我入获国，服冕乘轩，三死无与"（《左传》哀公十五年），杜注："冕，大夫服；轩，大夫车"，卫太子答应浑良夫"服冕乘轩"，意即使其为大夫，轩车已是大夫爵位的标志。《左传》闵公二年载"卫懿公好鹤，鹤有乘轩者"，古人释此，或谓指以卿之禄食好生招待鹤，或指让鹤乘坐大夫等级才能乘坐的轩车，不管如何，轩车为大夫等级的一个标志之义，则是明确的。《左传》隐公十一年载颍考叔与公孙阏争车之事，非必仅为意气用事，其中也当有争大夫的身份标志之意焉①。《左传》桓公十五年载，"天王使家父来求车，非礼也。诸侯不贡车服。天子不求私财"，周桓公穷得厉害，向鲁求车，被讥为非礼。这是因为，车是地位的标志，只能由周天子赏赐诸侯，而不应当由诸侯献车于周天子。车对于贵族身份地位的重要，于此可见一斑。依周代礼俗，贵族所乘之车必须与其身份相应，否则也会被认为非礼。《左传》襄公二十七年载"齐庆封来聘，其车美……叔孙曰：'豹闻之：服美不称，必以恶终。美车何为？'"齐大夫庆封的车舆，过于华美，被认为是非礼而骄横的表现。后来，庆封在贵族内讧中败北而逃至鲁国，将他的这辆车献给季武子。这辆车华丽有光泽，"美泽可鉴"，可以照得见人影儿。鲁大夫展庄叔评论说："车其泽，人必瘁，宜其亡也。"（《左传》襄公二十八年）车与其品德不相称，成为其败亡的原因。春秋时期诸侯曾以收敛其轩车作为对于大夫的处罚，齐景公晚年曾经"皆敛诸大夫之轩，唯邴意兹乘轩"（《左传》定公十三年），原因在于诸大夫反对伐晋，而只有邴意兹主伐而合乎齐景公之意，故而特许他"乘轩"。第三，车舆的数量多少是国家地位强弱的标志。春秋后期，车辆数量剧增，大国的战车多者达数千乘，战国时期进而达到数万乘，孟子即谓"万乘之国，弑其君者，必千乘之家。千乘之国弑其君者，必百乘之家。万取千焉，千取百焉，不为不多矣"（《孟子·梁惠王》上）。

其次，许多礼貌的表示要在车舆上进行，不惟如此，就连贵族在车舆上、

---

① 关于颍考叔与公孙阏的身份，可考者如下。公孙阏，杜注谓"郑大夫"。颍考叔在郑庄公继位之初为颍谷封人（转引自《左传》隐公元年），为镇守边邑之官，检《左传》所载封人之事可见封人颇有为卿者，若判断颍考叔亦为郑大夫，当不为过。

下的不同也表示了礼节的区别。贵族在车舆之上或注目，或颔首，或下车行礼，都颇有不同的意义。春秋中期，卫献公复辟。他返归卫国的时候，"大夫逆于竟者，执其手而与之言；道逆者，自车揖之；逆于门者，颔之而已"（《左传》襄公二十六年），看见到边境迎接他返归的卫国大夫，卫献公特地下得车来，握手交谈；见到在路途上迎接者，他则在车上作揖示礼；对于在城门（一说宫门）迎接的人，他只是在车上点头示意而已。可见下不下车，以及在车上如何表现都是很有讲究的。

周代贵族在车上行礼，很重要的一项是"轼"。"轼"或作"式"。孔子就曾主张"凶服者式之；式负版者"（《论语·乡党》），遇到前往参加丧礼的人和身背着国家图籍的人，都要"式"，以表示虔敬。乘车者在车上悲痛的时候往往是身靠轸，泪湿前轼，所以宋玉有"倚结轸兮长太息，涕潺湲兮下沾轼"（《楚辞·九辩》）的诗句。轼，是先秦时代十分重要的一项礼俗。古书上有这样一段关于东周时期魏文侯尊崇贤者的记载：

> 魏文侯过段干木之闾而轼之，其仆曰："君胡为轼？"曰："此非段干木之闾欤？段干木盖贤者也，吾安敢不轼？且吾闻段干木未尝肯以己易寡人也，吾安敢骄之？段干木光乎德，寡人光乎地。"（《吕氏春秋·期贤》）

在魏文侯看来，他之所以对段干木的住所也行轼礼，就是为了表示对于贤者的尊敬。所谓的"光乎地"，就是行此轼礼使得段干木所住的闾所增添光辉。所谓"轼"，就是乘车者不是靠依在车舆，而是双手扶着轼，或作倾听之状，或作注视之态，以表示对于某人或某地、某物的敬意。当时不仅对于贤者要行轼礼，就是车辆行过人多的地方也要行轼礼，以示谦恭。但是，这种礼俗在特殊的情况下也可以不进行。相传十分重视礼俗的孔子就曾如此：

> 荆伐陈，陈西门坏，因其降民使修之，孔子过而不式。子贡执辔而问曰："礼，过三人则下，二人则式。今陈之修门者众矣，夫子不为式，何也？"孔子曰："国亡而弗知，不智也；知而不争，非忠也；争而不死，非勇也。修门者虽众，不能行一于此，吾故弗式也。"
> （《韩诗外传》卷一）

行轼礼是一种尊敬的表示，孔子认为那些面临亡国危险的陈国人处在不智、非忠、非勇的状态之中，不值得对他们行轼礼。可见孔子对于礼俗是有所变通的。轼在车辆的高处，所以在打仗的时候可以站在上面观察敌情。春秋时期，鲁庄公与齐作战，曹刿进谏并论战争胜负的关键，鲁庄公让曹刿参乘，为指挥作战出谋划策，这便是著名的长勺之战。在战场上，曹刿在鲁军将要发动攻击的时候，"下视其辙，登轼而望之"（《左传》庄公十年），证明齐军确实溃败，这才使鲁军大胜。

春秋战国时期，在周代贵族等级制度下，轼礼有许多讲究。古代的礼书上对于这些有较为集中的说明。

> 国君抚式，大夫下之；大夫抚式，士下之。
> 兵车不式。
> 君子式黄发，下卿位。
> 入里必式。
> 乘君之乘车，不敢旷左，左必式。
> 式视马尾，顾不过毂。
> 国君下齐牛，式宗庙；大夫下公门，式路马。（《礼记·曲礼》）

由于大夫的等级低于国君，所以在国君行轼礼的时候，随从的大夫就要下车。同样，在大夫行轼礼的时候，随从的士也要下车。与行轼礼相比，下车是更为尊崇的表示。兵车显示的是威武雄壮，所以在兵车上的乘者可以不行表示谦敬的轼礼。所谓的"黄发"，指垂老之人，见到黄发者应当行轼礼，以示对于长者要尊敬。卿位，指为卿的高级的贵族在公门所处的位置。乘车遇到有卿位的人，就不仅是行轼礼所能表示的了，而是必须下车以表示对于卿的特殊尊敬。"下卿位"这一点，充分表现了等级制度对于礼俗的影响。里为民众和一些贵族集中居住的地方，车过这里乘者的行轼礼，以表示对于里邑中贤者的尊敬。国王出行的时候，一般要有五辆车，王自乘一辆，其余四辆为随从的贵族乘坐。乘车以左为尊，随从国君乘车的时候，左侧的位置不能空缺，因为空左侧的车为丧葬之车，所以随国君乘车时要乘在左边，然虽处左，但心中不安，所以要乘在左侧的人一直保持行轼礼的姿态，这就是所谓的"左必式"。行轼礼的时候不得远瞩，而只能望到前面的马尾；在回过头来望的时候，也不能望过车毂。这样做，是为了保持虔敬的姿态。所谓的"齐牛"，指祭祀时所要用的牛牲，国君路遇的时候要下车示敬。牛牲为祭祀时最重要的牺牲，因为"齐牛"是供神灵和祖先享用的，所以国君乘车路遇"齐牛"要行轼礼表示尊敬；而路过宗庙的时候，则要行轼礼示敬。所谓的"公门"，指诸侯国君主宫室之门，大夫过此当下车示尊崇。所谓的"路马"，指为诸侯国君主的车马，大夫遇之，要行轼礼，以示对于诸侯的尊敬。周代不令有在车上行轼礼和揖礼等的规定，而且还要求乘车者表现得端庄无邪、气宇纯正，这应当属于周代的"车教"范围。《白虎通》所谓"仰即观天，俯即察地，前闻鸾和之声，旁见四方之运，此车教之道"（陈立《白虎通疏证》卷十二引，中华书局1994年版）。这种"车教"实际上是要求乘车者犹如人立于宇宙之间，拥有得天地正气般的道德自律。《考工记》谓"车有六等之数"，郑注："车有天地之象，人在其中焉。"此正是人乘车可得天地之气的意蕴的表现。

再次，车舆的本身也有礼仪等级（甚至道德象征）的因素在内。例如，君主乘坐的车称为路车。何以称为路车呢？《白虎通》有如下的说法：

> 路者，何谓也？路，大也，道也，正也。君至尊，制度大，所以行道德之正也。路者，君车也。

由路车之"路"，引申出来的意蕴包括了"大""道""正"等，皆与君主的至尊地位有关，可以表现出君主的至尊。故而称为路车。因为诸侯是一国之君，所以诸侯之车也称为路车，但周天子又与诸侯地位不同，要比诸侯高一个层次，故而天子之车又称为"大路"，以示区别，《礼记·乐记》篇谓"所谓大辂者，天子事也"，正是对此的一个说明①。再如周代车舆上所谓的鸾铃及铜饰，亦皆有其意义。春秋前期，鲁大夫臧哀伯曾向鲁桓公进言，说明各种器物的道德象征意义，其中有一项是"锡、鸾、和、铃，昭其声也"（《左传》桓公二年，"锡"即马额上的铜饰，"鸾"即置于轭道和车衡上的铜铃，"和"即车舆轼前的小铃，"铃"指设在旌旗上的小铃。它们皆具有象征意义。这种设备所表现出的是"和""敬"之意，《大戴礼记·保傅》篇谓"升车则闻和鸾之

---

① 关于庶人之车称役车，盖由庶人服役而来。至于大夫所乘坐者何以称为轩车、士所乘何以为栈车，古代文献似无明确解释。清代学问家陈立谓"轩车盖如轩悬、轩城之类"（《白虎通疏证》卷十二），似可作为释解的一个线索。

声,是以非僻之心无自入也。在衡为鸾,在轼为和,马动而鸾鸣,鸾鸣而和应,声曰和,和则敬,此御之节也"。《礼记·玉藻》谓"君子在车,则闻鸾和之声"。车舆的鸾铃成为一项道德象征,为"君子"所不可或缺。贵族们理想的奔驰着的车舆形象就是"四牡彭彭,八鸾锵锵""四牡骙骙,八鸾喈喈"(《诗经·烝民》)。

(三)

由于车舆与人的生活十分接近,所以周代常用其作比喻来说明某些道理。例如周内史过说"敬,礼之舆也"(《左传》僖公十一年),晋国的叔向说"礼,政之舆也"(《左传》襄公二十一年),郑国的子产说"令名,德之舆也"(《左传》襄公二十四年),周乐师泠州鸠说"音,乐之舆也"(《左传》昭公二十一年),周卿单襄公说"智,文之舆也"(《国语·周语》下)。这些例子说明春秋时人几乎是众口一辞地以舆为喻,这表明车舆与人们的关系十分密切,所以才用其为喻以说明大道理。

孔子弟子子张问何者为在世上安身立命的根本。孔子回答说:

> 言忠信,行笃敬,虽蛮貊之邦,行矣。言不忠信,行不笃敬,虽州里,行乎哉?立则见其参于前也,在舆则见其倚于衡也,夫然后行。(《论语·卫灵公》)

孔子认为只要坚持忠信笃敬,就可以畅行无阻。他所说的"虽蛮貊之邦,行矣",直有后世那种"天下谁人不识君"的气概。这种忠信笃敬的道德信念,离人并不远,"立则见其参于前也,在舆则见其倚于衡也",就像人站在车前准备上车,这时离骖马很近;如果上了车,在车舆站立或坐下,就随时可以望见车衡①。

---

① 关于此句的释解,前人多歧义。其中,句子里的"参"字是为关键,今可稍辨析如下。皇侃《论语义疏》谓"参,犹森";韩愈《解论语笔》谓为古骖字,指驾车的骖马;王引之《经义述闻》谓此处的参训为直,意谓"相直于前";俞樾《群经平议》说是厽之误字,意为积累。诸说相较,以韩说为长,韩说谓"子张问行,故仲尼喻以车乘,立者如御骖在目前"(转引自程树德《论语集释》卷三十一引,北京:中华书局,1990年),按,释参为骖,是于文献有征而可信之说。其实,关于"参"读为骖,王引之曾经举出例证进行说明,在解释曾参字子舆之义时,他说:"参读为骖。……马亦称骖,是本称骖,是其初参,遂以为名也。名骖字子舆者,驾马所以引车也。"(《经义述闻》卷23)孔子之语意上下得此解而通畅无碍。

孟子说:"梓匠轮舆,能与人规矩,不能使人巧。"(《孟子·尽心》)谓梓匠的制作轮舆之术只能使人知道制作的规矩,而不能使人心灵手巧。孟子以此比喻统治者不仅应当知道统治之术,而且应当将仁义之义融会于心。这与孟子批评有人"尊梓匠轮舆而轻为仁义"(《孟子·滕文公下》),所蕴含的意义是一致的。

荀子曾经用"假舆者,非利足也,而致千里"(《荀子·劝学》)之语说明人靠学习而增长智慧能力,犹如靠车舆而行千里一样,有长足进展。他又说"造父者,天下之善御者也,无舆马则无所见其能"(《荀子·儒效》),荀子认为,舆对于造父的才能的实现具有无可比拟的重要意义,一般的人要实现其才能也同样需要相应的客观条件。荀子还从舆车与坐车人的关系说明治国之道:

> 马骇舆,则君子不安舆,庶人骇政则君子不安位。马骇舆则莫若静之,庶人骇政则莫若惠之。选贤良,举笃敬,兴孝弟,收孤寡,补贫穷,如是则庶人安政矣。庶人安政然后君子安位。《传》曰:"君者,舟也;庶人者,水也。水则载舟,水则覆舟。"此之谓也。故君人者欲安则莫若平政爱民矣,欲荣则莫若隆礼敬士矣,欲立功名则莫若尚贤使能矣,是君人者之大节也。(《荀子·王制》)

荀子这一段由舆而引出的论析,为后世的圣君贤相们不断地演绎发挥,成为儒家治国理论中的精粹辞语。

(四)

在《周礼·考工记》中,记有"舆人",谓"舆人为车"。贾疏云:"此舆人专作车舆,车以舆为主,故车为总名。"依《周礼》体系可知其为主持造车舆之职官名称,还不是人的社会身份名称。

与国人相近的一种人,在春秋时期称为"舆人"。童书业先生论析舆人的身份谓"舆人盖国人中之从征从役者耳"(《春秋左传研究》第145页,上海人民出版社1980年版)。这个论断是正确的,但尚有可以补充之处。兹试析如下。

"舆人"盖与军职有关,所以又称为"舆师"(《左传》成公三年)。春秋前期,秦伐楚,"过析,隈入而系舆人,以围商密"(《左传》僖公二十五年),将自己军队中的舆人绑缚,以造成析(今河南淅川县西北)地已被秦占领的假象。军队中的舆人似有一定的地位。著名的城濮之战以前,晋文公"听舆人之谋，称'舍于墓'，师迁焉"（《左传》僖公二十八年），按照舆人的建议而迁徙军队的驻地。管理军中舆人的职官，在晋军里面有称为"舆尉"①者，晋军里面的"舆司马"（《国语·晋语》七）可能比舆尉地位稍高，或即舆尉的上司。作为军中役卒，舆人除了服务于军中以外，也参加平时的劳役。春秋中期晋国为杞筑城时就有舆人参加，舆人里面有一位来自晋国绛县的年长者，由于其识见广博而被任命为绛县师，"师废其舆尉"（《左传》襄公三十年），可见在县级官员中有舆尉一职，盖其为专门管理舆人者。史载晋国有七舆大夫之职②，可能是管理军队以外之舆人者。

舆人应当是社会上有田产并且专门从事某项徭役的平民群众。关于其身份，《左传》襄公三十年的一个记载相当重要：

> 从政一年，舆人诵之，曰："取我衣冠而褚之，取我田畴而伍之。孰杀子产，吾其与之。"及三年，又诵之，曰："我有子弟，子产诲之；我有田畴，子产殖之。子产而死，谁其嗣之？"

这个记载表明，郑国的舆人有自己的田畴、财产和家族组织，所以子产开始向其征收赋税时曾经引起他们强烈反对。在社会等级中，春秋时人有"大夫臣士，士臣皂，皂臣舆，舆臣隶"（《左传》昭公七年）的说法。依照前人解释，皂指没有爵位的卫士，皂之下的舆，即指普通民众，与身为奴隶者并不相同。鲁昭公十二年（前530年），周的原伯绞因为暴虐而遭舆人痛恨，"原舆人逐绞，而立公子跪"（《左传》昭公十二年）。从这个记载看，舆人实与政治生活中发挥重要作用的国人相同。舆人对于君主也和国人一样，可以直言不讳地进行批评，例如，晋惠公返国继位为君以后，背信弃义，"舆人诵之曰：'佞之

---

① 转引自《左传》襄公十九年和《国语·晋语》七。晋悼公曾经任命铎遏寇为舆尉，任命藉偃为舆司马，这两个人都是晋国大夫，由此可见舆尉、舆司马不会是级别低微的职官。
② "七舆大夫"见于《左传》和《国语》。《左传》僖公十一年载，"七舆大夫：左行共华、右行贾华、叔坚、骓歂、累虎、特宫、山祁。"关于这里所提到的任七舆大夫的七人，《国语·晋语》二韦注谓："七舆，申生下军大夫也。"这些人在晋国颇有影响，晋国这七人被杀时，丕豹之父丕郑亦同时被杀，丕豹逃奔秦国，对秦穆公说："晋君……又杀臣之父及七舆大夫。此其党半国矣。"（《国语·晋语》三）可见七舆大夫是颇有实权的职官。晋国中期卿族斗争时，曾有一度韩、越、荀结为一党，而栾氏则有"魏氏及七舆大夫与之"（《左传》襄公二十三年），七舆大夫在晋国力量的强大于此也可窥见。这些分析可以从一个角度说明舆人在社会上是一个颇有影响的社会阶层，所以才设置各种官员而进行管理。

见佞，果丧其田。诈之见诈，果丧其赂……'郭偃曰：'善哉，夫众口祸福之门'"（《国语·晋语》三）。舆人的舆论威力可以达到"福祸之门"的地步，楚国的子张说齐桓公和晋文公能够到"近臣谏，远臣谤，舆人诵，以自诰也"，所以才能成就其功业，这些都说明舆人的社会影响不可小觑。

从以上这些说明里面可以看出，舆人应当就是国人当中的一部分，具体说来，便是国人中拥有自己车辆的人①。这可以从以下几个方面进行分析。

首先，舆人的社会地位和影响与国人同，我们在前面所举出的一些例证中，可以十分明显地看出这一点。

其次，既然舆义为车，则舆人即有车之人，该是顺理成章的事情。

第三，从文献有关记载看，舆人服役多从事与使用车辆有关的事项。《左传》昭公四年载，各诸侯国储藏冰以备用的事情，谓"山人取之，县人传之，舆人纳之，隶人藏之"。"山人"从深山将冰采取出来；"县人"（即县正）组织人们运输；具体运输这些冰的就是舆人，因为舆人有车辆，所以有"舆人纳之"之事；隶人没有车辆，所以只能干些藏冰的劳作之事。《左传》昭公十八年载，"及火，里析死矣，未葬，子产使舆三十人迁其柩"，这三十名迁徙里析柩棺的舆人，应当是带着自己的车辆来完成子产交付的任务的。

第四，各诸侯国军队里面称"舆"的职官皆为主持管理军中车辆的官员。《左传》成公二年载鲁成公赏赐晋军的"舆帅"，杜注"舆帅，主兵车"②。《国语·鲁语》上篇载齐孝公伐鲁，鲁人犒师时的外交辞令谓"寡君不佞，不

---

① 关于舆人的身份，专家或谓"'舆人'必非奴隶或贱民，而为国都中甲士一类人物也"（童书业著：《春秋左传研究》，上海：上海人民出版社，1980年，第144页）。其说可从。这里可再进一步说明的是舆人除了是甲士以外，其主要特征是拥有车辆，但应当注意的是舆人未必是国都城中之人，有些国都以外的城邑的有车之人，也可被称为舆人，把舆人局限于"国都中"的说法是可以商榷的。
② "舆帅"的职责，杨伯峻《春秋左传注》成公二年曾经并列两说，谓："杜注谓'舆帅主兵车'，乃解'舆'为车舆；《淮南·兵略训》'夫论除谨，动静时，吏卒辨，兵甲治，此司马之官也。正行伍，连什伯，明旗鼓，此尉之官也。见敌知难易，发斥不忘遗，此候之官也。隧路巫，行辎治，赋丈均，处军辑，井灶通，此司空之官也。收藏于后，迁舍不离，无淫舆，无遗辎，此舆之官也'，惠栋《补注》则云：'舆，众也。舆帅，领其众在军之后者。'惠说本《淮南·兵略》'收藏于后，迁舍不离，无淫舆，无遗辎，此舆之官也'，高诱注：'舆，众也。候领舆众在军之后者。'当以《淮南》本文为正。"细绎杨先生的说法，似将释舆为众作为正说。其实，从《淮南子·兵略训》所述"舆"的职责看，皆为使用车辆之事，杜注谓舆帅"主兵车"，是可信的，《淮南子》所记适为其说增一例证。

能事疆场之司使君盛怒，以暴露于弊邑之野，敢犒舆师"，韦注"舆，众也"，以"舆师"为众师，似不确。春秋时期以车战为主，兵车甲士自比徒步师众尊贵，鲁人在外交辞中尊齐军为"舆师"，实即赞颂齐军为兵车甲士的强盛之师。

第五，周代社会上车辆的制造，既是各类木工工艺的综合产物，又是社会尊卑的一个标志，有了自己的车辆就是自己身份比较高贵的标志之一。《考工记》谓"有虞氏上陶，夏后氏上匠，殷人上梓，周人上舆；故一器而工聚焉者，车为多，车有六等之数"，《吕氏春秋·君守》谓"今之为车者，数官而后成"，有车者为社会所重视，乃势所必然。

从春秋时期社会情况看，各级贵族都拥有数量不等的车辆[①]，国人阶层拥有车辆虽然就每家而言赶不上贵族，但是国人数量多，所以其拥有数量也应当不少。鲁宣公十二年（前597）郑被楚军围攻的时候，"郑人卜行成，不吉；卜临于大宫，且巷出车，吉"（《左传》宣公十二年），所谓"巷出车"，意即居于里巷中的国人都出动自己的车辆以备抗击楚军作战之用。春秋时期各诸侯国都拥有数量可观的车辆，例如，鲁襄公十八年（前555）晋伐齐的时候，"鲁人、莒人皆请以车千乘自其乡入"（《左传》襄公十八年），鲁、莒皆可出动千乘兵车助战，至于晋、齐等大国拥有数千乘车辆当无可疑。春秋后期鲁国的阳虎作乱后而逃往齐国，被齐囚困，遂"尽借邑人之车，锲其轴，麻约而归之"（《左传》定公九年），可见邑人也拥有车辆。各国的车辆固然属于国家拥有者占多数，但有些车辆当是征集自普通居民者，前面所提到的"巷出车"就是一例。春秋中期，楚国整顿赋税的时候曾经"赋车籍马"（《左传》襄公二十五年），意即登记民间拥有的车马。春秋末年鲁国阳虎图谋作乱的时候，于壬辰日"戒都车，曰'癸巳至'"（《左传》定公八年），所谓"都车"，即都邑内外国人之车。总之，专家认为"'舆人'盖'国人'中之从征从役者耳"[②]，其主旨是正确的，但是应当进一步指出的是舆人不仅指从征从役的国人，而且是有自己私有车辆的国人，并非广义的国人。专家或以为舆人即居住于"国"中的农民，看来此说与事实有较大距离。

需要说明的是"舆人"与单称"舆"者在身份上是有较大区别的。春秋时期的人们讲社会等级地位时说"王臣公，公臣大夫，大夫臣士，士臣皂，皂臣

[①] 鲁襄公十年（前563）郑国内乱，子产率自己所拥有"兵车十七乘"（《左传》襄公十年）参加平乱。可见有些贵族的私有车辆并不是太多。
[②] 童书业：《春秋左传研究》，上海：上海人民出版社，1980年，第145页。

舆，舆臣隶，隶臣僚，僚臣仆，仆臣台"（《左传》昭公七年），"舆"明显地已被归于奴仆之列，所以当时有"舆臣"（《左传》昭公十二年）之称。战国时期，舆与厮连用，已成为贵族的仆役之称，所以《管子·治国》篇将"厮舆之事"列为耗费粮食的四种行为之一。

七 周代国人与庶民社会身份的变化

周代的国人与庶民是最主要的社会劳动者，其身份的研究对于探讨古代社会结构和社会形态有重大意义。本节试图从社会历史变迁的角度，说明在不同历史时期国人与庶民身份特征的变化，说明国人、庶民与宗族的关系。西周春秋时期所谓的"国人"，皆为宗族之人。换句话说，游离于宗族之外的国人，在那个时期是找不到的。在我国古史上，族和国人几乎同时退出政治历史舞台，其间的微妙联系是颇为耐人寻味的。古代社会中普通劳动群众——特别是周代的"国人"与"庶民"——的身份及社会地位等问题，对于研究古代社会结构和社会性质至关重要。

（一）

关于周代国人的问题①，前辈专家论析甚多之处，不拟重复，这里只想讨论国人身份的变化，说明春秋和西周时期国人身份是有所区别的。我们固然可以将国人的问题笼统而言，说周代的国人如何如何，但终不如作较为细致的区别，以求明晰其身份特征随着时代发展而变化的情况。

国人在西周前期尚未登上历史舞台②，随着土地制度和社会结构的变化，国人在西周后期才显示出作为社会阶层的影响和力量，厉、宣时代的"国人暴

---

① "国人"的范围，童书业说是国都中的士农工商之人（《春秋左传研究》，第132—146页）；赵世超先生说国人的主体是居于国中的士（《周代国野制度研究》，西安：陕西人民出版社，1991年，第55—59页）。两说皆论而有据，可从。
② 在周代彝铭和甲骨文尚未见到"国人"的直接记载。《大盂鼎》《宜侯簋》等著名彝铭中所记劳动者名称为"人""庶民""人鬲""夫"等，很难说其中的哪些人为"国人"。在可信的周代文献中，如《尚书》《诗经》的相关部分，情况亦复如此。《国语》中虽有明确记载，但为后人追记，还不可以作为直接的证据。根据这种情况，可以推测国人在西周前期和中期尚非一个独立的有相当影响的社会阶层。只是到了西周后期才在社会政治生活舞台上崭露头角。

动"就是一个明证。但是分析《国语》的记载，可以看出其所称的举行暴动的"国人"，其成分是复杂的，其中包括了军队成员、贵族、职官及国都中的居民等多种，尚非后来所称举的有明确范围划分的"国人"概念。如果说西周时期社会上有"国人"这一社会阶层，那也只能说是处于其发展的准备阶段。

进入春秋时期以后，国人阶层扩大，影响趋于增强。国人的范围主要指城邑及其四郊的居民。他们或拥有一些土地，或拥有一些财产而经营工商业，都有私人经济①。东周时期，国人拥有一定的经济实力，这一点表现得甚为清楚。春秋后期，吴军攻入楚国的时候，曾经命人召见陈怀公，实际上是让陈表示态度，是跟从吴国，抑或是跟从楚国。史载，"怀公朝国人而问焉，曰：'欲与楚者右，欲与吴者左。'陈人从田，无田从党"（《左传》哀公元年）。可见，陈的国人有一部分是拥有田产者。陈国司徒辕颇"赋封田以嫁公女，有余，以为己大器，国人逐之，故出"（《左传》哀公十一年），可见陈的国人多有田地，所以司徒辕颇依据土地数量多少而征赋。由于在各诸侯国内部各个社会阶层中国人数量相当可观，并且拥有自己的经济实力，所以常常能够影响国家政治局势的发展。春秋时期的国人与西周时期不同之处即主要在于它作为一个有影响的社会阶层，在社会生活中发挥着重要作用②，史称的"国人暴动"，其参加暴动者的成分复杂，似不应以此作为国人在西周时期已有巨大政治作用的明证。

春秋时期，国人在社会生活中的重要作用主要表现在以下几个方面。

首先，国人是各诸侯国军事力量的基础，而西周时期这种情况是不存在的。春秋前期，狄人伐卫的时候，卫国的国人不满意卫懿公对于鹤的宠爱，"将战，国人受甲者皆曰：'使鹤！鹤实有禄位，余焉能战？'"（《左传》闵公二年）致使卫国覆灭于狄人之手。春秋后期，晋国强盛的卿族范氏和中行氏进攻晋定公，"国人助公，二子败"（《左传》定公十三年）。国人的力量可以与两家卿族抗衡，足见其联合在一起所形成的军事力量相当可观。鲁哀公六年（前489）齐国的国氏和高氏两家卿族被陈氏、鲍氏打败而逃走，"国人追之"

---

① 早在西周后期，引起国人暴动的一个重要原因便是周厉王任用荣夷公而采取"专利"政策，直接触犯了国人的经济利益，致使"国人谤王"（《国语·周语》上）。
② 史家所称道的西周后期"国人暴动"的"国人"，其成分相当复杂，与较为严格意义上的"国人"有较大距离。

(《左传》哀公六年）。能够追赶拥有相当实力的卿族，可见国人有战车和兵器。

其次，在各诸侯国内部的政治生活中，国人有举足轻重的作用，有些军国大事，须得国人拥护，才可以通畅地实行。春秋后期，卫灵公决意叛晋的时候，便"朝国人"，询问是否可行，国人表示"五伐我，犹可以能战"（《左传》定公八年），卫灵公这才正式叛晋。对于君主和执政大臣可以直言不讳地进行评论和批评。例如，鲁僖公二十二年（前638），宋襄公在泓之战中致使宋国大败于楚，战后，"国人皆咎公"（《左传》僖公二十二年），对君主有批评之权。秦穆公死后以子车氏的三个儿子殉葬，"国人哀之，为之赋《黄鸟》"（《左传》文公六年）。这是国人批评君主的一例。鲁宣公十二年（前597）郑国被楚军围攻时，曾经"卜临于大宫"，即卜问若在郑太祖之庙痛哭是否有利，结果吉利，于是"国人大临"，表示了守城的决心，使得楚军不敢小觑，"楚子退师，郑人修城"（《左传》宣公十二年）。鲁襄公四年（前569）鲁军吃了败仗，"国人诵之曰：'臧之狐裘，败我于狐骀。我君小子，朱儒是使。朱儒朱儒，使我败于邾！'"（《左传》襄公四年）通过民谣批评了鲁君和有关的将领。郑国的大政治家子产"作丘赋"的时候，"国人谤之，曰：'其父死于路，己为虿尾，以令于国，国将若之何？'"（《左传》昭公四年）国人不仅批评子产，而且连带羞辱其父，可见其意见之尖锐。

第三，有些国家君主的废立，往往与国人有关。春秋前期，晋惠公被秦俘获的时候，曾经谋划"朝国人以君命赏，且告之曰：'孤虽归辱社稷矣，其卜贰圉也。'"（《左传》僖公十五年）可见建立嗣君之事要通告于国人。晋楚城濮之战以前，"卫侯欲与楚，国人不欲，故出其君以说（悦）于晋，卫侯出居于襄牛"。这是国君在外交政策上与国人相左的时候而被逐出的一例。后来，卫成公在晋国支持下要返回卫时，还要订立盟约，"国人闻此盟也，而后不贰"（《左传》僖公二十八年）。春秋中期，郕国君主的嗣立也是国人影响甚巨的一例。鲁文公十一年（前616）"郕大子朱儒自安于夫钟，国人勿徇。十二年春，郕伯卒，郕人立君。大子以夫钟与郕邽来奔"（《左传》文公十一和文公十二年）。依礼，太子继位为君应当是顺理成章的事情，但是郕太子因为与国人不和，所以未能继位，只得逃到鲁国。莒国君主莒纪公宠爱次子季佗，莒国的太子仆便"因国人以弑纪公"（《左传》文公十八年）。鲁襄公三十一年（前

542)莒国君主"犁比公虐,国人患之……展舆因国人以攻莒子,弑之,乃立"(《左传》襄公三十一年)。莒国这两年事都是国君在争夺权力的斗争中被国人杀掉的例证。从春秋时期各国的情况看,君主嗣立以后,多与国人相盟,以求取得国人支持,齐景公嗣立后,"崔杼立而相之,庆封为左相,盟国人于大宫"(《左传》襄公二十五年),就是一例。春秋时期各诸侯国的国君对于国人至少在表面上是相当重视的,郑简公曾经"盟国人于师之梁之外"(《左传》襄公三十年),以期得到国人拥戴。这里应当指出,君主的废立由国人参与意见,虽然《周礼》书中有此说,但其事例却不见于西周时期。

第四,春秋时期各诸侯国贵族间的斗争,常常以国人的意志为转移,符合国人愿望者获胜机会大增。春秋中期,宋成公的时候,"穆、襄之族,率国人以攻公,杀公孙固、公孙郑于公宫"(《左传》文公七年)。宋国的穆、襄之族之所以敢于发兵攻打宋国君主,关键在于他们有国人的支持。春秋中期,宋国公子鲍千方百计争取国人支持,"礼于国人,宋饥,竭其粟而贷之……公子鲍美而艳,襄夫人欲通之,而不可,乃助之施。昭公无道,国人奉公子鲍以因夫人"(《左传》文公十六年)。宋的国人不仅可以帮助其所拥戴的公子鲍扩展影响,而且可以帮助宋襄公夫人与公子鲍私通,其能耐可谓大矣。春秋中期,郑国发生内乱,"子驷帅国人盟于大宫,遂从而尽焚之"(《左传》成公十三年),靠国人的支持而占据了优势。鲁成公十五年(前576)宋国卿族斗争时,"华喜、公孙师帅国人攻荡氏,杀子山",华氏之所以能够获胜,"国人与之"是最为重要的因素。鲁襄公十年(前563)子产率族兵与反叛的郑国贵族作战时,"子蟜率国人助之,杀尉止、子师仆,盗众尽死"(《左传》襄公十年),因国人的支持而获胜。

对于贵族的恶行,国人往往心中有数,正如《诗经·墓门》篇所谓"夫也不良,国人知之"。宋国的华臣为国人所厌恶,鲁襄公十七年(前556)"国人逐瘈狗,瘈狗入于华臣氏,国人从之,华臣惧,遂奔陈"(《左传》襄公十七年),此事表明对于有恶行的贵族,国人会采取巧妙的方式与之斗争。郑国子孔当政的时候,"国人患之",于是"子展、子西率国人伐之,杀子孔而分其室"(《左传》襄公十九年)。鲁襄公二十七年(前546)齐国崔氏发生内乱,执政大臣派人进攻崔氏,"弗克,使人助之,遂灭崔氏"(《左传》襄公二十七年)。我们在前面提到的那位陈国司徒辕颇,因为贪污从国人那里征收的赋税,所以"国人逐之"(《左传》哀公十一年),可见国人有些时候也联合采取行动,并非全都依附于贵族而行动。

上述这几个事例都表明国内卿族间的斗争往往要靠国人的参与才能使胜负得见分晓。正因为如此,春秋中期以后常有贵族争取国人支持的事例出现。贵族要有一定的威望,"国人所尊,诸侯所知"(《左传》昭公十六年),是最基本的条件。例如,郑国的子皮"饩国人粟,户一钟,是以得郑国之民,故罕氏常掌国政,以为上卿"(《左传》襄公二十九年)。春秋后期,鲁国的阳虎意欲作乱的时候,曾经"盟国人于亳社,诅于五父之衢"(《左传》定公六年)。关于贵族与国人关系的重要性,《诗经·鸤鸠》篇说"淑人君子,正是国人。正是国人,胡不万年",谓善人君子可以领导国人,而正因为他们能够领导国人,所以才会有其万年的福禄。

战国时期,国人仍有一定影响,《战国策·东周策》载周文君欲免除工师籍的职务,"国人不说(悦)",周文君得术士建议后,"遂不免",顺从了国人的意愿。然而,由于自耕农的大量出现,社会结构发生了重大变化,"国人"之称在战国时期已经十分罕见,并且即使用"国人"之称,也多指某国之人,而不像春秋时期那样主要指都邑内外之人。战国后期,公孙龙讲赵国封赏不均时谓"亲戚受封,而国人计功"(《战国策·赵策》三),这里的国人,即指赵国一般的人,非必谓赵国都邑中人。孔子语谓"先进于礼乐,野人也;后进于礼乐,君子也"(《论语·先进》),孟子语谓"无君子莫治野人"(《孟子·滕文公》上),似已将"君子"等同于国人,但其所论之君子实际上是指国家的统治者。他不提君子如何治理国人,而只提"治野人"。这似乎表明,孟子的时代,传统的"国人"已经退出了历史舞台。

分析周代国人在社会生活中的重要作用,隐然可见在其背后的这样一条线索,即国人皆为聚族而居于国中者。贵族所居之地,亦发其名称之,如"蹶之里"(《诗经·韩奕》),即周卿士蹶父所居之里。春秋前期晋楚城濮之战晋军入曹国时,晋文公"令军毋入釐负羁之宗族闾"(《史记·管蔡世家》),可见此闾里为釐负羁之宗族所居者。可以说西周春秋时期所谓的"国人",皆为宗族之人。换句话说,游离于宗族之外的国人,在那个时期是找不到的。西周时期除了宗周、成周这样的大都邑之外,某一"里""闾"人类的居住地,常常是某一个大族之所居,而春秋时期则多为某一居住区由多族合居,国家的权力得到加强。战国时期，随着个体小农登上历史舞台，宗族解体分化，各国多设置郡县等行政组织，将居民直接统治起来，而不再经过"族"这个层次。在此之后，虽然族还长期存在，但在社会政治中的影响却风光不再。族和国人几乎同时退出政治历史舞台，其间的微妙联系颇耐人寻味。

（二）

春秋战国时期社会上的庶民和庶人[①]，它和国人的主要区别在于其范围比国人要大，一般泛指平民，与所谓的"百姓""民"等意义相同[②]，庶人中从来不包括贵族，而国人范围中是可以包括贵族在内的。春秋时期，周的内史过评论虢国形势说："虢必亡矣，不禋于神而求福焉，神必祸之；不亲于民而求用焉，人必违之。精意以享，禋也；慈保庶民，亲也。今虢公动匮百姓以逞其违，离民怒神而求利焉，不亦难乎！"（《国语·周语》上）在内史过的概念里面，"庶民""百姓""民"等，皆为一个意思[③]。鲁国公父文伯之母在讲到如何治理庶民的问题时，认为"圣王之处民也，择瘠土而处之，劳其民而用之，故长王天下。夫民劳则思，思则善心生；免则淫，淫则忘善，忘善则恶心生。沃土之民不材，逸也；瘠土之民莫不向义，劳也。是故……自庶人以下，明而动，晦而休，无日以怠"（《国语·鲁语》下）。她所说的"庶人"，就是社会上的一般民众，特别是从事农业劳作的民众。关于庶人所从事之业，《管子·君臣》有很典型的说明：

> 务四支（肢）之力，修耕农之业，以待令者，庶人也。是故百姓量其力于父兄之间，听其言于君臣之义，而官论其德能而待之。

由于农民是最主要的社会劳动生产者，所以这里将庶人定义为"修农耕之

[①] 庶民与庶人意义和范围均相同，若依"人"与"民"二字的区别而将庶民和庶人分为两类不同的人，从相关的记载看，是困难的。例如，《国语·周语》上篇述藉田礼谓"百吏、庶民毕从……王歆大牢，班尝之，庶人终食"，即将两相混用无别。

[②] 关于这一点，《韩非子·外储说左上》亦有一条比较典型的材料，其"说五"载："齐王好衣紫，齐人皆好也……傅说王曰：'《诗》云：不躬不亲，庶民不信。今王欲民无衣紫者，王请自解紫衣而朝。'"同篇所记此故事的另一记载谓"一国百姓好服紫不已"。这个记载表明韩非子实将"百姓""庶民""人""民"等词语同等对待。

[③] 这种情况至战国时期亦复如此。《韩非子·外储说左上》篇所载可为一证。是篇载"齐桓公好服紫"之事，谓"一国百姓好服紫不已"，又谓"齐人皆好也"，并引"不躬不亲，庶民不信"的诗句说明道理，是皆可证"百姓""人""庶民"诸词义同。

业"者。与孟子所说的"在野曰草莽之臣,皆谓庶人"(《孟子·万章》下)是一致的。这类庶民就是通常所说的平民百姓。这种情况往战国时期依然如故,例如赵武灵王胡服骑射的时候,曾谓"敌弱者,用力少而功多,可以无尽百姓之劳,而享往古之勋。夫有高世之功者,必负遗俗之累;有独知之虑者,必被庶人之恐"(《战国策·赵策》二),将庶人与百姓同等并列。贫穷的庶民,有时候也出卖自己的劳动力,为人作佣。春秋中期,齐国崔氏之乱的时候,申鲜虞逃奔到鲁国,"仆赁于野,以丧庄公"(《左传》襄公二十七年),雇佣郊野地区的贫民为齐庄公服丧。能够自由地"仆赁于野"的人当即庶民。

庶民的称谓起源较早,西周时期的彝铭《大盂鼎》铭文里就有"庶人六百又五十又九夫"的记载①。庶,有众义;庶人即众人,其义或可指有一般社会地位的人。周代有"百工谏,庶人传语"(《国语·周语》上)的传统,庶人地位与百工相近。举行藉田礼的时候,"王耕一垅,班三之,庶民终于千亩"(《国语·周语》上),可能意味着庶人是社会上主要的农业生产劳动者。到了春秋时期情况依然如此。春秋中期,楚人议论晋不可伐,理由之一便是晋国的"庶人力于农穑"(《左传》襄公九年),所以国家稳固,"力于农穑"正是庶人的本业。《国语·晋语》四谓"士食田,庶人食力",所谓"食力",即指农业劳作而言。春秋初年,晋国的师服说"大夫有贰宗,士有隶子弟,庶人、工、商,各有分亲,皆有等衰"(《左传》桓公二年);春秋中期,晋国的师旷也曾说"大夫有贰宗,士有朋友,庶人、工、商、皂、隶牧、圉皆有亲昵"(《左传》襄公十四年)。《墨子·天志》上篇谓"无从下之政上,必从上之政下,是故庶人竭力从事,未得次己而为政。……天子为政于三公、诸侯、士、庶人",明谓庶人之事由士"政"——即治理。这些都表明在晋人的心目中庶人地位在士之下,皂隶之上,与国人地位相当。《庄子·渔父》提到庶人的多种忧虑之事,其中有三项是"田荒室露,衣食不足,征赋不属",可见耕种农田、提供征赋是庶人最主要的职责。

---

① 《国语·周语》上篇载祭公谋父语谓:"商王帝辛,大恶于民。庶民不忍,欣戴武王,以致戎于商牧。"似乎早在商周之际就有了庶民的称谓,然而,这里是周人述前代之事,尚不可作为直接的证据。其直接证据还应当说以《大盂鼎》为最早。时代比《大盂鼎》稍晚的《宜侯簋》亦有"庶人"之载。关于庶人的身份,赵光贤师曾经遍考金文和古文献中的相关记载,论定庶人"不是指奴隶",而是指"一般劳动人民或农民而言"(赵光贤:《周代社会辨析》,北京:人民出版社,1980年,第221页)。

作为主要的农业生产劳动者，庶人的多数应当是原先的氏族公社成员，在氏族与宗族组织纽带减弱的时候，逐渐成为在一定程度上独立的个体农民，即庶民。在春秋时期社会结构迅速变动的情况下，有些贵族地位下降而变成庶民。春秋后期就有"《诗》曰：'高岸为谷，深谷为陵。'三后之姓，于今为庶"（《左传》昭公三十二年）的说法，即指虞、夏、商三姓的贵族到了春秋时期，有的就已经成了庶民。春秋时期，楚国的子木曾说："大夫有羊馈，士有豚犬之奠，庶人有鱼炙之荐。"（《国语·楚语》上）后来，楚国的观射父还说"大夫举以特牲，祀以少牢；士食鱼炙，祀以特牲；庶人食菜，祀以鱼"（《国语·楚语》下）。庶人的祭礼在原则上与大夫、士这样的贵族等级相似，其间所透露的消息表明庶人与贵族似乎有着某些联系。春秋战国时期，社会等级发生了重要的变动。许多世家卿族下降为平民，而有些士人平民则平步青云而成为显贵，若借用"高岸为谷，深谷为陵"（《诗·十月之交》）的诗句来形容其变化之巨，实不为过分。战国时期临淄城中制陶业十分发达，据临淄所出土的陶文记载，集中居住于临淄城中丘齐乡王姓陶工很多，他们分别居住于这个乡的陶里、辛里和平里。居住于辛里的还有姓公孙的陶工。依据这些陶文资料，专家曾经进行了精辟的分析，认为他们都是王公贵族后裔之沦落为平民者①。

随着战国时期手工业的兴旺发达，手工业工匠也就成为社会上人数颇多的一个社会阶层。这个阶层应当是庶民的一部分。这些工匠，有些属于官府手工业，有些则是个体手工业者。战国时期的许多城市中的居民，都有相当数量的工匠。小手工业者有自己的作坊，分散生产，向官府交税，按时服役，身份是比较自由的，但是其负担也相当沉重。这些手工业者，在城市里可以迁徙居

---

① 高明在分析临淄所出土的陶文资料以后指出："王与公孙原都是氏而不是姓。这两氏的祖先原都是贵族。王氏族系很多，历史上有谓为殷王子比干之后，出于子姓；也有谓为周文王子毕公高之后，出于姬姓。公孙氏显然是齐国君主的后裔，出于姜姓。战国时期他们已成旁系庶族早已没落，降为一般平民，已把祖先的氏当作自己的姓了。不知从何时开始，为了谋生，开始从事陶器生产，久而久之，制陶却成为他们世代相传的职业。说明自春秋末年废除世卿世禄之后，许多贵族逐渐没落，为了生存必须自食其力，从事各种行业，有些手工业生产者，就是由这些人担任。他们的身份自由，小有家产，经济独立，而是临淄城内的基本民众。"（《从临淄陶文看乡里制陶业》，《古文字研究》，第19辑）这个分析对于春秋战国时期社会等级的变动是一个很好的说明。

处。临淄所出陶文里记载有名赏的陶工，陶文载有"楚郭乡芦里赏"①，又有"孟棠陶里赏"②"确间豆里陶赏"③。如果这里的"赏"为一人，那么，他在临淄城中便在楚郭乡、孟棠乡、确间乡三个区域里面居住过。名赏者迁徙的原因虽然不明，但是作为制陶工匠，其可以自由迁徙这一点还是可以肯定的。

各诸侯国贵族对于庶民比较重视，晋国的韩无忌曾经引用《诗经·行露》"弗躬弗亲，庶民弗信"的诗句来说明问题④，可见十分看重庶民的舆论。如果一个国家庶民不能安居乐业而处于十分贫困的境况，则该国就意味着走上了穷途末路。春秋后期，晋国的叔向说到晋国已经进入"季世"时，就将"庶民罢敝"（《左传》昭公三年）列为相当重要的一项。鲁昭公九年（前533），鲁国修筑郎囿的时候，执政大臣季平子欲督促庶民快干，叔孙昭子即认为这会给庶民造成负担。他说："《诗》曰：'经始勿亟，庶民子来。'焉用速成，其以剿民也，无囿犹可；无民，其可乎？"（《左传》昭公九年）在君主的园囿和庶民的拥戴二者之间，叔孙昭子认为后者必不可少，而前者则可有可无，将庶民摆在了相当重要的位置。鲁定公九年（前501）齐国的鲍文子认为不可出兵伐鲁，其主要理由便是鲁国"上下犹和，众庶犹睦"（《左传》定公九年），将众庶视为国家安危的基石。春秋末年，不少国家贵族采取各种方法争取庶民的支持，赵简子誓师之辞中所悬赏格中谓若克敌，便"庶人工商遂"（《左传》哀公二年），就是著名的例证。《庄子·渔父》谓："天子诸侯大夫庶人，此四者自正，治之美也。"对于庶人在治理国家中的重要作用十分重视。

就政治地位来说，庶民中还应当包括高利贷者及佣工等，兹分别进行一些阐述。

战国时期随着商品经济的繁荣发展，社会上的高利贷者增多，大致形成了一个不算太小的社会阶层。高利贷者以工商业比较发达的齐国最为突出。《管子·轻重丁》曾经借述桓公与臣下对话的形式说明齐国各地高利贷者的情

---

① ② ③ 高明：《古陶文汇编》，北京：中华书局，1990年，3.352、3.425、3.408。关于"孟棠陶里赏"，或谓"孟棠"即孟尝，指孟尝君田文的封邑；或谓"棠"当假为党，指孟氏聚居之党。高明先生指出，这里省略了乡字，全辞应为"孟棠乡陶里赏"（《从临淄陶文看乡里制陶业》，《古文字研究》，第19辑）。诸说相较，以高先生的说法较妥。准此，陶文中的"确间"亦当为乡名。
④ "不躬不亲，庶民不信"的诗句，战国末年的韩非子亦曾两次引用来说明庶民意见的重要，见《韩非子·外储说左上》。

况①，其结论是"凡称贷之家，出泉参千万，出粟参数千万钟。受子息民参万家"，可见高利贷者的资金和借贷者的民户数量都是相当可观的。是篇的作者主张对于高利贷者不能压抑，而只能因势利导，可以使用表扬的办法让高利贷者自愿放弃其债务。这个办法是"表称贷之家，皆垩白其门而高其闾"，国君派人"式壁而聘之，以给盐菜之用……称贷之家皆折其券而削其书，发其积藏，出其财物，以振贫病，分其故赍，故国中大给"。是篇作者所提出的这种办法跟与虎谋皮有些相似，应当说只是一种幻想。然而，从这个设想中却可以看出齐国官府对于高利贷者实处于无可奈何的境地，只能容忍其存在，并没有采取剥夺的办法与其针锋相对。

战国时期随着商品经济的繁荣发展，社会上的佣工形成了一个人数不是太少的阶层。有些佣工从事田间劳作，《韩非子·外储说左上》曾经惟妙惟肖地写出了佣工与雇主间的心理活动：

> 夫卖庸而播耕者，主人费家而美食，调布而求易钱者，非爱庸客也，曰：如是，耕者且深，耨者熟耘也。庸客致力而疾耘耕者，尽巧而正畦陌畦畤者，非爱主人也，曰：如是，羹且美，钱布且易云也。

佣工与雇主间存在的是劳力与金钱的交换关系，按照韩非子的话来说便是"取庸作者进美羹"要以美羹换取佣工的尽力劳作。佣工所从事的劳作多种多样。《韩非子·五蠹》谓"泽居苦水者，买庸而决窦"，那些受水涝之苦的人要雇佣工挖渠排水。这类佣工，身份虽然属于自由民，但是生产资料匮乏，生活

---

① 《管子·轻重丁》载："桓公曰：'寡人多务，令衡籍吾国之富商蓄贾称贷家以利吾贫萌，农夫不失其本事。反此有道乎？'管子对曰：'惟反之以号令为可耳。'……鲍叔驰而西，反报曰：'西方之氓者，带济负河，菹泽之萌也。渔猎取薪蒸而为食。其称贷之家多者千钟，少者六七百钟。其出之，钟也一钟。其受息之萌九百余家。'宾胥无驰而南。反报曰：'南方之萌者，山居谷处，登降之萌也。上断轮轴，下采杼粟，田猎而为食。其称贷之家多者千万，少者六七百万。其出之，中伯伍也。其受息之萌八百余家。'宁戚驰而东。反报曰：'东方之萌，带山负海，苦处，上断福，渔猎之萌也。治葛缕而为食。其称贷之家惠高国，多者五千钟，少者三千钟。其出之，中钟五釜也。其受息之萌八九百家。'隰朋驰而北。反报曰：'北方萌者，衍处负海，煮沸为盐，梁济取鱼之萌也。薪食。其称贷之家多者千万，少者六七百万。其出之，中伯二十也。受息之萌九百余家。'"按，其述之事托名齐桓公、管仲等春秋前期之人，实则其事当为战国后期社会情况的反映。从这个记载里可以看出，当时齐国借贷的情况比较普遍，其利率最高者达到"钟也一钟"，即百分之百。

相当艰难。《韩非子·外储说右下》曾经讲到"人有年老而自养者"的老人，这位老人"有子三人，家贫无以妻之，庸未反（返）"，其三个儿子都外出为佣工，连妻子都娶不上。这类佣工，应当是庶人阶层之最低者。战国后期，齐闵王之子法章在战乱中，曾经"变姓名，为莒太史家庸夫。太史敫女奇法章之状貌，以为非常人，怜而常窃衣食之"（《战国策·齐策》六），法章作为庸夫，衣食不足，还要靠人接济。为了保持农业劳动力附着于土地，各诸侯国或采取措施限制佣工农作，《吕氏春秋·上农》说："农不上闻，不敢私籍于庸，为害于时也。"前人曾经指出这里的"上闻"，即农民得赐爵以后通名于国家，其社会地位有所提高。只有那些有一定社会地位的人才可以雇佣以代耕，否则不准私自养庸。商鞅变法时曾经实行"无得取庸"的措施，认为只有如此，才能够做到"大夫家长不建缮，爱子惰民不窳，而庸民无所于食，是必农。大夫家长不建缮，则农事不伤，受子惰民不窳，则故田不荒。农事不伤，农民益农，则草必垦矣"（《商君书·垦草》）。这些都是从束缚劳力于农作的角度出发而采取的措施。

作为社会基本劳动者的庶人，对于社会政治似乎有一定的发言权，所以孔子才有"天下有道则庶人不议"（《论语·季氏》）的说法。可是在战国时期，庶人的社会权力越来越小，荀子所谓"孝弟原悫，軥录疾力，以敦比其事业而不敢怠傲，是庶人之所以取暖衣饱食，长生久视，以免于刑戮也"（《荀子·荣辱》），可以说是当时庶人社会地位的真实写照。在春秋战国时期，庶人生活的一个重要变化在于春秋时期的庶人基本上都生活在宗族之内，而到了战国时期，特别是诸国变法之后，庶人多以个体农民的形象出现于社会生活舞台。庶人与国人的主要区别在于：第一，国人有很大的政治生活中的发言权，而庶人则无；第二，作为一个社会阶层，国人存在于西周春秋时期，战国以后的"国人"，不再具备其前的国人的含义，而庶人则一直存在于中国古代社会，尽管其社会身份和地位有所变化，但其名称却一直行用不废。

最后，分析一下庶人（庶民）身份及其社会地位变化的线索。西周时期庶人社会身份盖为宗族中的普通劳动者，即宗族中最普通的人数最多的成员。由庶人而升入统治阶层几乎是不可能的事情。到了春秋时期，庶人社会地位依然如此，一般说来，庶人作为国人的一部分，其社会影响随着国人的增强而有强化的趋势。春秋末年，墨子尚贤的呼吁里面即明确主张"列德而尚贤，虽在农与工肆之人，有能则举之，高予之爵，重予之禄，任之以事，断予之令"（《墨子·尚贤》上）。到了战国时期，由于社会结构大变革的出现，庶人可以平步青云而出将入相，所以荀子亦大声呼吁"贤能不待次而举，罢不能不待须而废，元恶不待教而诛，中庸民不待政而化。分未定也则有昭缪。虽王公士大夫之子孙，不能属于礼义，则归之庶人，虽庶人之子孙也，积文学，正身行，能属于礼义，则归卿相士大夫"（《荀子·王制》）。这些思想家的言论已经折射出庶人社会地位变化的景象。然而个别庶人的平步青云，只是君主青睐的结果；思想家的呼吁还基本上处于理想境界。庶人社会地位的真正普遍提高在有周一代都是未曾有过的。

第六章
春秋战国时期的社会形态及其变迁

在以前的古史分期讨论中，尽管各派学者所论各异，但若说春秋战国时代是一个迅速变化的历史时代，则是共识。按照我们关于先秦社会形态的基本看法，春秋战国时代是我国整个古史的转捩期，是由氏族时代向编户齐民时代的转变期。

造成春秋战国时代历史进程大转变的最深刻的根源在于经济。何兹全先生指出："春秋战国之际社会的大变化，是由自足自给的自然经济为主的农业农村经济向商业交换经济、城市经济转化。"[①]宁可也指出，中国的商品经济首次大发展，就开始于战国时代[②]。在社会经济深刻变化的基础上，春秋战国时代的土地赋税制度有着巨大变化，社会普通成员的身份也出现了新的面貌。本章首先讨论的就是这方面的问题。

关于"初税亩"的重要意义，过去似乎肯定得太多。愚以为鲁国的"初税亩"，与当时鲁国的政治发展密切相关，它不出自三桓，而是出自东门氏。"初税亩"只是筹划中的事情，并未付诸实践。既经筹划，便意味着有了某种现实的可能，但是否付诸实践，乃为重要问题。我们不应当将筹划的事情，径自当成已经实行的土地制度的变革。这个时代土地制度在春秋后期方有变革的明显趋向，到战国时期各国实行"授田制"，则大为变化。战国时期摧枯拉朽般的社会风暴实肇端于此。战国时期土地所有制已经开始了由公有向私有的历史性

[①] 何兹全：《中国古代社会形态演变过程中三个关键性时代》，《历史研究》，2000年，第2期。

[②] 宁可：《中国社会形态研究中应当注重的一个方面——商品经济》，《历史研究》，2000年，第2期。

巨变。但这"公有"是氏族所有,而非所谓的土地国有。这"私有"包括了贵族与民众两个社会阶层,距离能够占据主导地位的普通农民的土地私有,还有相当长的路程要走。

总结先秦时代社会形态的发展,如果从夏代算起,到战国末年,已经有了近两千年的时间。这几乎占了进入文明时代以后中国古史的一半。这样长时段的社会历史发展对于此后中国古史的发展影响巨大,自是情理中事,不待多论。近两千年间日积月累的变迁,点点滴滴的进步,都汇总于春秋战国时代,历史进步的巨大动力也积贮于此。在中国古史中,春秋战国的经济与文化等诸多方面都表明这是一个辉煌的时代。社会形态在春秋战国时代的深刻变化,是这个辉煌时代的基石。秦汉以降的中国古代社会两千余年的发展实肇端于春秋战国时期。所以说这个时代社会形态及其深刻的历史意义决不可小觑。

一 春秋时期土地赋税制度的变化

土地赋税制度在关于社会经济结构和社会性质问题的研究中是极其重要的。春秋时期是旧传统逐渐被打破、新秩序尚未确立的动荡时期。这个时期的土地赋税制度的变化颇具时代特色。由于有关这一问题的文献记载颇难索解,因而异说纷呈,莫衷一是。另外,以往的研究注目于具体问题的考辨,忽略了从总体上考察春秋时期土地赋税制度变化情况及其规律。这里,拟进行一些系统分析。

(一)

在西周时期占主导地位的多层次的贵族土地所有制于两周之际开始变化。春秋时期继续了这个变化过程。土地所有权下移,并从而导致社会结构变动,就是春秋时期土地赋税制度变化的主旋律。

我们先看最高层次的土地所有权的情况。

刺幽王的《诗经·瞻卬》谓"人有土田,女反有之;人有民人,女覆夺之"。按照"溥天之下,莫非王土"(《诗经·北山》)的原则,幽王夺取贵族田地的事情本来是无可非议的,现在却被诗人讥刺,可见周王的土地所有权在西周末年已经受到挑战。宗周覆灭后,周王室直接控制的西部王畿土地随着平王东迁而丧失殆尽,东部王畿土地也多为诸侯和贵族们占有。所谓的"溥天之下，莫非王土"到春秋时期则往往只具有象征意义。《左传》隐公十一年载："王取邬、刘、芎、邗之田于郑，而与郑人苏忿生之田。"其时苏氏叛王，其田不属王有，所以周桓王予郑人田只是空头支票。《左传》庄公十九年载周惠王"夺子禽、祝跪与詹父田"，这三家贵族便积极参与子颓之乱以攻伐周惠王。《左传》成公十一年载周与晋大夫争夺温别邑的田地，只是追溯此地旧主的事实，并不敢以天下共主的地位来压服晋人。《左传》昭公九年载"周甘人与晋阎嘉争阎田"，最后虽然晋将阎田予周，但周亦将甘大夫拘禁以取悦于晋。这几件事情表明，在春秋时期尽管周王室尚有不小的影响，郑、晋等国诸侯还让他三分，但在实际上周王室已不再是最高的土地所有者，大规模的封邦建国、隆重的授民授疆土仪式，只是周人的温馨旧梦。

随着生产力的发展，从春秋初年开始各诸侯国陆续对土地赋税制度①进行变动，以增加财政收入。齐国是经济比较发达的国家，管仲在和齐桓公讨论农业政策时提出：

> 相地而衰征，则民不移；政不旅旧，则民不偷；山泽各致其时，则民不苟；陆阜陵墐井田畸均，则民不憾；无夺民时，则百姓富；牺牲不略，则牛羊遂。（《国语·齐语》）

齐国并没有废除井田制度，只是采取了"相地而衰征"的赋税征收方法。这种办法的具体内容，《管子·轻重二》的记载可以参考。是篇谓，"郡县上臾之壤，守之若干；间壤，守之若干；下壤，守之若干。故相壤定籍而民不移，振贫补不足，下乐上。故以上壤之满，补下壤之虚。"（按，"虚"原作"众"，依俞樾《诸子平议》说改）所谓"相壤定籍"之说可以与"相地而衰征"相参证。从齐国历来重视"通商工之业，便鱼盐之利"（《史记·齐世家》）的情况看，其经济发展水平应当是比较高的。"相地而衰征"可能是征取谷物，已经由劳役地租转变为实物地租。《管子·大匡》说齐桓公时"赋禄以粟，案田而税"，也是当时齐国征取实物地租的一个证据。春秋后期齐田氏"其收赋税于民以小斗受之"（《史记·田敬仲完世家》），这种征收实物税的方式是渊源有自的。总之，"相地而衰征"的办法"视土地之美恶及所生出，以差征赋之轻重"（《国语，齐语》韦注），考虑了不同地区土地的好坏和产量，这和西周

---

① 赋税制度内容相当广泛，这里主要讨论土地制度以及和土地相关的赋税制度的变化。

时期的"籍田以力而砥其远迩"（《国语·鲁语》下）还是有一定区别的。这种办法强化了齐国君主的土地所有权，齐桓霸业与此是有关系的。齐桓公最早成为霸主，齐国最早变力役地租为实物地租，这两者当不是偶然巧合。

在"溥天之下，莫非王土"不具有实质意义的时候，春秋时期各诸侯国往往竭力维护国君这个层次的土地所有权，只在特殊情况下才稍做变更。晋国就有这方面的典型例证。前645年秦晋韩原之战，晋惠公被俘。为了换取贵族和国人的支持，晋惠公"作爰田""作州兵"（《左传》僖公十五年），将这些作为应急措施。"爰田"，《国语·晋语》三作"辕田"。关于这种田制，古今学者异说纷纭。《左传》僖公十五年杜注谓爰田指将应入公家之税赏给众人。孔疏引服虔、孔晁说谓"爰，易也。赏众以田，易其疆畔"。《国语·晋语》三注引贾逵说："辕，易也，为易田之法，赏众以田。易者，易疆界也。"比较而言，服虔、孔晁、贾逵之说比杜预之说为长。"爰田"即赏众以田。值得注意的是，假若仅仅把"爰田"理解为赏田，那就很难将其和传统的赐田、授田相区别。商鞅变法曾经"制辕田"（《汉书·地理志》），承认土地私有。晋的"作爰田"和商鞅"制辕田"当有类似之处，盖指受赐者可以自主处置这部分土地。显然，"爰田"的私有成分已经增加。关于"州兵"，古今亦有数解。杜注谓"五党为州，州二千五百家也，因此又使州长各缮甲兵"，把"兵"解为兵器。清儒多认为"作州兵"是改易兵制。《左传》僖公十五年载韩原之战以后晋人语谓"征缮以辅孺子，诸侯闻之，丧君有君，群众辑睦，甲兵益多"。所谓"征缮"指征兵和缮治军备，因此，"作州兵"也当包括这两个方面的内容。总之，"作爰田""作州兵"这两项措施是将公室的一些田地赏赐给大臣和国人，让受赐者可以自由处置这些田地，并征召广大地区的居民从军。这些措施增强了晋国声威，惠公遂得以返晋。

然而这些毕竟是应急之举，晋国土地制度并没有因此而逸出传统轨道。晋惠公之后的文公就以扩展国君控制的土地为己任。前636年晋文公尊王有功，周襄王将黄河以北、太行山以南的阳樊、温、原、州、陉、䌸、组、攒茅等八邑之田赏给他，据《国语·晋语》记载，晋文公所坚持的是"公食贡，大夫食邑，士食田，庶人食力，工商食官，皂隶食职，官宰食加"，其中的土地占有情况并没有发生什么变化。晋文、襄霸业即在此基础上创立，而不是建立在"爰田""州兵"的基础上。

（二）

由于经济和政治发展的不平衡性，春秋时期各诸侯国土地赋税制度的变化情况也很有差别。一般说来，楚秦及边远地区的国家，其国君的土地所有权往往被强化，没有太多地出现中原诸侯国习见的土地所有权下移现象。在这方面，楚国的情况是有说服力的。

楚王对土地的控制一直比较严格。观射父曾经向楚昭王追述先王祭祀制度，其中说到"百姓、千品、万官、亿丑、兆民经入畡数以奉之"（《国语·楚语》下），意谓王当直接掌握京畿九畡之田的收入[①]。楚国卿大夫在一般情况下都不能长期拥有封地，这就延缓了楚国土地由公有到私有的发展。相传楚庄王赏孙叔敖，"孙叔敖请汉间之地、沙石之处。楚邦之法，禄臣再世而收地，唯孙叔敖独在。此不以其邦为收者，瘠也，故九世而祀不绝"（《韩非子·喻老》）。"禄臣再世而收地"，这是楚国的常法，孙叔敖因地瘠而没有"再世而收"，这在楚国属于特例。楚令尹子重曾请申、吕两邑为赏田，已得楚庄王允许，申公巫臣力谏，说："此申、吕所以邑也，是以为赋，以御北方。若取之，是无申、吕也，晋、郑必至于汉。"（《左传》成公七年）楚庄王听巫臣之言遂不以申、吕为赏田。这件事情表明申、吕两地全为楚王管辖，并为王出军赋。

春秋中期楚康王的时候，令尹子木命令司马蒍掩普遍调查统计楚国土地，并以此为根据来计算不同土地所出军赋的数量。《左传》关于蒍掩"庀赋"的记载是了解当时土地赋税制度的重要材料。《左传》襄公二十五年载：

> 楚蒍掩为司马，子木使庀赋，数甲兵。甲午，蒍掩书土田：度山林，鸠薮泽，辨京陵，表淳卤，数疆潦，规偃猪，町原防，牧隰皋，井衍沃。量入修赋，赋车籍马，赋车兵、徒兵、甲楯之数。既成，以授子木，礼也。

关于蒍掩"量入修赋"的具体做法，有不同的解释。《春秋左传正义》引贾逵

[①] 《楚语》下韦注谓"九州之内有畡数"，泛指九州之田。论者或据此断定楚平王时楚已取消了分封制下的贵族等级土地所有制，并实行了国家直接授田给农民的制度。是说可商。孙诒让《国语九畡义》（《籀膏述林》卷3）认为"九畡者，九田九万万亩也""九畡之田，自专据邦畿言之"。孙氏之说较可信。《楚语》下之"经入"，韦注"经，常也。常人，征税也"；孙氏以为"经入即京入，谓畿内什一之赋"。其实，经与京古音不同，又不相通，释经为京是牵强的，故孙氏此说则不如韦注。

说："山林之地，九夫为度，九度而当一井也。薮泽之地，九夫为鸠，八鸠而当一井也。京陵之地，九夫为辨，七辨而当一井也。淳卤之地，九夫为表，六表而当一井也。疆潦之地，九夫为数，五数而当一井也。偃猪之地，九夫为规，四规而当一井也。原防之地，九夫为町，三町而当一井也。隰皋之地，九夫为牧，二牧而当一井也。衍沃之地，亩百为夫，九夫为井。"杜注不取贾说，不像贾逵那样把"度""鸠""辨"等字理解为不同面积的土地名称，而是解为度量、聚集、辨别等动作之词。显然，若依杜预之说，则芬掩庀赋各事，如"度山林""鸠薮泽""辨京陵"等，则多和治赋之事无关，这是不合乎传旨的①。贾说虽然有牵强之处，却较杜说为长。把各类土地以"井"为标准单位来折算，此法似古已有之。《周礼·小司徒》"乃经土地而井牧其田野"，郑注："隰皋之地，九夫为牧，二牧而当一井。今造都鄙、授民田，有不易，有一易，有再易，通率二而当一，是之谓井牧。"《礼记·王制》孔疏引许慎《五经异议》亦谓山林、京陵、淳卤等地折算为井，其说与贾逵同。《左传》关于芬掩庀赋的记载表明楚国当时普遍存在着井田制度，征收军赋时以平原地区的井田为标准单位，把山林、薮泽、京陵等都折算成相当的井数。庀赋时不考虑国、野或都、鄙的差别，也不将贵族的采地划在征收范围之外，这都表明了楚国君主拥有着广泛的土地所有权。终春秋之世，楚国王权一直比较强大，没有出现多少贵族擅权的情况，这与楚国土地制度很有关系。

秦国的情况与楚国有相似之处，井田制度也长期存在，直到商鞅变法时井田制才被正式废除。关于商鞅以前的秦国田制，《汉书·地理志》注引张晏曰："周制三年一易，一同美恶，商鞅始割裂田地，开立阡陌，令民各有常制。"又引孟康曰："三年爰土易居，古制也。末世侵废，商鞅相秦，复立爰田。"秦国这种爰田易居的制度和井田制度是吻合的。由于古代农村公社土地所有制影响的长期存在，所以在标准的井田制度下经过一定时间要重新分配农民的份地。汉代的学问家何休说："圣人制井田之法而口分之，一夫一妇受田百亩，以养父母妻子。……井田之义，一曰无泄地气；二曰无费一家；三曰同风俗；四曰合巧拙；五曰通财货。……司空谨别田之高下善恶，分为三品：上田一岁一垦，中田二岁一垦，下田三岁一垦。肥饶不得独乐，墝埆不得独苦，故三年一

---

① 关于芬掩庀赋的考辨，详见李学勤《论芬掩治赋》、刘家和《关于芬掩庀赋》，均载《江汉论坛》，1984年，第3期。

换土易居，财均力平。"（《公羊传》宣公十五年注）孟康所谓秦国的"爰土易居"即何休所说的井田之法中的"换土易居"之义。论者多认为既然商鞅变法时才"坏井田、开仟佰"（《汉书·食货志》），那么可以推断说商鞅变法以前的秦国实行的是井田制。这种认识是有道理的。关于秦国的土地情况，《商君书·徕民》篇追溯说：

> 地方百里者，山陵处什一，薮泽处什一，溪谷流水处什一，都邑蹊道处什一，恶田处什二，良田处什四。以此食作夫五万，其山陵、薮泽、溪谷，可以给其材，都邑、蹊道，足以处其民，先王制土分民之律也。

这里提到的"先王制土分民之律"，应当是商鞅变法以前秦国土地情况的反映。这种办法大致是方五十里的可耕田地分配给五万农夫，按方一里合十万亩计算，则每夫百亩。《周礼·大司徒》说："凡造都鄙，制其地域而封沟之，以其室数制之。不易之地家百亩，一易之地家二百亩，再易之地家三百亩。"孙诒让《周礼正义》说这是畿内"三等采邑井田授地之法"。在西周王朝故地发展起来的秦国，规划其可耕田地，按每夫百亩行"井田授地之法"，应当是顺理成章的事情。

楚秦等国的卿大夫贵族，其土地所有权并非没有增强，只是比较缓慢而已，终春秋之世也还不能和国君相抗衡。这些国家虽然也有些声势显赫而且富有的贵族，如楚国令尹子文"自毁其家，以纾楚国之难"（《左传》庄公三十年），秦国景公弟鍼投奔晋国的时候"其车千乘""归取酬币，终事八反"（《左传》昭公元年）等，但却没有关于他们占有大量土地的记载。一般而言，其经济实力尚不如公室。

（三）

从总的趋势看，春秋时期华夏诸国土地所有权下移，主要是从原来的王有、国君所有，下移到卿大夫贵族所有。春秋时期的田地争夺主要在贵族之间进行。鲁国闵公之傅曾经在闵公默许下"夺卜齮田"（《左传》闵公二年），后来鲁大夫卜齮就在共仲支持下杀掉鲁闵公。齐国的公子商人曾经"与邴歜之父争田"（《左传》文公十八年），后来邴歜成为谋杀齐懿公（即公子商人）的积极参与者。潞国执政酆舒"夺黎氏地"（《左传》宣公十五年），酆舒后来被晋杀掉，这是其罪状之一。晋国六卿之一的先克"夺蒯得田于堇阴"（《左传》文公八年），翌年，蒯得等人作乱，杀掉先克。晋国"三郤"之一的郤锜"夺夷阳五田"，另一人——郤犫"与长鱼矫争田，执而梏之"（《左传》成公十七年）。夷阳五、长鱼矫皆晋国大夫、晋厉公的嬖臣，晋厉公杀"三郤"时他们都是积极的参与者。晋国上卿范宣子曾经与和邑大夫"争田，久而无成，宣子欲攻之"（《国语·晋语》八），后得家臣訾祏劝解才作罢。晋大夫"邢侯与雍子争鄐田，久而无成"，叔鱼在审理这个案子的时候偏袒雍子，营私舞弊，判邢侯有罪，"邢侯怒，杀叔鱼与雍子于朝"（《左传》昭公十四年）。贵族间关于田地的争夺往往酿成攻伐、杀戮事件，可见这种争夺是很激烈的。

春秋时期贵族对于"室"的争夺，在相当程度上也是对于土地的争夺。贵族家产常称为"室"，包括妻孥、臣仆、器物、财贿、田地等，其中尤以田地最显重要。晋国"杀三郤而尸诸朝，纳其室以分妇人"。此事为晋厉公所为，范文子评论说厉公"大其私暱而益妇人田，不夺诸大夫田，则焉取以益此"（《国语·晋语》六）。这个记载表明"纳其室以分妇人"即"益妇人田"，可见"室"的内容包括了田地，《晋语》六韦注谓"室，妻妾货财"，是不够确切的。晋景公曾经"赏桓子狄臣千室，亦赏士伯以瓜衍之县，曰：'吾获狄土，子之功也'"（《左传》宣公十五年）。"狄臣千室""瓜衍之县"显然都在"狄土"范围之内。这个例子也说明"室"与田地的一致性。春秋时屡以严厉手段来夺取"室"。例如，郑国"子展、子西率国人伐之，杀子孔而分其室"（《左传》襄公十九年）；鲁国叔孙侨如"欲去季、孟而取其室"（《左传》成公十六年）；齐国"崔杼杀高厚于洒蓝而兼其室"（《左传》襄公十九年）；齐国陈氏、鲍氏打败栾氏和高氏，并且"分其室"（《左传》昭公十年）；楚国"子重取子阎之室，使沈尹与王子罢分子荡之室，子反取黑要与清尹之室"（《左传》成公七年）；楚国"公子围杀大司马芜掩而取其室"（《左传》襄公三十年）等等，皆其证。

春秋晚期一些著名的贵族，如齐国的田氏、鲁国的三桓、晋国的六卿、郑国的罕氏和驷氏、宋国的乐氏和皇氏等，都是本国最大的土地所有者。由于军赋和田地有密切关系，所以这些大贵族也掌握了大量武装力量。前484年齐伐鲁，冉求向季康子分析双方实力，说："鲁之群室众于齐之兵车，一室敌车优矣。"（《左传》哀公十一年）所谓"群室"指鲁国的卿大夫之家，"一室"指季氏。他们的兵力超过齐国一次伐鲁所出动的兵力，其军赋数量是相当可观的。齐国田氏、晋国六卿的实力比鲁国三桓有过之而无不及。以田氏代齐、三家分晋为代表的春秋战国之际重大政治变化，实肇端于土地赋税制度的演变。

（四）

在卿大夫以下的社会阶层中，作为下级贵族的士以及相当一部分国人，其土地所有权在春秋后期也有所加强。

前493年赵简子为了赢得铁之战的胜利，曾经在战前的誓辞中悬赏格："克敌者，上大夫受县，下大夫受郡，士田十万"（《左传》哀公二年）。以"万"来计算田地，在春秋战国时期多有所见。例如，《国语·晋语》二载，公子夷吾许诺给里克"汾阳之田百万"，给丕郑"负蔡之田七十万"。《晏子春秋》卷八载，晏子"位为中卿，田七十万"。《吕氏春秋·介立》载，晋文公悬赏："有能得介子推者，爵上卿，田百万。"《战国策·魏策》载，魏王迎公叔痤，"以赏田百万禄之"。这些记载，古代注释家多以亩作为计算单位，如田百万，即百万亩；田七十万，即七十万亩。张政烺《"士田十万"新解》（《文史》第29辑）一文指出，以万亩为计，数量太大。实际上是以步为单位的，"士田十万"即赏给士田地十万步，合一千亩。其说甚确。一次战争的胜利，每个"士"便可以得到千亩赏田，不仅其数量相当可观，而且这些田地的私有性质也是很强的。

鲁国三桓"三分公室"的时候，"季氏使其乘之人，以其役邑入者无征，不入者倍征"（《左传》襄公十一年）。所谓"役邑"，指提供兵役的小邑。先秦时代，邑之大小，甚为悬殊。《论语·公冶长》提到的"十室之邑"，《周礼·小司徒》所说的"九夫为井，四井为邑"，以及季氏甲士所拥有的"役邑"，就是这类只有一二十家或二三十家的小邑。当时的"邑"不仅是居住单位，而且包括田地，贵族拥有"邑"即拥有该邑的人口和田地①。季氏那些拥有"役邑"的"其乘之人"，其身份应当是甲士，"役邑"的人口和田地便是他们提供军赋的基础。"邑"和"赋"往往有直接关系。卫国的公孟縶曾经夺取齐豹的鄍邑（今山东鄄城县西北），"有役则反之，无则取之"（《左传》昭公二十年）。杜注："縶足不良，故有役则以官邑还豹使行。"可见邑的拥有者在

---

① 西周后期器《鬲从盨》载，"凡复友（贿）鬲从日（田）十又三邑"，其计算田地即以"邑"为单位。

有战事时要应征从军，平时则可以役使该邑的劳动群众。

就每名个别的"士"而言，其拥有的土地数量未必很多，远赶不上卿大夫所拥有的数量，但"士"的人数却远比卿大夫为多，所以属于"士"的总的土地数量还是相当可观的。宋国曾经"兴空泽之士千甲"（《左传》哀公二十六年）。"空泽"在宋国都城附近，一次征发便可召集成千的甲士，其"士"的数量必定不少。拥有"役邑"的甲士在春秋后期已经成为一个人数众多的重要的社会阶层。鲁国仅季氏就有甲士"七千"（《左传》哀公十一年）。这些甲士多住在国都及其近郊。前502年鲁国阳虎于壬辰日"戒都车，曰：'癸巳至'"（《左传》定公八年），头天下令，第二天即齐集，可见鲁车乘的甲士所居必不会太远。这类甲士有些可称为"国人受甲者"（《左传》闵公二年），属于国人中的上层。春秋后期由于甲士的重要性日增，所以他们拥有"役邑"或赏田的数量也就越来越多，成为土地私有化的一个重要途径。

就普通的国人而言，在春秋后期他们也有了相当数量的田地。前506年吴攻入楚都时曾威胁到陈国。陈怀公"朝国人而问焉，曰：'欲与楚者右，欲与吴者左。陈人从田，无田从党'"（《左传》哀公元年）。这些"从田"的陈人，属于陈怀公所朝见的国人，可见陈的国人有相当一部分拥有田地。前501年齐伐晋夷仪（今河北邢台市西），勇士敝无存战死，齐景公悬赏："得敝无存者，以五家免。"（《左传》定公九年）杜注："给其五家，令常不共役事。"其实不仅"不共役事"，而且还包括这五家的田地。这种可以役使五家农民的人，应当是国人。陈国司徒辕颇"赋封田以嫁公女，有余，以为己大器，国人逐之"（《左传》哀公十一年）。所谓"封田"，指陈国封疆之内的田地，辕颇"赋封田"而遭国人驱逐，可见国人是"封田"的所有者。国人出赋税以为"公女"嫁资的事实表明，国人是直接向陈国政权机构交纳赋税的，不再有什么中间层次。

（五）

土地所有权下移，终春秋之世大体上都在贵族阶层里进行，直接劳动者手中并没有多少土地所有权可言。这正如晋国郭偃所说"隶农"那样，"虽获沃田而勤易之，将不克飨，为人而已"（《国语·晋语》一）。随着时代的发展，作为普通劳动者的庶民的地位毕竟日益重要。赵简子誓辞中不仅给贵族悬赏，而且提出"庶人、工、商遂，人臣隶圉免"（《左传》哀公二年）。所谓"遂"，大约是指一定程度的自由，但还不是赐予土地。赵简子誓辞提到被赐予土地者仅仅到"士"，并不包括庶人。尽管如此，春秋末年统治阶层中有眼光的人物还是通过土地赋税制度的某些变革以求"富民"，从而取得广大庶民阶层的支持。

1972年银雀山汉墓出土的《吴问》提供了这方面的珍贵材料，对于考察春秋末年土地赋税制度的情况有重要价值。据《吴问》篇记载，孙武在和吴王阖庐讨论晋六卿兴亡的问题时说：

> 范、中行氏制田，以八十步为婉，以百六十步为亩，而伍税之。其〔制〕田狭，置士多；伍税之，公家富。公家富，置士多，主骄臣奢，冀功数战。故曰先亡。〔智氏制田，以九十步为婉，以百八十步为亩，而伍税之。其制田狭，置士多；伍税之，公家富。〕公家富，置士多，主骄臣奢，冀功数战，故为范、中行氏次。韩、魏制田，以百步为婉，以二百步为亩，而伍税〔之〕。其〔制〕田狭，其置士多；伍税之，公家富。公家富，置士多，主骄臣奢，冀功数战，故为智氏次。赵氏制田，以百廿步为婉，以二百卌步为亩，公无税焉。公家贫，其置士少，主佥臣收，以御富民，故曰固国。晋国归焉①。

晋国六卿都对田制进行了程度不同的改革。古制"六尺为步，步百为亩，亩百为夫"（《汉书·食货志》），现在六卿中的范氏、中行氏以一百六十步为亩，智氏以一百八十步为亩，韩氏、魏氏以二百步为亩，赵氏以二百四十步为亩，都突破了旧制，其中又以赵氏亩制最大。赵氏以外的其他五家虽然亩制大小不一，但和赵氏相比却有两个共同点：一是因亩制小而"置士多"；二是因征收"伍税"而使诸卿之家富有。由于这些原因，孙武断定这五家虽然一时富强，但却骄奢好战，从而导致灭亡。与此相反，赵氏则因为亩制大而置士少；因"无税"而贫穷。这样赵氏便不会骄奢，并且其民富庶，从而取得最后的胜利。

---

① 《银雀山汉墓竹简—孙子兵法》，北京：文物出版社，1976年，第94—95页。其中的"氏""亩""狭""魏""骄"等字，原文皆写作异体——"是""畂""陕""巍""乔"等，今为方便计，径以通行字体代替。引文中〔 〕里的字句系原文所残缺者，今依上下文例而拟增。从内容分析，作者认为韩魏随智氏以后而亡，晋国全归属赵氏，可见作者没有看到三家分晋的史实。《吴问》写作的时间应当在春秋末期三家分晋以前。

晋国六卿的这些情况，应该有两个基本前提，那就是六卿各自拥有土地的数量大体一致；"士"所拥有土地的数量也大体一致。只有这样才会出现因亩制大小不一而产生的"置士"多少的区别。《吴问》篇的"伍税"，或以为指按作为基层行政单位的"伍"收税；或以为如《汉书·食货志》提到的"见税什伍"。这两说似皆不妥。"伍税"当指五分之一的税率，即是六卿中除赵氏以外的五家各自向其所置之"士"征税的标准，也是"士"向普通庶人收税的标准。孔子的弟子有若曾经建议鲁哀公实行十分抽一的税率，鲁哀公说："二，吾犹不足，如之何其彻也"（《论语·颜渊》）。可见，鲁国在春秋末年也实行"伍税"①。

赵氏和其他五卿的区别，不仅在于其亩制最大并且置士少，而且在于不行"伍税"而是"无税"。当然，赵氏的"公无税焉"仅指赵氏不向士收取田税，士还是要向庶人收税的。这样做的结果，赵氏虽然不如其他五家富有，其置士的数量也比较少，但是他所管辖的士和庶人则比其他五家的有更多实惠。就士而言，赵氏的士因"无税"而富有应当是显而易见的，这些士便会踊跃出军赋而增强赵氏军队的实力。就庶民而言，赵氏的庶民因亩制最大而实际耕种面积按一夫百亩的传统而言也当是最多的，即令也缴纳"伍税"，其实际收入也比其他五卿的庶民收入为多。前493年铁之战以前，赵简子曾经指斥范氏、中行氏"斩艾百姓"（《左传》哀公二年），这无疑是在肯定赵氏自己并不"斩艾百姓"，而是优待百姓。《吴问》说赵氏"以御富民"，可见在赵氏的土地赋役制度之下，其民众是富庶的。前497年范氏、中行氏联合赵氏支裔赵稷欲作乱而进攻赵氏的时候，赵氏谋臣董安于说："与其害于民，宁我独死。"（《左传》定公十三年）以不给民众造成危害为理由劝赵氏早做准备。尹铎替赵简子治理赵氏私邑晋阳时，曾用"损其户数"（《国语·晋语》九）的办法，以减轻晋阳民众的负担。韦注谓"损其户，则民优而税少"，减少户数也就减少了晋阳民众向赵氏交纳赋税的总量。后来智氏等将赵氏围困于晋阳，"围而灌之，沉灶产蛙，民无叛意"（同上），赵氏才得以转败为胜。这些都表明赵氏确实通过土地赋税制度的变革争取到了士和庶人的支持。

① 鲁国土地赋税制度自宣公时期"初税亩"以来，也有不少变化，限于篇幅这里暂不涉及。

二 春秋战国时期农业生产的发展

（一）

就农业生产工具而言，春秋战国时期比商周时代已经有了很大的发展。许多生产工具已属铁制。湖北江陵纪南城水井中出土的铁刃耒耜，柄长59厘米，柄下至铁刃端长50厘米，全长109厘米，铁刃长7厘米，刃宽8厘米，两木齿间距3.5厘米，耜柄微曲，两齿稍前倾，是一种很合用的铁制农具。除了铁刃的耒耜以外，铁制的锄、銍、镰、斧等，也是这个时期常见的农具。《管子·轻重乙》篇载："一农之事，必有一耜、一铫、一镰、一耨、一椎、一铚，然后成为农"①，可见战国时期的一般农民已经普遍使用了铁制的农具。《管子·海王》讲到设置铁官的时候谓"耕者必有一耒、一耜、一铫，若其事立"，并且强调"不尔而成事者，天下无有"，可见当时的人已经认为"天下"没有不用铁制的耒耜铫等农具进行耕作者。战国中期奉行农家学说的许行"负耒耜"到滕国，孟子曾经问他"以铁耕乎"，并且肯定其农具并非许行自己制造，而是"以粟易械器"（《孟子·滕文公》上）而得到的。可见当时铁制耒耜应当是相当普及的。这对于农业生产技术的进步起到了积极的推动作用。春秋末年，孔子周游列国的时候曾在途中遇见"长沮、桀溺耦而耕"，一边说话，一边干活，"耰而不辍"（《论语·微子》）。长沮、桀溺的这种耦耕，即手执铁制的耜所进行的劳作。关于耦耕的具体操作方式，专家们有不同的解释，主要有以下几种。一是认为耦耕指两人各执一耜并肩而耕，同时将耜插入土中，并力翻土；一是认为两人相对而耕，一人拉动耜上所系之绳，另一人扶耜操作；一是认为以耜为犁，一人扶耜（即犁），一人在前面拉动而翻土；一是认为一人用耜翻土，另一人用耰在后面碎土。盖各种相互配合的以耜为工具的耕作方式皆可称为耦耕，耦耕的实质仅在于"耦"，即两人协作而耕作。《论语·微子》篇所载长沮、桀溺的耦耕方式，从其"耰而不辍"的说法看，应当是一人

---

① 这里提到的铫，指一种大锄，《盐铁论·申韩》谓"犀铫利钜，五谷之利而间草之害也"，可见鉏（锄）是一种农具。铫与耒、耜一样，是当时农民必不可少的农具，所以《管子·海王》谓"耕者必有一耒、一耜、一铫，若其事立"。所提到的耨，即镈，也是一种锄，其形制比铫为小。《汉书·王莽传》载"予之南巡，必躬载耨，每县则薅，以劝南伪"，颜注谓"耨，锄也。薅，耘去草也。"椎，指铁椎，是一种筑土的用具。铚，《说文》谓"获禾短镰也"，指收获谷物所用的短小镰刀。

在前面翻地，一人在后面碎土和平整土地。《周礼·考工记·匠人》谓"耜广五寸，二耜为耦，一耦之伐，广尺深尺，谓之畎"，开挖畎的时候，二人各执一宽五寸的耜，并排挖土，所以挖出来的畎"广尺"，即有一尺之宽。这种以"耦"为单位的劳作，与长沮、桀溺的耦耕又不相同。

春秋战国时期青铜农具和铁器已经得到普遍使用。南方地区，特别是江浙一带，几乎达到了家家可以制作农器的地步。《周礼·考工记》谓"粤之无镈也，非无镈也，夫人而能为镈也"，郑注"言其丈夫人人皆能作是器，不须国工。粤地涂泥多草岁（秽），而山出金锡，铸冶之业，田器尤多"，浙江永嘉曾经发现一批春秋战国之际的农具[①]，有铜铲、铜臿和铜耨。这些农具皆有使用痕迹，证明是当时的实用之物。这些青铜农具，还具有地方特点。例如所发现的铜耨，全器呈箭镞形，为双合范铸制，正中为方銎，中空，上端正反两面各有一钉孔。其下端器身份两股向后斜出。两股的正面均施纵线纹，反面则光素无纹，后缘为钝边，前缘有刃。关于耨，《吕氏春秋·任地》篇有载，谓其为"间稼"所用，为耘田除草的农具。永嘉所出土的耨，体薄、有小方銎，两刃斜出，特别适合在水田中除草所用，适应了"涂泥多草秽"的南方地区稻作农事的需要。1977年苏州也发现了一批春秋战国之际的青铜农具[②]，包括铜锄、铜镰、铜犁等，其中的五件铜锄有两件形似马蹄，弧刃，上端一面有横梁相连，一面开口，锄高9.6厘米，顶宽12厘米；另有三件，上端两面都开口，锄高7.8厘米，顶宽11.9厘米。这种锄中间开口，可以防止泥土粘连，很适合在水田里面除草所用。安徽贵池所发现的春秋战国之际的青铜器中有铜斧、铜铲、铜耨、铜蚌镰等农具[③]。其中四件铜耨的形制与浙江永嘉所发现的类似，只是全器呈不规则的菱形。耨的銎在正中，有弧形隆脊，銎端的两股刃亦斜出，正面也有突起的纵线纹，为南方水田耘草的用具，使用时可以不粘泥土。所发现的铜蚌镰，形似蚌壳，长8.5厘米，腰宽3.5厘米，深1.5厘米，底部有两个圆孔，可以将镰捆缚于手上割取谷穗，是相当轻便实用的农具。这些农具

[①] 徐定水：《浙江永嘉出土的一批青铜器简介》，《文物》，1980年，第8期。
[②] 苏州博物馆考古组：《苏州城东北发现东周铜器》，《文物》，1980年，第8期。
[③] 卢茂村：《安徽贵池发现东周青铜器》，《文物》，1980年，第8期。按，铜镰在北方地区也有发现。河北易县燕下都遗址出土过一件，长18厘米，宽3.3厘米，比贵池蚌镰要大，适应了北方地区农作的需要。

的发现，证明郑玄所谓江浙之地"铸冶之业，田器尤多"的说法是可信的。

（二）

由于周族历来以农作著称，所以后世有将牛耕附会于周先祖者。《山海经·海内经》载"稷之孙曰叔均，始作牛耕"，叔均的时代约当于原始时代后期，谓是时已经有了牛耕，并无其他材料可资佐证。特别是《山海经·大荒西经》载此事谓"叔均始作耕"，《太平御览》卷八二二引《海内经》亦无牛字，更表明"叔均始作牛耕"之载是不可信的。新石器时代的考古中曾经发现石犁，但牵引这种石犁翻地的应当是人力，而不是牛。叔均的时代可能开始用人力牵引石犁而耕，但并没有实行"牛耕"。据可靠记载和考古发现的资料，牛耕的出现应当是在春秋时期。山西浑源李峪村于20世纪20年代初期发现的春秋后期晋墓出土有牛尊，特别引人注意的是其牛鼻上有鼻环，表明当时的牛已经被人驱使从事劳作①。牛与农耕已经联系在一起，孔子弟子"司马耕字子牛"（《史记·仲尼弟子列传》），晋大力士有名牛之耕者，皆为其证。春秋末年晋臣窦犨谓"夫范、中行氏不恤庶难，欲擅晋国，今其子孙将耕于齐，宗庙之牺为畎亩之勤"（《国语·晋语》九），原来用于宗庙祭祀的牛牲，这时候已经用于田亩的耕作。商鞅变法规定"盗马者死，盗牛者加"（《盐铁论·刑德》），之所以加重对于盗牛者的处罚，就是因为牛用以耕田，加重对于盗牛者的处罚就是为了"重本而绝轻"（《盐铁论·刑德》）。从《盐铁论·散不足》所谓"古者……庶人之乘马者足以代其劳而已，故行则服桅，止则就犁"的情况看，战国时期可能还有以马拉犁而耕作者。应当指出的是，牛耕、马耕等耕作方式虽然在春秋战国时期已经出现，但踏耜而耕的方式还普遍保存着，《国语·吴语》谓"农夫作耦，以刈杀四方之蓬蒿"，这种"作耦"，还是使用耒耜所进行的耕作，直到汉代还有"一人跖耒而耕不过十亩"（《淮南子·主术训》）的说法。

随着牛耕的出现和普及，原先的耜逐渐演变为犁，耜刃的中部锐凸而成等

---

① 《吕氏春秋·重己》谓"使乌获疾引牛尾，尾绝力〔殚〕，而牛不可行，逆也。使五尺竖子引其棬，而牛恣所以之，顺也"。棬，即牛鼻之环。《淮南子·主术训》谓牵牛之事，"若指之桑条以贯其鼻，则五尺童子牵而周四海"，可见桑条也可以用以贯牛鼻。这个说法表明牛的鼻环作用就是供人驱使方便。《尚书·酒诰》谓"肇牵车牛远服贾"，指殷遗民牵着车牛出外经商。既然牛可以拉车负重，让牛拉犁耕田，就应当是可能出现的事情。春秋时期，牛被用作"畎亩之勤"应当是无可怀疑的。

腰三角形，原来接插耒头的地方增大了弯曲度，使所接插的犁铧入土的斜度增大，利于破土前进。为了使犁铧加宽而增加翻土的面积，犁铧便起脊加厚。历年考古发现所见春秋战国时期的犁铧，形制基本相同，如山西侯马市北西庄东周遗址、河北易县燕下都遗址、山东滕县古薛城遗址、河南辉县固围村战国墓葬等皆如此。当时的铁口犁，前端锐利而有直棱，可以加强入土的深度，后端较宽，还没有翻转土块的犁壁出现。虽然直到战国时期，犁的形制并没有完全脱离耒的形状，还保留着一些原始形态，但是其功效却比耒已经大为提高，并且可以达到深耕的目的。除了耕地之类的大面积的翻地需要用犁以外，如开沟之类的小型农活仍需用耜操作，为了适应一个人操作的需要，耜的形制在春秋战国时期也有了改进，许多耜变得比较薄而宽，于是便称之为臿。1957年在洛阳小屯村所发现的战国时期的墓葬中出土的铁臿，刃宽达到19厘米。这样的工具，比较轻便，开挖比较松软的土壤可以提高效率。

（三）

农耕技术在春秋战国时期有了重大发展，农作物的种植已经有了两熟制。春秋初年，周、郑关系紧张的时候，"四月，郑祭足帅师取温之麦。秋，又取成周之禾"（《左传》隐公三年），可见同一年的四月间收麦，秋天收禾。关于春秋战国时期是否麦、禾一年两熟的问题，多数专家持肯定态度，也有的专家认为《左传》这条材料意思是"或温地多种麦，成周多种禾，仅只一季耳""至少西周、春秋时华北地区基本上仅一季收成"（童书业《春秋左传研究》第267页，上海人民出版社，1983年版）。按：《诗经·七月》载"三之日于耜，四之日举趾""八月其获""十月获稻""十月纳禾稼"，其所反映的是一季收成的景象，但是《诗经·七月》乃是西周初年甚至更早一些时间的农作情况的反映，不能用以代表整个西周春秋时期。就《左传》所载看，成周地区四月间收麦、秋天收禾，乃是不可否认的事实，根据这个记载说春秋初年北方地区一年两熟应当是可以的。关于北方地区是否一年两熟的问题，由于史料有限，所以现在还不能得出令人满意的结论。有的学者指出在北方地区，春秋时期不大可能一年两熟，至少不具有广泛的代表性，或者说一年两熟的可能性是很小的。可是，随着耕作技术的进步，战国时期一年两熟已经成为普遍现象。禾麦连续种植，可以在一年之内先收获麦，再收获禾，亦即《吕氏春秋·任地》所谓

"今兹美禾，来兹美麦"①。这表明在同一块土地上可以连续种植作物。春秋战国之际的墨子曾经忧虑土地物产不足，随着农业生产技术的提高，两熟制的普及，粮食产量大为增加，荀子就认为墨子的忧虑不足为训。荀子说："夫不足，非天下之公患也，特墨子之私忧过计也。今是土之生五谷也，人善治之，则亩数盆，一岁而再获之。"（《荀子·富国》）这里所说的"一岁而再获之"，十分清楚地表明同一块土地只要合理种植，一年是可以收获两次的。从墨子到荀子，正是春秋末年到战国末年的阶段，农业技术的提高可以说是显而易见的事实。

施肥技术在春秋战国时期已经普及应用，人畜的粪肥是当时的优质肥料。除了各种粪肥之外，腐草也是一种肥料。《诗经·良耜》谓"其镈斯赵，以薅荼蓼。荼蓼朽止，黍稷茂止"，这是西周时期的诗篇，可见西周时期就已经知道用腐草为肥料。这种办法在春秋战国时期普遍行用，《诗经·甫田》谓："今适南亩，或耘或耔，黍稷薿薿。"毛传谓"耘，除草也；耔，壅本也"，除草和壅本亦有将腐草培于庄稼根部为肥料的作用。《礼记·月令》谓季夏，"大雨时行，烧薙行水，利以杀草，如以热汤，可以粪田畴，可以美土疆"，正是在盛夏之际以腐烂之草肥田之义。荀子说："掩地表亩，刺草殖谷，多粪肥田，是农夫众庶之事也。"（《荀子·富国》）所谓"刺草"，即除去野草而使之为一种肥料。除了野草之外，树叶也可以为肥料，荀子所谓"水深则回，树落则粪本"（《荀子·致士》）正是这个意思。当时的灰土肥料，可能是以"粪土"为称的。孔子批评自己的弟子宰予"昼寝"，说是"粪土之墙不可杇也"（《论语·公冶长》），已经提到"粪土"这样的肥料名称。

关于施肥与农作以及社会政治的关系，人们也有不少讨论。韩非子曾说："上不事马于战斗逐北，而民不以马远淫通物，所积力唯田畴。积力于田畴，必且粪灌，故曰：天下有道，却走马以粪也。"（《韩非子·解老》）认为只要

---

① 关于此句的训释，高注谓："兹，年也"。陈奇猷说："兹，此也。禾，春种秋收；麦，冬种至次年夏收。'今此'是今年，则'来此'即是明年。高辗转为训耳"（《吕氏春秋校释》卷26，上海：学林出版社，1984年）。按，训"今兹"的兹为此，并且转训为年，不如训为此指土地而言较为妥当。《任地》载："今兹美禾，来兹美麦，是以六尺之耜，所以成亩也；其博八寸，所以成甽也。"从整理土地的亩甽的角度来说明这块地只在以耜整理好亩甽，那么今年这块地有"美禾"，明年还会有"美麦"。"今""来"两字可以直接训为今年、来年，不必以"兹"字转训。

天下太平，就会把用于征战的马匹歇下来施肥，致力于田亩耕作。战国中期孟子在讲到田赋征收时，曾称引龙子语谓："乐岁粒米狼戾，多取之而不为虐，则寡取之；凶年粪其田而不足，则必取盈焉。"（《孟子·滕文公》上）可见在歉收之年，民众穷得连粪田之资都拿不出来。关于孟子所云"粪其田而不足"的含义，赵注谓"至于凶年饥岁，民人粪治其田尚无所得，不足以食，而公家取其税，必满其常数焉"，是指当年虽然粪田施肥，可是遇见灾害，所打下的粮食还不够自己吃。焦循《孟子正义》卷十引孔广森说谓"均是田也，粪之则收自倍，然未有不费而食利者也。羊麋犬豕之骨汁，所以为粪种之具者，孰非待粟而易之，岁凶则粟不足食，幸而足食，亦无余粟以易其所无，于是来岁所以粪其田者，无以为资矣"，是指此年歉收，来岁无以为资粪田。按，两说相较，后说稍长。《周礼·草人》载"草人掌土化之法以物地，相其宜而为之种。凡粪种，骍刚用牛，赤缇用羊，坟壤用麋，渴泽用鹿，咸潟用貆，勃壤用狐，埴垆用豕，强㯳用蕡，轻䎼用犬"，这种"粪种"的方法是用动物骨骼煮汁以拌种，不同性质的土壤要用不同的动物骨骼煮汁拌种。红刚土要用牛骨，赤黄色土要用羊骨，肥美的土壤用麋骨，湿泥性质的土壤用鹿骨，盐碱性质的土壤用貆骨，粉粒状的土壤用狐骨，发黑的坚硬土壤用猪骨，一般坚硬的土壤用麻的籽粒煮汁拌种，浮松的土壤用犬骨。这种粪种插种的方法尚需一定财力才可以做得到，所以凶年饥岁时穷困者无力粪种，盖即孟子所谓"粪其田而不足"之义。施肥是从事农作的一项投资。荀子说："彼裕民故多余，裕民则民富，民富则田肥以易，田肥以易则出实百倍……民贫则田瘠以秽，田瘠以秽则出实不半。"（《荀子·富国》）土地因施肥而肥沃，从而达到增产的效果。产量增加可使民富，民富而有资施肥，又使田地再增产，这样就会形成良性循环，反之则会形成恶性循环。由此可见，战国时人对于施肥与增产的效果认识得是比较透彻的。关于施肥之田的粮食产量，孟子说："耕者之所获，一夫百亩，百亩之粪，上农夫食九人，上次食八人，中食七人，中次食六人，下食五人。"（《孟子·万章》下）施肥的百亩之田，其粮食收获可以供5~9人食用。之所以同样施肥而有不同的收成，是因为除了施肥之外，还有其他的耕作技术影响到粮食产量，这就是具有不同耕作技术的"上农""中农"和"下农"的区别所在。可是，无论如何，施肥都有明显的增产效果还是可以肯定的。

（四）

　　对于农作物病虫害的防治大约从战国中期才开始。《商君书·农战》篇曾经提到虫害的严重性，谓："今夫螟、螣、蚼蠋春生秋死，一出而民数年不食。今一人耕而百人食之，此其为螟、螣、蚼蠋亦大矣。"这几种害虫，《尔雅·释虫》谓"食苗心，螟；食叶，螣"，可见螟是蛀食庄稼棵株之心的害虫，螣是蛀食庄稼叶片的青虫，蚼蠋是类似蚕形的害虫，即《尔雅》所提到的"乌蠋"，《诗经·东山》谓"蜎蜎者蠋，烝在桑野"，毛传谓"蠋，桑虫也"。可见蚼蠋是危害桑树的害虫。从"数年不食"之语看，虫害发生以后，似乎可以造成粮食颗粒无收的恶果。蝗虫也是一种危害庄稼甚大的害虫。战国时期术士语曾谓"蝗螟，农夫得而杀之，奚故？为其害稼也"（《吕氏春秋·不屈》）。战国时期农民灭虫的具体方法现在尚不大清楚，史书记载中只有通过深度中耕来耨除杂草，可以防止"螟蜮"（《吕氏春秋·任地》）这一项。另外，《诗经》中说，"不稂不莠，去其螟螣，及其蟊贼，无害我田稚，田祖有神，秉畀炎火"（《小雅·大田》），大概火烧也是一种消灭害虫的办法。除这两项以外，其他的措施则不详。但是无论如何，当时在农作中致力于扑灭虫害，还是可以肯定的。

　　深耕、疾耰、耨草、间苗等是春秋战国时期农作技术所十分强调的内容。《国语·齐语》说齐国的农夫在耕作的时候，都力图"深耕而疾耰之，以待时雨"。所谓"耰"，指播下种籽以后将土磨平，起到覆土压实以保护种子的作用。深耕土地，并且在播下种子后迅速磨平土壤，只待及时雨催促种子发芽生长，这就是"深耕而疾耰之，以待时雨"的意思。《管子·度地》说："大暑至，万物荣华，利以疾耨、杀草。"所谓"耨"，就是除草。大暑时节，日照强烈，杂草被铲除之后可以很快被晒死，故谓此时"利以疾耨、杀草"。中耕除草之事，在战国时期可能要在庄稼生长时期反复进行，并且注意中耕深度，即所谓"五耕五耨，必审以尽。其深殖之度，阴土必得，大草不生，又无螟蜮"（《吕氏春秋·任地》）。耨除杂草时，锄的深度要达到湿土，不能锄得太浅。这种耕作方法，就是韩非子所说的"耕者且深，耨者熟耘"（《韩非子·外储说左上》）。在耨除杂草时，还要适时间苗。对于间苗的作用，《吕氏春秋·辩土》讲得很清楚，谓"凡禾之患，不俱生而俱死。是以先生者美米，后生者为秕。是故其耨也，长其兄而去其弟。……不知稼者，其耨也去其兄而养其弟，不收其粟而收其秕，上下不安，则禾多死"。所谓"长其兄而去其弟"，就是留下苗壮之苗，铲除幼弱之苗，以便于庄稼同时成熟而俱得"美米"。

在粮食作物的选择和培育上，春秋战国时期特别注意到不同地区对于不同性质的农作物的影响。自西周时期以来，主要的粮食作物已经基本定型。《诗经·七月》载"九月叔苴""禾麻菽麦"，《诗经·周颂》载"丰年多黍多稌"，可见西周时期的农作物有禾、麻、菽、麦、苴、黍、稌等几种。到了西周后期，《诗经·甫田》有"黍稷稻粱"之句，又增加了稷、稻、粱几种。经过长期的实践，在春秋战国时期，人们对于各种粮食作物的性质已经有了深入认识，遂提出"五谷""六谷""九谷"之说。春秋后期孔子弟子子路曾被人指责为"四体不勤，五谷不分"（《论语·微子》），可见"五谷"之说已经在社会上流传。《孟子·滕文公》上篇谓"后稷教民稼穑，树艺五谷，五谷熟而民人育"，虽然将"五谷"之说上溯到后稷，但实际上是以春秋战国时期的情况为准推而言之者。《周礼·职方氏》讲豫州的情况，谓"其谷宜五种"，郑注"五种，黍、稷、菽、麦、稻"，此"五种"，即五种谷物，亦即"五谷"。这应当是依据春秋战国时期中原地区的粮食作物而言者。关于"六谷"之说，见于《周礼·膳夫》，是篇载"食用六谷"，注引郑司农说"六谷，稌、黍、稷、粱、麦、苽"。所谓苽，汉有称为雕胡，后世称为菰米，俗称茭白，其果实如米，可以做饭，故而也列入"六谷"。《周礼·大宰》谓"三农，生九谷"，提出"九谷"之说，郑注谓："九谷，黍、稷、秫、稻、麻、大小豆、大小麦。""九谷"之说，将豆、麦两者又进行了区分，这反映了粮食作物品种因为长期培育而在战国时期有所增加的情况。

对于农作物与环境、气候的关系，春秋战国时期的人有了更多的认识。《周礼·职方氏》曾经遍数九州各个区域适宜种植的谷物种类，谓扬州和荆州"其谷宜稻"；豫州和并州"其谷宜五种"，即黍、稷、菽、麦、稻；青州"其谷宜稻麦"；兖州"其谷宜四种"，即黍、稷、稻、麦；雍州"其谷宜黍、稷"；幽州"其谷宜三种"，即黍、稷、稻；冀州"其谷宜黍、稷"。这个排列表明当时的人对于各类谷物所适宜的土壤、气候等条件，都已经有了相当深入的认识。值得注意的是，当时适宜种稻的区域除了南方地区的扬州、荆州以外，还有北方地区的豫州、青州、兖州、幽州和并州。这一方面说明北方地区的气候条件当时还比较温暖湿润，另一方面也说明北方地区水利灌溉事业比较发达，所以许多地区也可以种稻。春秋战国时期的农作特别强调不误农时。《吕氏春秋·审时》曾经总结了各类粮食作物这方面的情况，这里可将其所述关于稻、菽两种作物适宜农时种植和违背农时种植的不同结果的描述称引如下为例证：

> 得时之稻，大本而茎葆，长秱疏机，穗如马尾，大粒无芒，抟米而薄糠，舂之易而食之香；如此者不饴。先时者，本大而茎叶格对，短秱短穗，多秕厚糠，薄米多芒。后时者，纤茎而不滋，厚糠多秕，庣辟米，不得恃定熟，卬天而死。

> 得时之菽，长茎而短足，其荚二七以为族，多枝数节，竞叶蕃实，大菽则圆，小菽则抟以芳，称之重，食之息以香；如此者不虫。先时者，必长以蔓，浮叶疏节，小荚不实。后时者，短茎疏节，本虚不实。

按照合适的农时而播种的稻，生长得根深茎粗，稻花梗长，茎呈四散之状以便于稻穗粗大。这样的稻，所结的穗如同马尾状，稻粒大而且无芒，舂碾出米来，米糠很少，舂米很容易，做出饭来有香味。如果不依照农时而提前种植，那么结果便会是稻茎虽然粗壮，但是稻穗短，多秕粒和糠。如果种得晚于农时，那就会不等成熟而稻子已经死去。菽的情况与稻相类似，如果适时播种，就会豆粒圆大，重量充足，做出饭来有香味，还不生虫。如果提早种植，则会徒长蔓叶，豆粒小而瘦。如果误了农时，则会菽茎短，生长不良。《吕氏春秋·审时》总结不误农时的经验说"得时之稼兴，失时之稼约"，是相当正确的。对于农时的重视，直接促进了历法中二十四节气概念的完善。春秋时期已经有了春分、秋分、夏至、冬至、立春、立夏、立秋、立冬八个节气，到了战国末年，二十四节气的大部分名称已经见诸《吕氏春秋》一书。春秋战国时期的有识之士往往强调不违农时，劝谏统治者不要违背农时而随意征发民众赋役。《管子·山国轨》主张"春十日不害耕事，夏十日不害芸事，秋十日不害敛实，冬二十日不害除田。此之谓时作"。所谓"时作"，即依农时而劳作。荀子说："春耕，夏耘，秋收，冬藏，四者不失时，故五谷不绝，而百姓有余食也；污池渊沼川泽，谨其时禁，故鱼鳖优多，而百姓有余用也；斩伐养长不失其时，故山林不童，而百姓有余材也。"（《荀子·王制》）不仅强调农作当遵守农时，而且捕鱼伐木诸事也必须遵守一定的时间。孟子曾谓"不违农时，谷不可胜食也。……百亩之田，勿夺其时，数田之家，可以无饥矣。……彼夺其民时，使不得耕耨以养其父母，父母冻饿，兄弟妻子离散"(《孟子·梁惠王》上)，充分说明了"农时"对于农耕生产和国家稳定的重要。

（五）

水利工程的兴修、耕作技术的进步、农作工具的改进等，为春秋战国时期农业生产力的提高创造了条件。关于古代生产水平的提高，《淮南子·氾论训》说：

> 古者剡耜而耕，摩蜃而耨，木钩而樵，抱甄而汲，民劳而利薄。
> 后世为之耒耜耰锄，斧柯而樵，桔槔而汲，民逸而利多焉。

这里所说的"古"，当指原始初民的时代；"后世"则指发明各种农作工具和桔槔一类器械的时候。春秋战国时期正是生产力蓬勃发展的关键阶段。由于自然条件的差异和生产技术水平的高低不同，所以各国生产力水平也各不相同。战国初年魏国的生产力水平，李悝"作尽地力之教"的时候，曾经有所估计。李悝说："今一夫挟五口，治田百亩，岁收一石半，为粟百五十石。除十一之税十五石，余百三十五石。"（《汉书·食货志》）依照这个说法，魏国农田亩产为一石半。齐国农田产量，似较魏国为低。《管子·山权数》谓"高田十石，间田五石，庳田三石，其余皆属诸荒田，地量百亩，一夫之力也"，前人谓这里所列的"十石""五石""三石"，皆为十亩所收，则每亩产量多者为一石，少者为五斗或三斗，与《管子·禁藏》所谓"岁兼美恶，亩取一石"相符合。需要指出的是，同样的土地，付出同样多的辛苦，只是由于农业技术的高低不同而可能会有迥然不同的效果出现，《管子·乘马数》所谓"有一人耕而五人食者，有一人耕而四人食者，有一人耕而三人食者，有一人耕而二人食者，此齐力而功地田策相员"①，就是一个明证。李悝在"尽地力之教"的时

---

① "齐力而功地田策相员"的意蕴，诸家考释颇多歧义。马非百谓："员，读如《地员篇》之员。《说文》：'员，物数也。从员口声。凡员之属皆从员。'賆，物数纷纭乱也。从员云声。'员为物数，賆从员，则物数纷纭谓之賆，即物数纷纭谓之员。此言劳力相等（齐力）而所得结果则大相径庭（功地田策相员）。故有一人耕而所食有五、四、三、二人之不同也。"（《管子轻重篇新诠》，北京：中华书局，1979年，第165页）按，从上下文意看，此说近是。

候指出,"治田勤谨,则亩益三升(斗);不勤,损亦如之"①(《汉书·食货志》)。若每亩产量依一石计算,则增减约为三成。银雀山汉墓竹简《田法》谓"岁收:中田小亩亩廿斗……上田亩廿七斗,下田亩十三斗",其上等田地亩产达到两石七斗,中等田地亩产两石,下等田地亩产一石三斗。这里所说的很可能是战国末年齐地粮食产量提高以后的情况。有些国家的肥美良田,产量可以有数倍的提高。例如,郑国渠建成以后,关中地区得到灌溉的良田"四万余顷,收皆谓一钟"(《史记·河渠书》)。按照古代计量"十釜为钟"计算,一钟当10石。关中地区沃野可以达到亩产10石,这在春秋战国时期应当是最高的亩产量。依照专家估计,战国后期所达到的粮食产量水平,在我国长期的封建时代里面并没有超出太多。

粮食产量在春秋战国时期的提高,反映在考古资料上,便是发现了不少这个时期的储粮窖穴。考古工作者曾经在洛阳发掘6座粮窖。粮窖呈圆形,口大底小,口径和深度一般均在10米左右。其筑窖的程序大致是先清除灰坑,填土夯实;然后挖窖修壁;最后铺设防潮设施。其防潮设施是在生土上涂抹一层铁锈色的物质,使窖壁坚硬似甲壳,形成隔水层;在隔水层上敷青膏泥;在青膏泥上铺木板;在木板上铺谷糠,有的还铺上苇席或竹箔。这一方面说明当时农作物产量的增强,连已经日薄西山的东周王朝都有许多的粮食储备;另一方面,也说明当时的粮食储备技术已经有相当高的水平。作为诸侯大国的秦国,其粮食储备更有严密的制度。《云梦秦简·仓律》载:"入禾仓,万石一积而比黎之为户。县啬夫若丞及仓、乡相杂以印之。……栎阳二万石一积,咸阳十万石一积。"秦国规定,官府所收谷物入仓的时候,要以一万石为单位作为"一积",每积中间以荆笆相隔,并且设置仓门。栎阳和咸阳是秦国储粮的重点地区,存粮很多,所以栎阳的粮仓里面以二万石为"一积",咸阳则以十万石为"一积"。春秋战国时期农业生产在广泛使用铁器和牛耕的基础上,农作物产量已经有了很大增长。《诗经·甫田》写农作物丰收景象谓"曾孙之稼,如茨如梁,曾孙之庾,如坻如京,乃求千斯仓,乃求万斯箱。黍稷稻粱,农夫之庆"。这种仓满囤积的情况在考古发现中也有所见。20世纪90年代初在咸阳渭城区

---

① 关于治田勤谨时每亩增产的数量,《汉书·食货志》谓"亩益三升",颜注引臣瓒说谓"当言三斗,谓治田勤则亩加三斗也",颜师古谓"计数而言,字当为斗,瓒说是也"。今从臣瓒和颜师古之说。

所发现的春秋中期秦墓中①，出土有陶囷10件。有一种陶囷，呈大口深腹状，斜壁，小凹底，覆圆攒尖顶盖，中间有一捉手，檐下有一长方形孔，陶囷盖上饰有红、白相间的辐射纹。器高21.6厘米，檐径28.2厘米，通高29.4厘米。另有一种陶囷作盖身连体形，囷为圆筒状，腹壁斜直，浅腹，凹底，上覆出檐，圆攒尖顶盖，檐下左侧有一方孔。还有一种陶囷，呈架空式，底座两侧有对称的方孔，圆身，鼓腹，伞形顶盖，中间有圆捉手，檐下有一方孔。囷是贮粮设施，咸阳所出土的陶囷具有多种形制，应当是贮粮方式多样化的反映。墓葬中随葬陶囷，目的是在说明墓主拥有粮食之多。这些陶囷的出土，从一个侧面反映了当时农业生产的丰收情况。

三 春秋战国时期的奴隶制

在探讨古代社会性质和社会结构等重大问题时，春秋战国时期的奴隶制是颇受专家重视也颇多歧义的问题。春秋战国时期的奴隶制，是社会性质在由宗法封建制向地主封建制转变过程中形成的、浸透着宗法精神的奴隶制。从更大一些的范围看，奴隶制实际上存在于当时的宗族之中，如果说这是宗族奴隶制的残余，也应当是可以的。所谓宗族奴隶制，其基本特点是奴隶与宗族有着千丝万缕的联系，从根本上说它是由我国古代宗族组织长期存在并且在社会上具有强大影响所决定的。奴隶身份方面存在的这种宗族性质，在春秋时期比较明显，战国时期则逐渐减弱，可是在许多方面仍然遗留有相当的影响。尽管春秋战国时期社会上存在着相当数量的奴隶，但当时社会中占据主导地位的却是封建生产关系，作为劳动者主体的、担负主要农业生产任务的还是庶人、自耕农民，不能因为奴隶制的存留而否定春秋战国时期所固有的封建社会性质。

(一)

春秋战国时期的社会中，有各种不同名目、不同等级的奴隶。春秋后期，楚灵王建成章华宫的时候，曾经将逃亡的奴隶纳入其中服役，楚国担任芋尹的无宇，其"阍人"也逃奔章华宫，无宇到宫中将其抓获，章华宫的管理者不让无宇将"阍人"带走，无宇便振振有词地向楚灵王讲了一番道理：

---

① 咸阳市文物考古研究所：《咸阳任家嘴春秋墓清理简报》，《考古与文物》，1993年，第3期。

  《诗》曰:"普天之下,莫非王土;率土之滨,莫非王臣。"天有十日,人有十等。下所以事上,上所以共神也。故王臣公,公臣大夫,大夫臣士,士臣皂,皂臣舆,舆臣隶,隶臣僚,僚臣仆,仆臣台。马有圉,牛有牧,以待百事。今有司曰:"女胡执人于王宫?"将焉执之?周文王之法曰"有亡,荒阅",所以得天下也。……若从有司,是无所执逃臣也。逃而舍之,是无陪台也。(《左传》昭公七年)

在无宇所列的社会等级中,隶、僚、仆、台都是奴隶,专司放牧马牛的"圉"和"牧"也是奴隶。无宇举出周文王所制定的"有亡,荒阅"的法令证明自己到章华宫中抓人的合理性,表明当时楚国依然有与此相类似的规定。所谓"有亡,荒阅",意谓有逃亡的奴隶,便大规模地搜索以将其抓获。"阍人"是守门之人,常以奴仆为之。无宇的阍人虽说是逃奔到王宫之中,依照规定也可以入宫抓获。无宇的这一段话反映了春秋时期奴隶的多种名目和其间的等级状况。

然而,春秋战国时期奴隶制度的根本特点并不在乎此,而在于其间蕴含的宗族性质。可以说春秋战国时期的奴隶制,是社会性质在由宗法封建制向地主封建制转变过程中所形成的,浸透着宗法精神的奴隶制。吴荣曾先生精辟地指出春秋战国时期存在着"家长奴隶制残余"[①]。在这个论断的启发下,我们可以进一步指出,这种存在于家庭里面的奴隶残余,从更大一些的范围看,实际上存在于当时的宗族之中,如果说这是宗族奴隶制的残余,也应当是可以的。所谓宗族奴隶制,其基本特点是奴隶与宗族有着千丝万缕的联系,从根本上说它是由我国古代宗族组织长期存在并且在社会上具有强大影响所决定的。在春秋时期宗族组织盛行的时候,据一些文献记载,许多奴隶也属于宗族组织,并且其身份往往具有两面性,既是宗族成员,又是奴隶。春秋时人所谓"士有隶子弟"(《左传》桓公二年),士并不以一个普通贵族或家长的面貌出现,而是依靠宗族组织并且以宗子的身份来隶使子弟的。这些"子弟"作为宗族成员无可怀疑,不然的话不会称为"子弟",但是其被隶使,则使其身份中又有了奴隶的性质。

春秋时期的"臣"往往具有宗族奴隶的性质。"臣"是一个极为复杂的概念,它所包括的范围相当广泛,作为高级贵族的公卿贵族是君主的大臣,而作

[①] 吴荣曾:《先秦两汉史研究》,北京:中华书局,1995年,第69页。

为宗族或家庭中的奴仆也常常称为臣。所以在谈到这个概念的时候应当进行具体分析。就春秋时期的情况而言，许多宗族奴隶是以臣相称的。春秋中期，鲁国三桓"三分公室而各有其一"，将鲁国的三军划归三桓分别掌管，"季氏使其乘之人，以其役邑入者无征，不入者倍征。孟氏使半为臣，若子若弟。叔孙氏使尽为臣，不然不舍"（《左传》襄公十一年）。季氏下属能够以自己的邑提供军赋者，应当多为士一级的贵族。孟氏让自己属下的贵族和平民的子弟入于军籍，这些人还没有完全的奴隶身份。叔孙氏则不改变其属下私乘人的身份，仍属奴隶①。可以推测，三桓属下的军乘之人原先尽皆具有本宗族的奴隶身份，只是在"三分公室"以后，才多少有所改变。鲁襄公二十九年（前544）晋卿范献子聘鲁的时候，鲁国举行射礼，"射者三耦：公臣不足，取于家臣。家臣，展瑕、展王父为一耦；公臣，公巫召伯、仲颜庄叔为一耦；鄫鼓父、党叔为一耦"（《左传》襄公二十九年）。这些属于鲁国公室或私家的"臣"，有射艺，能够登大雅之堂，其身份显然具有双重性质，可以说与"三分公室"时孟氏的"半为臣"相近，他们各自都在自己的宗族组织之中，特别是称为"私臣"者，更是如此。鲁襄公十年（前563）"孟氏之臣秦堇父辇重如役"，在攻城时"堇父登之，及堞而绝之。队（坠），则又县（悬）之，苏而复上者三"（《左传》襄公十年），这是关于当时奴隶服役的一个宝贵记载。鲁国孟孙氏的家臣秦堇父拉着载有军需器物的车子前往服役的地点，他在战斗中表现特别勇敢。这是鲁国"三分公室"以前的事情，秦堇父的身份还是完全的"臣"。春秋时期，晋国的师服说："大夫有贰宗，士有隶子弟。"（《左传》桓公二年）所谓"隶子弟"，即作为宗子的士隶役本宗族的子弟。这些"隶"，既是作为"子弟"的宗族成员，又有供宗子役使的不自由的奴隶身份。春秋战国时期社会上奴隶的

---

① 《左传》昭公五年亦提及鲁国"三分公室"之事，谓"初，作中军，三分公室，而各有其一。季氏尽征之，叔孙氏臣其子弟，孟氏取其半焉"，又申述了其义。关于鲁国"三分公室"的具体内容，前人多有歧义。杨伯峻说："季氏于其属邑奴隶尽释为自由民。"孟孙氏"其入军籍皆年轻力壮，或自由民之子，或自由民之弟，而皆以奴隶待之，其父兄则为自由民"。"叔孙氏则仍实行奴隶制，凡其私乘，其皆奴隶，今补入其军中者亦皆奴隶。"（《春秋左传注》，北京：中华书局，1981年，第987页）。这一说法很有可取之处，然而释"孟氏使半为臣，若子若弟"为自由民子弟为奴隶而其父兄为自由民，似乎不如释为其军乘之人具有奴隶和自由民双重身份较妥。另外，季氏只是区分为"无征"与"倍征"，对于私乘所属者的奴隶身份并没有改变，似不可以说季氏将奴隶"尽释为自由民"。

多数应当属于这种情况。有些本非自己宗族的臣，也要通过"委质"的方式来效忠于宗族，即春秋时人所谓"委质为臣，无有二心，委质而策死，古之法也"（《国语·晋语》九）。虽然，"委质"者未必为奴隶，并且有许多属于贵族中人，但是作为臣的奴隶要"委质"和效忠于主人，则无可疑。

奴隶身份方面存在的这种宗族性质，在春秋时期比较明显，战国时期则逐渐减弱，可是在许多方面仍然遗留有相当的影响。战国末年的韩非子对于诽谤其亲的行为十分痛恨。他说："为人子而常誉他人之亲曰：'某子之亲，夜寝早起，强力生财以养子孙臣妾。'是诽谤其亲者也。"（《韩非子·忠孝》）他认为这是一种不孝的言论。那位能够"夜寝早起，强力生财"的某子之亲，很像是一位宗族的族长，其子孙臣妾都是其宗族之人，如果在这里姑且不谈谁养活了谁的问题，不去考究韩非子所谓的族长"强力生财以养子孙臣妾"是否合乎事实，那么可以肯定的一点便是族长与臣妾实为相互依存的关系。云梦秦简载有一条《魏奔命律》谓："假门逆旅，赘婿后父，或率民不作，不治室屋，寡人弗欲。且杀之，不忍其宗族昆弟。今遣从军，将军勿恤视。"赘婿是社会上具有奴隶身份的一种人，实为卖给人家为奴之人，在一定期限内可以赎出，过了期限遂成为完全意义上的奴婢，《汉书·贾谊传》说秦人"家贫子壮则出赘"，即此。依照《魏奔命律》所言，如果将赘婿杀掉，就会连累其"宗族昆弟"，可见这种奴隶存在于宗族之中。云梦秦简所载《魏户律》谓："赘婿后父，勿令为户，勿鼠（予）田宇。三世之后，欲士（仕）之，乃（仍）署其籍曰：故某虑赘婿某叟之乃（仍）孙。"这些赘婿虽然依照魏国的法律不授予其田地和房屋，但是他们可以历代绵延，甚至子孙可以做官，可见他们有自己的产业。从《魏奔命律》所载"宗族昆弟"之说看，这些子孙做官的赘婿应当都有自己的宗族存在，所以在社会上可以产生一定影响。

（二）

与多数奴隶所具有的宗族性质相关，春秋战国时期的许多奴隶有自己的家庭和少量私有财产。春秋时期的一些诸侯国的刑法中有关于将犯罪的平民罚没为官奴婢的规定。湖北江陵张家山编号为M247号墓所出土的《奏谳书》载有鲁国的法律，谓"异时鲁法：盗一钱到廿，罚金二两；过百到二百，为白徒；

过二百到千,完为倡。……白徒者,当今隶臣妾;倡,当城旦"①。在鲁国的社会中,被官府判决为"白徒"者,其身份类似于战国时期秦律所谓的"隶臣妾",即一种官府奴婢②。被判处为"倡"者,则类于战国时期称为"城旦"的刑徒。被罚为官奴婢者,其本人身份虽然为奴隶,可是其家人依然是自由民,其家产在一般情况下也不充公罚没,从原则上讲官奴婢对于其家产依然拥有一定的权力。当时常以"室"作为计算奴隶数量的单位,如晋景公曾经"赏桓子狄臣千室"(《左传》宣公十五年),所提到的"千室",即具有奴隶身份的狄人1000家。这1000家,虽然身份为奴隶,但是却有一定的私有财产,否则不会组成家庭。春秋中期,郑卿伯有作乱被杀,子产将其"敛而殡诸伯有之臣在市侧者"(《左传》襄公三十年)。伯有之"臣"有的居住于郑国都城市场的旁边,可见也有其自己的家庭存在。春秋中期,齐国崔氏之乱的时候,搜求崔杼的尸体,"崔氏之臣曰:'与我其拱璧,吾献其枢'"(《左传》襄公二十八年),最后予崔氏之以拱璧,果然达到了目的。这位崔氏的奴隶,显然拥有自己的财产。

云梦秦简载被罚为官府奴隶的人,有些有自己的家室。《司空律》载"隶臣有妻,妻更及有外妻者,责衣"③。依照秦律规定,被罚为官府奴隶的人,若有妻而且其妻是更隶妾或者自由人的,要由其妻负担所用衣服。其妻所供给的衣服的费用,依照《金布律》的规定是"禀衣者,隶臣、府隶之毋(无)妻者及城旦,冬人百一十钱,夏五十五钱"④,显然有妻者要由其妻缴纳这些钱。秦律所载对于官府奴隶的处罚常常祸及其妻子。例如有一条关于"隶臣"

---

① 江陵张家山汉简整理小组:《江陵张家山汉简<奏谳书>释文(二)》,《文物》,1995年,第3期(下引该文,版本同此)。
② 关于"白徒"的身份,专家曾经指出文献所载者即"军中未经训练装备的徒兵",这与《奏谳书》所载鲁国的"白徒"不相合(李学勤:《<奏谳书>解说(下)》,《文物》,1995年,第3期)。《管子·乘马》篇载:"白徒三十人奉车两(辆)";《管子·七法》篇载:"以教卒、练士击殴众白徒",尹注"白徒,谓不练之卒,无武艺"。是皆以"白徒"为没有经过训练的士卒。但是古人还有一种说法,谓"白徒"为穿白衣者,《吕氏春秋·决胜》篇载:"厮舆白徒",高注"厮,役。舆,众,白衣之徒"。盖在春秋时期,鲁国确曾以"白徒"为刑徒之名,这种刑徒以穿白衣为标志。后世渐以"白徒"为白丁,其义已非其溯。
③ 睡虎地秦墓竹简整理小组:《睡虎地秦墓竹简》,北京:文物出版社,1978年,第87页(以下引文版本同此)。
④ 同上书,第67页。

的规定谓："隶臣将城旦，亡之，完为城旦，收其外妻、子。子小未可别，令从母为收，可（何）谓'从母为收'？人固买（卖），子小不可别，弗买（卖）子母谓也"①。这条规定谓监管城旦的隶臣，如果城旦有逃亡，那么除了将这个隶臣处罚为城旦以外，还要将这个隶臣的妻、子罚没为官府奴隶并出卖。如果其子年幼，就"从母为收"。什么叫"从母为收"呢？那就是虽然人肯定要出卖，但是其子年幼，不能与其母分离，所以不要单卖孩子的母亲，而是将孩子和其母亲一起出卖。这是"隶臣"有其家庭的一个证据。依照秦律规定，"擅杀子，黥为城旦舂"②，一般的人擅自杀子，要处以黥为城旦舂的处罚，还规定"人奴擅杀子，城旦黥之，畀主"③，私家奴隶若擅自杀其子，则按照城旦舂的样子施以黥刑，但是不罚没为官府奴隶，而是处刑以后交付其主人管理。另有一条规定谓"人奴妾治（笞）子，子以枯死，黥颜頯，畀主"④，私家的奴婢笞打自己的儿子，使儿子因此患病而死，依法律要在此奴婢额上刺墨，然后将此奴婢交付其主人管理。这条规定与关于"人奴擅杀子"的规定一样，都表明奴隶有自己的子女。云梦秦简所载《魏户律》规定"赘婿后父，勿令为户勿鼠（予）田宇"，如果从反面来理解，这正说明魏国赘婿这种具有奴隶身份的人，有许多是立户而被授予田地和房屋的。可以推测，在宗族组织比较盛行的时候，春秋战国时期奴隶的家庭和私有财产一般都当在宗族保护伞之下，实际上是宗法封建制的一种补充。

（三）

在社会结构正在迅速地发生重大变动的春秋战国时期，与各个社会阶层的复杂情况一样，当时的奴隶制也十分复杂。当时私人所拥有的奴隶，存在着宗族成员身份和奴隶身份一身而二任的情况，其中有些地位较高的奴隶，其宗族成员身份的比重较强；反之，地位较低的奴隶，其奴隶身份的比重就强些，甚至完全失去了宗族成员的身份，而只存有其奴隶身份。如果说社会地位很低的奴隶与宗族有什么关系的话，那就是他是属于某一宗族的奴隶，而其本身并不能算作宗族成员。

---

① 睡虎地秦墓竹简整理小组：《睡虎地秦墓竹简》，北京：文物出版社，1978年，第201页。
② 同上书，第181页。
③ 同上书，第183页。
④ 同上书，第183页。这条简文里面的"枯"字，原为从肉从古之字，读为枯，今迳写作枯。

在浸透着宗法精神的各种名目的奴隶中，"圉"和"妾"的地位比较低下。晋公子夷吾生一男一女，卜人谓"男为人臣，女为人妾"，依照当时取名以厌不祥的惯例，应当给孩子起最差的名字，"故名男曰圉，女曰妾"（《左传》僖公十七年），是可为证。直到春秋后期还有以"圉臣"（《左传》哀公三年）为谦称者，可见圉的地位确实低下。晋公子重耳在齐国时，其随从在桑树下密谋离齐时被"蚕妾"（《左传》僖公二十三年）听到，她报告以后却被杀掉以灭口。从事蚕桑之事的"妾"的性命，在贵族眼中直如草芥一样。除了采桑以外，妾还从事其他劳作，史载鲁国大夫臧文仲的妾即"织蒲"（《左传》文公二年）以贩卖。鲁襄公十一年（前562）晋伐郑，"郑伯嘉来纳女工妾三十人"（《国语·晋语》七），韦注引或说谓"女工，有伎巧者也"，说或近是，"女工妾"，即有奴隶身份而又擅长女红——如刺绣、缝制之类——的"妾"①。需要指出的是，春秋战国时期许多妾被贵族作为玩物对待，所以屡有"贱妾"（《左传》宣公三年）、"嬖妾"（《左传》宣公十五年）之称。有些"妾"可以得到贵族的宠幸，例如卫献公"有嬖妾，使师曹诲之琴，师曹鞭之，公怒，鞭师曹三百"（《左传》襄公十四年），就是一例。另有些被贵族宠幸的"妾"，凭借权势作威作福如齐国就有"内宠之妾，肆夺于市"（《左传》昭公二十年）的现象。齐襄公的时候，"陈妾数百，食必粱肉，衣必文绣"（《国语·齐语》），给高级贵族直接服务的妾，其生活相当优越。有的妾还被立为嫡妻，楚国的司马子期就曾经"欲以妾为内子"（《国语·楚语》上）。然而，就总的情况看，妾的社会地位不高仍可以肯定。晋国的魏武子病笃时遗命将其"嬖妾""必以为殉"（《左传》宣公十五年）。作为贵族玩物的"妾"，虽然生活比较优裕，甚至可以"衣帛"②，但其社会地位不高，其性命之轻贱，于其可以

---

① 关于郑国赂晋之事，《左传》襄公十一年仅提到"女乐二八"，与《国语》所载稍异。《国语·晋语》七韦注将"女工妾"分为三类人，谓"女，美女也。工，乐师也。……妾，给使者。女、工、妾凡三十人"。按，韦注此说疑误。"女工妾"即为"妾"的女工，因为郑国赠送者还有"女乐二八"，若将"女工妾"分为三类人，便与"女乐"重复，故而此释不可取。

② 《左传》成公十六年载，当时称赞鲁国季孙氏的懿德善行之一是"妾不衣帛"。季文子死的时候，"无衣帛之妾"（《左传》襄公五年）亦是其德操美善之证。墨子主张国家的君主应当节俭，"婢妾不衣帛"（《墨子·七患》）就是其中的一项。就社会一般情况看，贵族嬖妾"衣帛"应当是通例，所以季孙之举才被视为非同寻常。

被轻而易举地殉葬之事可以得见。战国中期,孟尝君赏赐某人以"良马固车二乘""千石之粟""五百金""宫人之美妾二十人"(《韩非子·外储说右上》),妾的地位实与良马固车之类没有多大区别。妾在战国时期又称为"婢妾"(《韩非子·亡征》),可见有些妾已经与奴婢相同。齐威王骂人之语谓"而母婢也"(《战国策·赵策》三),"婢"在社会上应当是相当轻贱者。

奴隶买卖的现象在春秋战国时期社会上依然存在,社会上除了贵族以外,一般的平民也有不少拥有臣妾。特别应当注意的是奴隶的买卖要受到宗法精神的影响。春秋战国时期的《志》书上说"买妾不知其姓,则卜之"(《左传》昭公元年),《礼记·坊记》篇也说"取妻不取同姓,以厚别也。故买妾不知其姓,则卜之"。可见,身份地位低下的妾可以被买卖,但要问清楚其姓氏,如果不知,也要通过占卜来确定,以免与宗法原则抵牾。战国中期,术士陈轸说:"卖仆妾售乎闾巷者,良仆妾也。"(《战国策·秦策》一)可见同闾巷之人对于仆妾的情况十分熟悉,所以"良仆妾"才会顺利售出。《韩非子·内储说下·六微》篇载:

> 卫人有夫妻祷者,而祝曰:"使我无故,得百束布。"其夫曰:"何少也?"对曰:"益是,子将买妾。"

在向神灵的祈祷之辞里面,卫人之妻仅以"百束布"为希望,不敢奢望多有财富,原因在于如果财富稍多,其夫便要买妾。卫国的这对夫妻很可能是社会上一般的士甚至平民,可见买妾已是比较常见的社会现象。《庄子·则阳》载"孔子之楚,舍于蚁丘之浆,其邻有夫妻臣妾登极者",这位以卖浆者为邻的隐士,其生活条件不会太优裕,却拥有臣妾。《庄子·渔父》篇讲到庶人的情况时谓:"田荒室露,衣食不足,征赋不属,妻妾不和,长少无序,庶人之忧也。"可见在战国时期社会上的庶人也有拥有"妾"者。云梦秦简载有一例"封守"爰书,仔细地列出了居住于某里的身份为士伍者(爰书中称其为"甲")的家庭人口和财产情况:"甲室、人:一宇二内,各有户,内室皆瓦盖,木大具,门桑十木。妻曰某,亡,不会封。子大女子某,未有夫。子小男子某,高六尺五寸。臣某,妾小女子某。牡犬一"①。从爰书所列该士伍的家庭人口和财产情况看,这是一个普通人家,其不动产主要是一栋房屋和十棵桑

---

① 睡虎地秦墓竹简整理小组:《睡虎地秦墓竹简》,1978年,第249页。

树,就是这样的人家却还拥有一臣、一妾。

奴隶的买卖不仅在普通人之间进行,也可以在普通人与官府之间进行。云梦秦简载有一个相当典型的例证:

> 某里士五(伍)甲缚诣男子丙,告曰:"丙,甲臣,桥(骄)悍,不田作,不听甲令。谒买(卖)公,斩以为城旦,受贾(价)钱。"讯丙,辞曰:"甲臣,诚悍,不听甲。甲未赏(尝)身免丙。丙毋(无)病殹(也)。毋(无)它坐罪。"令令史某诊丙,不病。令少内某、佐某以市正贾(价)贾丙丞某前,丙中人,贾(价)若干钱①。

这件题为"告臣"的爰书记载某里居住的士伍某人将其臣捆送官府,请示将其臣卖给官府,送去充当城旦。官府在依照市场价格买下这名臣之前,首先讯问各种情况,再讯问其是否曾被主人免除奴隶身份,还让有关人员检查这名臣是否有病,最后才让担任少内的职官及其佐助者按市场标准价格将这名臣买下。

春秋时期有以侍妾或奴婢殉葬之例,其中以楚墓较多,河南固始白狮子地1号墓殉人数量达13人之多②,湖北当阳赵巷4号墓墓主为大夫级别的人物,其足下和南侧有5个陪葬棺,据鉴定,陪葬者均为青少年女性,年龄在14岁~24岁之间③。除了这两座楚墓以外,考古发现所见殉人的春秋时期的楚墓还有湖北鄂城百子畈的3座,以及湖南浏城桥的1号墓,河南淅川下寺的2号墓等。这些都表明奴隶的社会地位在春秋时期还是很低。20世纪70年代初期发现的山东临淄郎家庄一号东周墓④,墓主是春秋战国之际齐国卿大夫一级的贵族。在主墓的顶部发现6名殉人,无葬具,分为上下两层,直接埋入填土之中。两层相距1.3米,中间有隔板,从残骸姿态看,这些人是被处死之后殉入的,也有的可能是被活埋于墓中。在主墓周围有17个陪葬坑。这些陪葬者各有墓穴和棺椁,井然有序地埋在主人椁室周围。这些陪葬者有相当丰富的随葬品,包括仿铜礼器而制的陶器、贵重的佩饰,有的还随葬有陶俑,有两座陪葬墓还有殉

---

① 睡虎地秦墓竹简整理小组:《睡虎地秦墓竹简》,1978年,第259页。
② 信阳地区文管会:《固始白狮子地一号和二号墓清理简报》,《中原文物》,1981年,第4期。
③ 高应勤、余秀翠、卢德佩:《湖北当阳赵巷4号春秋墓发掘简报》,《文物》,1990年,第10期。
④ 山东省博物馆:《临淄郎家庄一号东周殉人墓》,《考古学报》,1977年,第1期。

人。这些陪葬者和前面所提到的殉人,大部分为20岁左右的女性,也有15~17岁者,最大者仅30岁。有些具有奴隶身份者,虽然可以近侍贵族,而且自己生活也相当优裕,但其地位依然轻贱。春秋时期晋国的骊姬将毒食"与犬,犬毙;与小臣,小臣亦毙"(《左传》僖公四年)。这位"小臣"尽管有可能是近侍君主者,但在贵族看来,其生命的价值却与"犬"无甚差别。一般而言,战国时期殉人现象趋于减少,但有些地区依然有较多存在。20世纪70年代后期江苏淮阴高庄发现战国中期墓葬①,其墓主为卿大夫一级的人物,墓内发现14具殉人骨骸,椁内11人,椁外3人。高庄地处苏北,历史上为东夷族活动较多的地区,大量殉人的出现或许与东夷族的习俗有关。

春秋战国时期的奴隶,大部分从事君主宫廷或贵族家庭内部的服务性劳务,如"仆人巡宫"(《左传》襄公三十一年)之类。鲁昭公十三年(前529)子产参加晋国召集的盟会,"命外仆速张于除"(《左传》昭公十三年),负责除地为坛的"外仆"即随从子产参加盟会的郑国主管官府奴隶的职官。《韩非子·外储说右上》载"宋之酤酒者有庄氏者,其酒常美,或使仆往酤庄氏之酒,其狗龁人,使者不敢往",被派前往买酒的"仆"就是家庭中使唤的奴隶。除了家务之外,也有私家奴隶被用于田间劳作。云梦秦简有一件"告臣"的爰书记载某人将其"臣"送诣官府的事情,原因在于其"臣""桥(骄)悍,不田作"②,可见"田作"也是臣的职责。需要指出的是,农业劳作虽然有奴隶参加,但并不占主要地位,作为农业主力的依然是庶人。

(四)

如果说春秋战国时期私人所拥有的奴隶,具有较多的宗族奴隶性质的话,那么官府奴隶虽然多来源于宗族成员,但其被罚没为奴隶以后,就游离于宗族之外,形成颇有特色的一个社会群体。官府奴隶在春秋时期还比较少,到了战国中后期则大为增加,这反映了国家控制社会力量的增强和宗族影响的减弱。

官府奴隶的来源主要有三:一是战争中虏获的俘虏;二是触犯刑法者;三是官府奴隶的子女。《墨子·天志》下篇讲当时的战争,攻入敌国的时候,"民之格者,则刭杀之;不格者,则系操而归,丈夫以为仆圉胥靡,妇人以为舂

---

① 王立仕:《淮阴高庄战国墓》,《考古学报》,1988年,第2期。
② 睡虎地秦墓竹简整理小组:《睡虎地秦墓竹简》,第259页。

酋"①。所谓"仆圉胥靡""春酋",都是官府奴隶。战国时期频繁的战争中,许多贵族和民众"父子老弱系虏,相随于路,鬼神狐祥无所食,百姓不聊生,族类离散,流亡为臣妾,满海内矣"(《战国策·秦策》四),战争使"臣妾"的数量大为增加,是完全可以肯定的事实。《吕氏春秋·精通》载有击磬而悲哀者,自述其悲哀的原因:"臣之父不幸而杀人,不得生;臣之母得生,而为公家为酒;臣之身得生,而为公家击磬。臣不睹臣之母三年矣。昔为舍氏睹臣之母,量所以赎之则无有,而身固公家之财也。是故悲也。"其父杀人被刑杀,其母和他本人都被罚为官府奴隶,其身躯都是"公家之财",所以没有能力出钱赎还平民身份。除了这两种来源之外,官府奴隶的子女似乎也继承了官府奴隶的身份,并且不能轻易改变,若私自改变,便要受到法律处罚。云梦秦简载有一条规定谓"女子为隶臣妻,有子焉,今隶臣死,女子北(别)其子,以为非隶臣子也,问女子论可(何)也?或黥颜口为隶妾,或曰完,完之当也"②。依照规定,隶臣之妻在隶臣死后,若将其子从家中分出,作为非隶臣子,那么该隶臣之妻就应当被处以完刑。之所以有这样的规定,一种合理的解释,便是隶臣之子其身份还是隶臣,属于官府奴隶,如果因为隶臣死去而改变了其身份,那就减少了官府奴隶数量,所以要对私自改变身份者进行较重的处罚。

战国时期人们社会地位和身份的变化,特别是将平民罚没为官府奴隶,有些是由于国家干预或刑法酷烈的结果。战国时期,有些平民由于触犯刑律而被降为官府奴隶。20世纪80年代中期,内蒙古伊克昭盟伊金霍洛旗红庆河乡哈什拉村牛家渠发现一件战国后期秦国上郡地方所铸之戈③,铭文记载戈为秦昭王十五年(前292)命令秦国上郡守向寿所监造,具体铸造者为"冶工隶臣奇"④。这位名奇者为冶铸工匠,但其身份则是隶臣。作为官府奴隶的"隶臣",其身份是不自由的,依照《汉书·刑法志》关于"隶臣、妾,一岁,免为庶人"的记载,隶臣在其身份满一年之后才可以被免为庶人。这位名奇者本

---

① 《墨子·天志》下篇所载"到杀",原文作"到拔",孙诒让《墨子间诂》卷七"疑'到杀'之误",并引毕沅说谓劲,即到。今从之而径写作"到杀"。
② 睡虎地秦墓竹简整理小组:《睡虎地秦墓竹简》,第225页。
③ 陈平、杨震:《内蒙古伊盟新出十五年上郡守寿戈铭考》,《考古》,1990年,第6期。
④ 十五年上郡守寿戈和十二年上郡守寿戈,两戈铭文中的"奇"字,其右原来均有"牙"字偏旁,今为方便计而写作奇。

是一位有铸造技艺的工匠，另有戈铭载"十二年上郡守寿造、漆垣工师乘，工更长奇"，可见他在秦昭王十二年（前295）的时候，其身份还是"更长"。秦汉时期，以轮番力役为"更"，服役者称为"更卒"。《汉书·食货志》上载"（秦）用商鞅之法，改帝王之制……又加月为更卒，已复为正"，注谓"更卒谓给郡县一月而更者也"。其实，更卒未必只服役一月，到远处服役可能是一年为期的。《汉书·盖宽饶传》载"卫卒数千人，皆叩头自请愿复留共更一年"，注谓"更，犹今言上番也"。据十二年上郡守寿戈所载，名奇者当时还是更卒之长，故称"更长"，然而不知何种原因，在三年以后，他的身份却变成了"隶臣"。秦国徭役繁重，许多正常服役者可能被无端地变为隶臣以延长其服役期限，名奇者身份变化的原因可能即在于此。

从云梦秦律里面可以看到的许多作为官府奴隶的"隶臣""隶妾"，其身份与一般的刑徒有所区别。刑徒是被判处服劳役的罪犯，在服役期满之后便恢复其自由身份；而"隶臣""隶妾"则是没有期限的官府奴隶，其身份世代相传，除非通过一定的方式免除了这种身份①。"隶臣""隶妾"的衣食一般由官府供给，有的还有自己的私有财产。社会上的官府和私家奴隶占有一定的数量，是当时社会各个等级中地位很低者。奴隶身份的免除，在春秋战国时期主要是经过赎免。春秋中期晋国栾氏之乱的时候，晋国官府奴隶名斐豹者就因为立有功劳而被免除奴隶身份。史载：

斐豹，隶也，著于丹书。栾氏之力臣曰督戎，国人惧之。斐豹谓宣子曰："苟焚丹书，我杀督戎。"宣子喜，曰："而杀之，所不请于

---

① 关于"隶臣""隶妾"身份的豁免，《云梦秦律·仓律》载"隶臣欲以人丁龄者二人赎，许之。其老当免老、小高五尺以下及隶妾欲以丁龄者一人赎，许之。赎者皆以男子，以其赎隶巨。女子操文红及服者，不得赎。边县者，复数其县"。两名壮年男子可以赎免一名隶臣的身份，从事文绣女红的隶妾则不准赎免。隶臣的原籍在边县的，赎免之后要迁往边县。这是用人顶替而赎免的办法。《云梦秦律·军爵律》载"欲归爵二级以免亲父母为隶臣妾者一人，及隶臣斩首为公士，谒归公士而免故妻隶妾一人者，许之，免以为庶人"，这是以军爵赎免的办法。《云梦秦律·司空律》载"百姓有母及同姓（生）为隶妾，非适（谪）罪也而欲为冗边五内阁，毋赏（偿）兴日，以免一人为庶人，许之"，如果百姓有其母或亲姐妹为隶妾，其本人没有流放罪而自愿戍边五年（这五年不算作其应当服役的时间），可以赎免隶妾一人为庶人。这是以戍边服役而赎免的办法。这些规定表明，秦国官府对于"隶臣""隶妾"的身份控制甚严，赎免后官府所控制的"隶臣""隶妾"的数量并没有怎么减少，官府所控制的戍边者还会增多。这反映了秦国官府直接控制民力的措施是相当严格的。

君焚丹书者，有如日！"（《左传》襄公二十三年）

斐豹盖因为犯罪而被罚没为官府奴隶，罚没的时候写有"丹书"为证，有"丹书"在，其奴隶身份就不可更改。晋卿范宣子答应若斐豹能杀掉栾氏的勇力之臣督戎，就焚毁丹书而恢复斐豹原来的身份。可是焚毁丹书之事，必须"请于君"，得到晋国君主的批准。可见奴隶身份的赎免是相当慎重的事情。春秋末年赵简子所立悬赏格中有"人臣隶圉免"（《左传》哀公二年）一项，可见奴隶立有军功，确曾可以免除奴隶身份。云梦秦简所载一件题为"告臣"的爰书，记载官府讯问之辞，确认某人的奴隶"未赏（尝）身免"①。可见主人有权将自己的奴隶免去奴隶身份。鲁国曾经有可以取官府的资财赎免在其他国家为奴隶的鲁人，"鲁国之法，鲁人为人臣妾于诸侯，有能赎之者，取其金于府。子贡赎鲁人于诸侯，来而让不取其金。孔子曰：'赐失之矣。自今以往，鲁人不赎矣。取其金则无损于行，不取其金则不复赎人矣'"（《吕氏春秋·察微》）。这个记载反映了春秋末年国家对于赎免奴隶之事干预的增强。另有晏子赎免在晋为奴隶的齐人一事。《吕氏春秋·观世》载："晏子之晋，见反裘负刍息于涂者，以为君子也，使人问焉，曰：'曷为而至此？'对曰：'齐人，累（赘）之，名为越石父。'晏子曰：'嘻！遽解左骖以赎之，载而与归。"《吕氏春秋·观世》所载"齐人，累之"的累，陈奇猷先生释为"赘之假字"，谓："累、赘乃一声之转。《释名·释疾病》：'赘，属也。'……故今以'累赘'为叠韵连语。《汉书·严助传》颜师古注引如淳云：'淮南俗卖子与人为奴婢，名为赘子，三年不能赎，遂为奴婢。'此文'齐人累之'，犹言赘于齐人为奴耳，正与《晏子》云'为人臣仆'义同。"（《吕氏春秋校释》卷二六）按，此说甚是。战国秦汉间的赘婿多有奴隶身份，所以《观世》篇所载才会有赎免之说。齐人越石父在晋国为赘婿，实际上与奴隶没有多大区别，晏子"左骖以赎之"并不意味着当时的奴隶只与一匹马的价值相当，而只是说明赘婿只具有轻微的奴隶身份，所以一匹马即可赎免。

战国时期随着宗族组织社会影响的减弱，国家对于私家奴隶的干涉增强，私人间的奴隶交易和对于私家奴隶的处罚在许多情况下，国家都有权进行干涉。湖北江陵张家山编号为M247号墓所出土的《奏谳书》载有秦王政六年

---

① 睡虎地秦墓竹简整理小组：《睡虎地秦墓竹简》，第259页。

（前241）发生的一件行凶抢劫案的侦破情况，因为作案的现场发现有贾人所用的荆券，所以狱吏便"收讯人竖子及贾市者、舍人、人臣仆、仆隶臣、贵大人臣不敬德，它县人来乘庸，疑为盗贼者"①。这些人当中大部分属于私家奴隶，他们因为到市场上交易而被怀疑作案。在一般情况下，春秋战国时期主人对于自己拥有奴隶的生杀予夺之权表现得不太明显，对于奴隶的处置似乎要经过官府批准才能进行。云梦秦简里面一件题为"黥妾"的爰书载：

> 某里公士甲缚诣大女子丙，告曰"某里五大夫乙家吏。丙，乙妾也。乙使甲曰：'丙悍，谒黥劓丙。'"讯丙，辞曰："乙妾也，毋（无）它坐。"丞某告某乡主：某里五大夫乙家吏甲诣乙妾丙，曰："乙令甲谒黥劓丙。"其问如言不然？定名事里，所坐论云可（何），或覆问毋（无）有，以书言②。

有五大夫爵位的某人，命令自己的私家之吏，将自己的一名妾送到官府，请求官府将其处以黥刑，官府不仅要进行讯问，而且要由县丞调查妾的姓名、身份、籍贯，以及这名妾是否犯过罪等，由五大夫所在乡的负责人将情况向县汇报，然后再决定如何处置。这个记载表明，对于私家奴隶的处置，官府有权干涉并且做出决定。

综上所述，可以说春秋时期社会还存留着宗族性质很强的奴隶制，这种奴隶制在当时的社会上只是一种残余形态，只是宗法封建生产关系的一种补充。到了战国中后期，由于社会结构发生了重大变化，自耕农大量涌现，奴隶制的宗族性质也趋于减弱，但与此同时，国家对于私家奴隶的干预强化。尽管春秋战国时期社会上存留着相当数量的奴隶，并且无论是官府奴隶抑或是私家奴隶，都从事着比较广泛的劳作事务，但就整体情况看，当时社会中占据主导地位的却是封建生产关系，作为劳动者主体、担负主要农业生产任务的还是庶人、自耕农民，不能因为奴隶制的存留而否定春秋战国时期所固有的封建社会性质。

四 关于"初税亩"

---

① 江陵张家山汉简整理小组：《江陵张家山汉简＜奏谳书＞释文（二）》。
② 睡虎地秦墓竹简整理小组：《睡虎地秦墓竹简》，第260页。

关于春秋时期鲁国"初税亩"的研究，早就是古史分期讨论的一个重点，论者每每从中发扬出社会巨大变革的意蕴，以证明春秋战国时期为古史分期的关键所在。20世纪80年代中后期，"初税亩"再次成为研究者关注的问题。张松辉、周自强、傅允生、李修松等专家发表论文对"初税亩"进行辨析和研究[①]，提出不少卓见。我感到关于"初税亩"的问题仍有再讨论的必要。我的基本思路是：一、鲁国的"初税亩"与当时鲁国的政治发展密切相关，它不出自三桓而是出自东门氏；二、"初税亩"只是筹划之中的事情，并未付诸实践；三、鲁国土地赋役制度的真正变革是春秋晚期的"用田赋"。

(一)

"初税亩"是鲁国为增加公室收入而进行的一项谋划。在"初税亩"之前，鲁国的经济情况并不太好。鲁僖公二十六年（前634）齐孝公曾经评论鲁国的情况，说是"室如县（悬）罄，野无青草"（《左传》僖公二十六年），可见鲁国经济很不景气。然而，从春秋中期以来，以三桓为代表的强宗大族势力却日益发展。孔子曾经说鲁国"禄之去公室五世矣"（《论语·季氏》）。其所谓的"五世"，指宣、成、襄、昭、定五代。鲁国公室之"禄"从鲁宣公的时候开始步入危机的阶段。鲁昭公二十五年（前517）鲁国贵族子家懿伯慨叹鲁国公室的衰落，谓鲁国君主"舍民数世"（《左传》昭公二十五年），已经不可能有什么作为可言。他提到鲁国的季氏时说："政自之出久矣，隐民多取食焉，为之徒者众矣。"（《左传》昭公二十五年）就是在这一年，鲁昭公不堪三桓的欺凌而跑到国外居住。子家懿伯所提到的鲁君"舍民数世"应当也是从鲁宣公的时代就已经开始的事情。种种迹象表明，从春秋中期以来，社会上的劳动力大量投靠以季氏为代表的强宗大族，靠籍敛赋役以耕种公田为基础的鲁国公室经济已经发生严重危机。鲁国的"初税亩"就是在这种形势下发生的。

需要指出的一点是，"初税亩"与鲁国统治集团的内部斗争很有关系。论者或谓"初税亩"是鲁国三桓所为，这是失于详察的。其实，"初税亩"应当是东门氏的策划。鲁国三桓的势力从鲁闵公、鲁僖公的时候开始兴起，然而在

---

① 张松辉：《"初税亩"不是一次土地改革》，《湖南师大学报》，1985年，第6期。周自强：《"初税亩"研究》，《郑州大学学报》，1986年，第6期。傅允生：《"初税亩"再认识》，《浙江学刊》，1989年，第3期。李修松：《"初税亩"辨析》，《安徽大学学报》，1989年，第4期。

鲁僖公末年，东门氏势力崛起并且在当时有超过三桓之势。东门襄仲又称公子，为鲁庄公之子、鲁闵公和鲁僖公之弟。他与鲁国公室的关系比三桓跟公室更接近。鲁文公时期，襄仲在鲁国政坛上十分活跃，并且极力密切齐、鲁两国关系。前609年鲁文公死后，襄仲在齐惠公支持下，不顾叔仲氏的强烈反对而杀太子恶，立倭为鲁君，即鲁宣公。鲁宣公以庶子得立，故依靠襄仲尽力求取齐的支持。襄仲死后，其子公孙归父继续执掌鲁国大权。鲁宣公十年（前599）周卿士刘康公聘鲁时曾经预言东门氏因"泰侈"而："不可以事二君"（《国语·周语》中）。这种局面表明，东门氏在实际上处于"位在人下而侈其上，重而无基"（《国语·周语》中篇韦昭注）的境况，可见其当时在鲁国虽然没有上卿之位，但在实际上其权力却凌驾于三桓之上。鲁宣公十年（前599）公孙归父两次赴齐，翌年又率军随齐伐莒。

鲁宣公十四年（前595）公孙归父会见齐顷公，并且和齐执政大臣晏桓子（晏婴之父）议论鲁政。晏桓子评论公孙归父："怀于鲁矣。怀必贪，贪必谋人。谋人，人亦谋己。一国谋之，何以不亡？"（《左传》宣公十四年）这个评论至少可以说明这样两点：一是公孙归父在鲁国甚得荣宠；二是公孙归父将以贪婪之心去算计其政敌。这是"初税亩"前一年的事情。东门氏与三桓素有仇隙。公孙归父之父襄仲与孟献子的祖父公孙敖曾经因为娶莒女之事而水火不容。公孙归父凭借其权势而图谋三桓，应当是势所必然的事情。另外，鲁宣公和东门氏跟齐国关系极为密切。齐国早已实行的赋税制度对于他们可能有所影响。由此也可以说明何以"税亩"制度与"相地而衰征"有着相同的趋向。三桓对于鲁国土地赋役制度的变革彻底转变态度是在春秋末年"用田赋"的时候，这些将在本节最后一部分进行讨论。

(二)

鲁宣公十五年（前594）鲁国"初税亩"（《春秋》宣公十五年）。《左传》关于"初税亩"的记载比较简单，仅谓"初税亩，非礼也。谷出不过藉，以丰财也"。关于《左传》所述此意，前人曾经指出，"藉者，借民力耕公田之谓，谷出不过藉，是以公田之入，明税法之为什一也。什一行，则民力田，地利陪敦，通一国而谷之生乃盛，此之谓国财丰殖也。税亩，则反之"（竹添光鸿《左氏会笺》卷十一）。然而，《左传》的这个解释只说明了税亩制与周礼的"藉"法不同，至于如何税亩，则语焉不详。关于这一点，还是《公羊传》说得明白一些：

> 税亩者何？履亩而税也。初税亩何以书？讥。何讥尔？讥始履亩而税也。何讥乎始履亩而税？古者什一而藉。古者曷为什一而藉？什一者，天下之中正也。多乎什一，大桀小桀；寡乎什一，大貉小貉。

这里不仅解释了古代藉法的"什一"之制，而且明确指出税亩即"履亩而税"。然而，土地有公田、私田之分①，所谓"税亩""履亩"，到底是指公田，抑或是私田，或者是取消公田、私田的区别而一概收税呢？对于这个问题，《谷梁传》有所解释：

> 初税亩，非正也。古者三百步为里，名曰井田。井田者，九百亩，公田居一。私田稼不善则非吏；公田稼不善则非民。初税亩者，非公之去公田而履亩十取一也，以公之与民为已悉矣。

《谷梁传》所谓的"去公田而履亩"的"去"字的含义，论者有两种理解。一是将这里的"去"字解释为"除外"之义，指除公田之外，又向私田收税；一是解为"废除"，指废除公田。唐杨士勋《谷梁传》疏引徐邈说谓"去公田"指"除去公田之外又税私田之十一也"。按："去"字本义为离开。《说文》："去，人相违也。"《诗经·生民》："鸟乃去矣，后稷呱矣。"《左传》庄公四年：

---

① 关于春秋时期是否存在着公田、私田区别的问题，前人或有持否定这种区别的态度者，例如清代学问家崔述在分析鲁国"初税亩"的时候曾谓："吾又尝以他国之事推之，《齐诗》云：'无田甫田，维莠骄骄。'子产之治郑也，使田有封洫。夫先王之制，计夫授田，不得自为多寡，为之封洫，以防水旱而制兼并，安得有所谓'田甫田'者，而亦何待于子产之使？是知春秋之时，王制已废，井疆已紊，但计田以取粟而不复计夫以授田矣。今论者皆以阡陌之开咎商鞅；然鞅所开者秦之阡陌耳，关东诸侯何以亦无复有存焉者也？然则自周东迁以来，固已陆续废坏，豪强兼并，多寡不均，税亩之法，恐亦类是。"（崔述著：《崔东壁遗书》，顾颉刚编订，上海：上海古籍出版社，1983年，第517页）按：崔氏否认春秋时期有公田、私田区别的论据是不足的。其所引用的《诗经·齐风·甫田》之诗适足证明春秋时期齐国正有"甫田"——亦即公田——的存在，崔氏质问"安得有所谓'田甫田'者"，乃是对于文献记载的否定，其无理致显而易见。《左传》襄公三十年载郑国子产治郑，"使都鄙有章，上下有服，田有封洫，庐井有伍"，整顿郑国民众所居之庐与井田的规划安排，正说明此时郑国有井田制度存在。崔氏质问"何待于子产之使"，乃否定历史事实之语，不足为训。总之，若断定春秋时"王制已废，井疆已紊"，谓公田、私田之别已经消失，从现在所见到的史载中是找不出根据的。

"纪侯大去其国。"皆为用其本义之证。依照"去"字本义,离开之后,旧物尚存,所以解"去"为除外,距其本义较近。"去"字亦有排除、抛弃之义,如"去邪勿疑"(《尚书·大禹谟》)、"去伪存真"(《续传灯录》卷十二)等,然其时代较晚,当为后起。《谷梁传》"去公田"之"去"字,似以前解较妥。再从税亩以后公田、私田依然存在的情况看,亦当释为前解。晋杜预《春秋经传集解》谓:"公田之法,十取其一,今又履其余亩复十收其一。"这个解释跟《谷梁传》之说是一致的。按照《谷梁传》的这个解释,在税亩之后,公田和私田的区别依然保留,实行税亩制是鲁君除去公田收入之外再对私田履亩收税。

总之,《春秋》三传关于"初税亩"的解释大体上是可信的。"初税亩"虽然改变了传统的土地赋税制度中的"藉"法,对于私田采取履亩而税的做法,但它并没有废除井田制,还不能算是土地赋税制度的彻底变革。

(三)

"初税亩"的实质是对于鲁君所直接控制的公田以外的"私田"实行"履亩而税"的政策。"私田"的拥有者包括了社会各个阶层①。就春秋中期鲁国的情况而言,私田的拥有者当中以三桓为代表的贵族所拥有的数量应当是最多的。"初税亩"虽然公开承认了贵族除封赐以外而扩展的私田的合法性,却加重了贵族对于公室的负担,因而受到三桓的反对。"初税亩"很可能只是鲁宣公和公孙归父一厢情愿的谋划,实际上并未认真执行。这种推测可由以下几个方面进行说明。

其一,"初税亩"与鲁国公室的收入有着直接关系。假若税亩制度得以实行,那么鲁国公室的经济收入将剧增。然而,鲁宣公以后,鲁国公室继续衰微,鲁政依然每况愈下。后来宋国的乐祁评论说:"政在季氏三世矣,鲁君丧

---

① 在周代封建等级制度下,土地公有和私有的划分只具有相对的性质。从"溥天之下,莫非王土"的原则看,天下所有的土地应当都是公田,然而它的主要部分却由从周王以下的各级贵族的私田所组成。王畿地区的土地也未尝不可理解为周王的"私田"。诸侯国的土地对于周王室而言是诸侯的私田,但对其下的卿大夫而言它又是公田。各级贵族的土地对于其上级来说是私田,可是对于其下级来说又是公田。在基层的标准的井田制度下面,"方里而井,井九百亩,其中为公田,八家皆私百亩,同养公田"(《孟子·滕文公》上)。普通农夫所拥有的百亩"私田",并不具有完全的私有性质,说到底它还是贵族公田的组成部分。孟子讲到"周室班爵禄"制度的大概情况,说是"天子之制,地方千里,公侯皆方百里,伯七十里,子、男五十里"(《孟子·万章》下),农夫的私田是包括在各级贵族的禄田之中的,所以说它也具有双重性质。

政四公矣。"(《左传》昭公二十五年)"丧政"的鲁君四公从鲁宣公起；执鲁政的三世季氏从成公时代的季文子开始。鲁国政治的这种发展可以反证税亩制度并没有实行，鲁国公室在此之后衰败趋势的明显加强就是明证。

其二，"税亩"并非轻而易举、一蹴而就的事情。如果真的实行税亩制，那就应当有收税的标准和实施的具体办法，可是在文献中并没有见到过关于履亩而税的税率的任何记载。这些都很难说税亩制是实行了的事情。

其三，鲁国东门氏与三桓矛盾尖锐，东门氏欲实行税亩制而算计三桓。如果税亩制真的贯彻实行，那就必然会因为直接触犯三桓等贵族的切身利益而引起轩然大波，可是"初税亩"之后的两三年间，鲁国风平浪静。若谓"税亩"只是拟议中的事情，倒是符合鲁国情况的。

其四，据史载，鲁宣公十八年（前591），公孙归父"欲去三桓，以张公室，与公谋，而聘于晋，欲以晋人去之"（《左传》宣公十八年），结果还未及实行，鲁宣公就于这年冬天死去，东门氏遂被逐出鲁国，公孙归父逃亡到齐国。这是"初税亩"之后第三年的事情。公孙归父之所以急于"去三桓"，必定因为其间的矛盾进一步加剧。东门氏于此时特别痛恨三桓，应当就是三桓对于"初税亩"进行了抵制而使之成为一纸空文。我们还可以退一步说，即使"初税亩"在某些方面曾经付诸实践，那么在鲁宣公死后和东门氏被逐出鲁国以后，税亩制必定为三桓反对而销声匿迹。

其五，东门氏被逐出鲁国之后，鲁国立即"作丘甲"（《左传》成公元年）①。按照一般的理解，"作丘甲"即以井田制度下面的"丘"为单位加重军赋征取数量，并不以亩为单位摊派征收。如果真正实行了税亩制，那么"作丘甲"之制就不会实行，而应当履亩而征收军赋。

---

① "丘"是一种地方基层组织名称。《周礼·小司徒》谓"九夫为井，四井为邑，四邑为丘，四丘为甸"。《左传》昭公四年载"郑子产作丘赋"，赵岐《孟子·尽心》下篇"章指"谓"得乎丘民而为天子"，《孙子兵法·作战》篇载"财竭则急于丘役"。这些文献里面提到的"丘赋""丘民""丘役"之丘皆和"丘甲"之丘相同。关于"作丘甲"的"甲"，其内容大致有两说，一指铠甲，一指甲士。《左传》成公元年杜注谓"丘十六井，出戎马一匹，牛三头。四丘为甸，甸六十四井，出长毂一乘，戎马四匹，牛十二头，甲士三人，步卒七十二人"，此言丘、甸所出军赋数量源于《司马法》。然《司马法》于此有异说，《左传》孔疏所引《司马法》与杜注同。《周礼·小司徒》注引《司马法》则谓"通十为成，成百井，三百家，革车一乘，士十人，徒二十人"。杜注谓"作丘甲"指丘出甸赋，比通常赋额增加四倍。是否如此，似不必拘泥。"作丘甲"谓以丘为单位增加军赋数量则是可以肯定的事情。

其六，春秋末年执鲁政的季康子采取措施"用田赋"（《春秋》哀公十二年），其主旨是以拥有私田数量的多寡为标准来加重赋税负担。假若在鲁宣公的时候已经"初税亩"，实行了履亩而税的制度，那么季康子的"用田赋"就是毫无必要的事情。季康子的"用田赋"，可以从一个角度说明在此之前鲁国并没有实行税亩制度。

其七，"初税亩"的"初"字，虽然有"始"之义，但是"初"字在春秋时期的语言中习作追溯过去之辞，如"初言"（《左传》昭公七年）指过去曾经说过的话；"初妻"（《左传》哀公十一年）指从前之妻；"初罪"（《左传》定公四年）指曾犯之罪。以"初"字所限制、修饰的事情并不具有连续性质。《春秋》凡两用"初"字，除"初税亩"以外，还有鲁隐公五年的"初献六羽"。孔疏云："言初献六羽者，谓初始而献，非在后恒用。"鲁常用八佾乐舞，独于鲁惠公夫人仲子之庙落成的典礼上用六佾（即六羽）乐舞，此后仍习用八佾。《公羊传》昭公二十五年"八佾以舞"，《论语·八佾》"八佾舞于庭"，皆可为证。故"初献六羽"，即指曾经在此年献六羽乐舞，非谓此后恒用六羽乐舞。关于"初税亩"的含义，杜注谓"遂以为常，故曰初"。孔疏驳之谓："杜于此不解初义明不与彼同故。"孔疏之说是正确的。"初税亩"和"初献六羽"相一致的地方在于它也不是以后"恒用"者。

总之，税亩制度在鲁宣公的时代并没有实行。"初税亩"并不是鲁国土地赋税制度的具有实际意义的变革。尽管如此，它的出现也还是有意义的事情。它表明鲁国以三桓为代表的贵族已经拥有了很大数量的土地，春秋时期传统的土地赋税制度已经使鲁国公室经济面临着严重危机。"初税亩"不仅是鲁国公室试图摆脱危机的尝试，而且也是改革土地赋税制度具有进步意义的谋划，只是由于鲁国背负着过于沉重的传统包袱而没有产生实践中的巨大影响。

（四）

从春秋中期酝酿"初税亩"，随后又"作丘甲"以后，鲁国的土地赋税制度到春秋末年终于迈出实质性的步伐，那便是鲁哀公时代季康子的"用田赋"。鲁哀公十一年（前484）执鲁政的季康子"欲以田赋"（《左传》哀公十一年），便派家臣冉有询问孔子。孔子认为季康子若这样做便是贪婪无厌，并且不合乎古训。季康子不顾孔子反对，还是采取了"用田赋"（《春秋》哀公十二年）的措施。关于"用田赋"的内容，史载极简略，后世遂众说纷纭。其实，孔子对于冉有询问的回答，应是理解这个问题的直接证据。《左传》哀公十一年载孔子语谓：

> 君子之行也，度于礼：施取其厚，事举其中，敛从其薄。如是，则以丘亦足矣。若不度于礼而贪冒无厌，则虽以田赋，将又不足。且子季孙若欲行而法，则周公之典在，若欲苟而行，又何妨焉？

这段话表明，"用田赋"会加重人们的负担，和原先所实行的"丘"法有所不同。原来的"丘"法当即成公元年的"作丘甲"[①]。"用田赋"和原来的"丘"法有哪些不同，又是如何加重人们负担的呢？关于这些，从《国语·鲁语》下篇所载孔子回答冉有的话里面可以看出一些主要的内容。孔子说：

> 先王制土，籍田以力，而砥其远迩；赋里以入，而量其有无；任力以夫，而议其老幼。于是乎有鳏、寡、孤、疾，有军旅之出则征之，无则已。其岁，收田一井，出稯禾、秉刍、缶米，不是过也。先王以为足，若子季孙欲其法也，则有周公之籍矣；若欲犯法，则苟而赋，又何妨焉？

分析这个记载可以知道，在"用田赋"之前，一井之田所贡纳的实物每年不过"稯禾、秉刍、缶米"[②]，数量不多，只具有象征意义，国家所依靠的主要是"籍田以力"，即剥削民众的力役地租。细绎孔子之语的意思，当是"用田赋"指以田亩数量为依据来加重赋税。《左传》哀公十一年杜注谓："丘赋之法，因

[①] 由于"丘"和"甸"很有关系，如《周礼·小司徒》即谓"四邑为丘，四丘为甸"，所以清代学问家张聪咸《左传杜注辨证》谓"田当读为甸，季孙欲令一丘之间出一甸车乘之赋"。按，张氏此说有可商榷之处。田与甸固然因为古音相同而可以通假，彝铭中也有借田为甸的例证，但是在《左传》中"甸"字习见，并无必要借"田"为之，所以，"用田赋"非必读为"用甸赋"，并且在《国语·鲁语》所载孔子关于田赋制度的言论中可以看出"用田赋"的意蕴所在，因此可以肯定"用田赋"并不仅仅是局限于军赋制度的改革政策。

[②] 《国语·鲁语》下篇韦注引《聘礼》谓："十六斗曰庾，十庾曰秉，秉，二百四十斗也。四秉曰筥，十筥曰稯，稯，六百四十斛也。"按：《聘礼》所说的这些是汉人量制，其数量太多，未必合乎孔子原义。《诗经·大田》载"彼有遗秉"，毛传："秉，把也。"古代大约40秉为稯。"稯禾、秉刍"，当指为数不多的庄稼秸秆和饲草。缶为圆腹小口的瓦器，《史记·廉颇蔺相如列传》载"相如前进缶"，让秦王奏之，可见缶不会太大。《国语·鲁语》下篇所说的"缶米"，当指数量并不多的一缶米。

其田财通出马一匹、牛三头，今欲别其田及家财各为一赋，故言田赋。"晋范宁《谷梁传注》与杜注说同。汉代何休《公羊传注》谓："田谓一井之田；赋者，敛取其财物也。言用田赋者，若今汉家敛民钱以田为率矣。"古代注疏家的这些说法虽然未尽正确，但是大体上合乎"用田赋"之实。需要指出的是，鲁国"用田赋"的时候，还不具备"汉家敛民钱以田为率"那样的社会条件，国家还不能直接从普通劳动者那里征取赋税。在一定程度上具有农村公社性质的井田组织一般是隶属于各级贵族的。尽管田赋归根还是落在普通劳动者肩上，但是在形式上，却是主要由贵族向国家交纳。

鲁国的"用田赋"，是否仅指军赋而言呢？从现有的资料看，恐怕不能这样肯定。虽然古代的赋、税有别，赋多指军赋而言，但也并非绝对如此。《尚书·禹贡》篇谓"厥赋惟上上错"，伪孔传"赋谓土地所生以供天子"。《周礼·大宰》谓"以九赋敛财贿"，郑注："财，泉谷也。"这两条材料中的赋和税就没有什么界限。就在"用田赋"之前不久，陈国司徒辕颇曾经"赋封田以嫁公女，有余，以为己大器"（《左传》哀公十一年）。这里的"赋"就绝对不是军赋。种种迹象表明，春秋战国之际，赋、税的区别趋于缩小。从春秋后期开始，征收田税在诸国多已普遍施行。晋国的范氏从周人那里得到田地，"公孙龙税焉"（《左传》哀公二年），所收之税即田税。春秋战国之际的墨子曾经追溯"圣王"的作为，其中说到，"修其城郭，则民劳而不伤；以其常正，收其租税，则民费而不病。"（《墨子·辞过》）这段话所说的"收其租税"，应当是春秋时期社会情况的反映。所谓的"常正"，即"常征"，指通常的租税征收。可见当时的租税已有常例可循。战国初年楚惠王时候，墨子说："今农夫入其税于大人，大人为酒醴粢盛以祭上帝鬼神。"（《墨子·贵义》）"农夫"所入之税，应当就是田税。总之，从土地赋税制度发展的趋势看，"用田赋"尽管不能排除其有军赋的成分在内，但其主要内容应当指田税。

鲁宣公的时候东门氏力主"初税亩"，三桓采取反对态度，为什么到了鲁哀公的时候，季氏又积极主张"用田赋"呢？季氏态度的转变与鲁国政治形势变化有直接关系。鲁宣公的时候，鲁国公室尚有不小的势力，执政的东门氏试图用"初税亩"来削弱三桓，三桓理所当然地要竭力反对。从鲁文公初年鲁国驱逐东门氏以后，三桓完全控制了鲁国的实权。鲁襄公十一年（前562）以季武子为首的三桓采取"作三军，三分公室而各有其一"（《左传》襄公十一年）

的措施，将鲁国公室三军的军赋分属三桓所有。鲁国公室囊橐萧然，窘况渐显。鲁襄公二十九年（前544）鲁襄公为聘鲁的晋卿范献子举行射礼，"射者三耦，公臣不足，取于家臣"（《左传》襄公二十九年），公室衰败到连六位习于礼仪而又善射者都凑不齐，还需要仰仗家臣以补其不足。鲁昭公五年（前537）三桓"四分公室，季氏择二，二子各一，皆尽征之，而贡于公"（《左传》昭公五年）。至此，季氏已经占有公室军赋之半，鲁国君主的收入只是三桓的残羹剩菜。当初鲁宣公和东门氏策划"初税亩"是为了增加公室的收入；如今的"用田赋"虽然还是打着公室的旗号，但公室已被"四分"，田赋的大部分收入实际上流进三桓的腰包。既然如此，三桓何乐而不为？另外，踌躇满志的三桓从鲁昭公的时代开始就受到家臣势力的有力挑战，使他们颇有后院起火之虞。孔子论鲁政时曾谓："三桓之子孙微矣"（《论语·季氏》）。可见三桓在春秋末年已经是今非昔比。三桓应付尴尬局面并且战胜家臣势力的法宝便是尽力控制军队和掌握军赋收入。鲁哀公十二年（前483）鲁国的"用田赋"就是在这种形势下产生的。此事乃三桓命脉所系，所以季康子才不顾孔子的反对而决意实行。春秋后期，齐国的晏婴评论鲁国的形势谓："鲁之君臣，犹好为义，下之妥妥也，奄然寡闻，是以上能养其下，下能事其上，上下相收，政之大体存矣。故鲁犹可长守"（《晏子春秋·内篇问上》）。鲁国这种上、下相安的社会秩序正是多次进行土地赋税制度变革的结果。

从"初税亩""作丘甲"到"用田赋"，鲁国所进行的虽然还不是彻底的土地赋税制度的变革，但它却适应了鲁国稳定社会等级秩序的需要，因而具有积极意义。

五 春秋战国时期的"质子"与"委质为臣"

在春秋战国时期的社会上，"质子"与"委质为臣"是相当独特的社会现象。商代和西周时期是否有"质子"和"委质为臣"之事，现在提不出确切证据，汉朝时人有"诰誓不及五帝，盟诅不及三王，交质子不及二伯"（《谷梁传》隐公八年）的说法①，可见质信一类的做法起源不是太早。然而从春秋时期开始，此类事情却大量涌现，秦汉以降又少了下来。如果说这类现象为东周的时代特色，实不为过。那个时期，诸侯国之间以及贵族之间，交换人质的事情屡见不鲜；"委质为臣"也是常见的一种礼仪，也可以说是一种与盟誓相关的社会礼俗。它们除了反映出社会结构与等级的变化情况以外，还折射出当时社会观念的变迁。

（一）

上古时期，"质"，在释为物品时，又称为贽，指人们相互会见时所持的礼物。持礼物相见的礼仪，专家或称之为"贽见礼"。它是春秋时期贵族间交往不可或缺的礼俗。这种礼俗起源很早，专家推断原始时代就已经有了贽见之礼，"氏族制末期人们惯于手执石利器作为权力和身份的象征，后来贵族用作'贽'的玉礼器即由此演变而来。圭即起源于有孔石斧，璧即起源于环状石斧，璋即起源于有孔石刀"②。这个推断是可信的。《管子·揆度》篇载：

> 齐桓公问于管子曰："自燧人以来，其大会可得而闻乎？"管子对曰："燧人以来，未有不以轻重为天下也。……至于尧舜之王，所以化海内者，北用禺氏之玉，南贵江汉之珠。其胜禽兽之仇，以大夫随之。"桓公曰："何谓也？"管子对曰："令：'诸侯之子将委质者皆以双武（虎）之皮，卿大夫豹饰，列大夫豹膳。'大夫散其邑粟与其财物，以市武豹之皮，故山林之人刺其猛兽若从亲戚之仇。此君冕服于朝，而猛兽胜于外。"

这里是假托管子之语来追述尧舜时代的情况以叙述关于"轻重"的理论，虽然未必可靠，但大致是相差不多的。在尧舜的时代，委质者须持有礼物，并且不同等级的人所持礼物亦有区别，较高级者要用虎、豹之皮为贽见礼物。除了兽皮以外，玉帛也是重要的常用的礼物。相传舜继位以后，当巡守到泰山接见诸

---

① 《谷梁传》这里所说的"二伯"，范宁集解谓指齐桓、晋文，疑非是。古人所谓"伯"，起源很早，《谷梁传》杨疏即指出"夏伯昆吾，商伯大彭、豕韦，周伯齐桓、晋文。齐桓、晋文之时，交质子之事已常见，不当以二伯属之"。再者《谷梁传》讲这番语言，在鲁隐公八年，是时齐桓、晋文还远远没有登上政治舞台，述"二伯"亦不当以其当之。此处"二伯"当泛指夏伯、商伯。

② 杨宽：《"贽见礼"新探》，《中华文史论丛》，第5辑。

侯的时候，曾经"修五礼，五玉、三帛、二生、一死，贽"（《尚书·尧典》）。所谓"五玉"，指五种玉器，或谓指珪、璧、琮、璜、璋等五种；"三帛"，指三种质地和颜色有别的缯帛；"二生"，指两种活的动物，或谓指羔和雁；"一死"，指一种死的动物，或谓指雉。这些东西据说都是舜所规定的见面礼物。虞夏时代诸侯的觐见礼物多以玉帛，相传"禹合诸侯于涂山，执玉帛者万国"（《左传》哀公七年）。万国诸侯所执的玉帛，就是觐见禹时的见面礼物。

周代礼俗中，以贽相见或者献贽而觐见，是其中相当重要的一项，对于不同等级贵族在觐见所持的礼物十分重视。有些穷困的贵族不惜以自己的土地为抵押向别人换取玉器之类的物品，来作为觐见时的礼物。西周中期的彝铭载：

> 矩伯庶人取瑾章（璋）于裘卫，才（裁）八十朋，厥贮，其舍田十田；矩或取赤虎（琥）两，麂韍两，贲鞈一，才（裁）二十朋，其舍田三田。（《卫盉》铭文）

作为贵族的矩伯以自己的"十田"和"三田"为代价，从裘卫那里取走了瑾璋和赤色的琥等玉器以及麂皮做成的披肩和蔽膝等物。那些玉器，就是觐见时所用的礼物。王国维曾经指出，"古者宾客至，必有物以赠之。其赠之之事谓之宾。故其字从贝，其义即礼经之傧字也，如《大敦盖》《史颂敦》《睘卣》《贸鼎》诸器之宾字从贝者，其义皆为傧也。后世以宾为宾客字，而别造傧字以代宾字"（《观堂集林》卷一）。西周康王时的《睘卣》载"王姜令（命）作册睘安夷伯，夷伯宾睘贝、布"，意指王姜命令担任作册之职的名睘者去慰问夷伯，夷伯即以贝、布为礼物赠送作册睘。西周后期，韩侯觐见周天子的情况，当时曾有诗句载：

> 韩侯入觐，以其介圭，入觐于王。
> 王锡韩侯，淑旂绥章。（《诗经·韩奕》）

韩侯用其介圭为觐见周天子的贽礼，周天子还赠的礼物是绘有日、月和交龙的红旗。从彝铭和古代文献里可以看出，周代贵族对于贽见的礼物十分重视。

（二）

春秋时期，随着各种礼俗的日趋完善，贽见之礼有了重要的新发展。这个发展主要有两个方面，一是明确地把交质、纳质作为遵守信约的约束方式；一是以"委质为臣"作为贵族间依附、主从关系确立的标志。

先来看前一方面的情况。"质",作为觐见的礼物,本来是指物品,但在春秋时期,"人"也成了"质"。春秋初年郑国强盛的时期,周平王惧于郑的势力不得不依靠郑国,但又想通过任命虢公为卿来分散郑的权势,以免受制于郑。史载:

> 郑武公、庄公为平王卿士,王贰于虢。郑伯怨王。王曰:"无之。"故周、郑交质。王子狐为质于郑,郑公子忽为质于周。(《左传》隐公三年)

王子狐为周平王之子,公子忽为郑庄公之子。周与郑交换质子的做法,其目的在于对于周郑双方的关系加以约束。周天子被迫与诸侯交质,表明了其地位的下降。

春秋时期诸侯国之间的质子多要求对方以太子为之。这种人质在大国争霸和复杂的政治斗争中往往有相当重要的影响。鲁僖公十五年(前645)晋惠公在韩原之战中被秦俘获的时候,秦臣子桑就建议将晋君放归,"归之而质其大子"(《左传》僖公十五年)。所谓"质其大子",即要晋惠公的太子入秦为人质。后来,晋果然于鲁僖公十七年(前643)派太子圉为人质至秦,直到鲁僖公二十二年(前638)晋惠公有病时太子圉才从秦逃归,并于翌年继位为晋怀公。鲁文公十七年(前610)晋不满意郑国有附楚的迹象,郑国虽然据理力争,但还是命令"大子夷、石楚为质于晋"(《左传》文公十七年)。仅派太子为人质还不够,还得让大臣石楚同至晋为人质。鲁成公十七年(前574)郑国的太子髡曾经到楚为质。齐国的太子也曾到晋为质。鲁襄公元年(前572)齐国由于没有听从晋国的命令救宋,而遭晋国的谴责,齐遂派"太子光为质于晋"(《左传》襄公元年),以此来平息晋的愤怒。战国时期,各国依然常以太子为人质以取信。据《韩非子·内储说上》载,魏国的大臣庞恭就曾与"太子质于邯郸",以取信于赵国。《韩非子·亡征》说"质太子未反而君易子,如是则国携;国携者,可亡也",认为在国外做人质的太子如果没有返国而国君又另立了太子,那么国人就会有贰心,从而引起国家的动荡以致衰亡。可见在战国时期,出外作质子的太子依然有着特殊重要的地位。

在卿大夫势力日趋强盛的春秋中、后期,诸侯国君主与卿族的矛盾和斗争中,有时候不得已也以太子或其他的儿子为人质抵押给臣下。鲁宣公四年(前

605）楚国若敖氏作乱，楚庄王提出"以三王之子为质焉"（《左传》宣公四年）。所谓"三王之子"，指楚文王、成王、穆王三王的子孙。若敖氏自恃强大而拒绝了楚庄王的请求。鲁昭公二十年（前522）宋元公与卿族华氏、向氏矛盾尖锐，并且被华氏劫持，不得已而与华氏盟，华氏"取大子栾与母弟辰、公子地以为质，公亦取华亥之子无戚、向宁之子罗、华定之子启，与华氏盟，以为质"（《左传》昭公二十年）。由于太子的特殊地位，所以在春秋时期即使成为人质，也与一般人不同。宋元公的太子和其他的儿子成为华氏的人质，但是"华亥与其妻，必盟而食所质公子者而后食，公与夫人每日必适华氏，食公子而后归"（《左传》昭公二十年），他的饮食已是华氏和国君注目的焦点。后来宋元公背盟而杀掉华氏、向氏的人质而向华、向两族发动进攻的时候，华氏也没有针锋相对地杀掉为人质的宋国太子。

在诸侯国交战的时候，战败的一方常以纳质子的方式请求媾和。有时候弱者一方见势不能胜，还没有等到交战，就赶快请纳质子以媾和，弱小之国请求帮助时，或主动纳质，或者是大国要求其纳质。纳质已经成为当时政治活动中常见的方式。鲁宣公十八年（前591）晋联卫伐齐，齐被打败，遂以"公子强为质于晋"①。胜利的一方，往往要求战败国纳人质以示服从。鲁成公二年（前589）晋军攻入齐国，齐提出媾和时，晋谓"必以萧同叔子为质"（《左传》成公二年）。萧同叔子是齐顷公的母亲，因为曾经嘲笑晋国使臣郤克，所以郤克为统帅伐齐获胜时提出以萧同叔子为人质的要求。以国君之母为质，这对于齐国来说为奇耻大辱，当然不能接受，所以齐国表示"收合余烬，北城一战"的强硬态度，宁肯亡国，也不送君母为人质。晋国在鲁、卫两国劝说下，不得已才取消了这项要求。可见人质之争，已成为当时晋、齐双方斗争的一个焦点。鲁成公二年（前589）楚伐鲁，鲁除贡献贿赂以外，还以鲁宣公之子公卫"为质，以请盟"（《左传》成公二年），主动地把纳人质于楚作为请求媾和的表示。鲁宣公十五年（前594）楚军围宋，宋国处于"易子而食，析骸以爨"（《左传》宣公十五年）的窘境，不得已而求和，并以大臣华元为人质。后来，华元要从楚国返宋，宋又派公子围龟为质子以代替华元。鲁成公十年

---

① 《左传》宣公十八年。按，《左传》述此事谓齐、卫军队"至于阳谷，齐侯会晋侯盟于缯，以公子强为质于晋"。《史记·十二诸侯年表》"齐表"谓此年"晋伐败我"，"晋表"谓"伐齐，质子强，兵罢"。依《史记》之义，此年齐系被打败才纳质子于晋的。

（前581）晋联合诸侯国伐郑，郑即派郑穆公之子子驷为质而媾和。春秋战国时期，大国要挟小国服从时，有时候采取让小国派质子的方式。鲁定公八年（前502）卫灵公到晋国请求结盟，晋国提出的条件便是"必以而子与大夫之子为质"（《左传》定公八年）。

在复杂的斗争中，有些较弱的诸侯国为了取得大国的支持，有时候主动纳质子于大国，以请求保护。鲁成公十七年（前574）郑投靠楚国的时候，即主动地派"大子髡顽、侯獳为质于楚"，楚国也随之"派公子成、公子寅戍郑"（《左传》成公十七年）。鲁襄公十五年（前558）郑国平定内乱之后，作乱的余党逃奔于宋。郑国为了让宋国送还这些余党，便贿赂宋国四十乘马和两名乐师。宋国收下礼物，却没有动静。郑国又派"公子黑为质"（《左传》襄公十五年），才使宋国将三名余党送还。鲁定公三年（前507）蔡昭侯受辱于楚，发誓报复，但蔡国弱小，于是他便到晋国，"以其子元与其大夫之子为质焉，而请伐楚"（《左传》定公三年）。但是晋卿荀寅却趁机勒索蔡国贿赂，蔡国拿不出来，荀寅便从中作梗而使请晋伐楚之事作罢。蔡昭侯不甘心，后来又"以其子乾与其大夫之子为质于吴"（《左传》定公四年），终于使吴出兵伐楚。对于诸侯国而言，向别国纳质是很重大的事情，所以相当慎重。鲁定公八年（前502）卫决定背叛作为霸主的晋国，在商议如何对付晋国的压力和进攻的时候，卫臣王孙贾说："病而后质焉，何迟之有？"（《左传》定公八年）认为卫在被晋攻打而顶不住的时候再纳质请和，也不为晚。纳质，已是卫国准备采用的最后手段。

各诸侯国内部的贵族之间，往往也用纳质的方式结盟示信；或者以取质作为斗争的手段。鲁昭公二十六年（前516）齐要送还被三桓逐出的鲁昭公返鲁，鲁国孟氏成邑大夫公孙朝就与掌权的季平子商量，愿意以成邑来抵御齐军，并请"纳质"（《左传》昭公二十六年）为信。鲁哀公十四年（前481）宋臣桓魋进入曹邑叛宋景公。宋景公派左师向巢伐宋。向巢不能取胜，害怕宋景公恼怒，"欲质大夫以入焉"，想得宋国大夫为质而归还，没有得到允许。向巢也入曹邑和桓魋一起叛乱。向巢进入曹邑后，"取质"（《左传》哀公十四年），将曹邑之人作为人质。此举大失民心，使得曹邑民众叛变桓魋和向巢，致使他们仓皇出逃。这表明，"取质"已经成为重要的斗争手段。

（三）

就社会风气而言，春秋时人讲求信义，诚如顾炎武所言"犹尊礼重信"（《日知录》卷十三），当时的社会舆论认为"质"只是手段，而"信"却是根本，《礼记·曲礼》就有"疑事无质"的说法。《左传》隐公三年在评论周、郑交质之事时谓：

> 信不由中，质无益也。明恕而行，要之以礼，虽无有质，谁能间之？……君子结二国之信，行之以礼，又焉用质？

此说强调忠信，对于"交质"之事而言，确是根本，但若谓只要"行之以礼"，就不必要"用质"了，这就有些迂腐了。在春秋时期的社会上，交质之事不绝于史，这是政治斗争的需要，不是只讲信义就可以解决问题的。从春秋时期的情况看，春秋前期"交质"和"纳质"之事较少，到了中、后期才增多，这种情况表明了诸侯国之间和贵族之间斗争逐步尖锐的趋势。正由于"交质"和"纳质"均须诚信，所以在人们的观念中，"质"也就有了诚信之义。《左传》昭公十六年载，前526年楚平王"闻蛮氏之乱也与蛮子之无质也，使然丹诱戎蛮子嘉杀之"。所谓"蛮子之无质"，即蛮子嘉不讲诚信，杜注谓"质，信也"，是正确的。春秋时人称那些被逼迫而订立的盟约为"要盟"，并谓"要盟无质"（《左传》襄公九年），认为这种要挟之下的盟誓没有诚信可讲，是不必遵守的。鲁襄公三十年（前543）郑卿游吉与子上盟誓，"用两珪质于河"，所谓"质于河"，意即"沉珪于河为信"（《左传》襄公三十年及杜注）。"交质"固然是为了表示诚信，但是事情还需要反过来看，"交质"却也正表示着诚信不足的状态，春秋后期宋国的向宁谓"唯不信，故质其子"（《左传》昭公二十年），乃是不易之论。由于这种原因，春秋时期有的人就不大相信"交质"或"纳质"。我们前面提到的鲁国孟孙氏的成邑大夫公孙朝请求纳质于季平子之事，季平子对于公孙朝的回答是"信女，足矣"（《左传》昭公二十六年），不让公孙朝纳质。可见，在季平子的心目中，诚信价值远远超过纳质。晋国的范文子说："齐（斋）盟，所以质信也。"（《左传》成公十一年）"质信"，即以信为质，也可以说信为质的根本。春秋时人将那些长期以来被信守的盟誓，称为"质誓"（《左传》昭公十六年），可见当时人的观念里，"质"与"信"密切相关。鲁哀公二十年（前475）吴被越围困的时候，晋鞭长莫及，无力往援。晋卿赵襄子感叹当年的黄池之会上，"先主与吴王有质"（《左传》哀公二十年），即指赵简子和吴王夫差于鲁哀公十三年（前482）黄池之会上的盟信。在这里，"质"已经用作盟信的代称。春秋时期民间买卖和官府敛民兴役之约称为"质要"（《左传》文公六年），亦用质为盟信之义。

质所含有的诚信之义，又可以引申为评定之义。若谓某人或某事"质"于别人，其义就是要评定其是否可信。这种做法，从其实际意义上看，与交质是类似的。相传，早在周文王的时候，虞、芮两国有所争执之事，"乃相谓曰：'西伯，仁人也'，盍往质焉"。（《诗经·绵》之毛传）入周文王所管辖之地见谦让之风，遂归而和好，诗人称颂"虞、芮质厥成"（《诗经·绵》及毛传）为周文王德政的一个典范。按照《礼记·王制》的说法，某些职官的业绩要由天子评定，即"质于天子"。其谓：

> 司会以岁之成，质于天子。冢宰齐（斋）戒受质。大乐正、大司寇、市三官以其成，从质于天子。大司徒、大司马、大司空齐（斋）戒受质。百官各以其成质于三官。大司徒、大司马、大司空以百官之成质于天子。百官齐（斋）戒受质。

按照这个说法，各种职官都要由天子评定其成绩，天子忙不过来，就先由大司徒、大司马、大司空等官代为先行评定，然后再集中起来交由天子审定。所谓"受质"，即接受下属职官的"质"。这个"质"并非空洞的语言，而应当是各种簿籍，即战国秦汉时期"上计"时所呈送者。所以说，官员所呈之"质"，即取信于天子之物。从这个角度看，它和诸侯国之间的交质，多少有些相似之处。

（四）

再来看春秋时期以委贽作为贵族间依附、主从关系确立标志的情况。

随着宗法制度的发展变化，春秋时期贵族间的关系加强，无论是同宗贵族，抑或是非同宗贵族，其间的关系都往往随着诸侯国内部的矛盾和斗争的变化而进行重新组合。在重新组合关系的过程中，"策名、委质"成为重要的方式。鲁僖公二十三年（前637）晋国大夫狐突因其子狐毛、狐偃追随晋公子重耳而被晋怀公执获。晋怀公逼迫他召还其子，狐突讲了一番关于"策名、委质"的话：

> 子之能仕，父教之忠，古之制也。策名、委质，贰乃辟也。今臣之子，名在重耳，有年数矣。若又召之，教之贰也。父教子贰，何以事君？

刑之不滥，君之明也，臣之愿也。淫刑以逞，谁则无罪？臣闻命矣①。

所谓"策名"即将名字书写于策上。关于"策名"的具体所指，可能有两种情况：一是，春秋时人从仕，要将自己的名字书写于策而献之于自己所依附的贵族；一是，将自己的名字书写于要依附的贵族之策。不管如何，经过"策名"之后，从仕者的名字就已经在某位贵族所掌握的策上。这种"策"，实即载书之类，其上不仅要书写依附者的名字，而且要写明如何尽忠于主人，以及保证要做到的若干事项。在山西省侯马所出土的春秋后期晋国的载书里，就有在18个坑位中出土的委质类的载书多件。这类载书里皆有某某人"自质于君所"的词语书写于载书最显著的开头位置。这类载书不是贵族对于前来依附者的册命，而是依附者对于主人的效忠言辞。载书里因为首载宣誓效忠者的名字，所以便称为"策名"。载书里常提到若不遵守信誓之辞，必将"麻夷非是"，自己和族氏将被神灵诛杀一类的话，这也就是《国语·晋语》九所载"委质而策死"之义。关于"委质"之义，前人的解释颇有不同。《左传》僖公二十三年杜注谓"屈膝而事君"，孔疏进一步说明，谓"拜则屈膝而委身体于地，以明敬奉之也"。按照这个解释，"质"，即为人之形体。还有的研究者则指出，在周代的贽见礼中，进行过授受"贽"的仪式之后，主人应当把"贽"还给宾客，而"委质"为臣的时候，则是把"贽"付给主人以后不再收还。我以为这两种说法并不矛盾，而是可以相互补充的。"委质"为臣的时候，所送的礼物称为"贽"，亦即"质"。质与贽相通。但是委质者通过赠送礼物所要表达的意思则是把自己托付给主人②，至死而不渝。在委质时，委质者以屈膝委身体于

---

① 《左传》僖公二十三年。按，杜注谓"名书于所臣之策"，孔疏发挥此释谓"古之仁者，于所臣之人书己名于策，以明系属之也"。此"策"为主人原有之策，抑或是仕者之策，其义亦不确定。
② 专家在分析侯马盟书里委质类盟书性质的时候，曾经指出过这一点，谓盟书里"自质于君所"的"质"，"它的本义，是指盟誓时参盟人对鬼神所奉献的各种信物，如《国语·晋语》：'所不与舅氏同心者，有如河水。沉璧以质。'注：'质，信也。'又《国语·鲁语》：'质之以牺牲'，注：'质，信也，谓使之盟，以信其约也。'但是，在盟书中，不仅仅是这个意思，还包括把自己'委质'于新君，自献其身，表示永不叛离的意思"（山西省文物工作委员会编：《侯马盟书》，北京：文物出版社，1976年，第72页）。这个说法是正确的。在这里有一个小小的补充，就是"质"，作为信物，不仅包括所祭献于鬼神者，而且包括参盟者所献于"君"——即新的主人。

地的方式，来表示自己对于主人的忠诚。总之，"委质"的质，既指所送之贽，亦指自己的身体乃至生命。从狐突的言辞中可以看出，委质之后，委质者要始终忠诚于主人，不得中途变卦，"贰乃辟也"，如果对于主人有了二心，那就是罪戾。狐突宁死也不让已经委质于公子重耳的自己的两个儿子有背叛行为。

这种委质为臣的观念在春秋时期有广泛的影响，就连少数民族中的狄人君臣也很熟悉并且信守。鲁昭公二十二年（前520）晋卿中行穆子袭灭鼓国。《国语·晋语》九记载其事谓：

> 中行伯即克鼓，以鼓子苑支来，令鼓人各复其所，非僚勿从。鼓子之臣曰夙沙釐，以其孥行，军吏执之，辞曰："我君是事，非事土也。名曰君臣，岂曰土臣？今君实迁，臣何赖于鼓？"穆子召之，曰："鼓有君矣，尔心事君，吾定而禄爵。"对曰："臣委质于狄之鼓，未委质于晋之鼓也。臣闻之：委质为臣，无有二心。委质而策死，古之法也。君有烈名，臣无叛质。敢即私利以烦司寇而乱旧法，其若不虞何！"穆子叹而谓其左右曰："吾何德之务而有是臣也？"乃使行。既献，言于公，与鼓子田于河阴，使夙沙釐相之。

中行穆子将鼓君带回晋都献俘的时候，只让鼓君原来的近臣随从，其他的都各复其所。不在随从之列的鼓臣夙沙釐偏偏携带着妻、子跟随鼓君。夙沙釐的理由便是他是惟鼓国的君主是从，而不是信守于鼓国的土地。从《左传》的记载里可以知道，晋灭鼓之后，另派晋臣涉佗为鼓君。因此，中行穆子便对于夙沙釐说既然是惟君是从，那么鼓地已经有新君，何不从之呢？夙沙釐拒绝中行穆子给他禄爵的建议，其理由便是自己已经委质于作为狄人之国的鼓君，而非委质于晋国派到鼓地的君。他所说的"委质而策死"，在侯马盟书里也可以看到类似的言辞，如其谓若违背誓辞便"永亟视之，麻夷非是"，亦有誓死不变的含义在内。委质的最主要的作用就是确定君臣间的不可改变的关系，夙沙釐所说的"委质为臣，无有二心"和"君有烈名，臣无叛质"，是对于春秋时人观念中的委质作用的很好说明。

春秋后期，随着士的兴起，委质为臣成为一种社会风气。据说，"孔子三月无君，则皇皇如也。出疆必载质"（《孟子·滕文公》下）。车上所载的"质"，就是觐见时所献的礼物。战国时人对于"出疆必载质"之事不理解，孟子曾经解释说:"士之仕也,犹农夫之耕也。农夫岂为出疆舍其耒耜哉!……古之人未尝不欲仕也,又恶不由其道,不由其道而往者,与钻穴隙之类也。"(《孟子·滕文公》下)犹如农夫所用的不可缺少的工具耒耜一样,"质"也是士求仕的工具。孟子认为只有通过委质为臣才是士求仕的正途,其他的门径都是和人们所轻贱的钻穴之类类似的邪路。这类士在委质以后往往竭尽全力为主君服务,甚至不惜以死回报主君对于自己的信任。春秋末年,晋国的董安于从年轻的时候就开始"进秉笔,赞为名命"(《国语·晋语》九),委质为晋卿赵简子之臣。在晋国卿族斗争中,知氏逼迫赵简子杀董安于以谢罪,董安于大义凛然地说:"我死而晋国宁,赵氏定,将焉用生?人谁不死?吾死莫(暮)矣。"(《左传》定公十四年)他认为替自己的主君而死就是死得其所,这种死对于自己来说,只是来得太迟了些。可以说董安于正是"委质而策死"的一个典型人物。

春秋时期还有一种特殊的委质方式,那就是在诸侯国间的战争中,投降的一方衔璧或牵羊为质。较早的有鲁僖公六年(前654)许国君主降楚的事例。史载:

> 蔡穆侯将许僖公以见楚子于武城。许男面缚,衔璧,大夫衰绖,士舆榇。楚子问诸逢伯。对曰:"昔武王克殷,微子启如是。武王亲释其缚,受其璧而祓之。焚其榇,礼而命之,使复其所。"楚子从之。
>
> (《左传》僖公六年)

所谓"面缚",即将两手缚于面前的胸部。所谓"衔璧",即口衔玉璧作为"质"①,请求允许投降。从上引逢伯的话看来,这种习俗早在周初就已经存在。这次许僖公降楚的做法,后来似乎成了惯例。春秋后期,楚灵王率诸侯灭

---

① 关于"衔璧"的意义,专家有不同的看法。杨伯峻谓"古人死多含玉,此所以示不生"(《春秋左传注》,北京:中华书局,1981年,第314页)。杨宽谓"以'璧'为贽"(《古史新探》,北京:中华书局,1965年,第368页),说同《左传》杜注。两说相较,以后说为胜。按,所谓"衔璧",与"含玉"应当是有区别的。从史载看,早在周武王时,当殷微子启投降时,武王曾经"受其璧",若为死者所含之物,周武王当不会受之。与"衔璧"相似的还有牵羊为贽以降者,羊与丧葬并无关系。在投降时,国君"衔璧"并非表示要与胜利者决一死战,并不是口衔玉璧誓不生还,而是请求胜利者宽大处理,纳其质而使其为臣,以此表示投降之意。

掉赖国，赖国君主降楚时，亦照此办理。史载：

> 赖子面缚，衔璧，士袒，舆榇从之，造于中军。王问诸椒举，对曰："成王克许，许僖公如是。王亲释其缚，受其璧，焚其榇。"王从之。（《左传》昭公四年）

赖国君主的这次投降与许僖公降楚之事，如出一辙，也是把衔璧作为一种特殊的委质方式。郑国在春秋中期投降楚国时，郑襄公是以"牵羊"为委质的。鲁宣公十二年（前597）楚庄王围郑，攻入郑都，到达城中大路的时候，"郑伯肉袒牵羊以逆"，楚"退三十里而许之平"（《左传》宣公十二年）。史载虽然没有明言楚庄王受其羊之事，但郑襄公所牵之羊为贽，则是没有多大问题的。

（五）

战国时期在各国间异常复杂的政治斗争中，纳质与交换质子是一项重要的斗争手段。质子在国家事务中有时候会占有举足轻重的地位。

据《战国策·秦策》四记载，战国后期，秦急攻赵国的时候，"赵氏求救于齐，齐曰：'必以长安君为质，兵乃出'。太后不肯，大臣强谏。太后明谓左右：'有复言令长安君为质者，老妇必唾其面！'"长安君为赵孝成王的同母弟，为赵太后的幼子。从当时的情况看，派不派齐国所要求的质子，已经成为关系赵国存亡的大事。战国时期的质子，有些在当时的政坛上很有发展前途。为国家而充当质子这件事本身，就是一项政治资本。赵臣触龙劝谏赵太后，使其派长安君为质于齐，最能打动赵太后的一个说辞便是，为质子之事是长安君"有功于国"而以此"自托于赵"的关键之举。战国时期的有些质子，在有些情况下会平步青云而得势于政坛。这方面最著名的事例是吕不韦与在赵国当质子的秦公子子楚的事情。《战国策·秦策》五载：

> 濮阳人吕不韦贾于邯郸，见秦质子异人，归而谓父曰："耕田之利几倍？"曰："十倍。""珠玉之赢几倍？"曰："百倍。""立国家之主赢几倍？"曰："无数。"……王后劝立之。王乃召相，令之曰："寡人子莫若楚。"立以为太子。

吕不韦以商人的眼光敏锐地看到支持质子可以赢利无数。关于子楚（即异人）为质子的情况，《史记·吕不韦列传》所述更为详细：

> 子楚母曰夏姬，毋爱。子楚为秦质子于赵。秦数攻赵，赵不甚礼子楚。子楚，秦诸庶孽孙，质于诸侯，车乘进用，不饶，居处困，不得意。吕不韦贾邯郸，见而怜之，曰"此奇货可居"，乃往见子楚。……秦昭王五十六年，薨，太子安国君立为王，华阳夫人为王后，子楚为太子。赵亦奉子楚夫人及子政归秦。秦王立一年，薨，谥为孝文王。太子子楚代立，是为庄襄王。

质子的权势和影响，一方面要靠背景，一方面要靠个人的活动。质子的处境跟两国关系密切不可分，秦多次攻赵，当然在赵国的秦国质子就不大好过。作为质子的子楚最后成为赫赫秦王，固然是得吕不韦之助的结果，但是他本身作为质子的地位也是重要的因素。

战国时期，术士在各国间纵横捭阖，利用质子以进行政治斗争成为其游说献策的重要内容。例如，战国中期，韩国诸公子争立，当时韩公子几瑟（又作"虮虱"）在楚为质子，韩太子咎以及公叔、伯婴等惟恐几瑟返韩与之争立。术士便替公叔谋划而到秦国游说有很大权力的秦宣太后弟新城君芈戎。其辞谓：

> 公叔、伯婴恐秦、楚之内几瑟也，公何不为韩求质子于楚？楚王（不）听而入质子于韩，则公叔、伯婴必知秦、楚之不以几瑟为事也，必以韩合于秦楚矣。秦、楚挟韩以窘魏，魏氏不敢东，是齐孤也。公又令秦求质子于楚，楚不听，则怨结于韩。韩挟齐、魏以眄楚，楚王必重公矣。公挟秦、楚之重以积德于韩，则公叔、伯婴必以国事公矣。（《战国策·韩策》二）

策士之说表面上是替秦国的新城君着想，即以秦之威势令韩求楚允许另派人到楚为质子，若楚国不听韩的请求，则公叔、伯婴就会知道为质子的几瑟不会从楚返韩，故韩国在公叔、伯婴的掌握之下必定投靠秦国。策士又建议新城君让秦向楚国求质子，最后达到"挟秦、楚之重以积德于韩"的目的。策士建议的实质，则是通过新城君干预韩的质子的问题，从而使几瑟不能返韩争位。总之，在策士的整个计划里面，质子问题是一个关键。

战国时期，委质为臣之事依然不绝于史，委质于君主之臣要绝对服从君主的意志。韩非子曾经对这类为臣的贤者有过下面的概括：

> 贤者之为人臣，北面委质，无有二心。朝廷不敢辞贱，军旅不敢辞难；顺上之为，从主之法，虚心以待令，而无是非也。故有口不以私言，有目不以私视，而上尽制之。为人臣者，譬之若手，上以修头，下以修足；清暖寒热，不得不救；镆铘傅体，不敢弗搏。（《韩非子·有度》）

委质于君主的臣子所应当遵守的信条，按照韩非子的说法，无疑是君主的驯服工具。君主使用这样的委质之臣就像用自己的手一样方便，修头修足，抵御寒热，搏斗拼杀，都由这样的臣子来完成。战国时期的士也有委质于贵族为臣的事例。例如：

> 苏秦弟厉因燕质子而求见齐王。齐王怨苏秦，欲囚厉，燕质子为谢乃已，遂委质为臣。燕相子之与苏代婚，而欲得燕权，乃使苏代持质子于齐。（《战国策·燕策》一）

这里所记载的具体人物虽然为战国时期的术士所托拟而不足信，但其所谓"委质为臣"的情况则应当是存在的，燕国在齐有质子，却也事属可能。从这个记载里可以看到当时的委质为臣者，有些是出于报答主人恩惠所致。著名的刺客豫让，曾经委质为臣于知伯。他为知伯报仇而行刺的时候，百死而不悔，其信条便是"士为知己者死""委质而事人，而求弑之，是怀二心，以事君也。吾所为难，亦将以愧天下后世人臣怀二心者"（《战国策·赵策》一），可见，委质为臣之事按照道德原则要求，便是臣下完全效忠于主人，并且忠贞不渝。当然，在纵横捭阖的政治斗争中，士人也有通过再次委质为臣而改换门庭者。战国前期赵国势力强大，"举左案齐，举右案魏"，那个时候，"天下之士相从谋曰：'吾将还其委质，面是朝于邯郸之君乎！'"（《战国策·秦策》四）所谓"还其委质"，即指改变主人而另行委质，很有些不能在一棵树上吊死之意。

总之，战国时期国君派质子赴别国之事，和春秋时期一致，依然多见，实际上是一种特殊的外交方式。在君主与臣下之间，也多见委质为臣之事。委质为臣于春秋时期多在宗法贵族之间进行，而战国时期则多为新兴士人效忠于君主。无论是交质抑或是委质，在信誉方面战国时期都逊于春秋时期。春秋时期比较讲求信用，多认为质只是手段，诚信则为根本；而战国时期则多不讲诚信，而只是赤裸裸的权力、金钱关系，当时的社会舆论也多注重实力与实利。春秋战国之际的社会变迁于此可见一斑焉。

六　春秋时期礼的发展与社会观念的变迁

春秋时期常被说成是"礼崩乐坏"的时代。这大致是不错的。但是，这个叙述需要有一个前提条件，那就是要把它限定在一定时间、一定范围之内。就整个春秋时期的社会面貌而言，"礼崩乐坏"并非其时代特征。春秋时期，传统的礼不断被更新和扬弃，人们对礼的重视和娴熟，较之以往，有过之而无不及。本节试图考察春秋时期礼的发展脉络，并进而说明由于礼的发展所引起的社会观念的变迁。

（一）

春秋时期礼的发展植根于社会结构的变动。从两周之际开始，宗法制度下的贵族等级更加扩大，社会阶层趋于细密，以至有"王臣公，公臣大夫，大夫臣士，士臣皂，皂臣舆，舆臣隶，隶臣僚，僚臣仆，仆臣台"（《左传》昭公七年）之类的说法出现。这种情况，要求作为普遍适用的社会行为与道德规范的礼进一步发展与完善，在维护社会等级制度方面发挥更大作用。"礼义立则贵贱等"（《礼记·乐记》），进而使"礼无所逆"（《左传》襄公二年），实是春秋时期统治阶级所追求的目标。另外，春秋时期政治复杂化，礼日益成为治理国家的重要手段，"治国而无礼，譬犹瞽之无相与"（《礼记·仲尼燕居》），礼乃统治者所须臾不可离者。春秋列国外交频繁，礼仪不仅是外交场合的点缀，而且是重要的外交斗争武器。总之，礼在春秋时期不仅居于社会文化领域的显著重要地位，而且对于政治和外交也有巨大影响。

作为准则，礼是春秋列国间正常交往所必须遵守的，即如郑国游吉所言，"礼也者，小事大、大字小之谓，事大在共其时命，字小在恤其所无"（《左传》昭公三十年）。前480年，陈使臣至吴慰问，入吴境而卒，依礼吴国当为陈使臣殡殓，可是吴却拒绝其柩入城。陈国副使据理力争谓"臣闻之曰：'事死如事生，礼也'，于是乎有朝聘而终、以尸将事之礼，又有朝聘而遭丧之礼，若不以尸将命，是遭丧而还也"（《左传》哀公十五年），吴人不得已，只得依礼而行。以弱小之陈而使强吴折服，其所依靠者便是朝聘之礼。从陈国副使的话中可知当时列国交往实有详细的礼仪规定。齐桓公称霸时，其政治资本之一便是以礼保护弱小国家。《左传》僖公元年载"邢迁于夷仪，诸侯城之，救患也。凡侯伯，救患、分灾、讨罪，礼也。"像齐桓会迁邢、救卫这类事情，便是"大字小"之礼的典型。大国假若不能这样做，便会被人指责"弃礼也，其何以为诸侯主"（《左传》哀公十五年），或者说是"非礼，何以主盟"（《左传》襄公九年）。前550年，晋平公之舅杞孝公卒，按照"为邻国阙"之礼，邻国有丧，诸侯不举乐，且晋、杞有甥舅关系，然而"平公不彻（撤）乐"，此事即被指责为"非礼"（《左传》襄公二十三年）。

春秋时期，恪守周礼的鲁国曾受到齐国重视。鲁国庄公、闵公之际，内乱频仍，齐桓公曾有取鲁之意。齐国仲孙湫到鲁考察情况后，对齐桓公说鲁不可取，其根据便是鲁国"犹秉周礼，周礼，所以本也""鲁不弃周礼，未可动也"（《左传》闵公元年）。此后，终齐桓之世，齐鲁关系一直密切，齐桓公还嫁女于鲁僖公。齐国本身并不怎么重视周礼，然而却不敢小视恪守周礼的鲁国，这应当是当时列国间重礼之风影响的结果。在春秋时期，小国假若不守周礼，那就会遭到鄙视。前633年齐桓公用夷礼朝鲁，即被视为非礼不恭，鲁不仅贱称其为"杞子"，而且还派公子遂率军入杞，"责无礼"（《左传》僖公二十七年）。

列国间征伐交战的原因很多，其中之一便是以对方"无礼"为借口而寻衅。例如，前706年诸侯戍齐，"齐人馈之饩"（《左传》桓公六年），让鲁人排定受馈赠的先后次序，鲁按照周王室封爵先后为准把郑排在了后面。这事使郑人大怒，认为自己在礼仪上丢了面子，遂于前702年率齐、卫两国伐鲁。鲁国则坚持认为自己依周礼办事而"有辞"（《左传》桓公十年），即有理，便发兵跟三国联军交战。这场战争即由礼仪之争而引起。又如，前623年秦军袭郑未遂，灭姬姓的滑国以后返归，晋卿先轸认为晋文公刚刚去世，"秦不哀吾丧，而伐吾同姓，秦则无礼"（《左传》僖公三十三年），遂发兵袭击，败秦师于殽。晋发动殽之战的借口便是秦的"无礼"。

春秋时期列国间朝聘、会盟之载不绝于史，绝大多数是为了以礼仪加强相互关系，即使是相互敌视的国家有时候也会因为礼仪有加而使关系缓和。郑文公曾追随楚国欺侮宋国，致使宋襄公在前638年的泓水之战中受伤身亡。前

636年宋成公路过郑国，郑文公询问如何礼遇宋君，郑卿皇武子以作为殷商后裔的宋"于周为客"（《左传》僖公二十四）为理由，建议以丰厚享礼待之。事后，郑宋关系得以改善。鲁齐关系在鲁僖公晚年比较紧张。前627年，齐卿国庄子聘鲁，"自郊劳至于赠贿，礼成而加之以敏"，鲁国认为"齐犹有礼"，"服于有礼，社稷之卫也"（《左传》僖公三十三年），鲁僖公遂入齐聘问，使两国关系有所转机。齐晋之间也有类似情况。前550年齐庄公长驱直入，攻至晋国腹地。两年后，晋平公伐齐，迫使齐求和。前545年齐景公欲朝晋，遭权臣庆封反对，陈文子则谓"先事后贿，礼也，小事大，未获事焉，从之如志，礼也"（《左传》襄公二十八年），主张依礼聘晋。齐景公听其议，于这年夏天朝于晋，缓和了齐晋关系。

　　在相对弱小的国家中能够使礼成为捍卫国家之武器者，以郑国最为典型。郑是大国称霸所争夺的焦点，屡遭征讨，因此恪守礼仪并实行恰当的外交策略乃是郑的立国之本。卫国的北宫文子评论说："郑有礼，其数世之福也。其无大国之讨乎？《诗》云：'谁能执热，逝不以濯。'礼之于政，如热之有濯也。濯以救热，何患之有？"（《左传》襄公三十一年）郑国正是以礼作为应付"大国之讨"的手段并取得不少成绩的。前597年，楚庄王围郑三月之久，攻克郑都，郑襄公依照战败而降的古礼，"肉袒牵羊以逆"（《左传》庄公十二年）①，以此迎接入城的楚庄王，并继之以恰当辞令，遂使楚军后退30里而与郑媾和。前529年，晋于平丘会盟诸侯，在确定贡献等级时，子产据理力争，"自日中以争，至于昏，晋人许之"，避免了郑国负担加重。孔子曾评论这件事情，谓"合诸侯，艺贡事，礼也"，认为子产以礼为武器防止了霸主贪求无厌，其举动"足以为国基矣"（《左传》昭公十三年）。对古代礼仪的熟稔与掌握应用是子产成为著名政治家、外交家的重要条件。当然，不讲礼仪，或不懂礼仪，而只是赤裸裸地使用暴力的情况，在列国关系中并非没有，可是，"春秋时犹尊礼重信"（顾炎武《日知录》卷十三），把礼仪放在重要位置，却是列国政治与外交的主流，就像一层温情脉脉的纱幕，礼仪一直笼罩在春秋社会之上。

----

① 杨伯峻：《春秋左传注》，北京：中华书局，1981年。引李贻德：《春秋贾服注辑述》，云："肉袒牵羊示臣服者，古礼有之。《史记·宋微子世家》'周武王克殷，微子乃持其祭器造于军门，肉袒面缚，左牵羊，右把茅'是也。"

(二)

礼与仪原来是融为一体的，春秋时期由于社会结构的变动和礼的重要性日增，所以，礼与仪两者之间逐渐有了区分。前537年，鲁昭公朝晋，自郊劳至于赠贿等揖让周旋之事都循规蹈矩，完成得很好。晋平公赞扬鲁昭公善于礼，然而，女叔齐则断言鲁昭公不知礼。他强调指出，自郊劳至赠贿诸事，"是仪也，不可谓礼。礼，所以守其国，行其政令，无失其民者也"（《左传》昭公五年）。在女叔齐看来，鲁国政令归诸三桓之家，公室被四分，君权很危殆，在这种情况下，鲁君虽娴于仪节，但距离真正懂"礼"却是很遥远的。郑国的游吉有和晋国女叔齐相似的看法。前517年黄父之会时，赵简子曾向游吉请教"揖让、周旋之礼"，游吉谓"是仪也，非礼也"，并引子产语说"礼，天之经也，地之义也，民之行也"（《左传》昭公二十五年），强调指出如许重要的礼远非一般的仪节所可比拟。

春秋时人对于礼的治国作用有相当充分的认识。晋国的叔向说："礼，政之舆也。"（《左传》襄公二十一年）郑国的子皮说："礼，国之干也。"（《左传》襄公三十年）卫国的宁庄子说："礼，国之纪也。"（《国语·晋语》四）这些都是相当典型的论述。曾在齐鲁长勺之战中大露风头的鲁人曹刿，在他成为"肉食者"之后曾说："礼，所以整民也，故会以训上下之则，制财用之节，朝以正班爵之义，帅长幼之序，征伐以讨其不然。诸侯有王，王有巡守，以大习之。非是，君不举矣。"（《左传》庄公二十三年）在曹刿看来，诸侯的举动皆当合乎礼，这样才能成为民之表率，并进而治理民众。孔子说："礼云礼云，玉帛云乎哉？"（《论语·阳货》）他反对只追求形式而忽视礼的实质，所以说："能以礼让为国乎？何有？不能以礼让为国，如礼何？"（《论语·里仁》）礼的重要作用在于"为国"，达到"君使臣以礼，臣事君以忠"（《论语·八佾》），造成"君君、臣臣、父父、子子"（《论语·颜渊》）的局面。可以说，把礼作为"上下之纪"（《左传》昭公二十五年），强调"政以礼成"（《左传》成公十三年），乃是春秋时期贵族阶层的共识。更有把礼看得比生命还重要者，致有"远礼不如死"（《左传》文公十五年）之说。

揖让、周旋、进退之类的仪节尽管与作为治国之本的礼有所区别，但这并不意味着它可以被忽略。实际上，这些仪节在春秋时期还是为贵族们娴熟而备受重视的。孔子就曾"入太庙，每事问"（《论语·八佾》），以熟悉宗庙祭祀之礼。由于各种礼仪十分繁复,一般人不易通晓,所以当时有"礼书"专门记载,典礼、仪式要依"礼书"而行①。春秋时期朝聘、会盟、馈赠、祭祀、巡守、征伐、婚娶、丧葬、饮宴之类的事情无日不有,贵族们自幼学习各种典礼的仪节,《仪礼》《礼记》的许多篇章都是这些仪节的记载。今天看来,这些仪节十分繁琐,似无必要,可是这些繁文缛节却是当时贵族在各种仪式上所必须遵守的行为规范;若违背,便会遭人耻笑,影响其声誉。前649年周襄王派内史过赐晋惠公以命圭,惠公"执玉卑,拜不稽首"(《国语·周语》上),不符合礼仪,内史过即由此断言晋惠公将绝无后。郑定公于前526年为晋卿韩起举行享礼,郑大夫孔张在典礼上站的位置不对,"客从而笑之",事后,子产大发脾气,认为孔张"在位数世,世守其业,而忘其所"(《左传》昭公十六年)实在太不应该。鲁国孟僖子为自己不熟悉礼仪而深感遗憾,谓"礼,人之干也。无礼,无以立。"(《左传》昭公七年),临终前嘱其子师事孔子以学礼。《诗经·相鼠》的"人而无仪,不死何为""人而无礼,胡不遄死",常为春秋时期的贵族们称引,成为人们的训诫之辞。郑国贵族子臧因"好聚鹬冠"(《左传》僖公二十四年),违背了冠服之礼,即被郑文公派人杀掉。春秋时期贵族实将懂礼、守礼看作安身立命的根本。

春秋时期的礼崩乐坏指的是诸侯和卿大夫的僭越,用孔夫子的话来说便是"礼乐征伐自诸侯出""自大夫出"以及"陪臣执国命"等现象。鲁国季氏的"八佾舞于庭"和三桓"以《雍》彻"(《论语·八佾》),就是典型事例。然而,这并不意味着贵族们已视礼仪如敝屣而不屑一顾,恰恰相反,在迅速变动的形势下贵族为了稳固自己的根基和图谋发展,往往更重视礼仪。从诸侯来说,原先近于白痴的鲁昭公就曾"屑屑焉习仪以亟"(《左传》昭公五年)。前538年楚灵王会盟诸侯时,曾询问会盟之礼的仪节,宋国向戌"献公合诸侯之礼六",郑国子产"献伯子男会公之礼六"。在会盟时,虽然向戌、子产所献六礼由于繁琐难遵而未被采用,但楚灵王仍"使椒举侍于后以规过"(《左传》

---

① 《周礼·大史》:"大祭祀,与执事卜日,戒及宿之日,与群执事读礼书而协事。祭之日,执书以次位常,辨事者考焉,不信者诛之。大会同朝觐,以书协礼事,及将币之日,执书以诏王。"《周礼》关于"礼书"的这个记载应该是可信的。前492年鲁国火灾,子服景伯"命宰人出礼书,以待命,命不共,有常刑"(《左传》哀公三年)。所记"礼书"或即鲁国大史所掌管者。从典礼前大史和诸执事要"读礼书而协事""以书协礼事",即事先依照礼书进行练习的情况看,仪节的繁多复杂,当是可以肯定的。

昭公四年），惟恐自己在典礼上仪节有误。齐桓公称霸，于前651年会盟诸侯于葵丘，周襄王使宰孔赐胙，特意免去"下拜"——降于阶下再拜稽首——之礼，齐桓公却煞有介事地谓"天威不违颜咫尺，小白，余敢贪天子之命，无下拜？"遂"下、拜、登、受"（《左传》僖公九年），不顾耋老而完成了仪节。其实，据《国语·齐语》和《史记·齐世家》记载，齐桓公本来是不愿意"下拜"的，只是听管仲之谏才勉强行之，可见他所行的仪节只是尊王的姿态。晋文公称霸，在城濮之战后对周襄王行献俘之礼，周襄王则举行享礼策命晋文公为侯伯，"晋侯三辞，从命，曰：重耳敢再拜稽首，奉扬天子之丕显休命。受策以出，出入三觐"（《左传》僖公二十八年），晋文公对朝觐礼仪的娴熟，令人无可挑剔。然而，随后不久，在会盟诸侯于温的时候，晋文公却"召王"至会，给自己尊王的形象抹了黑，难怪后来孔子说他"以臣召君，不可以训"（《左传》僖公二十八年），由此亦可见晋文公所娴熟的朝觐之礼也只是一种尊王姿态。

　　循规守礼与僭越非礼两种现象在春秋时期并存，诸侯对于周天子，其守礼往往是做表面文章，只注目于某些仪节，而实质上却感兴趣于僭越。人们虽然对周天子依旧顶礼膜拜，但随着王权下跌，对周天子的崇敬里也就难免减少了几分虔诚，"礼，王之大经也"（《左传》昭公十六年）之类的语言已不为人们重视。新兴贵族往往"无礼而好陵人，怙富而卑其上"（《左传》昭公元年），以"媚于天子"为核心的周礼对于他们来说已如隔年黄历。前540年，韩宣子聘鲁，观书于大史氏，感叹道："周礼尽在鲁矣，吾乃今知周公之德与周之所以王也。"（《左传》昭公二年）春秋列国除鲁之外对周礼多已不甚了了，往往仅知皮毛而已。周天子威风扫地之时，维护周天子权威的周礼不可避免地要趋于没落，待到列国诸侯重蹈周天子覆辙时，维护诸侯权威的礼仪的命运也就可想而知了。前649年周襄王赐晋惠公以命圭，晋惠公倨傲不敬，"执玉卑，拜不稽首"（《国语·周语》上），周内史过评论说："不敬则礼不行；礼不行则上下昏。"（《左传》僖公十一年）用这个评论来说明春秋时期礼仪下移的情况，也是恰当的。

（三）

　　不同社会阶层的人，对于礼往往有不同的理解、需要和追求，这在春秋时期表现得至为鲜明。

对于周天子和列国诸侯来说，礼是巩固其统治地位的重要手段，即《礼记·礼运》所谓"礼者，君之大柄也"。所谓"王命诸侯，名位不同，礼亦异数，不以礼假人"（《左传》庄公十八年），正表现了周天子权力之所在。然而，春秋时期周天子迫于大国诸侯威势，却不得不于礼仪多有变通。前676年，虢公和晋侯朝见，周惠王"皆赐玉五瑴，马三匹"（《左传》庄公十八年）①。依礼，公、侯名位不同，所赐物当有别，今皆同，即"以礼假人"，提高了晋国地位。可见周惠王为了买好强晋而并不拘泥于通常的礼仪。晋文公献俘于周襄王时，"郑伯傅王，用平礼"（《左传》僖公二十八年）。所谓"平礼"，即周平王锡命于晋文公之礼。是时郑武公为平王卿士以傅王行礼，城濮之战后郑文公仿其例傅襄王行对晋文公的策命之礼，显然是为了提高自己的地位。"礼以体政，政以正民"（《左传》桓公二年），乃是列国君主所追求的目标。《左传》隐公十一年所谓"礼，经国家、定社稷、序民人、利后嗣者也"，正说明礼对于诸侯是何等重要。春秋后期，当列国君权跌落时，诸侯们多试图以礼来遏制卿权的发展。齐景公曾向晏婴询问怎样才能制止陈氏势力的勃兴，晏婴谓"唯礼可以已之。在礼，家施不及国，民不迁，农不移，工贾不变，士不滥，官不滔，大夫不收公利"。这番话使齐景公茅塞顿开，说道："吾今而后知礼之可以为国也。"（《左传》昭公二十六年）显然，礼被齐景公视为重要武器。列国诸侯虽然固守周礼以维护自己的地位，但有时迫于形势，也不得已而变通礼仪。前488年吴向鲁征取"百牢"贡献，鲁曾据理力争，谓"君若以礼命于诸侯，则有数矣。……周之王也，制礼，上物不过十二，以为天之大数也"（《左传》哀公七年），尽管依照周礼不当超过十二牢，但迫于强吴，以恪守周礼著称的鲁国却不得不奉送百牢。

列国卿大夫在春秋时期常常采用各种方式僭用诸侯之礼，以提高自己的地位。卫国大夫仲叔于奚因救卫卿孙桓子有功，"卫人赏之以邑，辞，请曲县、繁缨以朝，许之"。诸侯在宫室内三面悬挂乐器，称为"曲县"；"繁缨"指诸侯的马饰。作为大夫的仲叔于奚请此二者，实际上是要求允许他用诸侯之礼。孔子评论此事说："惜也！不如多与之邑。惟器与名，不可以假人。"（《左传》成公二年）为什么"器"如许重要呢？原因就在于"器以藏礼"，器是身份、

---

① "马三匹"当做马四匹。《尚书·文侯之命》《诗经·采菽》《仪礼·觐礼》皆有赐马之数为四之例。详见王引之《经义述闻》卷17。

地位的一种标志。社会舆论对于礼的重视，使卿大夫每每把礼作为自己安全的保障。楚大夫申叔时说："信以守礼，礼以庇身，信、礼之亡，欲免，得乎？"（《左传》成公十五年）许多贵族之所以循规蹈矩而不逾于礼，目的便在于"庇身"。这正如鲁国孟献子所谓"礼，身之干也"（《左传》成公十三年），不守礼便有生命之危。管仲为齐国下卿，周襄王曾经"以上卿之礼飨"，管仲坚辞，而只受下卿之礼，以示不敢僭越。《左传》僖公十二年评论这件事情谓"管氏之世祀也宜哉"，认为守礼是管氏世代能够立于齐国之本。然而，管仲亦有僭越礼仪的行为，孔子批评说："邦君树塞门，管氏亦树塞门。邦君为两君之好，有反坫，管氏亦有反坫，管氏而知礼，孰不知礼？"（《论语·八佾》）可是，孔子又盛赞管仲辅佐齐桓公的巨大功绩，说"微管仲，吾其被发左衽矣"，称许他"如其仁，如其仁"（《论语·宪问》）。孔子之说既是春秋时人"不以一眚掩大德"（《左传》僖公三十三年）这种宽容风度的表现，又说明当时社会人们对于卿大夫贵族守礼与僭越现象的通融、豁达的观念。春秋时期的卿大夫贵族，一方面恪守礼仪，把礼作为立身之本；另一方面又不满意传统的礼对自己的束缚，不少贵族千方百计要越出礼的樊篱。这种矛盾复杂状态对于礼的发展变化有重要影响。

　　春秋时期，社会上有不少关于作为宗法贵族最低层次的士的礼仪规定。《仪礼》一书可以说就是这些规定的汇集，其中作为篇名者就有《士冠礼》《士婚礼》《士相见礼》《士丧礼》《士虞礼》等多种。《仪礼》的其他篇章以及《礼记》一书中还有不少与士相关的礼仪规定。礼是士与卿大夫贵族相联系的纽带，又是巩固其宗族关系的准则。然而，礼又处于不断变化之中，士阶层要适应这种情况并不是一件很容易的事情。像孔子这样知识渊博的士已经在探索礼的历史发展情况。孔子说："殷因于夏礼，所损益可知也；周因于殷礼，所损益可知也。"（《论语·为政》）可见孔子对于礼的历史沿革有所探讨。他曾激烈抨击卿大夫贵族僭越礼仪的行为。对于有些已经名存实亡的礼，孔子执拗地坚持。周代有一种"告朔"礼，指的是周天子向诸侯颁历书之后，诸侯要将历书藏之祖庙，每逢朔日便杀羊祭庙。春秋后期鲁君不再亲临祖庙"告朔"，而只是杀只羊虚应故事。子贡"欲去告朔之饩羊"，主张干脆免掉这形式，孔子反对，说："赐也！尔爱其羊，我爱其礼。"（《论语·八佾》）他认为事关天子尊严，尽管只徒具形式也还是蠲免不得的。按照传统的礼，觐见君主要在堂下跪拜，后来改在堂上。孔子说："拜下，礼也；今拜乎上，泰也。虽违众，吾从下。"（《论语·子罕》）为了维护君主尊严，孔子执拗地坚持堂下跪拜之礼。可是，执礼甚严的孔子也主张权宜变通，如谓"麻冕，礼也；今也纯，俭，吾从众"（同上），又谓"父为子隐，子为父隐"（《论语·子路》），还曾硬说违礼而娶同姓之女的鲁昭公"知礼"。关于孔子的这些记载表明，在新旧礼仪交叉和嬗变的春秋时期，士阶层也处于矛盾惶惑状态。他们坚信"不学礼，无以立"（《论语·季氏》），"不知礼，无以立"（《论语·尧曰》），但其目光却多停留在传统的礼仪上，对于礼仪的变化则缺少思想准备。

庶人和士一样，虽然不能登堂入室参加诸侯、卿大夫的朝聘、会盟、燕享等礼仪，但庶人亦有婚娶、丧葬、祭祀等礼仪，只不过其规模与贵族的相关礼仪有所区别而已。《国语·楚语》下谓"诸侯舍日，卿、大夫舍月，士、庶人舍时；天子遍祀群神品物，诸侯祀天地、三辰及其土之山川，卿、大夫祀其礼，士、庶人不过其祖"，表明庶人亦有祭祀之礼。庶人的其他礼制当与此相类。《礼记·曲礼》上谓"礼不下庶人"，学者们对这句话的理解颇有分歧，比较而言，较早的注释家的解释还是可取的。孔疏云："谓庶人贫无物为礼，又分地是务，不暇燕饮，故此礼不下与庶人行也。"又引张逸说谓"有事则假士礼行之"。可见庶人并非没有礼，而只是不参与卿大夫贵族的燕饮等礼。这种理解比以阶级壁垒森严之说来解释，似乎更恰当些。礼，既然是普遍适用的社会行为与道德规范，那么，它就不可能把广大的庶民阶层，甚至奴隶，排除在外。礼的一个重要作用是"整民"（《左传》庄公二十三年），孔疏谓"礼者，所以整理天下之民。民谓甿庶贵贱者皆是也"。从统治者的利益看，他们既需要用礼维护社会等级秩序，防止僭越犯上；又需要把广大庶民纳入到礼的束缚之中，从而用于统治。这两者并行不悖。陈国芋尹盖曾谓"以礼防民，犹或逾之"（《左传》哀公十五年），可见统治者并非要把民排斥在礼的范围之外，而且担心民众摆脱礼的束缚。

反映民众意识在春秋时期觉醒的一个重要内容是原先融于礼的法的独立和制度化。自西周以来，对于违礼的行为不仅有舆论谴责，而且要予以制裁。周公曾告诫康叔说，对于那些不孝不友使得"民彝"混乱的"元恶大憝"要"刑兹无赦"（《尚书·康诰》）。彝，本指青铜礼器，从"器以藏礼"（《左传》成公二年）的角度看，彝器实为尊卑贵贱的一项标志，所以说彝也就是礼。对

"非彝"者施以刑罚为西周时代所习见。春秋时期也屡见对于违礼者处以刑罚的事例，可是，处以何种刑罚以及处罚轻重，却依然没有具体规定，要视掌权者的好恶与需要而行事。前536年郑卿子产铸刑书，晋国的叔向曾激烈抨击，谓"民知有辟，则不忌于上，并有争心，以征于书""民知争端矣，将弃礼而征于书"（《左传》昭公六年）。在这里叔向把事情的因果弄颠倒了。并不是由于铸刑鼎而使民众"弃礼"，而是礼已不能适应社会需要，民众已经"弃礼"，所以要以铸在鼎上的成文法作为统治手段的补充。郑铸刑书以后，过了20多年，晋国将范宣子所著《刑书》铸于鼎上。孔子对此事大为感叹，谓"晋其亡乎，失其度矣"（《左传》昭公二十九年）。这里所谓的"度"，即传统的礼。尽管刑书、刑鼎标志着成文法已经开始公布于众，但它并没有将礼取而代之。这以后，礼依然是重要的准则与规范，是人们行为的道德标准。礼中有法，法融于礼，以至"礼法""礼宪"连称，这种情况是我国古代长期存在的。

（四）

礼的发展变化给春秋时期社会各阶层人们的精神风貌和社会观念带来重大影响。

以维护天子威严为核心的周礼在春秋时期已如日薄西山，列国诸侯对于平王东迁以后"王室而既卑矣，周之子孙日失其序"（《左传》隐公十一年）的情况可谓喜忧参半。王室跌落固然使乘荫凉的大树倾倒，但也给各国本身的发展带来了机会。纵观陆续登上霸主舞台的诸侯的作为，可见其踌躇满志的心态溢于言表，大有"天下英雄舍我其谁"的气概。周王室对诸侯霸权迭兴不禁有心里酸酸的感觉。前527年，晋国使臣参加周景王王后的葬礼，没有贡献器物，周景王责备他"数典而忘其祖"，晋人则指责周王借丧礼而求彝器为"非礼"（《左传》昭公十五年）。周天子冀图依旧摆谱，诸侯却偏不买账。这样，一方尴尬无奈，一方趾高气扬，也就为势所必然。前632年周襄王应晋文公之召往温会见诸侯，他并非不知"君应臣召"不合周礼的道理，但为了换取强晋的支持也只得硬着头皮前往，若用窘迫来说明周襄王的心态，看来是大致不错的。

许多诸侯在春秋后期一方面志得意满，仍旧有所企盼，另一方面又在社会形势的变化中不得不步周王后尘而陷入尴尬境地。前530年晋昭公和齐景公宴飨时行投壶礼，晋人祝辞云："有酒如淮，有肉如坻，寡君中此，为诸侯师。"齐侯祝辞则说："有酒如渑，有肉如陵，寡人中此，与君代兴！"（《左传》昭公十二年）当时已届春秋后期，晋齐已开始走下坡路，然国君依然雄心勃勃。尽管如此，他们对于咄咄逼人的卿大夫势力的兴起却不能不忧心忡忡。齐景公曾经望着自己的豪华寝宫叹息说："美哉室！其谁有此乎？"晏婴回答说："陈氏之施，民歌舞之矣。后世若少惰，陈氏而不亡，则国其国也已。"（《左传》昭公二十六年）然而齐国的形势发展并不以齐侯的"惰"与"不惰"为转移，于是齐侯对于陈氏的兴起只能望洋兴叹。新兴的卿大夫贵族在春秋中、后期颇为自负，晋国的范宣子历数自陶唐氏以来的范氏谱系，冀求"死而不朽"（《左传》襄公二十四年）。鲁国的季氏"八佾舞于庭"，三桓则演唱"相维辟公，天子穆穆"这样颂扬诸侯和天子的诗句而祭祀于堂（见《论语·八佾》）。晋卿赵简子梦至帝所，"与百神游于钧天，广乐九奏万舞"（《史记·赵世家》），很有天子派头。在这些新兴贵族眼中，束缚他们手脚的传统礼仪已经如同敝屣。

　　长达三百多年的春秋时期，由于宗法制和礼制的发展变化、以霸权迭兴为标志的列国竞争、士阶层的形成、学术的下移等等原因，形成了相对宽松的文化环境，自秦汉以降逐渐出现的君主专制、钳制思想的局面尚未出现在春秋时期，这就为那个时代社会人们以积极乐观、进取向上为主流的精神风貌提供了社会条件。孔子曾让侍坐的几位弟子各言其志，他最赞赏曾点之说："莫（暮）春者，春服既成，冠者五六人，童子六七人，浴乎沂，风乎舞雩，咏而归。"（《论语·先进》）孔子及其弟子并非达官显贵，然其心态却是乐观自信的。《诗经》所保存的春秋时期的诗篇集中于国风部分，从诗歌内容看，无论是状写农事劳作、描写爱情，或是指斥权贵、嘲讽贵族，大都反映了下层劳动群众纯洁健康的情感和美好真诚的愿望，这与"共和"之后直至两周之际那些以哀怨情调为主的"变雅"诸篇有明显差别。

　　这个时期的劳动群众对于统治者不乏讽刺调谑。宋国执政大臣右师华元在战争中被郑俘，后逃归，巡视筑城工地时，役人谓："睅其目，皤其腹，弃甲而复，于思于思，弃甲复来！"讽刺败军之将只会觍着脸对民众摆架子。华元命人答对："牛则有皮，犀兕尚多，弃甲则那？"役人则又说："从其有皮，丹漆若何？"华元只得败下阵来，说："去之！夫其口众我寡。"（《左传》宣公二年）后世百姓见到官僚往往毕恭毕敬，口呼"青天大老爷"，然而，宋国的役夫则不怎么买官僚的账。《诗经·硕鼠》云："硕鼠，硕鼠，无食我黍！三岁贯女,莫我肯顾。逝将去女,适彼乐土。乐土,乐土,爱得我所!"不仅讽刺那些贪鄙重敛者为硕鼠,而且表达了对乐土的渴望。郑卿子产从政一年,引起舆人不满,他们就扬言"孰杀子产,吾其与之"。子产从政三年,舆人又转而歌颂说:"我有子弟,子产诲之;我有田畴,子产殖之。子产而死,谁其嗣之?"(《左传》襄公三十年)据考证,舆人是"国人中之从征从役者"①,其地位并不高,然其嬉笑怒骂,却无甚顾忌。

春秋时人的社会观念和精神风貌与地域文化颇有关系。鲁宣公之女伯姬嫁为宋共公夫人,火灾时人们让她下堂躲避,伯姬说:"不可!吾闻之也,妇人夜出,不见傅母不下堂。"(《公羊传》襄公三十年)后来,其傅赶到而保姆未至,恪守妇人礼仪的伯姬宁肯被烧死,也不下堂。鲁国认为伯姬死得隆重、光彩,特意派卿士往宋国参加葬礼。鲁国的公父文伯之母更以守礼著称。她是季康子的从祖叔母,季康子拜见时,她只在寝门之内与之言,以求做到"别于男女之礼"。她哀悼死去的丈夫和儿子,尽管极度伤悲,也要分别痛苦的时间,"朝哭穆伯而暮哭文伯",避免别人说寡妇夜间思夫。这事为孔子赞扬,说:"季氏之妇可谓知礼矣!"(《国语·鲁语》下)位于泰山之南的鲁国的守礼之风并没有刮到山北的齐国,齐人的精神风貌要比鲁人开放昂扬得多,他们并不受诸多礼仪的束缚。前589年鞌之战,齐大败,齐顷公率败兵仓皇逃归途中,锐司徒的女儿敢于出来拦路探听消息,态度落落大方。齐大夫杞梁随齐庄公出征战死,杞梁妻迎丧于郊,齐庄公要郊行吊唁之礼,杞梁妻据理坚辞,使齐庄公不得不"吊诸其室"(《左传》襄公二十三年)。这位齐国女子直面国君亦无忸怩之态。齐、楚、燕、宋等国在春秋时并没有男女授受不亲之类的礼仪规定,往往组织社祭之类的群众性活动,使男女一起欣赏玩乐,即《墨子·明鬼》下所谓"燕之有祖,当齐之社稷,宋之有桑林,楚之有云梦也,此男女之所属而观也"。鲁庄公曾"如齐观社"(《春秋》庄公二十三年),"以是为尸女也"(《谷梁传》庄公二十三年)。"尸女"之意即目的是前往看女人。可见齐国社祭时男女不忌,致使鲁庄公非要前往不可。

由于礼的发展、新旧社会观念的交替、不同道德标准的冲突等原因,春秋时人的精神风貌除了积极乐观的方面之外,还有惶惑不安的一面。晋国勇士鉏麑奉晋灵公命前去刺杀赵盾,见赵盾勤于国事,一大早就准备上朝,遂叹曰:

---

① 童书业:《春秋左传研究》,上海:上海人民出版社,1980年,第145页。

"不忘恭敬，民之主也。贼民之主，不忠；弃君之命，不信。有一于此，不如死也。"（《左传》宣公二年）他在忠、信两者之间进退维谷，最后触槐而死。在春秋时代迅速发展的情况下，如果只恪守旧的礼仪观念，那就往往碰壁甚至陷于绝境。晋献公的太子申生遵奉"事君以敬，事父以孝"（《国语·晋语》一）的信条，对于骊姬的谮害毫无反抗能力，最后自缢身亡。晋大夫荀息坚持"事君者竭力以役事，不闻违命"（《国语·晋语》一）的愚忠观念，向晋献公做出拼死辅佐奚齐的错误许诺。奚齐被杀后，荀息欲从死，但又听人劝告而改立卓子为君，似有翻悔之意，但仍为是否实践诺言的问题所困扰，他曾说："吾与先君言矣，不可以贰。能欲复言而爱身乎？"（《左传》僖公九年）卓子被杀后，荀息终于在愚忠观念支配下走向绝路。

在各种社会观念的矛盾交织中要走出困惑，就需要经过深入思考而提出或接受新的观念。在这方面，和荀息同时的晋大夫丕郑，其观念就比荀息强得多。他说："吾闻事君者，以其义，不阿其惑。惑则误民，民误失德，是弃民也。民之有君，以治义也。"（《国语·晋语》一）这个认识把民和义放在十分重要的位置，已经走出了对国君愚忠的误区。春秋后期，晋国的史墨曾提出"社稷无常奉，君臣无常位"（《左传》昭公三十二年）的著名论断，这与丕郑所谓事君"不阿其惑"的观念有某些渊源关系。在提出新的观念方面，齐国的晏婴也是一位重要人物。前548年淫乱的齐庄公被弑于崔杼家，晏婴立于崔氏门外，有人向他提出三种可能的选择，即为国君殉死、逃亡国外或回家躲藏。晏婴认为这些选择皆不妥。他说："君民者，岂以陵民？社稷是主。臣君者，岂为其口实？社稷是养。故君为社稷死，则死之；为社稷亡，则亡之。若为己死，而为己亡，非其私昵，谁敢任之？"（《左传》襄公二十五年）在忠君之外，晏婴提出要忠于社稷，把君、臣的行为准则都置于维护社稷——即国家利益的目标之下。由于有了新的观念支配，所以晏婴敢于在崔氏门启之后进入崔氏家中"枕尸股而哭，兴，三踊而出"（《左传》襄公二十五年），表示对庄公的哀悼，亦即表示对崔杼弑君而危害社稷利益的做法的不满。晏婴既不殉死，也不逃跑，而是静观时变，寻找对策。晏婴的作为显然要比钼麑、荀息等人略胜一筹，新的社会观念的重要作用于此亦可见其一斑。

（五）

礼的发展变化在春秋时期主要表现在以下几个方面。首先，人们对于礼的重要性质有了明确认识。在贵族中，无论哪个层次，都对礼高唱赞歌，至少在口头上都不敢亵渎礼仪，他们都把礼作为巩固自己的地位或图谋发展的重要工具。其次，各种礼仪逐渐下移，即使卿大夫的僭越，也未尝不是礼仪下移的一种表现。再次，礼制逐渐系统化与理论化，《仪礼》《礼记》等书虽然在春秋时期尚未成书，但礼书中的许多内容实形成于春秋时期①。复次，仪、法两者逐渐从礼中分离出来，但它们与礼又有着密切联系，反映了不同的阶级和阶层对于礼的不同要求。最后，春秋后期，礼在社会中的作用实际上有所减弱，尽管社会上"守礼""复礼"的呼声仍然很高，但礼的颓势却未逆转。

礼的种种发展变化对于社会观念的变迁产生着深远影响，其中颇为重要者是人的价值受到越来越多的重视，人在礼仪中的位置日趋重要，重民轻天、重人轻神成为社会思潮中方兴未艾的潮流。随国的季梁说："夫民，神之主也，是以圣王先成民而后致力于神。"（《左传》桓公六年）鲁国的曹刿说："夫惠本而后民归之志，民和而后神降之福。"（《国语·鲁语》上）郑国的申繻说："妖由人兴也，人无衅焉，妖不自作。"（《左传》庄公十四年）子产说："天道远，人道迩，非所及也。"（《左传》昭公十八年）虢国的史嚚说："吾闻之：国将兴，听于民；将亡，听于神。神，聪明正直而壹者也，依人而行。"（《左传》庄公三十二年）宋国的司马子鱼说："民，神之主也。"（《左传》僖公十九年）这些典型的言论虽然没有否定天、神的存在，但人的地位却大为提高。列国统治者如果依礼行事，使民以时，注重民事，就会为舆论所赞许；反之，如果贱民以事神，则会受到谴责，这样的人也多没有好下场。

随着社会观念的变化，有些传统的礼仪失去了往日的权威。占卜祭祀之礼就是一个典型的例证。春秋时期的人虽然还时常占卜，但许多先进者已不怎么虔诚，往往对占卜的作用提出怀疑。还有的人引《诗》谓"兆云询多，职竞作

---

① 前478年鲁齐会盟，齐平公向鲁哀公叩头，鲁哀公却仅弯腰作揖。齐人大怒，一直耿耿于怀，三年后还作歌责备鲁人"惟其儒书，以为二国忧"（《左传》哀公二十一年），谓鲁君拘泥于儒书所载礼仪规定（非天子不行稽首之礼），致使两国不睦。所称"儒书"，当即《仪礼》《礼记》之类的礼书。这件史实表明，至迟在哀公时已有编纂成型的礼书出现，并且已从鲁国流传至齐。齐人虽怒，但并未轻启兵衅，也没有中断两国交往，究其原因盖在于鲁君的作为符合礼书规定，事出有因，齐人只得自认倒霉。

罗"(《左传》襄公八年),认为卜问之事只是自作罗网而已。郑国的裨灶善于以星象占卜,并以知"天道"自居。子产偏不信他,说:"灶焉知天道?是亦多言矣,岂不或信?"(《左传》昭公十八年)认为偶然猜中,不足为奇。"岂不或信",犹言瞎猫碰上死耗子,算不得什么本事。

在春秋时期的社会变动中,以"正民""治民"为宗旨的礼,不得不发生一些变化,社会观念亦随之而变迁。民、人价值的提高,不仅表现在其与天、神的关系上,而且表现在其与统治者的关系上。春秋时期,较为开明的统治者常把民放在重要位置。邾文公曾经占卜迁都于绎,史臣谓利于民而不利于君,邾文公说:"苟利于民,孤之利也。天生民而树之君,以利之也。民既利矣,孤必与焉。"左右谓不迁于绎可延长君之寿命,邾文公说:"命在养民。死之短长,时也。民苟利矣,迁也,吉莫如之!"(《左传》文公十三年)后来,邾果迁于绎。能把个人生死利害置于民众利益之下,对邾文公这位小国君主来说,实在是相当难能可贵。列国掌权人物有被称为"民主"者。郑国正卿罕虎授政于子产,齐国晏婴评论说:"能用善人,民之主也"(《左传》昭公五年)。晋卿赵武苟且偷安,鲁人即评论说他"不似民主"(《左传》襄公三十一年)。当时的社会舆论认为,掌权者应该为民事而兢兢业业,否则就不会有好结果,即"民主偷,必死"(《左传》文公十七年)。尽管当时的"民主"并非指民众当家作主,而是指掌权者为民做主,但比起对天负责、为神驱使的观念来,仍不失为一个重大进步。"民主"的概念,周初已有。《尚书·多方》云"天惟时求民主",又谓"简代夏作民主",即其例。然其概念中尚有天命论的浓厚影响,与春秋时代的"民主"尚有相当大的区别。

春秋时期礼的发展并没有,也不可能消弭阶级矛盾和斗争。在春秋后期,人们对于阶级关系给予了更多的重视,许多人已经意识到统治者和被统治者的对立乃是不可避免的现象,当时流行的谚语"兽恶其网,民恶其上"(《国语·周语》中)、"盗憎主人,民恶其上"(《左传》成公十五年),就是例证。许多有识之士还直言不讳揭露社会弊端,陈述民众痛苦,晏婴和叔向曾经分别谈到齐晋两国情况。齐国是"民参其力,二入于公而衣食其一,公聚朽蠹而三老冻馁,国之诸市,屦贱踊贵";晋国是"庶民罢敝而公室滋侈,道殣相望而女富溢尤,民闻公命,如逃寇雠"(《左传》昭公三年)。关于民众痛苦和出现盗贼的原因,老子一针见血地指出,"民之饥,以其上食税之多,是以饥"

(《老子》第七十五章),"法令滋彰,盗贼多有"(《老子》第五十七章)。在老子看来,法令和礼仪制度等等一样,也是应当被摒弃的东西。然而,社会现象却并不如此。春秋后期,法逐渐独立和制度化,与礼相关却又有所区别。和温馨柔婉的礼相比,严峻冷酷的法不啻是当时社会观念的一种清醒剂。

　　在春秋战国之际深邃的思想家那里,复古成为一股潮流。老子主张回复到"邻国相望,鸡犬之声相闻,民至老死不相往来"(《老子》第八十章)的远古时代;孔子主张回复到周代,谓"周监于二代,郁郁乎文哉!吾从周"(《论语·八佾》);墨子向往"三代圣王禹汤文武方为政乎天下之时"(《墨子·非命》下)。这种"复古"是对黑暗现实的批判,亦是对所憧憬的理想的描绘。在"复古"思潮中,思想家们对于礼的认识并不一致,其中对礼呐喊、崇敬最力者是孔子。他说:"古也有志,'克己复礼,仁也。'"(《左传》昭公十二年)还提出要做到"非礼勿视,非礼勿听,非礼勿言,非礼勿动"(《论语·颜渊》)。在孔子那里,复古与守礼是二而合一的。春秋后期,传统礼仪的没落虽然没有因为复古思潮而停止,但它却不断被扬弃,而表现出顽强的生命力。战国时期社会上的礼和与其相关的社会观念尽管给人以焕然一新的感觉,但其内涵却与春秋时期的礼有着千丝万缕的联系。

七　战国授田制

　　关于先秦土地制度的研究,自20世纪70年代末和80年代初期以来,专家们对于战国授田制曾经给予许多注意,发表了不少精辟见解[①]。由于讨论的角度不同,特别是有些考古资料还没有出现,所以关于授田制的问题尚有进一步探讨的余地。

(一)

　　春秋战国之际是社会土地赋税制度较快变动的时期。授田制的出现有它的历史必然性。就生产力发展水平看,经历了较长时间的发展以后,在铁工具和

[①] 有代表性质的论著,如:刘泽华:《论战国时期"授田"制下的"公民"》,《南开大学学报》,1978年,第2期;袁林:《战国授田制试论》,《社会科学》,1983年,第6期;李瑞兰:《战国时代国家授田制的由来、特征及作用》,《天津师大学报》,1985年,第3期;吴荣曾:《战国授田制研究》,《思想战线》,1989年,第3期;张玉勤:《论战国时期的国家授田制》,《山西师大学报》,1989年,第4期,等。

牛耕普及的基础上,个体农民可以独立完成农作的全过程,而不再需要"千耦其耘"式的大规模的集体劳作,五口之家便是一个独立的农作生产单位。《管子·山权数》谓"地量百亩,一夫之力也",《巨乘马》谓"一农之量,壤百亩也",这正是战国时期普通农民生产能力的表述。从政治发展的需要看,春秋战国之际居于政治舞台核心的是一批新兴卿族,完成分晋大业的韩、赵、魏三家就是典型代表。他们在立国以后,经过不断地开拓疆土,各自都拥有了数量甚巨的土地,为了增强自己的实力,他们不再像西周春秋时期那样将土地分封给卿大夫贵族,而是直接分配给农民耕种。从春秋战国之际开始,各国竞争加剧,为了在群雄逐鹿中争得一席之地,各国君主都不得不取富国强兵之策,能够为君主、为国家直接提供赋税和兵源的个体小农便备受各国统治者青睐。如何发展这个社会阶层,成为各国统治者关注的大问题。能够使个体小农经济蓬勃发展的授田制一出现便很快在各国普及,这种政治上的迫切需要乃是其巨大动力之所在。

授田制并非如有些专家所论是各国变法运动的结果,而是早在变法之前就已经在不同程度上实行了的制度。这里似可以秦魏两国为例进行说明。

秦国是采取授田制最为积极的国家之一。早在商鞅变法之前,秦国就已经采取措施将许多农民编入户口而授予田地。《商君书·垦令》篇为商鞅变法前给秦王的书奏,其中提到地税的征收办法,谓"訾粟而税,则上壹而民平……则壮民疾农不变,壮民疾农不变,则少民学之不休。少民学之不休,则草必垦矣"。这里提到秦国官府要计算农民收入粮谷的数量,以此为据来征收田税,认为这样才可以做到地税制度统一并且民众负担公平。显而易见的一个事实是要想通过"訾粟而税"达到农民的负担公平,前提条件应当是农民所拥有土地数量大体一致。《商君书·算地》篇是商鞅一派学者给秦王的书奏①,其中讲到应当如何计算和分配土地。特别引人注意的是其中提到:

---

① 《商君书·算地》的写作时代当在商鞅变法以前,主要根据在于它的内容与《垦令》完全一致,还提到"为国之数,务在垦草",而《垦令》一篇乃是商鞅与杜挚等于秦孝公面前辩论以后所发布的"垦草令"的蓝本。辩论一事在秦孝公三年(转引自《史记·秦本纪》)。《商君书·垦令》载"于是遂出《垦草令》",所以可断《商君书·垦令》必在秦孝公三年或其以前,而商鞅任左庶长而发布首次变法命令在秦孝公六年(转引自《史记·秦本纪》和《史记·商君列传》)。据此可以确定《商君书》的《垦令》《算地》两篇文字写定于商鞅变法以前,两篇所反映的秦国土地情况也当是商鞅变法以前者。

故为国分田，数小亩五百，足待一役，此地不任也。

国家分配给农民田地（即"为国分田"），每个农民分给五百小亩土地①，这样农民所纳的赋税才足以供一次战役之所需，即使给每个农民每人五百小亩土地，秦国的土地仍然绰绰有余，秦国的土地仍然没有完全开发利用。细绎这段文意，可见这时秦国已经采取了分配给农民田地的办法，只是数量还没有达到五百小亩，所以《算地》篇的作者计算了秦国土地，提出即使分配五百小亩，土地也还够用。可以说，在商鞅变法以前，秦国已有将国有土地分配给农民耕种的倾向，只是其制度还不系统明确，国家对于这些土地的控制较严，农民还不能随意买卖。再如魏国李悝曾经分析魏国农民收支情况，谓"今一夫挟五口，治田百亩，岁收亩一石半，为粟百五十石"（《汉书·食货志》上）。论者每谓魏国的变法即李悝的"尽地力之教"，而"一夫挟五口，治田百亩"，则是"尽地力之教"以前的事情。魏襄王时的史起追述魏文侯时西门豹为邺令之事，谓"魏氏之行田也以百亩，邺独二百亩，是田恶也"（《汉书·沟洫志》）。魏文侯在位时当公元前5世纪后半叶，距离各国普遍的变法运动尚有不短的一段时间。若谓魏国的"行田"和秦国的"分田"都是战国授田制的最初成果，当不为过分。魏国和秦国先后称雄于诸侯，与这两个国家实行授田制较早当不无关系。

（二）

关于战国授田制度下农民所得土地的数量，古代文献记载里面可谓众口一词，皆谓百亩，当然，有时候也有超过百亩之数者，如秦国地广人稀，可以达到"小亩五百"，魏国的邺地"田恶"，可以达到二百亩，但这并不是通例。李悝所谓一名农夫"治田百亩"，《管子·巨乘马》所谓"一农之量，壤百亩也"，

---

① 关于"小亩五百"，前人曾经指出，《说文》徐锴本谓"六尺为步，步百为亩。秦田二百四十步为亩"，所以此处的"小亩"可能是百步之亩（高亨：《商君书》，银注译，北京：中华书局，1974年，第62页，引朱师辙说）。按，《汉书·食货志》上篇谓"圣王"田制"六尺为步，步百为亩"。可证百步之亩，确为传统旧制。银雀山汉墓竹简《孙子兵法·吴问》载有百六十步、二百步、二百四十步等不同的亩制（转引自《银雀山汉墓竹简——孙子兵法》，北京：文物出版社，1976年，第94、95页），百步之亩为传统旧制，如果《吴问》所载属实，则当春秋晚期，亩制已经大变，秦国地广人稀，亩制非必到战国前期仍拘泥于百步之亩的旧制，可能已经有所变化，是否变如《吴问》所言者，虽不敢肯定，可是秦国小亩已经大于百步，则当是可靠的推测。

孟子所谓"百亩之田，勿夺其时，数口之家可以无饥矣"（《孟子·梁惠王》上)，这些才是战国时期一般情况的反映。

现在特别需要弄清楚的是"百亩"之田是如何分配到农民手中的呢？亦即授田制的操作方式的问题。云梦秦简的一条材料似可成为解决这一问题的关键。20世纪70年代后期所发现的云梦秦简曾经抄录魏国的"户律"和"奔命律"各一条，其"户律"谓：

> 告相邦：民或弃邑居野，入人孤寡，徼人妇女，非邦之故也。自今以来，假门逆吕（旅），赘婿后父，勿令为户，勿鼠（予）田宇①。

这条户律揭示出这样一个事实，那就是在"鼠（予）田"之前，必须"令为户"——即纳入国家登记的户口簿。提到户口登记，不禁使人想起《商君书·徕民》的一个说法。是篇谓："彼土狭而民众，其宅参居而并处；其寡萌贾息民，上无通名，下无田宅，而恃奸务末作以处。"这里说的是与秦毗邻的韩魏两国，由于地狭民众，所以有些赁室而居的民众便"上无通名，下无田宅"。所谓"上无通名"即国家的户口簿上没有他们的名字，所以便没有分配到田宅，因此只能靠"奸务末作"——即从事工商业为生。韩魏两国这种"上无通名"之人，与秦国的"逆吕（旅）、赘婿、后父"等"勿令为户"的人在没有得到国家授田这一点上是相同的。可以推断，要想得到国家的授田，首要的条件便需要有国家的户口登记，先立了户，再"鼠（予）田宅"，然后才能成为国家的"上有通名，下有田宅"之人。这就表明，当时的授田制是以户口登记为前提条件的。关于秦国的户口登记，《商君书·去强》谓"举民众口数，生者著，死者削。民不逃粟，野无荒草"，《境内》谓"四境之内，丈夫女子皆有名于上，生者著，死者削"，为什么登记了户口，就能够做到"民不逃粟，野无荒草"了呢？合理的解释只能有一个，那就是国家根据户口授田，四野之地皆被开垦，所以"野无荒草"；因为民众有户口在簿，依簿征税，民众也就不能"逃粟"。

民众在国家的户口簿上"有通名"，这似乎是并不太难的事情，然而在先

---

① 睡虎地秦墓竹简整理小组：《睡虎地秦墓竹简》，第292—293页。按，引文中的"婿"字，原字为土旁加胥字，此字与"婿"字通，《左传》文公十二年载赵穿为晋侯之婿，即用此字，可为其证。为方便计，此处引文径写作"婿"。

秦时代却是经历了一个颇长的历史阶段才得以实行了的。西周后期，周宣王南征吃了败仗，便欲"料民于太原"，试图通过清查民数以增强军力。仲山父向周宣王讲了一番"民不可料"的道理，其中说道："夫古者不料民而知其少多，司民协孤终，司商协民姓……是则少多、死生、出入、往来者皆可知也。……且无故而料民，天之所恶也，害于政而妨于后嗣"（《国语·周语》上）。这番道理的核心是讲不用清查也知道民数的多少，那又何必去"料民"呢？为什么不清查就知道呢？仲山父说得不太明确，但也透露出一些信息，那就是国家设有"协民姓"之官，知道各族姓的情况。原来，在宗法分封制度之下，民众皆为宗族成员，与国家本无直接关系，国家只需通过族就可以调动民众了，何必越过宗族而由国家来"料民"呢？况且此事越过宗族也是不可能操作的事情，因为这样做的本身就是"害于政"的。在宗法封建制度下，政治是宗法贵族政治，国家机器的运转在宗族基础上进行，国家想要越过宗族来跟民众发生关系，那是根本不可能的。春秋时期楚国在出兵征战之前曾经有一次清理户口的事情①，但其是为了体现统治者的"惠恤其民"（《左传》成公二年），而不是计户口而授田。到了战国时期，清理户口的目的，就不单纯是要表示"惠恤其民"，而是要作为授田的依据。史载秦献公十年（前375）"为户籍相伍"（《史记·秦始皇本纪》附《秦记》），从将户籍事与"相伍"并提看，这次整理户籍当是为了征集军赋的需要，但也不能否认此举与实行授田完全没有关系。

这里有必要研究一下战国授田制是计户授田，抑或是计口授田的问题。从现有的材料看，应当说计户授田的可能性为大，可以举出以下几个旁证进行说明。

其一，前引《魏户律》明谓对于赘婿等类人员，"勿令为户，勿鼠（予）田宇"，可证立户是授田的前提条件。云梦秦简《封诊式》有关于秦国民户户

---

① 《左传》成公二年载楚令尹子重率军出征以前，采取了"大户、已责、逮鳏、救乏、赦罪"等措施，关于"大户"之义，杜注谓"阅民户口"。按，大有帆、张义。《广雅》"张，大也"，"帆，张也"，王念孙《广雅疏证》卷一谓："《玉篇》'帆，大也，张也'……凡张与大同义，张谓之帆，亦谓之扜，犹大谓之帆，亦谓之讦也。"按，张有张开，帆有覆盖、普遍之义，用此以释"大户"之义盖谓户口原不清楚，查阅时普遍清理，是谓"大户"。

籍情况的记载①，可作为战国时期户籍情况的佐证。

其二，商鞅变法时，强调农民应当分户，"民有二男不分异者，倍其赋""令父子兄弟同室内息者为禁"（《史记·商君列传》）。户数的增多，对于国家有什么好处呢？这益处就在于户数多，接受国家授田的户数就多，与此相应的国家能够征收的赋税也就会多。既然不分户者赋税加倍，那么其授田情况也当类似。在秦国地广人稀的情况下，分户可以加倍授田，因此赋税也可加倍。商鞅变法中的这项规定从一个侧面反映出授田应当是以户为根据。商鞅变法时为什么要强调分户，这是使人困惑的一个问题②。如今明白了授田制的迫切需要，问题似可迎刃而解。

其三，孟子讲战国时期农民情况，每以百亩之田与八口之家相联系，如谓"耕者之所获，一夫百亩，百亩之粪，上农夫食九人，上次食八人，中食七人，中次食六人，下食五人"（《孟子·万章》下），"百亩之田，匹夫耕之，八口之家，足以无饥矣"（《孟子·尽心》上），"百亩之田，勿夺其时，八口之家可以无饥矣"（《孟子·梁惠王》下）。因为农户的划分，标准的是"一夫挟五口"（《汉书·食货志》上），按照秦国的法律，户有两夫者必须分家单立户口，所以细绎孟子文意，可知他所说的"一夫""匹夫"就代表了一个农户，

---

① 云梦秦简《封诊式》载有关于民众逃亡后，地方小吏对于"县主"的情况回复，其中载有"几籍亡"（睡虎地秦墓竹简整理小组：《睡虎地秦墓竹简》，第250页）一语，即在户籍上有几次逃亡的记录。另有一条载逃亡者自首复出的报告文书格式，其中写明某人"四年三月丁未籍一亡五月十日"，即户籍上记载，四年三月的丁未日该人曾经逃亡一次，时间共有五个月零十天（同上书，第278页），将民众情况登载入户籍之事，在云梦秦简中称为"占书"（同上书第249页）。

② 关于商鞅变法时令民分户的规定，日本学者西嶋定生称之为"分异之法"，他说："如果说由于把家分细，可提高各家的生产兴趣，那只要认为这还是由于分散家财而施行的，则恐怕不能期望生产总量有重大增长。还有甚者，商鞅的分异之法，是从根本上动摇了父家长权威的，是与中原诸国着重父家长权尖锐对立的……如果说，它是旨在使族的秩序解体、提高各家的生产意愿，那么一到了汉代就再也没有这种必要性了吗？这是颇难理解的了。"西嶋定生氏讲了自己对于这个问题的看法，认为这是实行郡县制的需要，谓"商鞅设置的三十一县是置于新开垦地区的新邑；在这些新邑之上，由分异之法而被令与家族离别的秦民前来移住；以及在这些新邑的周围开置阡陌，造成耕地；这样，对这些新的县民，重新征课赋和税"。（西嶋定生：《二十等爵制》，武尚清译，北京：国际文化出版公司，1992年，第376—385页）按，西嶋定生氏的说法有一定道理，只是没有从授田制的直接需要的角度进行论述，对于解决这个问题可谓失之交臂。

是与"八口之家"密不可分的。

其四，《商君书·去强》谓"强国知十三数：竟（境）内仓口之数、壮男壮女之数、老弱之数……"朱师辙《商君书解诂》谓"仓口"指"仓廪户口"，甚是。国家所掌握的首先是户口之数，因为它是计户授田的基础。

其五，云梦秦简载秦律有关于"匿户"的处罚规定，《法律答问》载：

> 何谓匿户？……匿户弗徭、使，弗令出户赋之谓也[①]。

战国时期各国竞相实行授田制的目的在于通过赋税收入的增加以达到国富兵强，所以对民户所出赋税十分重视。这条简文解释了依法所罚处的"匿户"的定义，所谓"匿户"就是隐藏人口，不接受徭役征发，不受役使，也不缴纳户赋者。既然赋税按户征收，那么田地依户授予便应当是顺理成章的事情。

其六，《管子·揆度》谓"百乘为耕田万顷，为户万户，为开口十万人，为〔当〕分者万人""千乘为耕田十万顷，为户十万户，为开口百万人，为当分者十万人""万乘为耕田百万顷，为户百万户，为开口千万人，为当分者百万人"。这里所谓的"百乘"等，分别指百乘之国、千乘之国、万乘之国。就耕田而言，百乘之国有十万顷地，十万户人，依每户十人算，其有百万人口，而"当分"者即有名分职分可供赋役者——则有十万人。计算其耕田之分配，当为每户一顷（即百亩），千乘之国、万乘之国亦然。从这三组数字看，耕田确当依户分配，然后，户出一人为"当分"者来提供赋役。

其七，《管子·禁藏》有将田地与户籍相系连的说法，谓：

> 权衡者，所以视重轻也，户籍田结者，所以知贫富之不訾也。故善者必先知其田，乃知其人。田备然后民可足也。

关于"户籍田结"之义，前人注谓："结，即士师之约剂也；又司约治地之约次之注，地约，谓经界所至田莱之比也，即此所谓田结也，今用文书要约亦谓之结。尹云：訾，限也。按，《淮南·原道篇》'息耗减益通于不訾'，注曰'訾，量也'。此言户籍田契，所以知贫富之不可訾量者也。知其田数，则知其人贫富之数，故田备然后民可足也"[②]。依此注之义，则"户籍田结所以知贫富之不訾"所指系按照户籍田约就可以知道人的贫富而不必再去量算，所以下

[①] 睡虎地秦墓竹简整理小组：《睡虎地秦墓竹简》，第222页。
[②] 颜昌峣：《管子校释》卷17，湖南：岳麓书社，1996年。

文谓"善者必先知其田，乃知其人"。由"户籍田结"之载，可以推测，当时的户籍不仅载有每户人口之数，而且也有所受的田数，以及其田地的四至（即所谓的"田结"）。当时的户籍，如果是授田制下的农民，被登记在国家的户籍上，以便向国家提供赋税，这种民众似乎称为"正户"①。

以上这些似可说明，战国授田制采取的是按户授田的办法，古书上说的一夫百亩，亦即每户百亩。下面讨论的问题是在授田制度下赋税的征收办法。种种情况表明，受田的民众向国家出赋役是以户为单位的，只是当时征收赋税的具体办法现在还不大清楚。云梦秦简《田律》有一条常被征引的重要材料：

> 入顷刍稿，以其受田之数，无垦不垦，顷入刍三石、稿二石②。

这里规定，每顷田地应当缴纳的刍稿，按照所受田地的数量缴纳，农民所受田地，不论垦种与否，每顷都要缴纳刍三石、稿二石。秦量每石120斤，每顷地要向官府交饲草360斤，禾秆240斤。论者常据此条简文推测农民也要按受田数量缴纳粮食给官府。我觉得事情并非这么简单。从文献记载看似乎农民要以产量的多少以一定比例缴纳粮食。《商君书·垦令》篇载：

> 訾粟而税，则上壹而民平。上壹则信，信则臣不敢为邪。民平则慎，慎则难变。上信而官不敢为邪，民慎而难变，则下不非上，中不苦官。下不非上，中不苦官，则壮民疾农不变。壮民疾农不变，则少民学之不休。少民学之不休，则草必垦矣。

所谓"訾粟"，即量粟，计量产量多少。这种办法或即传统的什一之税。云梦秦简中没有关于"訾粟而税"的记载。可以略做推测的一条材料是《田律》有

---

① 《管子·国蓄》载"夫以室庑籍，谓之毁成。以六畜籍，谓之止生。以田亩籍，谓之禁耕。以正人籍，谓之离情。以正户籍，谓之养赢"。尹注："小曰室，大曰庑。毁成是使人毁坏庐室。止生是使人不竞牧养。禁耕是止其耕稼。正人，正数之人，若丁壮也。离情谓离心也。养赢谓大贾蓄家也。正数之户既避其籍，则至浮浪，为大贾蓄家之所役属，增其利耳。"按，诸家对于"养赢"，解释颇有歧义（诸家之说见马非百：《管子轻重篇新诠》，北京：中华书局，1979年，第242—243页）。愚以为"以正户籍，谓之养赢"有两层意思，一是若计户籍税，则大户人口多而有利；二是有些浮游末作之户，不在正户之列，若以正户籍税，则有利于这些人。《国蓄》篇的作者反对向民众的一切形式的籍税（包括按"正户"籍税），认为国家只要掌握轻重之策，就可"不求于民而籍于号令"。专家或谓此篇的"正户籍"是"整理户籍""制订户籍田册"，实有悖于原义。
② 睡虎地秦墓竹简整理小组：《睡虎地秦墓竹简》，第27—28页。

对于县令关心禾稼情况的详细规定，例如，如果下了雨或者谷物抽穗，县令应当书面报告受雨和抽穗的顷数及雨量多少等，还要报告已经开垦而没有耕种的田地顷数。若遇风灾、旱灾、涝灾、蝗灾等自然灾害，县令也要报告受灾顷数。为什么官府这样关心禾稼生长情况呢？根本原因恐怕就在于"訾粟而税"。庄稼因风调雨顺而收成好，那么官府收入自然增加，若遇灾害则官府收入自然减少。

纵观从西周春秋到战国时期土地制度和赋税制度变革的情况，可以说这是一个长期的渐进过程，并非经过一场轰轰烈烈的变法运动就都一切大变样而"旧貌换新颜"，而是即使在变法运动以后，新事物中也夹杂着不少旧传统旧习俗，新的"訾粟而税"与传统的什一之税很难说在形式上有多少根本区别。当然，时代在发展，赋税形式也会有所变化，关于"訾粟而税"似乎在战国授田制度下已经将谷物收成情况与地亩面积等情况结合了起来。银雀山汉墓竹简《田法》①讲述战国时期齐地农民缴纳田税的情况："岁收中田小亩二十斗，中岁也。上田亩二十七斗，下田亩十三斗，大（太）上与大（太）下相复（覆）以为率。叔（菽）其民得用之，稿民得用其什一，刍人一斗，皆藏于民"②可以看出，当时国家向农民征收田税的标准以中等年成为依据，将最好的年成与最坏的田地产量相平均得出的数量，是为农民缴纳田税的标准。《管子·大匡》谓"案田而税，二岁而税一，上年什取三，中年什取二，下年什取一，岁饥不税"，所云亦是将田亩与谷物收成结合的征收办法。至于《管子》书中所说"相壤而定籍"（《乘马数》）、"案田而税"（《大匡》），《荀子》书中所说"相地而衰政（征）"，是当皆包括了田地贫瘠程度与年成产量两方面的内容。

（三）

下面继续研究的问题是，封建国家如何管理授田，亦即接受国家授田的农

---

① 银雀山汉简《田法》等篇的时代和性质，专家或谓断定其为战国时期齐国的作品证据薄弱，吴荣曾先生指出："《田法》非官府的法规或指令性文件，而是属于百家之言的作品，其内容不免带有一定的假想成分，但大体上仍以当时实际情况为基干，所以对于恢复战国时局部历史起初面貌还是很有用处的……如参以其他文献材料来看，《田法》所说的受田情况大体上符合当时历史的实际。"（吴荣曾：《先秦两汉史研究》，北京：中华书局，1995年，第90页）按，此说可信，今据以讨论战国时期授田制的情况。
② 银雀山汉墓竹简整理小组：银雀山竹书《守法》《守令》等十三篇，《文物》，1985年，第4期。

民与国家发生怎样的关系问题。

首先，农民所接受的田地要纳入国家关于田地的总体管理，而没有权利私自处置。考古材料为此提供了有力证据。1980年四川青川县郝家坪发掘一批战国时期秦国墓葬，其中编号为50号的墓葬出土木牍一件，今将木牍文字具引如下：

> 二年十一月己酉朔，朔日，王命丞相苦戊（茂）、内史匽、史臂更修为田律。田广一步，袤八则为畛。亩二畛，一百（陌）道；百亩为顷，一千（阡）道。道广三尺。封高四尺，大称其高。埒（埒）高尺，下厚二尺。以秋八月修封、埒（埒），正疆畔，及芟千（阡）百（陌）之大草。九月大除道，时而有陷败不可行，辄为之①。

木牍所载"二年"为秦武王二年。据《史记·秦本纪》载，此年以甘茂为丞相，并且派其往蜀地平叛。这件木牍所载即甘茂在蜀地所发布的重新更改的田律。故称"更修为田律"。牍中的"则"为长度单位，阜阳出土汉简有三十步为则的说法。秦时的"则"大约也是三十步的长度。"田广一步，袤八则"就当是240方步，即战国时期通行的亩积。"畛"为田埂，每亩地都要在两端修筑田埂，还要修筑较宽的陌道、阡道以便灌溉和道路通行。"埒和封"指田间矮墙，同为田界。聚土所作的"封"应当长、高、宽皆各四尺。每年秋天八月要整修"封""埒"，核实田地疆界是否准确。"更修为田律"向我们揭示的情况表明，当时的土地为国有，只是以授田的方式分配给农民耕种，土地的长宽形状都是统一的。田间的灌溉渠道和道路也要由国家统一安排。

由此可以想到商鞅变法时的所谓"开阡陌"，并非废弃阡陌，而是按照授田制的要求重新规划和整治阡陌。此法行于秦地已久，秦武王并蜀之后，甘茂

---

① 青川木牍的释文据徐中舒、伍士谦：《青川木牍简论》。（载：中华书局《古文字研究》第19辑。）本文引用时稍有变动。按，这段简文里面没有提到灌溉渠道的问题，《周礼·遂人》谓"凡治野，夫间有遂，遂上有径；十夫有沟，沟上有畛；百夫有洫，洫上有涂；千夫有浍，浍上有道；万夫有川，川上有路以达于畿"，可见古代田间的灌溉渠道往往与道路相一致，岸即为路，或者说路边即为渠。《吕氏春秋·上农》讲对于农民的禁令，其中有"量力不足，不敢渠地而耕"，高注："渠，沟也"，或释渠为"巨"的借字，义为广大；或释渠田即"区田"（说均见陈奇猷《吕氏春秋校释》卷26）。今得青川木牍简文，可知"渠田"即有沟渠之田，高诱的解释是正确的。

将此法行之于蜀地。可以说"更修为田律"与商鞅变法的精神是一致的。

第二，国家保护农民对于所受田地的疆界。云梦秦简"法律答问"有一条谓："'盗徙封，赎耐。'可（何）如为'封'？'封'即田千（阡）百（陌）。顷半（畔）'封'也，且非是？而盗徙之，赎耐，可（何）重也？是，不重"①。秦国法律规定如果私自移动"封"（即田地的阡陌疆界），那就要被判处"赎耐"之刑。孟子曾经劝告梁惠王"制民之产"，认为有"恒产"者才会有"恒心"（《孟子·梁惠王》上），他所说的"恒产"，首先就是"百亩之田"。国家保护田地疆界，就是保护民众的"恒产"。不过对于这些姑且称为"恒产"的田地，农民只有很少的所有权，实际上只有使用权。对于管理这些田地，官府依然十分关心。如云梦秦简《徭律》载"其近田恐兽及马牛出食稼者，县啬夫材兴有田其旁者，无贵贱，以田少多出人，以垣缮之，不得为徭"②。无论是军功地主，抑或是普通农民，都要出人参加县啬夫组织的修筑垣墙的劳作，并且不算是给官府的徭役。这也是官府对于农民田地的一种保护。

第三，国家依据授田情况和年成粮食产量向农民征收粮食、刍槀等赋税，内容已如上述。

第四，国家依一定期限对受田农民进行"爰土易居"之事。关于古代农民的"爰土易居"，人们过去或持怀疑态度。其实分析战国授田制的情况，似乎可以释疑。《汉书·地理志》下篇谓"孝公用商君，制辕田，开阡陌"，关于辕田之义，注引张晏曰："周制三年一易，以同美恶，商鞅始割列田地，开立阡陌，令民各有常制。"注引孟康曰："三年爰土易居，古制也。末世侵废，商鞅相秦复立爰田。上田不易，中田一易，下田再易。爰田自在其田，不复易居也。《食货志》曰：'自爰其处而已'是也。辕，爰同。"商鞅变法对于田制的变更不在于实行授田制，而是对于授田制进行规划整理。史载屡谓"废井田"，其实就是在授田的基础上恢复"爰土""辕田"的古制，《史记·商君列传》所载商鞅变法时"为田开阡陌封疆而赋税平"一语，过去总觉得有不好理解的地方，那就是为什么"为田开阡陌封疆"就能够使民众"赋税平"了呢？明白了"辕田""爰土"之义，这个问题就可迎刃而解了。在授田制度下，民众所受之田当然有质量肥瘠的区别，依户纳税自然就不大公平，商鞅变法时"制辕田"，

---

① 睡虎地秦墓竹简整理小组：《睡虎地秦墓竹简》，第178页。
② 同上书，第77页。

让农民所受田地定期轮换，自然就会比较合理。《汉书·地理志》注引张晏和孟康之语恰当地说明了这一点。关于"制辕田"，专家或谓其义不是以辕田为制度，而是废止辕田。其实"制"义于此为制作、实行①。银雀山汉墓竹简《田法》明谓"三岁壹更赋田，十岁而民毕易田，令皆受地美亚（恶）囗均之数也"②，说明当时在国家授田之后，为保证农民所得田地肥瘠水平的大体一致，采取了三年期间轮换土地的政策。附带可以看出的一点是商鞅变法并不是对于传统土地赋役政策的完全否定，而具有着一定的"复古"倾向。

在授田制运作的过程中，国家采取措施的着眼点有二，一是尽量扩大农民户数，让尽量多的农民得到国家的授田；二是让农民所受田地的质量和数量都呈现出平均状态，在此基础上给国家所出的赋税也就会公平合理。《尉缭子·原官》谓"均地分，节赋敛，取与之度也"③。所谓"取与之度"的"取"，指国家向农民征收赋税；所谓"与"，指国家授田。取与的标准尺度关键在于"均地

---

① "制"字之义，《说文》："制，裁也。……一曰止也。"若以"止也"释"制辕田"，似乎可以得出商鞅废止辕田的论断。但是，战国秦汉间人屡以"制"为裁、折、作之义。王念孙《广雅疏证》卷1下篇谓："《大戴礼记·保傅》'不中于制狱'，制狱即折狱也。《论语·为政》'片言可以折狱'者，鲁读折为制。《庄子·庚桑楚》'夫寻常之沟，巨鱼无所还其体，而鲵鳅为之制'，《释文》引《广雅》'制，折也。'谓小鱼得曲折也。折、制古同声。"按，王说甚确，除此之外，我们还可找到不少证据。《孟子·梁惠王》上篇谓"可使制梃以挞秦楚之坚甲利兵"，赵注："制，作也。"焦循《孟子正义》卷2谓："《楚辞·招魂》'晋制犀比'，王逸注云：'制，作也。'制、作古多连文，故以作释制。"《礼记·表记》谓"义者，天下之制也"疏谓"义，宜也。制谓裁断，即使物各得其宜，是能裁断于事也。"此处之"制"，实有制度之义焉。若以折、裁、作等义释"制辕田"，其义甚明晰。《说文》所谓"制，止也"，其义实为禁。《广雅·释诂》"制，禁也"。王念孙《广雅疏证》于此没有说明。朱骏声《说文通训定声》泰部谓："《易象》下传'君子以制数度'，虞注：'艮，止也。'"朱氏以此作为"制，禁也"之例，实际上是不可取的。总之，释制为禁为止，在战国秦汉时期为罕见，"制辕田"以此为释，不大可能。"制辕田"依通例当释为作辕田。
② 这里的"赋"字之义，银雀山整理小组的注释谓："《国语·晋语》'赋职任功'，韦注：'赋，授也。'《汉书·赵充国传》：'国事出，赋人二十亩。'颜注：'赋谓班与之也。'简文'赋'字当训为'授'或'班与'。"按，释赋为授，固然不错，然而在《田法》篇里面似乎不如释为交纳赋税更为合适。《田法》谓"三岁壹更赋田"，义指每过三年全部更替轮换交纳赋税之田。简文"赋"字之前还有"更"这个动词，所以其意自当与"赋职""赋人"之纯为动词之"赋"者有所区别。
③ 这里的"均地分"，《尉缭子·原官》篇原作"均井地"，华陆综《尉缭子注译》（中华书局1979年版）一书据银雀山出土汉简（载《文物》1977年，第2—3期）改为"均地分"。今从之。

分"——即国家授田的平均,在田地贫瘠的地区加倍授田和一定时间里面更换田地,都是为了达到这个目的。《管子·国蓄》篇谓"分地若一,强者能守。……民人所食,人有若干步亩之数矣,计本量委则足矣",这与商鞅变法所强调的"为田开阡陌封疆而赋税平"(《史记·商君列传》)是完全一致的。

(四)

最后,还应简要地探讨一下战国授田制对于社会形态转变的意义。

在西周春秋时期的分封制度和井田制度下,各诸侯国的田地层层分封给各级贵族,由贵族组织农民在井田上劳作,先公田而后私田,收取农民的劳役地租。严格说来,田地收成好坏只与贵族关系密切,与周天子和各国诸侯却关系不大。在战国时期的授田制度下,各国的大部分土地不再层层分封,而是直接授予农民耕种,农民直接向作为国家代表的基层官府提供赋税和徭役。

井田——授田的变革,对于土地赋税制度的最大影响就在于使得自春秋时期以来长期酝酿的税亩制度真正得以实施。荀子谓"农夫分田而耕……天下莫不平均"(《荀子·王霸》),"分田而耕"也就意味着按田而税,这与赋税的平均有直接关系。

井田——授田的变革,对于上层建筑的影响也很大。首先,它使原先政治权力的下移,变为上移。在传统的分封制度下,各级贵族都是其下层的"君",而在授田制度下,农民直接听命于国家,严格说来这时候只有国君才是真正的"君"。各国君主的权力在战国时期得到前所未有的加强,究其根本原因就在于授田制实施以后所引起的社会结构的巨大变化。那些"上有通名,下有田宅"的授田制之下的农民,就是各国君主统治的最广泛的牢固基础。其次,授田制直接影响了国家职能的变革。国家职能从原先以维护贵族政治为中心转向国家对于编户齐民的统治为中心。许多考古材料表明,战国时期的官府对于农业生产有着极大的关心,这可以说是前所未有的。

战国时期是宗法封建制向地主封建制过渡的历史阶段。这个过渡的关键所在就是授田制的实施所带来的社会结构的巨大变迁。严格说来,授田制包括依军功授田和"一夫百亩"式的"分田""辕(爰)田"等两种方式①,这两种

---

① 按照"从军当以劳论及赐"(睡虎地秦墓竹简整理小组:《睡虎地秦墓竹简》,第92页)的原则,立有军功者可以授予爵位,其具体实施情况见《商君书·境内》《史记·商君列传》。

方式对于形成军功地主和授田制下的自耕农起着决定作用，战国以降，社会结构呈现出崭新的面貌，根源就在于此。普遍的作为国家编户齐民的自耕农阶层的出现，是中国古代社会变迁的晴雨表。可以毫不夸张地说，没有战国授田制，也就没有这样一个社会阶层出现，也就没有社会性质的巨大变化。

八　战国时期的土地私有化及其社会影响

战国时期土地私有化，亦即土地私有制的逐步发展进程。关于战国时期土地所有制的性质问题，一般认为土地国有制与土地私有制并存，其间存在着比较复杂的情况。关于战国时期的土地私有化问题，由于资料限制和认识角度的不同，专家们对于一些问题的看法还不尽一致。随着近年相关的重要考古资料的涌现，对一些过去看不太清楚的问题，已经可以提出一些比较确切的意见，并且可以进而讨论当时土地私有化的社会影响问题。

（一）

战国时期各国贵族和官吏拥有数量不少的土地，其土地的私有性质日益强化，特别是在战国时期商品货币关系迅速发展的情况下，不少田地进入交易流通领域。这种情况在春秋战国之际就已经出现。《韩非子·外储说左上》载，被赵襄子任用的晋国中牟令王登举荐士人中章和胥己，这两个人即被任命为晋国的中大夫，并且"予之田宅"。此事在社会上产生强烈影响。一般人认为只要读书为士人，就能有机会晋升为中大夫。因此，"中牟之人弃其田耘，卖宅圃而随文学者，邑之半"。中牟之人是否将田地卖掉，这里没有明说，但其"宅圃"被卖则毫无可疑，可见当时民众的宅圃已经是其私有产业，所以才可以随时卖掉。田地作为私有财产买卖可能是商鞅变法以后的事情。汉代的董仲舒说："至秦则不然，用商鞅之法，改帝王之制，除井田，民得买卖；富者田连阡陌，贫者无立锥之地。"（《汉书·食货志》上）西周春秋时期在社会上占有主导地位的"田里不鬻"（《礼记·王制》）的原则，可以说至迟在战国中期就已经被完全打破。土地的买卖是土地私有权加强的一个重要标志。著名的赵国将领马服君赵奢的儿子赵括，"王所赐金帛，归藏于家，而日视便利田宅可买者买之"。（《史记·廉颇蔺相如列传》）。这是战国后期土地买卖的一个典型事例。

拥有"田连阡陌"的大片土地的"富者",在战国时期的社会上主要是大贵族和大官僚,他们土地的私有权是最为突出的。战国末年秦大举伐楚的时候,秦将王翦率领60万众出征,史载:

> 始皇自送至灞上。王翦行,请美田宅园池甚众。始皇曰:"将军行矣,何忧贫乎?"王翦曰:"为大王将,有功终不得封侯,故及大王之向臣,臣亦及时以请园池为子孙业耳。"始皇大笑。王翦既至关,使使还请善田者五辈。或曰:"将军之乞贷,亦已甚矣。"王翦曰:"不然。夫秦王怚而不信人。今空秦国甲士而专委于我,我不多请田宅为子孙业以自坚,顾令秦王坐而疑我邪?"(《史记·白起王翦列传》)

从上载王翦出征后的情况,颇能看出当时贵族官僚以田地为子孙业的情况。王翦的着眼点虽然在于以此免除秦始皇的疑心,但从中仍然可以看出贵族官僚将田宅世代相传,以为"子孙业",在当时已经成为一种社会风气,不然的话王翦也不会冒然向秦始皇提出"多请田宅为子孙业"的请求。

战国后期荀子讲各级贵族祭祀祖先的问题时谓:"有天下者事七世,有一国者事五世,有五乘之地者事三世,有三乘之地者事二世,持手而食者,不得立宗庙。"(《荀子·礼论》)有"五乘之地"者是大夫一级的贵族,有"三乘之地"者是士一级的贵族,其所拥有土地的数量是相当可观的。"五乘之地""三乘之地"的具体数量为多少呢?这是一个值得探讨的问题。《管子·山至数》谓:"始取夫三夫之家,方六里而一乘。"专家或据此而言一乘为方6里之地,五乘之地就是方30里土地,三乘之地就是方18里土地。然而,这样算来,似乎大夫和士所占土地过少。孟子谓:"方里而井,井九百亩。"(《孟子·滕文公》上)这样算来,大夫仅拥有30井的土地和劳力,士则只有18井的土地和劳力。依照《司马法》所载,每100井出战车一乘,则大夫和士都还没有出一辆战车的实力。按,疑此处的"乘"本当指战车而言,进而指出一乘战车的民户所耕种的土地。文献关于出车乘的民户数不同。《周礼·小司徒》郑注引《司马法》谓"六尺为步,步百为亩。亩百为夫,夫三为屋,屋三为井,井十为通……通十为成,成百井,三百家,革车一乘",依此计算出一乘战车者为百井,依"方里而井"计算,则一乘则相当于方百里之地。《左传》成公元年疏引《司马法》谓"四井为邑,四邑为丘……四丘为甸,甸六十四井,出长毂一乘"，依此计算，则一乘相当于方64里之地。两说相较，可能以方六十四里为一乘之地近是。如此算来，"五乘之地"即方320里之地，"三乘之地"即方192里之地。应当指出的是，战国时期各国军赋征收标准不一，又依时代变化而有所变更，所以对于一乘之地的计算也就不必拘泥于具体数量。

就一般的地主而言，其所拥有土地数量没有这样多，战国时期著名的纵横家苏秦曾谓："且使我有雒阳负郭田二顷，吾岂能佩六国相印乎？"（《史记·苏秦列传》）拥有靠近城邑的两顷好地者，虽然不是有"三乘之地"或"五乘之地"的大地主，就已经使苏秦十分羡慕。这样的"负郭田"应当也是可以为"子孙业"的完全私有性质的土地。作为子孙业的贵族官僚的田地，其子有继承权。包山楚简的一条简文可能就是这方面情况的一个反映。第82号简载："冬□之月甲寅之日，□快讼吕□、吕□、吕寿、吕□、吕□，以其不分田之故。"① 名"□快"者控告吕寿等五人不分给他田地。吕寿等五人皆为吕姓，应该是同一宗族之人，"□快"应该是这个宗族的成员子弟。这条简文提到的"分田"表明，田地作为子孙业有权力也有责任分配给子孙继承，如果不这样做，便会引起诉讼。

（二）

战国时期各国封君往往占有大片土地。《包山楚简》编号为第154号和第155号的竹简载有楚国建筑马厩的情况：

> 王其舍新大厩以啻□之田，南与录君执疆，东与陵君执疆，北与□易执疆，西与鄀君执疆。其邑：笑一邑、□一邑、并一邑、□一邑、余为一邑、□一邑、□之六邑。②

简文所谓"舍新大厩"，应即楚王建筑新的规模宏大的马厩。新的马厩的位置在称为"啻□"的田地里。这块田地里包括着六个邑的居民，很可能这六邑居民在新的马厩建好之后即成为替楚王养马的民户。值得注意的是楚王所划定的

---

① 湖北省荆沙铁路考古队：《包山楚简》，北京：文物出版社，1991年，第22页（下引该书只称书名）按，这条简文中的"吕"字原有邑旁，今省写作吕。
② 同上书，第28页。按，文中以"□"表示之处，原皆为作为地名的文字，因为其繁难，所以为方便计而以□代替。从简文内容分析，第153号简和第154号简所述当为一事，今取第154号简在前，其后接以第153号简的后半部分，这样连在一起的两简内容才连贯而明确。简文中的"录"字，原有邑旁，"陵"字原有草头，今为方便计径以其读音写出。

这块建筑新的马厩田地的四至。所谓"南与录君执疆",意即南面连接着录君田地之疆。简文中的"东与陵君执疆""西与鄝君执疆",亦此之类。"录君""陵君""鄝君",当即楚国的封君,其土地相距较近,说明简文所提到的"竆□"这个地方是楚王设置封君比较集中的地区。关于这些封君的具体情况,《包山楚简》的整理者曾经据李学勤先生所论①,指出"番君的铜器曾在河南南部信阳地区屡有发现,据研究,番在今河南固始县"。其他两位封君的情况尚未有材料可以说明。另外,简文对于楚王新建马厩的四至明确划分的情况也表明这些封君的土地亦有明确的疆界。

封君的土地私有权与一般贵族及官僚的土地私有性质稍有不同的是,一些大的封君往往占有跨郡连县的大片土地。例如,楚国的春申君黄歇受封有淮北12县,后又改封到江东;秦国的长信侯嫪毐受封有山阳地,后来又得到太原、河西两郡。但是封君对于受封的土地只有占有其租税的权力,并不意味着这些土地全部归其私有,所以其受封土地,往往只称为"食"于某地,如秦国的文信侯吕不韦受封,即是"食河南、洛阳十万户"(《史记·吕不韦列传》),"食蓝田十二县"(《战国策·秦策》五)。所谓"食"于某地,即只收取某地的租税,并不意味着此地归其私有。但是,封君除食封的土地以外,还有自己的私田,例如,据《史记·廉颇蔺相如列传》记载,赵国平原君的私田要缴纳租税,因为抗税不缴就被赵国的"田部吏"杀掉家臣九人。显然,平原君应当缴税的田地不会是其食封之地,而是具有私有财产性质的私田。

以军功授田宅在战国时期各国几乎是普遍实行的政策,商鞅变法时对此就有明确规定,谓:"名田宅臣妾衣服以家次,有功者显荣,无功者虽富无所芬华"(《史记·商君列传》)。《商君书·境内》谓:"能得甲首一者,赏爵一级,益田一顷,益宅九亩,一除庶子一人,乃得入兵官之吏。"这完全是商鞅变法精神的举措,对于推动军功地主阶层的形成具有明显的作用。

贵族和官吏的私有土地依照法律是应当缴纳赋税的。史载:"赵奢者,赵之田部吏也。收租税而平原君家不肯出租,奢以法治之,杀平原君用事者九人。平原君怒,将杀奢。奢因说曰:'君于赵为贵公子,今纵君家而不奉公则法削,法削则国弱,国弱则诸侯加兵,诸侯加兵是无赵也,君安得有此富乎?以君之贵,奉公如法则上下平,上下平则国强,国强则赵固,而君为贵戚,岂

---

① 李学勤:《论汉淮间的春秋青铜器》,《文物》,1980年,第1期。

轻于天下邪？'平原君以为贤，言之于王，王用治国赋，国赋大平，民富而府库实。"（《史记·廉颇蔺相如列传》）赵国任"田部吏"的赵奢可以依法杀掉权势炙手可热的平原君的家臣九人，当时赵国对征收贵族和官吏田税的重视程度于此可见一斑。平原君是赵惠文王之弟，在赵惠文王和赵孝成王时期为相，"三去相，三复位，封于东武城"（《史记·平原君列传》），在战国时期是典型的作为封君的大贵族。就连这样的人物还不能逃避依法缴纳租税，社会上一般的贵族和官吏缴纳田税应当是情理中事。

（三）

战国时期普通农民所接受的国家授田是否有完全的土地私有权，是否可以将这些土地买卖，现在还不大清楚。近年出土的战国时期的简牍资料对于说明这个问题有所启发。20世纪80年代后期在湖北楚国故都纪南城包山岗地发现的二号楚墓中，出土了大批竹简，编号为第151号和第152号简的内容是：

> 左御番戍食田于囗域凿邑，城田一，索畔疆。戍死，其子番步后之；步死，无子，其弟番囗后之；囗死，无子，左尹士命其从父之弟番囗后之。囗食田，妨于贵（债），骨（讫）得之。左御游，晨骨贮之又（有）五节，王士之后囗赏间之，言胃（谓）番戍无后。左司马囗命左令囗定之，言胃（谓）戍又（有）后①。

这是一件关于土地争讼的记录，其时代在战国中期。简文记载曾任左御之职的名番戍者在某域凿邑这里有一块"食田"，田地靠近城墙，疆畔清楚。番戍死后，田地由其子番步继承；番步死后，因为没有儿子，所以便由番戍之弟继承。番戍之弟死后，没有儿子，担任左尹的名士者命令其从父之弟番某继承。番某继承这块田地以后，因为债务问题致使这块田地的所有权发生纠纷，最后由左尹裁定番戍"有后"，即可继承这块田地。番戍的这块"食田"，是因为其担任左御之职而得到者，并没有因为番戍之死而将这块田地交还官府，而是由其子继承，然后由其弟继承，再由其侄继承，并且引起纠纷的时候，官府明确判定其侄有继承的权力。这个事实表明，"食田"可以世代继承，已经是私有的土地。由此可以推测，各国授田制度下面，农民所接受的授田亦与这种"食

---

① 《包山楚简》，第20页，个别文字据李学勤先生说有所订正。按：番步之弟等人名字，以囗代替。

田"的情况类似，在一定程度上具备了私有土地的性质。

商鞅变法"为田开阡陌封疆"（《史记·商君列传》）以后，对于封疆采取保护措施。前面曾经提到20世纪80年代初期在四川青川县郝家坪发掘的战国时期秦国墓葬，其中编号为第50号的墓葬出土木牍载有当时秦国蜀地的《更修为田律》，规定中详细指出了民众所受田地封疆的情况。民众受田的疆畔要有高宽长各四尺的"封"，作为田地疆界标志。前引云梦秦简《法律答问》部分曾经列有关于私自移动田地疆界规定的解释，具体说明了什么是"封"，以及关于私自移动"封"的处罚是否过重的问题。所谓的"封"，即是田地的阡陌，这阡陌既是田间小路也是田地的疆界。联系到郝家坪秦简所谓的"封高四尺，大称其高"的说法，可以推测当时秦国作为田地疆界的"封"，就是这种形制。如果私自移动"封"以扩大自己的土地，那就要受到"赎耐"的处罚。官府对于"封"的法律保护，就是在实际上保护民众对于所受田地的私有权。《包山楚简》有不少关于争夺田地的法律诉讼的记载，如编号为第77号的竹简载，某人被控告"乘田于章□邑"①，"乘田"，即私自扩大田地面积，盖为移动疆界而增加自己的土地而被邻人所控告。又如第94号简载，"苟□讼圣家之大夫□竖以乘田"②，这大概是一个民告官的事件，盖为楚圣家地方的大夫名某者唆使其奴仆私自扩大田地而侵犯了名苟某者的田界，所以引起诉讼。再如第101号简载"章□讼宋□以巨田"③，盖宋某规矩取直其田地疆界时侵犯了章某土地，引起诉讼。这些简文资料表明，当时民众的田地疆界是受到法律保护的，不容随意侵犯。还有一条《包山楚简》的材料表明，不仅民众间不得相互侵犯田地疆界，就是官府也不得随意侵犯。第81号简载：

  冬□之月癸丑之日，周赐讼□之兵甲、执事人宫司马竞丁，以其政其田。期甲戌之日。④

---

① 《包山楚简》，第21页。按，简文中的"乘"字，原作从乘省、从贝、从攵之字，《包山楚简》注释者谓"读如乘，《淮南子·泛论》'强弱相乘'，注：'加也'。此指扩大土地面积"，其说可从。今为方便计而径写作"乘"。
② 《包山楚简》，第23页。按，简文中的"乘"字，原从贝从乘，当和第77号简的"乘"字的情况一致。
③ 《包山楚简》，第24页。按，简文中的"巨"字，原为从巨从攵之字，《包山楚简》注释者谓"读如巨，《说文》：'规巨也。'字亦作矩"。
④ 《包山楚简》，第22页。

这是《包山楚简》当中《疋狱》部分的一条记载，这个部分的简文都是关于起诉的简要记录。第81号简文谓名周赐者控告某地的兵名甲者和该地的执事任宫司马的名竞丁者，他们无理"政其田"。"政"字通正、征，可释为征用、征发。甲和竞丁两名基层官府人员在甲戌这天征用了周赐的田地，大概经过一个来月的交涉没有结果，遂于癸丑之日向官府提出控告。周赐敢于控告，表明就是官府之人也无权随便征用民众的田地。民众田地的私有性质于此可见一斑。然而，这里需要说明的一个问题是，简文没有提到其"分田"是官府的授田抑或作为子孙业的田产。

（四）

土地私有化的进程对于战国社会有重大影响，主要表现在社会经济结构和上层建筑两个大的方面。

在西周春秋时期的分封制度和井田制度下面，各诸侯国的田地层层分封给各级贵族，由贵族组织普通民众在井田上劳作，严格说来，土地收成好坏只与贵族关系密切，而与各国君主的关系并不太密切。在战国时期的授田制度下面，各国的大部分田地不再层层分封，而是直接授予农民耕种，农民直接向作为国家代表的基层官府提供赋税和徭役。战国时期土地私有化的进程，对于社会上层建筑的影响很大，它使原先政治权力的逐渐下移，变为上移。在西周春秋时期层层分封的情况下，各级贵族都是其下级的"君"，然而在土地私有化进程基本完成以后，各级贵族要直接向国家缴纳租税，在授田制度下，农民直接听命于国家，严格说来，各个国家里面只有国君才是真正的"君"。这一点对于国家职能的某些改变可谓一大契机。从国家职能上看，战国时期各国官府对于农业生产的关心是西周春秋时期所从来没有见到过的。云梦秦简《田律》载：

> 雨为澍，及诱（秀）粟，辄以书言澍稼、诱（秀）粟及垦田晹毋（无）稼者顷数。稼已生后而雨，亦辄言雨少多，所利顷数。早（旱）及暴风雨、水潦、螽虫、群它物伤稼者，亦辄言其顷数。近县令轻足行其书，远县令邮行之。尽八月□□之①。

简文讲秦国官府对于各个地区下雨情况的重视。如果及时下了雨和谷物抽了穗，那么基层官吏应当立即书面报告，讲明受雨、抽穗的田地顷数和已经开垦

---

① 睡虎地秦墓竹简整理小组：《睡虎地秦墓竹简》，第24—25页。

但是还没有耕种的田地顷数。如果是禾稼生长以后下了雨,也要报告雨量的大小以及受益田地的顷数。如果遇到旱灾、暴风雨、涝灾、蝗虫以及其他害虫等的灾害而损伤了禾稼,那么也要报告受灾的顷数。这些情况的报告,距离近的县要将报告文书由走得快的人专程递送,距离远的县要将文书由驿站传送,要在八月底以前送达。官府如此关心雨水的情况,是因为禾稼的收成直接影响到接受国家授田的农民缴纳赋税的数量,这与官府的利益息息相关。《周礼·司稼》谓称为"司稼"的职官的职守是"掌巡邦野之稼,而辨穜、稑之种,周知其名与其所宜地,以为法,而县于邑闾。巡野观稼,以年之上下出敛法",这与云梦秦简《田律》所载及时报告庄稼所受雨水的情况完全一致,其最终目的是让统治者"出敛法",即发布征收租税税率的时候心中有数,比较接近年成丰歉的实际。《管子·大匡》篇谓:"案田而税,二岁而税一,上年什取三,中年什取二,下年什取一,岁饥不税。"其所提到的"案田而税"的税率应当是战国时期齐地情况的反映。所谓"案田而税",即依照田地所生长庄稼的实际情况确定税率。云梦秦律《田律》所载"以书言澍稼"等事和《周礼·司稼》所载"巡邦野之稼",都是和"案田"相关的工作。从这里可以看出,各国行政机构的功能趋于完善,各级行政机构更多地介入社会基层,更多地参与各种经济活动,这些上层建筑领域里的发展固然有多方面的原因,但是战国时期土地私有化的巨大变动,却是其中相当关键的部分。各国君主的权力在战国时期前所未有地增强,究其根源是与土地私有化进程中社会结构的变动有着直接的关系。

  土地私有化在各个国家的普及,在战国时期对于社会局面的安定也有直接关系。孟子曾谓"无恒产而有恒心者,惟士为能;若民,则无恒产,因无恒心"(《孟子·梁惠王》上)。他所说的"恒产",主要指的是土地。孟子主张应当使民众各自都有"百亩之田"(《孟子·梁惠王》上),他认为如果君主做到了这些,就可以使民众有"恒心"而治礼仪,从而达到称王于天下的目标。孟子曾经这样总结自己的这个思想,他对梁惠王说:"是故明君制民之产,必使仰足以事父母,俯足以畜妻子,……王欲行之,则盍反其本矣!五亩之宅,树之以桑,五十者可以衣帛矣。鸡豚狗彘之畜,无失其时,七十者可以食肉矣。百亩之田,勿夺其时,八口之家可以无饥矣。谨庠序之教,申之以孝悌之义,颁白者不负戴于道路矣。老者衣帛食肉,黎民不饥不寒,然而不王者,未之有也。"(《孟子·梁惠王》上)孟子认为君主要称王于天下,不要只做表面文章,而应当"反其本",即反求其"本",这个"本"就是让民众拥有以"百亩之田"为核心的"恒产"。孟子的时候,授田制已经普及,但是民众的农时往往因为赋役征发而得不到保证,所以他提出"勿夺其时"的问题。

土地私有化适应了战国时期社会生产力发展的需要,它的顺利完成与各国间的激烈竞争密不可分,也可以说正是各国间前所未有的激烈竞争,加速了土地私有化的历史进程。例如,战国初年,秦国虽然地域广阔,但是民众稀少,劳动力不足,于是商鞅一派的学者就主张招徕三晋地区的民众入秦垦田,并给予优待政策。《商君书·徕民》谓:"今秦之地,方千里者五,而谷土不能处二,田数不满百万,其薮泽、溪谷、名山、大川之材物、货宝,又不尽为用,此人不称土也。秦之所与邻者三晋也,所欲用兵者韩、魏也。彼土狭而民众,其宅参居而并处;其寡萌贾息民,上无通名,下无田宅,而恃奸务末作以处;人之复阴阳泽水者过半。此其土之不足以生其民也,似有过秦民之不足以实其土也。"商鞅一派学者主张用"利其田宅,复之三世"的办法吸引三晋之民入秦。三晋之民入秦之后,必然成为秦国的"上有通名,下有田宅"的农民。这种做法,实际上是扩大了的授田制。战国时期就连滕这样的小国似乎也在以授田宅的办法招徕民众。《孟子·滕文公》上篇载:"有为神农之言者许行,自楚之滕,踵门而告文公曰:'远方之人闻君行仁政,愿受一廛而为氓。'文公与之处。……陈良之徒陈相,与其弟辛,负耒耜,而自宋之滕,曰:'闻君行圣人之政,是亦圣人也。愿为圣人氓。'"许行和弟子到滕国之后被授予"廛",即居住之处。对于扛着耒耜到滕国者,滕国授予其田地应当是情理中事。成书于战国时期的《周礼》一书曾提到的"甿",与《孟子》书所提到的"氓"是一致的。《周礼·遂人》篇载:"凡治野,以下剂致甿,以田里安甿,以乐昏扰甿,以土宜教甿稼穑,以兴耡利甿,以时器劝甿,以强予任甿,以土均平政。"所谓"以田里安甿",即是篇下面所提到"辨其野之土,上地、中地、下地,以颁田里。上地夫一廛,田百亩,莱五十亩,余夫亦如之;中地,夫一廛,田百亩,莱百亩,余夫亦如之;下地,夫一廛,田百亩,莱二百亩,余夫亦如之"。这里所讲的授田办法虽然不能排除有西周春秋时期的某些内容,但其主要部分应当是战国时期授田制的反映。其所主张的以下等的役法招致"甿",与《孟子》所载许行及其弟子闻滕国行仁政而从楚赶到滕国"愿受一廛而为氓"，如出一辙。对于拥有百亩土地的农夫而言，其劳动积极性比之于传统的井田制度下共耕公田，应当提高很多。《吕氏春秋·审分》谓："今以众地者，公作则迟，有所匿其力也；分地则速，无所匿迟也。"这里所讲"公作"与"分地"，与井田与授田两种土地制度下的劳作情况十分相似，劳动者态度的被动与主动应当不难分辨。

  由土地的公有向私有的转变，这是战国时期土地制度发展的主旋律。战国时期的土地私有制主要内容表现在两个方面，一是贵族官僚以及封君的土地私有；一是个体农民的土地私有。这两个方面里面，贵族官僚以及封君的土地私有制比较明显，当然这并不包括封君所占有"食封"的土地；而个体农民的土地私有与战国时期各国授田制度的普及很有关系，这部分土地是否可以自由买卖还是一个问题，目前尚无确凿的材料能够予以肯定或者否定。尽管如此，农民群众通过国家授田所拥有的土地的私有性质，也要比井田制度下农民在井田上的分地的私有性质有所增强。战国时期的土地私有的发展对于社会结构的变动有重大影响。在长期的战争中，各国将士立军功者多受到赏赐田宅的奖励，他们拥有的田地数量比一般农民要多出不少，这些军功地主和相当一部分贵族官僚逐渐组成战国后期社会上的新兴的地主阶级。在各国授田制度下，原来在井田上劳作的农民成为拥有具备相当私有性质的土地的自耕农，他们逐渐形成了新的农民阶级。土地私有化引起社会结构发生变革，这以后所引起的社会巨大运转，便是我国上古时代的封建制度步入成熟阶段。

原版后记

《庄子·外物》篇曾讲述一个令人毛骨悚然的故事"儒以诗礼发冢。大儒胪传曰：'东方作矣，事之何若？'小儒曰：'未解裙襦，口中有珠。《诗》固有之曰：青青之麦，生于陵陂。生不布施，死何含珠为！'接其鬓，压其𩒹，儒以金椎控其颐，徐别其颊，'无伤口中珠！'"盗墓之时尚不忘引《诗》为证，这直可视为东方式的知识考古学之滥觞。表面看来，这是庄子对于儒家所开的一个不大不小的玩笑，很将儒者嘲弄了一番。但在叙事的深处，却蕴含着他对于人生和知识的独特思考。庄子还讲有探骊获珠之事，谓"千金之珠，必在九重之渊而骊龙颔下"（《庄子·列御寇》）。我曾悟及这样一个道理：自己孜孜以求的先秦史的学习与研究简直如同探骊获珠一样的危险，如同深夜入墓寻宝一样的无可奈何。先秦史的研究者们吟诵着《诗》《书》去批判和梳理那埋入无涯尘埃中的历史，实在充满了悲凉气氛。理想中的宝珠虽然不无可爱，虽然令人神往，但苦苦地追寻中的殚精竭虑甚至呕心沥血，又令人感到悲哀。这些尚且不在话下，最悲哀的莫过于自己历尽千辛万苦，出现漆黑之墓和九重之渊以后才发现手捧的不过是一块顽石，而不是梦寐以求的宝珠！

顽石就顽石罢，未能得珠又如何？若不聊以自慰又如何？现在，在我陋室的窗外可以看见，两个错落有致地排列着钢铁巨人般塔吊，高高的脚手架已经逼进了塔吊高处，学校的高大主楼即将封顶落成。为了赶在学校百年华诞的庆祝盛典时让新主楼露出雄姿，工人师傅们正夜以继日地奋战。机器的轰鸣和工地上的敲击声、指挥钢铁巨人的口哨声，虽然搅得人彻夜难眠，但心中还是为学校的发展而欣慰和喜悦。记得当年我灰头土脸地背着行李卷儿迈进学校大门（当时学校的大门朝东）的时候，旧的主楼当时还刚刚盖到第六层，入校学习过了好多日子，楼还没有盖好，如今，那座旧主楼早已拆掉，无影无踪了，学校巍峨壮观的新主楼即将现出尊容。其实，想起来，学术工程不也如此吗？新要代替旧的，新的随时间推移而变成旧的，预期着更新的认识出现。我的这本小书，对于先秦的研究来说，只能算是一小块石头，假若可以将这块小石头埋入新的高楼的基础上，吾愿足矣。

当年负笈攻读硕士研究生学位时，得业师赵光贤先生教诲，与同窗沈长云、王冠英、王和、段志洪、杜勇、辛立诸君一起问学，学友的精湛学识令我十分钦佩，虽然多年过去，但至今仍留念那段切磋琢磨、指点江山、意气风发的时光。记得有次登山归途，愚笨的我为了寻找一个自认为合理的捷径而误入歧途，在荆棘丛中，前后左右皆不见路径踪影，衣服刮破了，手也划出血来了，一声不知名的鸟叫，让我着实吓了一跳。左突右探，费了不少辛苦才回到人们早已习惯的路径上。待自己气喘吁吁地一屁股坐在路边回头望去，竟然忘记了刚才的狼狈相儿，还坚持认为自己刚才所选的路不差，只不过是大家没走而已，走的人多了，不就是路了吗？甚至还想到若有机会，我一定带着镰刀，扛着镐头，来修修这路。完全忘了刚刚吃过的苦头，足见自己冥顽不灵。完成这本小书的时候，我首先感觉到，在先秦社会形态研究的路途中，自己就是一个狼狈的探路者，没有找到路径。反而把自己弄得苦不堪言。如果说还有些作用的话，那只不过在于告诉后来的研究者，说这里没有路。或者说些此路不通。看见路边蹲着的那个憔悴不堪的苦人儿倒霉蛋了吧，他就差点儿倒毙在这路上。什么龙珠，什么珍宝，这里通通没有，到别处去找吧，免得再白费劲儿！

其实，泄气归泄气，干活归干活。谁让咱还知道些敝帚自珍的道理呢？小书印出来，总还是殷切希望学界前辈和时贤专家多多批评指教，俾能使这块顽石打磨得好一点。这本书的不少内容曾在杂志上发表过，杂志的编辑同志作为第一读者，改正过不少错误和不妥之处。北京师范大学出版社的责任编辑李春梅同志，为了此书付出了大量辛劳，悉心审阅，纠谬订讹。此外，还有罗新慧、吴高歌、杨兆贵、赵雅丽、白国红、仝卫敏诸同志帮助核对书中引用的文献资料，审阅改正校样。这些都是我非常感谢的。

2002年6月19日在窗外工地高亢的交响曲中，
作者识于北京师范大学四合院南楼寓所，时
值烈日炎炎后稍感凉爽之数日。

再版后记

翻阅多年前的《先秦社会形态研究》这本小书，不禁想起20世纪八九十年代的往事，那是改革开放的时代，也是一个思想解放的时代。在那个时候，重新学习马克思主义，重新认识中国古代社会，是当时史学界的热潮。那个年代，我的学术积累不足，理论认识浅薄，居然也敢侈谈"社会形态"这样的大题目。现在想起来，完全是思想解放的时代的结果，也是一股初生牛犊的勇气使然。

这本小书试图解决的主要问题是，中国古代从愚昧走向文明的时候，以及文明时代初期究竟是一个什么样的社会形态。生产方式是社会形态的核心，马克思主义的这个观念，支配我考虑许多中国古代的社会问题。当时我提出了氏族封建、宗法封建的说法，后来，我把这个认识概括为中国古史的氏族时代，试图用长时段的理论来进行分析。没有一个所谓的"奴隶社会"，愚以为这是中国古史的特色，也是影响漫长的中国古代社会的一个重要因素。寻找"中国特色"，这是时代很早、很重要的一个。这本小书的个别研究、个别认识虽然有所发展变化，但以上所说的基本观念则没有变化。我依然认为这是古代社会的中国特色。

华东师范大学出版社给予这本小书再版的机会，我感到十分荣幸。非常感谢责任编辑认真细致的工作。

晁福林

2019年12月30日识于北京师范大学，时当历史学院教师办公条件改善之冬日，附此以志纪念。